ESV

Erbschein und Erbscheinsverfahren

für die gerichtliche, anwaltliche und notarielle Praxis

von

Dr. Walter Zimmermann
Honorarprofessor an der Universität Regensburg
Vizepräsident des Landgerichts Passau a. D.

2., neu bearbeitete Auflage

ERICH SCHMIDT VERLAG

Bibliografische Information der Deutschen Bibliothek

Die Deutsche Bibliothek verzeichnet diese Publikation in der Deutschen Nationalbibliografie; detaillierte bibliografische Daten sind im Internet über dnb.ddb.de abrufbar.

Weitere Informationen zu diesem Titel finden Sie im Internet unter
ESV.info/978 3 503 10665 3

1. Auflage 2004
2. Auflage 2008

ISBN 978 3 503 10665 3

www.ESV.info

Dieses Papier erfüllt die Frankfurter Forderungen der Deutschen Bibliothek und der Gesellschaft für das Buch bezüglich der Alterungsbeständigkeit und entspricht sowohl den strengen Bestimmungen der US Norm Ansi/Niso Z 39.48-1992 als auch der ISO Norm 9706.

Satz: multitext, Berlin
Druck: Druckhaus Berlin-Mitte

Vorwort

Fast jeder hat mindestens einmal im Leben mit dem Nachlassgericht zu tun; meist geht es um den Erbschein nach einem verstorbenen Angehörigen. Jährlich gibt es in der Bundesrepublik Deutschland bei einer Bevölkerung von rund 82 Millionen etwa 840.000 Sterbefälle. Das führt zu mehreren hunderttausend Verfahren jährlich bei den Nachlassgerichten, meist einem Erbscheinsverfahren.

Im vorliegenden Buch sind das materielle Erbscheinsrecht (BGB) und das Verfahrensrecht (FGG) praxisnah dargestellt; Streitfragen, die seit vielen Jahren durch die Rechtsprechung geklärt sind, sind daher nicht mehr vertieft worden. Besonderes Gewicht habe ich auf Kostenfragen gelegt, weil der Erbscheinsantragsteller hier manchmal sparen kann.

Auf Reformvorhaben wird hingewiesen.

Bei einem Ausländeranteil von 8,8 % wird der Bezug zum ausländischen Erbrecht immer häufiger; Erbscheinsfragen nach dem Tod eines Ausländers sind daher ebenfalls ausführlich einbezogen.

Nachgewiesen wird vorwiegend die Rechtsprechung, auch die ältere, soweit noch relevant. Aus Platzgründen sind die Nachweise aus den gängigen BGB-Kommentaren knapp gehalten; den BGB-Kommentar von Soergel habe ich deshalb nicht zitiert, weil ich in der 13. Auflage des Kommentars (anknüpfend an die 12. von Jürgen Damrau, Konstanz, bearbeitete Auflage) den Erbschein (§§ 2353–2370 BGB) selbst bearbeitet habe.

Passau, im Oktober 2007 Walter Zimmermann

Inhaltsverzeichnis

Abkürzungsverzeichnis

aA	Anderer Ansicht
AcP	Archiv für die zivilistische Praxis
aF	alte Fassung
AG	Amtsgericht
AGBGB	Ausführungsgesetz zum BGB
Alt	Alternative
AO	Abgabenordnung
Art	Artikel
BayObLG	Bayerisches Oberstes Landesgericht
BayZ	Zeitschrift für Rechtspflege in Bayern
BB	Der Betriebsberater
BEG	Bundesentschädigungsgesetz
BeurkG	Beurkundungsgesetz
BewG	Bewertungsgesetz
BFH	Bundesfinanzhof
BGB	Bürgerliches Gesetzbuch
BGBl	Bundesgesetzblatt
BGH	Bundesgerichtshof; Entscheidungssammlung BGHZ
BNotO	Bundesnotarordnung
BStBl	Bundessteuerblatt
BTDrucks.	Bundestags-Drucksache
BVerfG	Bundesverfassungsgericht
BWNotZ	Zeitschrift für das Notariat in Baden-Württemberg
DB	Der Betrieb (Zeitschrift)
DFG	Deutsche Freiwillige Gerichtsbarkeit (Zeitschrift)
dh	das heißt
DJ	Die Justiz (Zeitschrift)
DNotZ	Deutsche Notarzeitschrift
DtZ	Deutsch-Deutsche Rechtszeitschrift
EGBGB	Einführungsgesetz zum BGB
ErbStG	Erbschaftsteuergesetz
EStG	Einkommensteuergesetz
FamRZ	Zeitschrift für das gesamte Familienrecht
FGG	Gesetz über die Angelegenheiten der Freiwilligen Gerichtsbarkeit
FGPrax	Praxis der Freiwilligen Gerichtsbarkeit (Zeitschrift)

G	Gesetz
GBO	Grundbuchordnung
GG	Grundgesetz
GKG	Gerichtskostengesetz
GVG	Gerichtsverfassungsgesetz
HöfeO	Höfeordnung von 1976
HöfeVfO	Verfahrensordnung für Höfesachen von 1976
hM	Herrschende Meinung
HRR	Höchstrichterliche Rechtsprechung (1928 bis 1942)
idR	in der Regel
InsO	Insolvenzordnung
iVm	in Verbindung mit
JFG	Jahrbuch für Entscheidungen der Freiwilligen Gerichtsbarkeit
Jhering	Jherings Jahrbücher der Dogmatik des bürgerlichen Rechts
JR	Juristische Rundschau (Zeitschrift)
JurBüro	Juristisches Büro (Zeitschrift)
JuS	Juristische Schulung (Zeitschrift)
JVEG	Justizvergütungs- und entschädigungsgesetz
JW	Juristische Wochenschrift (Zeitschrift) 1878 bis 1939
JZ	Juristenzeitung (Zeitschrift)
KG	Kammergericht
KGJ	Jahrbuch der Entscheidungen des Kammergerichts
KostO	Kostenordnung
KRG	Kontrollratsgesetz
LFGG	Landesgesetz über die Freiwillige Gerichtsbarkeit (Baden-Württemberg)
LG	Landgericht
LM	Lindenmaier/Möhring (Nachschlagewerk des BGH)
LZ	Leipziger Zeitschrift
MDR	Monatsschrift für Deutsches Recht
MittBayNot	Mitteilungen des Bayerischen Notarvereins
MittRhNotK	Mitteilungen der Rheinischen Notarkammer
MiZi	Anordnung über Mitteilungen in Zivilsachen
MünchKomm	Münchener Kommentar zum BGB
NdsRpfl	Niedersächsische Rechtspflege (Zeitschrift)
nF	neue Fassung
NJ	Neue Justiz (Zeitschrift)
NJW	Neue Juristische Wochenschrift (Zeitschrift)

NJWE-FER	NJW - Entscheidungsdienst Familien- und Erbrecht (Zeitschrift)
NJW-RR	Rechtsprechungsreport der NJW (Zeitschrift)
OLG	Oberlandesgericht
OLG	Sammlung der Rspr der OLGe (Band, Seite)
PKH	Prozesskostenhilfe
RAG	Rechtsanwendungsgesetz (DDR)
Recht	Entscheidungssammlung Das Recht (1897-1944)
RG	Reichsgericht; Entscheidungssammlung RGZ
RGRK	Reichsgerichtsräte-Kommentar zum BGB (urspr.)
RJA	Reichsjustizamt (Entscheidungen in FGG-Sachen)
RNotZ	Rheinische Notarzeitschrift
RPflG	Rechtspflegergesetz
Rspr	Rechtsprechung
Rpfleger	Der Rechtspfleger (Zeitschrift)
RPflG	Rechtspflegergesetz
RVG	Rechtsanwaltsvergütungsgesetz (ab 1.7.2004)
Rz	Randziffer
SGB	Sozialgesetzbuch
StAZ	Das Standesamt (Zeitschrift)
StGB	Strafgesetzbuch
StPO	Strafprozessordnung
SeuffA	Seufferts Archiv für Entscheidungen der obersten Gerichte in den deutschen Staaten (1847 bis 1944)
VersR	Versicherungsrecht (Zeitschrift)
VerschG	Verschollenheitsgesetz
VBVG	Vormünder- und Betreuervergütungsgesetz
Warn	Warneyer (Rechtsprechung des Reichsgerichts)
WM	Wertpapiermitteilungen (Zeitschrift)
zB	zum Beispiel
ZERB	Zeitschrift für Erbrecht
ZEV	Zeitschrift für Erbrecht und Vermögensnachfolge
ZGB	Zivilgesetzbuch (DDR)
ZIP	Zeitschrift für Wirtschaftsrecht
ZHR	Zeitschrift für das gesamte Handelsrecht ...
ZPO	Zivilprozessordnung

A. Wesen und Zweck des Erbscheins

1. Der Erbschein

1.1 Der Erbschein als Bescheinigung

1 Der Erbschein ist ein von einem Nachlassgericht einem Erben ausgestelltes *Zeugnis* über das Erbrecht des Erben und die Frage, ob sein Verfügungsrecht durch Testamentsvollstreckung oder Nacherbfolge beschränkt ist (vgl § 2353 BGB). Das Gesetz kennt als Entscheidungsform der Gerichte Urteile und Beschlüsse; Zeugnisse erteilen Lehrer und Arbeitgeber; das sind „Bescheinigungen". Nach dem Tod eines Menschen befasst sich das Nachlassgericht mit der Frage, wer Erbe ist; das Ergebnis ist dann kein Urteil mit Rechtskraftwirkung, sondern nur eine Art gutachterliche Bescheinigung,[1] auf die in anderen Regelungen (§ 35 GBO; §§ 2365 ff BGB) verwiesen wird. Ob man ihn als „Verfügung" im Sinne von § 19 I FGG auffassen darf ist zweifelhaft, aber abzulehnen, weil der *erteilte* Erbschein nicht anfechtbar ist. Der Erbschein erwächst nicht in materielle Rechtskraft. Er ändert die wahre Erblage nicht, wenn er unrichtig ist; er bescheinigt die wahre Erblage, wenn er richtig ist. Der Erbschein garantiert also dem darin als Erben Genannten kein Erbrecht; er kann jederzeit als unrichtig eingezogen werden.

Wenn der Erbschein einen Nacherbenvermerk enthält (§ 2363 BGB), dann wird damit nicht dem Nacherben sein Anwartschaftsrecht bezeugt, sondern nur die Beschränktheit des Erbrechts des Vorerben bescheinigt.[2] Ebenso verhält es sich mit dem Testamentsvollstreckervermerk (§ 2364 BGB).

1.2 Der Erbschein als Urkunde

2 Der Erbschein ist eine Urkunde im Sinne von § 271 StGB.[3] Die Frage, ob der Erbschein eine „öffentliche Urkunde" im Sinne von § 415 ZPO ist, wird unterschiedlich beantwortet.[4] Zwar ist er eine öffentliche Urkunde,

---

1 MünchKomm-Promberger (3. Aufl.) § 2353 Rz 2: ein mit besonderer Autorität ausgestaltetes Gutachten.

2 MünchKomm-Mayer § 2353 Rz 6.

3 BGH NJW 1964, 558.

4 Bejahend MünchKomm-Mayer § 2353 Rz 6; verneinend Palandt/Edenhofer § 2353 Rz 2.

weil er von einer öffentlichen Behörde (Nachlassgericht) innerhalb der Grenzen ihrer Amtsbefugnisse (§ 2353 BGB) in der vorgeschriebenen Form aufgenommen ist; aber was sollte er beweisen? Er beweist nicht wie eine Geburtsurkunde die Geburt, sondern allenfalls, dass das Nachlassgericht diesen Erbschein erteilt hat und sonst nichts, insbesondere beweist er nicht, dass die im Erbschein angegebene Erbfolge zutrifft. So gesehen ist der Erbschein nicht vergleichbar mit anderen öffentlichen Urkunden, wie der Heiratsurkunde oder dem gerichtlichen Protokoll. Im Zivilprozess bindet er das Gericht daher nicht; es kann durchaus zum Ergebnis kommen, dass die wirkliche Erbfolge ein andere ist als die im Erbschein ausgewiesene (vgl § 2362 BGB). Andererseits ist er insoweit öffentliche Urkunde, als er zwecks Nachweis der Rechtsnachfolge zur Umschreibung eines Vollstreckungstitels (§ 727 I ZPO) verwendbar ist.

3 Die **Restitutionsklage** findet statt, wenn die Partei eine andere Urkunde auffindet, die eine ihr günstigere Entscheidung herbeigeführt haben würde (§ 580 Nr. 7b ZPO). Soweit es um das Erbrecht geht, zählt der Erbschein nicht als eine solche Urkunde.[5] Ist die Klage des K, mit der er eine geerbte Forderung einklagte, mangels Erbrecht abgewiesen worden, kann er seine Restitutionsklage also nicht darauf stützen, dass er später einen nachträglich erteilten Erbschein zu seinen Gunsten gefunden hat.

1.3 Zweck des Erbscheins

4 Der Erbschein bezweckt, die Erbfolge, die ja nicht (wie zB der Besitz) äußerlich erkennbar ist, nachweisbar zu machen; in erster Linie soll der Erbe sein Recht (zB gegenüber Banken, Grundbuchamt) beweisen können, aber auch Dritten soll der Nachweis der Passivlegitimation in bestimmten Fällen (§§ 727, 792 ZPO) erleichtert werden, damit sie wissen, wen sie verklagen und bei wem sie vollstrecken können. Sobald ein Erbschein erteilt ist, werden Dritte in ihrem Vertrauen auf die Erbfolge geschützt (§§ 2365, 2366 BGB). Der Erbschein bezweckt nicht, Aufschluss über den Umfang oder den Wert des Nachlasses, über den gegenwärtigen Inhaber des Nachlasses oder über Rechtsgeschäfte des Erben betreffend den Nachlass zu geben.

In den Fällen, in denen entweder **ausländisches Erbrecht** zum Zuge kommt (§ 2369 BGB) oder **DDR – Erbrecht** (ZGB), vertritt der BGH[6] ferner die Auffassung, ein solcher Erbschein bezeuge, gegenständlich beschränkt, die Geltung eines vom allgemeinen Erbstatut abweichenden

---

[5] BVerwG NJW 1965, 1292; OLG Schleswig SchlHA 1952, 95.

[6] BGHZ 131, 22 = FamRZ 1995, 1567.

Sachrechts; die Rechtsstellung des ausgewiesenen Erben werde nicht nur dadurch gekennzeichnet, dass er zB Alleinerbe geworden ist; auch in anderer Hinsicht (zB Pflichtteilsrecht und Erbenhaftung) werde die Stellung des Erben durch das jeweilige Sachrecht bestimmt. Deshalb sei in solchen Fällen das angewandte Erbrecht (etwa „DDR-ZGB"; „polnisches Erbrecht") anzugeben.

Hier wird meines Erachtens die Funktion des Erbscheins unrichtig gesehen; er soll nicht den Erben oder Nichterben Hinweise zur Verfolgung ihrer Rechte geben, sondern nur ein Erbrecht des Erben bezeugen; weitere Wirkungen kann er angesichts §§ 2365, 2366 BGB ohnehin nicht haben; bei einer Pflichtteilsklage des Nichterben wäre das Zivilgericht nicht gehindert, zB polnisches Pflichtteilsrecht anzuwenden, obwohl im Erbschein ungarisches Erbrecht zugrunde gelegt wurde.

2. Geschichtliche Entwicklung[7]

5 Ob in einer Rechtsordnung ein Bedürfnis für einen Erbschein besteht, hängt davon ob, inwieweit Eigentum besteht und wie die Erbfolge konstruiert ist: ob die Erbschaft dem Erben automatisch mit dem Tod anfällt oder ob sie an eine Art Treuhänder fällt und vom Erben angetreten werden muss. Nach dem Bayerischen Landrecht durfte ohne vorherige gerichtliche Einantwortung keine Erbe den Nachlass in Besitz nehmen. Wenn der Verstorbene nach einfachen Regeln von seinen Hausgenossen beerbt wird, kein Grundbuch existiert und der Nachlass in einem Stück Land, Einrichtung, Kleidung und Vieh besteht, erübrigen sich Erbbescheinigungen, weil die Familie und die Dorfgenossen wissen, wer der Erbe ist und ihn nicht hindert, den Nachlass in Besitz zu nehmen. Wenn dagegen das Vermögen in „unsichtbaren Werten" wie Forderungen, Wertpapieren und Versicherungen angelegt ist, die Großfamilien sich trennen und die Bürger häufig umziehen, fehlt dieses Bewusstsein. Nachdem öffentliche Bücher und Register eingerichtet wurden, ergab es sich, dass die Behörden, die diese Bücher führten, in Todesfällen Auskünfte der Nachlassbehörden erholten. In der Preussischen Hypothekenordnung vom 20. 12. 1783 wurde erstmals geregelt, dass der gesetzliche Erbe ein gerichtliches Attest über seine Erbberechtigung vorzulegen hatte, wenn er im Hypothekenbuch eingetragen werden sollte. Das **Preussische Gesetz** betreffend die Ausstellung gerichtlicher Erbbescheinigungen v. 12. 3. 1869 regelte, dass jedem gesetzlichen Erben auf Antrag eine Erbbescheinigung erteilt wurde, wenn er sein Erbrecht nachwies; der testamentarische Erbe konnte eine ergänzende Bescheinigung erhalten.

---

7 Vgl Lange/Kuchinke § 39 I 2; Scheer S. 27 ff .; Hirsch S. 1 ff.

6 Zu den sonstige deutschen **Partikularrechten** vgl Motive V, 557. Vorarbeiten zum BGB: Entwurf I § 2068; Motive V, 558; Protokolle V 670. Die Regelungen im BGB, in Kraft ab 1. 1. 1900, beruhen auf den Gedanken des Preußischen Rechts.

Seit 1900 sind die Vorschriften (§§ 2353–2369 BGB) fast unverändert,[8] lediglich in § 2356 BGB wurde 1958 die Neueinführung des Güterstandes der Zugewinngemeinschaft berücksichtigt. Ein Bedürfnis nach einer Reform besteht nicht.

In der **Deutschen Demokratischen Republik** (DDR) galten bis 31. 12. 1975 die §§ 2353 ff BGB fort, ab 1. 1. 1976 bis zur Wiedervereinigung (3. 10. 1990) statt dessen die §§ 413 ff DDR-ZGB. Zuständig für die Erbscheinserteilung waren in der DDR seit dem 15. 10. 1952 die staatlichen Notariate.[9]

Ein Erbschein nach §§ 2353 ff BGB kann nur erteilt werden, wenn der Erbfall nach dem 31. 12. 1899 eingetreten ist;[10] andernfalls ist der Antrag unzulässig (es würde altes Recht gelten).

---

8 Über Reformideen im Dritten Reich vgl Cieplik, Der Erbschein nach geltendem und künftigen Recht, 1941. Neuere Reformpläne vgl. BT-Drucks. 16/6308.

9 Fundstellen vgl MünchKomm-Promberger 3. Auflage Rz 7–12 vor § 2353.

10 Art. 231 S. 1 EGBGB; BayObLG FamRZ 1990, 101 = Rpfleger 1990, 166.

B. Wann ist ein Erbschein erforderlich bzw entbehrlich?

1. Nachweis der Erbfolge durch Erbschein

Grundsätzlich ist die Erbfolge durch einen Erbschein nachzuweisen. Der Erbschein ist aber nicht die einzige Nachweisform.[11] Ein Schuldner kann nicht verlangen, dass ein Gläubiger, der sich rühmt, eine Forderung geerbt zu haben, die Gesamtrechtsnachfolge *durch Erbschein* nachweist, wenn dies nicht vereinbart ist;[12] auch § 94 ZPO beschränkt die Nachweismöglichkeiten nicht auf den Erbschein. Zahlt der Schuldner nicht, mit der Begründung, das Erbrecht des Gläubigers sei nicht nachgewiesen und klagt dann der Gläubiger, trägt jede Partei das Risiko, ob das Gericht den anderweitigen Nachweis (Behauptung gesetzlicher Erbfolge, Vorlage eines Testaments) für ausreichend erachtet oder nicht. *7*

Die zeitliche Verzögerung bis zur Erbscheinserteilung entfällt und die Kosten des Erbscheins (Rz 635 ff) können aber gespart werden, wenn Rechtshandlungen bezüglich des Nachlasses auf andere Weise möglich sind oder Erbnachweise vom Geschäftspartner oder der öffentlichen Stelle (Behörde, Gericht) nicht gefordert werden.

Ähnliche Zeugnisse: die früheren **Schuldbuchzeugnisse** des Nachlassgerichts[13] nach § 16 BundesschuldbuchG[14] und einigen Landesgesetzen; das sind keine Erbscheine. Text: „Bescheinigung: E ist von A, B und C zu je 1/3 beerbt worden. Die Erben sind befugt, gemeinschaftlich über die im Staatsschuldbuch unter Nr. ... zugunsten des Erblassers E eingetragene Forderung in Höhe von ... zu verfügen.“ **Heimstätten:** Die Erbfolge in eine „Heimstätte“ richtete sich bis 1. 10. 1993 nach dem ReichsheimstättenG, aufgehoben durch G. v. 17. 6. 1993.[15] **Folgezeugnisse nach Fideikommissrecht**[16] bezeugen eine Gesamtrechtsnachfolge, weshalb Erbscheinsrecht darauf anzuwenden ist; die Familienfideikommisse sind zum

---

[11] RGZ 89, 344.

[12] BGH NJW-RR 2005, 599; BGH NJW 2005, 2779; RGZ 54, 343; Palandt/Edenhofer § 2367 Rz 1.

[13] Firsching/Graf Rz 4.374.

[14] BGBl I 1950, 1, zum 1. 1. 2002 aufgehoben, aber fortgeltend soweit Landesrecht darauf verweist.

[15] BGBl I 1993, 912.

[16] Dazu Staudinger/Schilken Rz 5 vor § 2353; Eckert, Der Kampf um die Familienfideikommisse in Deutschland, 1992.

1. 1. 1939 erloschen. Das Nachlassgericht hat dem überlebenden Ehegatten auf Antrag ein Zeugnis über die **Fortsetzung der Gütergemeinschaft** zu erteilen; die Vorschriften über den Erbschein finden entsprechende Anwendung (§ 1507 BGB). Dieses Zeugnis ist unabhängig vom Erbschein, steht daneben.[17]

2. Nachweis der Erbfolge durch Feststellungsurteil

8 Ist umstritten, ob eine Nacherbeneinsetzung vorliegt, wird die Frage im Erbscheinsverfahren geklärt: der Erbe beantragt beim Nachlassgericht einen Erbschein ohne Nacherbenvermerk (§ 2363 BGB). Wird eine solcher Erbschein erteilt und hält der potentielle Nacherbe diesen Erbschein wegen des fehlenden Nacherbenvermerks für unrichtig, kann er die Einziehung des Erbscheins anregen (§ 2361 BGB) und mit Beschwerde verfolgen. Denkbar wäre aber auch, dass der Erbe gegen diese andere Person vor dem Prozessgericht klagt auf Feststellung, dass der Beklagte nicht Nacherbe ist.[18] Das wäre nach § 256 ZPO zulässig. In der Praxis kommen solche Klagen sehr selten vor, nämlich allenfalls als letzter Versuch, wenn das Erbscheinsverfahren zuvor in allen drei Instanzen (AG, LG, OLG) scheiterte. Wird sogleich (also ohne vorangegangenes Erbscheinsverfahren) eine Klage erhoben, stellt sich die Frage nach dem Rechtsschutzbedürfnis. Im übrigen sind die wesentlichen Unterschiede zwischen beiden Verfahren folgende:

Zivilprozess: Nachteile: Verhandlungsgrundsatz gilt, keine Amtsermittlung; Kostenvorschusspflicht, höhere Kostenlast (RVG; GKG); uU Anwaltszwang (§ 78 ZPO); Beschränkung des Instanzenzugs, weil die Berufung ohne weiteres verworfen werden kann (§ 522 ZPO) und dann keine Revision oder Nichtzulassungsbeschwerde zur Verfügung steht. Vorteile: Urteil erwächst in Rechtskraft, aber nur zwischen den Parteien (§§ 322 ff ZPO), Wiederaufnahmeverfahren bleibt möglich (§§ 578 ff ZPO). Keine Bindung des Prozessgerichts an die Entscheidung des Nachlassgerichts.

Nachlassverfahren: Vorteile: Amtsermittlung (§ 2358 BGB; § 12 FGG); keine Pflicht zu einem Kostenvorschuss; billigeres Verfahren (Gebühren nach KostO; RVG); drei Instanzen (AG, LG, OLG) stehen uneingeschränkt zur Verfügung. Nachteil: der Erbschein entfaltet keine Rechtskraft, eine Einziehung ist zeitlich unbegrenzt möglich (§ 2361 BGB).

---

[17] Vgl Dörner DNotZ 1980, 662 (Auslandsbezug).

[18] BGH NJW 1960, 1899; MünchKomm-Lüke ZPO 2. Aufl. § 256 Rz. 12.

3. Andere Nachweisformen

3.1 Verfügung von Todes wegen in öffentlicher Form

3.1.1 Grundbuchverfahren

Mit dem Tode geht das Vermögen des Erblassers auf den Erben über (§ 1922 BGB), ohne Einweisung durch ein Gericht oder Erteilung eines Erbscheins. Das Grundbuch, das noch den Verstorbenen als Rechtsinhaber ausweist, ist also unrichtig geworden. Die Unrichtigkeit wird gegenüber dem Grundbuchamt durch einen (deutschen[19]) Erbschein nachgewiesen (§ 35 I 1 GBO), so dass das Grundbuch berichtigt werden kann. Ein Erbschein kann nur für Grundbuchzwecke beantragt und erteilt werden, dann ist er billiger (§ 107 III KostO). Zum Prüfungsrecht des Grundbuchamts vgl Rz 747. *9*

Vom Zwang, dem Grundbuchamt einen Erbschein vorzulegen, gibt es **Ausnahmen:**

a) Beruht die Erbfolge auf einer Verfügung von Todes wegen, die in einer öffentlichen Urkunde enthalten ist **(notarielles Testament, Erbvertrag)**, so genügt gegenüber dem Grundbuchamt die Vorlage dieser Urkunde und der Eröffnungsniederschrift des Nachlassgerichts (§ 35 I 2 GBO). Bei den öffentlichen Urkunden kann es sich um inländische oder ausländische handeln,[20] zB um Testamente ausländischer Notare. Sie können dem Grundbuchamt im Original oder in beglaubigter Abschrift vorgelegt werden. Ausländische öffentliche Urkunden sind unter Umständen mit einer Apostille (Rz 105) zu versehen.[21] Die Eröffnungsniederschrift muss § 2260 III BGB entsprechen; der Stempel „eröffnet“ auf dem Testament genügt nicht.[22] Kennt das ausländische Recht kein gerichtliches oder behördliches Eröffnungsverfahren, hat das Grundbuchamt einen Erbschein zu verlangen.[23] *10*

Wenn das Grundbuchamt die Erbfolge durch diese Urkunden nicht für nachgewiesen erachtet, so kann es die Vorlegung eines Erbscheins verlangen (§ 35 I 2 Halbs. 2 GBO).[24]

Beispiel: im notariellen Testament hat der Erblasser „seine Enkel“ als Erben eingesetzt, ohne sie namentlich zu bezeichnen; hier ist idR ein Erbschein er-

---

19 KG FamRZ 1998, 308 = FGPrax 1997, 132 = Rpfleger 1997, 384. Streitig, vgl Rz 736.

20 hM, Demharter GBO § 35 Rz 32; Böhringer ZEV 2001, 387.

21 Riering MittBayBNot 1999, 519/528.

22 v.Rechberg Rpfleger 1980, 458/9.

23 KGJ 36, 164; Meikel/Roth GBO § 35 Rz 106; Böhringer ZEV 2001, 387.

24 Vgl LG München I ZEV 2007, 434; Böhringer ZEV 2001, 387.

forderlich. Doch kann es genügen, wenn die Enkel Personenstandsurkunden vorlegen und ferner eidesstattlich versichern, die einzigen Enkel zu sein.[25]

Die eidesstattliche Versicherung reicht zum Nachweis nur aus, wenn keine Anhaltspunkte dafür sprechen, dass das Nachlassgericht weitere Ermittlungen anstellen und zu einer abweichenden Beurteilung der Erbfolge gelangen könnte.[26]

11 Das Grundbuchamt (Rechtspfleger) darf nach hM öffentliche **Testamente** selbst **auslegen** (ein befremdlicher Widerspruch, weil beim Nachlassgericht der Rechtspfleger zur Testamentsauslegung nicht befugt ist: vgl § 16 I Nr 6 RPflG); nur wenn die Klärung der Rechtsfragen weitere *tatsächliche* Ermittlungen über den Willen des Erblassers und seines Ehegatten erforderlich macht, zB die Vernehmung von Zeugen, ist das Grundbuchamt berechtigt und verpflichtet, zum Nachweis der Erbfolge einen Erbschein zu verlangen.[27]

Die **Nacherbfolge** bedarf des Nachweises durch Erbschein auch dann, wenn das Recht des Nacherben gem. § 51 GBO im Grundbuch eingetragen ist und eine Sterbeurkunde des Vorerben vorgelegt wird.[28]

Das Grundbuchamt ist an die in einem Erbschein bezeugte Erbfolge gebunden (vgl § 35 GBO); zu einer eigenen abweichenden Auslegung der Verfügungen von Todes wegen des Erblassers ist es dann weder verpflichtet noch berechtigt.[29] Einzelheiten vgl Rz 747.

12 b) Bei **geringwertigen Grundstücken** kann sich das Grundbuchamt mit anderen Beweismitteln (zB privatschriftlichem Testament, eidesstattlicher Versicherung) begnügen (§ 35 III GBO), wenn die Beschaffung des Erbscheins nur mit unverhältnismäßigem Aufwand an Kosten (zB für die Beschaffung der Personenstandsurkunden) oder Mühe möglich ist. Davon macht die Praxis kaum Gebrauch. Vereinfachungen bestehen ferner nach §§ 18 I 2, 19 des Grundbuchmaßnahmengesetzes vom 20. 12. 1963[30] bei bestimmten geringwertigen Löschungen.

---

[25] Vgl OLG Frankfurt Rpfleger 1980, 434.

[26] BayObLG NJW-RR 2000, 1545 = FamRZ 2001, 43 = FGPrax 2000, 179.

[27] BayObLG FamRZ 2001, 42 = ZEV 2000, 233 = Rpfleger 2000, 266; BayObLG FamRZ 1995, 899 = ZEV 1995, 229 = DNotZ 1995, 306; OLG Köln ZEV 2000, 232 = FGPrax 2000, 89 = MDR 2000, 585. Ähnlich OLG Hamm NJW-RR 1997, 646 = ZEV 1997, 206 = FGPrax 1997, 48; LG Neubrandenburg NJ 1997, 92.

[28] BGH NJW 1982, 2499 = BGHZ 84, 196.

[29] BayObLG FamRZ 1997, 710 = Rpfleger 1997, 156 = DNotZ 1998, 138; LG Freiburg Rpfleger 1981, 145.

[30] BGBl I 1963, 986.

c) Vorlage eines **Überweisungszeugnisses**[31] nach §§ 36, 37 GBO; das ist kein Erbschein und erleichtert und verbilligt (§§ 49, 111 KostO) die grundbuchmäßige Durchführung der Auseinandersetzung einer Erben- oder Gütergemeinschaft. Text zB: „Überweisungszeugnis. E ist von A, B und C zu je 1/3 beerbt worden. B und C haben ihre Anteile an dem Nachlass auf A übertragen und die entsprechende Berichtigung des Grundbuchs für … Band … Blatt bewilligt.“ *13*

d) Für **Schiffe, Schiffsbauwerke und Luftfahrzeuge** gelten Bestimmungen, die § 35 GBO ähneln (§ 41 SchiffsRegO; § 86 LuftfzRG); dann erübrigt sich ein Erbschein. *14*

e) **Stiftungen, Vereine**. Fällt das Vereinsvermögen an den Fiskus, sind erbrechtliche Bestimmungen anwendbar (§§ 1964, 46 S. 1 BGB). Erlischt eine kirchliche Stiftung (der katholischen Kirchen), so ist die Berichtigung des Grundbuchs auf die entsprechende Diözese als Gesamtnachfolgerin von der Vorlage eines Erbscheins („Zeugnis über den Vermögensanfall“[32]) abhängig (§§ 88 S. 2, 46 S. 1, 2353 BGB; Landesstiftungsrecht); dieses Zeugnis wird vom Nachlassgericht erteilt. Dies gilt jedenfalls dann, wenn die Stiftungssatzung nicht vorgelegt werden kann.[33] *15*

3.1.2 Handelsregister

16 Jede Änderung des Inhabers des Unternehmens ist zum Handelsregister anzumelden (§§ 31 I, 29 HGB). Ändert sich der Inhaber eines KG- oder OHG-Anteils, zB weil er stirbt und somit seine Erben Gesellschafter werden, ergibt sich die Anmeldepflicht aus §§ 107, 143 II, 161 II, 162 HGB. Die Anmeldung bedarf der notariellen Unterschriftsbeglaubigung (§ 12 I HGB). Die Erbfolge ist förmlich nachzuweisen und zwar, *soweit tunlich*, durch öffentliche Urkunden (§ 12 II 2 HGB); der Erbschein (in Original oder Ausfertigung, nicht nur in Abschrift) ist eine solche Urkunde. In analoger Anwendung von § 35 I 2 GBO genügt ferner die Vorlage eines notariellen Testaments (oder Erbvertrags) nebst Eröffnungsniederschrift.[34] Die Vorlage eines Testamentsvollstrecker-Zeugnisses, wonach sich die angeordnete Dauervollstreckung auch auf die zum Nachlass gehörenden Kommanditbeteiligungen erstreckt, genügt nicht.[35]

---

[31] Dazu Firsching/Graf Rz 4.377.

[32] MünchKomm-Mayer § 2353 Rz 177.

[33] BayObLG NJW-RR 1994, 914.

[34] OLG Hamburg NJW 1966, 986; KG ZEV 2007, 497; Krug ZEV 2001, 51.

[35] KG NJW-RR 2000, 1704 = DNotZ 2001, 408 =ZEV 2001, 72 = FGPrax 2000, 249.

3.1.3 Hinterlegungsstelle

17 Nachlasspfleger veräußern manchmal den Nachlass und hinterlegen den Erlös für den unbekannten Erben beim Amtsgericht. Taucht der Erbe auf, ist beim Herausgabeantrag die Erbfolge gemäß § 13 HinterlegungsO nachzuweisen; der Nachweis ist zwar grundsätzlich durch einen Erbschein zu führen, in Ausnahmefällen kommen jedoch auch weniger sichere Beweismittel in Betracht.[36]

3.2 Aktenvermerk über amtliche Erbenfeststellung

18 In Bayern und Baden-Württemberg wird, wenn kein Erbscheinsantrag gestellt wird, in bestimmten Fällen (Rz 242, 244) einer amtliche Erbenermittlung durchgeführt. Der darüber angefertigte Aktenvermerk ist kein Erbschein, ersetzt ihn nicht. Als informeller Nachweis mag eine Kopie des Aktenvermerks im Einzelfall genügen.

3.3 Feststellungsbeschluss nach § 1964 BGB

19 Wird der Erbe nicht innerhalb einer angemessenen Frist ermittelt, so hat das Nachlassgericht durch Beschluss festzustellen, dass ein anderer Erbe als der Fiskus nicht vorhanden ist (§ 1964 I BGB), was die Vermutung begründet, dass der Fiskus (dh das Bundesland) gesetzlicher Erbe ist (§ 1964 II BGB). Der Beschluss hat nicht die Wirkungen eines Erbscheins,[37] ersetzt ihn also nicht. Das Grundbuchamt hat gleichwohl einen Erbschein zu verlangen;[38] der Fiskus muss also einen Erbschein beantragen (kostenbefreit, § 11 I KostO[39]), wenn er als Erbe des Erblassers ins Grundbuch eingetragen werden will.

3.4 Informelle Erbnachweise

3.4.1 Banken und Sparkassen

20 Banken können sich beim Tod des Kunden nach Nr. 5 ihrer AGB[40] (Fassung April 2002) mit der Vorlage einer beglaubigten Kopie des öffentlichen oder *privatschriftlichen* Testaments nebst Eröffnungsprotokoll (und Sterbeurkunde) begnügen und Konten auf den so ausgewiesenen Erben umschreiben oder an ihn auszahlen. In einem Fall, in dem die Bank-AGB

---

[36] KG NJW-RR 1999, 863 = Rpfleger 1998, 528.

[37] BayObLG MDR 1987, 762; MünchKomm-Leipold § 1964 Rz 9; unstreitig.

[38] BayObLG MDR 1987, 762; OLG Frankfurt MDR 1984, 145; OLG Köln MDR 1965, 993; MünchKomm-Leipold § 1964 Rz 9; aA AG Lüneburg Rpfleger 1971, 23.

[39] Dazu BayObLG Rpfleger 1970, 181 bezüglich der Auslagen für das Erbenaufgebot usw.

[40] Dazu Keim WM 2006, 753; ZErb 2006, 29.

nicht einbezogen waren, hat der BGH[41] entschieden, dass ein Erbe nicht verpflichtet ist, der Bank sein Erbrecht durch einen Erbschein nachzuweisen, sondern dass ein eröffnetes öffentliches Testament in der Regel einen ausreichenden Nachweis darstellt. In unklaren Fällen kann dagegen das Verlangen, einen Erbschein vorzulegen, berechtigt sein.[42] Wird nur ein privatschriftliches Testament mit Sterbeurkunde vorgelegt, begnügen sich die Banken bei kleinen Erbschaften und zahlungskräftigen Erben manchmal damit, wenn der Erbe mit der Bank einen Vertrag des Inhalts schließt, dass der Erbe die Bank gegen eventuelle Ansprüche des wahren Erben zeitlich unbefristet freistellt.[43]

AGB Nr. 5 – Legitimationsurkunden

(1) Erbnachweise

Nach dem Tod des Kunden kann die Sparkasse zur Klärung der rechtsgeschäftlichen Berechtigung die Vorlegung eines Erbscheins, eines Testamentsvollstreckerzeugnisses oder ähnlicher gerichtlicher Zeugnisse verlangen; fremdsprachige Urkunden sind auf Verlangen der Sparkasse mit deutscher Übersetzung vorzulegen. Die Sparkasse kann auf die Vorlegung eines Erbscheins oder eines Testamentsvollstreckerzeugnisses verzichten, wenn ihr eine Ausfertigung oder beglaubigte Abschrift vom Testament oder Erbvertrag des Kunden sowie die Niederschrift über die zugehörige Eröffnungsverhandlung vorgelegt wird.

(2) Leistungsbefugnis der Sparkasse

Eine deutsche Bank oder Sparkasse ist nicht gehindert, sich beim Nachlass eines Ausländers mit einem ausländischen Erbnachweis zu begnügen, selbst wenn er von staatlichen Stellen, wie zB dem deutschen Grundbuchamt, nicht anerkannt würde. Ist der ausländische Nachweis allerdings nicht mit den deutschen Schutzvorschriften (§§ 2365 ff BGB) ausgestattet, muss die Bank nochmals zahlen, wenn sich später herausstellt, dass der ausländische Erbnachweis inhaltlich unrichtig war.

3.4.2 Lebensversicherung

21 Bei der Lebensversicherung kann die Versicherungsgesellschaft die Versicherungssumme an den auszahlen, der im Versicherungsschein als Begünstigter bezeichnet ist (§ 13 ALB 2006); ein Erbschein ist nicht erforderlich. Ist kein Bezugsberechtigter benannt, erfolgt die Auszahlung an die Erben.

---

[41] BGH NJW 2005, 2779; dazu Hochloch JuS 2006, 184; Werkmüller BKR 2005, 316.

[42] BGH NJW 2005, 2779; BGH WM 1961, 479/481.

[43] Vgl v.Rechberg Rpfleger 1980, 458/9.

4. Tätigwerden anderweitig legitimierter Personen

4.1 Vollmacht über den Tod hinaus

22 Eine Vollmacht, die der Erblasser mit Wirkung über den Tod hinaus erteilt hat (vgl § 168 BGB) berechtigt ebenfalls zur Verpflichtung und Verfügung. Dieselbe Wirkung hat eine Vollmacht „auf den Todesfall", deren Wirkung also erst mit dem Tod eintreten soll. In beiden Fällen kann der Bevollmächtigte (obwohl Stellvertreter der Erben,[44] nicht des Verstorbenen) nur den Nachlass verpflichten,[45] nicht das Eigenvermögen der Erben. Sinnvoll ist eine solche Vollmacht zur Überbrückung der Zeit bis zur Erteilung des Erbscheins (falls er überhaupt noch notwendig ist) bzw bis zur Annahme des Amts durch den Testamentsvollstrecker und die Erteilung des Testamentsvollstreckerzeugnisses.

4.2 Tätigkeit des Betreuers nach dem Tod des Betreuten

23 Das Vormundschaftsgericht bestellt einen Betreuer, wen die Voraussetzungen des § 1896 BGB vorliegen. Mit dem Tod des Betreuten endet die Betreuung von selbst. Für den Betreuer bleiben noch Abwicklungsaufgaben gegenüber dem Vormundschaftsgericht (Rückgabe der Bestallungsurkunde, § 1893 II BGB; Schlussbericht und Schlussabrechnung; Abrechnung der Vergütung). Gegenüber den Erben bestehen bestimmte Vertretungsbefugnisse: Bei Gefahr in Verzug sind die Geschäfte des Betreuten fortzuführen, bis die Erben anderweit Fürsorge treffen können (§§ 1908i I, 1893 I, 1698b BGB); die Erben werden dadurch verpflichtet. Beispiele: unaufschiebbare vermögensrechtliche Angelegenheiten des Betreuten, wie Fristwahrung; Verwaltung des Miethauses durch Einziehung der Mieten, Zahlung der Abgaben und laufenden Kosten, Veranlassung dringender Reparaturen. In diesem Umfang hat also der Betreuer die Rechtsmacht, den Nachlass zu verpflichten, ohne dass ein Erbschein notwendig wäre. Nicht mehr gehört zu den Aufgaben des Betreuers: Räumung der Wohnung, Veranlassung von Renovierungen, Ordnung, Sicherung und Regelung des Nachlasses, Zahlung von Schulden des Verstorbenen, Zahlung der Bestattungskosten aus dem Nachlass;[46] Abgabe der Erbschaftsteuererklärung.

---

[44] BGH NJW 1983, 1487.

[45] RGZ 106, 186/7; MünchKomm-Brandner 3. Aufl. Rz 14 vor § 2197.

[46] Jochum BtPrax 1996, 88.

4.3 Befugnisse des Nachlasspflegers

Das Nachlassgericht kann einen Nachlasspfleger bestellen, wenn die Voraussetzungen der §§ 1960, 1961 BGB vorliegen (unbekannter Erbe; Bedürfnis der Fürsorge für den Nachlass). Der Nachlasspfleger ist gesetzlicher Vertreter des (unbekannten) Erben. Um den Erben zu verpflichten oder über Nachlassgegenstände zu verfügen, braucht er keinen Erbschein (ein Erbschein, wonach E von „unbekannt“ beerbt wurde, wäre ohnehin nicht zulässig). Der Nachlasspfleger weist sich durch seine Bestallungsurkunde aus. Entscheidend ist, ob der Aufgabenkreis, der ihm bei der Bestellung zugewiesen wurde, seine Tätigkeit deckt. Ist ein Nachlasspfleger nur für den Aufgabenkreis „Ermittlung der Erben“ bestellt worden, kann er kein Grundstück veräußern. Der Aufgabenkreis „Verwaltung des Nachlasses“ dagegen ermächtigt den Nachlasspfleger zur Veräußerung eines Grundstücks (nach Genehmigung durch das Nachlassgericht, §§ 1915, 1821 I Nr. 1 BGB). *24*

4.4 Eilanordnung des Nachlassgerichts nach § 1846 BGB

Die Nachlasspflegschaft (§§ 1960, 1961 BGB) ist eine Pflegschaft im Sinne des § 1915 I BGB. Deshalb gilt dafür § 1846 BGB, wobei an die Stelle des Vormundschaftsgerichts das Nachlassgericht tritt (§ 1962 BGB). § 1846 BGB ist daher wie folgt zu lesen: „Ist ein Nachlasspfleger noch nicht bestellt oder ist der Nachlasspfleger an der Erfüllung seiner Pflichten verhindert, so hat das Nachlassgericht die im Interesse des Betroffenen erforderlichen Maßregeln zu treffen.“ Wenn also die Voraussetzungen für die Anordnung der Nachlasspflegschaft und die Bestellung eines Nachlasspflegers vorliegen (im wesentlichen: unbekannter Erbe und Fürsorgebedürfnis für den Nachlass), dann muss nicht immer ein Nachlasspfleger bestellt werden; in geeigneten Fällen kann auch eine Verfügung des Nachlassgerichts genügen. *25*

Beispiel: E ist gestorben, die Erben sind unbekannt. Nachbarn geben die Beerdigung in Auftrag. Zur Bezahlung der Rechnung des Bestattungsunternehmens müsste an sich ein Nachlasspfleger bestellt werden. Doch dürfte es zulässig sein (trotz fehlendem Eilbedürfnis), dass das Nachlassgericht der Sparkasse gestattet, vom Konto des E die Rechnung zu begleichen.

4.5 Testamentsvollstreckerzeugnis

Ein Testamentsvollstrecker – Zeugnis (§ 2368 BGB) kann vom Nachlassgericht erteilt werden, obwohl (noch) kein Erbschein erteilt wurde. Es lautet zB „Der Kaufmann Thomas Tamm, München, Berlinerstr. 5, ist zum Testamentsvollstrecker über den Nachlass des am … in München verstor- *26* benen Erhard Etzel, zuletzt wohnhaft in München, Theatinerstr. 2, ernannt worden.“ Das Testamentsvollstreckerzeugnis bezeugt nicht, wer Erbe des Verstorbenen ist, wie § 2368 BGB zeigt.

Enthält es keine zusätzlichen besonderen Angaben, dann bezeugt es, dass

- die darin bezeichnete Person wirksam zum Testamentsvollstrecker ernannt ist,
- das Amt angenommen hat und
- ihr nur die nach §§ 2203–2206 BGB mit dem Amt verbundenen gesetzlichen Befugnisse zustehen.[47]

4.5.1 Erbschein entbehrlich

27 Da der Testamentsvollstrecker nicht als Vertreter der Erben tätig wird, sondern als Inhaber eines privaten Amts, braucht er zum Nachweise seiner Verfügungsbefugnis zwar in der Regel ein Testamentsvollstrecker-Zeugnis, aber nicht zusätzlich einen Erbschein, wenn er im Rahmen seiner Verwaltungsbefugnisse (§§ 2205–2209 BGB) handelt. Hierzu gehört auch die Veräußerung von Nachlass und der Erwerb von beweglichen Sachen und Rechten für den Nachlass.

Eine Eintragung im Grundbuch soll zwar nur erfolgen, wenn die Person, deren Recht durch sie betroffen ist (also der Erbe), als der Berechtigte eingetragen ist (§ 39 I GBO; Grundsatz der Voreintragung); doch ist diese Bestimmung nicht anzuwenden, wenn die betroffene Person Erbe des eingetragenen Erblassers ist und die Übertragung oder Aufhebung des Rechts eingetragen wird (§ 40 I GBO) oder wenn die Eintragung aufgrund einer Bewilligung eines Testamentsvollstreckers erfolgt (§ 40 II GBO). Veräußert der Testamentsvollstrecker ein Nachlassgrundstück, bewilligt er die Eintragung des Erwerbers im Grundbuch und handelt er dabei im Rahmen seiner Befugnisse (§§ 2205–2209 BGB), ist deshalb weder die Voreintragung der Erben noch der Testamentsvollstreckung erforderlich;[48] dies ist sinnvoll, weil im Falle der Voreintragung beides sogleich wieder aus dem Grundbuch gelöscht würde, da der Erwerber das Grundstück frei von der Testamentsvollstreckung erwirbt.

---

[47] KG NJW-RR 1991, 835.

[48] Winkler Rz 287.

4.5.2 Erbschein erforderlich

28 Der Testamentsvollstrecker braucht beispielsweise einen Erbschein, wenn er mit Mitteln des Nachlasses für die Erben ein Grundstück erworben hat und einen Eintragungsantrag für die Erbengemeinschaft stellt; wenn ein Nachlassgrundstück verkauft wird und für die Erbengemeinschaft eine Kaufpreishypothek eingetragen werden soll;[49] wenn bei einer unentgeltlichen Verfügung alle Erben zustimmen müssen. Es genügt nicht, wenn der Testamentsvollstrecker anstelle des Erbscheins einfach die Erben selbst namentlich bezeichnet und dabei sein Testamentsvollstrecker – Zeugnis vorlegt.[50]

4.5.3 Erbschein zweckmäßig

29 Der Testamentsvollstrecker wird einen Erbschein beantragen, wenn die Erbfolge nicht völlig eindeutig ist, damit er während der Testamentsvollstreckung weiß, wem er die erforderlichen Auskünfte usw erteilen muss und bei der Auseinandersetzung den richtigen Erben die richtigen Erbquoten zuweisen kann.

---

[49] Winkler Rz 723.

[50] OLG Köln Rpfleger 1992, 342.

C. Der Erbscheinsantrag

1. Grundlagen

Das Nachlassgericht erteilt einen Erbschein nur auf Antrag (§ 2353 BGB); Erbscheine werden also nicht von Amts wegen erteilt. Der Antrag ist nicht nur bloße Verfahrensvoraussetzung, sondern ein „Sachantrag“, dh der Antragsteller muss dem Nachlassgericht die gewünschte Sachentscheidung so vorgeben, dass es dem Antrag ganz entsprechen kann, falls er nicht zurückzuweisen ist.[51] Der ohne Antrag erteilte Erbschein ist wirksam, nicht nichtig, kann aber nach § 2361 BGB eingezogen werden. *30*

1.1 Form und Frist des Antrags

Der Erbscheinsantrag unterliegt keinen besonderen Formvorschriften;[52] insbesondere besteht kein Anwaltszwang. Der Antragsteller kann *31*

- entweder den Antrag beim Nachlassgericht persönlich zu Protokoll stellen und dabei gleichzeitig die eidesstattliche Versicherung des § 2356 II BGB (Rz 111) abgeben (das ist am billigsten; die beim Notar anfallende Umsatzsteuer entfällt), oder
- schriftlich den Antrag beim Nachlassgericht stellen und die von einem Notar (im Ausland: Konsulat) beglaubigte eidesstattliche Versicherung (Rz 111) beifügen; das ist kostenmäßig wenig sinnvoll, weil die Protokollierung des Antrags durch den Notar keine zusätzliche Gebühr auslöst (§ 49 III KostO); oder
- einen Notar beauftragen, der den Antrag beurkundet und gleichzeitig die eidesstattliche Versicherung entgegennimmt sowie beurkundet und die Urkunde beim Nachlassgericht einreicht. Zu den Notargebühren vgl Rz 710.

Eine **Frist** für den Antrag besteht nicht; noch Jahrzehnte nach dem Todesfall (allerdings nicht für Erbfälle vor dem 1. 1. 1900) kann der Erbe oder der Erbeserbe einen Erbschein beantragen. Das Antragsrecht kann nicht verwirkt werden.

---

51 RGZ 156, 172/180.

52 Ein Gesetzesvorhaben von 1998 (BT-Drucks. 13/6398), dazu Gottwald FamRZ 1998, 1491, wollte für den Antrag den Zwang zur notariellen Beurkundung vorschreiben; nicht akzeptabel.

1.2 Stellvertretung

32 Der Erbscheinsantrag muss nicht persönlich gestellt werden; er kann auch von einem gewillkürten Vertreter oder einem gesetzlichen Vertreter (Eltern, Vormund, Betreuer, Pfleger) gestellt (§ 13 S. 2 FGG) und zurückgenommen werden.[53] Die Erleichterung des § 88 II ZPO gilt nur für den Zivilprozess; in der Regel müssen deshalb Rechtsanwälte und Notare eine schriftliche Vollmacht vorlegen, wenn sie einen Erbscheinsantrag für den Mandanten stellen. Ein Miterbe kann den Antrag auf gemeinschaftlichen Erbschein allein stellen (§ 2357 I 2 BGB); er vertritt hierbei nicht etwa die Miterben (Rz 35).

Die eidesstattliche Versicherung (§ 2356 II BGB) dagegen kann vom *gewillkürten* Vertreter nicht abgegeben werden (vgl Rz 114).

Private Erbenermittler schließen mit den als Erben tatsächlich ermittelten Personen oft Verträge, in denen sich die Erben zur Zahlung des Honorars verpflichten (erst dann wird der Name des Erblassers bekannt gegeben), der Erbenermittler andererseits bevollmächtigt wird, einen Erbschein zu beantragen. Ob ein Erbenermittler, der nicht Rechtsanwalt ist, bei der Beantragung des Erbscheins gegen das Rechtsberatungsgesetz verstößt, hängt davon ab, ob eine vorherige umfangreiche rechtliche Prüfung und Beratung geboten ist.[54] Bei einfacheren Sachen ist das nicht der Fall.

1.3 Antragsrecht Dritter

33 § 2353 BGB besagt nur, dass das Nachlassgericht „dem Erben auf Antrag“ einen Erbschein zu erteilen hat; davon, dass das ein Antrag des Erben sein müsse ist nicht die Rede. Deshalb haben grundsätzlich auch Dritte ein Antragsrecht; andererseits kann nicht jeder beliebige Bürger Erbscheine für Erbfälle beantragen, die ihn nichts angehen; es ist ein allgemeiner Rechtsgedanke, hier ein Rechtsschutzbedürfnis zu fordern.

Dritte haben ein Antragsrecht in folgenden Fällen:

- Personen, die das Antragsrecht geerbt oder insoweit sonstige Rechtsnachfolger sind;
- Personen, die für den Nachlass Aufgaben zu erledigen haben, wozu sie einen Erbschein benötigen;
- Personen, die als titulierte Gläubiger den Erbschein zum Nachweis der Passivlegitimation benötigen (Rz 42).

---

[53] Unstreitig, MünchKomm-Mayer § 2353 Rz 96.

[54] BGH NJW 2003, 3046/8.

In der Praxis löst § 2 Nr. 1 KostO das Problem, weil der Antragsteller den Erbschein bezahlen muss, also unsinnige Anträge kaum vorkommen.

2. Antragberechtigte

2.1 Erbe, Vorerbe

34 Der Erbe ist ab Annahme der Erbschaft antragsberechtigt (§ 2353 BGB); in der Antragstellung steckt die Annahme. Das Antragsrecht des Erben wird durch Bestehen einer Nachlasspflegschaft über seine Erbschaft, Eröffnung des Nachlassinsolvenzverfahrens[55] oder Anordnung der Nachlassverwaltung nicht beeinträchtigt, weil er trotz dieser Verfahren Eigentümer des Nachlasses bleibt

Bei **ehelicher Gütergemeinschaft** besitzt der das Gesamtgut allein verwaltende Ehegatte das Antragsrecht, wenn der Nachlass zum Gesamtgut gehört; bei gemeinschaftlicher Verwaltung entweder der erbende Ehegatte oder beide gemeinsam (§§ 1442, 1450 BGB).[56]

Der **Vorerbe** ist nach hM[57] nur vom Eintritt der Vorerbfolge bis zum Eintritt des Nacherbfalls antragsberechtigt (vgl Rz 353). Sobald der Nacherbfall eingetreten ist, kann er für den Nacherben keinen Erbschein beantragen (das ist Sache des Nacherben). Während der Vorerbschaft kann der Nacherbe keinen Erbschein für den Vorerben beantragen.

Denkbar ist, dass der Vorerbe keinen Erbschein beantragte, dann die Nacherbfolge eintritt und sich nun ein Bedürfnis für den Vorerben ergibt, seine Erbenstellung bis zum Nacherbfall nachzuweisen. Ob der Vorerbe hier noch ein Antragsrecht hat ist umstritten. Vgl Rz 380.

2.2 Miterben

35 Die Erteilung eines gemeinschaftlichen Erbscheins ist auf Antrag aller, einiger oder eines einzelnen Erben zulässig (§ 2357 I 2 BGB). Das Gesetz räumt dem Miterben eine Art Verfahrensstandschaftsrecht ein. Ein Miterbe kann ferner einen Teil-Erbschein über seine Quote beantragen; auf Antrag eines Miterben kann auch ein Teilerbschein nur über das Erbrecht eines *anderen* Miterben erteilt werden, ohne dass ein besonders Bedürfnis darzutun wäre, weil ebenso gut ein gemeinschaftlicher Erbschein beantragt werden könnte.[58]

---

55 BayObLGZ 1963, 19/26.

56 BayObLGZ 1958, 364; Lange/Kuchinke § 39 II 3.

57 OLG Hamm NJW 1974, 1827/8; MünchKomm-Mayer § 2353 Rz 80.

58 OLG München JFG 23, 334 = HRR 1942 Nr 840.

Kriegstodesfälle (Vater stirbt, von den drei Söhnen ist einer abwesend an der Kriegsfront): Für einen abwesenden Erben kann ein Erbschein nur erwirkt werden, wenn nachgewiesen ist, dass der Abwesende den Erbfall erlebt hat oder dass für ihn zum Zeitpunkt des Erbfalls eine gesetzliche Lebensvermutung nach §§ 9, 10 VerschG bestand.[59] Kann der Nachweis des Erlebens nicht geführt werden und besteht auch keine gesetzliche Lebensvermutung, so können Miterben keinen gemeinschaftlichen Erbschein (vor Todeserklärung des Abwesenden) beantragen, doch ist jeder von ihnen berechtigt, einen Erbschein über seinen eigenen Erbteil zu verlangen (Teilerbschein über **Mindest-Erbteil**); für den Erbteil des Vermissten wird dann ein Nachlasspfleger bestellt.

Ein Miterbe ist grundsätzlich nicht berechtigt, einen Erbschein zum Nachweis der Erbfolge *nach* einem anderen Miterben zu beantragen (wohl aber unter Umständen eine Ausfertigung des erteilten Erbscheins zu verlangen, § 85 FGG); eine Ausnahme kommt nur dann in Frage, wenn der Miterbe die Zwangsversteigerung eines Nachlassgrundstücks zu dem Zwecke betreibt, die Gemeinschaft aufzuheben;[60] weiter, wenn er Gläubiger mit Titel ist (Rz 42).

2.3 Minderjährige Erben

36 Minderjährige sind im FGG-Verfahren selbst beteiligtenfähig. Da Minderjährige selbst aber nicht verfahrensfähig sind, müssen sie bei der Antragstellung durch ihre gesetzlichen Vertreter (also die Eltern, § 1629 BGB) vertreten werden. Die Eltern sind durch § 1795 I Nr. 3 BGB nicht gehindert, da das Erbscheinsverfahren einem Rechtsstreit nicht gleichzustellen ist.[61] Die Eltern können das Kind bei der Antragsstellung aber nicht vertreten, wenn sie nach § 1638 BGB von der Vermögensverwaltung ausgeschlossen wurden.[62]

2.4 Unter Betreuung stehende Erben

37 Ist der Betreute geschäftsunfähig, ist er nicht mehr verfahrensfähig. Er muss daher bei der Antragstellung durch den Betreuer als gesetzlichen Vertreter (§ 1902 BGB) vertreten werden. Der Betreuer wird vom Vormundschaftsgericht bestellt (§ 1896 BGB; §§ 65 ff FGG). Der Betreuer

---

[59] BGHZ 5, 240 = NJW 1952, 818; OLG Frankfurt Rpfleger 1953, 36; aM LG Hamburg Rpfleger 1948/49, 123, das die bloße Lebensvermutung nicht für ausreichend erachtet.
[60] BayObLG FamRZ 1995, 119 = NJW-RR 1995, 272.
[61] BayObLGZ 1961, 277 = NJW 1961, 2309 = FamRZ 1962, 36.
[62] OLG Frankfurt FamRZ 1997, 1115/6 = NJW-RR 1997, 580.

braucht einen ausreichenden Aufgabenkreis, zB erbrechtliche Angelegenheiten, Vermögenssorge, alle Angelegenheiten. Ist der Betreute geschäftsfähig, kann er selbst den Antrag stellen, er wird von Betreuer nicht verdrängt; anders ist es, wenn ein entsprechender Einwilligungsvorbehalt angeordnet wurde (§ 1903 BGB). Das Stellen des Erbscheinsantrags und die darin liegende Annahme der Erbschaft (§ 1943 BGB) durch den Betreuer bedarf nicht der Genehmigung des Vormundschaftsgerichts (vgl § 1822 Nr 2 BGB).[63]

2.5 Nacherbe

38 Der Nacherbe ist antragsberechtigt, sobald der Nacherbfall eingetreten ist. Vor Eintritt des Nacherbfalls kann er weder die Erteilung eines Erbscheins an sich noch an den Vorerben beantragen.[64] Bis dahin kann er nur die Einziehung eines unrichtigen Erbscheins betreiben. Stirbt der Nacherbe vor dem Nacherbfall, so sind die vom Erblasser eingesetzten Ersatznacherben oder die Erben des Nacherben (§ 2108 II BGB) zur Antragstellung befugt.

2.6 Erbe des Nacherben

39 Stirbt der eingesetzte Nacherbe vor dem Eintritt des Nacherbfalls, aber nach dem Eintritt des Erbfalls, so geht im Zweifel sein Recht auf seine Erben über (§ 2108 II BGB). Tritt dann schließlich der Nacherbfall ein, können diese Erben einen Erbschein beantragen, der sie als Erben des Erblassers ausweist.[65]

Soweit behauptet wird, im Erbschein (und demgemäss im Erbscheinsantrag) sei zu vermerken, dass die Erben das Erbrecht infolge des Todes des ursprünglich vorgesehenen Nacherben erworben haben,[66] gibt es dafür keine gesetzliche Grundlage; dies wäre eine Begründung, die nicht in den Erbschein (aber eventuell in die Erteilungsanordnung) gehört.

2.7 Erwerber des Anwartschaftsrechts des Nacherben

40 Mit dem Tod des Erblassers erlangt der Nacherbe eine „sichere" Aussicht auf die Erbschaft, ein Anwartschaftsrecht, das er analog § 2033 BGB notariell beurkundet auf Dritte übertragen kann.[67] Tritt dann der Nacherb-

---

[63] BayObLG Rpfleger 1996, 455; KG NJW 1962, 54; Palandt/Diederichsen § 1822 Rz 4
[64] BayObLG NJW-RR 1999, 805 = FamRZ 1999, 1239 =Rpfleger 1999, 331.
[65] Scheer S. 62; Schmidt BWNotZ 1966, 139/147.
[66] So Scheer S. 62; Schmidt BWNotZ 1966, 139/147.
[67] BGHZ 87, 367/9; BayObLG FamRZ 1992, 728 = NJW-RR 1992, 200; RGZ 170, 163/8; MünchKomm-Grunsky § 2100 Rz 27.

fall ein (zB mit dem Tod des Vorerben), kann der ursprünglich eingesetzte Nacherbe einen Erbschein auf *seinen* Namen beantragen. Ein Hinweis auf eine Übertragung des Anwartschaftsrechts darf nicht in den Erbschein aufgenommen werden,[68] weil der Erbschein kein Dokument ist, das über Rechtsgeschäfte der Erben Aufschluss geben darf oder soll (vgl § 2353 BGB).

Wenn der ursprünglich eingesetzte Nacherbe unwillig ist und keinen Erbscheinsantrag mehr stellen will, kann der Erwerber einen solchen auf den ursprünglichen Nacherben (Veräußerer) lautenden Erbschein beantragen, damit er seine Verwaltungs- und Verfügungsrechte ausüben kann.[69]

Der Erwerber dagegen gehört nicht in den Erbschein, er darf dort nicht als „Erbe" aufgeführt werden, weil er nicht „Erbe" ist.[70] Die aA[71] meint, der Erwerber werde Nacherbe und sei deshalb im Erbschein als Erbe auszuweisen; das ist nicht haltbar, weil eine Erbenstellung nur durch einen Willensakt des Erblassers oder Gesetz begründet werden kann, nicht durch Rechtsgeschäfte von Erben mit Dritten. Der Erwerber weist sein Recht nach durch den Erbschein, der auf den Veräußerer lautet, und die Urkunde über die notariell beglaubige Übertragung des Anwartschaftsrechts.

2.8 Fiskus, Finanzamt

41 Wird der Erbe nicht ermittelt, so stellt das Nachlassgericht fest, „dass ein anderer Erbe als der Fiskus nicht vorhanden ist" (§ 1964 I BGB). Dieser Beschluss begründet nur eine Vermutung (§ 1964 II BGB), er hat nicht die Wirkungen eines Erbscheins;[72] aufgrund des Beschlusses kann der Fiskus nicht ins Grundbuch eingetragen werden.[73] Der Fiskus kann sich aber einen Erbschein erteilen lassen, er ist antragsberechtigt.[74]

---

[68] BayObLG FGPrax 2001, 207 und FamRZ 1992, 728 = NJW-RR 1992, 200; aA Scholz, Ausweisfunktionen S. 73

[69] MünchKomm-Mayer § 2353 Rz 86; Staudinger/Schilken § 2352 Rz 44; Scheer S. 64; Bartholomeyczik Denkschrift des Erbrechtsausschusses S. 38, 40; Köster Rpfleger 2000, 133/143; ganz hM; aA Schiedermair AcP 139, 129/158; v. Lübtow ErbR II S. 633.

[70] OLG Düsseldorf MDR 1981, 143; NJW-RR 1991, 332; MünchKomm-Grunsky § 2100 Rz 31 mwN; Scheer S. 64 mwN.

[71] KG JFG 20, 17; Palandt/Edenhofer § 2100 Rz 8; Schmidt BWNotZ 1966, 139.

[72] MünchKomm-Leipold § 1964 Rz 9; Staudinger/Marotzke § 1964 Rz 14.

[73] BayObLG MDR 1987, 762; BayObLGZ 1994, 33/35; OLG Frankfurt MDR 1984, 145; OLG Köln MDR 1965, 993; aA AG Lüneburg Rpfleger 1971, 23.

[74] MünchKomm-Leipold § 1964 Rz 9.

Das **Finanzamt** ist nur, wenn es Nachlassgläubiger im Sinne des § 792 ZPO ist, berechtigt einen Erbschein zu beantragen.[75] Liegen die Voraussetzungen des § 792 ZPO (Rz 42) nicht vor, ist das Finanzamt nicht antragsberechtigt.[76] Denn die Abgabenordnung (AO) enthält keine diesbezügliche Regelung.

2.9 Nachlassgläubiger

42

Auch der Gläubiger des Erben, zB das Finanzamt, mag es sich um geerbte oder sonstige Schulden handeln, ist berechtigt, einen Antrag auf Erteilung eines Erbscheins zu stellen, wenn er den Erbschein „zum Zwecke der Zwangsvollstreckung" braucht (§ 792 ZPO). Der Gläubiger muss bereits im Besitz eines zur Zwangsvollstreckung geeigneten Titels sein,[77] eine *vollstreckbare* Ausfertigung muss er dem Nachlassgericht nicht vorlegen;[78] der Titel muss nicht rechtskräftig sein. Ein solcher Titel ist auch ein Steuerbescheid. Den Erbschein braucht der Gläubiger zB um die Vollstreckungsklausel beantragen zu können (§ 727 ZPO), eine Zwangshypothek eintragen lassen zu können (§§ 866, 867 ZPO; §§ 14, 39 GBO). Bei der eidesstattlichen Versicherung, die der Gläubiger für den Erben abgeben muss, sind Abstriche zu machen, weil der Gläubiger kaum Kenntnisse hat. Die Gebühren für den Erbschein (§§ 107, 49 KostO) muss zunächst der Gläubiger zahlen, er vollstreckt sie dann beim Schuldner (§ 788 ZPO), ohne dass ein besonderer Titel notwendig wäre (die Vorlage der Kostenrechnung an das Vollstreckungsorgan genügt). Wurde dem Erben bereits ein Erbschein erteilt, besteht kein Rechtsschutzbedürfnis; hier kann der Gläubiger (billiger und schneller) die Ausfertigung des Erbscheins nach § 85 FGG verlangen.[79]

§ 896 ZPO dehnt die Anwendbarkeit des § 792 ZPO aus auf Fälle, in denen in bestimmten Fällen Eintragungen in öffentliche Bücher (Grundbuch, Handelsregister usw) erfolgen.

Auf die **Teilungsversteigerung** ist § 792 ZPO ebenfalls anzuwenden. Der Antragsteller einer Teilungsversteigerung (§ 180 ZVG) ist berechtigt, einen Erbschein bezüglich der Erben des verstorbenen Antragsgegners zu

---

[75] LG München I FamRZ 1998, 1067 (zu § 2369 BGB).

[76] Palandt/Edenhofer § 2353 Rz 13; RG RJA 15, 14; vgl BayObLG FamRZ 2001, 1737 = NJW-RR 2002, 440.

[77] OLG Celle JR 1948, 317; OLG München JFG 15, 246/8; nicht titulierten Gläubigern soll die Durchsetzung ihrer Rechte nicht erleichtert werden, Motive V S. 558.

[78] Zöller/Stöber ZPO § 792 Rz 1.

[79] KG Rpfleger 1978, 140.

beantragen[80]; wer zur Teilungsversteigerung keinen Titel braucht (§ 181 ZVG), braucht auch keinen zur Erlangung des Erbscheins.

2.10 Nachlasspfleger

2.10.1 Erbschein für die Erben, die er ermitteln soll

43 Für die Erben, die er ermitteln soll, kann der Nachlasspfleger *keinen* Erbschein beantragen,[81] oder Beschwerde gegen diesbezügliche Entscheidungen des Nachlassgerichts einlegen,[82] wie zB gegen eine Erbscheinserteilungsanordnung, die Ablehnung eines Erbscheins oder einen Erbscheins-Vorbescheid,[83] weil dies die Annahme der Erbschaft beinhaltet, die Entscheidung über die Annahme aber das Recht der Erben ist, nicht des Nachlasspflegers. Ein Interesse könnte er nur haben, damit er den Nachlass dem „richtigen" Erben herausgeben kann; es ist aber Sache des Erben, sein Erbrecht gegenüber dem Nachlasspfleger nachzuweisen, wenn er die Herausgabe des Nachlasses verlangt. Natürlich kann der ermittelte Erbe dem Nachlasspfleger (wie jedem anderen auch) eine Vollmacht erteilen, den Erbschein zu beantragen; das hat aber mit der Pflegschaft nichts zu tun und ist auch besonders zu vergüten (zB nach dem RVG; jedenfalls nicht nach § 1836 BGB).

2.10.2 Erbschein für eine dem Erblasser noch angefallene Erbschaft

44 Für eine dem Erblasser zu seinen Lebzeiten noch zugefallene Erbschaft, ohne dass der Erblasser damals noch die Ausschlagung erklärte, kann der Nachlasspfleger dagegen einen Erbschein beantragen,[84] denn der unbekannte Erbe hat das Antragsrecht geerbt. Er kann auch Beschwerde gegen einen Vorbescheid einlegen. Eine vom Nachlasspfleger zulässig eingelegte Beschwerde wird nicht durch Aufhebung der Nachlasspflegschaft unzulässig, wenn die ermittelten Erben ohne Aussetzung und Unterbrechung in das Verfahren eintreten.[85]

Beispiele: (1) Die Erblasserin E starb. Erbe waren entweder B (aufgrund Testaments) oder der Sohn S, der kurz nach der Erblasserin starb. Dessen Erben (Enkel der Erblasserin) waren zunächst unbekannt. *Für diese Enkel* wurde ein Nachlass-

---

[80] BayObLG NJW-RR 1995, 272; OLG Hamm MDR 1960, 1018; LG Essen Rpfleger 1986, 387.

[81] OLG Celle JR 1950, 58; KGJ 40 A 37; 41 A 94; BayObLG Rpfleger 1991, 21; Weißler I S. 129.

[82] BayObLG 32, 552; BayObLG FamRZ 1991, 230; KGJ 41 A 94; Staudinger/Marotzke § 1960 Rz 48.

[83] BayObLG Rpfleger 1991, 21.

[84] BayObLG FamRZ 1991, 230; KGJ 41 A 94.; LG Berlin DFG 1942, 44.

[85] BayObLG Rpfleger 1991, 21.

pfleger bestellt. Das Nachlassgericht erließ einen Vorbescheid, wonach der B ein Erbschein erteilt werden sollte. Der Nachlasspfleger war beschwerdeberechtigt, da auch die Enkel, welche er vertrat, beschwerdeberechtigt gewesen wären,[86] weil es um ihr Vermögen ging. Ein für die unbekannten Erben der E eingesetzter Nachlasspfleger dagegen hätte kein Beschwerderecht gehabt, weil es ihm gleichgültig sein muss, wer Erbe „seines" Nachlasses wird.

(2) Am 1. 2. ist A gestorben und von B beerbt worden; am 5. 2. ist B gestorben; für die unbekannten Erben des B ist ein Nachlasspfleger bestellt worden. In diesem Fall kann der Nachlasspfleger die dem B zugefallene Erbschaft des A (ohne Genehmigung) annehmen oder mit Genehmigung des Nachlassgerichts ausschlagen, § 1822 Nr. 2 BGB; für den Erbfall A kann der Nachlasspfleger ferner einen Erbschein beantragen, nicht dagegen für den Erbfall B.

45 Im Erbscheinsverfahren ist der Nachlasspfleger nicht Beteiligter im Sinne der Freiwilligen Gerichtsbarkeit; denn er ist zwar gesetzlicher Vertreter des Erben, aber dieser ist nicht prozessunfähig (vgl § 455 ZPO; § 15 FGG); der Nachlasspfleger kann daher über Vorgänge bei der Errichtung des Testaments als Zeuge vernommen werden,[87] ebenso über das Auffinden des Testaments usw. Ist ein Notar zum Nachlasspfleger bestellt worden, kann er den Erbscheinsantrag des ermittelten Erben nicht beurkunden, solange die Nachlasspflegschaft nicht aufgehoben ist (§ 3 BeurkG).[88]

2.11 Abwesenheitspfleger

46 Ein abwesender Volljähriger, dessen Aufenthalt unbekannt ist, erhält für seine Vermögensangelegenheiten, soweit sie der Fürsorge bedürfen, einen Abwesenheitspfleger (§ 1911 BGB); zuständig ist das Vormundschaftsgericht (nicht das Nachlassgericht). Hat der Erbe die Erbschaft *angenommen* und ist er *dann* unbekannten Aufenthalts, kann ihm deshalb ein Abwesenheitspfleger bestellt werden; ein solcher Pfleger könnte einen Erbschein beantragen[89] (anders als der Nachlasspfleger) und einen Erbteilungsvertrag schließen. Er könnte sogar die Erbschaft annehmen[90] oder (mit Genehmigung des Vormundschaftsgerichts, § 1822 Nr. 2 BGB) ausschlagen. Regt der Nachlasspfleger eine Abwesenheitspflegschaft an und wird dies abgelehnt, hat er kein Beschwerderecht.[91]

---

86 BayObLG Rpfleger 1991, 21.

87 BayObLG Rpfleger 1975, 347 (LS).

88 LG Berlin Rpfleger 1992, 435.

89 BGHZ 5, 240/3 zu Nachlassforderungen; OLG Karlsruhe NJW 1953, 1303; KG JR 1967, 26; Staudinger/Marotzke §1960 Rz 26; MünchKomm-Mayer § 2353 Rz 89; Palandt/Edenhofer § 2353 Rz 13.

90 KG OLGE 21, 349/50; MünchKomm-Leipold § 1943 Rz 7; Soergel/Stein § 1943 Rz 6.

91 OLG Colmar OLG-Rspr. 30, 174; Weißler I S. 121.

Hatte der Abwesende die Erbschaft noch nicht angenommen, auch nicht fiktiv, kommt meines Erachtens nur eine Nachlasspflegschaft in Betracht. Die Abgrenzung der beiden Pflegschaften ist im einzelnen zweifelhaft;[92] insbesondere in der Nachkriegszeit war das Problem bei Verschollenheit diskutiert worden.[93]

2.12 Auseinandersetzungspfleger

47 Die Pflegschaft nach § 88 FGG ist eine Unterart der allgemeinen Abwesenheitspflegschaft (§ 1911 BGB); zur Gerichtsgebühr vgl § 106 I 1 KostO. Ein solcher Pfleger kann bestellt werden, wenn das Nachlassgericht von einem Berechtigten (zB einem Miterben; auch dem Nachlasspfleger eines unbekannten Miterben;[94] § 86 FGG) gebeten wird, bei der Auseinandersetzung einer durch gesetzliche Erbfolge entstandenen Erbengemeinschaft zu vermitteln. Ist ein volljähriger Beteiligter (zB ein Miterbe) abwesend und liegen die weiteren Voraussetzungen des § 1911 BGB vor (Aufenthalt unbekannt usw), kann ihm für das Auseinandersetzungsverfahren ein Pfleger bestellt werden (§ 88 FGG). Zur Bestellung dieses Pflegers ist das Nachlassgericht (Rechtspfleger) zuständig; sie erfolgt *nur* für das Auseinandersetzungsverfahren. Streitig ist, welche Befugnisse ein solcher Pfleger hat; § 1911 BGB spricht von der Wahrnehmung von „Vermögensangelegenheiten“. Ob darunter auch die Annahme einer Erbschaft fällt, ist zweifelhaft,[95] aber mit der hM zu bejahen. Der Pfleger nach § 88 FGG kann deshalb einen Erbscheinsantrag stellen,[96] wenn sein Pflegling die Erbschaft schon angenommen hatte; er kann auch die Erbschaft für den Abwesenden annehmen.

2.13 Testamentsvollstrecker

48 Der Testamentsvollstrecker hat ein eigenes Antragsrecht,[97] soweit er einen Erbschein braucht, trotz § 2368 BGB. Er kann einen Erbschein auf den Namen des Erben beantragen. Dies ist zB notwendig, damit er den Nachlass den richtigen Erben aushändigen kann (andernfalls besteht Haf-

---

92 Dazu BayObLG Recht 1905, 18 Nr. 56; BayObLG Seufferts Archiv 69, 305 (Nachlaßpflegschaft neben Abwesenheitspflegschaft zulässig, damit die Auseinandersetzung durchgeführt werden könne); Weißler I S. 120 mit Nachweisen älterer Literatur.

93 Dazu BayObLG 1952, 129/132; Dirian NJW 1953, 492; Müller NJW 1956, 652.

94 Firsching/Graf Rz 4.906; Rz 4.908.

95 bejaht von OLG Colmar KGJ 53 A 250; Soergel/Stein § 1943 Rz 6; Keidel/Winkler FGG § 88 Rz 12; Jansen/Müller-Lukoschek FGG § 88 Rz 8.

96 Lange/Kuchinke § 39 II 3.

97 KGJ 22, 56, MünchKomm-Mayer § 2353 Rz 88; Staudinger/Schilken § 2352 Rz 48; unstreitig. Früher wurde vereinzelt das Antragsrecht abgelehnt, Goslich ZBlFG 3, 385; v. Jacubezky Recht 1901, 575.

tungsgefahr); ferner, weil er für seine Verwaltung in vielen Fällen die Erben namentlich und quotenmäßig angeben und nachweisen muss, zB bei einer Grundbuchberichtigung. Wird der Erbscheinsantrag zurückgewiesen, hat der Testamentsvollstrecker ein eigenes Beschwerderecht.[98] Wird ein unrichtiger Erbschein erteilt, kann der Testamentsvollstrecker die Einziehung anregen (§ 2361 BGB). Wird die Einziehung abgelehnt, ist der Testamentsvollstrecker beschwerdeberechtigt (§ 20 FGG), wenn er antragsberechtigt gewesen wäre. Ist auf Antrag des Testamentsvollstreckers ein Erbschein erteilt worden und wird dann die Einziehung dieses Erbscheins angeordnet, ist der Testamentsvollstrecker zur Beschwerde gegen die Einziehungsanordnung berechtigt.[99]

2.14 Erbe des Erben

49 War dem Erben noch kein Erbschein erteilt worden ist sein Erbe (Erbeserbe) zum Antrag berechtigt, das Antragsrecht ist vererblich. Von mehreren Erbeserben ist jeder allein antragsberechtigt;[100] der Erbe kann den Erbschein aber nur auf den Namen der Erben, also seines Erblassers, beantragen.[101] Die Erbfolge ergibt sich dann aus zwei Erbscheinen („Es wird bezeugt, dass A von B beerbt worden ist"; „Es wird ferner bezeugt, dass B von C beerbt worden ist"), die man in einer Urkunde zusammenfassen könnte.

2.15 Verschollene

50 Erbe kann nur werden, wer zur Zeit des Erbfalls lebt (§ 1923 BGB) oder für den eine Lebensvermutung im Sinne des Verschollenheitsgesetzes besteht.[102] Hat E einen Erbschein beantragt und ist er dann verschollen, kann sich gegebenenfalls ein Abwesenheitspfleger (§ 1911 BGB) um seine Angelegenheiten kümmern.

2.16 Erbteilserwerber

51 Ein Miterbe kann über seinen Anteil am Nachlass (zB über den 1/4-Anteil) verfügen, ihn zB an einen anderen Miterben oder an einen Dritten übertragen (§ 2033 BGB). Der Erbteilserwerber (§ 2033 BGB) kann einen Erbschein beantragen, aber nur auf den Namen des wirklichen Erben,

---

98 Vgl OLG Oldenburg Rpfleger 1965, 305.

99 OLG Hamm FamRZ 1993, 825 = NJW-RR 1993, 461.

100 BayObLG FamRZ 2003, 777; BayObLGZ 1951, 690/2; KG RJA 13, 84/6.

101 BayObLGZ 1951, 690/3.

102 LG Münster MDR 1947, 199.

nicht auf sich selbst.[103] Ist der Erwerber nicht gleichzeitig Mit-Erbe, so erwirbt er durch die Übertragung des Erbteils zwar die Mitberechtigung am Gesamthandsvermögen, nicht aber die Erbenstellung des Veräußernden.[104] Das Antragsrecht des Erwerbers leitet sich nicht aus der Eigenschaft als nunmehriger „Miterbe“ her, sondern aus seinem wirtschaftlichen Interesse am Nachlass; man könnte auch sagen, das Antragsrecht sei zusammen mit dem Erbteil auf ihn übergegangen.

Überholt sind ältere Auffassungen: (1) Nur der Miterbe bleibe antragsberechtigt, der Erwerber habe kein Antragsrecht.[105] (2) Nur der Erwerber habe ein Antragsrecht,[106] im Erbschein sei der Erwerber als Miterbe zu benennen; dafür sprächen §§ 2038, 2040 BGB und die Parallele zur Nacherbschaft.[107] Gegen diese Auffassung spricht, dass man Erbe nur Kraft des Willens des Erblassers oder kraft Gesetzes wird und nicht durch Übertragungsakte des Erben. Der Erwerber ist Rechtsnachfolger des Miterben, nicht des Erblassers. Geschäfte des Erben über den Nachlass gehören nicht in den Erbschein. Dritte werden nicht geschädigt, wenn der Miterbe noch ein Antragsrecht hat; denn der Erbschaft sagt nichts über den Bestand und die Werthaltigkeit des Nachlasses.

52 Auch der Miterbe behält nach Veräußerung sein Antragsrecht;[108] er behält auch sein Beschwerderecht, wenn ein Erbschein zu seine Ungunsten unrichtig war (zB bei seiner Vorerbenstellung die Befreiung nicht vermerkt war, §§ 2136, 2363 I 2 BGB). Denn er bleibt trotz Veräußerung „Miterbe“; die Erbenposition ist mit der Person untrennbar verbunden, nicht aber der vermögensrechtliche Anteil am Nachlass.[109]

Der Erbschein, welcher den Miterben als Erben ausweist, darf keinen Vermerk enthalten, der die Veräußerung *bestätigt;*[110] denn es ist nicht Recht oder Pflicht des Nachlassgerichts, die Gültigkeit von Rechtsgeschäften des Erben über den Nachlass zu überprüfen und hier etwas zu bestätigen (anders bei Ausschlagung der Erbschaft und Anfechtung von Testamenten; diese sind aber für die Erbfolge als solche von Bedeutung). Ein Zusatz, der im Erbschein auf die Veräußerung des Erbteils hinweist, ist zwar überflüssig, hat aber auf die Gültigkeit des erteilten Erbscheins keinen Einfluss;[111] eine Einziehung ist nicht erforderlich.

---

[103] KG OLGE 44, 106; MünchKomm-Heldrich § 2033 Rz 27.
[104] BayObLGZ 1977, 59/62; KGJ 30 A 101 = OLG 11, 274.
[105] Schlegelberger Freiwillige Gerichtsbarkeit 7. Aufl 1956 § 84 Rz 2.
[106] OLG Colmar KGJ 26 A 311/3; Endemann JW 1910, 89.
[107] Ausführliche Darstellung bei Scheer S. 57 ff .
[108] RGZ 64, 173/8; BayObLG Rpfleger 2001, 494/5; MünchKomm-Heldrich § 2033 Rz 27.
[109] MünchKomm-Heldrich § 2033 Rz 27.
[110] RGZ 64, 173; KG OLG 44, 106 Fußnote 1.
[111] RGZ 64, 173/8.

2.17 Erbschaftskäufer

53 Der Erbschaftskäufer hat beim Kauf der *ganzen* Erbschaft vom Alleinerben nur einen obligatorischen Anspruch auf Übertragung aller Nachlassgegenstände (§ 2371 BGB). Da er nicht Erbe ist, hat er keinen Anspruch auf einen Erbschein, der *ihn* als Erben ausweist.

Ob er einen Erbschein auf den *Namen des Erben* beantragen kann, ist umstritten. Die hL[112] lehnt es ab, da der Käufer nur einen obligatorischen Vertrag schließe und nicht an der Erbschaft *als ganzem* dinglich berechtigt sei. Dafür spricht aber die Zweckmäßigkeit;[113] das Problem stellt sich ohnehin nur, wenn dem Verkäufer (Erbe) kein Erbschein erteilt worden war und er sich jetzt weigert, einen Antrag zu stellen oder wenn er unbekannten Aufenthalts ist usw. Es erscheint sinnlos, den Erbschaftskäufer, der eventuell auch die Auflassung seitens des Alleinerben erhalten hat und der die Umschreibung des auf den Erblasser lautenden Grundbuchs vornehmen will, erst auf eine Klage gegen den Verkäufer zu verweisen, damit er alsdann gemäß § 792 ZPO vorgehen kann. Anders als bei normalen Gläubigern ist der Erbschaftskäufer durch einen notariell beurkundeten Vertrag (vgl § 2371 BGB) ausgewiesen.

Der **Erwerber eines einzelnen Nachlassgegenstandes** hat kein Antragsrecht.[114]

2.18 Erbschaftsbesitzer

54 Der bloße Erbschaftsbesitzer ist weder antrags- noch beschwerdeberechtigt.[115]

2.19 Insolvenzverwalter

55 Der Insolvenzverwalter in der Insolvenz des Erben ist aufgrund seiner Verfügungsmacht antragsberechtigt.[116]

---

112 MünchKomm-Mayer § 2353 Rz 84; Staudinger/Schilken § 2353 Rz 45, Scheer S. 62 (wegen der Funktion des Erbscheins).

113 RGRK-Kregel § 2353 Rz 7; Erman/Schlüter § 2353 Rz 8; Vgl Dernburg, Deutsches Erbrecht, 1905, § 159 V 1.

114 LG München I DNotZ 1950, 33; MünchKomm-Mayer § 2353 Rz 85.

115 OLG Schleswig SchlHA 1999, 129.

116 Vgl BayObLGZ 1963, 19.

3. Adressat des Antrags

56 Das ist das Nachlassgericht (§ 2353 BGB). Ein (neuer) Erbscheinsantrag kann nicht beim Beschwerdegericht (LG, OLG) gestellt werden;[117] geschieht das, sollte die Akten an das Nachlassgericht zurückgeleitet werden, damit darüber entschieden wird. Das BayObLG[118] lässt es zu, dass gegenüber dem Beschwerdegericht ein neuer Antrag gestellt wird, wenn das Nachlassgericht einen Vorbescheid erlassen hat, obwohl ein dazugehöriger Antrag fehlte, und gegen den Vorbescheid Beschwerde eingelegt wird. Denn andernfalls müsste der Vorbescheid mangels Antrag aufgehoben werden.

4. Wer hat kein Antragsrecht?

57 Das Antragsrecht steht nicht zu: dem Nachlasspfleger (§ 1960 BGB);[119] dagegen ist der Nachlasspfleger antragsberechtigt, soweit es sich um eine vom Erblasser erworbene zu seinem Nachlass gehörige Erbschaft handelt (Rz 43, 44).[120] Auch der nur forderungsberechtigte Vermächtnisnehmer hat als solcher kein Antragsrecht[121] (wohl aber als Gläubiger mit Titel); der Pflichtteilsberechtigte,[122] wohl aber als Gläubiger mit Titel; [123] ebenso nicht der Nacherbe *vor* Eintritt des Nacherbfalls, in der Regel der Vorerbe *nach* Eintritt des Nacherbfalls; der Käufer und Erwerber eines Nachlassgegenstandes, zB Nachlassgrundstücks,[124] doch können diese bei Glaubhaftmachung eines rechtlichen Interesses eine Ausfertigung eines ordnungsgemäß erteilten Erbscheins nach § 85 FGG verlangen; der Erbschaftskäufer (Rz 53). Ferner sind nicht antragsberechtigt der gesetzliche Vertreter eines minderjährigen Erben, dem die Vermögensverwaltung entzogen ist (§ 1909 I 2 BGB);[125] es muss in diesem Falle ein Pfleger bestellt werden; ein Bevollmächtigter, der auf Grund der Vollmacht des Er-

---

[117] OLG Frankfurt Rpfleger 1997, 262; OLG Brandenburg FamRZ 1999, 55; OLG Köln MittRhNotK 2000, 120.

[118] BayObLG FamRZ 1998, 860; BayObLG FamRZ 1994, 1068 = NJW-RR 1994, 1032 = ZEV 1994, 374.

[119] KGJ 40, 37; KGJ 41, 94 = RJA 11, 178; BayObLGZ 32, 552; OLG Celle JR 1950, 58.

[120] LG Berlin DFG 1942, 44.

[121] BayObLG FamRZ 2000, 1231 = ZEV 2000, 319 (L); KG JW 1936, 2564; OLG München JFG 15, 246 = HRR 1937 Nr 1094.

[122] OLG Hamm Rpfleger 1984, 273; OLG Köln NJW-RR 1994, 1421 = ZEV 1994, 376 (Zimmermann).

[123] Lange/Kuchinke § 39 II 3.

[124] LG München DNotZ 1950, 33; vgl BayObLGZ 34, 406 = JW 1935, 1189.

[125] OLG Braunschweig DNotZ 1951, 374.

ben zur Auflassung eines Nachlassgrundstückes an sich selbst berechtigt ist.[126]

5. Verzicht auf das Antragsrecht

58 Der Antragsberechtigte kann einseitig oder durch Vereinbarung auf sein Antragsrecht verzichten,[127] weil öffentliche Interessen nicht entgegenstehen. Im Rahmen einer Vereinbarung zwischen potentiellen Erben kann deshalb vereinbart werden, wer keinen Erbscheinsantrag stellen darf; ebenso kann die Rücknahme eines Erbscheinsantrags oder die Verpflichtung dazu vereinbart werden.[128] Der Inhalt des Erbscheins kann aber nicht durch Vereinbarung erzwungen werden.[129] Zum **Verzicht auf die Beschwerde** vgl Rz 254.

6. Rücknahme des Antrags

59 Der Erbscheinsantrag kann bis zur Erteilung durch Erklärung gegenüber dem Nachlassgericht zurückgenommen werden (Kostenfolgen: § 130 KostO; § 13a FGG), im übrigen (wenn vom Nachlassgericht die Erteilung abgelehnt und dagegen Beschwerde eingelegt wird) bis zum Abschluss des Rechtsmittelverfahrens durch eine Erklärung gegenüber dem Beschwerdegericht.[130] Nach der Erteilung ist eine Rücknahme nicht mehr möglich. Die Rücknahme bedarf nicht der Zustimmung anderer Beteiligter. Die Rücknahme des Erbscheinsantrags kann weder widerrufen noch wegen Willensmängeln angefochten werden.[131] Ab Erteilung kann der Antragsteller aber die Einziehung des ihm antragsgemäß erteilten Erbscheins anregen (§ 2361 BGB), wenn er sich nun nicht mehr für den Erben hält.

7. Wiederholung des Antrags

60 Die Abweisung eines Erbscheinsantrags durch das Nachlassgericht erwächst nicht in formelle Rechtskraft, weil hiergegen unbefristet die Beschwerde möglich ist (deswegen ist es auch belanglos, ob der Antrag „als unzulässig“ oder „als unbegründet“ abgelehnt wird, anders als im Zivilprozess). Statt der Beschwerde kann der Antrag an sich wiederholt werden. Die Frage ist allerdings, ob tatsächlich ein Wahlrecht besteht, ob dem

[126] OLG Celle JR 1948, 317.
[127] OLG Stuttgart OLGZ 1984, 131/137; vgl allgemein Keidel/Schmidt FGG § 12 Rz 43.
[128] OLG Stuttgart OLGZ 1984, 131.
[129] OLG Stuttgart OLGZ 1984, 131/132.
[130] OLG Köln MittRhNotK 2000, 120 = NJWE-FER 2000, 187; BayObLG FamRZ 1999, 64.
[131] OLG Köln MittRhNotK 2000, 120 = NJWE-FER 2000, 187.

neuen Antrag nicht die Beschwerdefähigkeit der Ablehnung des alten Antrags entgegensteht, ähnlich wie die entgegenstehende Rechtshängigkeit im Zivilprozess (§ 261 III Nr 1 ZPO). Auch das FGG-Verfahren kennt eine von Amts wegen zu beachtende Rechtshängigkeit.[132] Der Wiederholung eines abgelehnten Antrages steht deshalb die Anhängigkeit des alten Antrags entgegen, wenn er auf *genau denselben* Sachverhalt wie der erste Antrag gestützt wird;[133] hier bleibt nur die Beschwerde. Teils wird hier von fehlendem Rechtsschutzbedürfnis gesprochen,[134] was nicht passt. Zu unterscheiden ist die Identität des Antrages („Alleinerbschein aufgrund Testaments vom ...") von der Identität des zugrundeliegenden Sachverhalts (Testierfähigkeit, Widerruf von Testamenten, Wirksamkeit von Ausschlagungen).

8. Amtspflichten des Notars bei Aufnahme des Antrags

61 Der Antragsteller kann einen Notar beauftragen, den Antrag zu beurkunden und die eidesstattliche Versicherung entgegen zu nehmen und zu beurkunden sowie die Urkunde beim Nachlassgericht einzureichen. Der Notar hat für eine sachgerechte Antragstellung zu sorgen, den billigsten Weg zu wählen (ist überhaupt ein Erbschein erforderlich?) und den Antragsteller auf die erforderlichen Standesamtsurkunden hinzuweisen; auf Verlangen des Antragstellers hat er die Urkunden beim Standesamt (gebührenpflichtig) zu besorgen. Zu den Notargebühren vgl Rz 710.

Entgegennahme des Erbscheins. Beantragt der Vorerbe zur Niederschrift des Notars, ihm einen Erbschein zu Händen des Notars zu erteilen, obliegt die Amtspflicht (mit Haftungsfolge), den erteilten Erbschein zu prüfen, ob er dem beantragten Erbschein entspricht, dem Notar auch gegenüber dem bei dem Beurkundungsgeschäft nicht beteiligten Nacherben. Einen für ihn erkennbar unrichtig erteilten Erbschein darf er dem Vorerben nicht aushändigen.[135]

9. Amtspflichten des Gerichts bei Aufnahme des Antrags

62 Wenn Grundstücke zum Nachlass gehören, ist der Erbe auf die Möglichkeit, binnen zwei Jahren seit dem Erbfall eine gerichtsgebührenfreie Grundbuchberichtigung zu erlangen, hinzuweisen (§ 83 S. 2 GBO).[136]

---

[132] Nachweise bei Keidel/Zimmermann FGG § 31 Rz 25.

[133] Vgl KG ZEV 1999, 498 (Anm Zimmermann) = FamRZ 2000, 577 = FGPrax 1999, 227 (teils zweifelhaft).

[134] KG ZEV 1999, 498 = FamRZ 2000, 577 = FGPrax 1999, 227.

[135] BGH NJW 1987, 63 = DNotZ 1988, 375 (Bernhard).

[136] Ziffer XVII/4 (4) der Anordnung über Mitteilungen in Zivilsachen (MiZi).

Über die Entstehung gesetzlicher Kosten, zB für einen Erbschein, braucht das Nachlassgericht grundsätzlich nicht zu belehren, wenn es nicht gefragt wird. Im Einzelfall kann es allerdings verpflichtet sein, Hinweise zur Vermeidung unnötiger Kosten zu geben,[137] zB wenn der Antragsteller ersichtlich keinen Erbschein braucht. Auf die Möglichkeit, einen **gebührenbegünstigten Erbschein** zu beantragen (Rz 689, 690; Grundbuchgebührenermäßigung Rz 700); ist hinweisen,[138] wenn sich ein Anhaltspunkt ergibt (andernfalls unter Umständen Niederschlagung der Mehrkosten nach § 16 KostO).

63 Laien, die nicht durch einen Anwalt oder Notar vertreten sind, sollten durch einen (nicht zu komplizierten) **Fragebogen** auf die bei der Nachlassverhandlung gegebenenfalls zu erörternden Fragen vorbereitet werden, damit sie zuhause die Unterlagen heraussuchen können:

Name und Vorname des/der Verstorbenen

Beruf des/der Verstorbenen

Geboren am ... in ...

Verstorben am ... in ...

Wohnsitz zur Zeit des Todes ...

Staatsangehörigkeit ...

War der Verstorbene verheiratet?

1. Ehe: geschlossen am ... (Standesamt ...) mit ... (Name, Vorname ...).

   Lebt der Ehegatte noch? ... Anschrift ...

   Wurde die Ehe geschieden? Wann ... (Familiengericht ...)

2. Ehe: geschlossen am ... (Standesamt ...) mit ... (Name, Vorname ...).

   Lebt der Ehegatte noch? ... Anschrift ...

   Wurde die Ehe geschieden? Wann ... (Familiengericht ...)

Güterstand? Hatten die Ehegatten vor einem Notar einen Güterstandsvertrag geschlossen?

Kinder des/der Verstorbenen: ...... (mit Geburtsdatum, Beruf, Anschrift; Angabe ob verstorben, wann ... Enkel? ... .). Auch angenommene Kinder, nichteheliche Kinder, für ehelich erklärte Kinder sind anzugeben.

Eltern des/der Verstorbenen: Name, Vorname, Anschrift. Leben sie noch? Wenn verstorben: wann .... Welche Kinder (Geschwister des/der Verstorbenen) sind aus der Ehe hervorgegangen?

---

[137] BayObLG NJW-RR 1997, 583 = FamRZ 1997, 646 = MDR 1997, 300; OLG Hamm JurBüro 1973, 1184.

[138] Korintenberg/Lappe KostO § 107 Rz 57.

Ist etwas über ein Testament oder einen Erbvertrag bekannt? Wo befinden sie sich?

Hat der/die Verstorbene Grundstücke hinterlassen? Grundbuchstelle: Grundbuch des Amtsgerichts für … Band … Blatt

Hat der Verstorbene eine ins Handelsregister eingetragene Firma hinterlassen?

Wird die Erbschaft angenommen?

Wird ein Erbschein benötigt?

Wenn ja: mit welchem Inhalt (Erbquoten)?

10. Inhalt des Antrags

10.1 Bestimmter Antrag

64 Nach hM[139] muss der Erbscheinsantrag so bestimmt sein, dass ihn das Nachlassgericht bei Stattgabe wörtlich übernehmen könnte. Er muss enthalten:

- den Berufungsgrund[140] (gesetzliche Erbfolge, Testament, bei mehreren Testamenten welches Testament; Erbvertrag);
- die beanspruchte Erbquote (Alleinerbe, 1/3 usw);[141]
- Gegebenenfalls: Verfügungsbeschränkung durch Testamentsvollstreckung und Nacherbschaft;
- Gegebenenfalls Antrag, nur einen gebührenbegünstigten Erbschein (zB nur für Grundbuchzwecke, § 107 III KostO; Rz 689, 690) zu erteilen.

Beim Höfe- und Anerbenrecht kommt als Verfügungsbeschränkung ein Recht des überlebenden Ehegatten zur Verwaltung und Nutznießung in Frage.[142] Bei altrechtlichen Ehe-Güterständen sind Verfügungsbeschränkungen zugunsten des überlebenden Ehegatten denkbar.[143] Begehrt der Antragsteller einen gegenständlich beschränkten Fremdrechtserbschein (§ 2369 BGB), so hat er die gegenständliche Beschränkung im Erbscheinsantrag anzugeben;[144] in diesen Fällen können ferner im Antrag anzugebende ausländische Verfügungsbeschränkungen in Frage kommen.

Beispiele: (1) Ich beantrage einen Erbschein, wonach ich aufgrund Gesetzes Alleinerbe meiner am … in … verstorbenen Mutter … bin. (2) Ich beantrage einen

---

139 Seit RGZ 156, 172, 180. Zur Bestimmtheit vgl Hilger BWNotZ 1992, 123.

140 BayObLG NJW-RR 1996, 1160.

141 OLG Frankfurt FamRZ 1998, 1394.

142 MünchKomm-Mayer § 2353 Rz 35; Staudinger/Schilken § 2353 Rz 80.

143 BayObLGZ 15, 508; MünchKomm-Mayer § 2353 Rz 35.

144 BayObLG FamRZ 1998, 1198.

Erbschein, wonach die am .... in .... verstorbenen Frau .... aufgrund Testaments vom .... von mir sowie von A... und B... zu je 1/3 beerbt worden. Testamentsvollstreckung ist angeordnet. (3) Ich beantrage einen Erbschein, wonach ich aufgrund Testaments vom.... Alleinerbe von Herrn ...., verstorben am .... in ... bin. Nacherbschaft ist angeordnet. Die Nacherbschaft tritt ein mit dem Tod des Vorerben. Nacherbe ist N......

65 In Ausnahmefällen wird es für zulässig gehalten, wenn der Antragsteller **keine genauen Erbquoten** angibt, nämlich dann, wenn ihm diese Berechnung nicht möglich ist;[145] hier genüge die Angabe der Berechnungsgrundlagen. Beispiel: E hat dem A ein Grundstück vererbt, dem B sein Wertpapierdepot. Falls es sich nicht um ein Vermächtnis handelt, sind die Erbquoten aus dem Verhältnis der Werte zu errechnen. Aber auch hier kann man verlangen, dass der Antragsteller Werte vorschlägt und anhand deren eine Erbquote; hält das Nachlassgericht eine andere Erbquote für zutreffend muss es ihn durch Zwischenverfügung darauf hinweisen, worauf der Erbscheinsantrag geändert werden kann.

10.2 Unzulässige Anträge

66 Unzulässig sind Anträge von nicht Antragsberechtigten sowie Anträge von Antragberechtigten mit Mängeln: Ich beantrage einen Erbschein „nach dem Testament vom ...“; hier fehlt die Erbquote (richtig: „Ich beantrage einen Erbschein, wonach ich Alleinerbe bin, nach dem Testament vom ...“). Erbschein „nach der gesetzlichen Erbfolge“ (auch hier fehlt die beanspruchte Erbquote, man weiß nicht, ob der Antragsteller weiß, wie hoch die Quote ist). Erbschein „nach dem Testament vom ... oder Gesetz“ (unzulässiger alternativer Antrag, vgl Rz 67, der Erbe muss sich entscheiden, ob er sich auf die gesetzliche Erbfolge oder ein bestimmtes Testament beruft, oder einen Haupt- und Hilfsantrag stellen).[146] Unzulässig ist der Antrag ferner, wenn der Antragsteller nicht das dazu beiträgt, was er nach §§ 2354, 2355 BGB selbst beizutragen hätte (Schilderung der Verwandtschaftsverhältnisse, Vorlage der Personenstandsurkunden usw), obwohl das in seiner Kraft stünde; wenn er die eidesstattliche Versicherung ohne ausreichenden Grund verweigert („keine Zeit, keine Lust“).[147]

In diesen Fällen ist durch **Zwischenverfügung**[148] des Gerichts der Antragsteller zur Stellung eines „richtigen“ Antrags anzuhalten, der Antrag darf nicht einfach als unzulässig zurückgewiesen werden.

---

145 OLG Düsseldorf DNotZ 1978, 683; Notthoff ZEV 1996, 458; Palandt/Edenhofer § 2353 Rz 11.

146 BayObLG DNotZ 1973, 633.

147 OLG Frankfurt FamRZ 1996, 1441 = FGPrax 1996, 110 = Rpfleger 1996, 511.

148 KG DNotZ 1955, 408.

10.3 Hauptantrag, Hilfsantrag; alternative Anträge

67 Das Stellen eines Hauptantrags und eines oder mehrerer Hilfsanträge ist zulässig, wenn sie denselben Erbfall betreffen, doch muss die Prüfungsreihenfolge angegeben werden;[149] eine schwierige Sach- oder Rechtslage ist nicht Zulässigkeitsvoraussetzung, sondern nur Motiv für eine solche Kumulation. **Alternative Anträge**[150] („beantrage einen Alleinerbschein, aufgrund Testaments vom... *oder* aufgrund Gesetzes") sind unzulässig; sie werden ausnahmsweise für zulässig gehalten, wenn Zweifel an der Gültigkeit eines Testaments bestehen und der Antragsteller nach der gesetzlichen Erbfolge mit der gleichen Quote (ohne Belastung durch Nacherbfolge oder Testamentsvollstreckung) zum Erben berufen ist;[151] oder wenn der Erbscheinsantrag alternativ aufgrund von zwei Testamenten gestellt wird, die die Erbfolge in gleicher Weise regeln, wenn Streit besteht, ob das spätere Testament weggefallen oder ungültig ist;[152] der Antragsteller müsse allerdings (ausdrücklich) einen alternativen Erbscheinsantrag stellen.[153]

10.4 Bedingter Antrag

68 Ein Erbscheinsantrag kann nicht davon abhängig gemacht werden, dass ein für einen *anderen* Erbfall in einem anderen Verfahren gestellter Erbscheinsantrag abgelehnt wird.[154] Ein Antrag unter dem Vorbehalt der Ausschlagung ist unzulässig.[155] Haupt- und Hilfsanträge sind unzulässig, wenn sie die Erbfolge nach verschiedenen Personen betreffen. Denn ein unbegründeter Erbscheinsantrag ist durch Beschluss zurückzuweisen.

10.5 Rechtsschutzbedürfnis

69 Ein Rechtsschutzbedürfnis muss grundsätzlich bestehen und liegt in der Regel vor; es fehlt nur ausnahmsweise,[156] wenn ein Bedürfnis für ein solches Zeugnis nicht einmal andeutungsweise erkennbar ist. Der Nachweis

---

[149] RGZ 156, 172; BayObLG FamRZ 1999, 814; BayObLGZ 1961, 123/5; OLG Hamm OLGZ 1968, 332; KG DNotZ 1955, 408; früher (Planck/Greiff BGB § 2353 Anm 6) umstritten.

[150] Allgemein dazu Keidel/Schmidt FGG § 12 Rz 26.

[151] BayObLGZ 1974, 460/66; OLG Frankfurt Rpfleger 1978, 17; KG JW 1928, 118; JFG 5, 185; OLG Karlsruhe OLGR 35, 379; Staudinger/Schilken § 2354 Rz 14; Lange/Kuchinke § 39 II 4; früher aA KGJ 30 A 98; 36 A 109.

[152] OLG Frankfurt MDR 1978, 228.

[153] BayObLG Rpfleger 1973, 136 = BayObLGZ 1973, 28/29; OLG Hamm OLGZ 1967, 71/73 (falls der Antragsteller dem Nachlassgericht ausdrücklich die Wahl überlässt).

[154] BayObLG FamRZ 1999, 814 = NJWE-FER 1999, 12.

[155] Staudinger/Schilken § 2354 Rz 12.

[156] BayObLG FamRZ 1991, 116; Lange/Kuchinke § 39 II 3.

des Vorhandenseins von Nachlass oder des Vorliegens eines *besonderen* Bedürfnisses ist nicht erforderlich;[157] insbesondere bedarf es keines aktiven Nachlasses (Überschuldung steht nicht entgegen). Das gilt auch, wenn Testamentsvollstreckung besteht, und der Erbe erst zu einem späteren Zeitpunkt verfügungsberechtigt wird,[158] so dass der Nachlass ihm derzeit wenig nützt.

Allerdings haben das BayObLG[159] und das KG[160] die Auffassung vertreten, ein gegenständlich auf das DDR-Vermögen beschränkter Erbschein dürfe wegen fehlenden Rechtsschutzbedürfnisses nicht erteilt werden, wenn keine Anhaltspunkte dafür bestehen, dass im Zeitpunkt des Erbfalls weiteres der Nachlassspaltung unterliegendes Vermögen in der ehemaligen DDR vorhanden war.

Ein Erbscheinsantrag ist und bleibt auch dann zulässig, wenn auf Antrag eines anderen Beteiligten schon ein Erbschein anderen Inhalts erteilt ist;[161] es muss nicht zuerst der andere Erbschein als unrichtig eingezogen werden. Die etwaige Einziehung des unrichtigen Erbscheins, gleichzeitig mit der Anordnung der Erteilung des richtigen Erbscheins, ist Sache des Nachlassgerichts.

10.6 Eröffnung der Verfügung von Todes wegen

70 Ein Antrag als Erbe aufgrund Testaments oder Erbvertrags ist nach hM[162] erst nach förmlicher Eröffnung (§§ 2260, 2300 BGB) der betreffenden Verfügung von Todes wegen zulässig, auch wenn sich die Verfügung offen im Nachlass befindet[163] oder das maßgebende ausländische Recht eine solche Eröffnung nicht kennt;[164] das findet im Gesetz keine Stütze,[165] hat auch kaum einen Sinn (Zweck des § 2260 BGB ist nur die beteiligtenöffentliche Bekanntmachung des Testaments; ein Testament ist natürlich auch ohne Eröffnung wirksam). Ist bei Antragstellung das Testament noch nicht eröffnet, holt das Nachlassgericht die Eröffnung nach und behebt so den Mangel;[166] eine Zurückweisung des Antrags als unzulässig

[157] BayObLG FamRZ 1986, 1151, 1152; BayObLG Rpfleger 1990, 512; BayObLGZ 24, 270 = JFG 3, 144, 146; KG FG Prax 2006, 220; aA AG Mannheim BWNotZ 1979, 11.
[158] KG RJA 8, 32.
[159] BayObLG ZEV 1998, 475 = Rpfleger 1999, 76 = MittRhNotK 1998, 429; offen gelassen von KG DtZ 1992, 187 (mit Einordnung unter „Rechtsmissbrauch").
[160] KG FG Prax 2006, 220.
[161] BayObLG FamRZ 2001, 1561; Staudinger/Schilken § 2353 Rz 21.
[162] KGJ 22 A 52; KG JW 1925, 2142; Lange/Kuchinke § 39 II 4; ebenso noch Soergel/Zimmermann § 2355 Rz 1.
[163] Vgl RGZ 48, 96/ 99.
[164] KG DJZ 1908, 1037; aA KG JW 1925, 2142/ 2143.
[165] MünchKomm-Mayer § 2355 Rz 4.
[166] Lange/Kuchinke § 39 II 4.

wäre unstatthaft, weshalb die Streitfrage ohne Belang ist. Ist die Sache schon beim Beschwerdegericht anhängig, hat dieses den Vorgang an das Nachlassgericht zur Nachholung der Eröffnung zurückzuverweisen. [167] Der Erbschein selbst darf allerdings erst nach Eröffnung erteilt werden. Kommt eine Eröffnung der Verfügung von Todes wegen nicht in Betracht, zB bei Verlust der Testamentsurkunde trotz deren Weitergeltung, ist sie nicht Voraussetzung für die Erteilung des Erbscheins.[168]

10.7 Annahme der Erbschaft

71 Der Erbe kann die Erbschaft ausdrücklich annehmen; mit Ablauf der Ausschlagungsfrist gilt die Erbschaft als angenommen (§ 1943 BGB). Die Annahme kann auch stillschweigend erfolgen; wenn ein Alleinerbe einen Erbschein beantragt, enthält das die stillschweigende Annahme der Erbschaft (ein Antrag, der die Annahme ausdrücklich offen lässt, wäre unstatthaft[169]); ebenso wenn ein Erbe einen Teilerbschein beantragt. Beantragt ein anderer Antragsberechtigter (Gläubiger, Testamentsvollstrecker usw; Rz 42, 48) dagegen den Erbschein, hat er die Annahme der Erbschaft in irgendeiner Form nachzuweisen (§ 2356 BGB), etwa durch Darlegung des Fristablaufs (§ 1943 BGB). Das gleiche gilt, wenn *ein* Miterbe einen gemeinschaftlichen Erbschein beantragt: die Annahme durch die Miterben ist nach § 2357 III BGB darzutun und nach § 2356 BGB nachzuweisen. Wären (durch Testament, Erbvertrag) eingesetzte Miterben auch als gesetzliche Miterben berufen, haben die „Angabe" der Annahme und der Nachweis der Annahme durch die Miterben sich auch darauf zu erstrecken, ob die Miterben die Erbschaft als eingesetzte Erben oder als gesetzliche Erben angenommen haben.[170]

11. Erforderliche Angaben des gesetzlichen Erben zur Begründung des Antrags

11.1 Angaben nach § 2354 BGB

72 Wer die Erteilung eines Erbscheins als *gesetzlicher* Erbe beantragt, hat bestimmte Angaben zu machen (im Antrag[171] oder später[172]). Eine pauschale Bezugnahme auf ein Erbscheinsverfahren nach einem anderen

---

[167] OLG München DFG 1943, 147 (LS) = DNotZ 1944, 40 (LS).
[168] KGJ 51, 94, 97 = JW 1919, 586 (Anm Herzfelder, ablehnend).
[169] MünchKomm-Mayer § 2354 Rz 14.
[170] KGJ 30 A 98; Staudinger/Schilken § 2357 Rz 6.
[171] Die Frage, was zum Antrag und was zur „Rechtfertigung des Antrags" gehört, diskutiert von MünchKomm-Promberger 3. Aufl. § 2354 Rz 2, ist ohne praktische Bedeutung.
[172] Lange/Kuchinke § 39 II 4.

Erblasser ist auch dann unzulässig, wenn aus dem anderen Verfahren die nach § 2354 I BGB geforderten Angaben tatsächlich zu entnehmen sind.[173] Entgegen dem Wortlaut des § 2354 BGB gilt die Regelung auch dann, wenn der Antragsteller nicht selbst der Erbe ist, sondern nur Antragsberechtigter ist,[174] zB als Gläubiger, Testamentsvollstrecker usw. Solche Antragsteller werden freilich häufig nicht in der Lage sein, alle Angaben zu machen; dann entfällt die Obliegenheit.

73 **§ 2354 I Nr 1 BGB**: Der Tod und die **Zeit des Todes des Erblassers**. Sie ist durch öffentliche Urkunde (Sterbeurkunde) nachzuweisen (vgl § 2356 BGB); das entfällt, wenn das Nachlassgericht vom Standesamt amtlich vom Todesfall verständigt wurde. Eine dürftige Angabe im Antrag ist dann belanglos, wenn die genaue Todeszeit aus der beigefügten Sterbeurkunde ersichtlich ist.[175] Die ungenaue Angabe („Tod zwischen dem 3. und 5. 6.... .“), wie sie sich bei verwesten Leichen finden, die längere Zeit in der Wohnung oder im Freien lagen, ist unschädlich, wenn es darauf nicht ankommt. Sind Erblasser und möglicher Erbe am selben Tag gestorben (zB Verkehrsunfall von Ehegatten), sind Angaben über die genaue Uhrzeit nach Stunde und erforderlichenfalls Minute erforderlich. Statt der Sterbeurkunde genügt der entsprechende Beschluss nach dem Verschollenheitsgesetz (Todeserklärung, § 9 VerschG; Todeszeitfeststellung, § 44 II VerschG). Beim Erbschein für das Entschädigungsverfahren bestehen Vermutungen (§ 180 I, II BEG). Beantragt der Nacherbe nach Eintritt des Nacherbfalls einen Erbschein, hat er den Tag des Eintritts des Nacherbfalls anzugeben.[176]

74 **§ 2354 I Nr 2 BGB**: Nötig sind **Angaben über das Verwandtschaftsverhältnis zum Erblasser** bzw das Ehegatten-Verhältnis. Anzugeben ist also zB:

„Der Erblasser war in einziger Ehe mit mir verheiratet. Aus der Ehe sind sechs Kinder hervorgegangen, nämlich ...; davon sind drei bereits verstorben, nämlich ....“

Frühere Ehen sind anzugeben und darzulegen, wie sie beendet wurden (zB durch Scheidung, Tod).

Anzugeben ist ferner der **Güterstand des Erblassers**[177] (vgl § 2356 II BGB), wenn er von Bedeutung sein kann; beim Erbfall bis 30. 6. 1958

---

[173] LG Bonn Rpfleger 1985, 29.

[174] MünchKomm-Mayer § 2354 Rz 6.

[175] KG OLG 21, 347.

[176] BayObLG Rpfleger 1985, 183; Rpfleger 1990, 165.

[177] Tröster Rpfleger 1960, 38; nach MünchKomm-Promberger 3. Aufl. § 2354 Rz 13 ist der Güterstand nur bei Erbfällen ab dem 1. 7. 1970 anzugeben.

konnten altrechtliche Güterstände zu beachten sein. Güterstand von ehemaligen DDR-Bürgern, von Flüchtlingen und Vertriebenen: Rz 123. Güterstand von Ausländern: Art 15 EGBGB.

Bei **nichtehelicher Verwandtschaft** ist die Anerkennung oder die gerichtliche Entscheidung darüber (vgl § 1592 Nr 2, 3 BGB) und für die in der Zeit vom 1. Juli 1949 bis 30. Juni 1970 geborenen nichtehelichen Kinder die Anerkennung oder Entscheidung gem Art 12 § 3 NEhelG vorzulegen. Bei Erbfällen vor dem 1. 7. 1998: Ehelicherklärung (§ 1723 aF BGB).

75 Bei einer **Adoption** nach altem Recht, also vor dem 1. 1. 1977, sind die Umstände darzutun, die für die Überleitung maßgeblich sind (Art 12 § 1 AdoptG), ferner ob eine Minder- oder Volljährigenadoption vorlag. Ein zuvor vereinbarter Erbrechtsausschluss verlor mit dem 31. 12. 1977 seine Wirkung; der Annehmende konnte aber durch notariell beurkundete Erklärung gegenüber dem AG Berlin-Schöneberg die Fortgeltung des alten Rechtszustandes verlangen (Art 12 § 2 II 2, III AdoptG[178]). Das Nichtvorliegen der Ausnahmetatbestände des Art 12 §§ 2 ff AdoptG braucht nicht bewiesen zu werden.[179] Unter Nr 2 fällt nicht die Angabe von Tatsachen, die zB eine Ausschlagung als unwirksam erscheinen lassen.[180]

76 **§ 2354 I Nr 3 BGB: Vorrangige Personen.** Anzugeben sind alle Personen, die als gesetzliche Erben oder als Erben aufgrund einer Verfügung von Todes wegen berufen wären, wenn sie nicht aufgrund Ausschlagung (§ 1944 ff BGB), durch Urteil festgestellter Erbunwürdigkeit (§§ 2339 ff BGB), Erbverzichts (§§ 2346 ff BGB) oder vorzeitigen Erbausgleich (§ 1934e BGB alte Fassung) als vor dem Erbfall verstorben gelten würden. Nichteheliche Kinder sind anzugeben. Ein bis 1. 4. 1998 rechtsgültig zustande gekommener vorzeitiger Erbausgleich mit dem nichtehelichen Kind (§§ 1934d, 1934e aF BGB) wirkt sich auch in späteren Erbfällen noch aus (Art 227 I Nr. 2 EGBGB). Auch die bereits vor dem Erblasser verstorbenen Personen, die den Antragsteller von der Erbfolge ausschließen oder seinen Erbteil mindern würden, falls sie noch lebten, sind anzugeben.[181] Die Erklärung braucht nicht den Gesetzesworten zu folgen, insbesondere bedeutet die Aufzählung der Kinder, dass andere Kinder nicht vorhanden sind; einer Angabe, „nur“ diese Kinder seien und waren vorhanden, bedarf es nicht.[182] Wenn vorverstorbene Personen nicht im Kin-

---

178 Verfassungsgemäß, BVerfG NJW 2003, 2600.

179 MünchKomm-Mayer § 2354 Rz 11.

180 KG OLG 40, 155 Fn 1 b.

181 KGJ 27 A 44 = RJA 4, 87; KG OLG 8, 293; OLG Celle JR 1962, 101; OLG Köln DNotZ 1959, 213.

182 KGJ 39 A 92; LG Hamburg DNotZ 1958, 98.

desalter verstorben sind, ist die Angabe, dass sie unverheiratet und kinderlos verstorben sind, erforderlich.[183] Nicht ausreichend ist die Angabe, der Erblasser sei *im Zeitpunkt des Todes* nicht verheiratet gewesen; es muss angegeben werden, ob er unverheiratet war oder ob die Ehe aufgelöst ist.[184] Zu entfernten Möglichkeiten, wie dem des Nichtvorhandenseins nichtehelicher Kinder oder der Schwangerschaft der Witwe, Nasciturus, braucht ohne besondere Veranlassung nicht Stellung genommen und Beweis angetreten zu werden.[185] Kann ein antragstellender Nachlassgläubiger keine Angaben machen, kommt die Bestellung eines Nachlasspflegers (§ 1961 BGB) in Betracht.[186]

77 Ist eine Person weggefallen, durch die der Antragsteller von der Erbfolge ausgeschlossen oder sein Erbteil gemindert werden würde, hat der Antragsteller anzugeben, „in welcher Weise die Person weggefallen ist" (**§ 2354 II BGB**), dh ob durch Tod vor dem Erbfall oder gemäß § 1933 (Scheidungslage), § 1934c aF (vorzeitigen Erbausgleich), § 1938 (Enterbung), § 1953 (Ausschlagung), § 2344 (festgestellte Erbunwürdigkeit), § 2346 (Erbverzicht) BGB.

78 **§ 2354 I Nr 4 BGB: Testamente, Erbverträge.** Verfügungen von Todes wegen sind Testamente und Erbverträge. Die Angabe, dass der Erblasser eine „letztwillige Verfügung" nicht hinterlassen hat, ist theoretisch ungenügend, weil sie die Existenz eines Erbvertrags nicht ausschließt.[187] Bei Laien dürfte aber auch die Erklärung, es sei keine „Verfügung von Todes" vorhanden, nicht genügen, weil sie nicht wissen, was das ist. Auch nach Meinung des Antragstellers nichtige, gegenstandslose oder widerrufene[188] Testamente sind anzugeben, weil die rechtliche Würdigung Sache des Nachlassgerichts ist. Alle Schriftstücke, die sich inhaltlich oder äußerlich als letztwillige Verfügung darstellen, ohne Rücksicht auf ihre materielle oder formelle Gültigkeit, sind zu benennen (vgl § 2259 BGB) und abzuliefern.[189] Ebenso sind Testamente (ihrem Inhalt nach) anzugeben, von denen der Antragsteller weiß, dass sie gegen den Willen des Erblassers vernichtet wurden.[190] Stützt sich der Antragsteller auf die gesetzliche Erb-

---

183 KGJ 29 A 71; KGJ 39 A 92.
184 KG OLGZ 1975, 93 = Rpfleger 1974, 397.
185 KG OLG 21, 347.
186 KG JFG 17, 106; Palandt/Edenhofer § 2355 Rz 3.
187 KG OLG 18, 372; KGJ 31 A 115.
188 hM, zB MünchKomm-Mayer § 2354 Rz 19; Lange/Kuchinke § 39 II 4; aA RGRK-Kregel § 2354 Rz 5 mit der Begründung, sie seien nicht mehr „vorhanden" (so ist § 2354 BGB aber nicht gemeint).
189 KG JFG 14, 158 = JW 1936, 3485.
190 MünchKomm-Mayer § 2354 Rz 19.

folge, obwohl ein Testament vorliegt, sollte er angeben, weshalb er das Testament für nicht maßgeblich ansieht.

79 **§ 2354 I Nr 5 BGB:** Ein **anhängiger Rechtsstreit über das Erbrecht** des Antragstellers ist anzugeben. Anhängigkeit liegt vor, wenn eine Klage beim Prozessgericht eingereicht wurde (vgl § 261 ZPO), Rechtshängigkeit liegt erst mit Zustellung vor. Vor Zustellung wird der Antragsteller selten etwas von einem „anhängigen" Rechtsstreit wissen, die Formulierung des Gesetzes ist daher schief. Bloßer (vorgerichtlicher) Schriftwechsel von Anwälten begründet noch kein „Anhängigkeit". In Frage kommen Feststellungsklagen, auch Anfechtungsklagen nach § 2342 BGB. Die Erklärung gegenüber dem Nachlassgericht, das Testament sei nichtig, oder die Erklärung der Anfechtung nach § 2081 BGB stehen der Klageerhebung nicht gleich.[191] Wenn (unter Verstoß gegen § 73 FGG) bei einem anderen Nachlassgericht bereits ein Erbscheinsantrag in derselben Nachlasssache eingereicht ist, ist das sinngemäß ebenfalls anzugeben. Ein anhängiger Rechtsstreit schließt die Erteilung eines Erbscheins nicht aus, führt zur Aktenbeiziehung durch das Nachlassgericht und wird meist Anlass zur Aussetzung des Erbscheinserteilungsverfahrens sein. In der Praxis ist § 2354 I Nr 5 BGB ohne Relevanz, weil der Erbschein meist schon kurz nach dem Tod beantragt wird und da noch keine Zivilrechtsstreit anhängig ist.

11.2 Sonstige Angaben

80 Der Antragsteller hat, falls es für die Zuständigkeit wesentlich ist, über § 2354 hinausgehend, auf Anfrage des Nachlassgerichts auch sonstige Angaben zu machen, so zum letzten **Wohnsitz des Erblassers** (nicht nur: zum Aufenthalt; wegen der örtlichen Zuständigkeit des Nachlassgerichts, § 73 FGG);[192] ferner hat er anzugeben, welche **Staatsangehörigkeit der Erblasser** seines Erachtens hatte (wegen des anzuwendenden Erbrechts, Art 25 EGBGB).[193] Zwar enthält weder § 2354 BGB noch das FGG eine entsprechende Bestimmung, doch treffen den Antragsteller im FGG – Antragsverfahren trotz § 12 FGG allgemeine Mitwirkungspflichten.[194] Ist der Antragsteller nicht in der Lage, Angaben zu machen, entfällt die Obliegenheit. „Wohnsitz" und „Staatsangehörigkeit" sind Rechtsbegriffe; das Nachlassgericht hat bei Zweifeln selbst zu ermitteln und prüfen, was tat-

---

191 OLG München JFG 14, 428 = HRR 1937 Nr 637.

192 BayObLGZ 14, 55/58.

193 Damrau/Uricher § 2353 Rz 25; aA MünchKomm-Mayer § 2354 Rz 15: Sie müsse nicht angegeben werden.

194 Dazu allgemein Keidel/Schmidt FGG § 12 Rz 121.

sächlich vorliegt[195] und ist nicht an die Meinung des Antragstellers gebunden. **Existenz des Erben:** Nach § 1923 BGB kann nur erben, wer den Erblasser überlebt hat, und sei es auch nur um den Bruchteil einer Sekunde; das wirft Probleme auf beim „gemeinsamen Tod" von Erbe und Erblasser durch einen Verkehrsunfall und bei vermissten Miterben; jedenfalls hat der Antragsteller darzutun, was er dazu beitragen kann.

81 Ob sich beim Tod eines Deutschen **Vermögen im Ausland** befindet ist darzutun, weil dann nach hM eventuell ein Geltungsvermerk im Erbschein erforderlich ist (Rz 445). Beim **Antrag eines Ausländers** (§ 2369 BGB) ist unter anderem darzutun, dass sich Vermögen im Inland befindet.

11.3 Folgen eines Mangels

82 Macht der Antragsteller nicht die geforderten Angaben, wird er durch Zwischenverfügung, zweckmäßig mit Fristsetzung, dazu aufgefordert;[196] bleibt das erfolglos wird der Antrag als unzulässig zurückgewiesen. Etwas anderes gilt nur dann, wenn der Antragsteller substantiiert dartut, warum er dazu nicht in der Lage ist und wenn diese Angaben nicht offensichtlich haltlos sind; dann darf der Antrag nicht zurückgewiesen werden, sondern das Nachlassgericht hat von Amts wegen zu ermitteln (§ 2358 BGB).[197] Dies kann hinsichtlich einzelner Punkte insbesondere bei Antragstellern, die dem Erblasser fern standen, vorkommen. Wird der Erbschein erteilt, obwohl der Antragsteller die nach §§ 2354, 2355 BGB geforderten Angaben nicht machte, ist er gleichwohl nicht einzuziehen (§ 2361 BGB), wenn er inhaltlich stimmt, weil kein wesentlicher Verfahrensverstoß vorliegt.

11.4 Beispiel: Antrag zu Protokoll des Notars[198]

83 Niederschrift — Ort, Datum

In der Nachlasssache Eduard Etzel, verstorben am ….

Vor dem Notar … fand sich ein, ausgewiesen durch Personalausweis:

Frau Andrea Etzel, geborene Bauer, geb. am …, wohnhaft München, Residenzstraße 5.

---

[195] BayObLGZ 1965, 380.

[196] KG DNotZ 1955, 408; Lange/Kuchinke § 39 II 4.

[197] Vgl OLG Köln Rpfleger 1981, 65.

[198] Vgl Kersten/Bühling/Wegmann, Formularbuch und Praxis der Freiwilligen Gerichtsbarkeit, 21.Aufl. 2001 § 125 Muster 42 M.

Die Erschienene erklärt:

Am ... verstarb meine Ehemann Eduard Etzel, geboren am ..., zuletzt wohnhaft in München ...

Der Verstorbene war mit mir in einziger Ehe verheiratet. In der Ehe galt der Güterstand der Zugewinngemeinschaft. Ein Ehescheidungs- oder Eheaufhebungsverfahren war nicht anhängig. Aus der Ehe gingen hervor:

a) Abraham Etzel, verstorben im Kindesalter

b) Beate Etzel, verstorben im Kindesalter

c) Wilhelm Etzel, vorverstorben am .... unter Hinterlassung von zwei Kindern, nämlich

   Walter Etzel, geb. am ...., wohnhaft in ..., Schüler

   Waltraud Etzel geb. am ...., wohnhaft in ..., Schülerin

d) Daniel Etzel, geb. am .... wohnhaft in ..., Angestellter

e) Emil Etzel, geb. am .... wohnhaft in ..., Buchhändler.

Der Verstorbene hatte keine nichtehelichen Kinder, er hatte niemanden für ehelich erklärt oder als Kind angenommen.

Er war deutscher Staatsangehöriger.

Der Verstorbene hat kein Testament und keinen Erbvertrag hinterlassen.

Die Erbfolge richtet sich daher nach dem Gesetz.

Danach wurde der Verstorbene beerbt:

- von mit zu ½;
- von seinem Sohn Daniel Etzel zu 1/6;
- von seinem Sohn Emil Etzel zu 1/6;
- von seinem Enkel Walter Etzel zu 1/12;
- von seiner Enkelin Waltraud Etzel zu 1/12.

Nach Hinweis auf die Haftung für Nachlassschulden nehme ich die Erbschaft an.

Die Miterben haben ebenfalls die Erbschaft angenommen.[199]

Ich beantrage einen gemeinschaftlichen Erbschein gemäß den oben angegebenen Erbquoten; der Erbschein soll an den beurkundenden Notar übersandt werden.

---

[199] § 2357 III 1 BGB verlangt nur die „Angabe“ der Annahme, § 2356 BGB den Nachweis.

Nach Belehrung durch den Notar versichere ich an Eides Statt, dass mir nichts bekannt ist, was der Richtigkeit folgender Angaben entgegensteht:

In unserer Ehe galt der Güterstand der Zugewinngemeinschaft. Eine weitere Verfügung von Todes wegen ist nicht vorhanden. Weitere Personen, durch welche die festgestellte Erbfolge ausgeschlossen oder geschmälert würde, sind und waren nicht vorhanden.

Ein Rechtsstreit über das Erbrecht ist nicht anhängig. Vgl Rz 79.

Der Erblasser war nicht Inhaber oder Teilhaber einer ins Handelsregister eingetragenen Firma.

Er war nicht Eigentümer eines Grundstücks.[200]

Im Ausland befinden sich keine Nachlassgegenstände.

Das Nachlassverzeichnis werde ich in Kürze einreichen.[201]

Vorgelesen, genehmigt und unterschrieben:

gez. *Andrea Etzel* gez. Dr. Noll, Notar

Einzureichende Personenstandsurkunden: Sterbeurkunde; Heiratsurkunde, Geburtsurkunde aller fünf Kinder, Sterbeurkunden der drei Kinder Abraham, Beate und Wilhelm, Geburtsurkunde der beiden Enkel des Sohnes Wilhelm; Nachweis der Annahme der Erbschaft durch die Miterben, zB durch privatschriftliche Erklärung (Rz 210).

84 **Erläuterung:** Man sollte im Protokoll meines Erachtens keine Fachausdrücke wie „Ehesache“, „Verfügung von Todes wegen“ verwenden, weil der Laie sich darunter nichts vorstellen kann, die Gefahr einer falschen eidesstattlichen Versicherung dadurch erhöht wird. Die Witwe kann den **Antrag** auf einen gemeinschaftlichen Erbschein allein stellen (§ 2357 I BGB), also auch für die Miterben; selbst wenn die Enkel minderjährig sind muss deren gesetzliche Vertreterin für den Antrag nicht eingeschaltet werden (gleichgültig, wenn die Mutter handelt). Die **Annahme der Erbschaft** durch die Enkel kann durch die Mutter erfolgen und bedarf keiner Genehmigung des Familiengerichts (vgl § 1643 II BGB).[202] Der „Antrag“ zu Protokoll des Notars enthält zugleich die Niederschrift über die Abgabe der **eidesstattlichen Versicherung** (§ 2256 I BGB). An sich müssen

---

200 Andernfalls: Grundbuchberichtigung beantragen, §§ 35, 83 S. 2 GBO; Kostenvergünstigung bei Fristwahrung nach § 60 IV KostO.

201 In manchen Musterbüchern wird empfohlen, dass der Notar den Wert des Reinnachlasses in die Niederschrift aufnimmt. Das bindet das Nachlassgericht aber nicht, für die vom Nachlassgericht zu erhebende Gebühr (§ 107 KostO) wird der Wert gleichwohl von Amts wegen ermittelt, indem die Beteiligten ein Nachlassverzeichnis ausfüllen müssen.

202 BayObLG FamRZ 1997, 126; Palandt/Diederichsen § 1643 Rz 5.

entweder alle Miterben beim Notar die eidesstattliche Versicherung abgeben, oder die nicht anwesenden Miterben müssen sie beim Nachlassgericht nachholen, denn eine Vertretung scheidet aus (ausgenommen bei den minderjährigen Enkeln). Doch kann nach § 2357 III BGB das Nachlassgericht die eidesstattliche Versicherung *eines* Miterben (hier: der Witwe) als ausreichend ansehen.

12. Erforderliche Angaben des gewillkürten Erben zur Begründung des Antrags

85 Wer die Erteilung eines Erbscheins als testamentarischer oder erbvertraglicher Erbe beantragt, hat bestimmte Angaben zu machen (im Antrag oder später, aber nicht durch Bezugnahme auf ein anderes Erbscheinsverfahren); § 2355 BGB. Sie decken sich zum Teil mit den Angaben, die ein gesetzlicher Erbe machen muss. Entgegen dem Wortlaut des § 2355 BGB gilt die Regelung auch dann, wenn der Antragsteller nicht selbst der Erbe ist, sondern nur Antragsberechtigter ist, zB als Gläubiger, Testamentsvollstrecker usw.

12.1 Was ist anzugeben?

86
- Die Zeit des Todes des Erblassers (§ 2354 I Nr 1 BGB); vgl Rz 73.
- Vorhandene Testamente, Erbverträge (§ 2354 I Nr 4 BGB): Ersetzt durch § 2355 I (Rz 87).
- Ein anhängiger Rechtsstreit über das Erbrecht des Antragstellers (§ 2354 I Nr 5 BGB).
- Der Fiskus (Bundesland) als gesetzlicher Erbe hat die Voraussetzungen des § 1936 BGB darzutun.

Insbesondere ist also erforderlich:

87
- Bezeichnung (zur Vorlage vgl § 2356 BGB) des Testaments oder Erbvertrags, auf das/den sich der Antragsteller stützt.
- Angabe, welche sonstige Testamente und Erbverträge vorhanden sind.
- Ergibt sich aus der Verfügung von Todes wegen allein den Kreis der als Erben in Betracht kommenden Personen nicht, sondern erst unter Mitberücksichtigung anderer Umstände, wie zB der Ehe oder der Verwandtschaft mit dem Erblasser, dann ist § 2354 BGB, auch soweit nicht

in § 2355 BGB genannt, entsprechend anwendbar.[203] Beispiel: „Testament. Erben sollen meine Enkel sein." Darzutun ist, wie viele Enkel vorhanden sind und wie sie heißen.

Es entfallen jedoch:

- Angaben über das Verwandtschaftsverhältnis (§ 2354 I Nr 2 BGB): sie entfallen,[204] falls sie für den Erbscheinsinhalt gleichgültig sind (Beispiel: der Erblasser setzt seine Lebensgefährtin als Erbin ein).
- Kraft Gesetzes vorrangige Personen (§ 2354 I Nr 3 BGB): sie entfallen.[205] Ist aber eine Person weggefallen, durch die der Antragsteller von der testamentarischen Erbfolge ausgeschlossen oder sein Erbteil gemindert werden würde, hat der Antragsteller anzugeben, „in welcher Weise die Person weggefallen ist" (§ 2354 II BGB), dh ob durch Tod oder gemäß §§ 1933, 1938, 1953, 2344, 2346 BGB.

12.2 Beispiel: Antrag zu Protokoll des Nachlassgerichts[206]

Niederschrift Ort, Datum *88*

In der Nachlasssache Eduard Etzel, verstorben am ....

Vor dem Rechtspfleger Roll fand sich ein, ausgewiesen durch Personalausweis:

Frau Andrea Etzel, geborene Bauer, geb. am ..., wohnhaft München, Residenzstraße 5.

Dem Gericht liegt ein zugeklebter Umschlag mit der Aufschrift „Letzter Wille" vor, übergeben von Frau Andrea Etzel. Der Umschlag wird aufgeschnitten. Entnommen wird ein handschriftliches Blatt Papier mit Unterschrift, datiert ..... Es beginnt mit den Worten „Mein Testament", endet mit den Worten „Eduard Etzel" und ist mit blauem Kugelschreiber auf kariertes Papier geschrieben. Es wird durch Verkündung eröffnet und vorgelesen. Auffälligkeiten wurden nicht festgestellt. Das Testament wurde nach Angaben von Frau Andrea Etzel vom Verstorbenen eigenhängig geschrieben und unterschrieben.

Die Erschienene erklärt:

Am ... verstarb mein Ehemann Eduard Etzel, geboren am ..., zuletzt wohnhaft ...

---

203 KG OLG 32, 80 Fn 1 = SchlHA 1915, 259.

204 Lange/Kuchinke § 39 II 4.

205 KGJ 39 A 95.

206 Vgl Gregor Rz 81.

Der Verstorbene war mit mir in einziger Ehe verheiratet. In der Ehe galt der Güterstand der Zugewinngemeinschaft. Ein Ehescheidungs- oder Eheaufhebungsverfahren war nicht anhängig. Aus der Ehe ging ein Kind hervor: Waltraud Etzel, geb ... wohnhaft ....

Der Verstorbene hatte keine nichtehelichen Kinder, er hatte niemanden für ehelich erklärt oder als Kind angenommen.

Er war deutscher Staatsangehöriger.

Die Erbfolge richtet sich nach dem soeben eröffneten Testament vom ...

Danach wurde der Verstorbene beerbt von mir, Andrea Etzel, allein.

Eine weitere Verfügung von Todes wegen ist nicht vorhanden. Auf das gesetzliche Pflichtteilsrecht meiner Tochter wurde ich hingewiesen.

Nach Hinweis auf die Haftung für Nachlassschulden nehme ich die Erbschaft an und beantrage einen Erbschein, wonach ich aufgrund des Testaments vom.... Alleinerbin geworden bin.

Nach Belehrung versichere ich an Eides Statt, dass mir nichts bekannt ist, was der Richtigkeit folgender Angaben entgegensteht:

In unserer Ehe galt der Güterstand der Zugewinngemeinschaft. Eine weitere Verfügung von Todes wegen ist nicht vorhanden. Weitere Personen, durch welche die festgestellte Erbfolge ausgeschlossen oder geschmälert würde, sind und waren nicht vorhanden.

Ein Rechtsstreit über das Erbrecht ist nicht anhängig.

Der Erblasser war nicht Inhaber oder Teilhaber einer ins Handelsregister eingetragenen Firma.

Der Verstorbene war Eigentümer des Grundstücks .... eingetragen im Grundbuch des Amtsgerichts ... Blatt ... .

Ich wurde darauf hingewiesen, dass das Grundbuch durch den Erbfall unrichtig geworden ist und dass die Grundbuchberichtigung, wenn der Antrag binnen zwei Jahren seit dem Erbfall beim Grundbuchamt eingeht, gebührenrechtlich vergünstigt ist.[207]

Frau Andrea Etzel erklärt daraufhin:

Ich beantrage, das Grundbuch allerorten zu berichtigen und mich als Alleineigentümerin einzutragen; der Antrag soll an das Grundbuchamt weitergeleitet werden.[208]

Im Ausland befinden sich keine Nachlassgegenstände.

[207] Vgl § 83 S. 2 GBO; Grundbuchkosten: § 60 IV KostO (gebührenfrei).

[208] Vgl Art 37 III BayAGGVG.

Das Nachlassverzeichnis werde ich in Kürze einreichen.

Vorgelesen, genehmigt und unterschrieben

gez. *Andrea Etzel* gez. *Roll*, Rechtspfleger

Einzureichende Personenstandsurkunden: Sterbeurkunde; Heiratsurkunde. Geburtsurkunde der Tochter Waltraud (entbehrlich).

89 **Erläuterung:** Dieser „Antrag" zu Protokoll des Nachlassgerichts enthält (u.a.) zugleich, wie üblich, die Niederschrift über die Testamentseröffnung (§ 2260 I BGB), die Annahme der Erbschaft und die Niederschrift über die Abgabe der eidesstattlichen Versicherung (§ 2256 I BGB).

Testamentseröffnung	Nur zu Protokoll des Nachlassgerichts, Anwesenheit der Beteiligten nicht vorgeschrieben	§ 2260 BGB
Annahme der Erbschaft	Formfrei, auch stillschweigend, oder durch Fristablauf	§ 1943 BGB
Erbscheinsantrag	Formfrei, auch durch Notar, Rechtsanwalt, oder zu Protokoll des Nachlassgerichts	§ 2253 BGB
Eidesstattliche Versicherung	Zu Protokoll des Nachlassgerichts oder eines Notars	§ 2356 II 1 BGB

Diese Aufteilung der Zuständigkeiten hat zur Folge, dass ein **Notar** das obige Protokoll ebenfalls errichten kann, mit Ausnahme der Testamentseröffnung (der Satz: „Es wird durch Verkündung eröffnet und vorgelesen. Auffälligkeiten wurden nicht festgestellt" entfällt also). Die Eröffnung kann aber auch ohne die Beteiligten erfolgen (§ 2260 I 2 BGB).

90 Ein **Rechtsanwalt** könnte nur den Erbscheinsantrag stellen, er könnte weder die Testamentseröffnung protokollieren noch die Abgabe der eidesstattlichen Versicherung. Der Anwalt hätte drei Möglichkeiten:

- er beantragt, die Abgabe der eidesstattlichen Versicherung zu erlassen (§ 2356 II 2 BGB);
- er schickt den Mandanten zum Notar zwecks Abgabe der e.V.
- er schickt den Mandanten zum Nachlassgericht zwecks Abgabe der e.V.

Am billigsten ist, selbst mit Personalausweis und Personenstandsurkunden zum Nachlassgericht zu gehen; dann fallen 2 Gerichtsgebühren an (§§ 107, 49 KostO). Nimmt der Notar den Antrag und die eidesstattliche Versicherung auf und fügt er die vom Antragsteller mitgebrachten Personenstandsurkunden bei, erhält der Notar eine Gebühr (zuzüglich Umsatzsteuer), § 49 KostO, das Gericht eine Gebühr, hier tritt also eine Verteuerung nur um die Umsatzsteuer ein. Geht der Antragsteller zum Anwalt, kommen zu den Anwaltsgebühren (2300 RVG VV) noch die Notar- bzw Gerichtsgebühren dazu.

13. Nachweise, beizufügende Urkunden

91 Der Antragsteller hat die Tatsachen, die sein Erbrecht begründen, teils durch öffentliche Urkunden, teils durch eidesstattliche Versicherung, teils ohne besondere Form, nachzuweisen.

Bei gesetzlicher Erbfolge:

		Nachweisform
Tod und Todeszeitpunkt	§ 2354 I Nr. 1	Öffentliche Urkunde
Verwandtschaftsverhältnis	§ 2354 I Nr. 2	Öffentliche Urkunde
Weggefallene Personen	§ 2354 I Nr. 3	Eidesstattliche Versicherung
Vorhandene Testamente	§ 2354 I Nr. 4	Eidesstattliche Versicherung
Anhängige Prozesse	§ 2354 I Nr. 5	Eidesstattliche Versicherung
Weggefallene Personen	§ 2354 II	Öffentliche Urkunde
Güterstand des Erblassers	§ 2356 II	Eidesstattliche Versicherung

Bei Erbfolge aufgrund Testaments/Erbvertrags:

		Nachweisform
Tod und Todeszeitpunkt	§ 2354 I Nr. 1	Öffentliche Urkunde
Testament	§ 2355	Vorlage des Testaments
Andere Testamente	§ 2354 I Nr. 4, § 2355	Angaben darüber
Anhängige Prozesse	§ 2354 I Nr. 5	Eidesstattliche Versicherung
Weggefallene Personen	§ 2354 II	Öffentliche Urkunde

13.1 Nachweis durch öffentliche Urkunden

Der Antragsteller hat durch öffentliche Urkunden nachzuweisen (§ 2356 I 1 BGB): *92*

- Tod und Todeszeitpunkt des Erblassers (§§ 2354 I Nr. 1, 2355 BGB);
- Bei gesetzlicher Erbfolge das Verwandtschaftsverhältnis zum Erblasser (§ 2354 I Nr. 2 BGB);
- Weggefallene Personen (§ 2354 II BGB).

Die öffentliche Urkunde ist nicht erforderlich, wenn

- sie nicht oder nur schwierig beschaffbar ist (§ 2356 I 2 BGB); oder
- wenn die Tatsache beim Nachlassgericht offenkundig ist (§ 2356 III BGB).

93 Der **Begriff der öffentlichen Urkunde** in § 415 ZPO gilt auch im FGG-Verfahren,[209] ebenso die §§ 417–419 ZPO. Sie muss von einer öffentlichen Behörde innerhalb der Grenzen ihrer Amtsbefugnisse oder von einer mit öffentlichem Glauben versehenen Person (zB Notare, Gerichte, Standesbeamte) innerhalb des ihr zugewiesenen Geschäftskreises und in der vorgeschriebenen Form (zB §§ 8 ff BeurkG; §§ 159, 160 ZPO) aufgenommen worden sein. Für die Frage der Echtheit ist § 437 ZPO entsprechend anwendbar; die Farbfotokopie ist allerdings soweit entwickelt, dass selbst Laien sich täuschend echt aussehende Urkunden zusammenbasteln können (hier hilft § 437 II ZPO).

13.1.1 Personenstandswesen

94 Für die **Zeit vor dem 1. 1. 1876** sind Auszüge aus den damals geltenden Registern und Kirchenbüchern öffentliche Urkunden und als Beweismittel ausreichend.[210] Das Gesetz über das Personenstandswesen vom 6. 2. 1875,[211] in Kraft seit dem 1. 1. 1876, bestimmt die Beurkundung von Geburts-, Heirats- und Sterbefällen im Geburtsregister, Heiratsregister und Sterberegister der Standesämter. Grundsätzlich kamen dabei bis 1924 nur vollständige Auszüge aus dem Standesamtsregister in Frage und die Rechtsprechung hat früher überwiegend nur solche vollständigen Auszüge als ausreichende Urkunden im Sinne des § 2356 I 1 BGB gelten lassen.[212] Ab 1. 4. 1924[213] wurden Geburts-, Heirats- und Todesscheine in

[209] KGJ 40, 114; BayObLGZ 1981, 38, 42 = Rpfleger 1981, 238.

[210] KGJ 36 A 97.

[211] RGBl 1875, 23.

[212] KG RJA 15, 290; KGJ 53, 86.

[213] VO v. 14.2.1924, RGBl 1924 I 116.

abgekürzter Form zugelassen. Sie beweisen, dass die Geburt, die Eheschließung und der Sterbefall im Register unter der bezeichneten Nummer beurkundet sind, nicht aber Geburt, Heirat oder Tod als solche. Das Personenstandsgesetz vom 3. 11. 1937,[214] in Kraft seit dem 1. 7. 1938, bestimmte, dass Geburts-, Heirats- und Sterbefälle in Geburtenbüchern, Familienbüchern und Sterbebüchern zu beurkunden waren; beglaubigte Abschriften daraus (zu unterscheiden von beglaubigten Abschriften von Personenstandsurkunden) haben die gleiche Beweiskraft wie die Bücher (§ 66 PStG). Die Neufassung des PStG v 8. 8. 1957[215] brachte zusätzlich das Heiratsbuch. Die Vorschriften über die Beweiskraft gelten auch für die im Land Baden-Württemberg geführten **Familienregister** und die vor dem 3. 10. 1990 in der DDR angelegten Familienregister (§ 61 PStV).

13.1.2 Personenstandsurkunden im allgemeinen

95 Als Personenstandsurkunden kennt § 61a PStG beglaubigte Abschriften von Personenstandsbüchern, Geburtsscheine, Geburtsurkunden, Heiratsurkunden, Sterbeurkunden, Abstammungsurkunden und Auszüge aus den Familienbüchern. Diese Urkunden haben die gleiche Beweiskraft wie die Personenstandsbücher (§ 66 PStG). Sie beweisen ebenso wie Auszüge aus den Büchern bei ordnungsmäßiger Führung der Bücher Eheschließung, Geburt, Tod und die darüber gemachten näheren Angaben, also die Richtigkeit der Tatsachen selbst, nicht nur die richtige Beurkundung der vom Anzeigenden abgegebenen Erklärung (§ 60 PStG).[216] Ausgenommen sind Staatsangehörigkeitsvermerke. Standesamtsurkunden aus Büchern von Standesämtern ***ehemals*** **deutscher Gebiete** sind teils in Berlin verwahrt, Urkunden werden vom Standesamt I in Berlin ausgestellt. **Vertriebene**, die nicht über die erforderlichen standesamtlichen Urkunden für das Erbscheinsverfahren verfügen, müssen in der Regel die Anlegung eines Familienstammbuchs nach § 15a PStG beantragen, da keine Veranlassung mehr besteht, eidesstattliche Versicherungen als Ersatz für Personenstandsurkunden zuzulassen.[217]

96 Die **Vorlage der Urschrift** der Personenstandsurkunde ist nur bei Zweifeln an der Richtigkeit erforderlich;[218] andernfalls genügt eine beglaubigte Fotokopie der Personenstandsurkunde. Wenn das Standesamt den Todesfall amtlich dem Nachlassgericht mitgeteilt hat, muss der Antrag-

[214] RGBl 1937 I 1146.
[215] BGBl I 1957, 1125.
[216] KG Rpfleger 1959, 54/55.
[217] KG Rpfleger 1971, 220; OLG Bremen JR 1960, 422.
[218] BayObLG Rpfleger 1983, 354.

steller nicht noch eine Sterbeurkunde vorlegen.[219] **Urkunden mit beschränktem Gültigkeitsbereich**, zB die kostenlose Sterbeurkunde „nur gültig für die Bestattung“ genügen nicht, wenn uneingeschränkte Urkunden standesamtlicher Urkunden ohne Schwierigkeiten beschafft werden können.[220]

Rückgabe der Urkunden. Die Personenstandsurkunden sind, wenn es vom Vorlegenden verlangt wird, zurückzugeben (nicht aber das Testament); soweit erforderlich, sind dann vom Antragsteller auf seine Kosten beglaubigte Abschriften beizubringen;[221] ökonomischer ist es, wenn sich das Gericht selbst Photokopien anfertigt. Vgl Ziffer XVII Nr. 5 der Anordnung über Mitteilungen in Zivilsachen (MiZi). *97*

13.1.3 Familienstammbuch

Das Familienstammbuch[222] ist eine Sammlung von Personenstandsurkunden einer Familie (beginnend mit der Heiratsurkunde), das sich im Besitz der Familie befindet. Es hat nach § 65 AVO-PStG v 12. 8. 1957[223] hinsichtlich der beglaubigten Eintragungen die gleiche Beweiskraft wie Personenstandsurkunden, wenn es die Vordrucke enthält, die für die Ausstellung von Personenstandsurkunden bestimmt sind. Das Familienstammbuch hat im Erbscheinsverfahren ausreichende Beweiskraft insoweit, als es in Urkunden und Eintragungen diejenigen Personenstandstatsachen enthält, die zum Nachweis der in § 2354 I Nr 1–3, II BGB vorgeschriebenen Angaben erforderlich sind. Die in einem Familienstammbuch vom Standesbeamten bezeugten Rechtsverhältnisse sind als Einheit und in ihrer Beziehung zueinander zu beurteilen; zur Ergänzung einzelner Eintragungen können die übrigen Eintragungen herangezogen werden.[224] Die **Familienstammbücher alter Form** (vor dem 1. 7. 1938 ausgestellt) sind keine öffentlichen Urkunden im Sinne des § 2356 I 1 BGB, weil sie nicht den Beweis von Geburt, Heirat, Tod erbringen;[225] sie enthalten Geburts-, Heirats- und Todesscheine; wenn sie den für die Scheine vorgesehenen Inhalt haben und mit Unterschrift und Siegel des zuständigen Beamten versehen sind, beweisen sie nur, dass die Geburt, die Eheschließung, der Sterbefall *98*

---

[219] Staudinger/Schilken § 2356 Rz 11.

[220] LG Göttingen NdsRpfl 1963, 187.

[221] KG RJA 15, 283.

[222] Dazu Hahn Rpfleger 1996, 228.

[223] BGBl I 1957, 1139; ebenso § 107 AVO-PStG v 19. 5. 1938 (RGBl 1938 I 533).

[224] OLG Düsseldorf DNotZ 1937, 137.

[225] KG JFG 15, 52 = JW 1937, 640 = DNotZ 1937, 245; KG JFG 20, 34 = HRR 1939 Nr 828 = DR 1939, 1391; aA teils Hahn Rpfleger 1996, 228.

im Register beurkundet ist (§ 15a II PStG idF von 1924). Sie kommen als anderes Beweismittel im Sinne des § 2356 I 2 BGB in Betracht.[226]

13.1.4 Geburtsurkunden, Nachweis der Geburt

99 Geburtsurkunden (§ 62 PStG) beweisen ebenso wie Abstammungsurkunden (§ 62 PStG) Ort und Zeitpunkt der Geburt, die Abstammung und Geschlecht des Kindes sowie die Rechtsstellung als eheliches oder nichteheliches Kind. Ein Vermerk über die Staatsangehörigkeit nimmt nicht an der Beweiskraft teil. Es unterscheiden sich Abstammungs- und Geburtsurkunde dadurch, dass erstere die personenstandsrechtliche Entwicklung im Detail aufführt, zB leibliche Eltern und Adoptiveltern, während letztere nur den zur Zeit der Ausstellung maßgeblichen Personenstand, zB die Adoptiveltern, angibt. Nichteheliche Mutterschaft wird durch die Geburtsurkunde bewiesen; nichteheliche Vaterschaft auch durch eine öffentliche Urkunde über die Anerkennung oder die gerichtliche Feststellung (§§ 1592, 1600e BGB); die Vaterschaft kann noch nach dem Tod des Vaters im FGG-Verfahren festgestellt werden (§ 1600e II BGB). Der **Geburtsschein** (61c PStG), zeitweise „Geburtsbescheinigung" genannt, ist eine „abgekürzte Geburtsurkunde" und beweist nur die Namen und Geschlecht des Kindes sowie Ort und Tag der Geburt, nicht aber das Abstammungsverhältnis, da er keine Angaben über die Eltern und das Abstammungsverhältnis enthält; im Erbscheinsverfahren ist er insoweit nicht verwendbar.[227]

13.1.5 Sterbeurkunden, Nachweis des Todes

100 Sterbeurkunden (Inhalt: § 64 PStG) und die entsprechenden Eintragungen im Familienstammbuch beweisen die Zeit[228] des Todes des Erblassers (§ 2354 I Nr 1 BGB) oder solcher Personen, durch die der Antragsteller von der Erbfolge ausgeschlossen oder sein Erbteil gemindert werden würde (§ 2354 I Nr 3, II BGB); sie erbringen nicht Beweis über den letzten Wohnsitz oder den Bestand einer Ehe im Todeszeitpunkt, obgleich sie auch diese Angaben enthalten.[229] Der Tod kann somit bewiesen werden[230]

---

[226] JFG 15, 52/4.

[227] LG Mainz Rpfleger 1988, 25; KG OLG 46, 243; Staudinger/Schilken § 2356 Rz 9; für das Familienstammbuch alter Form KG JFG 20, 34 = HRR 1939 Nr 828; KG JFG 15, 52 = HRR 1937 Nr 566 = JW 1937, 640 = DNotZ 1937, 245.

[228] Zum genauen Zeitpunkt bei einem gemeinsamen Verkehrsunfall vgl BayObLG Rpfleger 1999, 226.

[229] KG FamRZ 1971, 432 = Rpfleger 1971, 220; KG DFG 1942, 102 = DR 1942, 1336.

[230] Vgl MünchKomm-Mayer § 2356 Rz 24.

durch die Sterbeurkunde, das Sterbebuch, die beglaubigte Abschrift aus dem Sterbebuch, die Eintragung im Familienbuch, die beglaubigte Abschrift aus dem Familienbuch, den Auszug hieraus; Todesschein nach dem PStG 1924. Bei **Verschollenheit:** Beschluss über Todeserklärung oder Todeszeitfeststellung nach dem VerschG[231], Eintragung im Buch für Todeserklärungen und beglaubigter Abschrift hieraus (§§ 40, 61b PStG), Eintragung im Familienbuch, beglaubigte Abschrift und Auszug hieraus (§§ 14, 15 PStG). Ausländische Todeserklärungen können bei uns nach § 16a FGG anerkannt werden.[232]

13.1.6 Heiratsurkunde, Nachweis der Ehe, der Scheidung

101 Zu unterscheiden ist der Nachweis der Eheschließung vom Nachweis, ob beim Tod des einen Ehegatten die Ehe noch bestand (oder zB geschieden wurde). Eine später ausgestellte Heiratsurkunde (§ 63 PStG) über eine vor dem 1. 1. 1958 geschlossene Ehe gibt die späteren Änderungen des Personenstandes und des Namens der Ehegatten wieder und sagt aus, ob die Ehe später aufgelöst wurde. Die Heiratsurkunde über eine nach dem 31. 12. 1957 geschlossene Ehe beweist nur die Eheschließung, sie beweist nicht, dass die Ehe am Tag der Urkundenausstellung noch bestanden hat[233] und dass die Eheleute noch zur Zeit der Ausstellung der Urkunde denselben Namen führen (§ 63 PStG). Sollen diese Umstände bewiesen werden, so bedarf es eines Auszugs aus dem Familienbuch (§ 65a PStG). Ein das Erbrecht beanspruchender Ehegatte muss daher den Bestand der Ehe bis zum Tode des Gatten bei Eheschließung bis 31. 12. 1957 durch Heiratsurkunde, bei Eheschließung ab 1. 1. 1958 durch Auszug oder beglaubigte Abschrift aus dem Familienbuch beweisen. Eine Sterbeurkunde des Erblassers genügt nicht. Die Angabe des Ehegatten in der Sterbeurkunde (§ 64 Nr 2 PStG) beweist nicht die Ehe und nicht den Fortbestand der Ehe (sie kann aber nach § 2356 I 2 BGB verwertet werden).[234]

102 Bei einem **gemeinschaftlichen eigenhändigen Testament** muss die Eheschließung (und damit die Wirksamkeit des Testaments; § 2267 BGB) nicht durch öffentliche Urkunden nachgewiesen werden, wenn der Überlebende sein Erbrecht daraus herleitet; es genügt ein formfreier Nachweis.[235]

---

[231] Nach LG Osnabrück RNotZ 2003, 574 soll in Einzelfall eine Todeserklärung entbehrlich sein; nicht überzeugend.

[232] BGH MDR 1962, 972; IPRax 1982, 155; Siehr, Internationales Privatrecht, 2001, § 17 III.

[233] Staudinger/Schilken § 2356 Rz 10; Neuschwander BWNotZ 1968, 24.

[234] MünchKomm-Mayer § 2356 Rz 26.

[235] BayObLG FamRZ 1990, 1284: in Polen 1932 geschlossene Ehe nachgewiesen durch ein Hochzeitsphoto und die „Umstände". Zustimmend Lange/Kuchinke § 39 II 4.

103 **Scheidung.** Eine Heiratsurkunde über eine spätere Ehe *beweist* nicht die Auflösung einer früheren Ehe durch Tod oder Scheidung;[236] doch sollte man hier (weil die Wahrscheinlichkeit über 99 % liegt) § 2356 I 2 BGB anwenden.[237] Das Scheidungsurteil wäre ein formgerechter Nachweis.

Eine **Heiratsurkunde der Eltern** wird nicht benötigt zur Erwirkung eines Erbscheins nach der Mutter[238] oder dem Vater[239] oder Geschwistern.[240] Sie wird auch nicht unbedingt benötigt zum Nachweise, dass eine erbende Tochter infolge Heirat einen anderen Namen führt.[241] Bestehen Zweifel an der Identität, dh an der richtigen **Namensbezeichnung** (zB bei Namensänderung infolge Heirat, Adoption, verwaltungsrechtlicher Erlaubnis), so sind eventuell Ermittlungen von Amts wegen notwendig;[242] die richtige namensmäßige Bezeichnung ist in § 2356 BGB nicht gefordert, vielmehr nur der Beweis des erbrechtlichen Verhältnisses.

Beantragt Frau Sieglinde B einen Erbschein mit der Begründung, sie sei als alleinige Tochter gesetzliche Erbin des Erblassers A, was sie durch eine Geburtsurkunde auf den Namen Sieglinde A nachweist, dann kann ihr ein Erbschein auf den Namen Sieglinde A erteilt werden; es ist dann ihre Sache, wie sie im Rechtsverkehr ihre Identität nachweist. Würde sie eine Heiratsurkunde (bzw Adoptionsurkunde; Namensänderungsverfügung) vorlegen, wonach sie jetzt den Namen B führt, wäre der Erbschein sogleich auf B auszustellen.

13.1.7 Beweis negativer Tatsachen

104 Erklärt der Erbe, dass sein Vater drei Kinder hatte und legt er entsprechende Geburtsurkunden vor, ist nicht beweisbar, dass der Vater nicht noch andere Kinder hatte (viertes Kind usw); hier genügt die eidesstattliche Versicherung. Ebenso ist nicht beweisbar, dass der Erblasser keine nichtehelichen Kinder (im In- oder Ausland) hatte. Ist die Ehe durch Heiratsurkunde beweisen, könnte die Nichtscheidung allenfalls durch Auszug oder beglaubigte Abschrift aus dem Familienbuch bewiesen werden; doch muss der Antragsteller negative Tatsachen nicht beweisen, wenn kein Anhaltspunkt besteht.

---

236 KG HRR 1935 Nr 1025 = JW 1935, 1885; KG FamRZ 1977, 481 = Rpfleger 1977, 209; aA Erman/Schlüter Rz 1.

237 Staudinger/Schilken § 2356 Rz 8.

238 KGJ 27 A 48 = OLG 9, 432; Staudinger/Schilken § 2356 Rz 8.

239 OLG Oldenburg NJW 1957, 144 = DNotZ 1956, 566.

240 KGJ 36 A 97; KGJ 39 A 99 = OLG 21, 348.

241 OLG München JFG 21, 120; OLG Oldenburg NJW 1957, 144 = DNotZ 1956, 566; LG Braunschweig DRZ 1948, 395; Boos NJW 1949, 335; Ripfel DRZ 1949, 89; aA Boehmer DRZ 1948, 393.

242 OLG Oldenburg NJW 1957, 144 = DNotZ 1956, 566; OLG München JFG 21, 120/122.

13.2 Ausländische öffentliche Urkunden

105 Auch durch ausländische öffentliche Urkunden kann ein Nachweis geführt werden.[243] Bei ihnen ist das Problem der Echtheit besonders kritisch; kaum jemand hat schon Geburtsurkunden aus Moldawien, Georgien, Timor usw gesehen, so dass nicht nur Fälschungen, sondern auch Phantasieurkunden vorkommen. Für die Anerkennung ausländischer Urkunden gelten § 438 II ZPO,[244] § 13 KonsularG. Der Beweis der Echtheit erfolgt durch eine Bescheinigung (Legalisation[245]) der betreffenden Auslandsvertretung der Bundesrepublik Deutschland. Im Einzelfall kann von Echtheit auch ohne Legalisation ausgegangen werden.[246] Die Prüfung, ob eine Legalisation notwendig ist, erfolgt nach pflichtgemäßem Ermessen.[247] (1) Nach einigen multilateralen Staatsverträgen sind ausländische öffentliche Urkunden auch ohne **Legalisation** als echt anzuerkennen: Art. 3,4 des Haager Übereinkommens vom 5. 10. 1961[248] (an die Stelle der Legalisation tritt die **Apostille**, das ist eine Bescheinigung der zuständigen Behörde des ausländischen Errichtungsstaates, zB des County Clarks in New York/USA; Gegenbeweis ist zulässig); Europäisches Übereinkommen v. 7. 6. 1968 zur Befreiung der von diplomatischen oder konsularischen Vertretern errichteten Urkunden von der Legalisation;[249] Luxemburger Übereinkommen v. 26. 9. 1957 über die kostenlose Erteilung von Personenstandsurkunden und den Verzicht auf die Legalisation.[250] (2) Bilaterale Abkommen, in denen auf die Legalisation verzichtet wird, bestehen mit folgenden Staaten:[251] Belgien, Dänemark, Frankreich, Griechenland, Italien, Luxemburg, Österreich, Schweiz, Großbritannien, Marokko; Konsularverträge bestehen mit Spanien, Türkei, USA. (3) Aber auch in solchen Fällen kann das Nachlassgericht bei Zweifeln an der Echtheit diese von Amts wegen ermitteln (§ 2358 BGB; § 438 II ZPO).

Ob die Legalisation auch bestätigt, dass die ausländische Behörde für die betreffende Beurkundung zuständig war, ist umstritten; man muss wohl auf die Formulierung des Vermerks abstellen.[252]

---

243 Vgl KG FamRZ 1995, 837 (lettische Urkunden).

244 Keidel/Schmidt FGG § 15 Rz 53; nach C. Kierdorf, Die Legalisation von Urkunden, 1975, S. 48, soll § 438 II ZPO nicht anwendbar sein.

245 C. Kierdorf, Die Legalisation von Urkunden, 1975.

246 KG DNotV 1931, 29; offen gelassen von KG FamRZ 1995, 837.

247 KG HRR 1931 Nr 30 = DNotZ 1931, 29; KG JFG 20, 171, 177; OLG Hamburg JFG 10, 8; KGJ 50, 69; OLG Zweibrücken FamRZ 1969, 222/4.

248 BGBl II 1965, 875.

249 BGBl II 1971, 86.

250 BGBl II 1961, 1055/1067.

251 Fundstellen bei Soergel/Kronke 11.Aufl. Art 38 EGBGB Anhang IV Rz 206, 207.

252 Staudinger/Schilken § 2356 Rz 4.

Wenn der Richter/Rechtspfleger die Fremdsprache und die Fachsprache zweifelsfrei versteht, kann er sich mit der ausländischen Urkunde begnügen. Auf Verlangen des Nachlassgerichts hat der Antragsteller die **Übersetzung fremdsprachiger Urkunden** vorzulegen (vgl § 142 III ZPO);[253] trotz § 2358 BGB ist es nicht Sache des Nachlassgerichts, die Übersetzung anfertigen zu lassen, weil die Gerichtssprache Deutsch ist (§ 184 GVG[254]). Im allgemeinen genügt die Übersetzung eines Übersetzers, der nach den Richtlinien der Landesjustizverwaltungen dazu ermächtigt ist, vgl § 142 III ZPO. Auch Übersetzungen durch Privatpersonen können im Einzelfall ausreichen. Die Beeidigung des Übersetzers ist zwar heute noch zulässig, aber nicht notwendig.[255] Die Bescheinigung des antragstellenden Notars, dass die Urkunde einen bestimmten Inhalt habe, ist nicht ausreichend.

13.3 Beweis durch Bezugnahme auf andere Akten

106 Die Urkunden brauchen nicht bereits beim Stellen des Erbscheinsantrags oder bei der Abgabe der eidesstattlichen Versicherung vorzuliegen, sie können auch nachgebracht werden.[256] Die Urkunden sind grundsätzlich vorzulegen, doch genügt eine Bezugnahme auf andere Akten desselben Amtsgerichts, wenn in ihnen die öffentliche Urkunde enthalten ist, zB auf Nachlassakten einer früher verstorbenen Person. Dies gilt an sich nicht nur, wenn diese Akten beim angegangenen Gericht geführt werden;[257] da aber grundsätzlich Akten jederzeit verfügbar sein müssen und speziell der Verlust von Nachlassakten einen unersetzlichen Nachteil mit sich bringen würde, werden Nachlassakten grundsätzlich nicht versandt.[258]

13.4 Hilfsweise Nachweis durch andere Beweismittel

107 Sind die öffentlichen Urkunden

- nicht, oder
- nur mit unverhältnismäßigen Schwierigkeiten

zu beschaffen, genügt die Angabe anderer Beweismittel (§ 2356 I 2 BGB).

(1) Nicht beschaffbar: wenn zB das Testament vernichtet wurde (Rz 205); wenn Personenstandsurkunden im Ausland beschafft werden

---

[253] KG HRR 1935 Nr 1024; KG JFG 7, 243, 246; MünchKomm-Mayer Rz 20.

[254] Nach Staudinger/Schilken § 2356 Rz 4 soll § 184 GVG nicht einschlägig sein.

[255] KG JFG 14, 5.

[256] RGZ 95, 286/ 287.

[257] OLG Köln DNotZ 1959, 213; MünchKomm-Mayer § 2356 Rz 6.

[258] OLG Köln Rpfleger 1983, 325; OLG Düsseldorf MDR 1987, 768; Keidel/Kahl FGG § 34 Rz 22.

müssten, aber keine Rechtsverkehr mit diesem Land besteht oder faktische Hindernisse entgegenstehen (Krieg, Unruhen).

(2) Die Frage ist, wann eine Schwierigkeit *unverhältnismäßig* ist. Als Schwierigkeiten kommt Mühe, Zeitaufwand, Kosten in Frage. Für die „Unverhältnismäßigkeit" wird man wohl auf das Verhältnis der Kosten zum Reinnachlass abstellen müssen, aber auch auf die Höhe des Nachlasses; bei einem Reinnachlass von nur einigen Hundert Euro ist kein großer Aufwand vertretbar. Das Verfahren nach § 15a PStG ist nicht als unverhältnismäßige Schwierigkeit anzusehen.[259] Die Verzögerung (wie lange?) durch die umständliche Beschaffung zahlreicher Urkunden kann sich im Einzelfall als solche Schwierigkeit darstellen; ebenso, wenn im Einzelfall die (ausländischen) Urkunden nur sehr teuer zu beschaffen sind.[260] Ob „unverhältnismäßige Schwierigkeit" ein im Rechtsbeschwerdeverfahren voll nachprüfbarer unbestimmter Rechtsbegriff ist [261] oder ob ein Ermessen ausgeübt wird, ist umstritten. Kann eine Sterbeurkunde nicht besorgt werden, ist eine Todeserklärung nach dem VerschG notwendig,[262] nur in Sonderfällen genügt eine öffentliche Aufforderung gemäß § 2358 II BGB (Rz 230).

108

Andere Beweismittel sind insbesondere der Zeugenbeweis, Familienstammbücher älterer Art, die eidesstattliche Versicherung Dritter,[263] die Mitteilungen des zentralen Nachweisamtes in Berlin für Teilnehmer des Krieges 1914/18, obwohl sie einen urkundlichen Nachweis des Todes im Sinne des § 2356 I 1 BGB nicht erbringen.[264] Das gleiche gilt von den Mitteilungen der Deutschen Dienststelle für die Benachrichtigung der nächsten Angehörigen von Gefallenen der ehemaligen deutschen Wehrmacht für Teilnehmer am Kriege 1939/45, Berlin. Sonstige „andere Beweismittel" sind nicht-öffentliche Urkunden wie Ahnenpässe, Taufscheine, Bescheinigungen der Meldeämter, sog. Familienstandszeugnisse,[265] Briefe, unbeglaubigte Photokopien von öffentlichen Urkunden, Todesanzeigen in Zeitungen, Sterbebilder (verwendet in katholischen Gebieten), Grabsteininschriften, Hochzeitsphotos; in Bayern und Baden-Württemberg die Ergebnisse einer von Amts wegen durchgeführten Erbenermittlung; Erb-

---

259 OLG Bremen JR 1960, 422; Sachse StAZ 1980, 179/181.

260 BayObLGZ 1951, 690/694; KG OLG 44, 106 = JFG 1, 178 (ausländische Urkunden). Freilich bleibt unklar, welches Prozentverhältnis zum Nachlass noch vertretbar ist.

261 So Staudinger/Schilken § 2356 Rz 29; MünchKomm-Mayer § 2356 Rz 42; Firsching/Graf Rz 4.176.

262 KG 345 A 150; OLG Hamburg NJW 1953, 627; aA LG Osnabrück RNotZ 2003, 574.

263 KG FamRZ 1995, 837; OLG Düsseldorf MDR 1961, 242.

264 KGJ 49, 75; Schlegelberger Gruchot 59 (1915), 193, 235.

265 BayObLG StAZ 1958, 242; Staudinger/Schilken § 2356 Rz 16.

scheine „beweisen“ selbst nichts, sind nur Zeugnisse über ein Erbrecht, sind aber sonstige Beweismittel, weil sie aufgrund von öffentlichen Urkunden erteilt werden. Nach Ansicht des BayObLG[266] kann auch die Rechtsvermutung des § 11 VerschG (gleichzeitiges Versterben) als solches Beweismittel dienen. **Beweismaß:** An die Beweisführung durch andere Beweismittel sind regelmäßig strenge Anforderungen zu stellen. Die anderen Beweismittel müssen ähnlich klare und hinreichend verlässliche Folgerungen hinsichtlich der Abstammungsverhältnisse ermöglichen wie öffentliche Urkunden.[267]

13.5 Vorlage des Testaments oder Erbvertrags bei gewillkürter Erbfolge

109 Die Verfügung von Todes ist nach § 2356 I 1 BGB „vorzulegen“. Befindet sie sich bereits beim Nachlassgericht, zB weil sie von einem Notar oder von Dritten dort abgegeben wurde, entfällt natürlich die Vorlage. Die Verfügung braucht dem Nachlassgericht nicht in Urschrift vorzuliegen, es kann eine beglaubigte Abschrift der bei einem anderen Gericht befindlichen Verfügung eingereicht werden.[268] Zum Verlust vgl Rz 205.

13.6 Hilfsweise Nachweis der Testamentserrichtung durch andere Beweismittel

110 Ist das Testament im Original nicht beschaffbar, genügt die Angabe anderer Beweismittel, zB Vorlage von Fotokopien (Abschriften, Durchschriften, Durchdrückungen, Blaupausen), Vernehmung von Zeugen (Rz 205).

14. Nachweis durch eidesstattliche Versicherung

111 Bestimmte Tatsachen können in der Regel nicht durch öffentliche Urkunden nachgewiesen werden. Daher begnügt sich die gesetzliche Regelung mit der Erklärung des Antragstellers. Da er nicht Zeuge ist, liegt keine Zeugenaussage vor, eine „Lüge“ wäre als solche straflos; die Erklärung ist daher eidesstattlich zu versichern, damit wenigstens ein kleiner Druck zur Wahrheit auf den Antragsteller ausgeübt wird.

Durch eidesstattliche Versicherung hat der Antragsteller nachzuweisen (§ 2356 II BGB):

---

[266] BayObLG JFG 1, 147.

[267] KG FamRZ 1995, 837 = FGPrax 1995, 120 (beglaubigte Kopie einer Geburtsurkunde aus Lettland).

[268] KGJ 37 A 127/130.

- dass keine Personen vorhanden sind oder vorhanden waren, durch die der Antragsteller von der Erbfolge ausgeschlossen oder sein Erbteil gemindert werden würde (§ 2354 I Nr 3 BGB). Hat der Erblasser zB im Testament „seine Kinder" als Erben eingesetzt, ohne sie namentlich zu bezeichnen, kann die Nichtexistenz weiterer Kinder (nichtehelich; im Ausland geboren usw) nicht bewiesen werden. Es genügt, wenn die antragstellenden Kinder eidesstattlich versichern, die einzigen Kinder zu sein, wenn weitere Ermittlungen keinen Erfolg versprechen.[269]
- dass keine anderen Testamente und Erbverträge vorliegen (§§ 2354 I Nr 4, 2355 BGB);
- dass kein Rechtsstreit über das Erbrecht anhängig ist (§ 2354 I Nr 5, 2355 BGB);
- dass bei gesetzlicher Erbfolge und Ehegatten Zugewinngemeinschaft vorliegt (§ 2356 II BGB). Vgl Rz 122.

Die **eidesstattliche Versicherung** ist **nicht erforderlich**, wenn

- sie vom Nachlassgericht erlassen wurde (§ 2356 II 2 BGB); oder
- wenn die Tatsache beim Nachlassgericht offenkundig ist (§ 2356 III BGB).

112 Es steht im pflichtgemäßen **Ermessen des Nachlassgerichts**, aufgrund der Ermittlungspflicht (§ 2358 BGB; § 12 FGG) den Antragsteller vorzuladen und als Beteiligten (nicht: als Zeugen) zu befragen; es kann vom Antragsteller zusätzlich zur eidesstattlichen Versicherung gemäß § 2356 II BGB eine solche über die Richtigkeit sonstiger konkreter Einzelumstände zu verlangen, so dahingehend, dass eine Ehesache nicht anhängig ist.[270] Bei Zweifeln kann trotz eidesstattlicher Versicherung von Amts wegen ermittelt werden.

Eine Entscheidung (Beschluss) des Nachlassgerichts, dass zur Erteilung des Erbscheins Angaben des Antragstellers eidesstattlich versichert werden müssten, ist als Zwischenverfügung mit Beschwerde isoliert anfechtbar;[271] wird mangels eidesstattlicher Versicherung der Erbscheinsantrag abgelehnt, ist die Ablehnung ebenfalls mit Beschwerde (§ 19 FGG) anfechtbar. Weigert sich der Antragsteller ohne triftigen Grund (hier: wegen „Zeitmangels"), die Richtigkeit seiner Angaben eidesstattlich zu versichern, so ist der Erbscheinsantrag nach Meinung des OLG Frankfurt

---

269 Vgl OLG Frankfurt Rpfleger 1980, 434; vgl ferner BayObLG NJW-RR 2000, 1545 = FamRZ 2001, 43; Lange/Kuchinke § 39 I 4.

270 OLG Braunschweig Rpfleger 1990, 462.

271 OLG München NJW-RR 2007, 665 = FGPrax 2007, 29.

ohne eigene Ermittlungen des Nachlassgerichts als „unzulässig" zurückzuweisen;[272] allerdings ist eine Zurückweisung nur erlaubt, wenn durch die fehlende eidesstattliche Versicherung das Nachlassgericht keine nach § 2358 BGB erforderliche Überzeugung mehr gewinnen kann.[273]

An die eidesstattliche Versicherung ist das Nachlassgericht nicht gebunden; auch wenn versichert ist, dass keine anderen Testamente vorliegen, kann das Nachlassgericht von Amts wegen in dieser Richtung weiter ermitteln.[274]

14.1 Zur eidesstattlichen Versicherung verpflichtete Personen

113 Der antragstellende Alleinerbe ist zur Abgabe der eidesstattlichen Versicherung persönlich verpflichtet. Der Vorerbe, welcher einen Erbschein beantragt, braucht keine eidesstattliche Versicherung des Nacherben beibringen.[275] Beantragen bei Miterben nicht alle den Erbschein (schon ein Miterbe allein ist antragsberechtigt, § 2357 I 2 BGB), haben alle Miterben die eidesstattliche Versicherung abzugeben, sofern nicht das Nachlassgericht die Versicherung eines oder einiger von ihnen für ausreichend erachtet (§ 2357 IV BGB); vgl Rz 121.

114 Ein Antragsteller, der selbst nicht Erbe ist, zB ein Testamentsvollstrecker, Insolvenzverwalter,[276] Gläubiger (§§ 792, 896 ZPO), ist ebenfalls *persönlich* zur Abgabe der eidesstattlichen Versicherung verpflichtet. Sie kann nicht durch einen Bevollmächtigten abgegeben werden,[277] weil es sich um eine Wissenserklärung handelt. Bei Vertretung des Erben durch einen Vorsorgebevollmächtigten ist deshalb die Bestellung eines Betreuers lediglich für die eidesstattliche Versicherung erforderlich,[278] es sei denn, das Gericht begnügt sich mit der Versicherung des Vorsorgebevollmächtigten (§ 2356 II 2 BGB).

Eigene Wahrnehmungen kann natürlich auch ein Bevollmächtigter bezeugen. Für Geschäftsunfähige ist die eidesstattliche Versicherung vom gesetzlichen Vertreter (Eltern, Betreuer) abzugeben, für die in der Geschäftsfähigkeit beschränkten Personen kann nach Wahl *des Nachlassgerichts* der gesetzliche Vertreter oder der beschränkt geschäftsfähige Erbe

[272] OLG Frankfurt FamRZ 1996, 1441 = FGPrax 1996, 110 = Rpfleger 1996, 511.
[273] Vgl Staudinger/Schilken § 2356 Rz 42; LG Flensburg JurBüro 1976, 532.
[274] Vgl BGHZ 40, 54; Staudinger/Schilken § 2356 Rz 42.
[275] KG RJA 8, 27; Staudinger/Schilken § 2356 Rz 38.
[276] KG OLGZ 1967, 247/ 249.
[277] BayObLGZ 1961, 4/10; KG JR 1953, 307; KG RJA 17, 68; OLG München DNotZ 1937, 702.
[278] Vgl Litzenburger ZEV 2004, 450.

zugelassen werden, soweit er eidesfähig ist.[279] Der über 16 Jahre alte minderjährige Erbe kann also die Versicherung selbst abgeben (vgl § 455 II ZPO),[280] doch kann das Nachlassgericht dann noch diejenige des gesetzlichen Vertreters verlangen; entscheidend ist, was im Einzelfall am besten geeignet ist, das Nachlassgericht zu überzeugen (vgl § 2358 I BGB). Hat jemand möglicherweise ein ablieferungspflichtiges Testament in Verwahrung, kann er vom Nachlassgericht durch eidesstattliche Versicherung zur Erklärung über den Verbleib gezwungen werden (§ 83 II FGG). § 2356 II BGB betrifft nur den Erbscheins-Antragsteller, § 83 II FGG beliebige Personen. Hat der Erbscheins-Antragsteller die Versicherung nach § 2356 II BGB abgegeben, so besteht in der Regel kein Bedürfnis, auch noch eine Versicherung gemäß § 83 II FGG von ihm zu verlangen; anders aber, wenn konkrete Umstände es nahe legen, eine den konkreten Umständen angepasste eidesstattliche Versicherung zu verlangen.[281]

14.2 Form der Beurkundung der eidesstattlichen Versicherung

115 Die eidesstattliche Versicherung kann zu Protokoll des Nachlassgerichts (§ 1 II BeurkG; Rechtspfleger, § 3 Nr 1f, 2c RPflG; Richter, § 8 I RPflG) oder eines deutschen Notars (§ 38 BeurkG; Baden-Württemberg: dem Notar zugeteilter Rechtspfleger, § 33 II RPflG) erklärt werden (§ 2356 II 1 BGB), nicht vor einem ausländischen Notar,[282] nicht vor einem Rechtsanwalt, nicht privatschriftlich. Im Ausland kann sie vor dem Konsularbeamten abgegeben werden (§ 12 Nr 2 KonsularG). Da es im Gesetz nur heißt „vor Gericht" wird teils angenommen, dass jedes Gericht in Deutschland zuständig sei,[283] nach anderer Ansicht nur das Nachlassgericht. Jedenfalls kann das Nachlassgericht ein anderes Amtsgericht im Wege der Rechtshilfe ersuchen, einen Beteiligten zu vernehmen und die eidesstattliche Versicherung abzunehmen.[284]

[279] BayObLGZ 1961, 4/10.

[280] Lange/Kuchinke § 39 II 4; Staudinger/Schilken § 2356 Rz 38; MünchKomm-Promberger § 2356 Rz 45; aA OLG Colmar OLG 16, 64; LG Berlin Rpfleger 1976, 60. Variantenreich umstritten.

[281] BayObLGZ 1977, 59 = Rpfleger 1977, 210.

[282] MünchKomm-Mayer § 2356 Rz 46; eine Ausnahme in Wiedergutmachungsfällen ist nicht anzuerkennen (aA MünchKomm-Mayer aaO).

[283] Winkler Rpfleger 1971, 344, 346; MünchKomm-Mayer § 2356 Rz 46; Palandt/Edenhofer § 2356 Rz 11; Jansen FGG § 38 BeurkG Rz 10; aA Weber DRiZ 1970, 45/47.

[284] OLG Frankfurt NJW 1970, 1050 = Rpfleger 1970, 206; OLG Celle MDR 1970, 930; OLG Schleswig SchlHA 1971, 17.

Gebühren: §§ 49, 107 KostO; Prozesskostenhilfe ist möglich, §§ 14 FGG, 114 ff ZPO, auch (als vorläufige Gebührenfreiheit) vor dem Notar (§ 17 II BNotO).

14.3 Inhalt der eidesstattlichen Versicherung

116 Nach § 2356 II 1 BGB genügt die negative Formel, dass dem Antragsteller nichts Gegenteiliges „bekannt" ist.[285] Vom Gesetz wird nicht verlangt, dass der Antragsteller sorgfältige Nachforschungen angestellt hat,[286] also zB die Erblasserwohnung nach weiteren Testamenten durchsucht hat. Die vorsätzlich oder fahrlässig falsche Abgabe ist nach §§ 156, 163 StGB strafbar und verpflichtet zum Schadensersatz.[287]

Die Amtsperson soll den Betroffenen vorher über die Strafbarkeit einer falschen eidesstattlichen Versicherung belehren und dies in der Niederschrift vermerken. Die Erklärung soll nicht formelhaft sein, sondern den Umständen angepasst und zeigen, dass die Fragen wirklich erörtert wurden.[288] Zu entscheiden, welche Erbanwärter mit- oder näher berufen sind, oder ob ein früheres Testament als widerrufen anzusehen ist, ist nicht Sache des Notars oder des Beteiligten, sondern des Nachlassgerichts. Fachausdrücke sind zu vermeiden; ein Laie weiß nicht, was eine „letztwillige Verfügung" oder eine „Verfügung von Todes wegen" ist, hier sind die Worte „Testament, Erbvertrag" zu verwenden. Sich aufdrängende Fragen sind zu besprechen und das Ergebnis zu protokollieren. Die Bezugnahme auf eine Anlage (zB einer Aufstellung über die Verwandtschaftsverhältnisse) ist zulässig, wenn die Anlage der Niederschrift beigefügt wird.[289]

117 **Problematik der Doppelzuständigkeit**. Von den Rechtspflege – Funktionen her sind Antragstellung (und Beratung hierbei), Beweisaufnahme und Entscheidung zu unterscheiden. Den Antrag kann der Antragsteller selbst stellen; wenn er hierbei Hilfe und Rat braucht, kann er sich gegen Honorar von einem Anwalt oder Notar (und von der Rechtsantragstelle des Amtsgerichts) beraten lassen; die Beratung durch den Rechtspfleger des Nachlassgerichts ist insofern nicht unbedenklich (Vermengung der Beratungs- mit der Entscheidungsfunktion),[290] wenn auch in der Praxis bei gesetzlicher Erbfolge ohne nennenswerte Probleme und für den Antragsteller billiger. Kritischer ist es, wenn der Rechtspfleger den Antrag-

[285] BayObLGZ 1961, 4/ 23
[286] Vgl Lange/Kuchinke § 39 II 4b; Höver DFG 1936, 29 forderte eine Gesetzesänderung.
[287] OLG Kiel OLG 11, 272.
[288] LG Hamburg DNotZ 1958, 98.
[289] KG JFG 15, 143.
[290] Vgl Tätigkeitsbericht der Bundesnotarkammer DNotZ 2001, 498.

steller über die Auslegung eines Testaments und demzufolge bei der Antragsformulierung berät, weil zum einen die Funktionen vermengt werden, das unklare Testament oft mehrere Auslegungen zulässt und für die Entscheidung der Richter zuständig ist. Die Beweisaufnahme gehört funktional zur Entscheidungstätigkeit; deshalb ist es problematisch, wenn der Rechtspfleger bei testamentarischer Erbfolge Zeugen vernimmt (Verstoß gegen die Unmittelbarkeit der Beweisaufnahme). Kritisch ist aber auch, dass der Notar die eidesstattliche Versicherung aufnehmen darf, obwohl dies ein Teil der Beweisaufnahme ist, die dem Gericht vorbehalten ist. Die Abgabe der eidesstattlichen Versicherung vor dem Notar erspart dem Antragsteller daher unter Umständen nicht, dass er doch noch vom Nachlassgericht vorgeladen wird, weil noch sich aus der eidesstattlichen Versicherung aufdrängende Fragen oder andere Umstände zu klären sind, die nicht eidesstattlich versichert wurden. Noch misslicher sind die Doppelzuständigkeiten in Baden-Württemberg (Rz 127).

14.4 Erlass der eidesstattlichen Versicherung durch das Nachlassgericht

118 Nach § 2356 II 2 BGB kann das Nachlassgericht die eidesstattliche Versicherung erlassen, „wenn es sie nicht für erforderlich erachtet". Der Antragsteller wünscht den Erlass, weil er sich die erheblichen Kosten (§ 49 KostO; Rz 638) sparen will, bei kleinen Nachlässen auch den Aufwand an Zeit und Mühe (Gang zum Gericht, zum Notar, zum Konsulat). Ein Antrag ist nicht erforderlich. Der Erlass erfolgt nicht durch einen besonderen Beschluss, sondern indem der Erbschein erteilt wird, obwohl keine eidesstattliche Versicherung verlangt wird oder vorliegt. Die Ablehnung eines ausdrücklich gestellten Erlassantrags könnte durch einen ausdrücklichen Beschluss erfolgen; meist aber ergeht keine solche Zwischenverfügung, sondern nach Fristsetzung und Hinweis wird der Erbscheinsantrag abgelehnt. Wenn das Nachlassgericht den Antrag, die eidesstattliche Versicherung zu erlassen, durch Beschluss ablehnen würde, wäre dies isoliert anfechtbar (§ 19 FGG),[291] wenn mangels eidesstattlicher Versicherung der Erbscheinsantrag abgelehnt wird, ist die Ablehnung ebenfalls mit Beschwerde (§ 19 FGG) anfechtbar.

Ob die Versicherung erlassen wird, ist eine **Ermessensfrage** („kann")[292] und im Beschwerdeverfahren vor dem LG voll, in der Rechtsbeschwerde vor dem OLG nur beschränkt nachprüfbar.[293] Im Gesetz ist nicht näher

---

[291] OLG München NJW-RR 2007, 665 = FGPrax 2007, 29.

[292] OLG München NJW-RR 2007, 665; BayObLGZ 1961, 4/10; KG Recht 1913 Nr. 2886.

[293] Allgemein dazu Keidel/Meyer-Holz FGG § 27 Rz 23.

dargetan, wann das Nachlassgericht die eidesstattliche Versicherung erlassen „muss“, was angesichts der finanziellen Tragweite problematisch ist. Auffällig ist, dass die Erlasspraxis der Nachlassgerichte regional stark schwankt.

119 Gibt der überlebende **Ehegatte**, der auf Grund gesetzlicher Erbfolge einen Erbschein nach dem verstorbenen Ehegatten beantragt, eine den Anforderungen des § 2356 II BGB genügende eidesstattlichen Versicherung ab, so ist es ermessensmissbräuchlich, wenn der Rechtspfleger *routinemäßig in jedem Fall* deren Ergänzung (Nachtragsurkunde) durch die Abgabe verlangt, dass die Voraussetzungen für den Ausschluss des Ehegattenerbrechts nach § 1933 BGB nicht vorliegen (dh dass kein Scheidungsverfahren anhängig war).[294] Allenfalls im Einzelfall, wenn ein konkreter Anhaltspunkt vorliegt, ist es nicht ermessensfehlerhaft, wenn eine solche Ergänzung der eidesstattlichen Versicherung verlangt wird.[295]

Einzelfälle:

120 **(1) Einfach gelagerte Sachverhalte.** Ob hohe Wahrscheinlichkeit einer Tatsache genügt, um von der eidesstattlichen Versicherung abzusehen, ist eine Frage des Einzelfalls.

Beispiele: (1) Die Erblasserin verstarb in hohem Alter verwitwet und kinderlos; sie wurde gesetzlich von ihrer Schwester beerbt. Das Verlangen der eidesstattlichen Versicherung zur Feststellung, ob und welche Verfügungen der Erblasserin von Todes wegen vorhanden sind, war zulässig. Dass die Geschäftsunfähigkeit der Verstorbenen (und damit die Testierunfähigkeit) im Betreuungsverfahren festgestellt worden war genügte nicht,[296] denn sie konnte ja früher testiert haben. (2) Ein zweijähriges Kind verstirbt, die Eltern beantragen einen gemeinschaftlichen Erbschein zu je ½. Hier gibt es nichts, was eidesstattlich zu versichern wäre;[297] der Säugling kann ja kein Testament errichtet haben. (3) Die Witwe hinterlässt eine Tochter (gesetzliche Alleinerbin). Hier könnte die eidesstattliche Versicherung nur erhärten, dass die Erblasserin *kein* Testament hinterlassen hat; darauf kann verzichtet werden.[298] (4) Die ledige kinderlose Erblasserin hatte eine soziale Stiftung als Erbin eingesetzt. Das Ersuchen der Stiftung, die eidesstattliche Versicherung zu erlassen, da ihr die Erblasserin unbekannt sei und sie nichts wisse, wurde abgelehnt, was das OLG München[299] billigte; bedenklich.

---

294 OLG Hamm FamRZ 1993, 365 = Rpfleger 1993, 66 = DNotZ 1993, 139. Die Witwe war 70 Jahre alt, der Verstorbene war ebenfalls 70 Jahre alt gewesen. Der Erbschein wurde für die beiden ehelichen Kinder beantragt.

295 OLG Braunschweig DNotZ 1991, 550 (Promberger).

296 OLG Schleswig FamRZ 2001, 583.

297 Vgl Marcus ZBlFG 8, 242.

298 Firsching/Graf Rz 4.165.

299 OLG München NJW-RR 2007, 665.

(2) Ein Erbschein wird nach Abgabe der eidesstattlichen Versicherung erteilt; dann wird der Erbschein eingezogen und ein neuer Erbschein erteilt. Beim **zweiten Erbschein** wird häufig eine neue eidesstattlichen Versicherung entbehrlich sein, weil sie nichts zusätzliches mehr bringen kann. Beispiel: nach Einziehung des gemeinschaftlichen Erbscheins (Witwe sei Erbin zu ½, Kind zu ½) wird ein neuer gemeinschaftlicher Erbschein erteilt (Witwe ist Erbin zu ¼, Kind zu ¾), weil eine andere Testamentsauslegung richtiger erscheint.

(3) Nach Einziehung des Erbscheins für den Vorerben wird dem **Nacherben** ein Erbschein erteilt.[300]

(4) Nach Einziehung des Erbscheins mit **Testamentsvollstreckervermerk** wird ein hinsichtlich der Erbfolge inhaltsgleicher Erbschein, aber nun ohne Testamentsvollstreckervermerk, erteilt.[301]

(5) Erbschein bei **Amtsträgern**.[302]

(6) Erbscheinantrag von **Nichterben**, zB Gläubiger mit Titel, Testamentsvollstreckern. Sie wissen in der Regel nichts über die verwandtschaftlichen Verhältnisse des Erblassers oder die Existenz von Testamenten, ihre eidesstattliche Versicherung ist wertlos und kann daher erlassen werden. Hier sollte der Erbe vorgeladen und befragt werden, als Nicht-Antragsteller ist er allerdings nicht verpflichtet, etwas eidesstattlich zu versichern (Ausnahme § 15 II FGG).

(7) **Ausland.** Wenn ein im Ausland lebender Ausländer eine von einem ausländischen Notar aufgenommene eidesstattliche Versicherung vorlegt, soll die formgerechte eidesstattliche Versicherung erlassen werden können.[303]

14.5 Zahl der erforderlichen eidesstattlichen Versicherungen bei Miterben

121 Wird die eidesstattliche Versicherung nach § 2356 II 2 BGB nicht erlassen, ist sie bei Miterben von mindestens *einem* Miterben abzugeben. Die Frage, ob die anderen Miterben anschließend zum Nachlassgericht (oder einen Notar) gehen müssen, um ebenfalls die eidesstattliche Versicherung abzugeben, beantwortet **§ 2357 IV BGB**: das Nachlassgericht kann (Er-

---

[300] KGJ 46, 146; Staudinger/Schilken § 2356 Rz 41.

[301] KG OLGZ 1967, 247; Staudinger/Schilken § 2356 Rz 41.

[302] Staudinger/Schilken § 2356 Rz 41.

[303] OLG München NJW-RR 2006, 226 (angebliche Erbin in der Ukraine; Nachlass 68.000 Euro). Dazu Heinemann ZEV 2006, 119 (zust.).

messen[304]) die Versicherung eines oder einiger Miterben als ausreichend ansehen. Ob ein Miterbe, der einen Antrag auf Erteilung eines gemeinschaftlichen Erbscheins stellen will, gegen die anderen Miterben einen Anspruch (zu verfolgen vor dem Prozessgericht) auf Abgabe der eidesstattlichen Versicherung hat, ist umstritten,[305] aber wegen § 2038 I 2 BGB zu bejahen, nämlich wenn der Erbschein zur Verwaltung des Nachlasses erforderlich ist.[306]

14.6 Insbesondere: Nachweis des Güterstandes des Erblassers

14.6.1 Inlandsfälle

122 Der Güterstand ist bei Erbfällen ab 1. 7. 1958 wichtig für die Erbquote, wenn der Erblasser vom Ehegatten und einem oder mehreren Kindern kraft Gesetzes beerbt wurde (vgl §§ 1371, 1931 BGB); bei früheren Erbfällen können altrechtliche Güterstände von Bedeutung sein. Bei Erbfällen ab 1. 7. 1970 ist bei Gütertrennung § 1931 IV BGB zu beachten. Der Nachweis, dass der Erblasser zur Zeit seines Todes im Güterstand der Zugewinngemeinschaft gelebt hat, ist durch öffentliche Urkunden nicht zu führen, weil jeder in diesem Güterstand lebt, der nicht durch notariellen Vertrag einen anderen Güterstand vereinbart hat. Deshalb lässt § 2356 II BGB hierfür die eidesstattliche Versicherung zu. Der Güterstand der Gütertrennung, Gütergemeinschaft oder ein anderer Güterstand sind durch öffentliche Urkunden nachzuweisen, wenn diese Güterstände zwischen dem Erblasser und seinem Ehegatten gegolten haben. Der Nachweis erfolgt durch Vorlage des Ehevertrages, Vorlage der Erklärung gemäß Art 8 I Nr 3 GleichberG oder eines gerichtlichen Urteils, durch das die gesetzliche Zugewinngemeinschaft (§ 1388 BGB) oder die Gütergemeinschaft (§§ 1449, 1470 BGB), der frühere gesetzliche Güterstand der Verwaltung und Nutznießung (§ 1418 aF BGB) oder ein vertraglicher Güterstand aus der Zeit vor dem GleichberechtigungsG, zB die Errungenschaftsgemeinschaft (§ 1542 aF BGB), mit der Folge des Eintritts der Gütertrennung, aufgehoben ist. Der Nachweis kann auch durch ein Zeugnis des Gerichts über die Eintragung der güterrechtlichen Verhältnisse im Güterrechtsregister geführt werden (vgl auch § 33 GBO für den Nachweis gegenüber dem Grundbuchamt).[307] Es ist zweckmäßig, wenn zusätzlich in der eides-

---

304 RGRK-Kregel § 2357 Rz 8; aA Staudinger/Schilken § 2357 Rz 12: kein Ermessen.

305 Ablehnend Protokolle V S. 679.

306 MünchKomm-Promberger 3. Aufl. § 2356 Rz 23; Staudinger/Schilken § 2356 Rz 36; Planck-Greiff § 2356 Anm 6.

307 Finke MDR 1957, 577.

stattlichen Versicherung erklärt wird, dass die Eheleute zu einem späteren Zeitpunkt keinen anderen Ehevertrag geschlossen haben.

14.6.2 Auslandsbezug, DDR

123 Wenn die Ehegatten die Ehe in der DDR oder im Ausland geschlossen haben, ist Art 15 EGBGB zu beachten (Grundsatz der Unwandelbarkeit des Güterstands). Für Sudetendeutsche, Volksdeutsche und Aussiedler aus Polen, UdSSR und ähnlichen Ländern und Flüchtlinge sowie Übersiedler aus der DDR und Ostberlin ist aufgrund des Gesetzes über den ehelichen Güterstand der **Vertriebenen und Flüchtlinge** vom 4. 8. 1969[308] vom 1. 10. 1969 ab das eheliche Güterrecht des BGB maßgebend (Art 15 IV EGBGB). Für die vom Überleitungsgesetz vom 4. 8. 1969 nicht erfassten Personen (zB diejenigen Übersiedler, die nach § 3 des Überleitungsgesetzes für die Beibehaltung ihres Güterstandes votierten) gilt das Prinzip der Unwandelbarkeit des Güterrechtsstatuts weiter. Für spätere Zuwanderer gilt gemäss § 3 das Güterrecht des BGB vom Anfang des vierten Monats an, der auf den Eintritt der sonstigen Voraussetzungen folgte; es bestand ein Ablehnungsrecht binnen Jahresfrist. Mit dem Inkrafttreten des **Einigungsvertrages** zum 3. 10. 1990 ist gemäß Art 234 EGBGB der gesetzliche Güterstand des Familiengesetzbuches der DDR (Eigentums- und Vermögensgemeinschaft) in die Zugewinngemeinschaft des BGB übergeführt worden. Jeder Ehegatte hatte bis zum Ablauf von 2 Jahren das Recht, durch Erklärung gegenüber dem Kreisgericht den Güterstand des Familiengesetzbuchs der DDR fortgelten zu lassen (Art 234 § 4 II EGBGB); Varianten in Art 234 § 4a EGBGB. Zur Rechtsstellung Volksdeutscher vgl Art 9 II Nr 5 FamRÄndG v 11. 8 1961,[309] das für diesen Personenkreis die Anwendbarkeit deutschen Erbrechts brachte.[310]

15. Kein Nachweis erforderlich bei offenkundigen Tatsachen

124 Wenn Tatsachen bei dem Nachlassgericht offenkundig sind, bedürfen sie keines Nachweises durch Urkunden oder eidesstattliche Versicherung (§ 2356 III BGB). Offenkundig (vgl § 291 ZPO) sind allgemeinkundige Tatsachen (zB zeitgeschichtliche Ereignisse wie Dauer des 2. Weltkriegs; dass man nicht 130 Jahre alt wird; dass Kinder keine Testamente errichten; vgl § 2229 I BGB) und gerichtskundige Tatsachen, von denen das Ge-

[308] BGBl I 1969, 1067 (abgedruckt bei Palandt im Anhang nach Art 15 EGBGB).
[309] BGBl I 1961, 1221.
[310] Herz DNotZ 1970, 134/135.

richt infolge seiner amtlichen Tätigkeit Kenntnis erlangt hat,[311] wie zB aus der Bearbeitung früherer Akten. Wenn zB ein Notar von ihm beurkundete öffentliche Testamente, Erbverträge, Erbverzichtsverträge, vorzeitige Erbausgleiche (§ 1934d BGB aF) dem Gericht mitteilt und abliefert, sind sie dort nachgewiesen, nicht bloß offenkundig. Privates Wissen des Richters/Rechtspflegers begründet keine Offenkundigkeit. Eigene Sachkunde, zB über Testierunfähigkeit infolge Lesens medizinischer Literatur, hat nichts mit Gerichtskundigkeit zu tun und ersetzt im wissenschaftlichen Bereich keinen Gutachter. Hohe Wahrscheinlichkeit ist nicht der Offenkundigkeit gleichzustellen.[312] Bei zweiter Eheschließung soll der Wegfall des ersten Gatten nicht offenkundig sein;[313] (zweifelhaft). Beteiligte müssen unter Umständen vorher darauf hingewiesen werden, wenn das Nachlassgericht etwas für offenkundig hält (vgl Art 103 II GG), damit sie dies widerlegen können.

---

311 KG JW 1935, 1885 = HRR 1935 Nr 1025; BayObLGZ 14, 55.

312 OLG Schleswig FamRZ 2001, 583/4; Lange/Kuchinke § 39 II 4.

313 KG Rpfleger 1977, 209.

D. Zuständiges Gericht

1. Amtsgericht, Notariat, Landwirtschaftsgericht

1.1 Amtsgericht

125 Die Erteilung von Erbscheinen und die damit zusammenhängenden Geschäfte ist in allen Bundesländern Aufgabe des **Nachlassgerichts** (§ 2353 BGB); das ist eine Abteilung des Amtsgerichts (§ 72 FGG). Es ist sachlich zuständig. Ausnahme: Baden-Württemberg, dort ist das staatliche Notariat zuständig; Rz 127. Wenn das Vormundschaftsgericht versehentlich die Erteilung vornehmen würde, ist sie ebenfalls wirksam (vgl § 7 FGG);[314] aber eine Einziehung nach § 2361 BGB ist vorzunehmen. In der **ehemaligen DDR** war die Tätigkeit des Nachlassgerichts seit 15. 10. 1952 bis zur Wiedervereinigung (3. 10. 1990) den Staatlichen Notariaten übertragen.[315] Nach der Wiedervereinigung waren zunächst die Kreisgerichte dafür zuständig, anschließend die Amtsgerichte. Das Nachlassgericht, das den Erbschein erteilt hat, ist auch für die Erteilung weiterer Ausfertigungen dieses Erbscheins örtlich zuständig.[316]

126 Das **Landgericht als Beschwerdegericht** ist nicht zur Erteilung eines Erbscheins zuständig; das folgt aus dem Wortlaut des § 2353 BGB („das Nachlassgericht“) und § 72 FGG („Nachlassgericht ... Amtsgericht“). Folge ist: hat das Amtsgericht den Erbscheinsantrag abgelehnt und kommt das Landgericht auf Beschwerde zum Ergebnis, dass der Erbschein zu erteilen ist, dann darf es ihn nicht selbst erteilen, sondern muss das Amtsgericht hierzu anweisen. Das ist erstaunlich; denn in anderen FGG-Verfahren, im Zivil- und Strafprozess tritt die zweite Instanz voll an die Stelle der ersten Instanz, warum sollte es hier anders sein?

---

[314] OLG Kiel JR 1948, 159 (wenn der Vormundschaftsrichter zugleich Nachlassrichter sei); OGH 1, 198 (wenn sich die Genehmigungsfrage für den Nachlassrichter nicht anders als für den Vormundschaftsrichter stelle); Jansen FGG § 7 Rz 26; Keidel/Zimmermann FGG § 7 Rz 26b. Abweichend MünchKomm-Leipold § 1962 Rz 3 zur Genehmigung eines Rechtsgeschäfts.

[315] § 2 Nr. 2, 3 der VO vom 15. 10. 1952 (Gbl-DDR 1952, 1055) und VO v. 5. 2. 1976 (Gbl-DDR 1976 I 93).

[316] KG OLGZ 1993, 293.

1.2 Baden-Württemberg[317]

127 In Baden-Württemberg ist Nachlassgericht sowohl in Baden wie in Württemberg nicht das Amtsgericht, sondern das staatliche Notariat (§§ 1 II, 38 LFGG). Die Besetzung der Notariate in den beiden Rechtsgebieten ist aber nicht einheitlich. Nachlassrichter ist jeweils der Notar im Landesdienst. Im **Badischen Rechtsgebiet** (Bezirk des OLG Karlsruhe mit räumlichen Einschränkungen, die zum württembergischen Rechtsgebiet gehören, § 1 Abs. 4 LFGG) Notar bzw Rechtspfleger; ein Teil der Funktionen des Nachlassrichters kann vom Rechtspfleger wahrgenommen werden, wenn dem Notariat ein Rechtspfleger zugewiesen ist (vgl § 35 RPflG), nämlich diejenigen Aufgaben, die im übrigen Bundesgebiet ebenfalls der Rechtspfleger hat (vgl § 16 RPflG). Im **Württembergischen Rechtsgebiet** (Bezirk des OLG Stuttgart und AG Maulbronn, die Stadtteile Schwenningen, Mühlhausen, Weigheim der Stadt Villingen-Schwenningen, Gemeinde Tuningen, § 1 Abs. 4 LFGG): zuständig ist nur der Bezirksnotar (im Landesdienst), auch für die Rechtspflegeraufgaben. Diese landesrechtliche Regelung beruht auf dem Vorbehalt in Art. 147 I EGBGB, wovon Baden-Württemberg Gebrauch gemacht hat.

Da der staatliche Notar eine Doppelfunktion hat, ergeben sich Interessenkollisionen und Merkwürdigkeiten: der Notar kann den Erbschein auch dann selbst erteilen, wenn der Erbfolge eine von ihm selbst beurkundete (und möglicherweise auslegungsbedürftige oder unwirksame) letztwillige Verfügung von Todes wegen zugrunde liegt, er gilt nicht als befangen.[318] Wird er aber von einem Beteiligten als Zeuge angeboten, etwa zur Testierfähigkeit oder zu Vorgängen bei der Bekundung, kann er nicht zugleich Zeuge und Nachlassrichter sein; er ist daher als Nachlassrichter ausgeschlossen (§ 5 LFGG; § 6 FGG; § 41 ZPO).[319] Will ein Erbe die eidesstattliche Versicherung nach § 2356 II BGB abgeben, kann er sie als Notar entgegennehmen (dann kostet sie 19 % Umsatzsteuer mehr) oder als Nachlassrichter (dann entfällt die Umsatzsteuer); hier wird empfohlen, als Nachlassrichter tätig zu werden.[320]

1.3 Landwirtschaftsgericht

128 In Hamburg, Niedersachsen, Nordrhein-Westfalen und Schleswig-Holstein haben die Landwirtschaftsgerichte (dh bestimmte Abteilungen der

---

317 Vgl Richter/Hammel, Baden-Württembergisches Landesgesetz über die freiwillige Gerichtsbarkeit, 4. Aufl. 1995.

318 LG Stuttgart BWNotZ 1979, 43; 1982, 174; zustimmend Richter/Hammel (Fußnote 307) LFGG § 5 Rz 3.

319 aA LG Stuttgart BWNotZ 1982, 174.

320 Richter/Hammel (Fußnote 317) LFGG § 38 Rz 4.

Amtsgerichte, besetzt mit landwirtschaftlichen Laien-Beisitzern; LwVG) bestimmte Funktionen in Nachlasssachen (§§ 11 ff Höfeordnung i.V.m. dem Gesetz über das gerichtliche Verfahrens in Landwirtschaftssachen – LwVG), zB bei der Erteilung von Erbscheinen, wenn eine land- oder forstwirtschaftliche Hofstelle vorhanden ist. § 18 II HöfeO lautet: „Diese Gerichte sind auch zuständig ... für die Ausstellung eines Erbscheins. In dem Erbschein ist der Hoferbe als solcher aufzuführen. Auf Antrag eines Beteiligten ist in dem Erbschein lediglich die Hoferbfolge zu bescheinigen.“ Vgl Rz 448 ff.

Auch in Rheinland-Pfalz fällt die Erteilung des Erbscheins in die Zuständigkeit des Landwirtschaftsgerichts und nicht des Nachlassgerichts, wenn zum Nachlass ein von der Höfeordnung erfasster Hof gehört (§ 30 HöfeO RhPf).[321]

2. Örtliche Zuständigkeit

129 Örtlich zuständig ist das **Nachlassgericht,** in dessen Bezirk der Erblasser (Deutscher oder Ausländer) zur Zeit seines Todes *wohnte* (§ 73 I FGG); bzw das Gericht, das nach § 5 FGG als zuständig bestimmt wurde.[322] Gleichgültig ist für die Wohnsitzfrage, ob sich Nachlass im Bezirk dieses Gerichts oder überhaupt in Deutschland befindet. Die Zuständigkeit wird von Amts wegen auch noch in der zweiten und dritten Instanz geprüft, selbst wenn mehrere Jahre seit Beginn des Verfahrens verstrichen sind.[323] Bei Unzuständigkeit verweist das Nachlassgericht das Verfahren (auf Antrag des Antragstellers[324]) an das zuständige Nachlassgericht; das Beschwerdegericht kann das Nachlassgericht anweisen, die Sache an ein anderes Nachlassgericht zu verweisen.[325] Eine Verweisung ohne Antrag ist ebenfalls wirksam. Die Verweisung ist nicht bindend,[326] weil eine dem § 281 ZPO entsprechende Bestimmung fehlt. Verweist das Nachlassgericht A das Erbscheinsverfahren an das Nachlassgericht B, kann daher B den Antrag mangels Zuständigkeit ablehnen.

In Hamburg, Niedersachsen, Nordrhein-Westfalen, Schleswig-Holstein sind die **Landwirtschaftsgerichte** für den Erbschein zuständig, wenn zum Nachlass ein „Hof“ im Sinne der HöfeO gehört. Örtlich zuständig ist das Gericht, wo die Hofstelle liegt (§ 10 LwVG). Wohnt und stirbt ein Milli-

---

[321] BGH FamRZ 1995, 34 = MDR 1995, 178 = NJW-RR 1995, 197.
[322] BayObLG FamRZ 2003, 1595/6.
[323] OLG Frankfurt FamRZ 2002, 112.
[324] Keidel/Schmidt FGG § 1 Rz 41; str.
[325] OLG Frankfurt FamRZ 2002, 112.
[326] BayObLGZ 1970, 148/150.

onär in München (Bayern), gehörte ihm aber ein Hof in Celle, ist das Landwirtschaftsgericht beim AG Celle für den Erbschein (nicht nur über den Hof) zuständig. Liegt der Hof in Niederbayern, ist das Nachlassgericht München zuständig.

2.1 Begriff des Wohnsitzes

130 „Wer sich an einem Ort ständig niederlässt, begründet an diesem Orte seinen Wohnsitz" (§ 7 I BGB). Der Wohnsitz wird durch tatsächliche Niederlassung an einem Ort verbunden mit dem rechtsgeschäftlichen Willen, diesen zum ständigen Schwerpunkt der Lebensverhältnisse zu machen, begründet.[327]

2.1.1 Die wesentlichen Kriterien

131
- Begründung des Wohnsitzes mit *rechtsgeschäftlichem* Willen
- Vorliegen einer auf die Dauer angelegten Häuslichkeit; wo man also lebt und vor allem schläft, da ist die Wohnung. Das Einrichten mit Mobiliar oder das Bezahlen der Miete, die Existenz eines Mietvertrags oder Briefkastens allein schafft noch keinen Wohnsitz.
- Freiwilligkeit des Aufenthalts; wer eingesperrt oder verschleppt wird, begründet dort in der Regel keinen Wohnsitz.

2.1.2 Unwesentlich für den Wohnsitz

132
- der letzte Aufenthalt des Verstorbenen;
- die Dauer des Aufenthalts am neuen Wohnsitz; wer umzieht und am nächsten Tag stirbt, ist am neuen Wohnsitz gestorben.
- wo jemand nach dem Melderecht der Länder (zB beim Einwohneramt) „gemeldet" ist.[328] Man kann sich auch an einem Ort „anmelden", wo man sich nur gelegentlich aufhält.

2.1.3 Beispiele

133 **Altenheim.** Der Geschäftsfähige begründet in der Regel durch den Umzug einen neuen Wohnsitz und gibt den bisherigen Wohnsitz auf.

Ehegatten können jeweils selbständig Wohnsitze begründen, also zwei (und mehr) verschiedene Wohnsitze haben.

---

[327] BayObLG 1985, 161; BayObLG FamRZ 1992, 1222 = NJW-RR 1993, 460; OLG Frankfurt FamRZ 2002, 112.

[328] OLG Frankfurt FamRZ 2002, 112.

Frauenhaus. Der Aufenthalt ist als vorübergehend gedacht, kann aber bei Dauer von mehreren Wochen und Vorliegen weiterer Umstände (zB wenn das Kind von dort aus die Schule besucht) einen Wohnsitz begründen.[329]

Fremdrechtserbschein: § 2369 BGB. Zuständig ist das Nachlassgericht, in dessen Bezirk sich Nachlassgegenstände befinden (§ 73 III FGG). vgl unten Rz 416.

Geschäftsunfähige. Probleme tauchen auf, wenn geistig verwirrte Personen *ohne* eigenen rechtsgeschäftlichen Willen von ihren Angehörigen an einen anderen Ort, zB in ein Pflegeheim, gebracht werden und dort versterben. Denn einen eigenen Umzugs- und Wohnsitzbegründungswillen können diese Personen, wenn ihnen die Geschäftsfähigkeit fehlt, nicht mehr begründen; ihren alten Wohnsitz können sie nicht aufheben (§ 7 III BGB). Grundsätzlich ist eine Vertretung im Wohnsitzbegründungswillen möglich. Bei Angehörigen, die nicht „unter Betreuung stehen" kommt es darauf an, ob eine zumindest stillschweigende Bevollmächtigung vorliegt. Der geistig schon völlig verwirrte Vater kann seiner Tochter nicht mehr wirksam Vollmacht zur Wohnsitzaufgabe und Neubegründung erteilen, sie kann für den Vater keinen neuen Wohnsitz mehr begründen. Lebte der verwirrte Vater in Köln und hat ihn die Tochter in ein Pflegheim nach Berlin verbracht, wo der Vater zehn Jahre später starb, blieb das Amtsgericht Köln zuständiges Nachlassgericht. Auch die sog. Vorsorgevollmacht setzt voraus, dass der Vollmachtgeber bei Erteilung der Vollmacht geschäftsfähig war.[330]

134

Betreute. Betreuung ist möglich bei geschäftsunfähigen und bei geschäftsfähigen Personen (§ 1896 BGB). Bei Betreuten kommt es darauf an, ob der Betreuer (als gesetzlicher Vertreter, § 1902 BGB) einen ausreichenden Aufgabenkreis vom Vormundschaftsgericht zugewiesen erhalten hatte, um den Wohnsitz ändern zu können. Genügend ist „Alle Angelegenheiten", „Personensorge", „Unterbringung," „Wohnsitzbegründung". Ungenügend ist „Vermögenssorge, Vermögensverwaltung",[331] „Gesundheitssorge", „Behördenangelegenheiten". Ob „Aufenthaltsbestimmung" genügt ist streitig. Die frühere Rechtsprechung[332] hat dies verneint, da Aufenthalt eben etwas anderes als Wohnsitz ist. Später hat das BayObLG diese Rechtsprechung

---

[329] BGH NJW 1995, 1224; BGH FamRZ 1993, 47; OLG Hamm FamRZ 2000, 1294; OLG Nürnberg FamRZ 1994, 1104; FamRZ 1997, 1400 und FamRZ 1998, 314; OLG Karlsruhe FamRZ 1995, 1210.

[330] Damrau/Zimmermann, Betreuungsrecht 3.Aufl.§ 1896 Rz 76 ff .

[331] Soergel/Fahse § 8 Rz 6.

[332] BayObLG 1985, 158; BayObLG FamRZ 1990, 647; Soergel/Fahse § 8 Rz 8.

ausdrücklich aufgegeben.[333] Ob eine Genehmigung zur Wohnungsauflösung vorliegt (§ 1907 BGB) spielt keine Rolle für die Frage, wo der Wohnsitz ist.[334]

Haftanstalt. Der Aufenthalt ist als vorübergehend gedacht und begründet keinen Wohnsitz.

Kinder. Ihr Wohnsitz wird durch die Eltern begründet, §§ 8, 11 BGB. Die Trennung der sorgeberechtigten Eltern begründet einen Doppelwohnsitz des Kindes.[335]

Krankenhaus: der Aufenthalt in einem Krankenhaus begründet regelmäßig, da als vorübergehend gedacht, keinen Wohnsitz.

Schiff. Man kann einen Wohnsitz auch an Bord eines Schiffes haben. [336]

Soldaten. Für Wehrpflichtige gilt die allgemeine Regelung (§ 7 BGB), für Berufssoldaten ist § 9 I BGB zu beachten (Wohnsitz am Standort, hilfsweise am letzten inländischen Standort).

135 **Sterbehospiz.** Hält sich der Erblasser zur Zeit seines Ablebens in einem Hospiz auf und hatte sein Betreuer schon um gerichtliche Genehmigung der Wohnungsauflösung (§ 1907 BGB) nachgesucht, weil eine Rückkehr in die Wohnung nicht mehr in Betracht zu ziehen sei, ist letzter Wohnsitz der Ort des Sterbehospizes,[337] auch wenn das Mietverhältnis noch nicht abgewickelt worden war (die Betreute starb 11 Tage nach dem Umzug).

Studienort. Der Aufenthalt ist in der Regel als vorübergehend gedacht und begründet in einem solchen Falle keinen Wohnsitz.[338]

Vertriebene. Wer seinen Wohnsitz in ehemals deutschen Gebieten hatte und im Zuge des Zweiten Weltkrieges vertrieben wurde, hatte den Wohnsitz infolge Vertreibung und Aussiedlung verloren.[339] Starb der Betroffene auf den Flucht, ohne einen neuen Wohnsitz begründet zu haben, war das Aufenthaltsgericht (§ 73 I FGG) zuständig.

2.2 Doppelwohnsitz

136 Man kann mehrere Wohnsitze gleichzeitig haben (§ 7 II BGB). Die praktische Schwierigkeit ist, den „Aufenthaltsort" vom Wohnsitz abzugrenzen.

---

333 BayObLG FamRZ 1992, 1222 = NJW-RR 1993, 460.
334 Vgl OLG Frankfurt FamRZ 2002, 1128.
335 OLG Brandenburg FamRZ 2003, 1559.
336 LG Hamburg NJW-RR 1995, 183.
337 OLG Frankfurt FamRZ 2002, 1128.
338 Soergel/Fahse § 7 Rz 18.
339 Jansen FGG § 73 Rz 9.

Doppelwohnsitz liegt vor, wenn der Schwerpunkt der gesamten Lebensverhältnisse des Verstorbenen gleichmäßig an mehreren Orten bestand.[340] Bei Ferienwohnungen und Zweitwohnungen fehlt meist ein zweiter Wohnsitz. Berufssoldaten haben einen gesetzlichen Wohnsitz (§ 9 I BGB) und können daneben einen anderen, also doppelten Wohnsitz haben.

Bei Doppelwohnsitz sind an sich zwei Nachlassgerichte zuständig; § 4 FGG bestimmt, dass ausschließlich zuständig dasjenige der beiden Gerichte ist, das „zuerst in der Sache tätig geworden ist".

2.3 Wenn ein inländischer Wohnsitz fehlt

137 Fehlt ein inländischer Wohnsitz (zB der deutsche Erblasser wohnt in Österreich, Schweiz), ist das Nachlassgericht zuständig, in dessen Bezirk der Erblasser zur Zeit seines Todes seinen Aufenthalt hatte (§ 73 I Halbs. 2 FGG). Gleichgültig ist, ob sich Nachlass im Bezirk dieses Gerichts oder überhaupt in Deutschland befindet. Der Wohnsitz im Ausland schließt die Aufenthaltszuständigkeit nicht aus. Unter Aufenthalt ist jegliche tatsächliche Anwesenheit an einem Ort, gleichgültig ob vorübergehend oder von längerer Dauer, zu verstehen.[341] Beispiel: Deutscher mit Wohnsitz in Tschechien hängt sich bei einem Besuch seiner Eltern in München auf. Das AG München ist zuständig.

2.4 Deutsche ohne Wohnsitz oder Aufenthalt in Deutschland

138 In diesen Fällen, zB bei im Ausland berufstätigen Deutschen, ist das Amtsgericht Schöneberg in Berlin-Schöneberg zuständig (§ 73 II 1 FGG), das die Sache an ein anderes deutsches Nachlassgericht abgeben kann (§ 73 II 2 FGG).

2.5 Ausländer ohne Wohnsitz oder Aufenthalt in Deutschland

139 Hier ist jedes Nachlassgericht zuständig, in dessen Bezirk sich Nachlassgegenstände befinden (§ 73 III FGG); die Zuständigkeit betrifft dann das gesamte in Deutschland befindliche Vermögen, nicht nur das Vermögen im Bezirk des angegangenen Nachlassgerichts. Beantragt und erteilt werden kann ein sog. Fremdrechtserbschein (gegenständlich beschränkter Erbschein) nach § 2369 BGB. Braucht der Ausländer den Fremdrechtserbschein für Lastenausgleichsansprüche (vgl Rz 350), ist das AG zustän-

[340] Soergel/Fahse § 7 Rz 23.

[341] BayObLG ZEV 2003, 168; BayObLG Rpfleger 1978, 180; KG OLGZ 1973, 149.

dig, in dessen Bezirk das für die geltend gemachten Ansprüche örtlich zuständige Ausgleichsamt seinen Sitz hat.[342] Das Problem ist, ob der Lastenausgleichsanspruch vererbt wurde oder erst in der Person des Erben entstand (dann gehörte er nicht zum Nachlass). Ähnliches gilt für Ansprüche nach dem Häftlingshilfegesetz.[343]

2.6 Falls am Wohnsitz/Aufenthaltsort keine deutsche Gerichtsbarkeit mehr ausgeübt wird

140 **Beispiel:** E muss im Jahre 2003 nachweisen, dass er der Abkömmling seines Urgroßvaters ist, um im Erbfall eines anderen Urenkels als Erbe zum Zuge zu kommen. Der Urgroßvater, Deutscher, ist 1943 in Danzig (damals deutsch, heute Polen) verstorben. An sich wäre das Nachlassgericht Danzig zuständig. Ein deutsches Nachlassgericht gibt es in Danzig nicht mehr; Danzig gehört heute zu Polen.

Diese Fälle sind im **Zuständigkeitsergänzungsgesetz** v. 7. 8. 1952[344] geregelt:

§ 1 ZustErgG:

Im Sinne dieses Gesetzes sind als Gerichte, an deren Sitz deutsche Gerichtsbarkeit nicht mehr ausgeübt wird, anzusehen:

1. die Gerichte im Gebiete des Deutschen Reiches nach dem Gebietsstand vom 31. Dezember 1937 östlich der Oder-Neiße-Linie;
2. die Gerichte in Danzig, in den ehemaligen eingegliederten Ostgebieten und im Memelland;
3. die Gerichte im Elsaß, in Lothringen und in Luxemburg;
4. die Gerichte in Eupen, Malmedy und Moresnet;
5. die Gerichte im ehemaligen sudetendeutschen Gebiet;
6. die deutschen Gerichte im ehemaligen Protektorat Böhmen und Mähren, im ehemaligen Generalgouvernement und in den ehemaligen Reichskommissariaten Ostland und Ukraine.

§ 7 ZustErgG:

(1) [1]Wird am Sitze des nach § 73 I FGG zuständigen Nachlassgerichts deutsche Gerichtsbarkeit nicht mehr ausgeübt, so ist jedes Amtsgericht, in dessen Bezirk sich Nachlassgegenstände befinden, als Nachlassgericht zuständig. [2]Befinden sich im Geltungsbereich dieses Gesetzes keine Nachlassgegenstände, so ist, wenn der Erblasser Deutscher ist, das Amtsgericht Schöneberg in Berlin-Schöneberg zuständig.

---

[342] BayObLG Rpfleger 1992, 486; 1991, 195; Einzelheiten bei Keidel/Winkler FGG § 73 Rz 42 ff.

[343] BayObLG Rpfleger 1991, 355.

[344] BGBl 1952, 407. Vgl hierzu Jansen/Müller-Lukoschek FGG § 73 Rz 13 ff.

(2) Ist ein Amtsgericht als Nachlassgericht zuständig geworden, so ist es für den gesamten Nachlass ausschließlich zuständig.

(3) § 6 II gilt entsprechend.

§ 6 II ZustErgG:

(2) [1]Das Gericht wird erst tätig, nachdem es dem Amtsgericht Schöneberg in Berlin-Schöneberg Anzeige erstattet und dieses ihm mitgeteilt hat, dass eine frühere Anzeige gleichen Inhalts von einem anderen Gericht bei ihm nicht eingegangen ist. [2](Übergangsrecht von 1952).

2.6.1 Vom Zuständigkeitsergänzungsgesetz erfasste Gebiete

141 Das ZustErgG gilt nur für die in § 1 ZustErgG genannten Gebiete, also *nicht* für Erblasser, die in Österreich oder der Slowakei gestorben sind; es galt nicht für die DDR und Ostberlin.

Für die in § 1 Nr. 6 ZustErgG genannten Fälle wird ferner vorausgesetzt, dass für den Nachlass die deutschen Gerichte zuständig gewesen wären, was im allgemein nur für deutsche Staatsangehörige und deutsche „Volkszugehörige“ der Fall war.[345] Das ZustErgG ist auch anwendbar, wenn der Erblasser nach dem 8. 5. 1945 in dem Gebiet des § 1 ZustErgG verstarb; anders ist es, wenn der Erblasser in einem Gebiet starb, das auch in der Zeit der deutschen Besetzung als Ausland galt (zB Reichskommissariat Ostland); hier bleibt es bei § 73 FGG.

2.6.2 Ort des Nachlasses im Sinne des Zuständigkeitsergänzungsgesetz

142 Für die Frage, wo sich Nachlassgegenstände befinden, kann man meines Erachtens die Rechtsprechung zu § 2369 II BGB und zu § 23 ZPO heranziehen. Bei Grundstücken, Mobiliar entscheidet die Lage; der Wert des Gegenstandes spielt keine Rolle (ein paar Bücher auf dem Dachboden können bereits die Zuständigkeit begründen). Forderungen sind dort belegen, wo der Schuldner seinen Sitz hat (vgl § 23 S. 2 ZPO), Bankguthaben sind also am Sitz der Bank belegen,[346] ein Anspruch gegen den Schwager am Wohnsitz des Schwagers. Gehörten zum Nachlass Aktien, ist der Lagerort der Aktien maßgeblich, nicht der Sitz der Aktiengesellschaft. Besaß der Erblasser GmbH-Geschäftsanteile, ist sowohl der Sitz der GmbH wie der Wohnsitz der anderen Gesellschafter maßgeblich.[347] Gewerbliche Schutzrechte, zB Patente, sind in erster Linie am inländi-

345 Jansen/Müller-Lukoschek FGG § 73 Rz 15.

346 BGH NJW-RR 1988, 172.

347 OLG Frankfurt NJW-RR 1996, 187.

schen Geschäftssitz belegen.[348] Ist die Forderung durch ein Pfandrecht, Grundpfandrecht, gesichert gewesen, hat die Forderung einen Doppelsitz: sowohl am Sitz des Schuldner wie am Ort des Pfandes (zB des Grundstücks, das mit der Grundschuld belastetet war), § 23 S. 2 Alt. 2 ZPO.

2.7 DDR-Erbfälle vor dem 3.10.1990

143 Wenn ein Erblasser mit letztem Wohnsitz in der DDR verstarb, war an sich ein staatliches Notariat in der DDR für das Erbscheinsverfahren örtlich zuständig. Wenn aber den in Westdeutschland lebenden Erben dieser Weg verschlossen war, hielten sich deutsche Nachlassgerichte für zuständig (analog § 73 II, III FGG); seit 3.10.1990 sind wieder die (ost-) deutschen Wohnsitz-Nachlassgerichte zuständig; die einmal begründete westdeutscher Zuständigkeit wirkt hier nicht fort (entgegen dem Grundsatz, dass Veränderungen zu keinem Zuständigkeitswechsel führen).

2.8 Änderung der Gerichtsbezirke

144 Bei Zuständigkeitsveränderungen durch Änderung der Gerichtsbezirke bestimmt sich die örtliche Zuständigkeit des Nachlassgerichts nach der Zuständigkeitsregelung im Zeitpunkt des Erbfalls.[349]

2.9 Zuständigkeitsstreit der Gerichte

145 Streiten zwei Nachlassgerichte darüber, welches örtlich zuständig ist, wird der Streit vom Obergericht (LG; OLG; Bayern: OLG München nach § 199 II 2 Halbs 2 FGG) nach § 5 FGG entschieden.[350]

3. Sachliche Zuständigkeit bei großem Nachlass

146 Sachlich ist immer das Amtsgericht, Nachlassgericht, zuständig, auch wenn der Nachlass einen hohen Wert hat. Eine Aufteilung der Zuständigkeit auf Amtsgericht – Landgericht, je nach der Höhe des Nachlasses, gibt es nicht. In Höfesachen (Rz 448 ff) ist das Landwirtschaftsgericht sachlich zuständig (§ 18 II HöfeO).

---

[348] Zöller/Vollkommer ZPO § 23 Rz 10.

[349] OLG Dresden Rpfleger 2001, 352 = NJ 2001, 549.

[350] OLG Frankfurt FamRZ 2002, 112 = ZEV 2002, 164; BayObLG FamRZ 2003, 1595. Über Zuständigkeitsstreit bei Erbscheinen für Lastenausgleichszwecke in DDR-Fällen vgl OLG Köln FGPrax 1996, 226 = Rpfleger 1997, 67.

4. Zuständigkeit von Richter oder Rechtspfleger?

147 Die Nachlasssachen sind grundsätzlich dem **Rechtspfleger** übertragen (§ 3 Nr 2c RPflG); dazu gehört die **Erteilung von Erbscheinen,** wenn gesetzliche Erbfolge nach deutschem Recht zur Anwendung kommt (Rz 148); der Rechtspfleger kann das Geschäft aber dem Richter übertragen, wenn die Anwendung ausländischen Rechts in Betracht kommt (§ 5 II RPflG). Ferner ist der Rechtspfleger u.a. zuständig:[351] für die Aufnahme des Erbscheinsantrags zu Protokoll, Eröffnung des Testaments, Festsetzung des Geschäftswerts, Abgabeverfügungen nach § 73 II 2 FGG; Entscheidung über Akteneinsicht (§ 34 FGG), soweit der Rechtspfleger für den Erbschein zuständig ist (andernfalls der Richter[352]); Feststellung des Fiskuserbrechts nach § 1964 BGB, Rechtshilfeersuchen; die Kraftloserklärung, wenn sie eine Annexhandlung zur dem Rechtspfleger übertragenen Einziehung ist; zur Beweisaufnahme vgl Rz 164.

148 Dem **Richter** sind aber vorbehalten:

a) die **Erteilung von Erbscheinen**, sofern eine (wirksame oder unwirksame) Verfügung von Todes wegen (Testament, Erbvertrag; auch nur in Kopie usw) *vorliegt* (§ 16 I Nr 6 RPflG) oder die Existenz eines (allerdings verlorenen) Testaments behauptet wird;[353] die Erteilung von Erbscheinen aufgrund gesetzlicher Erbfolge nach dem BGB bleibt also nach der Grundregel beim Rechtspfleger. Das Wort „vorliegt“ zeigt, dass es nicht darauf ankommt, dass sich die Erbfolge tatsächlich nach dem Testament richtet.

b) die **Erteilung von gegenständlich beschränkten Erbscheinen** (Fremdrechtserbschein; § 2369 BGB), also die Anwendung ausländischen Erbrechts, gleichgültig ob der Erbscheins aufgrund Gesetzes oder einer Verfügung von Todes wegen erteilt wird (§ 16 I Nr 6 RPflG);

c) die **Einziehung von Erbscheinen** nach § 2361 BGB (§ 16 I Nr 7 RPflG), wenn der Erbschein vom Richter erteilt wurde oder wegen einer Verfügung von Todes wegen einzuziehen ist; ist der eventuell einzuziehende Erbschein vom Rechtspfleger erteilt worden und wird er eingezogen, weil die gesetzliche Erbfolge unrichtig ausgewiesen wurde, erfolgt die Einziehung nach der Grundregel durch den Rechtspfleger.

d) die **Kraftloserklärung**, wenn sie mit der Einziehung (soweit dem Richter übertragen) verbunden ist (§ 6 RPflG) oder hier isoliert erfolgt.[354]

---

[351] Vgl Dallmayer/Eickmann RPflG § 16 Rz 42.

[352] BayObLG Rpfleger 1982, 292.

[353] BayObLG Rpfleger 1977, 210.

[354] Dallmayer/Eickmann RPflG § 16 Rz 46.

Übertragungskompetenz: Liegt eine Verfügung von Todes wegen vor, ist aber dennoch ein Erbschein auf Grund gesetzlicher Erbfolge zu erteilen (zB weil das Testament formnichtig ist), so kann der Richter die Erteilung des Erbscheins dem Rechtspfleger durch eine interne (nicht bekannt zu gebende, nicht anfechtbare) Verfügung übertragen, wenn *deutsches* Erbrecht anzuwenden ist (§ 16 II 1 RPflG)

Es gibt rechtspolitische Bestrebungen, den Richtervorbehalt zu beseitigen und alle Erbscheinssachen dem Rechtspfleger zu übertragen;[355] das verdient keine Zustimmung. Durch § 19 RPflG ist es gleichwohl abgeschwächt eingeführt worden.

Landesrecht: Jedes Bundesland kann durch Rechtsverordnung im Rahmen von § 19 RPflG andere Zuständigkeitsregelungen treffen; auch soweit an sich der Richter zuständig ist, kann ein Land also zB für die Erteilung von Erbscheinen eine Rechtspflegerzuständigkeit vorsehen (§ 19 I Nr. 54 RPflG). Das ist ein unerwünschter Beitrag zur Rechtszersplitterung und sachlich nicht gerechtfertigt.

5. Internationale Zuständigkeit[356]

149 Nur ein auch international zuständiges deutsches Nachlassgericht darf in einer Nachlasssache tätig werden. Die internationale Zuständigkeit ist selbständige Verfahrensvoraussetzung[357] und in jeder Lage des Verfahrens von Amts wegen zu beachten;[358] einer Rüge eines Beteiligten bedarf es nicht,[359] eine „rügelose Einlassung“ oder Verwirkung durch Zeitablauf gibt es nicht.

5.1 Gleichlaufgrundsatz

150 Die internationale Zuständigkeit in Nachlasssachen ist nicht ausdrücklich gesetzlich geregelt, insbesondere nicht in § 73 FGG. Die Rechtspre-

---

355 Vgl Klüsener/Rausch/Walter Rpfleger 2001, 215.

356 Vgl Flick/Piltz, Der internationale Erbfall, 1999; Dörner, Probleme des neuen Internationalen Erbrechts, DNotZ 1988, 67; Ultsch, Internationale Zuständigkeit in Nachlasssachen, MittBayNot 1995, 6; Riering, Internationales Nachlassverfahrensrecht, MittBayNot 1999, 519.

357 KG NJW 1968, 1055; BayObLGZ 1966, 248.

358 BGH NJW 1965, 1665; OLG Zweibrücken NJW-RR 2002, 154 = FamRZ 2002, 1146 = ZEV 2001, 488; BayObLG FamRZ 1994, 913.

359 OLG Zweibrücken NJW-RR 2001, 154 = MittBayNot 2002, 203 mit Anm Riering.

chung[360] vertritt die Gleichlauftheorie (Gleichlaufgrundsatz): deutsche Gerichte sind in Nachlasssachen nur zuständig, wenn deutsches Erbrecht mindestens teilweise zur Anwendung kommt (Gleichlauf von Verfahrensrecht und materiellem Recht); Grund dafür ist, dass die Entscheidung des deutschen Nachlassgerichts nach Möglichkeit nicht in Widerspruch mit Maßnahmen ausländischer Nachlassgericht bzw Nachlassbehörden kommen soll. Die Literatur stimmt der Gleichlauftheorie teilweise zu.[361] Eine Abschaffung wird rechtspolitisch diskutiert.[362] Manche[363] vertreten aber die Gegenmeinung und behaupten, für die Gleichlauftheorie gebe es „keine zwingenden Gründe“, es sei § 73 FGG analog anzuwenden, die internationale Zuständigkeit sei aus der örtlichen Zuständigkeit abzuleiten; das wäre aber zumindest unzweckmäßig. Da Art 25 I EGBGB (geltend für Erbfälle ab 1. 9. 1986; Art 220 I EGBGB; für Altfälle: Art 24, 25 EGBGB aF) für den Erbfall das Erbrecht des Staates anwendet, dem der Erblasser im Zeitpunkt seines Todes angehörte, also an die Staatsangehörigkeit des Erblassers anknüpft, ist Folge des Gleichlaufgrundsatzes, dass die deutschen Nachlassgerichte nur für den Tod eines Deutschen zuständig sind; für den Erbschein sind sie nicht zuständig, wenn ein Ausländer stirbt.

151 **Ausnahmen vom Gleichlaufgrundsatz**: (1) wenn der Ausländer in Deutschland Vermögen hinterlassen hat (§ 2369 BGB) ergibt sich die internationale Zuständigkeit eines deutschen Nachlassgerichts für die Erteilung eines gegenständlich beschränkten Erbscheins aus § 2369 BGB.[364] Die Staatsangehörigkeit des Erben ist gleichgültig; ebenso der dauernde Wohnsitz. Ist ein Deutscher mit einer Japanerin verheiratet und sind Kinder deutscher Staatsangehörigkeit aus der Ehe hervorgegangen, gilt beim Tod der Japanerin japanisches Erbrecht, auch wenn die Frau ihre Heimat seit Jahrzehnten nicht mehr gesehen hat. (2) Weitere Ausnahmen vom Gleichlaufgrundsatz bestehen bei Notzuständigkeit (Rz 159).

5.2 Anwendbares Recht

152 **a) Deutsche Staatsangehörige:** Der Erwerb und Verlust der deutschen Staatsangehörigkeit richtet sich in erster Linie nach dem Staatsangehö-

360 BayObLG FamRZ 2003, 1595; Rpfleger 1988, 367; KG OLGZ 1977, 309; OLG Hamm Rpfleger 1973, 249; OLG Frankfurt OLGZ 1977, 180/1; OLG Zweibrücken MittBayNot 2002, 203 und OLGZ 1985, 413/4.

361 Nachweise bei Keidel/Winkler FGG § 73 Rz 18.

362 BR-Drucks. 309/07; BT-Drucks. 16/6308.

363 Soergel/Schurig EGBGB Art 25 Rz 50; MünchKomm/Birk EBBGB Art 25 Rz 315; Heldrich NJW 1967, 417; alle mit Nachweisen.

364 BayObLG FamRZ 1994, 330 = DNotZ 1994, 393.

rigkeitsgesetz[365] (StAG von 1999; früher RuStAG von 1913). Auch Kinder ausländischer Eltern können neuerdings u.U. die deutsche Staatangehörigkeit erwerben (§ 4 StAG); andererseits sind die im Ausland geborenen Kinder von Deutschen nicht mehr zwingend Deutsche (§ 4 StAG). Auf den Nachlass eines deutschen Staatsangehörigen (oder eines Deutschen im Sinne des Art 116 GG) ist deutsches Erbrecht anzuwenden, auch wenn er im Ausland stirbt (Art 25 I EGBGB; vgl Tabelle Rz 415). Die Staatsangehörigkeit der Erben ist gleichgültig.

Art 25 I EGBGB unterstellt die Erbfolge dem Heimatrecht, ohne weiter zu differenzieren (Gesamtstatut); Art 3 III EGBGB ordnet den Vorrang des vom Gesamtstatut verschiedenen Belegenheitsstatuts (lex rei sitae) an, wenn

- sich Gegenstände im Ausland befinden und wenn
- nach dem Recht des Lageorts diese Gegenstände besonderen Vorschriften unterliegen.

Welche Gegenstände betroffen sind unterliegt dem Recht des Belegenheitsstaates.[366]

Wenn beispielsweise das österreichische ABGB und IPRG bestimmen, dass Grundstücke von in Deutschland verstorbenen Deutschen, die in Österreich liegen, österreichischem Erbrecht folgen, dann hat der Gleichlaufgrundsatz zur Folge, dass zwar das deutsche Nachlassgericht zuständig ist (§ 73 I FGG), nicht aber für den Nachlass in Österreich.

Vorrang haben ferner Staatsverträge (Rz 155), weshalb für das türkische Ferienhaus des Deutschen das Deutsch-Türkische Nachlassabkommen anzuwenden ist.

153 **b) Doppelte Staatangehörigkeit** Deutsch-Ausländisch: Hat der Erblasser mehrere Staatsgehörigkeiten, ist er aber zugleich Deutscher, wird von der deutschen Staatsangehörigkeit ausgegangen (Art 5 I 2 EGBGB). Das kann zur faktischen Nachlassspaltung führen, weil das Ausland oft dieselbe Regelung hat: Hatte der Erblasser die deutsche und die tschechische Staatsangehörigkeit und in jedem Land Vermögen hinterlassen, gehen wir von deutscher Staatsangehörigkeit aus, die tschechischen Gerichte von der tschechischen Staatsangehörigkeit.[367] Wir unterstellen den gesamten Nachlass zwar deutschem Recht (Art 25 EGBGB), aber in Tschechien ist das nicht durchsetzbar. Faktisch müssen sich die Erben auch an das tsche-

---

[365] BGBl I 1999, 1618 mit folgenden Änderungen.

[366] BayObLGZ 1998, 247.

[367] Bengel/Reimann/Haas Kap 9 Rz 50: Art 17 und 33 I tschech IPR-Gesetz.

chische Gericht wenden und der dortige Nachlass folgt tschechischem Recht.

c) **Ausländische Staatsangehörige:** Ob jemand die Staatsangehörigkeit eines fremden Staates besitzt, richtet sich nach dessen Recht. Beim Tod eines Ausländers ist zu prüfen, ob ein Staatsvertrag zur Anwendung kommt (Rz 155). Hat der Erblasser eine Rechtswahl getroffen (Art 25 II EGBGB)? Andernfalls gilt wegen Art 25 I EGBGB das Heimatrecht des Ausländers (materielles Erbrecht und Internationales Privatrecht). Verweist das ausländische Heimatrecht auf *deutsches* Recht? Diese Verweisung würde bei uns angenommen, es käme zur Anwendung deutschen Erbrechts und zur Ausstellung eines Erbscheins nach § 2353 BGB (nicht nach § 2369 BGB). Verweist das Heimatrecht des Ausländers nicht auf deutsches Recht, kommt das ausländische Erbrecht zur Anwendung, es sei denn, unser ordre public (Art 6 EGBGB) steht entgegen (Rz 441). *154*

Als **Staatsverträge** kommen in Frage: *155*

- Deutsch-Türkisches Nachlassabkommen v. 28. 5. 1929:[368] Erbfolge in bewegliches Vermögen nach der Staatsangehörigkeit, Vererbung unbeweglichen Nachlasses nach dem Recht des Belegenheitsortes.[369]
- Deutsch-iranisches Niederlassungsabkommen v. 17. 2. 1929:[370] Anwendung des Heimatrechts.
- Deutsch-sowjetischer Konsularvertrag v. 25. 4. 1958:[371] für unbewegliche Nachlassgegenstände gilt das Recht des Belegenheitsortes.

d) **Doppelte ausländische Staatangehörigkeit**: Art 5 I 1 EGBGB. *156*

e) **Unbekannte Staatsangehörigkeit, Staatenlose**: Art 5 II EGBGB mit staatsvertraglichen Sonderregelungen für Flüchtlinge und Verschleppte, ausgebürgerte deutsche Juden, anerkannte Asylberechtigte.[372] *157*

5.3 Deutsche Zuständigkeiten

a) Tod eines Deutschen mit Wohnsitz in Deutschland: das deutsche Nachlassgericht ist zuständig; § 73 I FGG. *158*

368 RGBl II 1930, 748; LG München I ZEV 2007, 436; Dörner ZEV 1996, 90; Krmer IPRax 1981, 205: Serozan ZEV 1997, 473.

369 Einzelheiten bei Bamberger/Roth/Lorenz, BGB, Art 5 EGBGB Rz 5.

370 RBGl II 1931, 9; BGBl II 1955, 829; Schotten/Wittkowski FamRZ 1995, 264.

371 BGBl II 1959, 233; zur unterschiedlichen Weitergeltung in den Nachfolgestaaten vgl Bamberger/Roth/Lorenz, BGB, Art 5 EGBGB Rz 13 Fußnote.

372 Fundstellen bei Bamberger/Roth/Lorenz, BGB, Art 5 EGBGB Rz 12.

b) Tod eines Deutschen ohne Wohnsitz oder Aufenthalt im Inland (zB Wohnsitz im Ausland): das Nachlassgericht in Berlin-Schöneberg ist zuständig; § 73 II FGG.

c) Tod eines Ausländers, der *kein* Vermögen in Deutschland hat, im In- oder Ausland: die deutschen Gerichte sind für das Erbscheinsverfahren nicht zuständig; § 2369 BGB.

d) Tod eines Ausländers, der Vermögen in Deutschland hat, im In- oder Ausland: die deutschen Gericht sind für das Erbscheinsverfahren zuständig, soweit ein Erbschein zu erteilen ist, der auf das in Deutschland befindliche Vermögen beschränkt ist; § 73 III FGG; § 2369 BGB.

5.4 Notzuständigkeiten

159 Wenn die Ablehnung der internationalen Zuständigkeit zu einer Rechtsverweigerung führen würde,[373] oder wenn sonst ein dringendes Fürsorgebedürfnis besteht, sind die deutschen Nachlassgerichte auch dann international zuständig, wenn sie es nach dem Gleichlaufgrundsatz an sich nicht wären, zB für die Erbscheinserteilung, die Eröffnung einer letztwilligen Verfügung,[374] Entgegennahme einer Erbschaftsannahmeerklärung,[375] Ausschlagung der Erbschaft, Anfechtung von Annahme und Ausschlagung.

5.5 Keine deutschen Zuständigkeiten

160 Für die Erteilung eines unbeschränkten Erbscheins (dh eines Erbscheins für das gesamte Vermögen) auf der Grundlage ausländischen Rechts sind die deutschen Nachlassgerichte international nicht zuständig.[376] Wenn der unverheiratete Iraner X mit letztem Wohnsitz in Deutschland stirbt, zwei Kinder hinterlässt, ein Haus in Deutschland besitzt, dann kann „in Anwendung iranischen Rechts bezeugt werden, dass unter Beschränkung auf den in Deutschland befindlichen Nachlass die beiden Kinder den X zu je ½ beerbt haben“ (§ 2369 BGB), es kann aber kein Erbschein erteilt werden, wonach „die beiden Kinder X zu je ½ beerbt haben“ (das wäre ein allgemeiner unbeschränkter Erbschein nach § 2353 BGB). Ein solcher all-

---

[373] BayObLGZ 1961, 176/8 (Erbschein für einen Sudetendeutschen bejaht, es galt tschechoslowakisches Erbrecht); BayObLGZ 1965, 423/31; OLG Zweibrücken OLGZ 1985, 413 (verneint für Grundstücke im Elsass, weil zum Nachweis der Berechtigung ein deutscher Erbschein ausreichend erschien).

[374] Bamberger/Roth/Lorenz, BGB, Art 25 EGBGB Rz 64.

[375] BayObLGZ 1967, 197/203.

[376] OLG Zweibrücken FamRZ 2002, 1146 =NJW-RR 2002, 154 = ZEV 2001, 488 = MittBayNot 2002, 203.

gemeiner Erbschein würde bedeuten, dass die deutschen Gerichte für sich in Anspruch nehmen, die Erbfolge nach einem Iraner bezüglich des im Iran oder im sonstigen Ausland belegenen Vermögens (Grundstücke, Bankguthaben, Mobiliar, Geschäfte usw) zu regeln; der Erbschein wäre sinnlos, weil sich die iranischen Behörden wohl nicht danach richten würden.

5.6 Beispiel

161 Eine Niederländerin stirbt in Deutschland, wo sie auch die letzten Jahre gelebt hatte und hinterlässt eine Guthaben bei einer deutschen Sparkasse.

Prüfungsreihenfolge vgl Rz 154: Ein Staatsvertrag mit den Niederlanden besteht nicht. Die Erblasserin hatte ferner keine Rechtswahl nach Art 25 II EGBGB getroffen. Also gilt die Grundregel des Art 25 I EGBGB: niederländisches Erbrecht kommt zur Anwendung. Verweist es auf deutsches Recht? Ja, das niederländische IPR hält das Recht des letzten Aufenthalts für maßgeblich.[377] Diese Rückverweisung nimmt das deutsche Recht an (Art 4 I 2 EGBGB). Also gilt materiell deutsches Erbrecht, somit auch deutsches Verfahrensrecht (Gleichlaufgrundsatz). Das deutsche Nachlassgericht ist für den Erbschein zuständig und erteilt einen Erbschein nach § 2353 BGB (da deutsches Recht angewandt wird), mit einem Geltungsvermerk (Geltung „beschränkt auf das in Deutschland befindliche Vermögen“).

[377] BayObLG NJW-RR 2001, 297.

E. Verfahren des Nachlassgerichts

1. Erbenermittlung bei Vorliegen eines Erbscheinsantrags

1.1 Grundsatz: Amtsermittlung

162 Ist ein Erbscheinsantrag von einem Berechtigten (Rz 34 ff) beim zuständigen Nachlassgericht (Rz 125 ff) gestellt werden, hat das Nachlassgericht unter Benutzung der von dem Antragsteller angegebenen Beweismittel (Rz 174) von Amts wegen die zur Feststellung der Tatsachen erforderlichen Ermittlungen zu veranstalten (Rz 177) und die geeignet erscheinenden Beweise aufzunehmen (§ 12 FGG; § 2358 BGB). Der Grundsatz der Amtsermittlung verpflichtet das Gericht, seine Ermittlungen erst abzuschließen, wenn von einer weiteren Beweisaufnahme ein sachdienliches, die Entscheidung beeinflussendes Ergebnis nicht mehr zu erwarten ist.[378] Es kann geboten sein, die Beteiligten zur Mitwirkung zu veranlassen und auf eine Ergänzung des tatsächlichen Vorbringens hinzuwirken.[379] Ein Hinweis des Gerichts an die Beteiligten ist veranlasst, wenn es einen im bisherigen Verfahren nicht erörterten Gesichtspunkt zur Grundlage seiner Entscheidung machen will, damit dem Verfahren eine für die Beteiligten unerwartete Wendung gibt und wenn zu erwarten ist, dass die Beteiligten zur Aufklärung des Sachverhalts sachdienlich beitragen können.[380]

Weigert sich der Antragsteller ohne triftigen Grund (hier: wegen „Zeitmangels“) die Richtigkeit seiner Angaben eidesstattlich zu versichern, so ist der Erbscheinsantrag nach Meinung des OLG Frankfurt ohne eigene Ermittlungen des Nachlassgerichts als unzulässig zurückzuweisen.[381] das ist zweifelhaft: eine Zurückweisung ist nur erlaubt, wenn durch die fehlende eidesstattliche Versicherung das Nachlassgericht keine nach § 2358 BGB erforderliche Überzeugung mehr gewinnen kann. Andererseits kann es nicht sein, dass die Weigerung dazu führt, dass nun insoweit eine Amtsermittlung zu erfolgen hat;[382] § 2356 II BGB begründet nur eine geringe

378 BayObLG FamRZ 2001, 771.
379 KG NJW-RR 2005, 1677; BayObLG FamRZ 1989, 415; 1990, 1279; 2001, 771.
380 BayObLG FamRZ 2001, 771.
381 OLG Frankfurt FamRZ 1996, 1441 = FGPrax 1996, 110 = Rpfleger 1996, 511.
382 So aber Staudinger/Schilken § 2356 Rz 42.

Mitwirkungspflicht des Antragstellers, er muss nicht einmal nach Unterlagen suchen.

1.2 Umfang der Ermittlungspflicht

163 Die Ermittlungspflicht des Nachlassgerichts befreit die Beteiligten nicht davon, an der Aufklärung des Sachverhalts mitzuwirken; grundsätzlich hat der Antragsteller dabei die in §§ 2354–2356 BGB vorgesehenen Unterlagen für die Entscheidung von sich aus beizubringen. Erleichterungen sind bei einem Gläubiger des Erben zu machen, der die Urkunden gar nicht besitzen kann.[383] Fehlen sie ganz oder teilweise, so ist es Sache des Gerichts, eine entsprechende Ergänzung des Antrages zu veranlassen; es hat unter Umständen durch eine Zwischenverfügung Gelegenheit zur Beseitigung von Hindernissen zu geben und fehlende Urkunden nachzufordern. Es hat außerdem den Antragsteller in der Herbeischaffung der erforderlichen öffentlichen Urkunden soweit als möglich zu unterstützen.[384] Die Verpflichtung, die geeignet erscheinenden Beweise aufzunehmen, bedeutet für das Nachlassgericht auch, selbst Zeugen oder sonstige Beweismittel ausfindig zu machen, wenn die Beteiligten dazu nichts beitragen können.[385] Über den Umfang und die Art der Ermittlungen entscheidet das freie richterliche Ermessen.[386] Das Nachlassgericht muss nicht alle denkbaren Möglichkeiten erwägen und ihnen nachgehen. Die Ermittlungen sind nur soweit auszudehnen, dass der Sachverhalt vollständig aufgeklärt ist und von der Fortsetzung der Ermittlungen ein anderes sachdienliches, die Entscheidung beeinflussendes Ergebnis nicht mehr zu erwarten ist.[387] Bei genügender Aufklärung des Sachverhalts kann also das Nachlassgericht von weiteren Ermittlungen absehen.[388] Bei Vorhandensein anderer Beweismittel darf sich das Nachlassgericht nicht nur mit der eidesstattlichen Versicherung des Antragstellers, selbst wenn diese ihm glaubhaft erscheint, zufrieden geben.[389]

1.3 Zuständigkeit von Richter oder Rechtspfleger?

164 Ist ein Erbschein aufgrund Testaments (bzw Erbvertrags) beantragt, ist der Richter für die Entscheidung zuständig. Zweifelhaft ist, wer für die

---

[383] LG Flensburg JurBüro 1968, 558.
[384] BayObLGZ 31, 68; KGJ 50, 1, 5.
[385] aA RG DR 1941, 263, 264.
[386] BGHZ 40, 54/57 = NJW 1963, 1972; BayObLGZ 1953, 195/197; BayObLGZ 1951, 598/602.
[387] BGHZ 40, 54/57 = NJW 1963, 1972; BGHZ 16, 378/383.
[388] BayObLGZ 1956, 377/384; BayObLGZ 1971, 147/153.
[389] BGHZ 8, 183/188 = NJW 1953, 264; KGJ 36 A 114; aA wohl KG DFG 1943, 53.

vorangehende Beweisaufnahme (Zeugenvernehmung usw) zuständig ist. Man kann die Beweisaufnahme durch den Rechtspfleger als zulässig ansehen mit der Begründung, nur die „Erteilung" des Erbscheins selbst (also der Beschluss) sei nach dem Wortlaut des § 16 I Nr. 6 RPflG dem Richter vorbehalten, für das Verfahren vorher, also auch für die Beweisaufnahme, bleibe es bei der Zuständigkeit des Rechtspflegers (§ Nr. 2c RPflG). Richtiger erscheint die Auffassung, dass der, der entscheidet, auch für die vorbereitenden Beweisaufnahmen zuständig ist, weil er sie andernfalls nicht richtig würdigen kann.[390] Eine Vernehmung durch den Rechtspfleger macht das Vernehmungsergebnis aber nicht unverwertbar, weil dann jedenfalls eine Beweisaufnahme im Freibeweis vorliegt.

1.4 Abhängigkeit der Ermittlungen von einem Kostenvorschuss?

165 Im Zivilprozess kann das Gericht die Ladung eines Zeugen davon abhängig machen, dass der Beweisführer einen hinreichenden Auslagenvorschuss einzahlt (§ 379 ZPO); ebenso ist es, wenn Sachverständigengutachten erholt werden (§§ 402, 379 ZPO). Im FGG-Verfahren gilt diese Regelung (trotz § 15 FGG) nicht, obwohl der Erbschaft nur auf Antrag erteilt wird (§ 2352 BGB), weil der Amtsermittlungsgrundsatz (§ 2358 BGB; § 12 FGG) entgegensteht.[391] Zwar kann wegen § 8 KostO in FGG-Sachen das ganze Geschäft (also die Erteilung des Erbscheins) von der Zahlung eines Vorschusses abhängig gemacht werden, nicht aber die Durchführung aller oder einzelner Beweiserhebungen, weil die Feststellung der streitigen Tatsachen von Amts (§ 2358 BGB; § 12 FGG) wegen erfolgt.[392]

Wird in einem Beweisbeschluss gleichwohl ein „Auslagenvorschuss" gefordert, ist hiergegen Beschwerde (§ 19 FGG bzw § 14 KostO) statthaft, obzwar Beweisbeschlüsse als solche unanfechtbar sind.[393] Vgl Rz 695.

1.5 Bindungen des Nachlassgerichts

166 Grundsätzlich hat das Nachlassgericht den Sachverhalt selbst von Amts wegen aufzuklären (§ 12 FGG), so dass eine Bindung an andere Entscheidungen (und also kein Ermittlungsbedarf) nur ausnahmsweise besteht.

---

390 Dallmayer/Eickmann RPflG § 16 Rz 10; Zimmermann ZEV 1995, 276.

391 Keidel/Schmidt FGG § 15 Rz 29; Jansen/König FGG § 12 Rz 108.

392 Keidel/Schmidt FGG § 15 Rz 29.

393 Keidel/Kahl FGG § 19 Rz 5.

1.5.1 Selbstbindung, Bindung bei Zurückverweisung

167 Wurde gegen die Entscheidung des Nachlassgerichts Beschwerde eingelegt und kommt es zur Zurückverweisung (Anweisung) an das Nachlassgericht, ist dieses an die Rechtsauffassung des LG gebunden, soweit sie die Entscheidung des LG trägt, also nicht an alle Gründe, sondern nur an die tragenden Rechtsgründe.[394] Deshalb sollte die Formulierung „Zurückverweisung nach Maßgabe der folgenden Gründe" unterbleiben.[395] Ebenso ist es, wenn das OLG nach weiterer Beschwerde ein Sache direkt an das Nachlassgericht zurückverweist.[396] Wechselt beim Nachlassgericht während des Verfahrens der Richter/Rechtspfleger, ist der spätere Richter nicht an die Rechtsauffassung des früheren Richters gebunden. Das Nachlassgericht ist ferner nicht an die „ständige Rechtsprechung" des eigenen Nachlassgerichts gebunden.

1.5.2 Bindung an Zivilurteile

168 Ob das Ergebnis eines Feststellungsrechtsstreits (Prozess vor dem AG oder LG zwischen Erbprätendenten auf Feststellung des Erbrechts) für ein Erbscheinsverfahren unter *denselben* Beteiligten *bindend* ist, ist umstritten (aber ohne praktische Bedeutung; der Streit leidet am Mangel an Fallmaterial, weil Erbrechtsfeststellungsprozesse in der Praxis nicht vorkommen). Eine Zivilurteil, das aufgrund Zeugenvernehmung und Sachverständigengutachten ergeht, hat eine so wesentliche Bedeutung, dass es vom Nachlassgericht bei der Beweiswürdigung nicht außer Betracht gelassen werden darf; das hat aber nichts mit Bindung zu tun. Bindung würde bedeuten: das Nachlassgericht muss sich an etwas halten, auch wenn es unrichtig ist; es darf gar nicht mehr selbst ermitteln. Mit § 12 FGG, § 2358 BGB ist das nicht vereinbar; auch § 2361 BGB steht entgegen. Früher wurde in der Literatur daher zu Recht die Bindung wegen der Verfahrensunterschiede FGG – ZPO (Amtsermittlung – Verhandlungsgrundsatz mit Parteidisposition) verneint;[397] auch besteht keine Bestimmung, die eine Bindung vorschreibt, die „Einheit der Rechtsordnung" usw sind schwache Argumente. Heute bejaht die Literatur[398] variantenreich[399] eine gewisse „Bindung" wegen §§ 2362, 2365 BGB, § 35 GBO, wobei zu

---

[394] BayObLG FamRZ 1996, 1304 = NJW-RR 1997, 389 = ZEV 1996, 393.

[395] BayObLGZ 1962, 47/55

[396] Zulässig, vgl Keidel/Meyer-Holz FGG § 27 Rz 61.

[397] Josef ZZP 43, 365; Saupe S. 60; Zusammenfassung bei Kuttner S. 166 ff; Weyland S. 105 ff ; Übersicht bei Eisele S. 113.

[398] Staudinger/Schilken § 2360 Rz 11 mwN; MünchKomm-Mayer § 2359 Rz 40 mwN.

[399] Knappe Übersicht bei Lange/Kuchinke § 39 III.

beachten ist, dass ein Zivilurteil nur zwischen den Parteien (erweitert nach § 325 ZPO) wirkt, der Kreis der Erbscheins-Beteiligten aber oft größer ist.

Es ist **nach hM zu differenzieren**:

169

a) Das Nachlassgericht hat die Erteilung eines Erbscheins abzulehnen, wenn rechtskräftig festgestellt ist, dass der Antragsteller nicht oder nicht in dem von ihm behaupteten Umfang Erbe geworden ist.[400] Kommen A, B und C als Erben in Betracht und wird die Klage des A gegen B *oder* C abgewiesen, kann dem A in der Regel kein Erbschein erteilt werden.

b) Sofern Dritte als Erben nicht ernsthaft in Betracht kommen, hat das Nachlassgericht grundsätzlich demjenigen den Erbschein zu erteilen, dessen Erbrecht rechtskräftig festgestellt ist.[401] Siegt A gegen B, *muss* dem A kein Erbschein erteilt werden, weil keine Rechtskraftwirkung des Zivilurteils gegen den weiteren Beteiligten C vorliegt. Siegt A gegen B und C, muss ihm in der Regel ein Erbschein erteilt werden. Anders ist es, wenn sich nachträglich neue Tatsachen ergeben, die zur Einziehung des Erbscheins führen würden.

c) Zweifel an der Bindung wird man haben müssen, wenn das Zivilurteil als Versäumnisurteil oder Anerkenntnisurteil ergeht. Ein solches Urteil kann dem Nachlassgericht nicht die nach § 2358 BGB erforderliche Überzeugung verschaffen, weil es das Erbrecht nicht ändern kann; bei Versäumnisurteilen mit Zustellung der Klage durch Niederlegung weiß der Beklagte vom Prozess oft gar nichts. Anders die hM,[402] die Versäumnisurteile den streitigen Urteilen gleichstellt; praktische Relevanz hat die Streitfrage nicht.

d) Zivilurteile stellen auf die Sachlage zur Zeit der letzten mündlichen Verhandlung ab, Erbscheinen fehlt eine solche Anknüpfung. Selbst wenn das Erbrecht des A gegen B und C rechtskräftig festgestellt ist, kann der A keinen Erbschein erhalten, wenn B nach Urteilserlass ein Testament zu seinen Gunsten auffindet. Eine vorherige Restitutionsklage (§§ 580 ff ZPO) ist nicht notwendig.

---

[400] BayObLGZ 1969, 184/6; Staudinger/Schilken § 2360 Rz 11 mwN; MünchKomm-Mayer § 2359 Rz 41.

[401] BayObLG FamRZ 1999, 334; BayObLG FamRZ 1969, 676 = BayObLGZ 1969, 184/6.

[402] Nachweise bei MünchKomm-Mayer § 2359 Rz 43; Lange/Kuchinke § 39 III.

1.5.3 Bindung an andere FGG – Entscheidungen

170 Wirksam gewordene und nicht nichtige rechtsgestaltende Entscheidungen in Verfahren der freiwilligen Gerichtsbarkeit binden nach allgemeiner Meinung in anderen Verfahren der freiwilligen Gerichtsbarkeit, obwohl es hierfür eine besondere gesetzliche Vorschrift nicht gibt.[403] Grund ist letztlich die Rechtssicherheit, im öffentlichen Interesse sollten divergierende Gerichtsentscheidungen möglichst vermieden werden. Bei rechtsgestaltenden Entscheidungen besteht eine Bindung aber nur in Ansehung der durch sie herbeigeführten Gestaltungswirkung, nicht an die Beurteilung der Vorfragen, auf der das Recht zur Gestaltung beruht.[404] Bindung[405] besteht daher, wenn Betreuer, Vormünder, Pfleger bestellt wurden, wenn einem Testamentsvollstrecker ein Testamentsvollstreckerzeugnis erteilt wurde; wenn adoptiert wurde, Todeserklärung erfolgte. Hebt das Vormundschaftsgericht die von ihm wegen § 1638 BGB angeordnete Ergänzungspflegschaft mit dem Wirkungskreis der Verwaltung der dem Kind zugefallenen Erbschaft wieder auf, so ist das Nachlassgericht daher im Erbscheinsverfahren an diese rechtliche Beurteilung gebunden,[406] muss also die Mutter wieder als gesetzliche Vertreterin des Kindes anerkennen, auch wenn es die Entscheidung des Vormundschafts- bzw Familiengerichts für unrichtig hält.

Entscheidungen in Erbscheinssachen erwachsen nicht in materielle Rechtskraft.[407]

1.5.4 Bindung an sonstige Entscheidungen

171 Eine beschränkte Bindung besteht an Entscheidungen der Verwaltungsbehörden und der Verwaltungsgerichte über **Staatsangehörigkeit**,[408] zB des Erblassers, und an **Personenstandsurkunden.** Bei ernsthaften Zweifeln an der Richtigkeit standesamtlicher Urkunden ist das Nachlassgericht von seiner Ermittlungspflicht nicht befreit; es ist an die Angaben der standesamtlichen Urkunden nicht gebunden und darf die Beteiligten nach hM auch nicht auf das Berichtigungsverfahren nach §§ 47 ff PStG verweisen;[409] nach der aA[410] besteht Bindung. Man sollte es vom Einzelfall ab-

403 OLG Frankfurt FamRZ 1997, 1115; BayObLG 1985, 184; Keidel/Schmidt FGG § 1 Rz 44.
404 Jansen/Briesemeister FGG § 12 Rz 26.
405 Vgl Keidel/Schmidt FGG § 1 Rz 43.
406 OLG Frankfurt FamRZ 1997, 1115 = FGPrax 1997, 69 = NJW-RR 1997, 580.
407 BGHZ 47, 58/66; KG FGPrax 1999, 227 = FamRZ 2000, 577.
408 Vgl Keidel/Schmidt FGG § 1 Rz 45.
409 BayObLGZ 1981, 173 = MDR 1981, 846 = Rpfleger 1981, 358; BayObLGZ 1981, 38 = Rpfleger 1981, 238; OLG Hamm MDR 1953, 747.
410 OLG Hamburg NJW 1952, 147; Arnold Rpfleger 1957, 142/147.

hängig machen, ob es zweckmäßiger ist, wenn das Nachlassgericht selbst ermittelt oder den Antragsteller auf ein Berichtigungsverfahren verweist; jedenfalls kann kein Erbschein erteilt werden, solange Zweifel an den Urkunden bestehen. Bei Verschiedenheit der Schreibweise eines Namens in den vorgelegten Personenstandsurkunden ist also die Erteilung des Erbscheins nicht von der vorherigen Berichtigung dieser Urkunden abhängig zu machen. Durch eine **Sterbeurkunde** wird bewiesen, dass der Erblasser am … verstorben ist (§§ 60 I 1, 61a Nr. 3, 64 Nr. 3, 66 PStG), obwohl bei der Eintragung eines Sterbefalls der Standesbeamte grundsätzlich nur die Erklärungen einer anderen Person beurkundet. Der Nachweis der Unrichtigkeit der beurkundeten Tatsachen ist jedoch zulässig (§ 60 II 1 PStG); der Gegenbeweis kann mit allen Beweismitteln geführt werden. Das Nachlassgericht ist daher an die Feststellung des Todeszeitpunkts in der Sterbeurkunde nicht gebunden, es kann ermitteln und zu einem anderen Ergebnis kommen,[411] bedeutsam zB bei der Frage, wann (in welcher Minute) in Zusammenhang mit dem Ehegattenerbrecht des § 1933 BGB der Hirntod eingetreten ist.

1.5.5 Bindung an eine Einigung der Beteiligten?

172 Haben sich alle Beteiligten auf eine bestimmte Auslegung des Testaments geeinigt, bindet das das Nachlassgericht nicht (vgl § 2358 BGB);[412] das Gesetz oder der Erblasser bestimmen, wer Erbe wird, nicht die Erbanwärter durch Vereinbarung. Die vereinzelt vertretene entgegenstehende Auffassung, wonach ein dieser Einigung widersprechender Erbschein nicht erteilt werden dürfe,[413] ist deshalb unrichtig. Freilich könnten die Beteiligten durch Tricks, zB Feststellungsklagen, bei denen der Beklagte säumig ist oder anerkennt, über § 2362 BGB möglicherweise eine Bindung erreichen (vgl Rz 533), was sich wegen der hohen Prozesskosten kaum lohnt. Auch können sie Zeugen verschweigen, Testierunfähigkeit verschweigen, falsche eidesstattliche Versicherungen über andere Testamente abgeben, Vergleichsmaterial für die Schriftuntersuchung unterdrücken usw, so den Tatsachenstoff des Nachlassgerichts unredlich beeinflussen und die Entscheidung des Gerichts in eine bestimmte Richtung lenken.

---

[411] OLG Frankfurt FamRZ 1998, 190.

[412] BayObLGZ 1992, 181;BayObLG FamRZ 1989, 99/102 und NJW-RR 1997, 1368; OLG Stuttgart OLGZ 1984, 131; KG JFG 6, 165; MünchKomm-Mayer § 2358 Rz 9; aA Dressler ZEV 1999, 289. Ausführlich zum Thema: Eisele, Vertragliches Einvernehmen über die Auslegung unklarer letztwilliger Verfügungen, 2002.

[413] OLG Frankfurt MDR 1990, 56; Lange/Kuchinke § 39 II 5b; Eisele S. 130.

Allerdings hat die Einigung *aller* Beteiligten (einschließlich Nacherben, Testamentsvollstrecker) ohnehin eine erhebliche „indizielle Bedeutung",[414] und das Nachlassgericht sollte schon aus Gründen der Praktikabilität davon nicht abweichen, außer, der Testamentstext steht eindeutig und zweifelsfrei dagegen. Denn durch Erbteilsübertragung usw können die Beteiligten ihren Willen im wirtschaftlichen Endergebnis letztlich doch durchsetzen, allerdings unter Aufwand weiterer Kosten. Zum **Vergleich im Erbscheinsverfahren** vgl Rz 245ff.

1.6 Schiedsklauseln

173 Eine letztwillige Schiedsklausel (im Testament oder Erbvertrag ist geschrieben: „für Streitigkeiten und für den Erbschein ist Rechtsanwalt R als Schiedsrichter zuständig") steht der Durchführung eines Erbscheins- und Beschwerdeverfahrens nicht entgegen.[415] Denn in Nachlasssachen ist eine Schiedsgerichtsbarkeit nicht zulässig; Erbscheine können nicht durch Schiedsgerichte erteilt werden, wie aus § 2353 BGB folgt. Bei der Entscheidung über den Erbscheinsantrag bildet das Erbrecht eine Vorfrage; auch diese Vorfrage ist einem Schiedsgerichtsverfahren nicht zugänglich. Zwar sagt § 1030 I 1 BGB, dass jeder vermögensrechtliche Anspruch Gegenstand einer Schiedsvereinbarung sein könne. Die Frage, wer Erbe wird, hängt aber ausschließlich vom Willen des Erblassers ab und steht nicht nur Disposition der potentiellen Erben.

1.7 Benutzung der vom Antragsteller angegebenen Beweismittel

174 § 2358 BGB wiederholt § 12 FGG wörtlich, lediglich der Halbsatz „unter Benutzung der von dem Antragsteller angegebenen Beweismittel" ist eingeschoben. Was das genau bedeuten soll ist unklar; denn dass die vom Antragsteller angegebenen Beweismittel nicht unbenutzt bleiben dürfen ist selbstverständlich. Aus § 2354–2358 BGB kann daher lediglich entnommen werden, dass der Antragsteller zunächst selbst in zumutbarem Umfang Bemühungen unternehmen muss, Beweismittel heranzuschaffen; damit sind im wesentlichen Urkunden (standesamtliche Urkunden, Testamente usw) gemeint. Das Nachlassgericht hat den Antragsteller bei der Beschaffung von Urkunden zu unterstützen.[416] Eine Beweisführungslast gibt es im Erbscheinsverfahren trotz § 2358 I BGB nicht.

---

[414] BGH NJW 1986, 1812/3; OLG Frankfurt FamRZ 2000, 1607. Vgl Eisele S. 135.

[415] BayObLG FamRZ 2001, 873; LG Hechingen FamRZ 2001, 721.

[416] Staudinger/Schilken § 2358 Rz 4.

An „**Beweisanträge**“ der Beteiligten ist das Nachlassgericht nicht gebunden, weil ein Amtsermittlungsverfahren vorliegt. Stellt ein Beteiligter ausdrücklich Beweisanträge und will das Nachlassgericht dem nicht nachgehen, ist in der Entscheidung darauf einzugehen, weshalb der Antrag nicht beachtet wurde,[417] falls Relevanz vorliegt (in der Praxis werden viele Anträge gestellt, die mit den für die Entscheidung *wesentlichen* Punkten nichts zu tun haben; sie werden durch Stillschweigen und ohne nähere Begründung abgelehnt). Eine gesonderte Zurückweisung des Beweisantrags durch Beschluss wäre, obwohl verfahrensfehlerhaft, nicht gesondert anfechtbar. *175*

1.8 Verfahrensart, Aussetzung des Verfahrens

Das Nachlassgericht führt in der Regel auf den Erbscheinsantrag hin ein schriftliches Aktenverfahren durch. Es kann aber nach seinem Ermessen in eine mündliche Erörterung der Angelegenheit mit dem Antragsteller oder mit allen Beteiligten eintreten. Die Verhandlung ist **nicht öffentlich** (doch besteht **Beteiligtenöffentlichkeit,**[418] die Beteiligten können also an der Beweisaufnahme und Erörterung teilnehmen, sind hierzu zu laden). Anwaltszwang besteht nicht. Liegt ein Testament vor, verlangt § 2260 BGB nicht unbedingt die Eröffnung in einer Sitzung, zu der die Beteiligten geladen werden (eröffnet wird meist in Abwesenheit der Beteiligten, eine Kopie des Testaments wird ihnen übersandt). *176*

Das Nachlassgericht darf die Beteiligten nicht darauf verweisen, sie sollen vor einem Zivilgericht (AG, LG) oder einem Schiedsgericht die Erbfolge feststellen lassen und zu diesem Zwecke das Erbscheinsverfahren aussetzen.[419]

Ein Erbscheinsverfahren kann aber analog § 148 ZPO ausgesetzt werden, wenn zwischen den Erbprätendenten schon ein **Zivilrechtsstreit** zur Feststellung des Erbrechts anhängig ist.[420] Die Aussetzung ist auch im Beschwerdeverfahren und Rechtsbeschwerdeverfahren und auch dann zulässig, wenn der Antragsteller ihr nicht zustimmt oder widerspricht. Ein Aussetzungsantrag ist nicht erforderlich. Das Gericht entscheidet von Amts wegen nach pflichtgemäßem Ermessen über die Aussetzung. Wesentlich ist, wie viel Substanz der Zivilprozess hat; zur Prüfung sind die Prozessakten zu erholen. Es darf sich nicht nur um Schikane handeln.

417 Vgl BayObLG FamRZ 2003, 1227.
418 Keidel/Schmidt FGG § 15 Rz 13.
419 BayObLG 2000, 279; BayObLG FamRZ 1989, 99.
420 BayObLG FamRZ 1999, 334; BayObLG FamRZ 1969, 676.

Weiterhin ist zu berücksichtigen, ob die durch die Aussetzung eintretende Verzögerung den Beteiligten zugemutet werden kann.[421]

Ausgesetzt werden kann immer, wenn die Amtsermittlung gebietet, die Ergebnisse eines anderen Verfahrens abzuwarten. Deshalb kann auch ausgesetzt werden, wenn der potentielle Erbe wegen Fälschung des Testaments angezeigt wurde und die Staatsanwaltschaft ein **Ermittlungsverfahren** führt; denn die Staatsanwaltschaft hat bessere Ermittlungsmöglichkeiten (Beschlagnahme, Hausdurchsuchung usw) als das Nachlassgericht.

1.9 Ermittlungen, Beweiserhebungen

177 Die Zahl der Erbscheinsverfahren, in denen es ohne weitere Maßnahmen des Gerichts (ausgenommen Gewährung des rechtlichen Gehörs) zur Erteilung des beantragten Erbscheins kommt, ist hoch: ca 88 %.[422] Wenn es zu Maßnahmen kommt handelt es sich meist um die Erholung von Auskünften, das Ansetzen eines Erörterungstermins, Erholung von Gutachten.

1.9.1 Beweiserhebung durch Aktenbeiziehung

178 Bei Eingang einer Todesanzeige des Standesamts oder beim Eingang eines Erbscheinsantrags prüft das Nachlassgericht anhand des Erbrechtsregisters, des Verwahrungsbuchs für Verfügungen von Todes wegen und der zugehörigen Namensverzeichnisse sowie der Sammelakten mit den Todesanzeigen, ob bereits „Vorgänge“ über den Erblasser und über einen vorverstorbenen Ehegatten des Erblassers vorhanden sind; diese Vorgänge (zB verwahrte Testamente; Nachlassakten) sind beizuziehen (§ 28 I 1 AktO). Über Anfragen bei der Hauptkartei für Testamente vgl Rz 195.

Hat das Gericht im Erbscheinsverfahren Akten eines anderen Verfahrens (zB eines Nachlassverfahrens über vorverstorbene Verwandte) beigezogen und will es deren Inhalt für die Entscheidung verwerten, so verlangt der Anspruch auf **rechtliches Gehör**, dass den Beteiligten die Tatsache der Aktenbeziehung mitgeteilt und ihnen zumindest Gelegenheit gegeben wird, die Akten einzusehen sowie zu den darin enthaltenen Einzelheiten und ihrer Bedeutung für das Erbscheinsverfahren Stellung zu nehmen. Das gilt auch dann, wenn die beigezogenen Akten ein Verfahren betreffen, an dem auch alle Beteiligten des Erbscheinsverfahrens beteiligt waren.[423]

---

[421] BayObLG FamRZ 1999, 334; BayObLGZ 1964, 231.
[422] Klüsener/Rausch/Walter Rpfleger 2001, 215/219.
[423] BayObLG NJW-RR 1999, 86 = FamRZ 1998, 1625.

1.9.2 Beweiserhebung durch Einholung von Auskünften

179 Aus der Verweisung in § 15 FGG auf die ZPO (§ 273) folgt, dass das Nachlassgericht Auskünfte erholen kann, zB beim beurkundenden Notar, bei Behörden, Botschaften, Generalkonsulaten, bei Ärzten wegen der Testierfähigkeit. Behördenauskünfte sind förmliche Beweismittel, andere Auskünfte (zB von Ärzten, Nachbarn) fallen unter den Freibeweis.

1.9.3 Beweiserhebung durch Urkundsbeweis

180 Der Urkundsbeweis ist in § 15 FGG nicht genannt, weil Beweis durch Urkunden selbstverständlich ist. §§ 415 ff ZPO sind entsprechend anwendbar. Die wichtigsten Urkunden für das Nachlassverfahren sind Testamente und Personenstandsurkunden. Vgl Rz 195.

1.9.4 Beweiserhebung durch Zeugenvernehmung

181 § 15 FGG, §§ 373 ff ZPO sind anwendbar, auch die Vorschriften über die Zeugnisverweigerung.[424] Die Ladung erfolgt in der Regel formlos; sie kann nicht von der Zahlung eines Auslagenvorschusses abhängig gemacht werden, weil § 379 ZPO wegen § 12 FGG nicht anwendbar ist;[425] auch § 8 KostO ist nicht einschlägig (Rz 165). Zeugen können beeidet werden (§ 15 I 2 FGG); die Nichtbeeidigung des Zeugen ist aber die Regel.[426] Der Rechtspfleger kann die Beeidigung (§ 15 I 1 FGG) nicht anordnen (§ 4 II Nr 1 RPflG); hält er die Vereidigung des Zeugen für erforderlich, muss er die Sache dem Richter vorlegen (§ 4 II RPflG). Zeugenvernehmung im Rechtshilfeweg ist zulässig (§ 2 FGG; §§ 157 ff GVG). Eine schriftliche Beantwortung der Beweisfrage kann angeordnet werden (§ 377 III ZPO), doch ist das selten zweckmäßig. Über schriftliche Vernehmung (zB ausländischer Zeugen) siehe ferner Rz 186.

1.9.5 Beweiserhebung durch Einholung eines Sachverständigengutachtens

182 § 15 FGG, §§ 420 ff ZPO sind anwendbar. Gutachten werden vor allem zur Frage der Testierfähigkeit (Rz 196), der Echtheit des Testaments (Rz 204) und des ausländischen Rechts erholt. Die Einholung kann nicht von der Zahlung eines Auslagenvorschusses abhängig gemacht werden, weil §§ 379, 402 ZPO wegen § 12 FGG nicht anwendbar sind (Rz 165). Das Gericht kann auch einen nicht öffentlich bestellten Sachverständigen

---

[424] BayObLG FamRZ 1991, 231.

[425] Keidel/Schmidt FGG § 15 Rz 29.

[426] BayObLG FamRZ 1991, 618.

mit dem Gutachten beauftragen.[427] Zur Erläuterung des Gutachtens kann der Sachverständige vorgeladen werden, § 411 III ZPO. Die Nichtbeeidigung des Sachverständigen ist die Regel.[428] Der Rechtspfleger kann die Beeidigung des Sachverständigen nicht anordnen (§ 4 II Nr 1 RPflG), nur der Richter; vgl Rz 181. Schon vorliegende Gutachten, etwa über ausländisches Erbrecht, können in *anderen* Nachlasssachen nochmals verwertet werden (§ 411a ZPO),[429] ohne dass nochmals eine Vergütung an den Sachverständigen zu zahlen wäre.

1.9.6 Beweiserhebung durch förmliche Beteiligtenvernehmung

183 Das Nachlassgericht kann einen Termin zur Anhörung von Beteiligten und mündlichen Erörterung ansetzen; das ist aber keine „Beteiligtenvernehmung" im Rechtsinne, kein Beweismittel. Ein Beteiligter, zB der Antragsteller, kann jedoch *förmlich* als Beteiligter vernommen werden (Beweismittel),[430] obwohl § 15 FGG auf die Parteivernehmung der ZPO (§§ 445 ff ZPO) nicht verweist. Die Beeidigung des Beteiligten wird überwiegend für zulässig gehalten;[431] der Rechtspfleger kann die Beeidigung des Beteiligten nicht anordnen (§ 4 II Nr 1 RPflG).

1.9.7 Beweiserhebung durch eidesstattliche Versicherung

184 Das Nachlassgericht (Richter, Rechtspfleger) kann nicht nur in den Fällen des § 2356 BGB, sondern auch bezüglich sonstiger Tatsachen von einem Beteiligten, auch von Zeugen,[432] verlangen, dass er eine tatsächliche Behauptung eidesstattlich versichert (§ 15 II FGG) und sich damit begnügen. Wurde ein Zeuge vernommen, kann er aber seine Aussage nicht eidesstattlich versichern; entweder er wird vereidigt oder er bleibt unvereidigt.

1.9.8 Beweiserhebung durch Augenschein

185 § 15 FGG, §§ 371 ff ZPO sind anwendbar.

---

[427] BayObLG FamRZ 1991, 618 für einen Schriftsachverständigen.
[428] BayObLG FamRZ 1991, 618.
[429] Dazu Jayme IPRax 2006, 587.
[430] Barnstedt DNotZ 1958, 470; Keidel/Schmidt FGG § 15 Rz 56 mit Nachweisen.
[431] BayObLG Rpfleger 1991, 195; Keidel/Schmidt FGG § 15 Rz 59. Doch besteht bei Falschaussage möglicherweise keine Strafbarkeit, BGHSt 5, 111; 10, 272 ff .
[432] BayObLG FamRZ 2003, 1595 (eidesst. Vers. des kanadischen Anwalts, der bei der Testamentserrichtung zugegen war); aA OLG Celle Rpfleger 1959, 161.

1.9.9 Beweiserhebung durch sonstige Beweismittel (Freibeweis)

186 Im Rahmen des Freibeweises sind nicht nur die in der ZPO genannten Beweismittel zulässig, sondern alle anderen Beweismittel (zB telefonische Auskünfte von Zeugen, ungestattete schriftliche Zeugenaussagen, Auskünfte von sachverständigen Zeugen wie Ärzten). Grundsätzlich verdient aber das förmliche Beweisverfahren den Vorzug vor formlosen Ermittlungen.[433]

1.10 Bedeutung ausländischer Erbscheinsverfahren

187 Hat im Ausland ein Verfahren zur Erbenfeststellung stattgefunden, das mit einem Erbfolgezeugnis endete, fragt sich, welchen Einfluss dies auf das deutsche Verfahren (beispielweise auf die Erteilung eines Fremdrechtserbscheins nach bei § 2369 BGB) hat. Es besteht keine Bindung an einen bereits im Ausland erteilten „Erbschein";[434] auch nicht an ein Zeugnis des britischen Nachlassgerichts über die Einsetzung eines Erbschaftsverwalters („Letters of Administration").[435] An Feststellungen ausländischer Stellen (z.B. zur Testierfähigkeit) sind unsere Gerichte nicht gebunden.[436] Werden von ausländischen Amtspersonen Urkunden ausgestellt, kommt ihnen die Beweiskraft nach §§ 415, 417, 418 ZPO zu (vgl Rz 180); die Richtigkeit der Erbfolge wird dadurch nicht bewiesen. Anders ist es natürlich, wenn in einem Staatsvertrag vereinbart wäre, dass wir die ausländischen Zeugnisse anerkennen. Die Anhängigkeit eines ausländischen Nachlassverfahrens steht der Erbscheinserteilung oder – einziehung nicht entgegen.[437]

2. Einzelheiten zu ermittlungsbedürftigen Punkten

2.1 Örtliche Zuständigkeit des Nachlassgerichts

188 Das Nachlassgericht hat von Amts wegen zu ermitteln, ob es zuständig ist. Hierfür kommt es bei Deutschen auf den letzten Wohnsitz und/oder Aufenthalt des Erblassers an (Rz 125 ff ; § 73 I, II FGG), bei Ausländern darauf, ob sich hier Nachlassgegenstände befinden (Rz 192; §§ 73 III FGG; 2369 BGB).

---

433 BayObLG Rpfleger 1992, 190.

434 BayObLG NJW-RR 1991, 1099; BayObLG 1965, 377.

435 BayObLG Rpfleger 1983, 302

436 BayObLG FamRZ 1991, 1237 (Schweiz) = NJW-RR 1991, 1098.

437 Vgl BayObLG FamRZ 2003, 1595.

2.2 Tod des Erblassers

189 Er wird bewiesen durch die Sterbeurkunde (Rz 73, 100). Bedeutung haben ferner die gesetzlichen Vermutungen: in Frage kommt hier die Todeserklärung nach dem VerschG; sie bindet, kann aber widerlegt werden;[438] bloße Zweifel des Nachlassgerichts genügen nicht. Auf eine solche formelle Todeserklärung kann nicht verzichtet werden.[439] Gleichzeitiger Tod wird vermutet im Falle des § 11 VerschG. Todesvermutungen sind weiterhin geregelt in den Entschädigungs- und Wiedergutmachungsgesetzen, so in § 180 Bundesentschädigungsgesetz (BEG, betrifft NS-Verfolgte),[440] ferner in den Rückerstattungsgesetzen der britischen und amerikanischen Zone sowie Berlins[441] (erst seit § 7a II Bundesrückerstattungsg v. 2.10.1964[442] sind die zonalen Todesvermutungen im Erbscheinsverfahren verwertbar).

2.3 Nachweis des Todes anderer Beteiligter

190 Grundsätzlich ist der Tod des Vor- oder Mitberechtigten durch Personenstandsurkunden nachzuweisen. Aber auch andere Erkenntnisquellen können genügen (§ 2356 I 2 BGB).

Ist der verwitwete Vater von zwei Söhnen im Jahr 2003 verstorben und beantragt der Sohn A einen Alleinerbschein mit der Begründung, sein Bruder B sei 1943 im Krieg gefallen, muss er eine Sterbeurkunde bezüglich des Bruders B vorlegen. Ist sie nicht beschaffbar, muss ein gerichtlicher Beschluss vorgelegt werden, der den Verschollenen für tot erklärt. Statt dessen könnte das Nachlassgericht auch ein Erbenaufgebot nach § 2358 II BGB erlassen (Rz 230). Die Wahl zwischen diesen beiden Möglichkeiten hat das Nachlassgericht nach pflichtgemäßem Ermessen zu treffen; im Zweifel ist das Verschollenheitsverfahren vorzuziehen.[443]

Die Todesvermutung in Entschädigungs- und Wiedergutmachungsgesetzen (Rz 189) gilt auch für den Nachweis des Todes anderer Geschädigter / Verfolgter, die als vor- oder mitberechtigte Erben in Betracht kommen. [444]

---

438 BayObLGZ 1953, 120; OLG Hamburg NJW 1952, 147; KG NJW 1954, 1654.

439 Münch-Komm-Mayer § 2356 Rz 43 Fn 95; aA LG Osnabrück RNotZ 2003, 574 (Schreiben des Suchdienstes des Rotes Kreuzes ausreichend).

440 LG Hamburg JR 1957, 266; Pehe JR 1954, 57 (über Heimatortskarteien usw); Heinrichs NJW 1954, 1715.

441 Fundstellen: Staudinger/Schilken Rz 40 vor § 2353.

442 BGBl I 1964, 809.

443 OLG Hamm FamRZ 2000, 124 = FGPrax 1999, 27 = NJWE-FER 1999, 38.

444 Staudinger/Schilken § 2356 Rz 3.

2.4 Genauer Zeitpunkt des Todes des Erblassers

191 § 1923 BGB macht die Erbfähigkeit davon abhängig, dass der Erbe den Erblasser (wenn auch nur um den Bruchteil einer Sekunde) überlebt. Der Todeseintritt ist daher in der Regel auf einen bestimmten Zeitpunkt festzulegen,[445] erforderlichenfalls auf die Sekunde. Schwierigkeiten bereitet die genaue Zeitfeststellung beim Tod nach erfolgloser Reanimation;[446] Tod durch Verkehrsunfall von zwei Personen; bei verwesten Leichen (Wasserleichen, Wohnungsleichen), Mord. Wenn der genaue Zeitpunkt wesentlich ist, muss er ermittelt werden, zB durch Sachverständigengutachten.[447] Ob auf den Kreislaufstillstand oder den Hirntod abzustellen ist, ist umstritten.[448] Die Todeszeit-Angaben in der Sterbeurkunde binden das Nachlassgericht nicht.[449] § 11 VerschG enthält eine Vermutung gleichzeitigen Todes mehrerer Erbprätendenten.[450]

Fälle: (1) Ehegatten errichten ein **gemeinsames Testament** mit gegenseitiger Erbeinsetzung und verschiedenen Schlusserben. Sie kommen durch Mord[451] ums Leben. Hier ist wesentlich, wer früher starb, und sei es auch nur um Sekunden. (2) **Verschollenheitsfälle**. Die Vermutung des Todeszeitpunktes, die ein Todeserklärungsbeschluss oder ein Todeszeitfeststellungsbeschluss nach dem VerschG begründet, kann auch im Erbscheinsverfahren durch jedes beliebige Beweismittel widerlegt werden.[452] (3) **Unerledigte Scheidungsverfahren:** das Erbrecht des überlebenden Ehegatten ist ausgeschlossen, wenn zur Zeit des Todes des Erblassers die Voraussetzungen für die Scheidung gegeben waren und der Erblasser die Scheidung beantragt (Zustellung des Antrags vor dem Tod erforderlich; hier kann es auf Sekunden ankommen) oder ihr zugestimmt hatte (§§ 1933, 2077 BGB). Das Nachlassgericht hat gegebenenfalls zu untersuchen, ob die Voraussetzungen für die Scheidung der Ehe gegeben waren.[453]

Beispiel: Frau F hatte einen Unfall, Folge: Wachkoma. Das Vormundschaftsgericht bestellte einen Betreuer (§§ 1896 ff BGB; § 65 ff FGG), der mit Genehmi-

---

[445] OLG Hamm FamRZ 1995, 1606 = NJW-RR 1006, 70; OLG Köln FamRZ 1992, 860 = NJW-RR 1992, 1480.

[446] Dazu Neuhaus in Festschrift für Heinitz, 1972, S. 397.

[447] Vgl Funck, Der Todeszeitpunkt als Rechtsbegriff, MedR 1992, 182; Ruscher, Die Bestimmung des Todeszeitpunkts aus erbrechtlicher Sicht, 1989; Schönig NJW 1968, 189.

[448] Dazu MünchKomm-Leipold § 1922 Rz 12.

[449] OLG Frankfurt FamRZ 1998, 190.

[450] Zur Widerlegung: BGHZ 62, 112/5; BayObLG NJW-RR 1999, 1309; OLG Köln NJW-RR 1992, 1481; KG NJW 1954, 1652.

[451] So im Fall OLG Köln FamRZ 1992, 860.

[452] BayObLGZ 1953, 120; OLG Hamburg NJW 1952, 147; aM Arnold MDR 1951, 278 und 1950, 331.

[453] BayObLG FamRZ 1983, 96.

gung des Vormundschaftsgerichts die Scheidung beim Familiengericht beantragte. Der Antrag wurde dem Ehegatten zugestellt. Bevor eine Entscheidung des Familiengerichts erging, starb Frau F (die immer noch im Koma lag). Das Nachlassgericht muss beim Erbscheinsantrag des überlebenden Ehegatten prüfen, ob der Ehescheidungsantrag Erfolg gehabt hätte, wenn die Erblasserin nicht vor der Entscheidung des Familiengerichts gestorben wäre.[454]

2.5 Staatsangehörigkeit des Erblassers

192 Das anzuwendende materielle Erbrecht richtet sich nach der Staatangehörigkeit des Erblassers (Art 25 I EGBGB). Sie ist deshalb von Amts wegen zu ermitteln. Ob jemand deutscher Staatsangehöriger ist richtet sich nach dem Staatsangehörigkeitsgesetz (StAG von 1999, RuStAG von 1913). Als deutsche Staatsangehörige im Sinne von Art 25 I EGBGB gelten auch die Deutschen im Sinne des Art 116 I GG (Art 9 II Nr 5 FamRÄndG;[455] vgl die Kommentierungen zu Art 116 GG).

Schwierigkeiten bestehen bei der Feststellung der Staatsangehörigkeit von

- Flüchtlingen;[456]
- Vertriebenen (und Flüchtlingen) deutscher Volkszugehörigkeit im Sinne von § 1 des Bundesvertriebenengesetzes (BVFG);[457]
- volksdeutschen Aussiedlern (§ 1 II Nr 3 BVFG; Deutsche im Sinne des Art 116 GG);[458]
- volksdeutschen Spätaussiedlern (§ 4 BVFG; Deutsche im Sinne des Art 116 GG);[459]
- Asylberechtigten (§ 2 AsylVfG).[460]

Zur Feststellung der Staatsangehörigkeit von Volksdeutschen (Polen) im Erbscheinsverfahren vgl BayObLG v. 18. 2. 1983.[461]

Die Staatsangehörigkeit des Erben ist gleichgültig.

---

454 OLG Frankfurt FamRZ 2002, 1511.

455 FamRÄndG v. 11. 8. 1961, BGBl I 1961, 1221.

456 Vgl Art 12 der Genfer Flüchtlingskonvention v. 28. 6. 1951, BGBl II 1953, 960; siehe dazu die Kommentierungen bei Art 5 EGBGB.

457 Vgl Keidel/Schmidt FGG Einl Rz 56; § 7 StAG und § 44 a StAG;

458 Vgl Keidel/Schmidt FGG Einl Rz 57.

459 Vgl Keidel/Schmidt FGG Einl Rz 58; Schotten Rpfleger 1991, 181/184.

460 BGBl I 1993, 1361 mit Änderungen; dazu Keidel/Schmidt FGG Einl Rz 60; Schotten Rpfleger 1991, 181/184; Kommentierungen bei Art 5 EGBGB.

461 BayObLG Rpfleger 1983, 315; vgl ferner VGH Baden-Württemberg FamRZ 2003, 761.

2.6 Familienstand und Verwandtschaftsverhältnisse des Erblassers

193 **Abstammung:** Ein nichteheliches Kind kann noch nach dem Tod des Vaters seine Vaterschaft feststellen lassen (§§ 1600e II BGB; 55b FGG); das wirkt zurück.[462] Die Unrichtigkeit der in einer Abstammungsurkunde bezeugten ehelichen Abstammung kann das Nachlassgericht im Erbscheinsverfahren auf Grund eigener Ermittlungen und Beweiserhebungen unter Beachtung der Beweisregeln der §§ 415, 418 ZPO in Verbindung mit §§ 60 I, 66 PStG feststellen.[463] Zur Frage, ob in internationalen Fällen ein Kind von Vater bzw Mutter abstammt: Art 19–21 EGBGB.

Adoption: Erbt ein nach ausländischem Recht adoptiertes Kind?[464] Siehe Art 22 EGBGB (Problem: bei *schwacher* Adoption[465] bleibt das Erbrecht gegen die leiblichen Eltern, bei Volladoption fällt es weg). Anerkennung ausländischer Adoptionen: § 16a FGG; Adoptionswirkungsgesetz v. 5. 11. 2001;[466] Haager Übereinkommen v. 29. 5. 1993, seit 1. 3. 2002 in Kraft.[467]

Ehe: Es kann fraglich sein, ob der Erblasser „verheiratet" war, beispielsweise wenn ein Deutscher im Ausland geheiratet hat; von Bedeutung ist es im Erbscheinsverfahren wegen des gesetzlichen Erbrechts des Ehegatten (§§ 1931, 1371 BGB). Vgl Art 13, 14 EGBGB.[468]

Scheidung: Kein Erbrecht des überlebenden Ehegatten, § 1931 BGB.

2.7 Güterstand des Erblassers

194 Bei einem deutschen Erblasser, der verheiratet war, ist grundsätzlich vom Güterstand der Zugewinngemeinschaft auszugehen; der Güterstand der Gütertrennung oder Gütergemeinschaft ist durch Vorlage der entsprechende notariellen Urkunde nachzuweisen (vgl § 2358 BGB).

Der Güterstand ist bei verheirateten Erblassern von Bedeutung, weil sich bei Zugewinngemeinschaft der gesetzliche Erbteil des überlebenden Ehegatten um ¼ erhöht (§ 1371 I BGB; Erbfälle ab 1. 7. 1958). Bei Gütertrennung erbt der überlebende Ehegatten neben *einem* Kind ½ (das

---

[462] BayObLG FamRZ 2003, 1595/1597; auch in DDR-Fällen (BGH NJW 1997, 2053).

[463] BayObLGZ Rpfleger 1981, 358; BayObLGZ 1981, 238 = NJW 1981, 1521.

[464] Vgl dazu Müller/Sieghörtner/Emmerling de Oliveira, Adoptionsrecht in der Praxis, 2007, S. 395 ff.

[465] Beispiel: Uruguay, OLG Düsseldorf/PRax 1999, 380.

[466] BGBl I 2001, 2950.

[467] Dazu Keidel/Zimmermann FGG § 16a Rz 2h.

[468] Zur Ermittlung vgl Palandt/Heldrich EGBGB Rz 29 vor Art 3.

Kind ½), neben *zwei* Kindern 1/3 (die Kinder ebenfalls je 1/3); § 1931 IV BGB (Erbfälle ab 1. 7. 1970).

War ein deutscher Erblasser mit einem ausländischen Ehegatten verheiratet, muss bei gesetzlicher Erbfolge im Erbscheinsverfahren bei Eheschließung vor dem 9. 4. 1983 anhand der Übergangsregelung des Art 220 III EGBGB der Güterstand im Zeitpunkt des Todes ermittelt werden; bei späterer Eheschließung ist Art 15 EGBGB heranzuziehen. Lebten die Eheleute demnach im Güterstand der Gütertrennung nach ausländischem Recht, ist umstritten, ob § 1931 IV BGB anzuwenden ist.[469]

2.8 Existenz eines Testaments

195 Ein Testament kann sich befinden:

a) **Im Nachlass** des Verstorbenen; **bei Dritten** (zB Erben, Krankenhäusern, Altenheimen, Notaren). Testamente sind dem Nachlassgericht abzuliefern (§§ 2259, 2300 BGB). Eine Ablieferungspflicht trifft auch Notare (§ 25 II BNotO), Verwaltungsbehörden, Konsularbeamte (§ 11 KonsularG) usw (§ 2259 II BGB). Besteht Grund zur Annahme, dass jemand ein ablieferungspflichtiges Testament in Besitz hat und nicht hergibt, kann ihn das Nachlassgericht zwingen, eine eidesstattliche Versicherung über den Verbleib abzugeben (§ 83 II FGG). Das Gericht kann die Abgabe des Testaments durch Zwangsgeld (§ 83 I, 33 I FGG) oder Zwangsanwendung (§ 83 I, 33 II FGG) durchsetzen.

b) **In amtlicher Verwahrung** eines Nachlassgerichts. Testamente und Erbverträge können in amtliche Verwahrung des Nachlassgerichts gegeben werden (§ 2258a, b BGB); darüber wird ein besonderes Verwahrungsbuch geführt (§ 27 AktO). Die Registrierung ist dezentral;[470] das Basler Übereinkommen (s. unten) ist von Deutschland bislang nicht ratifiziert worden. Wenn der Erblasser E zu Lebzeiten sein Testament (Erbvertrag) bei einem Notar oder einem Amtsgericht A hinterlegt hat, dann benachrichtigt das Amtsgericht bzw der Notar den Standesbeamten des Geburtsortes des E (bei Geburtsort im Ausland: die Hauptkartei für Testamente beim AG Berlin-Schöneberg), wo dies vermerkt wird. Stirbt E nach Jahrzehnten im Bezirks des Amtsgerichts B, teilt der dortige Standesbeamte den Todesfall dem Geburtsstandesamt mit, das die verwahrende Stelle benachrichtigt; so wird die Infor-

---

[469] Vgl Schotten Rpfleger 1991, 181/3; Jayme in Festschrift für Ferid (1978) S. 231 ff; Palandt/Heldrich EGBGB Art 15 Rz 28.

[470] Zu dem Problemen vgl Bericht der Bundesnotarkammer in DNotZ 2000, 572.

mationskette geschlossen.[471] Anfragen nach der Existenz eines Testaments können mit genauer Angabe der Personalien des Verstorbenen an die **Hauptkartei für Testament** beim AG Schöneberg in Berlin – Schöneberg gerichtet werden.

c) **Im Ausland** sind Testamente teils zentral registriert (**Basler Übereinkommen** über die Errichtung einer Organisation zur Registrierung von Testamenten vom 16. 5. 1972[472]), so in Belgien, Frankreich, Italien, Luxemburg, Niederlande, Portugal, Spanien, Türkei, Zypern.

Wer Rechte aus einem Testament herleitet, trägt die Feststellungslast dafür, dass ein solches Testament errichtet wurde. Über die eidesstattliche Versicherung des Erbscheins-Antragstellers vgl Rz 111; über verschwundene Testamente Rz 205.

2.9 Testierfähigkeit des Erblassers[473]

196 Solange die Testier*un*fähigkeit des Erblassers nicht feststeht, geht das Nachlassgericht vom Regelfall aus, das heisst von der Testierfähigkeit (vgl § 2229 BGB).[474] Bei Ausländern richtet sich die Testierfähigkeit nach dem Erbstatut (Art 25 EGBGB).[475] Die Anordnung einer **Gebrechlichkeitspflegschaft** (§ 1910 aF BGB) beseitigte früher (bis 1991) die Testierfähigkeit nicht. Testamente von **Entmündigten**, die bis 31. 12. 1991 errichtet wurden, waren unwirksam (§ 104 aF BGB; § 2229 aF BGB); auch bei Tod ab dem 1. 1. 1992 gilt die alte Rechtslage fort;[476] vgl Art 9 § 1 BtG. Seit 1992 beseitigt die Anordnung einer **Betreuung** (§ 1896 BGB), selbst mit **Einwilligungsvorbehalt** (§ 1903 II BGB), die Testierfähigkeit nicht automatisch, ist nicht einmal Indiz für Testierunfähigkeit; sie muss vielmehr auch bei Betreuten in jedem Einzelfall untersucht werden, wenn Anhaltspunkte vorliegen.

197 **Anhaltspunkte.** Von sich aus ermittelt das Nachlassgericht die Frage der Testierfähigkeit nur, wenn es Anhaltspunkte für eine mögliche Unfähig-

---

[471] Vgl die Gemeinsame Bekanntmachung über Benachrichtigung in Nachlasssachen v. 30. 11. 1979, zB Bayern JMBl 1984, 83; Neufassung v.2.1.2001, NRW JMBl 2001, 17.

[472] Text abgedruckt bei Staudinger/Dörner Rz 142 vor Art 25 EGBGB.

[473] Vgl Klingelhöffer ZEV 1997, 92; Lichtenwimmer MittBayNot 2002, 240; Müller DNotZ 2006, 325; Stoppel/Lichtenwimmer DNotZ 2005, 806; Cording/Foerster DNotZ 2006, 329; Kloster-Harz ZAP Fach 12, 843; Wetterling FF Sonderheft 2003, 94; im Internationalen Privatrecht v.Venrooy JR 1988, 485.

[474] BayObLG MDR 1979, 1023; BayObLG Rpfleger 1982, 286.

[475] Palandt/Heldrich EGBGB Art 25 Rz 16; vgl auch Art 7 EGBGB; dazu v.Venrooy JR 1988, 485.

[476] Zu den Streitfragen vgl Dittmann/Reimann/Bengel, Testament und Erbvertrag, 4.Aufl 2003, § 2229 Rz 25, 26.

keit gibt:[477] solche Anhaltspunkte können sich aus der Form des Testaments (Art der Schrift, Schreibmaterial, Papier), dem wunderlichen Inhalt, dem dienstlichen oder privaten Wissen des Rechtspflegers /Richters ergeben; war der Nachlass-Rechtspfleger früher in der Vormundschaftsabteilung tätig und ist ihm der Erblasser aus Betreuungsakten als langjährig schwachsinnig bekannt, besteht Anlass zur Amtsermittlung. Der Strengbeweis ist dem Freibeweis vorzuziehen.[478] Meist liefern Erben, Erbanwärter, Pflichtteilsberechtigte oder Unbeteiligte Anhaltspunkte. Die pauschale Behauptung, der Erblasser sei testierunfähig gewesen, begründet aber keine Ermittlungspflicht;[479] zumindest auf Nachfrage muss der Behauptende wenigstens ungefähr vortragen, auf welche Tatsachen er sich stützt (zB Verwirrtheit). Die Feststellung des Notars in der Urkunde, der Erblasser sei seines Erachtens testierfähig, beweist nichts und ist nicht bindend; der Notar kommt aber als Zeuge in Frage.[480]

198 **Im Zweifelsfall** sind zunächst die **Anknüpfungstatsachen zu ermitteln**:[481]

- Vernehmung von Zeugen (Personen aus dem sozialen Umfeld) über das Verhalten des Erblassers in dem fraglichen Zeitraum; wer nur einfachen sozialen Kontakt hatte, ist aber oft nicht in der Lage, genügend Anhaltspunkte für ein Gutachten zu liefern (der Postbote vergleicht nicht das Langzeitgedächtnis mit dem Kurzzeitgedächtnis des Empfängers, wenn er ihm einen Brief aushändigt).
- Vernehmung der Ärzte, die den Erblasser behandelt haben;
- Beiziehung der Betreuungsakten, Patientenakten;[482] den Beteiligten darf die Einsicht in diese Akten nicht verweigert werden, wenn sie verwertet werden.[483]
- Vernehmung der Sachverständigen, die im Betreuungsverfahren hinzugezogen waren.

---

[477] BayObLG FamRZ 2003, 1594; FamRZ 1998, 1242; FamRZ 1997, 1029.

[478] BayObLG Rpfleger 1992, 190 (mit Anm Pohlmann S. 484); OLG Frankfurt FamRZ 1997, 1306.

[479] BayObLG FamRZ 1997, 1029; BayObLG FamRZ 1996, 1036; OLG Hamm OLGZ 1989, 271.

[480] KG NJW 2001, 903 will der Zeugenaussage des Notars besondere Bedeutung beimessen; zu Unrecht.

[481] BayObLG FamRZ 1996, 1438; BayObLG NJW-RR 1990, 1419; OLG Köln FamRZ 1994, 1135; OLG Frankfurt FamRZ 1997, 1306; OLG Celle FamRZ 2007, 417; OLG Jena FamRZ 2005, 2021; BayObLG FamRZ 2005, 2019.

[482] Zur Vorlage vgl § 142 ZPO; Krug ZEV 2002, 58.

[483] OLG Düsseldorf ZEV 2000, 363.

199 Auf der Grundlage der gewonnenen Erkenntnisse ist sodann das **Gutachten** eines besonders erfahrenen Arztes für Psychiatrie,[484] Neurologie,[485] einzuholen.[486] Das Gutachten eines Allgemein-Arztes, Hausarztes, ist ungenügend. In Bayern gelten (auch) Landgerichtsärzte als sachkundig. Es wird sich oft empfehlen, dass der (künftige) Sachverständige bei der Zeugenvernehmung anwesend ist und den Zeugen Fragen stellen kann,[487] weil die Anknüpfungstatsachen, auf die es ankommt, dem Richter meist unbekannt sind. Das Nachlassgericht hat das Gutachten dahin zu prüfen, ob es Mängel oder Widersprüche aufweist und sich mit den im Verfahren ermittelten Tatsachen eingehend auseinandersetzt;[488] es hat das Gutachten selbst zu würdigen. Gegebenenfalls ist der Sachverständige aufzufordern, das Gutachten mündlich zu erläutern.

Nur ganz ausnahmsweise kann auf das Gutachten verzichtet werden, nämlich (die Testierunfähigkeit bejahend) wenn die Sachlage angesichts der Zeugenvernehmung völlig eindeutig ist;[489] oder (sie verneinend), wenn die Tatsachen so dürftig sind, dass sie nicht ausreichen können, um ein Gutachten erstatten zu lassen.[490]

200 **Schweigepflicht.** Werden die Ärzte vernommen, die den Erblasser früher behandelten, taucht die Frage nach ihrer Schweigepflicht auf. Die Schweigepflicht (§§ 383, 385 ZPO, § 15 FGG; § 18 BNotO) von Ärzten,[491] Anwälten,[492] Notaren,[493] Steuerberatern[494] erlischt nicht schlechthin mit dem Tod des Berechtigten, besteht aber im allgemeinen nicht mehr bezüglich der Testierfähigkeit, weil es dem mutmaßlichen Willen des Erb-

---

[484] Vgl Wetterling/Neubauer/Neubauer, Psychiatrische Gesichtspunkte zur Beurteilung Dementer, ZEV 1995, 46

[485] BayObLG FamRZ 1992, 724: Gutachten eines Arztes für Neurologie, Psychiatrie und Rechtsmedizin war ausreichend. Ohne spezielle Zusatzausbildung oder Erfahrung dürfte ein Neurologe wohl nicht genügen.

[486] BayObLG FamRZ 1996, 1438; BayObLG FamRZ 1990, 1405.

[487] Vgl BGH NJW 1962, 1770; Palandt/Edenhofer § 2229 Rz 14; zur Wiederholung der Zeugenvernehmung in Gegenwart des Sachverständigen vgl OLG Köln FamRZ 1994, 1135; zum Ermittlungsumfang OLG Köln NJW-RR 1991, 1412; BayObLG NJW-RR 1991, 1287.

[488] OLG Celle FamRZ 2007, 417; BayObLG FamRZ 1996, 1438; OLG Frankfurt FamRZ 1998, 1061; vgl auch OLG Köln NJW-RR 1991, 1285.

[489] BayObLG NJW-RR 1990, 1419.

[490] KG NJW 2001, 903.

[491] BGH NJW 1984, 2393; BayObLG FamRZ 1996, 1237; BayObLG NJW-RR 1991, 1287; Hülsmann/Baldamus ZEV 1999, 91; Bartsch NJW 2001, 861.

[492] BayObLG NJW 1966, 1664 und FamRZ 1991, 231; OLG Düsseldorf NJW 1959, 821; OLG Frankfurt FamRZ 1997, 1306; Edenfeld ZEV 1997, 391.

[493] OLG Frankfurt FamRZ 1997, 1306; Edenfeld ZEV 1997, 391.

[494] OLG Stuttgart NJW 1983, 1744; BayObLG FamRZ 1991, 231.

lassers entspricht, Zweifel über die Testierfähigkeit auszuräumen.[495] Ein Arzt, der den Erblasser behandelt hat, darf daher auch dann zu Tatsachen vernommen werden, welche die Testierfähigkeit betreffen, wenn nicht festgestellt ist, dass ihn der Erblasser von der ärztlichen Schweigepflicht entbunden hat.[496] Weigert sich der Arzt usw, kann eine Zwischenentscheidung (Beschluss) über das Recht zur Zeugnisverweigerung entsprechend § 15 FGG, § 387 ZPO ergehen.[497]

201 **Zeitpunkte.** Ist die Testierunfähigkeit um die Zeit der Testamentserrichtung festgestellt, so spricht der Beweis des ersten Anscheins dafür, dass sie auch im Zeitpunkt der Testamentserrichtung vorlag. Der Anschein kann aber durch die Feststellung der ernsthaften Möglichkeit eines **lichten Intervalls** erschüttert werden;[498] die Feststellungslast für ein lucidum intervallum trägt, wer daraus eine ihm günstige Rechtsfolge herleitet.[499] Eine partielle Testierunfähigkeit gibt es nicht, wohl aber partielle Auswirkungen der einheitlichen Fähigkeit.[500]

202 **Beweislast.** Ein Erblasser ist solange als testierfähig anzusehen, als nicht seine Testierunfähigkeit zur vollen Gewissheit des Gerichts nachgewiesen worden ist. Die Feststellungslast für die Testierunfähigkeit hat derjenige zu tragen, der sich auf die Unwirksamkeit des Testaments wegen Testierunfähigkeit des Erblassers beruft.[501]

203 **Kasuistik:** zum Nachweis der Testierfähigkeit im einzelnen, so bei psychischer Leistungsminderung,[502] bei fortgeschrittener Cerebralsklerose,[503] Cerebralarteriosklerose,[504] bei hirnorganischem Psychosyndrom,[505] psychotischen Wahnvorstellungen,[506] bei Altersdemenz,[507] Leseunfähigkeit,[508] bei

---

[495] BGH NJW 1984, 2893; BayObLG FamRZ 1991, 231; OLG Köln OLGZ 1982, 1; OLG Köln Rpfleger 1985, 494; Hülsmann/Baldamus ZEV 1999, 91/4; Bartsch NJW 2001, 861/2.
[496] BayObLG NJW-RR 1991, 1287. Zum Ganzen Bartsch NJW 2001, 861.
[497] BGHZ 91, 392.
[498] OLG Karlsruhe OLGZ 1982, 280; OLG Köln NJW-RR 1991, 1412.
[499] BGH NJW 1988, 3011; BayObLG FamRZ 1994, 1137. Vgl dazu Hardt S. 175 ff .
[500] BayObLG NJW 1992, 248.
[501] KG NJW 2001, 903.
[502] BayObLG FamRZ 1998, 514.
[503] BayObLG FamRZ 1996, 969.
[504] BayObLG NJW-RR 1991, 1098.
[505] OLG Frankfurt FamRZ 1998, 1061.
[506] BayObLG FamRZ 1996, 1109; BayObLG Rpfleger 1984, 467 zum Eifersuchtswahn.
[507] OLG Jena FamRZ 2005, 2021; BayObLG FamRZ 2005, 555; BayObLG FamRZ 1997, 1511; BayObLG FamRZ 1998, 515.
[508] BayObLG FamRZ 1997, 1028.

Selbsttötung,[509] bei lichten Augenblicken,[510] Desorientiertheit am Tag danach,[511] bei Heimbewohnern (wegen § 14 I HeimG).[512]

2.10 Fälschung des Testaments

204

Beim eigenhändigen Testament müssen Text und Unterschrift vom Erblasser stammen (§ 2247 I BGB). Die Frage der Echtheit des Testaments ist von Amts wegen zu ermitteln (§§ 12, 15 FGG, 2358 I BGB). Ein unsubstantiiertes Bestreiten der Echtheit („stammt nicht von Onkel Otto ...") ist kein ausreichender Anlass, Ermittlungen vorzunehmen.[513] Die Feststellungslast für die Echtheit und Eigenhändigkeit eines Testaments hat derjenige, der aus dieser Urkunde Rechte herleiten will.[514] Bei Unaufklärbarkeit kommt *dieses* Testament also nicht zum Zuge.

Wenn Anhaltspunkte für eine Fälschung bestehen, ist die Vernehmung von Personen, die bei Fertigung des Testaments angeblich anwesend waren, erforderlich, falls solche existieren. War nur der Begünstigte anwesend genügt dies natürlich nicht. Von den Beteiligten sind vergleichbare Schriftproben zu erholen, sodann ist die Einholung eines Sachverständigengutachtens erforderlich.[515] Der Gutachter muss ausreichend sachkundig sein, was das Gericht durch Rückfrage bei ihm festzustellen und im Beschluss darzulegen hat (seit wann ist er tätig? Zahl der gefertigten Gutachten? Beruflicher Werdegang). Geeignet sind zB Mitglieder der Gesellschaft für Forensische Schriftuntersuchung e.V.,[516] öffentlich bestellte Sachverständige,[517] Sachverständige der Landeskriminalämter. Weitere Schriftgutachten können eingeholt werden (§§ 12, 15 FGG, 404 ZPO), die Vernehmung des Sachverständigen zur Erläuterung seines Gutachtens kommt in Betracht.

Die Schrift-Sachverständigen erstatten das Gutachten meist nur mit Angabe von Wahrscheinlichkeiten. Es kommt immer wieder vor, dass meh-

---

509 BayObLG Rpfleger 1984, 317.

510 BayObLG FamRZ 1994, 1137 = ZEV 1994, 303 (Jerschke); OLG Köln NJW-RR 1991, 1412.

511 BayObLG FamRZ 1999, 819.

512 Dazu Münzel NJW 1997, 112

513 Vgl OLG Köln FamRZ 1994, 1135: der Beteiligte hatte bereits ein Privatgutachten zur Schrift eingeholt und weigerte sich, es vorzulegen.

514 OLG Köln NJW-RR 2004, 1015; BayObLG FamRZ 1999, 332; BayObLGZ 1985, 837, 838.

515 BayObLG FamRZ 1999, 331; NJW-RR 1988, 389. Über Gutachten vgl Seibt, Forensische Schriftgutachten, 1999.

516 So BayObLG FamRZ 1999, 332.

517 Auch nicht öffentlich bestellte Schriftgutachter können bestellt werden, BayObLG FamRZ 1991, 618.

rere Gutachter verschiedener Meinung sind; in einem solchen Fall muss sich das Nachlassgericht nicht zwingend der Mehrheitsmeinung anschließen.[518]

2.11 Verschwundenes Testament

205 Testamentarische Erbfolge tritt durch Errichtung eines Testaments und Todesfall ein, sie wird bewiesen durch Vorlage des Testaments (§ 2356 I 1 BGB). Ist die Urkunde vom Erbanwärter nicht beschaffbar, genügt die Angabe anderer Beweismittel (§ 2356 I 2 BGB),[519] zB Vorlage von Fotokopien,[520] Abschriften,[521] Durchschriften, Durchdrückungen, Blaupausen, Vernehmung von Zeugen (die das Original gesehen und gelesen haben), Vernehmung des Antragstellers (obwohl er der angebliche Erbe ist) in Verbindung mit sonstigen Beweismitteln. Formgültigkeit und Inhalt sind zu beweisen. Der genaue Wortlaut muss nicht bewiesen werden, nur der gesamte Regelungsgehalt;[522] kann der Zeuge nur die erste Seite des Testaments wiedergeben, nicht die anderen zwei Seiten, genügt das nicht, weil dort das Gegenteil usw stehen konnte. Ist das Original eines Testaments nicht mehr auffindbar, erfordert die Amtsermittlungspflicht angesichts des Fälschungsrisikos eine besonders gründliche Aufklärung der Übereinstimmung einer Kopie mit dem verschwundenen Original; dazu gehört regelmäßig eine förmliche Beweisaufnahme (Strengbeweis),[523] Freibeweis genügt nur ausnahmsweise.[524]

Es gibt **keine Vermutung** dahin, dass ein fehlendes Testament vom Erblasser im Zustand der Testierfähigkeit in Widerrufsabsicht (§ 2255 BGB) vernichtet worden ist;[525] möglich ist auch Verlust durch ein Versehen,

---

518 BayObLG FamRZ 1999, 332: drei Gutachter nahmen Echtheit an, einer Fälschung. Ferner BayObLG FamRZ 2005, 1015.

519 OLG Köln FamRZ 1993, 1253 = NJW-RR 1993, 970; BayObLG FamRZ 2005, 138; 2003, 1595; 2001, 1327 = NJWE-FER 2001, 128; BayObLG FamRZ 2001 771 = Rpfleger 2001, 181; BayObLG FamRZ 2001, 945 = NJWE-FER 2001, 22; BayObLG FamRZ 1993, 117 = NJW-RR 1992, 1358 = DNotZ 1993, 452; BayObLG Rpfleger 1989, 457; OLG Düsseldorf FamRZ 1994, 1283 = NJW-RR 1994, 142; OLG Zweibrücken NJW-RR 1987, 1158; LG Rostock FamRZ 2004, 1518.

520 BayObLG FamRZ 2003, 1595; 2001, 1327/8.

521 KG FamRZ 2007, 1197; OLG Saarbrücken DNotZ 1950, 68.

522 BayObLGZ 1967, 197/206.

523 OLG Köln NJW-RR 1993, 970 = FamRZ 1993, 1253; BayObLG NJW-RR 2002, 726 = MittBayNot 2002, 295.

524 BayObLG FamRZ 2003, 1595 (eidesstattliche Versicherung des kanadischen Anwalts, der das Testament errichtet hatte und eine Fotokopie vorlegen konnte).

525 BayObLG FamRZ 2003, 1595/1600; 1996, 1110; 1993, 117 und Rpfleger 1992, 190; OLG Düsseldorf FamRZ 1994, 1283; OLG Zweibrücken Rpfleger 2001, 350/2.

durch Diebstahl, bei Wohnungsräumung usw. An den Nachweis des Widerrufs durch Vernichtung seitens des Erblassers dürfen aber keine übertriebenen Anforderungen gestellt werden; Indizien für eine Willensänderung können genügen, die Beteiligten müssen dem Gericht Anhaltspunkte für weitere Ermittlungen in dieser Richtung unterbreiten, sonst wird nicht ermittelt.[526]

Nichterweislichkeit der Errichtung des Testaments geht zu Lasten dessen, der aus dem Testament Rechte herleitet.[527]

2.12 Vermögen im Ausland

206 Befinden sich im Nachlass eines *deutschen* Erblassers ausländische Vermögensstücke, ist trotzdem das deutsche Nachlassgericht aus unserer Sicht international zuständig (Art 25 I EGBGB; § 73, I, II FGG). Wenn aber im betreffenden Ausland nach dem dortigen Erbrecht und Kollisionsrecht (Internationales Privatrecht) eine Nachlassspaltung durchgeführt wird, dergestalt, dass für Grundstücke das ausländische Erbrecht angewandt wird (lex rei sitae), für beweglichen Nachlass dagegen das deutsche Recht (Staatsangehörigkeitsrecht, Recht des letzten Wohnsitzes oder Aufenthalts), dann besteht insoweit keine internationale Zuständigkeit eines deutschen Nachlassgerichts (Art 3 III, Art 25 EGBGB). So ist es zB bei unbeweglichem Nachlass in Großbritannien, Irland, Frankreich, Belgien, Luxemburg, Liechtenstein, Rumänien, Österreich.[528]

Die Rechtsprechung[529] vertritt die Auffassung, im allgemeinen Erbschein nach § 2353 BGB (Eigenrechtserbschein) sei zu vermerken, dass er sich nicht auf den im konkret zu nennenden Ausland (zB Frankreich, Österreich, Rumänien) belegenen unbeweglichen Nachlass erstrecke („Dieser Erbschein erstreckt sich nicht auf das in Rumänien belegene unbewegliche Vermögen“; Rz 445).[530] In der Literatur wird ein solcher Geltungsvermerk zu Recht meist abgelehnt (vgl Rz 445). Die wohl überwiegende Praxis der Nachlassgerichte nimmt keinen solchen Vermerk in den Erbschein auf.

---

526 BayObLG FamRZ 2003, 1595/1600.

527 OLG Hamm NJW 1974, 1827; BayObLG Rpfleger 1980, 60; OLG Düsseldorf NJW-RR 1994, 142.

528 Schotten Rpfleger 1991, 180.

529 OLG Celle ZEV 2003, 156 (Florida); BayObLG FamRZ 1997, 318 = NJW-RR 1997, 201 (Rumänien); BayObLG NJW 1960, 775; KG Rpfleger 1984, 358 = NJW 1984, 2769 (Österreich); OLG Köln NJW-RR 1992, 1480 = DNotZ 1993, 171; MünchKomm/Mayer § 2353 Rz 27 mit Nachweisen; Staudinger/Schilken § 2369 Rz 6, 9.

530 Andererseits soll ein Erbschein mit dem Zusatz „des in der Bundesrepublik Deutschland befindlichen Vermögens“ unzulässig sein, BayObLG DtZ 1990, 24.

Schließt man sich der herrschenden Rechtsprechung an, dann sind die Antragsteller zu befragen (und gegebenenfalls ist von Amts wegen zu ermitteln), ob sich Nachlass im Ausland befindet; das kann die Erbscheinserteilung empfindlich verzögern (kleiner Anteil an einer Erbengemeinschaft in Österreich, Sparbuch in Luxemburg: die Erben haben oft keine Kenntnisse davon). Sodann ist zu klären, ob im betreffenden Land die lex rei sitae (Recht der belegenen Sache) gilt.

Zur Bedeutung des Auslandsvermögens für die Erbscheinsgebühr vgl Rz 588 ff.

2.13 Wert des Nachlasses

207 Der Wert des Nachlasses ist von Bedeutung für die Höhe der Gebühren, die für den Erbschein (sowie Eröffnung der letztwilligen Verfügung und eidesstattliche Versicherung; §§ 102, 107, 49 KostO) verlangt werden, weil sich diese nach dem Wert (und nicht dem Zeitaufwand des Nachlassgerichts oder nach Festpreisen usw) richten; Wertberechnung nach §§ 18 ff KostO (Rz 658). Der Wert wird von Amts wegen ermittelt. Bei vielen Nachlassgerichten wird dem Antragsteller ein Formblatt ausgehändigt, das er zweifach auszufüllen und mit Belegen einzureichen hat. Die Abgabe ist nicht erzwingbar. Werden keine Angaben gemacht, muss der Nachlass ermittelt werden (durch Beweisaufnahme, unter Umständen durch Gutachten), notfalls wird er geschätzt; dann erfolgt die Festsetzung durch Beschluss (§ 31 KostO). Die Kosten der Beweisaufnahme können einem Beteiligten ganz oder teilweise auferlegt werden, wenn er durch Unterlassen der Wertangabe die Abschätzung veranlasst hat (§ 31 II 2 KostO). In geeigneten Fällen verlangt das Nachlassgericht Vorauszahlung der Gebühr (§ 8 KostO) und gibt erst nach Zahlung den Erbschein heraus.

208 **Nachlassverzeichnis**

1. Nachlassmasse am Todestag

1.1 Bargeld

1.2 Guthaben bei Banken, Sparkassen (In- und Ausland)

1.3 Wertpapiere, Sparkassenbriefe

1.4 Forderungen gegen Dritte (zB Darlehen, Steuererstattungsansprüche, Schadensersatzansprüche)

1.5 Lebensversicherungen (nicht, wenn im Vertrag ein Bezugsberechtigter benannt wurde), private Sterbegelder, Ansprüche aus Versicherungen

1.6 Gold, Silber, ungefasste Edelsteine und Perlen

1.7 Bewegliche Habe (Kleidung, Wäsche, Hausrat)

1.8 Kunstgegenstände, Schmuck, Sammlungen, Autos, Schiffe, Musikinstrumente
1.9 Erwerbsgeschäfte (genaue Angaben; Gesamtreinvermögen)
1.10. Grundbesitz:
Eingetragen im Grundbuch des Amtsgerichts … Gemarkung … Band … Blatt …
Art: land- und forstwirtschaftlicher Grundbesitz; Eigentumswohnung; Einfamilienhaus; Mehrfamilienhaus (Zahl der Wohnungen …); Betriebsgrundstück; unbebaut? Garage? Stellplatz?
Lage (Ort, Straße, Hausnummer)
Größe des Grundstücks in m^2
Wohnfläche bzw Nutzfläche des Gebäudes bzw der Eigentumswohnung
Baujahr; Kaufjahr und Kaufpreis (Herstellungskosten)
Brandversicherungssumme 1914 (Kopie der Brandversicherungsurkunde beifügen)
Einheitswert (Kopie des Bescheids des Finanzamts beifügen)
Verkehrswert
1.11 Sonstiges Vermögen (zB Maschinen – und Viehbestand)
1.12 Sonstige Rechte (zB Urheberrechte, Erfindungen, Patente)
Summe der Nachlasswerte ....

2. Nachlassverbindlichkeiten am Todestag
Schulden des Erblassers
2.1 Hypotheken, Grundschulden (valutierte Restschuld, rückständige Zinsen)
2.2 Sonstige Verbindlichkeiten (zB Bank-, Miet- und Steuerschulden, Krankheitskosten)
2.3 Todesfallkosten
Beerdigungs- und Grabsteinkosten (nicht: Bewirtung der Trauergäste, Trauerkleidung)
Abzüglich Sterbegeld der Krankenkassen oder Sterbegeldversicherung
Sonstige Nachlassverbindlichkeiten
2.4 Wert des Vermächtnisses
2.5 Wert der Auflagen
2.6 Wert der Pflichtteilsrechte
Summe der Nachlassverbindlichkeiten ....

Ich versichere, dass vorstehende Angaben vollständig und richtig sind.
Mit der Beiziehung der Erbschaftsteuerakten des Finanzamtes bin ich .... einverstanden.
gez .... .

Zu Bewertungsfragen vgl Rz 588.

2.14 Ist ein Hof Nachlassbestandteil?

209 Gehört ein land- oder forstwirtschaftlicher „Hof" zum Nachlass, ist zunächst zu prüfen, ob ein Hof im Rechtssinne vorliegt (nicht jede kleine Landwirtschaft mit zwei Ziegen ist ein „Hof"), in welchem Bundesland der Hof liegt und welches Recht gilt. Aufgrund zahlreicher Änderungen kommt es auf den Zeitpunkt des Erbfalls an.

Möglichkeiten:

a) für den Hof gilt das BGB (so in Bayern, Saarland, Berlin bei Erbfällen ab dem 24. 4. 1947[531]; neue Bundesländer);

b) es gilt noch altes landesrechtliches Anerbenrecht; dann kann entweder ein allgemeiner Erbschein mit Anerbenvermerk (über den Hof), oder nur ein Anerbenschein oder nur ein Teilerbschein über das hoffreie Vermögen erteilt werden.[532]

c) es ist, da ein Altfall vorliegt, noch das Reichserbhofrecht anzuwenden, erst ab 24. 4. 1947 durch Kontrollratsgesetz (KRG) Nr 45 Art 1 außer Kraft gesetzt;[533]

d) es gilt neues Höferecht. Dann kann entweder ein allgemeiner Erbschein mit Hoferbenvermerk (über den Hof), oder ein Hoffolgezeugnis (nur für den Hof) oder ein Teilerbschein über das hoffreie Vermögen erteilt werden. Kurioserweise ist in *allen* Fällen das AG – Landwirtschaftsgericht zuständig (nicht das Nachlassgericht), § 18 II HöfeO.

Beispiel: Hinterlässt E, letzter Wohnsitz München, verstorben in München, in München ein großes Vermögen und einen kleinen Bauernhof in Celle, ist für den Teil-Erbschein über das hofesfreie Vermögen das Landwirtschaftsgericht in Celle zuständig,[534] aber auch für das Hoffolgezeugnis oder für den Erbschein über das Gesamtvermögen mit Hoferbenvermerk. Der beim Nachlassgericht in München gestellte Erbscheinsantrag ist nach Hinweis auf Antrag des Antragstellers an das AG – Landwirtschaftgericht in Celle analog § 12 LwVG abzugeben.

---

[531] Außerkrafttreten des Reichserbhofgesetzes; KRG Nr 45 v. 20. 2. 1947, ABlKR 1947, 256; vgl OLG München Rpfleger 1981, 103.

[532] Firsching/Graf Rz 4.403.

[533] ABlKR 1947, 256; Beispielsfall: BayObLGZ 1961, 289.

[534] Zum Ganzen: BGHZ 9, 270; 39, 275; 104, 363; Staudinger/Schilken Rz 18 vor § 2353. Zweifelhaft ist allerdings, wieso Landesrecht den Bürger eines anderen Bundeslandes auch bezüglich Vermögen erbrechtlich betreffen kann, das sich nicht in diesem Bundesland befindet.

2.15 Nachweis der Annahme der Erbschaft

210 Ein Erbschein kann nur erteilt werden, wenn die Erbschaft angenommen wurde. Der Antrag des Alleinerben enthält die stillschweigende Annahme der Erbschaft. Beantragt ein einzelner **Miterbe** einen gemeinschaftlichen Erbschein, kann er den Antrag allein stellen (§ 2357 I 2 BGB) und muss die „Angabe“ enthalten, die anderen Miterben hätten die Erbschaft angenommen (§ 2357 III 1 BGB). Dass dies tatsächlich der Fall ist, ist vom Antragsteller nachzuweisen (§ 2357 III 2 verweist auf § 2356 BGB), andernfalls von Amts wegen zu ermitteln. Als Nachweis kommen öffentliche Urkunden in Betracht; andere Urkunden usw im Falle des § 2356 I 2 BGB; die eidesstattliche Versicherung des Antragstellers (§ 2356 II 1 BGB);[535] diese eidesstattliche Versicherung kann das Nachlassgericht erlassen (§ 2356 II 2 BGB). Das wird oft der Fall sein: nach dem deutschen Erbrecht wird der Erbe mit dem Tod des Erblassers automatisch Erbe, nicht erst mit der Annahme; mit Ablauf der sechswöchigen Ausschlagungsfrist gilt die Erbschaft als angenommen (§§ 1943, 1944 BGB). Ist die Frist abgelaufen und befindet sich in den Akten des Nachlassgerichts keine Ausschlagung, kann also im Regelfall entsprechend den Angaben des Antragstellers von Annahme ausgegangen werden; ein besonderer Nachweis erübrigt sich.[536] Ist die Frist noch nicht abgelaufen, kann man von der Lebenserfahrung ausgehen: wenn die Erbschaft nicht überschuldet ist und einen gewissen Betrag erreicht, wird sie in der Regel angenommen. In Zweifelsfällen kann der Miterbe aufgefordert werden, eine privatschriftliche Annahmeerklärung des Miterben vorzulegen; ist sie nicht beibringbar, weil zB die Miterben zerstritten sind, kann das Nachlassgericht die anderen Miterben anschreibt und unter Angabe des Berufungsgrundes (Übersendung einer Kopie des Testaments) fragt, ob die Erbschaft angenommen wird (§ 2358 I BGB); denn ein Miterbe hat keinen Rechtsanspruch darauf, dass ihm ein anderer Miterbe eine solche Erklärung unterschreibt.

211 Der Nachweis, jemand habe die Erbschaft „angenommen“ ist an sich nur zu führen, wenn die Tatsachen, die diesen rechtlichen Schluss zulassen, nachgewiesen werden. Kenntnis vom Todesfall einer Person, Kenntnis des Erbanfalls, Kenntnis des Berufungsgrundes (Testamentsinhalt, Erbvertrag, Gesetz) sind die drei Tatbestandsteile (vgl § 1944 II BGB); das Nichtvorliegen einer Ausschlagung ist nicht ausdrücklich darzulegen und nachzuweisen, sondern wird konkludent behauptet und ergibt sich aus den Akten des Nachlassgerichts.

---

535 Dazu KG OLGE 21, 349; Freudenthal BayZ 1906, 11.

536 Ähnlich Firsching/Graf Rz 4.144.

212 Ist ein **Miterbe verschollen**, muss nicht nur nachgewiesen werden, dass er den Erblasser überlebt hat,[537] sondern auch, dass er die Erbschaft angenommen hat. Das ist zB möglich, wenn es sich aus Briefen des Verschollenen ergibt.

Auch **andere Antragsberechtigte**, die nicht selbst Erben sind (wie Testamentsvollstrecker, Gläubiger; Rz 34 ff), haben die Annahme der Erbschaft nachzuweisen.[538]

2.16 Unrichtige eidesstattliche Versicherung

213 In eidesstattlichen Versicherungen wird nicht selten leichtfertig etwas Falsches versichert, zB weil der Erklärende nicht zwischen „Wissen aufgrund eigener Wahrnehmung" und „Wissen vom Hörensagen" unterscheidet; wenn die Urkundsperson die Versicherung „aufsetzt" und bloß noch unterschreiben lässt, anstatt die eigenen Worte des Erklärenden zu wählen, ist die Problematik noch deutlicher. Ist die vom Antragsteller gemäß § 2356 II BGB abgegebene eidesstattliche Versicherung unrichtig, so wird das Nachlassgericht die Abgabe einer neuen eidesstattlichen Versicherung nur dann verlangen, wenn damit Bedenken in einem für die Entscheidung wesentlichen Punkt beseitigt werden sollen.[539] Erweist sich aber der Erbschein nunmehr als unrichtig und sind die Voraussetzungen für seine Erteilung nicht mehr gegeben, so ist der Erbschein einzuziehen (§ 2361 BGB). Entstehen durch die eidesstattliche Versicherung Zweifel an dem bezeugten Erbrecht, so hat das Nachlassgericht erneut von Amts wegen zu ermitteln.[540]

2.17 Ermittlung ausländischen Rechts

214 Kommt ausländisches Recht zur Anwendung, weil es nach Art 25 EGBGB auf das Heimatrecht des Ausländers ankommt, ist es von Amts wegen zu ermitteln (§ 12 FGG; § 2358 BGB; § 293 ZPO ist nicht unmittelbar anwendbar). Der Richter kann die entsprechende Literatur selbst studieren (grundlegend: Ferid/Firsching/Dörner/Hausmann, Internationales Erbrecht, Quellensammlung, 2003 ff); Ermittlung durch Freibeweis ist zulässig.[541] Das Nachlassgericht wird in komplizierteren Fällen ein Gutachten eines Universitätsinstituts für ausländisches Recht erholen; ein Kosten-

---

[537] OLG Frankfurt Rpfleger 1952, 339; Staudinger/Schilken § 2357 Rz 9.
[538] Staudinger/Schilken § 2357 Rz 7.
[539] OLG Köln DNotZ 1959, 213; KG DNotZ 1944, 130 = DFG 1943, 109 = DR 1943, 1071.
[540] BGHZ 40, 54, 56 = NJW 1963, 1972.
[541] BayObLG FamRZ 2003, 1595/99.

vorschuss darf hierfür nicht gefordert werden, § 8 KostO (Rz 165). Auch die ausländische Rechtsprechung ist zu ermitteln,[542] was erhebliche praktische Probleme aufwirft, auch wenn deutsche Universitätsinstitute als Gutachter tätig werden, weil bei uns ausländische Rechtsprechungssammlungen nicht vorhanden oder mangels Sprachkenntnissen nicht auswertbar sind. Der deutsche Erbscheins-Antragsteller jedenfalls hat keine Pflicht, das ausländische Erbrecht zu ermitteln und dem Nachlassgericht mitzuteilen.[543]

Liegt bereits ein ausländischer Erbschein vor, wird er in der Regel eine zuverlässige Auskunft über das ausländische Erbrecht geben.

2.18 Fremdsprachiges Testament

215 Ist eine letztwillige Verfügung eines Deutschen oder eines Ausländers in einer Fremdsprache abgefasst, so kann das Gericht bei ausreichenden Sprachkenntnissen selbst übersetzen (Vorsicht!), oder zur Ermittlung des Wortsinns nach seinem Ermessen die von den Beteiligten vorgelegten Übersetzungen verwerten oder von Amts wegen eine **Übersetzung** einholen;[544] die Feststellung, wie ausländische Rechtsbegriffe ins Deutsche zu übersetzen sind, bereitet unter Umständen erhebliche Schwierigkeiten. Über die Auslegung eines fremdsprachigen Testaments eines Deutschen vgl Rz 216.

Die Frage, ob ein im Ausland errichtetes Testament den **Formvorschriften** entspricht, beurteilt sich nach Art 26 I EBGB bzw dem früheren Recht (Art. 220 I EGBGB).[545]

3. Ausgewählte Rechtsfragen

3.1 Auslegung des Testaments

216 Auch Umstände, die außerhalb der Urkunde liegen, sind bei der Auslegung zu berücksichtigen und unterliegen daher der Beweiserhebung. Zur Ermittlung des Erblasserwillens kann der beurkundende Notar als Zeuge vernommen werden; ebenso der Anwalt, der den Erblasser bei der Abfassung seines Testaments beraten hatte.[546] Haben sich Ehegatten in einem gemeinschaftlichen Testament gegenseitig bedacht, so greift die Vermutung des § 2270 II BGB ein; das Nachlassgericht hat von Amts wegen

[542] Vgl BGH FamRZ 2003, 1549 (thailändisches Recht).
[543] Vgl Keidel/Schmidt FGG § 12 Rz 125.
[544] BayObLG FamRZ 1997, 318 = NJW-RR 1997, 201 = Rpfleger 1997, 68 (Rumänisch).
[545] Vgl Palandt/Heldrich EGBGB Art 26 Rz 1.
[546] BayObLG FamRZ 2002, 274; FamRZ 2003, 1595.

alle Umstände, die für die Widerlegung der Vermutung in Betracht kommen, zu ermitteln.[547] Beim Tod eines Ausländers ist das Erbstatut (Art 25 EGBGB) für die Auslegung des Testaments maßgebend.[548] Verfasst ein Deutscher im Ausland ein Testament in Fremdsprache, gelten somit die Auslegungsgrundsätze des deutschen Rechts; verwendet er fremde Rechtsbegriffe (executor, trustee usw), ist durch Auslegung zu ermitteln, was er damit ausdrücken wollte, wobei dem Sinngehalt des ausländischen Rechts Rechnung zu tragen ist;[549] wenn ein Deutscher, der jahrzehntelang in Kanada lebt, einen executor/trustee einsetzt, ist das als Testamentsvollstreckung auszulegen (BayObLG a.a.O.).

3.2 Anfechtung des Testaments

217 Ergeben sich aus den Akten Anfechtungsgründe (§ 2078 BGB) und erfolgt keine Anfechtung, spielt es keine Rolle, ob Anfechtungsgründe vorliegen. Stellt niemand eine Erbscheinsantrag, wird die Anfechtung einfach zu den Akten gegeben. Wird angefochten, erstreckt sich die Ermittlungspflicht grundsätzlich nur auf die geltend gemachten Anfechtungsgründe;[550] nach anderen Anfechtungstatsachen muss das Nachlassgericht nicht forschen. Über die Begründetheit der Anfechtung hat das Nachlassgericht erst im Erbscheinsverfahren (als Vorfrage) zu entscheiden,[551] indem der Erbschein erteilt oder nicht erteilt wird (falsch wäre ein Beschluss: „Die Anfechtung wird zurückgewiesen"). Unter welchen Voraussetzungen ein Testament angefochten werden kann richtet sich nach dem Errichtungs- oder dem Erbstatut.[552]

3.3 Ausschlagung; Erbverzicht

218 Das Nachlassgericht hat die Wirksamkeit einer Ausschlagung (insbesondere die rechte Form und die Beachtung der Frist) zu prüfen.[553] Ebenso ist Umfang und Wirksamkeit eines Erbverzichts (§§ 2346 ff BGB) von Amts wegen zu prüfen, eine Verweisung auf den Rechtsweg ist unzulässig.[554]

---

[547] KG JFG 14, 288.

[548] BayObLG FamRZ 2003, 1595/1600; 1996, 694.

[549] BayObLG FamRZ 2003, 1595/1600.

[550] BayObLGZ 1962, 47 = NJW 1962, 1060.

[551] BayObLG FamRZ 1997, 1179 = Rpfleger 1997, 383; KG NJW 1963, 766; OLG Hamm FamRZ 1975, 289, 291; OLG München JFG 13, 280.

[552] BayObLG FamRZ 2003, 1595/1601.

[553] KG RJA 5, 143; OLG Düsseldorf MDR 1978, 142.

[554] BayObLGZ 1981, 30.

3.4 Erbunwürdigkeit

219 Die Feststellung der Erbunwürdigkeit ist im Erbscheinsverfahren nicht möglich.[555] Erbunwürdigkeit, die sich aus den Akten ergibt oder amtsbekannt ist (Beispiel: die Erbin hat ihren Ehemann ermordet und wurde rechtskräftig verurteilt), wird nicht von Amts wegen berücksichtigt. Denn die Erbunwürdigkeit muss durch Anfechtungsklage vor der Zivilabteilung des Amts- oder Landgerichts (nicht: beim Nachlassgericht) geltend gemacht (§ 2340 I BGB). Erst die Erhebung der Klage und das Vorliegen eines rechtskräftigen Urteils hat Bedeutung für das Erbscheinsverfahren. Das Erbscheinsverfahren wird während des Zivilprozesses ausgesetzt (und gegebenenfalls ein Nachlasspfleger bestellt, § 1960 BGB). Das rechtskräftige Urteil hat rückwirkende Kraft (§§ 2342 II, 2344 BGB); der Unwürdige wurde nicht Erbe; Erbe wird der Nächstberufene, hilfsweise der Fiskus.

4. Bestellung eines Nachlasspflegers

220 Manchmal zieht sich das Erbscheinsverfahren hin, es dauert längere Zeit. Ist der Erbe somit „unbekannt" *und* besteht ein Bedürfnis nach Fürsorge für den Nachlass (also für das Vermögen), hat das Nachlassgericht von Amts wegen einen Nachlasspfleger zu bestellen (vgl § 1960 BGB). Wenn verschiedene Erben gegensätzliche Erbscheinsanträge stellen, ist der Erbe im Rechtssinne „unbekannt."[556] Dem **Erbanwärter** kann in dieser Zeit nicht geholfen werden; er kommt nicht an den Nachlass (Bankkonten, Grundstücke) heran, muss eventuell verauslagte Bestattungskosten zwischenfinanzieren, denn einen „vorläufigen Erbschein" gibt es nicht; allenfalls über § 1846 BGB könnte das Nachlassgericht helfen (Rz 25). Den **Gläubigern** kann dagegen geholfen werden. Beispiel: die Gläubigerin des Erblassers, zB die geschiedene Frau mit Unterhaltstitel, bräuchte dringend einen Erbschein, damit sie den vorhandenen Vollstreckungstitel gegen die Erben des geschiedenen Ehemannes (zB seine zweite Frau; § 1586b BGB) umschreiben lassen kann (§ 727 I ZPO); wenn sie die Bestellung eines Nachlasspflegers mit einem beschränkten Aufgabenkreis beantragt (§ 1961 BGB), kann sie in den Nachlass vollstrecken, wobei die unbekannten Erben durch den Nachlasspfleger vertreten werden.

---

[555] BayObLGZ 1973, 257 = Rpfleger 1973, 431.

[556] Unrichtig daher KG NJW-RR 1999, 157, wonach der Erbe nicht unbekannt sein soll, wenn er mit „hoher Wahrscheinlichkeit" feststehe, aber wegen der Unsicherheit gleichwohl noch kein Erbschein erteilt werden konnte. Gegen wen soll der Gläubiger vorgehen?

5. Rechtliches Gehör im Erbscheinsverfahren

5.1 Allgemeines

221 Nach Art 103 I GG ist rechtliches Gehör zu gewähren, und zwar den formell und materiell Beteiligten des Erbscheinsverfahrens („jedermann" in Art 103 I GG ist in diesem Sinne zu verstehen). Formell Beteiligt sind alle, die zur Wahrung ihrer sachlichen Interessen am Verfahren teilnehmen, entweder von sich aus (zB Antragsteller) oder vom Nachlassgericht hinzugezogen. Materiell beteiligt sind diejenigen Personen, in deren materielle Rechtsstellung durch die bereits erlassene oder zu erwartende Entscheidung eingegriffen wird oder eingegriffen werden kann.[557] Im Erbscheinsverfahren ist **formell beteiligt** der Antragsteller (einen Antragsgegner im engeren Sinn gibt es nicht: der Antragsteller will den Erbschein vom Staat, nicht vom Gegner; bei der Hausratsteilung dagegen will der Antragsteller das Sofa vom Antragsgegner); **materiell beteiligt** sind die gesetzlichen Erben und diejenigen, die aus einem Testament bzw Erbvertrag Erbrechte herleiten könnten. Vermächtnisnehmer, Nachlassgläubiger, Pflichtteilsberechtigte sind nicht beteiligt. Der Nachlasspfleger ist für den Nachlass, den er „pflegt", nicht materiell beteiligt (ihm muss es gleichgültig sein, wer der Erbe ist); ebenso wenig der Testamentsvollstrecker.

Beispiel: E ist verstorben. Seine Haushälterin F beantragt, gestützt auf ein Testament, einen Erbschein. Bei Nichtigkeit des Testaments wären die beiden Kinder des E, A und B, gesetzliche Erben. Hier ist F formell und materiell Beteiligte; A und B sind zumindest materiell beteiligt. Würden sie ebenfalls eine Erbschein beantragen oder sich gegen den Erbschein für F wenden, wären sie auch formell beteiligt. Die im Testament als Vermächtnisnehmerin bedachte Pfarrkirchenstiftung ist nur wirtschaftlich interessiert, nicht rechtlich beteiligt. Wird über die Testierfähigkeit des E ein Gutachten erholt, ist es deshalb F, A und B zuzuleiten, nicht aber der Vermächtnisnehmerin.

222 Die Pflicht, Gehör zu gewähren, ist nicht auf die in § 2360 BGB genannten Fälle beschränkt. Der Entscheidung dürfen nur solche Tatsachen und Beweisergebnisse zugrunde gelegt werden, zu denen die Beteiligten Gelegenheit hatten, Stellung zu nehmen.[558] Art 103 I GG erfordert aber kein Tatsachen- und Rechtsgespräch mit den Beteiligten.

Wer einen Erbschein beantragt, hat nicht die Pflicht, die Namen und Anschriften von Personen zu *ermitteln*, denen evtl rechtliches Gehör zu

[557] Vgl Keidel/Kahl FGG § 12 Rz 138, 141.
[558] BVerfGE 5, 24; ständige Rechtspr.

gewähren ist;[559] er hat nur wahrheitsgemäß und vollständig anzugeben, was er über die Personen weiß.

Der Beteiligte nimmt seine Rechte selbst wahr; der geschäftsunfähige Beteiligte wird hierbei, wenn er volljährig ist, durch den Betreuer vertreten; wenn er/sie minderjähriges Kind ist: durch die Eltern bzw einen Vormund oder Pfleger.

Das rechtliche Gehör ist zu unterscheiden von der sich aus § 12 FGG, § 2358 BGB ergebenden Pflicht, einen Beteiligten unter Umständen zur Aufklärung des Sachverhalts anzuhören. Es kann sein, dass der Sachverhalt bereits vollständig aufgeklärt ist; gleichwohl kann dann Art 103 I GG die Anhörung zur Wahrung des Rechtsstaatsprinzips gebieten, was aus der Sicht des Nachlassgerichts dann überflüssig ist. Andererseits müssen oft Beteiligte vernommen werden, um den Willen des Erblassers zu erkunden; das hat dann mit Art 103 I GG nichts zu tun.

Die Nichtgewährung des rechtlichen Gehörs macht den Erbschein nicht nichtig. Der Verfahrensverstoß hat nicht zwingend die Einziehung des Erbscheins zur Folge; ein deswegen eingeleitetes Einziehungsverfahren (§ 2361 BGB) hat nur Erfolg, wenn der Erbschein ein falsches Erbrecht bezeugt.

§ 2360 BGB, vor Entstehung des Grundgesetzes geschaffen und bis dahin als Spezialvorschrift zu § 12 FGG bedeutsam, regelt die Anhörungspflicht nur lückenhaft; neben Art 103 GG hat er wohl keinen Anwendungsbereich,[560] weil er Art 103 GG nicht erweitert.

5.2 Form der Gewährung des rechtlichen Gehörs

223 Der Beteiligte wird hierzu in der Regel nicht zum Nachlassgericht geladen, das wäre wegen des Aufwands untunlich; aber auch ein Telefonanruf ist unpassend. In der Regel wird das Gehör schriftlich gewährt, indem zB das Testament in den Teilen, die für den anderen Beteiligten bedeutsam sein können, in Photokopie übersandt wird mit Frist zur Stellungnahme; es ist eine Frage des Einzelfalls, ob damit gleichzeitig Ermittlungshandlungen verbunden werden und ein Fragenkatalog übersandt wird (Wissen Sie etwas von weiteren Testamenten? War der Erblasser Ihres Erachtens noch testierfähig? Wie legen Sie das Testament aus?).

[559] KG NJW-RR 2005, 1677 = FamRZ 2006, 151.
[560] Staudinger/Schilken § 2360 Rz 17; vgl hierzu MünchKomm-Mayer § 2360 Rz 31–35.

5.3 Gehör, wenn ein Erbrechts-Rechtsstreit schon anhängig ist

224 Ist schon ein Rechtsstreit über das Erbrecht anhängig (vgl § 2354 Nr. 5, § 2355 BGB), *soll* nach § 2360 I BGB das Nachlassgericht vor der Erteilung des Erbscheins den Gegner anhören, soweit das nicht *untunlich* ist (§ 2360 III BGB). Wegen Art 103 I GG ist das Worte „soll" entgegen dem Wortlaut verfassungskonform auszulegen. Die Anhörung ist somit grundsätzlich Pflicht des Nachlassgerichts.[561] Zur „Untunlichkeit" der Anhörung im Einzelfall (§ 2360 III BGB) vgl Rz 228.

Beispiele für solche Rechtstreitigkeiten: A verklagt B auf Feststellung, selbst Erbe des E zu sein; Klage aus § 2018 BGB; Erbunwürdigkeitsklage nach § 2342 BGB; entsprechende Klagen vor ausländischen Gerichten;[562] Klagen, bei denen es um Vorfragen geht.[563] Nachlassverwaltung und Nachlassinsolvenzverfahren stehen der Erbscheinserteilung nicht entgegen, weil es dabei nicht um die Frage geht, wer Erbe ist.

Letztlich kommt es nach § 2358 BGB, § 12 FGG nur darauf an, ob die Amtsermittlung gebietet, das Verfahren auszusetzen, nicht worum es nach dem dortigen Streitgegenstand geht. Deshalb kann auch ausgesetzt werden, wenn der potentielle Erbe wegen Fälschung des Testaments angezeigt wurde und die Staatsanwaltschaft ein Ermittlungsverfahren führt.

225 Die Anhängigkeit eines Rechtstreits vor dem Zivilgericht hindert das Nachlassgericht nicht, einen Erbschein zu erteilen; andernfalls könnte jeder Erbprätendent durch einen sinnlosen Prozess die Erteilung eines Erbscheins schikanös verhindern.[564] Ist ein solcher Rechtsstreit dem Nachlassgericht bekannt geworden (in der Praxis kommen Erbrechtsfeststellungs-Prozesse nicht vor), könnte das Gericht den Gegner anhören (§ 2360 I BGB); zweckmäßiger ist unter dem Gesichtspunkt der § 12 FGG, § 2358 BGB, wenn es entweder die Akten erholt oder sich die Schriftsätze von der Streitsteilen vorlegen lassen; je nachdem, wie fundiert der Akteninhalt des Zivilprozesses ist, gibt es sodann folgende Möglichkeiten für das Erbscheinsverfahren:

- Erteilung des Erbscheins.
- Zurückweisung des Erbscheinsantrags, weil das Erbrecht nicht ausreichend nachgewiesen ist.
- Aussetzung des Erbscheinsverfahrens bis zur Entscheidung des Prozessgerichts.

---

[561] Staudinger/Schilken § 2360 Rz 15; MünchKomm-Mayer § 2360 Rz 31 ff.

[562] KG FamRZ 1968, 219; Staudinger/Schilken § 2360 Rz 4.

[563] MünchKomm-Mayer § 2360 Rz 26.

[564] Staudinger/Schilken § 2360 Rz 3 unter Hinweis auf Protokolle V 681.

5.4 Gehör, wenn das Erbrecht auf Gesetz beruht

226 In diesem Fall ist der Rechtspfleger zuständig (§ 161 RPflG). In der Regel ist keine Anhörung weiterer Personen veranlasst, auch § 2360 BGB schreibt keine Anhörung vor.[565] Zwar ist denkbar, dass Dritte im Besitz von nicht abgelieferten Testamenten sind, doch sind diese Personen dem Nachlassgericht nicht bekannt. Im Übrigen gilt Art. 103 I GG nach Aussicht des BVerfG[566] im Verfahren vor dem Rechtspfleger nicht. Das „faire Verfahren" kann gleichwohl eine Anhörung gebieten.

5.5 Gehör, wenn das Erbrecht auf privatschriftlichem Testament beruht

227 In diesem Fall (ebenso, wenn das privatschriftliche Testament nicht vorgelegt werden kann) soll nach § 2360 II, III BGB, soweit nicht untunlich, vor Erteilung des Erbscheins derjenige *über die Gültigkeit* des privatschriftlichen Testaments angehört werden, der im Falle der Unwirksamkeit des Testaments Erbe (kraft Gesetzes oder eines anderen Testaments) sein würde); die Anhörung von Personen, die gegebenenfalls ihr Vermächtnis verlieren würden, oder von Nacherben, potentiellen Testamentsvollstreckern, ist nicht vorgeschrieben, weil sie in ihrem Erbrecht nicht betroffen sind, allenfalls in finanziellen Interessen. Der Beteiligte kann sich dann zB zur Frage äußern, ob er das Testament als von der Hand des Erblassers stammend anerkenne oder Fälschung, Widerruf, Testierunfähigkeit usw einwende. Wegen Art 103 GG ist die Anhörung auch in diesen Fällen grundsätzlich Pflicht des Nachlassgerichts;[567] das Worte „soll" ist in diesem Sinne verfassungskonform zu lesen.

228 Nach § 2360 III BGB entfällt die Anhörung, wenn sie **untunlich** ist. Ob die Regelung des § 2360 III BGB gegen Art 103 GG verstößt ist umstritten,[568] aber zu verneinen, weil verfassungsrechtlich der Verhältnismäßigkeitsgrundsatz ebenfalls zu beachten ist. Wenn die Anhörung mit erheblichen Verzögerungen oder unverhältnismäßigen Kosten verbunden wäre, kann sie unterbleiben.[569] Dass Personen, die als gesetzliche Erben in Betracht kommen, zahlreich sind oder erst zu ermitteln sind oder weit entfernt wohnen, macht die Anhörung nicht untunlich.[570] Zur Form der Anhörung vgl Rz 223.

---

565 Westphal Rpfleger 1983, 204/212.

566 NJW 2000, 1709; kaum vertretbar, vgl die Nachweise bei MünchKomm-Mayer § 2360 Rz 5 mit Fußnote 14.

567 BVerfG 19, 49; BayObLGZ 1960, 432; Staudinger/Schilken § 2360 Rz 15.

568 Vgl dazu MünchKomm-Mayer § 2360 Rz 35.

569 KG OLG 34, 316.

570 BayObLGZ 1960, 432/4.

5.6 Gehör, wenn das Erbrecht auf Erbvertrag oder notariellem Testament beruht

229 Hier schreibt § 2360 BGB keine Anhörung vor. Wegen Art 103 GG wird zum Teil auch hier eine Pflicht, die anderen Beteiligten anzuhören, zu Recht bejaht,[571] von anderen zu Unrecht verneint.[572] Einschränkungen können sich aus der Untunlichkeit der Anhörung (§ 2360 III BGB) ergeben: Fälschung kann gegen das notarielle Testament kaum eingewandt werden, Testierunfähigkeit des Erblassers dagegen kommt auch bei notariellen Testamenten vor; in geeigneten Fällen kann daher die Anhörung der anderen Beteiligten durchaus sinnvoll sein und sollte wegen des geringen Aufwands (Übersendung von Photokopien mit Fristsetzung) im Regelfall erfolgen.

In der Praxis kommen Fälle vor, in denen der Erblasser emsig vor Notaren testiert und Betreuer, Pfleger, Nachbarn usw als Erben eingesetzt hat, wobei ihm jeweils vom Notar Testierfähigkeit bescheinigt wird. Werden die Nicht-Erben nicht angehört, wird dem Nachlassgericht nicht bekannt, dass der Erblasser seit Jahren unter Betreuung stand und die Testierfähigkeit bedenklich ist. Denn beim Vormundschaftsgericht wird nicht nachgefragt und ein zentrales Register der Betreuungen gibt es nicht (mehr als 1 % der Bevölkerung steht unter Betreuung, bei alten Leuten oft mehr als 30 % eines Jahrgangs).

6. Das Erbenaufgebot nach § 2358 II BGB

230 Ist ein Erbscheinsantrag gestellt, hat das Nachlassgericht von Amts wegen zu ermitteln, ob die erbrechtlichen Verhältnisse die Erteilung des begehrten Erbscheins gestatten, ob also zB der Antragsteller tatsächlich Alleinerbe oder nur Miterbe ist; den Tod von Geschwistern usw muss er in der Regel durch öffentliche Urkunden nachweisen (§§ 2354 II, 2356 I BGB). Das ist oft schwierig, weil unser Meldesystem dürftig ist. Hier hilft § 2358 II BGB: „Zur Anmeldung der *anderen* Personen zustehenden Erbrechte" kann das Nachlassgericht eine öffentliche Aufforderung erlassen, dh die unbekannten Miterben durch Inserat im (elektronischen) Bundesanzeiger und gegebenenfalls in Zeitungen unter Fristsetzung auffordern, sich zu melden. Es handelt sich um eine Art Ermittlungsbehelf, einen Widerspruch zum Amtsermittlungsgrundsatz; das Verhältnis von § 2358 II BGB zu Abs. 1 ist unklar; jedenfalls kann Abs. 2 nicht so verstanden werden, dass sein Zweck ist, dem Nachlassgericht die Arbeit zu erleichtern.

---

[571] KG NJW-RR 2005, 1677; OLG Köln NJW 1962, 1727/8; BayObLGZ 1960, 432; Staudinger/Schilken § 2360 Rz 16.

[572] KG NJW 1963, 880; Haegele Rpfleger 1964, 80; offen gelassen in BGH NJW 1963, 1972.

231 **Beispiel:** Sohn A beantragt nach dem Tod seines verwitweten Vaters einen Alleinerbschein, obwohl Existenz und weitere Verhältnisse seines Bruders B (der vor vielen Jahren ausgewandert ist; gegebenenfalls Miterbe zu ½) unbekannt sind. Drei Lösungen sind denkbar:

(1) Sind einzelne Erben bekannt (hier: A) und beantragen sie einen Erbschein, kann ein Teil-Erbschein erteilt werden (§ 2353 BGB); für die anderen (unbekannten) Erben (hier: B) könnte ein Teil – Nachlasspfleger bestellt werden; so wäre auch im vorgenannten Beispiel zu verfahren. Mit diesem Teil-Pfleger führt A die Erbauseinandersetzung durch; wenn die Erbenermittlung des Nachlasspflegers N erfolglos ist, hinterlegt N den hälftigen Erbanteil des B beim Amtsgericht (Hinterlegungsstelle); nach Ablauf der Hinterlegungsfrist erhält der Staat das Geld, also die Hälfte des Nachlasses (außer, A wurde zuvor noch als Erbe der restlichen Hälfte festgestellt, etwa weil B für tot erklärt wurde).

(2) A kann ein Todeserklärungsverfahren (nach § 16 II c VerschG) hinsichtlich seines Bruders B durchführen. Nach Erklärung des B für tot erhält A einen Allein-Erbschein.

(3) Wird dagegen nach § 2358 II BGB vorgegangen, erhält A ohne weiteres den begehrten Alleinerbschein und damit den ganzen Nachlass.

6.1 Voraussetzungen

232 Die Regelung des § 2358 II BGB kommt sowohl bei gesetzlicher wie bei testamentarischer Erbfolge in Betracht.[573] Sie enthält nichts zu den materiellrechtlichen Voraussetzungen, was rechtlich bedenklich ist. Umstritten ist daher, ob § 2358 II BGB „großzügig“ oder „eng“ auszulegen ist. Letzteres trifft zu. Das Erbenaufgebot nach § 2358 II BGB kann nur das *letzte* Mittel in einer Situation sein, in der die Beibringung urkundlicher Nachweise dem Antragsteller unverhältnismäßige Schwierigkeiten bereiten würde.[574] Das ist kaum je der Fall, weil ein Todeserklärungsverfahren im Regelfall zumutbar und für solche Fälle auch gedacht ist. Beantragt A nach dem Tod des Vaters einen Alleinerbschein und sagt, „von meinem Bruder B habe ich seit einigen Wochen nichts gehört, seine Anschrift kenne ich nicht“, dann könnte sich das Nachlassgericht Ermittlungen sparen und nach Erbenaufgebot dem A einen Alleinerbschein erteilen; eine solche Lösung wäre absurd. Ein Verfahren nach § 2358 II BGB kann al-

[573] Staudinger/Schilken § 2358 Rz 27; OLG Colmar RJA 9, 84.

[574] OLG Hamm FGPrax 1999, 27 (verlangt bei einem Verschollenen ein Todeserklärungsverfahren und lehnt in einem solchen Falle § 2358 II BGB ab; Reinnachlass 45.000 DM, Miterben); LG Berlin Rpfleger 2006, 473.

lenfalls in Frage kommen, wenn die als Miterbe in Betracht kommende Person seit vielen Jahren unbekannten Aufenthalts ist, ein Todeserklärungsverfahren nicht durchgeführt wurde und der Nachlass bzw der auf den Unbekannten entfallende Nachlassteil so gering ist, dass die Bestellung eines Teil – Nachlasspflegers (mit der Aufgabe der Erbensuche) unzweckmäßig wäre.[575] Ist der Nachlass nicht nur geringfügig, muss geprüft werden, ob vom Erbscheins-Antragsteller ein Todeserklärungsverfahren[576] verlangt werden kann; ist dies (wie fast immer) der Fall, scheidet ebenfalls ein Verfahren nach § 2358 II BGB aus (der Wunsch der vorhandenen Erben, die langen Fristen des VerschG nicht abwarten zu müssen, möglichst schnell an die Erbschaft zu kommen, genügt nicht). Weiter ist § 2358 II BGB heranzuziehen, wenn Verwandte höherer Ordnungen als Erben in Betracht kommen (§§ 1926, 1928, 1929 BGB). Kommen Abkömmlinge der acht Urgroßeltern als Erben in Betracht, dann ist es beim Kinderreichtum der vergangenen Zeiten wahrscheinlich, dass noch irgendwo welche leben; ist der Nachlass gering und die Ermittlung durch einen Nachlasspfleger nicht erfolgversprechend, kann ein Erbenaufgebot erlassen werden, obwohl das Vorhandensein besser berechtigter Erben wahrscheinlich ist.[577]

Ein Erbscheinsantrag ist natürlich Voraussetzung des Erbenaufgebots.[578] Der Antragsteller kann das Erbenaufgebot anregen;[579] ein Antrag ist nicht erforderlich. Es liegt im pflichtgemäßen Ermessen des Nachlassgerichts, ob es eine öffentliche Aufforderung nach § 2358 II BGB erlässt.[580] Der Erlass der Aufforderung kann nicht von der Zahlung eines Auslagenvorschusses für die Veröffentlichungskosten abhängig gemacht werden.[581]

---

[575] Vgl das Beispiel bei Firsching/Graf Rz 4.226 - 4.227. Frohn (Rpfleger 1986, 37/43) stellt letztlich darauf ab, ob ohne Bestellung eines Nachlasspflegers eine wirtschaftlich befriedigendere Lösung erreicht werden kann.

[576] OLG Hamm FGPrax 1999, 27; OLG Hamburg NJW 1953, 627/8; ein Aufgebot nach § 2358 II BGB halten für ausreichend OLG Colmar KGJ 35 A 352/3; Mannheimer NJW 1953, 628. Ist die Todeserklärung praktisch undurchführbar, ist das Aufgebot aber ausreichend (BayObLG 1951, 690/5; OLG Schleswig SchlHA 1965, 279/80).

[577] Staudinger/Schilken § 2358 Rz 27.

[578] Staudinger/Schilken § 2358 Rz 29.

[579] Die Ablehnung soll als Zwischenentscheidung unanfechtbar sein, LG Frankfurt Rpfleger 1984, 191.

[580] OLG Hamburg NJW 1953, 627/8; KG OLGZ 1971, 89/93; OLG Frankfurt Rpfleger 1987, 203; OLG Hamm FGPrax 1999, 27.

[581] LG Berlin Rpfleger 1982, 474.

Die Ablehnung ist (da Zwischenentscheidung des Amtsermittlungsverfahrens) unanfechtbar;[582] sie erfolgt ohnehin nicht durch gesonderten Beschluss, sondern indem das Verfahren ohne Aufgebot fortgeführt wird. Erst die Ablehnung des begehrten Erbscheins kann angefochten werden.

6.2 Verfahren

233 Zum Verfahren verweist § 2358 II BGB nur bezüglich der Art der Bekanntmachung und der Dauer der Anmeldefrist auf §§ 946 ff ZPO. Das bedeutet:

a) Die öffentliche Bekanntmachung hat mindestens durch Anheftung an der Gerichtstafel des Amtsgerichts und durch einmalige Einrückung in den elektronischen Bundesanzeiger zu erfolgen (§ 948 ZPO; mehrmaliges Einrücken nach § 948 II ZPO). Sinnvoll ist immer, das Aufgebot zusätzlich in Tageszeitungen oder deutschen Zeitungen im betreffenden Ausland zu veröffentlichen (§ 948 II ZPO), denn Gerichtstafel und elektronischer Bundesanzeiger sind nur fiktive Bekanntmachungen, werden vom Publikum nicht gelesen.
b) Zwischen der ersten Einrückung in den Bundesanzeiger und dem Aufgebotstermin muss mindestens eine Frist von 6 Wochen liegen (§ 950 ZPO).
c) Ein Antrag ist nicht erforderlich (entgegen § 947 ZPO);
d) Es ergeht kein Ausschlussurteil (entgegen § 952 ZPO), eine öffentliche Sitzung (§ 952 ZPO) findet nicht statt.

234 Die öffentliche Aufforderung wird durch Verfügung des Rechtspflegers oder (bei Zuständigkeit des Richters für den Erbschein) des Richters angeordnet:

a) Erbenaufgebot: (Text Rz 235).
b) Anheften an der Gerichtstafel für die Dauer von 2 Wochen.
c) Veröffentlichung im Bundesanzeiger veranlassen (Belegblatt erbitten).
d) Veröffentlichung in der Grösse … in der … Zeitung veranlassen (Belegblatt erbitten).
e) Wiedervorlage in 3 Monaten.

---

[582] LG Frankfurt Rpfleger 1984, 191.

6.3 Beispiel eines Erbenaufgebots[583]

235

> Erbenaufruf
>
> Am … verstarb in …. Herr X…. ., geboren am …. in …, zuletzt wohnhaft gewesen ist ….. . Als gesetzlicher Erbe zu ¼ kommt sein Sohn Y…, geb. am … in …., zuletzt wohnhaft in …, in Betracht, der um 1980 nach Australien ausgewandert ist. Wenn Y verstorben ist, kommen seine Abkömmlinge als gesetzliche Erben in Betracht. Die in Frage kommenden Personen sollen sich binnen 6 Wochen beim AG Landshut (Nachlassgericht) unter Angabe des Aktenzeichens VI …. melden. Andernfalls wird ein Erbschein erteilt, bei dem ihre Erbrechte nicht berücksichtigt werden. Auch andere Personen, die etwas über den Aufenthalt von Y… wissen, sollen sich melden. Der Reinnachlass soll etwa … Euro betragen.
>
> (Datum) Amtsgericht Landshut (Nachlassgericht), 84028 Landshut, Maximilianstrasse 22

Die Überschrift „Öffentliche Aufforderung“ ist meines Erachtens für einen Zeitungsleser zu wenig informativ und sollte daher nicht verwendet werden. Ein Rechtsnachteil wird nicht angedroht, da er (rechtlich gesehen) nicht eintritt; auf die faktische Folge (Erbschein) sollte aber hingewiesen werden. Die Aufforderung an Dritte ist eine Ermittlung nach § 2358 I BGB, hat mit dem Aufgebot nichts zu tun. Auch die Angabe des Nachlasswertes ist für § 2358 II BGB nicht notwendig, aber für sog. Erbenermittler interessant, weil sie bei Kleinbeträgen nicht tätig werden.

6.4 Folgen des Erbenaufgebots

236 Die Unbekannten können sich melden (was fast nie vorkommt); manchmal melden sich Personen, die auf Honorarbasis unbekannte Erben suchen. Auch ein Abwesenheitspfleger des Verschollenen kann die Erbberechtigung anmelden.[584] Melden sich die möglichen Erben bzw Miterben nicht, ergeht kein Ausschlussurteil (§ 952 ZPO ist nicht anwendbar);[585] sondern es wird bei der Entscheidung über den Erbscheinsantrag angenommen, dass solche Personen nicht existieren. Der Antragsteller A erhält also im Beispiel Rz 231 einen Allein-Erbschein, obwohl der Tod des Bruders B, der mit unbekanntem Ziel und Aufenthalt auswanderte oder sonst verschollen ist und der Miterbe zu ½ wäre, wenn er noch leben

[583] Andere Beispiele findet man im elektronischen Bundesanzeiger: über eine Suchmaschine (zB Google) zum Bundesanzeiger Verlag, dort Evidenzzentrale (links), gerichtlicher Teil → Aufgebot von Personen → Aktenzeichen VI.

[584] Zu diesen Fällen vgl BGH 5, 240; OLG Schleswig SchlHA 1965, 279; Frohn Rpfleger 1986, 37/44.

[585] Unstreitig, vgl MünchKomm-Promberger § 2358 Rz 24.

würde (im Todesfall: seine Kinder) ungewiss ist. Ein materieller Rechtsverlust tritt für den Unbekannten nicht ein: taucht B (nach Fristablauf) auf, ist der Erbschein nicht zu erteilen oder (wenn schon erteilt) als unrichtig einzuziehen (§ 2361 BGB); die Frage ist nur noch, ob sein Herausgabeanspruch gegen den Erbschaftsbesitzer A noch realisierbar ist (vgl §§ 2018, 2021 BGB). Wird das Aufgebot durchgeführt, haftet der Erbe für die Kosten der Veröffentlichung zwar nicht nach § 6 KostO,[586] wohl aber als Kostenveranlasser nach §§ 1, 2 Nr. 1 KostO.

7. Erbenermittlung, wenn kein Erbscheinsantrag gestellt wird

7.1 Erbenermittlungspflicht des Nachlassgerichts?

237 Wird ein Erbscheinsantrag gestellt, muss das Nachlassgericht von Amts wegen ermitteln, ob der Antragsteller das behauptete Erbrecht hat (§§ 2358 BGB; 12 FGG). Davon abgesehen hat das Nachlassgericht in 14 Bundesländern keine Pflicht, selbst Erben zu ermitteln.[587] Festzustellen, ob die Ermittlung des Erben möglich ist, ist dort nicht Aufgabe des Nachlassgerichts; [588] denn eine entsprechende Vorschrift fehlt. Anders ist es in Bayern und Baden-Württemberg (Rz 242 ff). Folge ist, dass in diesen 14 Bundesländern – wenn ein Erbscheinsantrag nicht gestellt wurde – das Gericht nur so weit zu ermitteln hat, bis beurteilt werden kann, ob Sicherungsmaßnahmen oder Nachlasspflegschaft (§ 1960 BGB) erforderlich sind.[589] Dazu ist meist kein besonderer Ermittlungsaufwand erforderlich. Hat der Erbe die Erbschaft angenommen, ist es seine Aufgabe, den Nachlass zu ermitteln, zu sichern und zu verwalten. Ist er dazu wegen psychischer Probleme, wie geistigen Störungen, Altersabbau, nicht in der Lage, kommt die Bestellung eines Betreuers für den Erben durch das Vormundschaftsgericht in Frage (§§ 1896 ff BGB; §§ 65 ff FGG). Hat der Erbe die Erbschaft angenommen und verschwindet er dann, kommt eine Abwesenheitspflegschaft nach § 1911 BGB in Betracht. Ist der Erbe bekannt, hat er aber die Erbschaft noch nicht angenommen, ist bei Bedürfnis die Bestellung eines Nachlasspflegers angebracht. Ist der Erbe unbekannt, aber ein Fürsorgebedürfnis gegeben, muss ebenfalls ein Nachlasspfleger bestellt werden.

238 Das Gericht kann einen **Nachlasspfleger** mit der Ermittlung *nur* der Erben beauftragen, ohne ihm weitere Aufgaben zuzuweisen, selbst wenn der

[586] BayObLG Rpfleger 1970, 181.
[587] Soergel/Stein § 1960 Rz 3. Unstreitig.
[588] Soergel/Stein § 1960 Rz 12.
[589] KG OLG 32, 45.

Nachlass andernfalls nicht konkret gefährdet wäre.[590] Das ist auch in Bayern und Baden-Württemberg zulässig,[591] weil das Landesrecht nicht das aus § 1960 BGB folgende Ermessen des Nachlassgerichts einschränkt, selbst zu ermitteln oder einen Nachlasspfleger ermitteln zu lassen; das Landesrecht will die Stellung unbekannter Erben stärken, aber nicht schwächen. Die Amtsermittlungspflicht ruht in Bayern/Baden-Württemberg nicht, wenn ein Nachlasspfleger mit dem Aufgabenkreis „Erbenermittlung" bestellt wurde,[592] so dass das Nachlassgericht hier parallel tätig werden kann. Wenn der Nachlasspfleger auf Schwierigkeiten stößt, weil er zB auf seine Schreiben keine Auskünfte erhält, kann das Nachlassgericht helfend eingreifen.[593]

Das Gericht könnte auch (anstelle einen Nachlasspfleger mit diesem Wirkungskreis zu bestellen) einen sog. **Erbensucher** beauftragen, weil es nach §§ 12, 15 FGG bei der Amtsermittlung nach Gutdünken auch Dritte einschalten kann; allerdings nicht vertraglich oder unter sonstiger Zusage von Vergütung und Auslagenersatz, [594] weil die Erbensucher auf Erfolgsbasis arbeiten. Das Gericht könnte ihn als Sachverständigen, der nach dem JVEG abrechnen könnte, mit der Erbensuche beauftragen. Ein gewerbsmäßiger Erbenermittler könnte als Nachlasspfleger bestellt werden. Das ist aber wenig sinnvoll.

7.2 Ersuchen des Grundbuchamts

239 War der Erblasser Eigentümer eines Grundstücke, dann sind die Erben mit dem Todesfall Eigentümer geworden (§ 1922 BGB) und das Grundbuch ist unrichtig. Das Grundbuchamt soll dem (neuen) Eigentümer die Verpflichtung auferlegen, die Grundbuchberichtigung herbei zu führen (§ 82 GBO). Ist der (neue) Eigentümer unbekannt, ersucht das Grundbuchamt das Nachlassgericht um Ermittlung der Erben (§ 82a S. 2 GBO). Das Nachlassgericht führt dann eine Ermittlung von Amts wegen durch und teilt das Ergebnis dem Grundbuchamt mit; ein Erbschein wird von Amts wegen nicht ausgestellt. Diese Mitteilung ist eine anfechtbare Entscheidung (§ 19 GBO; § 11 RPflG);[595] beschwert ist zB, wer als Erbe fest-

---

590 KG OLGZ 1973, 106/8; KG NJW 1971, 565; Soergel/Stein § 1960 Rz 3.

591 Staudinger/Marotzke § 1960 Rz 9; aA Soergel/Stein § 1960 Rz 27.

592 Vgl OLG Karlsruhe Rpfleger 1994, 255/6 (Rechtshilfe); anders Brand/Kleeff S. 476 (das Gericht dürfe dem Nachlasspfleger nicht die Erbenermittlung abnehmen), bezugnehmend auf KGJ 40 A 37.

593 Vgl RGZ 75, 230; Palandt/Diederichsen § 1837 Rz 5 (zum Vormund).

594 Gutbrod ZEV 1994, 337; Soergel/Stein § 1960 Rz 3; vgl dazu OLG Bremen ZEV 1999, 322; OLG Celle StAZ 1998, 81

595 aA Kuntze/Ertl/Herrmann/Eickmann, GBO, 4. Aufl. 1991 § 82a Rz 8.

gestellt wird, sich aber nicht dafür hält. Das Nachlassgericht kann das Ersuchen nicht wegen Unzweckmäßigkeit ablehnen; es handelt sich um eine Art Rechtshilfe (§ 2 FGG; § 157 ff GVG), so dass bei Ablehnung das OLG angerufen werden kann.[596] Das Grundbuchamt ist an die Feststellung des Nachlassgerichts nicht gebunden. Das Grundbuch kann dann das Grundbuch von Amts wegen berichtigen (§ 82a S. 1 GBO). Rechtmittel gegen die Eintragung: § 71 GBO.

c) Verhältnis zur Feststellung des Fiskus-Erbrechts

240 „Wird der Erbe nicht innerhalb einer den Umständen entsprechenden Frist ermittelt“, so hat das Nachlassgericht (Rechtspfleger) festzustellen, dass ein anderer Erbe als der Fiskus (dh das jeweilige Bundesland) nicht vorhanden ist (§ 1964 I BGB). Daraus folgt, daß der Feststellung des Fiskus-Erbrechts Ermittlungen vorausgehen müssen, die öffentliche Aufforderung nach § 1965 BGB genügt nicht und ersetzt diese Ermittlungen nicht. Die Ermittlungen kann das Nachlassgericht selbst anstellen *oder* damit einen Nachlasspfleger beauftragen;[597] im Regelfall ist die Bestellung eines Nachlasspflegers angebracht.

d) Verhältnis zum Erben-Aufgebot nach § 2358 II BGB

241 „Zur Anmeldung der *anderen* Personen zustehenden Erbrechte“ kann das Nachlassgericht eine öffentliche Aufforderung erlassen (§ 2358 II BGB), dh die unbekannten Miterben durch Aushang bei Gericht, Inserat im elektronischen Bundesanzeiger und gegebenenfalls in Zeitungen unter Fristsetzung auffordern, sich zu melden (Rz 230 ff) Das setzt aber einen Erbscheinsantrag voraus; fehlt er, erfolgt kein Aufgebot im Sinne des § 2358 II BGB.

7.3 Sonderregelung in Bayern:[598]

242 **Art. 37 BayAGGVG** lautet:

(1) Das Nachlaßgericht hat die Erben von Amts wegen zu ermitteln. Die Ermittlung der Erben von Amts wegen unterbleibt, wenn zum Nachlaß kein Grundstück oder grundstücksgleiches Recht gehört und nach den Umständen des Falls anzu-

---

[596] KG Rpfleger 1977, 307; Rpfleger 1969, 57; aA: Dienstaufsichtsbeschwerde.

[597] Palandt/Edenhofer § 1964 Rz 1.

[598] Bis 31. 7. 1981 galt in Bayern das Bay. Nachlaßgesetz v. 9. 8. 1902 (BayBS III S. 114), kommentiert von Haberstumpf/Barthelmeß/Schäler/Firsching, Nachlaßwesen in Bayern, 4. Aufl. 1952. Dazu BayObLG 1968, 68; 1979, 215/220; BayObLG Rpfleger 1982, 423.

nehmen ist, daß ein die Beerdigungskosten übersteigender Nachlaß nicht vorhanden ist.

(2) Das Nachlaßgericht soll die nach Absatz 1 ermittelten Erben von dem Erbfall und dem sie betreffenden Ermittlungsergebnis benachrichtigen, wenn dies ohne wesentliche Schwierigkeiten möglich und nicht anzunehmen ist, daß sie auf andere Weise Kenntnis erlangt haben.

(3) Gehört ein Grundstück oder ein grundstücksgleiches Recht zum Nachlaß, so hat das Nachlaßgericht unbeschadet des § 83 der Grundbuchordnung bei den Erben auf die Berichtigung des Grundbuchs hinzuwirken und einen von ihnen gestellten Antrag auf Grundbuchberichtigung an das Grundbuchamt weiterzuleiten.

243 In Bayern[599] erfolgt somit eine amtliche Ermittlung durch den Rechtspfleger,[600] wenn

- ein Grundstück zum Nachlass gehört; oder
- ein die Beerdigungskosten übersteigender Aktivnachlass vorhanden ist.

Kosten fallen dafür nicht an (§ 105 KostO).[601]

Ist allerdings ein Erbschein beantragt worden, wird ohnehin im Erbscheinsverfahren die Erbfolge geklärt (§ 2358 BGB, 12 FGG); daneben wird kein *amtliches* landesrechtliches Verfahren betrieben. Wird ein Erbenermittlungsverfahren begonnen und wird dann ein Erbscheinsantrag gestellt, geht das amtliche Verfahren im Erbscheinsverfahren auf. [602] Besteht ein Fürsorgebedürfnis (§ 1960 BGB) oder hat ein Nachlassgläubiger einen Antrag gestellt (§ 1961 BGB), wird ein Nachlasspfleger bestellt; daneben kann das Nachlassgericht weiterhin die Erben selbst ermitteln, wobei Überschneidungen zu vermeiden sind.

Kommt das Nachlassgericht bei der amtlichen Erbenermittlung zum Ergebnis, dass „ein anderer Erbe als der **Fiskus** nicht vorhanden ist", wird ein entsprechender Feststellungsbeschluss erlassen.[603] Gegen diesen Beschluss ist Beschwerde zulässig (§§ 19 FGG; § 11 RPflG).[604]

In den sonstigen Fällen sollte das Ermittlungsergebnis in einem **Aktenvermerk** festgehalten werden. Eine beschlußmäßige Feststellung sollte unterlassen werden, weil sie einem Erbschein ähneln könnte und keine

---

599 Früher auch in der Pfalz; vgl Brand/Kleeff S. 483.

600 BayObLG Rpfleger 1974, 434; Rpfleger 1989, 278; FamRZ 1996, 1304; Rellermeyer Rpfleger 1996, 317/320.

601 BayObLGZ 1985, 244/51.

602 Sprau/Vill, Justizgesetze in Bayern, 1988, Art.37 AGGVG Rz 9.

603 BayObLGZ 1968, 68/70; 1985, 244/7.

604 BayObLG FamRZ 1986, 728.

bindende Bedeutung hat.[605] Die Feststellung ersetzt keinen Erbschein für die Grundbucheintragung,[606] zB des Fiskus. Sowohl der Beschluss wie der Aktenvermerk sind mit Beschwerde anfechtbar (§ 19 FGG, § 11 RPflG);[607] beschwert ist zB, wer als Erbe festgestellt ist, sich aber nicht für den Erben hält, weil er dadurch von Gläubigern belästigt wird.

Früheres Recht: Art. 3 Bay. Nachlaßgesetz.[608]

Die landesrechtliche Tätigkeit des Nachlassgerichts in Bayern (Art 37 Bay. AGGVG) führt nicht zu einem Erbschein[609], allenfalls zu einem Aktenvermerk; sie führt auch nicht zur Grundbuchberichtigung durch Eintragung des Erben (§ 35 GBO).[610] Der so ermittelte Erbe muss also einen Erbschein beantragen, wenn er ihn braucht; er wird ihm im Verfahren nach §§ 2353 ff BGB, 72 ff FGG erteilt.

7.4 Sonderregelung in Baden-Württemberg:[611]

§ 41 Baden-Württembergisches LFGG lautet: *244*

(1) Das Nachlaßgericht hat Erben und Erbersatzberechtigte von Amts wegen zu ermitteln. Hiervon kann abgesehen werden, wenn die Ermittlung mit unverhältnismäßigem Aufwand verbunden wäre oder der Nachlaß geringfügig ist.

(2) Die nach Absatz 1 ermittelten Erben und Erbersatzberechtigten sind von dem Erbfall und dem sie betreffenden Ermittlungsergebnis zu benachrichtigen, wenn dies ohne wesentliche Schwierigkeiten möglich und nicht anzunehmen ist, daß sie auf andere Weise Kenntnis erlangt haben.

(3) Das Nachlaßgericht soll bei Bedürfnis Erben, Erbersatzberechtigte, Pflichtteilsberechtigte und Vermächtnisnehmer auf Ansuchen über die erbrechtlichen Rechtswirkungen in angemessenem Umfang belehren.

(4) Das Nachlaßgericht kann, sofern ein berechtigtes Interesse dargelegt wird, auf Antrag eines Erben die Anfertigung eines Nachlaßverzeichnisses anordnen. Bis zur Fertigstellung des Verzeichnisses kann es die erforderlichen Sicherungsmaßregeln anordnen.

(5) Das Nachlaßgericht kann die Aufnahme von Nachlaßverzeichnissen und Nachlaßinventaren einem Notar übertragen. Für die Mitwirkung bei der Aufnahme ei-

---

605 BayObLG FamRZ 1985, 1290 = Rpfleger 1985, 363; Sprau/Vill, Justizgesetze in Bayern, 1988, Art.37 AGGVG Rz 7.

606 BayObLG NJW-RR 1989, 585; vgl OLG Dresden NJWE-FER 1999, 302.

607 BayObLGZ 1968, 68/71.

608 Dazu Haberstumpf/Barthelmeß/Schäler/Firsching, Nachlaßwesen in Bayern, 4. Aufl. 1952.

609 BayObLG FamRZ 1985, 1290.

610 BayObLG NJW-RR 1989, 585.

611 Dazu Sandweg BWNotZ 1986, 5 und BWNotZ 1979, 25 sowie Richter/Hammel, Kommentar zum LFGG, 4.Aufl. 1996.

nes Inventars nach § 2002 BGB und für die Aufnahme weiterer Verzeichnisse, bei welchen nach Bundesrecht die Aufnahme durch eine zuständige Behörde oder durch einen zuständigen Beamten oder Notar zu geschehen hat, sind nur die Notare zuständig.

(6) Das Nachlaßgericht soll den Verpflichteten bei der Aufnahme eines Vermögensverzeichnisses anläßlich eines Sterbefalls unterstützen.

Diese Regelung verbietet nicht, von eigenen Ermittlungen abzusehen und statt dessen einen Nachlasspfleger mit der Aufgabe „Erbenermittlung" zu bestellen.

F. Der Vergleich im Erbscheinsverfahren[612]

1. Vereinbarung des Erbscheinsinhalts

1.1 Grundsätze

245 Das Erbrecht ergibt sich aus dem Willen des Erblassers, niedergelegt in Testament bzw Erbvertrag oder aus dem Gesetz, aber nicht aus einer Einigung der Erbanwärter. Sie können die Erbrechtslage nicht durch Vereinbarung schaffen oder ändern. Das Nachlassgericht ermittelt vor Entscheidung über einen Erbscheinsantrag den Sachverhalt von Amts wegen und entscheidet nach seiner Überzeugung (§ 2358 BGB). Wegen des Amtsermittlungsgrundsatzes ist es an eine Einigung der Parteien über das Erbrecht („Wir vereinbaren, dass A Alleinerbe des E ist") nicht gebunden. Die Beteiligten können sich zwar auf eine bestimmte Auslegung des Testaments einigen; aber auch das bindet das Nachlassgericht nicht (Rz 249).[613] Ebensowenig ist das Nachlassgericht an eine Einigung der Beteiligten, dass das möglicherweise (mangels Form, Testierfähigkeit usw) unwirksame Testament „anerkannt" werde, gebunden (Amtsermittlungsgrundsatz). Ein bestimmter Erbscheinsinhalt kann also durch Vertrag grundsätzlich nicht erzwungen werden.[614]

246 **Wirtschaftliche Interessen.** Die Beteiligten, beraten durch Rechtsanwälte und Notare, sehen das naturgemäß anders, weil sich durch eine Vereinbarung unter Umständen Kosten und Erbschaftsteuer sparen lassen.

Beispiel: E bestimmt im Testament: „Erbe meines Hauses nebst Einrichtung soll mein Sohn S sein, Erbe des Restes, vor allem der Wertpapiere, meine Frau F." Wenn der Nachlass 1 Million Euro wert ist, wovon je 500.000 Euro auf das Haus und auf den Rest entfallen, wird ein gemeinschaftlicher Erbschein erteilt, wonach S und F Miterben zu je ½ sind. Beide werden dann im Grundbuch als Miterben eingetragen, dann muss mittels notariellem Vertrag das Grundstück auf S übertragen werden. Könnte man das Nachlassgericht zwingen, dem S eine Alleinerbschein zu erteilen, würden zumindest die Kosten für den notariellen Auseinandersetzungsvertrag gespart werden, weil S sogleich als Alleinerbe ins Grundbuch eingetragen würde; die Wertpapiere könnte er dann seiner Mutter übertragen. Al-

[612] Eisele, Vertragliches Einvernehmen bei der Auslegung unklarer letztwilliger Verfügungen, 2002; Bassenge Rpfleger 1972, 237; Munding, Vergleiche im Verfahren der freiwilligen Gerichtsbarkeit, 1957; Stählin DFG 1942, 71; Müller JZ 1954, 17; Dressler ZEV 1999, 289.

[613] BayObLG FamRZ 1989, 99.

[614] OLG Stuttgart OLGZ 1984, 131; BayObLG JFG 6, 165.

lerdings fallen Anwalts- oder Notargebühren für die Beratung und den Vertrag an, es sei denn, die Erbscheinsbeteiligten hatten sich ohne Anwälte/Notare geeinigt.

1.2 Tricks

247 Wegen § 2362 BGB wird vertreten, dass das Nachlassgericht grundsätzlich demjenigen den Erbschein zu erteilen hat, dessen Erbrecht rechtskräftig festgestellt ist, sofern Dritte als Erben nicht ernsthaft in Betracht kommen.[615] Kommen nur A oder B als Alleinerben des E in Betracht und verklagt A den B auf Feststellung, dass er (A) der Alleinerbe des E sei, dann könnte er mit B vereinbaren, dass dieser im Prozess anerkennt oder säumig ist, so dass ein Anerkenntnis- oder Versäumnisurteil ergeht. Nach hM müsste dann das Nachlassgericht dem A einen Alleinerbschein erteilen. Die Beteiligten können auch die ihnen bekannte Testierunfähigkeit des Erblassers verschweigen; sie können pflichtwidrig spätere Testamente vernichten; Vergleichsmaterial für die Untersuchung der Echtheit des Testaments nicht zur Verfügung stellen; Zeugen beeinflussen usw.

1.3 Praxis

248 Die Einigung *aller* Beteiligten (einschließlich Nacherben, Testamentsvollstrecker) hat eine erhebliche „indizielle Bedeutung" und das Nachlassgericht sollte schon aus Gründen der Praktikabilität davon nicht abweichen, außer, der Testamentstext steht eindeutig und zweifelsfrei dagegen. So wird es in der Praxis auch gehandhabt. Denn durch Erbteilsübertragung usw können die Beteiligten ihren Willen letztlich doch durchsetzen, allerdings unter Aufwand weiterer Kosten. Außerdem ist es dem Erblasser in der Regel gleichgültig, wer rechtstechnisch „Erbe" ist, er will lediglich ein bestimmtes Ergebnis bei der Aufteilung seines Nachlasses erreichen. Der BGH[616] formuliert: „Die Praxis trägt dem (Einverständnis) – beispielsweise bei der Erteilung von Erbscheinen – nach Möglichkeit Rechnung, indem sie einverständlichen Erklärungen aller Beteiligten über die Auslegung einer Verfügung von Todes wegen besonderes Gewicht beilegt. Das ist, solange die Interessen Dritter nicht berührt werden, legitim …".

2. Auslegungsvertrag[617]

249 Die Erbanwärter können vereinbaren, wie sie ein wirres Testament verstehen und auslegen und wen sie für den Erben halten; aber diese Ver-

---

[615] BayObLG FamRZ 1999, 334; BayObLG FamRZ 1969, 676 = BayObLGZ 1969, 184/6.
[616] BGH NJW 1986, 1812/3; vgl auch OLG Frankfurt FamRZ 2000, 1607.
[617] Weiß in Festschrift für Küchenhoff 1987, S. 389 ff ; Dressler ZEV 1999, 289.

einbarung einer privaten Rechtsmeinung ist für das Nachlassgericht nicht bindend; vgl § 2358 BGB, § 12 FGG.[618] Die Parteien können ferner einen Vertrag schließen, der darauf gerichtet ist, „dass die Parteien einander schuldrechtlich so zu stellen haben, als sei die vereinbarte Auslegung zutreffend. Dabei kann die Stellung der Parteien mit Hilfe entsprechender Erbteilsübertragungen gem. § 2033 BGB der vereinbarten Rechtslage auch dinglich angenähert werden."[619] Das wird (auch vom BGH) missverständlich ebenfalls „Auslegungsvertrag" genannt; ein solcher Vertrag ändert die Erbenstellung nicht. Die fehlende Bindung für das Nachlassgericht hat zur Folge, dass ein solcher „vereinbarter" Erbschein bei Unrichtigkeit eingezogen werden kann (§ 2361 BGB); bei Bejahung einer Bindung für das Nachlassgericht wäre das nicht der Fall. Dieser „Auslegungsvertrag" bedarf nach Ansicht des BGH wegen §§ 2385, 2371, 2033 BGB notarieller Beurkundung.[620]

Der Erbe kann mit dem Vermächtnisnehmer oder Auflagebegünstigten Verträge über die Auslegung und Erfüllung des **Vermächtnisses** bzw der **Auflage** schließen; das ist unbestritten. Sie sind formfrei und haben mit dem Erbschein nichts zu tun, weil Vermächtnisse oder Auflagen nicht im Erbschein vermerkt werden.

3. Erbteilsübertragung

250 Die Beteiligten können Erbteile übertragen (§ 2033 BGB). Ein Erbe kann die ihm angefallene Erbschaft verkaufen (§ 2371 BGB). Die gekaufte Erbschaft kann weiterverkauft werden (§ 2385 BGB).

Auch Verträge zwischen Erbanwärtern, durch welche sie vereinbaren, die Erbschaft ohne Rücksicht darauf, wem von ihnen und in welchem Umfange die Erbschaft angefallen ist, unter sich zu verteilen, sind möglich; sie können das Erbrecht nicht zu beeinflussen; es handelt sich um obligatorische, auf Veräußerung von Bruchteilen der Erbschaft gerichtete Verträge; sie bedürfen daher der notariellen Form (§ 2385 I BGB).[621] Das

---

[618] BayObLG FamRZ 1989, 99; Weiß FS Küchenhoff 1987 S. 391; aA Lange/Kuchinke § 34 IV 2; Dressler ZEV 1999, 289.

[619] BGH NJW 1986, 1912, mit Anm Damrau JR 1986, 375; Cieslar DNotZ 1987, 113. Zustimmend Lange/Kuchinke § 34 IV 3c; Staudinger/Schilken § 2359 Rz 6.

[620] BGH NJW 1986, 1812 (betrifft einen Zivilprozess zwischen erbenden Geschwistern, kein Erbscheinsverfahren); Dressler ZEV 1999, 289/292. Konsequent behauptet Dressler, der gemeinsame Erbscheinsantrag müsse notariell beurkundet werden, wenn sich die Beteiligten unter mehreren vertretbaren Interpretationen auf eine geeinigt hätten (andernfalls bliebe es bei der Formfreiheit); nicht haltbar, weil eine brauchbare Abgrenzung nicht möglich ist.

[621] RGZ 72, 209 = JW 1910, 23; vgl BGH NJW 1986, 1812.

Gleiche gilt von Verträgen, in denen ein ungültiges Testament als gültig anerkannt wird;[622] auch sie bedürfen der notariellen Form, machen ein an sich nichtiges Testament nicht gültig; der durch ein anderes Testament rechtswirksam eingesetzte oder gesetzlich Berufene bleibt trotzdem Erbe.[623] Auch solche Verträge beinhalten eine Erbschaftsveräußerung, der Anerkennende kann sich auf die Nichtigkeit des Testaments nicht mehr berufen. Enthält das ungültige Testament nur Vermächtnisse, die als gültig anerkannt werden, so handelt es sich nicht um einen verdeckten Vertrag über die Verpflichtung zur Veräußerung eines Erbteils;[624] es besteht dann kein Formzwang.

4. Sonstige Vereinbarungen

4.1 Ausschlagung der Erbschaft

251 Die Erbschaft fällt dem Erben mit dem Tode des Erblassers an (§ 1922 BGB); der Erbe kann sie aber ausschlagen (§ 1945 BGB). Wichtig ist, die Form (§ 1945 BGB) und die Frist (§ 1944 BGB) zu beachten. Folge einer fristgerechten formwirksamen Ausschlagung ist, dass der Nächstberufene rückwirkend von Anfang an Erbe wird (§ 1953 II BGB). Möglich ist, dass der Erbe demjenigen, welcher ausschlägt, eine Abfindung zahlt. Zweckmäßig ist, schon beim Termin zur Eröffnung der letztwilligen Verfügung die Ausschlagungserklärung zu Protokoll des Nachlassgerichts (oder fristgerecht beim Notar) abzugeben, damit die Form gewahrt ist:

Beispiel: E ist gestorben. Er hat seine Lebensgefährtin F als Erbin eingesetzt, den Sohn S nicht bedacht. F beantragt einen Erbschein aufgrund Testaments. F erklärt zu Protokoll des Nachlassgerichts: ich schlage die Erbschaft aus. S erklärt: ich verpflichte mich, an Frau F 200.000 Euro zu zahlen nebst 8 % Zinsen ab heute. F erklärt: ich nehme dieses Angebot an und nehme meinen Erbscheinsantrag hiermit zurück. S erklärt: ich beantrage nun einen Alleinerbschein aufgrund Gesetzes.

Probleme tauchen auf, wenn sich der eine Beteiligte nur „verpflichtet", die Erbschaft auszuschlagen. Die Verpflichtung, die Erbschaft auszuschlagen, damit sie einem anderen zufällt, ist kein Erbschaftskauf, wenn eine Gegenleistung dafür vom Begünstigten versprochen wird (Folge: kein Formerfordernis nach §§ 2385, 2371 BGB); auch ein Fall von § 311 b V BGB liegt nicht vor. Die Verpflichtung ist also formfrei möglich.[625]

---

622 RGZ 72, 209, 210 = JW 1910, 23; OLG Bamberg Seufferts Archiv 60 (1915) Nr 14; OLG Dresden OLG 16, 64.

623 RGZ 72, 209/210 ausdrücklich.

624 Vgl OLG München OLG 42, 141.

625 RG HRR 1929 Nr 292; OLG München OLG 26, 288.

Hält sich der andere Beteiligte aber nicht daran, muss aus der Verpflichtung geklagt werden; ist die Verpflichtung in einem Prozessvergleich oder einer notariellen Urkunde enthalten, muss sie nach § 888 ZPO vollstreckt werden. Bis das geschehen ist, dürfte die Frist nach § 1944 BGB meist verstrichen sein.

4.2 Anerkennung eines anfechtbaren Testaments[626]

252 Ein letztwillige Verfügung kann in bestimmten Fällen angefochten werden (§§ 2078, 2079 BGB). Der Anfechtungsberechtigte ergibt sich aus § 2080 BGB (grundsätzlich der, dem die Aufhebung der letztwilligen Verfügung unmittelbar zustatten kommen würde). Form: § 2081 BGB; Frist: § 2082 BGB. Der Anfechtungsberechtigte kann mit dem Anfechtungsgegner vereinbaren, dass vom Anfechtungsrecht kein Gebrauch gemacht wird[627] und dafür eine Abfindung erhalten. Die Verpflichtung, auf eine Testamentsanfechtung zu verzichten, fällt nicht unter die Formvorschrift des § 2385 BGB;[628] anders aber bei der Verpflichtung zur Anerkennung einer unbegründeten Anfechtung als begründet.[629]

4.3 Verzicht auf den Erbscheinsantrag, Rücknahme

253 Der Antragsberechtigte kann einseitig oder durch Vereinbarung auf sein Antragsrecht verzichten.[630] Auch ein Vergleich über die Rücknahme des bereits gestellten Antrags ist möglich.[631] Der Erbscheinsantrag kann bis zur Erteilung des Erbscheins durch Erklärung gegenüber dem Nachlassgericht zurückgenommen werden (Kostenfolgen: § 130 KostO; § 13a FGG), im übrigen (wenn vom Nachlassgericht die Erteilung abgelehnt und dagegen Beschwerde eingelegt wird) bis zum Abschluss des Rechtsmittelverfahrens, durch eine Erklärung gegenüber dem Beschwerdegericht.[632] Die Rücknahme bedarf nicht der Zustimmung anderer Beteiligter; eine bestimmte Form ist nicht zu wahren. Die Rücknahme des Erbscheinsantrags kann weder widerrufen noch wegen Willensmängeln angefochten werden.[633] Es wird behauptet, aus einem „Auslegungsvertrage“ folge die Pflicht, einen abweichenden Erbscheinsantrag zurückzu-

---

626 Wussow, Die Wirkung der Anerkennung eines nichtigen Testaments, 1897.
627 RGKR-Johannsen § 2078 Rz 80; Eisele S. 31.
628 Soergel/Damrau 12. Aufl. § 2385 Rz 1.
629 Kipp/Coing § 113 I 4.
630 OLG Stuttgart OLGZ 1984, 131/137; vgl allgemein Keidel/Schmidt FGG § 12 Rz 43.
631 OLG Stuttgart OLGZ 1984, 131.
632 OLG Köln MittRhNotK 2000, 120 = NJWE-FER 2000, 187; BayObLG FamRZ 1999, 64.
633 OLG Köln MittRhNotK 2000, 120 = NJWE-FER 2000, 187.

nehmen bzw ein entsprechender Antragsverzicht;[634] das ist eine Frage des Wortlauts.

Im Vergleich sollte die Formulierung gewählt werden; „A nimmt hiermit seinen Erbscheinsantrag … zurück und verzichtet auf die Stellung eines neuen Erbscheinsantrags"; nicht ratsam ist die Formulierung „A *verpflichtet* sich, seinen Erbscheinsantrag zurück zu nehmen", weil dann ein gewichtiges Vollstreckungsproblem (§ 888 ZPO) auftaucht, wenn sich A nicht an die Vereinbarung hält.

4.4 Rücknahme von Rechtsmitteln, Rechtsmittelverzicht

254 Ein Verzicht auf die Beschwerde (und weitere Beschwerde) ist grundsätzlich zulässig.[635] Im Erbscheinserteilungsverfahren können die Beteiligten beschränkt über den Verfahrensgegenstand verfügen; insoweit können sie auch einen vertraglichen Rechtsmittelverzicht vor Erlass der Entscheidung (zB Erbscheinserteilungsanordnung) schließen, erst recht nachher.[636] Ein Rechtsmittel, das trotz Verzicht eingelegt wird, ist unzulässig.[637] Ein Vergleich steht aber einer auf Einziehung eines unrichtigen Erbscheins gerichteten Beschwerde nicht entgegen (Rz 255).[638]

4.5 Verzicht auf den Einziehungsantrag, Rücknahme

255 Die Einziehung des (unrichtigen) Erbscheins erfolgt von Amts wegen; das Nachlassgericht kann von sich aus tätig werden, jedermann kann eine Anregung geben (§ 2361 BGB). Bindende Vereinbarungen sind daher nicht möglich:[639] Hat sich A verpflichtet, keine Einziehung zu „beantragen" und macht er es trotzdem, kann das einmal begonnene Einziehungsverfahren nicht mehr abgebrochen werden. Deshalb ist auch die Rücknahme des Antrags rechtlich belanglos. Möglich sind nur Hilfslösungen: „Sollte es zur Einziehung des Erbscheins …. kommen, verpflichtet sich A, an B … zu zahlen".

---

634 Eisele S. 140.

635 BayObLG FamRZ 2004, 836; Keidel/Kahl FGG § 19 Rz 97.

636 OLG Hamm Rpfleger 1971, 181; vgl auch BayObLGZ 1991, 1.

637 BayObLG FamRZ 2004, 836.

638 BayObLGZ 1962, 380/6.

639 BayObLGZ 1962, 380/6; vgl ferner BayObLG NJW-RR 1991, 587: Hat ein Beteiligter sein Rechtsmittel gegen einen Vorbescheid zurückgenommen, weil er sich mit anderen Beteiligten durch Vergleich über eine bestimmte Auslegung eines Testaments geeinigt hat, so ist er dadurch nicht gehindert, die Unrichtigkeit eines dem Vorbescheid entsprechenden Erbscheins geltend zu machen und gegen die Ablehnung der Einziehung Rechtsmittel einzulegen.

4.6 Vergleich über Kosten

256 Über die außergerichtlichen Kosten eines Erbscheinsverfahrens sowie die Erstattung der Gerichtskosten können sich die Beteiligten vergleichen.[640]

5. Vertrag über die verfahrensrechtliche Erklärungen und Abfindungszahlung

257 Wenn sich die Anwärter über zulässige Komplexe (zB über die Rücknahme von Erbscheinsanträgen, von Rechtsmitteln, über einen Rechtsmittelverzicht, über die Ausschlagung der Erbschaft oder die Anfechtung einer letztwilligen Verfügung) durch Vergleich (§ 779 BGB) einigen, dann kann dabei auch die Zahlung einer Abfindung oder der Auseinandersetzung des Nachlasses mitgeregelt werden.[641] Zur Zwangsvollstreckung vgl Rz 258.

6. Zwangsvollstreckung aus dem Vergleich zu Protokoll des Nachlassgerichts

258 Im Rahmen des Erbscheinsverfahrens können die Beteiligten zu Protokoll des Nachlassgerichts eine Vertrag schließen, wonach beispielsweise (bei widersprechenden Erbscheinsanträgen von A und B) der Antragsteller B seinen Erbscheinsantrag zurücknimmt[642] und der Antragsteller A sich verpflichtet, an B ... Euro zu zahlen. Wenn A dann nicht freiwillig zahlt, stellt sich die Frage, ob ein solcher zu Protokoll des Nachlassgerichts im Erbscheinsverfahren geschlossener Vergleich ein Vollstreckungstitel im Sinne des § 794 Nr 1 ZPO ist (so dass also eine vollstreckbare Ausfertigung erteilt werden kann). Das ist umstritten. Es wird teils bejaht.[643] Nach Meinung des BayObLG[644] ist dagegen die Zwangsvollstreckung nicht unmittelbar möglich, weil der Vergleich kein Titel im Sinne des § 794 Nr 1 ZPO sei: das FGG sei eine eigenständige Verfahrensordnung, § 794 ZPO könne darauf mangels Vorschrift nicht angewandt werden; auch sei unklar, wer für eine eventuelle Vollstreckungsgegenklage zuständig sei. Nach dieser Auffassung muss also aus dem Vertrag, wenn nicht freiwillig bezahlt wird, erst noch auf Zahlung geklagt werden. Die Rücknahme des Erbscheinsantrags hingegen bedarf keiner „Vollstre-

---

640 BayObLGZ 1962, 380/383.

641 BayObLG NJW-RR 1997, 1368; BayObLG Z 1966, 233.

642 OLG Stuttgart OLGZ 1984, 131 = MDR 1984, 403 = Justiz 1983, 100.

643 Lindacher JuS 1978, 577/9; Eisele S. 168; Geimer MittBayNot 1998, 367.

644 BayObLG NJW-RR 1997, 1368 = FamRZ 1998, 35 = FGPrax 1997, 229 (Geimer MittBayNot 1998, 365; Ott ZEV 1997, 461).

ckung", sie ist ohne weiteres wirksam, wenn sie dem Nachlassgericht erklärt und zugegangen ist.

In Hinblick auf die Vollstreckungsprobleme ist es zweckmäßig, wenn der Verpflichtete sich in einer notariellen Urkunde mit Vollstreckungsunterwerfung zur Zahlung verpflichtet (§ 794 I Nr 5 ZPO).

G. Die Entscheidung des Nachlassgerichts

1. Allgemeines

259 Die Entscheidung des Nachlassgerichts ergeht als „Beschluss", nie als Urteil. Eine mündliche Verhandlung ist nicht Voraussetzung; findet sie statt, handelt es sich nicht um eine Verhandlung im Sinne von § 128 ZPO, sondern um einen Erörterungstermin; im Rubrum darf deshalb nicht stehen „aufgrund der mündlichen Verhandlung vom ...". Der Beschluss enthält das Rubrum (sog. Sachrubrum), den Tenor, sodann Gründe (nicht: „Entscheidungsgründe"). Eine Rechtsmittelbelehrung ist weder vorgeschrieben noch üblich.[645]

1.1 Maßgeblicher Zeitpunkt

260 Da zwischen dem Todesfall und der Erteilung des Erbscheins eine gewisse Zeit vergeht, stellt sich die Frage, inwieweit zwischenzeitliche Änderungen in den Erbschein einzufließen haben. Grundsatz ist, dass die beim Todesfall objektiv bestehende Erbrechtslage im Erbschein zu bezeugen ist, mag sie sich auch erst später herausgestellt haben.[646]

a) Ausschlagung, erfolgreiche Erbunwürdigerklärung, Testamentsanfechtung, Erbverzicht sind also wegen der Rückwirkung zu berücksichtigen. Wurde ein Erbschein erteilt und wird später das Testament erfolgreich angefochten, ist der ursprüngliche Erbschein einzuziehen (§ 2361 BGB) und es wird auf Antrag ein neuer Erbschein erteilt, der für sich in Anspruch nimmt, die Erbrechtslage beim Todesfall wiederzugeben.

b) Spätere Änderungen der Rechtsstellung oder Verfügungsmacht des Erben bleiben dagegen unberücksichtigt (zB Veräußerung von Erbanteilen, Pfändung durch Gläubiger, Insolvenzeröffnung, Übertragung des Nacherbenrechts auf den Vorerben, Rz 371), werden also im Erbschein (der auf den Erben ausgestellt bleibt) nicht erwähnt.

c) Umstritten ist dagegen, inwieweit tatsächliche Veränderungen seit dem Erbfall im Erbschein zu berücksichtigen sind: Wird der Erbschein bereits wenige Tage nach dem Todesfall beantragt, dann ist er zB *mit*

---

645 Keidel/Kahl FGG Rz 20 vor §§ 8-18.

646 Lange/Kuchinke § 39 V 3; vgl Brockmann, Der Anspruch auf Erteilung des Erbscheins und der für den Erbscheinsinhalt maßgebende Zeitpunkt, 1963.

Testamentsvollstreckervermerk zu erteilen; wartet der Erbe ein Jahr und ist inzwischen die Testamentsvollstreckung beendet, ist der Erbschein dann *ohne* Testamentsvollstreckermerk zu erteilen? Die hM[647] bejaht das, sie berücksichtigt solche Veränderungen zumindest aus Gründen der Vereinfachung, weil die Beschränkung nicht um ihrer selbst aufgenommen werde, sondern wenn sie tatsächlich (noch) bestehe; dem Erben werde dadurch der Nachweis seines Verfügungsrechts erleichtert. Für sinnvoller würde ich es halten, den Erbschein hier mit der Historie zu versehen („Testamentsvollstreckung war angeordnet worden, ist aber inzwischen weggefallen, weil...“); die hM will aber solche Erläuterungen nicht in den Eigenrechts-Erbschein aufnehmen. Vgl Rz 392.

1.2 Überzeugung des Nachlassgerichts

261 Der Erbschein ist nur zu erteilen, wenn das Nachlassgericht die erforderlichen tatsächlichen und rechtlichen Voraussetzungen für festgestellt erachtet (§ 2359 BGB). Die Überzeugung muss nicht hundertprozentig sein, es genügt die persönliche Gewissheit des Richters /Rechtspflegers; in tatsächlich zweifelhaften Fällen muss sich der Richter mit einem für das praktische Leben brauchbaren Grad an Gewissheit begnügen, der den Zweifeln Schweigen gebietet, ohne sie völlig auszuschließen.[648]

262 a) Ob sich die **Beteiligten einig** sind spielt keine Rolle (vgl Rz 245 ff , auch zur BGH-Rechtsprechung und aA). Durch Vergleich können sie den Inhalt des Erbscheins nicht beeinflussen; sie können nicht durch Vergleich ein ungültiges Testament für gültig erklären oder ein wirksames Testament durch Vergleich als nichtig vereinbaren. Allerdings wird das Nachlassgericht an der übereinstimmenden Testamentsauslegung *aller* Beteiligten schon aus praktischen Gründen kaum vorübergehen.

263 b) **Öffentliche Urkunden** haben grundsätzlich die ihnen zukommende Beweiskraft (§§ 415, 418 ZPO), obwohl sie in § 15 FGG nicht genannt sind. Zweifelhaft ist, ob sie diese Beweiskraft solange behalten, bis der Gegenbeweis geführt ist,[649] oder ob sie sie schon verloren haben, wenn das Nachlassgericht starke Zweifel am vermuteten Sachverhalt hat. Da es im Erbscheinsverfahren auf die Amtsermittlung ankommt gibt es keine Beweisführungslast, was für die letztgenannte Auffassung spricht.

---

647 Lange/Kuchinke § 39 V 4; Staudinger/Schilken § 2363 Rz 7; § 2364 Rz 14; aA Kipp/Coing § 128 III 3c (weil dadurch dem Erbschein eine Bedeutung zugewiesen werde, die im Gesetz nicht vorgesehen sei).

648 BGHZ 53, 256 (Fall der angeblichen russischen Zarentochter Anastasia).

649 MünchKomm-Mayer § 2359 Rz 19.

1.3 Beweislast, Feststellungslast

Fragen der Beweislast stellen sich erst, wenn die Amtsermittlung vollständig durchgeführt ist, von weiteren Ermittlungen nichts zu erwarten ist und der Sachverhalt unaufklärbar ist. *264*

a) Eine **subjektive Beweislast**, dh eine Pflicht, Beweismittel anzubieten, gibt es im Erbscheinsverfahren wegen § 12 FGG nicht. Das Gericht ermittelt von Amts wegen, muss auch von Amts wegen Zeugen ausfindig machen; die Beteiligten haben aber die Obliegenheit, mitzuwirken. Beruft sich der Antragsgegner konkret auf Testierunfähigkeit, muss er Namen und Adressen des behandelnden Arztes nennen, *wenn* er sie kennt; kennt er sie nicht, muss nicht er sie ermitteln, sondern das Nachlassgericht.

b) Eine **objektive Beweislast** (Feststellungslast) gibt es auch im Erbscheinsverfahren.[650] Wer ein Erbrecht für sich in Anspruch nimmt trägt die Beweislast für die Tatsachen, die das Erbrecht begründen. Wer hindernde oder vernichtende Tatsachen behauptet (Antragsgegner) trägt insofern die Last der Unerweislichkeit.[651] Ob ein Beteiligter Antragsteller oder Antragsgegner ist bleibt für die Verteilung der Feststellungslast grundsätzlich außer Betracht, weil sie aus dem materiellen Recht folgt.[652]

Einzelheiten:

(1) Fälschung: Beruft sich der Antragsteller auf ein Testament und kann nicht geklärt werden, ob es tatsächlich von der Hand des Erblassers stammt, geht das zu Lasten des Antragstellers.[653] *265*

(2) Testierwille. Der testamentarische Erbe trägt die Feststellungslast, dass die Urkunde, auf die er sein Erbrecht stützt, ein Testament und nicht nur der Entwurf eines Testaments ist;[654] dass die Urkunde ein Testament und nicht nur eine ohne Testierwillen verfasster Brief,[655] nur eine Bankvollmacht,[656] oder nur eine Anordnung über die Totenfürsorge[657] ist; dass *266*

---

650 MünchKomm-Mayer § 2359 Rz 12.

651 BayObLG MDR 1980, 314; OLG Celle MDR 1962, 410; OLG Hamm OLGZ 1966, 497; KG FamRZ 1991, 486; Keidel/Schmidt FGG § 12 Rz 219.

652 OLG Frankfurt OLGZ 1978, 267/71.

653 BayObLG FamRZ 1985, 837; 1988, 96; NJW-RR 1992, 653; Palandt/Edenhofer § 2247 Rz 19 mwN.

654 KG FamRZ 1991, 486.

655 BayObLG MDR 1963, 503.

656 BayObLG FGPrax 2000, 51.

657 OLG Hamm MittRhNotK 1999, 314; Keidel/Schmidt FGG § 12 Rz 219.

die vorgefundene Blaupause mit Testamentstext mit Testierwillen verfasst wurde[658] (vgl Rz 205).

267 **(3) Mehrere Testamente.** Liegen mehrere widersprechende Testamente ohne Datum vor, trägt jeder, der aus einem dieser Testamente Rechte für sich herleiten will, die Feststellungslast dafür, dass es nicht durch ein anderes Testament aufgehoben wurde (§ 2258 I BGB).[659]

268 **(4) Testierfähigkeit:** Liegt ein Testament vor und steht die Testierfähigkeit in Frage (§ 2229 IV BGB), so ist, weil die Störung der Geistestätigkeit die Ausnahme bildet, ein Erblasser grundsätzlich so lange als testierfähig anzusehen, als nicht die Testierunfähigkeit zur Gewissheit des Gerichts nachgewiesen ist.[660] Deshalb trifft die Feststellungslast für die Testierunfähigkeit des Erblassers grundsätzlich denjenigen, der sich auf die darauf beruhende Unwirksamkeit des Testaments beruft.[661]

Ist ein eigenhändiges Testament allerdings datumslos, lässt sich dieser Zeitpunkt auch nicht ermitteln und steht fest, dass der Erblasser zu irgendeinem Zeitpunkt testierunfähig war, so liegt gemäß § 2247 V 1 BGB die Feststellungslast für die Testierfähigkeit des Erblassers bei demjenigen, der sich auf die Gültigkeit des Testaments beruft. Gleiches gilt in entsprechender Anwendung des § 2247 V 1 BGB, wenn das Testament zwar eine Zeitangabe enthält, die für deren Richtigkeit sprechende Vermutung jedoch widerlegt ist.[662] Steht hingegen der Zeitraum fest, in dem das Testament errichtet worden ist, nicht aber, ob der Erblasser zu irgendeinem Zeitpunkt während dieses Zeitraums testierunfähig war, so verbleibt es bei dem Grundsatz, dass die Feststellungslast für die Testierunfähigkeit des Erblassers derjenige zu tragen hat, der sich auf die darauf beruhende Unwirksamkeit des Testaments beruft.[663]

269 **(5) Blindheit:** Beruft sich der Erbe auf ein Testament und wendet der gesetzliche Erbe ein, der Erblasser habe bei Errichtung des Testaments Geschriebenes nicht mehr lesen können (§ 2247 IV BGB), so dass das Testament unwirksam sei, und ist das unaufklärbar, ist von Lesefähigkeit auszugehen.[664]

---

[658] Vgl BayObLG Rpfleger 1981, 282.
[659] Keidel/Schmidt FGG § 12 Rz 219.
[660] KG NJW 2001, 903; BayObLG FamRZ 1996, 1438; BayObLG FamRZ 1989, 1346.
[661] KG NJW 2001, 903; BayObLGZ 1982, 309/312.
[662] BayObLG FamRZ 1996, 1438; FamRZ 1994, 593/4.
[663] BayObLG FamRZ 1995, 898/9; FamRZ 1996, 1438.
[664] OLG Neustadt JZ 1962, 417 (Anm Habscheid) = FamRZ 1961, 541 (Anm Lutter); BayObLG FamRZ 1987, 1199.

2. Anordnung der Erteilung des Erbscheins

Sie erfolgt durch Verfügung oder Beschluss und ist letztlich nur eine interne Anweisung an die Geschäftsstelle. Dem (erfolgreichen) Antragsteller wird die Anordnung nicht mitgeteilt, er erhält nur den aufgrund der Anordnung erstellten Erbschein. In bestimmten Fällen erhält der Antragsgegner Kenntnis von der Erteilungsanordnung; aus praktischen Gründen wird sie dann für anfechtbar erachtet (Rz 537 ff). *270*

2.1 Strenge Bindung an den Antrag

Nach hM[665] ist das Nachlassgericht streng an den Antrag (Rz 64) gebunden, strenger als im Zivilprozess (§ 308 ZPO). Werden im Zivilprozess 10.000 Euro eingeklagt, ist es zulässig, 9.000 Euro durch Urteil zuzusprechen und im übrigen die Klage abzuweisen. Im Erbscheinsrecht dagegen soll jegliche Abweichung vom Antrag unzulässig sein. *271*

Folgen:

- **kein „Plus- oder Minus"- Erbschein** bezüglich der Quote. Wenn ein Erbschein mit einer Erbquote von 75 % beantragt wird, das Nachlassgericht die Quote aber mit 70 % berechnet, kann der Erbschein nicht erteilt werden.[666] Aber auch ein Erbschein mit einer Erbquote von 80 % könnte nicht erteilt werden.
- **keine eigenmächtige Beifügung** des Nacherbenvermerks oder des Testamentsvollstreckervermerks. Beantragt der Erbe einen Alleinerbschein ohne Vermerk, legt das Nachlassgericht das Testament aber dahin aus, dass ein Testamentsvollstrecker bestellt wurde, ist der Antrag abzulehnen.
- **Keine Auswechslung des Berufungsgrundes**: Beantragt Sohn A einen Alleinerbschein aufgrund *Testaments* und meint das Nachlassgericht, wegen Testierunfähigkeit sei A Alleinerbe *kraft Gesetzes*, kann ihm kein Erbschein gemäß gesetzlicher Erbfolge erteilt werden, obwohl sich Erbe und Erbquote decken.[667] Der Erbscheinsantrag ist abzuweisen, obwohl es dem Antragsteller meist gleichgültig sein dürfte, aufgrund welcher Rechtslage er erbt, Hauptsache er ist Alleinerbe.

Über alternative Anträge vgl Rz 67, über Anträge ohne Erbquote Rz 65, über Haupt- und Hilfsanträge Rz 67.

---

[665] RGZ 156, 172/180; BayObLGZ 1973, 28; BayObLG FamRZ 2003, 1590/2.

[666] LG München I FamRZ 1999,959 hält es zulässig, bei einem Erbscheinsantrag auf „50,01 %" des Nachlasses einen Erbschein über 50% zu erteilen.

[667] BayObLG FamRZ 1996, 1438 = NJW-RR 1996, 1160 = ZEV 1996, 390 (Jerschke).

272 **Gründe dafür.** Die strenge Bindung ist aus dem Gesetz nicht begründbar; es handelt sich nach einer Auffassung um Gewohnheitsrecht, nach anderer Meinung um einen Formalismus.[668] Zu rechtfertigen ist sie jedenfalls insofern, als nicht einzusehen ist, dass der Antragsteller Erbscheinsgebühren für eine Bescheinigung zahlen soll, die er in dieser Form nicht haben wollte.

273 Im Regelfall ist die formale Betrachtung der Rechtsprechung ohne schädliche Auswirkungen, weil sie durch **Korrekturen** abgeschwächt wird:

a) Der Erbscheinsantrag muss **nicht wörtlich** dem zu erteilenden Erbschein entsprechen.[669]

b) **Antragsänderungen** sind zulässig, bedürfen keiner Zustimmung des „Gegners" und sind ohne kostenrechtliche Auswirkungen.

c) **Haupt- und Hilfsanträge** sind zulässig (Sohn A hätte einen Hilfsantrag „als gesetzlicher Erbe" stellen sollen);

d) Durch **Zwischenverfügung** wird der Antragsteller auf den nach Meinung des Nachlassgerichts „richtigen" Antrag hingewiesen, so dass er vor überraschender Zurückweisung des Antrags geschützt ist.

e) Der ohne Antrag erteilte Erbschein ist **genehmigungsfähig**:[670] der Antragsteller kann ihn entweder verwenden (dann hat er ihn genehmigt) und bezahlen oder er „beantragt" die Einziehung (§ 2361 BGB) wegen formaler Unrichtigkeit (fehlender Antrag) und übersendet dem Nachlassgericht gleichzeitig den ungewollten und nicht beantragten Erbschein.

f) **Erlaubte Ergänzungen.** Im technisch notwendigen Umfang sind sie zulässig. Wenn beispielsweise der Nacherbe nach Eintritt des Nacherbfalls für sich einen Erbschein beantragt, kann das Nachlassgericht von sich im Erbschein den Tag, an dem der Nacherbfall eingetreten ist, einsetzen (Rz 379), obwohl das im Antrag nicht ausdrücklich genannt ist.

2.2 Erteilung trotz Existenz eines anderslautenden Erbscheins?

274 Beantragt A einen Erbschein, steht der Erteilung nicht entgegen, dass noch ein anderslautender Erbschein, der B ausweist, in Umlauf ist.[671] Deshalb kann dem Nacherben ein Erbschein erteilt werden, obwohl der dem

---

[668] Brehm, Freiwillige Gerichtsbarkeit, Rz 561.

[669] BayObLG NJW-RR 1990, 199/200 am Ende.

[670] BayObLG FamRZ 1996, 1438 = NJW-RR 1996, 1160 = ZEV 1996, 390.

[671] Vgl BayObLG NJW-RR 1990, 1481; Staudinger/Schilken § 2361 Rz 5; vgl Protokolle VI 357, 358.

Vorerben ausgehändigte Erbschein noch nicht eingezogen und zurückgegeben wurde.[672]

Auch kann ein neuer Erbschein bereits erteilt werden, bevor die angeordnete Einziehung des (unrichtigen) alten *vollzogen* ist,[673] sei es durch Rückgabe oder Veröffentlichung der Kraftloserklärung. Das kann man aus § 2360 I BGB folgern; da der Erbschein nicht in Rechtskraft erwächst, steht anderweitige Rechtskraft der Erteilung eines neuen Erbscheins nicht entgegen. Die Erteilung eines Erbscheins mit anderem Inhalt setzt aber die *Anordnung* voraus, dass der erteilte unrichtige Erbschein eingezogen wird.[674] Erteilungsanordnung und Einziehungsbeschluss können also gleichzeitig ergehen.

In der Literatur wird vorgeschlagen, mit der Aushändigung des neuen Erbscheins zuzuwarten, bis der alte Erbschein abgeliefert oder für kraftlos erklärt wurde;[675] das mag zweckmäßig sein, doch kann der Berechtigte mangels Regelung nicht darauf verwiesen werden, noch monatelang zu warten, bis er zB Zugriff auf ein Konto erhält. Wenn zwei sich widersprechende Erbscheine erteilt sind kann zwar nach hM (Rz 753) keinem der Erbscheine die Vermutung des § 2365 BGB zur Seite stehen. Dies hat auch den Fortfall der Schutzwirkung des § 2366 BGB zur Folge,[676] aber nur in dem Umfange, in dem sich die beiden Erbscheine inhaltlich widersprechen. Doch rechtfertigt das allein keine Verzögerung; die Nichtaushändigung wäre mit Beschwerde anfechtbar.

2.3 Erteilung trotz Zivilprozess über das Erbrecht

275 Aus § 2360 I BGB folgt, dass ein Erbschein erteilt werden darf, obwohl ein Rechtsstreit über das Erbrecht vor dem Prozessgericht anhängig ist.[677] Zur Aussetzung vgl Rz 176, 225.

2.4 Anordnung der Erteilung des Erbscheins: Beschlussinhalt

276 Liegen alle Verfahrensvoraussetzungen vor (Antrag eines Berechtigten, Zuständigkeit) und entspricht der Antrag der Erbrechtslage, wird vom Richter beziehungsweise Rechtspfleger (Rz 147) durch Beschluss oder Verfügung (die Überschrift ist nicht geregelt) die Erteilung des Erb-

[672] MünchKomm-Mayer § 2363 Rz 25. Nach meiner Auffassung (Rz 381) ist der Vorerben-Erbschein ohnehin nicht von Amts wegen einzuziehen, sondern nur auf Antrag.

[673] OLG Karlsruhe OLGZ 1981, 399 = Justiz 1981, 316, 318; KGJ 39 A 88, 92; KGJ 48, 105.

[674] BayObLG NJW-RR 1990, 199.

[675] Palandt/Edenhofer § 2361 Rz 12.

[676] BGH FamRZ 1990, 1111; FamRZ 1961, 79

[677] Vgl MünchKomm-Mayer § 2360 Rz 26; unstreitig.

scheins angeordnet. Dies ist die Anweisung an die Geschäftsstelle; als interner Vorgang wird die Anordnung dem Antragsteller nicht mitgeteilt.

Der Erteilungsbeschluss (bzw die Erteilungsverfügung) stellt noch keine Erteilung des Erbscheins dar;[678] vgl Rz 288.

277 Amtsgericht Adorf
Nachlassgericht
VI 299/03

In der Nachlasssache
betreffend den Nachlass des Georg Etzel, verstorben am 1.10.2003 in Adorf, Kaufmann, zuletzt wohnhaft in 94036 Adorf, Donaugasse 3,

hier: Antrag von Frau Frieda Etzel, 94036 Adorf, Residenzplatz 13, auf Erteilung eines Erbscheins

Weitere Beteiligte: ...

erlässt das Amtsgericht Adorf – Nachlassgericht – durch Richter am Amtsgericht[679] Roll am 12.12.2007 folgenden

Beschluss:

Der Antragstellerin ist folgender Erbschein zu erteilen:

Es wird bezeugt, dass der am ... in Adorf verstorben Kaufmann Georg Etzel, geb. am ... in ..., zuletzt wohnhaft in 94036 Adorf, Donaugasse 3,[680] von seiner Tochter[681] Frieda Etzel, geb. am .... in ..., wohnhaft in 94036 Adorf, Residenzplatz 13,

allein

beerbt worden ist.

278 Gründe (nur ausnahmsweise, Rz 280):

a) Schilderung des Sachverhalts, Wiedergabe des gestellten Antrags
b) Zulässigkeit
c) Darlegung der Erbfolge
d) Kosten
e) Eine Rechtsmittelbelehrung erfolgt nicht.

gez. ...

---

678 OLG Hamm Rpfleger 1994, 248/9; MünchKomm-Mayer § 2353 Rz 106; unstreitig. Streitig ist aber, ob die bekannt gemachte Erteilungsanordnung als Erbschein gilt (Rz 288 ff).

679 Testamentarische Erbfolge unterstellt, § 16 I Nr 6 RPflG. Vgl Rz 147 ff .

680 Der Berufungsgrund („aufgrund Testaments vom 20.4.2000") gehört nicht in der Erbschein, wie aus dem Text des § 2353 BGB folgt; die Praxis hält sich oft nicht an diese Regel.

681 Manche lassen das Verwandtschaftsverhältnis weg; vorgeschrieben ist die Angabe nicht.

Begleitverfügung vgl Rz 283.

279 Die Erteilungsanordnung enthält **keine Kostenentscheidung** (Rz 313 ff). Dass der antragstellende Erbe die Gerichtskosten (Gebühren und Auslagen) für den Erbschein zu zahlen hat, folgt aus §§ 107, 49, 2 Nr. 1 KostO und könnte vom Nachlassgericht nicht abweichend entschieden werden (es wäre unbeachtlich). Ein Gegner, dessen Kosten eventuell zu erstatten wären, fehlt im obigen Beispiel (Ausnahmen Rz 320 ff). Auch bei Zurückweisung des Hauptantrags und Erteilung des Erbscheins nach dem Hilfsantrag erfolgt keine Kostenquotelung oder dergleichen.

280 Die Erteilungsanordnung wird nur **begründet**, wenn sie sich nicht von selbst versteht (Beispiel: Vater stirbt, gesetzliche Erbfolge tritt ein; unproblematisches Testament; in beiden Fällen ist keine Begründung notwendig). Ist eine Testamentauslegung oder Beweiswürdigung erforderlich, hat sich aber niemand gegen den beantragten Erbschein gewandt, genügt eine kurze Begründung für die Akten (sie wird nicht bekannt gegeben). Hat sich jemand gegen den Erbschein gewandt,[682] erfolgt eine Begründung, die für den betroffenen Beteiligten und das Rechtsmittelgericht die tatsächlichen und rechtlichen Erwägungen des Nachlassgerichts erkennen lassen muss und vom Umfang her auf den Einzelfall zugeschnitten ist. Sie muss die angewandten Rechtsvorschriften erkennen lassen und die Beweise (auch: Sachverständigengutachten) würdigen, ferner auf das gegnerische Vorbringen eingehen. Die Begründungspflicht lässt sich nur aus verfassungsrechtlichen Grundsätzen herleiten, Art 3 I, 20 III GG;[683] denn der Umkehrschluss aus § 25 FGG besagt, dass keine Pflicht für das Nachlassgericht besteht, seine Entscheidung zu begründen.

281 Hat der Antragsteller einen **Haupt- und einen Hilfsantrag** gestellt (zB auf Alleinerbschein, hilfsweise auf Alleinerbschein mit Testamentsvollstreckervermerk) und wird dem Hauptantrag entsprochen, ist der Hilfsantrag weder im Tenor noch in den Gründen weiter zu erwähnen. Wird dem Hilfsantrag entsprochen, ist der Antrag im übrigen (dh im Hauptantrag) abzuweisen; Kostenfolgen (wie zB im Zivilprozess) hat dies nicht.

2.5 Verbindung Erteilungsanordnung und Zurückweisung eines Antrags

282 Wird nur dem Hilfsantrag des Antragstellers entsprochen, dann ist der Hauptantrag im Tenor im übrigen zurückzuweisen. Gründe (Rz 280) sind

[682] Deubner JuS 1961, 66.
[683] Keidel/Meyer-Holz FGG Rz 18 vor § 8.

erforderlich.[684] Der Beschluss beschwert den Antragsteller und ist ihm daher mit Gründen formlos mitzuteilen.

Wenn andere Beteiligte eigene Erbscheinsanträge gestellt haben, können diese Anträge gleichzeitig zurückgewiesen werden (oder durch spätere Beschlüsse oder mittels Vorbescheid bearbeitet werden):

Beispiel:

I. Der Antragstellerin Frieda Etzel ist folgender Erbschein zu erteilen: ...

II. Der Antrag des Beteiligten Fritz Mayer auf Erteilung eines Erbscheins wird zurückgewiesen.

Eine **Kostenerstattungsanordnung** nach § 13a FGG kann in Frage kommen (vgl Rz 313 ff).

Eine Begründung ist erforderlich. Die gleichzeitige Mitteilung der Erteilungsanordnung stellt allerdings in beiden Fällen noch keine „Erteilung" des Erbscheins dar,[685] obwohl den Beteiligten der Inhalt bereits bekannt ist. Eine abweichende Meinung sieht bereits die Mitteilung des Anordnungsbeschlusses als „Erteilung" an (Rz 288);[686] das ist von Bedeutung für die Frage, ab wann der Schutz des § 2365 BGB eintritt und welches Rechtsmittel gegeben ist (vgl Rz 551, 552).

2.6 Begleitverfügung

283 Die Erteilung, dh der Vollzug der Erteilungsanordnung, erfolgt aufgrund einer Verfügung des Richters bzw des Rechtspflegers:

Verfügung:

a) Kostenbehandlung (zum Vorschuss vgl Rz 165).

b) Erbscheinsausfertigung senden an Antragsteller[687] ... (die Zahl der hinausgegebenen Urschriften bzw Ausfertigungen wird für den Fall einer späteren Einziehung in den Akten vermerkt).

c) Gegebenenfalls: Mitteilung einer beglaubigten Erbscheinsabschrift an das

---

[684] OLG Hamm FamRZ 1993, 111.

[685] hM, BayObLG NJW 1960, 1722; MünchKomm-Mayer § 2353 Rz 106; Staudinger/Schilken § 2353 Rz 62; Palandt/Edenhofer § 2353 Rz 23.

[686] OLG Stuttgart NJW-RR 1993, 1291; Lange/Kuchinke § 39 II 6 b, wie auch ein Teil der alten Rechtsprechung, etwa KG OLG 9, 228.

[687] Hat ein Notar den Antrag beurkundet, wird dem Antragsteller den Erbschein zugesandt; dem Notar nur, wenn der Antragsteller dies begehrte; ein Ausfertigung erhält der Notar nur bei rechtlichem Interesse, OLG Köln MittRhNotK 1982, 80.

aa) Finanzamt – Erbschaftsteuerstelle (Rz 294),[688] mit beglaubigter Abschrift des Testaments vom ...,[689] der Eröffnungsniederschrift und des Nachlassverzeichnisses;[690]

bb) Grundbuchamt (falls Grundstücke vorhanden sind;[691] vgl Rz 294).

cc) Registergericht – Handelsregister (falls der Erblasser Inhaber oder Teilhaber einer ins Handelsregister eingetragenen Firma usw gewesen ist).[692]

dd) Mitteilung an Familiengericht .... gemäß § 1640 BGB.[693]

ee) Mitteilung an Vermächtnisnehmer ....

ff) Mitteilung an Konsulat .... (in bestimmten Auslandsfällen).[694]

d) Eventuell Rücksendung der Personenstandsurkunden (nicht aber der Sterbeurkunde), nach Anfertigung beglaubigter Abschriften für die Nachlassakte.

e) Eventuell: Anordnungen nach den AktO über Wiedervorlagen usw.

f) Gegebenenfalls Aufhebung einer Nachlasspflegschaft (§ 1960 BGB), da der Erbe nun bekannt ist.[695]

g) Abtragen, weglegen.

284 Ein **zentrales Register**, in dem Erbscheinserteilungen vermerkt werden, gibt es in Deutschland nicht.[696]

2.7 Vollzug der Erteilungsanordnung durch Erteilung

285 Die Erteilung des Erbscheins (Rz 288) besteht in der Anfertigung des Erbscheins durch die Geschäftstelle, indem der entsprechende Vordruck

---

688 Die Erbschaftsteuer ist auf bestimmte Finanzämter konzentriert. Die Mitteilung entfällt, wenn offensichtlich keine Erbschaftsteuer angefallen ist, also zB bei Reinnachlass unter 5.200 Euro; § 14 IV ErbStDV.

689 § 12 I ErbStDV.

690 § 12 II ErbStDV; Ziffer XVII/2 (1) Nr 1, 2, (2), (3) Nr 6 der Anordnung über Mitteilungen in Zivilsachen (MiZi).

691 Ziffer XVII/4 MiZi. Ob beim örtlichen Grundbuchamt der Erblasser als Eigentümer von Grundbesitz eingetragen ist, klärt das Nachlassgericht schon vorher durch Anfrage, schon zur Kontrolle des Nachlassverzeichnisses. Grundbesitz, der bei einem anderen Grundbuchamt eingetragen ist, wird dagegen nicht amtlich ermittelt.

692 Vgl § 12 HGB; § 125a FGG; § 147 I 1 FGG (Genossenschaftsregister); § 160b I FGG (Partnerschaftsregister); Ziffer XVII/4 MiZi.

693 § 74a FGG. Die Mitteilung erfolgt, wenn ein Kind 15.000 Euro oder mehr geerbt hat, weil dann die Eltern ein entsprechendes Verzeichnis dem Familiengericht einzureichen haben.

694 Ziffer XVII/8 MiZi.

695 BayObLG NJW-RR 2002, 1518 = FamRZ 2003, 561 = ZEV 2003, 202.

696 In den Vorarbeiten zum BGB, Prot. V 672 ff , wurde ein öffentliches Erbschaftsregister ausdrücklich abgelehnt.

ausgefüllt wird oder aus der Computerdatei erstellt wird, mit Unterschrift und Siegelung; sodann werden eine oder mehrere Urschriften oder eine oder mehrere Ausfertigungen (regional verschieden[697]) an den Antragsteller ausgehändigt oder übersandt. Im ersteren Fall ist in den Akten keine Urschrift, im zweiten Fall verbleibt in den Akte die Urschrift. Der Erbschein enthält keine Begründung.

Amtsgericht Adorf
1 VI 299/2003

Erbschein

Es wird bezeugt, dass der am ... in Adorf verstorben Kaufmann Georg Etzel, geb. am ... in ..., zuletzt wohnhaft in 94036 Adorf, Donaugasse 3,[679] von seiner Tochter Frieda Etzel, geb. am .... in ..., wohnhaft in 94036 Adorf, Residenzplatz 13,

allein

beerbt worden ist.
Adorf, den
Siegel, Unterschrift

2.7.1 Abhängigmachung der Erteilung

286 Ist die Erteilungsanordnung ergangen, kann das Nachlassgericht die Erteilung (Aushändigung oder Übersendung des Erbscheins) allenfalls noch von der Vorauszahlung der Kosten abhängig machen (Rz 165). Unzulässig ist es, von den Erben die vorherige Erfüllung von Vermächtnissen oder Auflagen oder die Auseinandersetzung zu fordern.[699]

2.7.2 Sichernde Maßnahmen, einstweiliger Rechtsschutz

287 Eine „**Vollziehung des Erbscheins**" gibt es nicht;[700] mit Erteilung entfaltet er seine Wirkungen, diese Wirkungen können nur durch eine Einziehung (§ 2361 BGB) abgebrochen werden. Davon zu unterscheiden ist die **Vollziehung des Erteilungsbeschlusses;** sie kann meines Erachtens analog § 24 II FGG vom Nachlassgericht „ausgesetzt" werden: kommen dem **Nachlassgericht** nach Erlass des Erteilungsbeschlusses, aber vor Erteilung, Bedenken, darf es den Erbschein nicht mehr hinausgeben; die Erteilungsanordnung kann aufgehoben werden (§ 18 I FGG). Liegt bereits

[697] MünchKomm-Mayer § 2353 Rz 104; Staudinger/Schilken § 2353 Rz 63.
[698] Der Berufungsgrund („aufgrund Testaments vom 20.4.2000") gehört nicht in der Erbschein; die Praxis hält sich oft nicht an diese Regel, teils wegen veralteter Vordrucke.
[699] BayObLGZ 2, 193; Staudinger/Schilken § 2359 Rz 8.
[700] Missverständlich zB Staudinger/Schilken § 2360 Rz 8.

eine Beschwerde gegen die Erteilungsanordnung vor, sollte der Erbschein nicht mehr erteilt (hinausgegeben) werden, sondern das Beschwerdeverfahren abgewartet werden.

Wegen der Rechtsnatur des Erbscheins kann das **Beschwerdegericht** die Aussetzung der Vollziehung nach § 24 III FGG nicht anordnen;[701] § 24 III Halbs. 2 FGG passt ohnehin nicht, weil nichts „vollzogen" wird. Es ist aber eine einstweilige Anordnung des Beschwerdegerichts nach § 24 III Halbs. 1 FGG möglich, wonach der Antragsteller den Erbschein wieder zu den Nachlassakten zurückzugeben habe,[702] was nicht mit einer Einziehung nach § 2361 BGB zu verwechseln ist.

Das Prozessgericht (AG, LG) kann jedenfalls nicht durch eine **einstweilige Verfügung** (§§ 935 ff ZPO) dem Nachlassgericht verbieten, dem Antragsteller den Erbschein auszuhändigen,[703] auch nicht dem Antragsteller verbieten, den Erbschein entgegenzunehmen oder zu beantragen oder gebieten, den Antrag zurückzunehmen (außer, er hat auf das Antragsrecht verzichtet). Dagegen sollen einstweilige Verfügungen des Prozessgerichts gegen den Erbscheinsbesitzer möglich sein des Inhalts, dass der Besitzer von einem Erbschein keinen Gebrauch mache oder ihn an das Nachlassgericht abliefere,[704] materiellrechtlich gestützt auf § 2362 BGB.

2.7.3 Begriff der Erteilung

288

§ 2353 BGB sagt, dass das Nachlassgericht einen Erbschein zu „erteilen" hat; nach § 2361 BGB ist der „erteilte" Erbschein einzuziehen (vorher kommt eine Anfechtung des Bewilligungsbeschlusses in Frage); die Wirkungen der §§ 2365 ff BGB treten erst mit „Erteilung" ein. Daher fragt sich, worin genau die Erteilung im Rechtssinne besteht und ab wann er „erteilt" ist. Das ist umstritten. In Frage kommen die Unterzeichnung der Erteilungsanordnung durch den Richter bzw Rechtspfleger (Erlass), deren Bekanntgabe (§ 16 FGG), die Anfertigung des Erbscheins, die Hinausgabe des Erbscheins, der Zugang beim Antragsteller, bei mehreren Antragstellern: beim ersten oder letzten Antragsteller. Die Antwort kann nicht in erster Linie aus theoretischen Erwägungen gewonnen werden, sondern hängt davon ab, ab wann es unter dem Gesichtspunkt des Ver-

---

[701] OLG Köln OLGZ 1990, 303; Keidel/Sternal FGG § 24 Rz 11; dazu Schopp Rpfleger 1983, 264.

[702] BGHZ 40, 57/59; OLG Köln OLGZ 1990, 303.

[703] Weissler I S. 321; Staudinger/Schilken § 2360 Rz 8.

[704] BGH 30, 317; 40, 59; Staudinger/Schilken § 2360 Rz 8; MünchKomm-Mayer § 2361 Rz 44.

kehrsschutzes gerechtfertigt ist, die obigen Wirkungen eintreten zu lassen.[705]

289 Der **Erlass der Erteilungsanordnung** (als Verfügung oder Beschluss) stellt noch keine Erteilung des Erbscheins dar (hM);[706] auch der Erlass des Vorbescheids ist keine Erteilung. Denn das Gesetz spricht ausdrücklich von der „Erteilung" des Erbscheins (§ 2353 BGB) und der Einziehung des „erteilten" Erbscheins (§ 2361 BGB), nicht aber von der Einziehung „des Erbscheins". Daraus folgt, dass dem Antragsteller nicht nur eine Ausfertigung des Anordnungsbeschlusses zu überlassen ist, sondern eine für Laien brauchbare Kurzfassung, eben ein „Zeugnis". Das Nachlassgericht braucht für seine Zwecke oder für staatliche Zwecke kein solches Zeugnis. Die Erteilungsanordnung, die den Entwurf des Erbscheins beinhaltet, ist deshalb vom Erbschein zu trennen; sie selbst ist kein Erbschein. Wird die Erteilungsanordnung in missverständlicher Form an den Antragsteller versandt, wird kein Erbschein „erteilt", ebensowenig wie wenn ein Zivilurteilsentwurf ausgefertigt wird; das ist bestenfalls ein Schein-Erbschein.

Andere meinen: Die Ausfertigung eines Beschlusses des Nachlassgerichts, der einen Erbschein zum Inhalt hat, sei ein Zeugnis im Sinne des § 2353 BGB, falls sie nicht ausdrücklich nur als Ankündigung eines Erbscheins gekennzeichnet wird.[707] Oder: der Erbschein sei bereits erteilt, wenn er derart bei den Gerichtsakten niedergelegt sei, dass der Antragsteller (zB nach Kostenzahlung) die Aushändigung verlangen könne.[708]

290 Eine andere Auffassung[709] versteht unter der Erteilung erst die **Bekanntmachung an *alle* Antragsteller.** § 16 FGG sagt, dass „gerichtliche Verfügungen" erst mit der Bekanntmachung wirksam werden. Die Erteilungsanordnung, so wird behauptet, sei eine solche Verfügung; erst mit der Bekanntmachung an den Antragsteller (bzw an *alle* Antragsteller) werde sie wirksam. Erfolgte die Mitteilung an vier von fünf Antragstellern, wäre noch nicht wirksam bekannt gemacht.[710] Unabhängig davon be-

---

[705] Problematisch ist hierbei allerdings, dass es nach hM nicht darauf ankommt, dass dem Gegner der Erbschein vorgezeigt wird und dass einander widersprechende Erbscheine keine Gutglaubensfunktionen entfalten. Vgl Rz 753.

[706] Staudinger/Schilken § 2353 Rz 60; Lange/Kuchinke § 39 II 7; anders noch BayObLGZ 24, 270; KGJ 42, 128.

[707] OLG Stuttgart NJW-RR 1993, 1291 = OLGZ 1993, 383 = Rpfleger 1993, 346; aA BayObLG 1960, 162, 267 und 501.

[708] KG OLG 9, 228 vom 23.11.1903; Lange/Kuchinke § 39 II 7 b; aA OLG Hamm NJW-RR 1994, 271 = Rpfleger 1994, 248= OLGZ 1994, 257.

[709] zB Keidel/Schmidt § 16 Rz 2; Wiegand JuS 1975, 283/5; früher das BayObLG (2, 543/545; 22, 104/105); Firsching NJW 1955, 1540/1.

[710] Praktisches Problem: fünf Miterben beantragen einen gemeinschaftlichen Erbschein, dann taucht einer unter. Soll ihm öffentlich zugestellt werden, damit Erteiltsein eintritt?

dürfe der Beschluss noch der Vollziehung durch Erteilung des Erbscheins. Unklar ist hierbei, ob der ausgehändigte Erbschein nur dann wirksam erteilt ist, wenn ihm eine wirksam bekannt gemachte Erteilungsanordnung zugrunde liegt.

Dagegen spricht: Wenn ein Erbschein antragsgemäß erteilt werden soll, ist die Erteilungsanordnung für den Antragsteller mangels Beschwer nicht anfechtbar, weshalb sie dem Antragsteller nicht bekannt gemacht wird. Die Anweisung an die Geschäftsstelle, einen entworfenen Erbschein in ein Formular umzusetzen, ist nur eine interne verfahrensleitende Anordnung, zwar im Interesse der Vermeidung unrichtiger Erbscheine ausnahmsweise nach § 19 FGG anfechtbar, aber keine Verfügung der Art, für die § 16 FGG gedacht ist. Die Erteilungsanordnung ist *nirgends vorgeschrieben*; der Nachlassrichter könnte einen Erbschein selbst tippen, unterschreiben und in der Geschäftsstelle selbst siegeln, ohne dass er sich dazu vorher anweist, und das Papier dann dem Antragsteller in die Hand drücken; es läge ein wirksam erteilter Erbschein vor. Das Fehlen der Erteilungsanordnung oder der Mitteilung der Erteilungsanordnung ist also für die Wirksamkeit der Erteilung belanglos.

291

Erteilung durch Aushändigung. Der Erbschein ist nach hM erteilt, sobald er in Urschrift oder Ausfertigung (das ist regional verschieden) dem Antragsteller (bzw Dritten: Rz 292), bei mehreren Antragstellern *einem* davon,[711] ausgehändigt oder übersandt wurde. [712] Ein Zeugnis ist eine besondere Urkunde, es ist (wie auch ein Schulzeugnis) erst erteilt, wenn es ausgehändigt oder zugesandt ist. Ob eine Erteilungsverfügung zugrunde liegt ist gleichgültig; desgleichen, ob sie bekannt gemacht wurde.

Auch hier wird gelegentlich überlegt, [713] ob für die Form der Aushändigung § 16 FGG gilt, was abzulehnen ist, weil ein gerichtliches Zeugnis vorliegt, für das § 16 FGG keine Anwendung findet; bei mehreren Antragstellern (Miterben) läge sonst bis zur Bekanntmachung an *alle* kein wirksam erteilter Erbschein vor, auch wenn schon *ein* Antragsteller im Besitz des Erbscheins ist. Das wäre mit dem Schutz des Rechtsverkehrs nicht vereinbar.

Die Hinausgabe von Fotokopien oder „beglaubigten Abschriften“ des Erbscheins stellt keine Erteilung dar,[714] da sie im Gegensatz zur Ausfertigung nicht der Einziehung gemäß § 2361 BGB unterliegen.

---

711 Staudinger/Schilken § 2353 Rz 62; MünchKomm-Promberger § 2353 Rz 99; RGRK-Kregel § 2352 Rz 21; Scheer S. 69; aA Lange/Kuchinke § 39 VII 7.

712 BayObLG 1960, 267/270; MünchKomm-Mayer § 2353 Rz 105.

713 Schlegelberger, Freiwillige Gerichtsbarkeit, 7.Aufl.1956, § 16 Rz 28; § 84 Rz 8.

714 MünchKomm-Mayer § 2353 Rz 104.

292 **Aushändigung an Dritte:** Der Erbschein ist auch schon erteilt, wenn das Nachlassgericht zwar keine Erbscheinsurkunde ausfertigt, aber *auf Antrag* des Erbscheinsantragstellers die Nachlassakten mit der Urschrift des den Wortlaut des Erbscheins enthaltenden Anordnungsbeschlusses dem Grundbuchamt zur Berichtigung des Grundbuchs zuleitet.[715] Ferner ist er erteilt, wenn das Nachlassgericht den Erbschein oder eine Ausfertigung *antragsgemäß* direkt dem Grundbuchamt oder einer anderen Behörde übersendet (vgl § 107a II 1 KostO).

Keine Erteilung liegt vor, wenn zwar der Nachlassrichter (Rechtspfleger) die Erteilung bereits verfügt hat, die Herausgabe einer Ausfertigung aber von der Zahlung der Kosten abhängig gemacht hat.[716] Keine Erteilung liegt ferner vor, wenn nicht antragsgemäß übersandt wird, sondern wenn von Amts wegen andere Behörden benachrichtigt werden;[717] vgl Rz 294.

2.7.4 Zahl der Ausfertigungen

293 Der Antragssteller erhält so viele Ausfertigungen, wie beantragt;[718] er muss kein besonderes Rechtsschutzinteresse an den Mehrstücken nachweisen.

Es besteht kein Anlass, hier dem Antragsteller Stücke zu verweigern wegen angeblicher Gefahren „bei allzu vielen Stücken“.[719] Hatte der Verstorbene bei mehreren Banken und Versicherungen Guthaben und auch sonst einiges zu regeln, besteht jede Bank auf der Vorlage einer amtlichen Ausfertigung und begnügt sich nicht mit Kopien davon. Bis dieses eine Exemplar wieder zurückgesandt ist, können Wochen vergehen; dann geht das Exemplar zur nächsten Bank. Die Regulierung kann ein Jahr und länger dauern, würde aber binnen kurzer Zeit erledigt sein, wenn der Antragsteller mehrere Ausfertigungen erhält.

2.8 Mitteilungen

294 Von der Erteilung eines Erbscheins benachrichtigt das Nachlassgericht gegebenenfalls von Amts wegen andere Behörden, zB

- das Erbschaftsteuerfinanzamt gemäß § 12 ErbStDV; zu Ausnahmen vgl Rz 283.

---

[715] BayObLGZ 1960, 501 = Rpfleger 1961, 437 = MDR 1961, 415.
[716] OLG Hamm NJW-RR 1994, 271 = Rpfleger 1994, 248; dazu Lange/Kuchinke § 39 II 7b.
[717] BayObLGZ 1960, 267/270.
[718] LG Köln Rpfleger 1969, 350.
[719] So MünchKomm-Mayer § 2353 Rz 107.

- das Grundbuchamt gemäß § 83 GBO; es kann dann nach § 82 GBO oder § 82a GBO tätig werden; vgl Rz 283.
- das Handelsregister (Rz 283).
- das Familiengericht (Rz 283).
- den/die Vermächtnisnehmer (Rz 283).
- ein Konsulat (Rz 283).

3. Zwischenverfügung

295 Die Zwischenverfügung ist im FGG nicht geregelt, § 18 GBO ist darauf nicht analog anwendbar. Am ehesten kann man sie aus einer analogen Anwendung von § 139 I 2 ZPO begründen.[720] Es handelt sich um einen Beschluss oder eine Verfügung. Die Entscheidung weist den Antragsteller auf *behebbare* Mängel und Hindernisse hin, die seinem Erbscheinsantrag entgegenstehen. Es wird eine Frist gesetzt. Sie ist verlängerbar; Sanktion ist, dass nach fruchtlosem Fristablauf der Antrag zurückgewiesen wird. Doch besteht keine Bindung des Nachlassgerichts; denkbar wäre deshalb auch, dass dem Antrag stattgegeben wird, obwohl die Hindernisse nicht beseitigt wurden.

Beispiele:

- **Antragsmängel:** nach Auffassung des Gerichts könnte dem gestellten Erbscheinsantrag nicht entsprochen werden, wohl aber einem geänderten Antrag[721] (zB Erbschein zu 2/3 statt zu 3/4-Erbquote; Erbschein mit Testamentsvollstreckervermerk statt *ohne* Vermerk).
- **Urkunden:** Es fehlen Personenstandsurkunden (Geburtsurkunde des Großvaters usw)
- **Unterstützung der Ermittlungen:** Aufforderung, Vergleichsmaterial für Schriftproben vorzulegen; Zeugen zu benennen, die über den Geisteszustand des Erblassers in Hinblick auf die Testierfähigkeit Angaben machen können.

Der Antragsteller *muss* seinen Antrag nicht ändern, wenn das Nachlassgericht dies für zweckmäßig hält. Denn vielleicht irrt das Nachlassgericht. Wenn das Nachlassgericht dem Antragsteller nur einen Erbschein mit Testamentsvollstreckervermerk geben will, der Erbe sich aber für unbeschränkt hält, dann darf er seinen Antrag nicht ändern, sondern muss ihn

---

[720] BayObLG FamRZ 2003, 1590/2.
[721] BayObLG FamRZ 2003, 1590/2.

zurückweisen lassen und mit Beschwerde dann sein Glück in den höheren Instanzen versuchen.

296 Beschluss:

Dem Antragsteller wird aufgeben, die Geburtsurkunde seiner Großmutter Sonja Tigrit vorzulegen.

Frist: 4 Wochen.

Nach fruchtlosem Fristablauf wird der Erbscheinsantrag zurückgewiesen werden.

Gründe (falls sie sich nicht von selbst verstehen).

Eine Kostenentscheidung entfällt. Der Beschluss wird formlos mitgeteilt, Zustellung ist nicht vorgeschrieben, wäre aber wegen der Fristsetzung zulässig (§ 16 FGG).

4. Zurückweisung des Antrags

297 Der Erbscheinsantrag wird zurückgewiesen, wenn ihm unbehebbare Hindernisse entgegenstehen; bei behebbaren Hindernissen kommt eine Zwischenverfügung in Frage.

Beispiele:

- Der Antragsteller ist nicht Erbe (das Testament zu seinen Gunsten ist unwirksam, ist wirksam angefochten. Die Testamentsauslegung ergibt kein Erbrecht für den Antragsteller. Der Antragsteller ist nur Vermächtnisnehmer, Auflagenbegünstigter, Pflichtteilsberechtigter).
- Der Erbscheinsantrag passt nicht zur beabsichtigten Entscheidung und der Antragsteller hat trotz Zwischenverfügung (Rz 295) seinen Antrag nicht geändert.
- Weigert sich der Antragsteller ohne triftigen Grund, die Richtigkeit seiner Angaben eidesstattlich zu versichern, obwohl es notwendig wäre, so ist der Erbscheinsantrag als „unzulässig“ zurückzuweisen.[722]

298 Amtsgericht Adorf
Nachlassgericht VI 299/07

In der Nachlasssache
betreffend den Nachlass des Georg Etzel, verstorben am 1. 10. 2003 in Adorf, Kaufmann, zuletzt wohnhaft in 94036 Adorf, Donaugasse 3,

hier: Antrag von Frau Frieda Etzel, 94036 Adorf, Residenzplatz 13, auf Erteilung eines Erbscheins

---

[722] OLG Frankfurt FamRZ 1996, 1441 = FGPrax 1996, 110 = Rpfleger 1996, 511.

erlässt das Amtsgericht Adorf – Nachlassgericht durch Richter[723] am Amtsgericht Roll am 12. 12. 2007 folgenden

Beschluss:

Der Antrag wird zurückgewiesen.

Gründe:

a) Schilderung des Sachverhalts, Wiedergabe des gestellten Antrags
b) Zulässigkeit des Antrags
c) Darlegung der Erbfolge
d) Kosten (§ 13a FGG?; Rz 313 ff)

gez. ...

Eine Rechtsmittelbelehrung erfolgt nicht. Der Beschluss wird formlos mitgeteilt.

5. Erlass eines Vorbescheids[724]

5.1 Voraussetzungen

299 Liegen widersprechende[725] Erbscheinsanträge[726] vor (zB Anträge von A und B auf einen Alleinerbschein) bzw ist wenigstens *ein* wirksamer Erbscheinsantrag gestellt[727] und ein gegensätzlicher Antrag zu erwarten[728] *und* ist die Sach- und/oder Rechtslage schwierig[729] (zB die Testierfähigkeit des Erblassers oder die Auslegung des Testaments sind nicht eindeutig, unklare Anfechtung, rechtliche und tatsächliche Zweifelsfragen) könnte

---

723 Rechtspfleger im Falle des § 16 I Nr 6 RPflG oder § 19 RPflG, Rz 147 ff .

724 Vgl v. Schuckmann, Der Vorbescheid ... in FS Winter 1982, 50; Hähnlein, Der Vorbescheid ..., 1990; Siebert, Der Vorbescheid im Erbscheinsverfahren, 1992; Winkler, Der Vorbescheid in der freiwilligen Gerichtsbarkeit, 2002; Kiefner in FS Lukes 1990, S. 701; Pentz NJW 1996, 2559 und MDR 1990, 586; Lukoschek ZEV 1999, 1. Eine in der Diskussion befindliche FGG-Reform (BT-Drucks. 16/6308) will den Vorbescheid abschaffen. Beim Erteilungsanordnungsbeschluss soll vielmehr in streitigen Fällen die sofortige Wirksamkeit ausgesetzt werden und die Erteilung des Erbscheins bis zur Rechtskraft des Beschlusses zurückgestellt werden (vgl Zimmermann FGPrax 2006, 189).

725 LG Offenburg Rpfleger 1998, 345.

726 BayObLG FamRZ 1994, 1068.

727 BayObLG NJW-RR 1994, 1032

728 BayObLG FamRZ 1994, 593; BayObLG NJW-RR 1990, 1481; BayObLGZ 1980, 42, 45; BayObLGZ 1963, 19; OLG Karlsruhe Rpfleger 1988, 315; aA Pentz MDR 1990, 586, 587. Deshalb ist die Entscheidung des BayObLG FamRZ 1998, 860, der Erbscheinsantrag könne noch in der Rechtsbeschwerde nachgeholt werden, um den Vorbescheid zu retten, müßig.

729 OLG Schleswig SchlHA 1999, 129.

das Gericht (Richter, Rechtspfleger), nach Aufklärung des Sachverhalts,[730]

- den Antrag des A zurückweisen und dem Antrag des B entsprechen.
- Zweckmäßiger ist es, wenn das Nachlassgericht (Richter, Rechtspfleger) in derartigen Fällen einen sog. Vorbescheid („Beschluss") erlässt; er ist mit Beschwerde anfechtbar (Rz 602 ff). Der entgegenstehende Erbscheinsantrag muss nicht gleichzeitig zurückgewiesen werden.[731] Die gleichzeitige Zurückweisung des anderen Erbscheinsantrags wäre möglich, aber unzweckmäßig.[732]

Erbscheinsantrag des A	Widersprechender Antrag des B
Teilerledigung durch Vorbescheid	Antrag bleibt vorerst unerledigt; eine Zurückweisung wäre unzweckmäßig

Der Vorbescheid ist nur ausnahmsweise zulässig; in der Praxis sind Vorbescheide häufig (ca 4 % der richterlichen Erbscheinssachen[733]).

5.2 Rechtsgrundlagen, Verfahren

300 Der Vorbescheid ist gesetzlich nicht geregelt, aber von Literatur und Rechtsprechung anerkannt.[734] Er ist zulässig, weil das FGG die Entscheidungsformen nicht abschließend regelt und sinnvoll, weil dadurch die Gefahren, die von unrichtigen Erbscheinen ausgehen (§§ 2366, 2367 BGB), verringert werden können; ferner wird dadurch die Haftung des Gerichts eingeschränkt (§ 839 III BGB: gegen den Vorbescheid ist ein Rechtsmittel möglich).

Soweit in der Literatur[735] gelegentlich noch die Meinung vertreten wird, der Vorbescheid sei unzulässig, wird dies im Wesentlichen mit der Parallele zu § 300 ZPO begründet: bei Entscheidungsreife müsse das Gericht entscheiden und dürfe die Sache nicht hinausschieben. Doch gilt § 300 ZPO im FGG-Verfahren gerade nicht und enthält auch keinen allgemeinen Gedanken. Dass die Auffassung des Obergerichts vor Entscheidung erholt werden kann ist dem Zivilrecht keineswegs un-

---

730 Lukoschek ZEV 1999, 1,3.

731 BayObLG FamRZ 1993, 362 = NJW-RR 1993, 12 = DNotZ 1993, 129.

732 BayObLG FamRZ 1993, 362.

733 Hähnlein, Der Vorbescheid.., 1990 S. 17.

734 BVerfGE 101, 397 (nachlassgerichliches Verfahren); BGHZ 20, 255; BayObLGZ 1984, 208; BayObLG FGPrax 2002, 225; ZEV 1994, 106; OLG Köln NJW-RR 1991, 1412 und ZEV 1994, 376; OLG Hamm ZEV 1995, 418. Nur Lukoschek ZEV 1999, 6 schlägt vor, den Vorbescheid aufzugeben.

735 Baur JZ 1958, 543; Bärmann, Freiwillige Gerichtsbarkeit, § 19 II 1c; Siebert S. 45: Lukoschek ZEV 1999, 1.

bekannt, wie der inzwischen abgeschaffte Rechtsentscheid in Mietsachen (§ 541 aF ZPO) zeigt. An sich wäre der Vorbescheid unnötig, weil auch der Anordnungsbeschluss mitgeteilt werden könnte und anfechtbar wäre; da aber vereinzelt von der Rechtsprechung (Rz 289) irrig schon im Anordnungsbeschluss der Erbschein gesehen wird, ist der Vorbescheid unverzichtbar.

301 Der Vorbescheid ergeht **von Amts wegen**; ein Antrag des Antragstellers hierauf ist nicht erforderlich; ein darauf gerichteter Antrag muss nicht gesondert oder aus Anlass des Erteilungs- oder Zurückweisungsbeschlusses verbeschieden werden. Der Vorbescheid ist auch bei gesetzlicher Erbfolge zulässig.

Im Verfahren zur Erteilung des Hoffolgezeugnisses durch das Landwirtschaftsgericht[736] ist der Vorbescheid zulässig, wenn der Erbschein mit der Aushändigung wirksam wird (Nordrhein-Westfalen; Niedersachsen); Rz 305.

302 **Zuständig** zum Erlass des Vorbescheids ist, wer für die Endentscheidung zuständig wäre (§ 16 RPflG; Rz 147 ff: Nachlassgericht; Richter, Rechtspfleger). Das Beschwerdegericht kann keinen Vorbescheid erlassen, also nicht seinerseits die Erteilung eines anderen Erbscheins im Weg des Vorbescheids ankündigen.[737] Es kann auch das Nachlassgericht nicht zum Erlass eines Vorbescheids anweisen, weil dies nicht dem Sinn der Regelung (Ermöglichung der Nachprüfung durch die höhere Instanz) entspricht.

5.3 Tenor

303 Haben A und B jeweils einen Alleinerbschein beantragt, lautet der Vorbescheid zB:

a) Beschluss:[738] Das Nachlassgericht wird dem A einen Alleinerbschein erteilen, wenn nicht B gegen diesen Beschluss binnen zwei Wochen Beschwerde einlegt.[739] Gründe ... Über den Antrag des A ergeht also nur eine Zwischenentscheidung, über den Antrag des B wird vorerst überhaupt nicht[740] entschieden.

   Die **Frist** steht im Ermessen des Gerichts, ist verlängerbar, hat nichts mit der Frist des § 22 FGG zu tun; üblich sind 2–4 Wochen.

---

[736] Über Vorbescheide der Landwirtschaftsgerichte vgl OLG Oldenburg NdsRPfl 1997, 12.

[737] BayObLG FamRZ 1994, 1068 = NJW-RR 1994, 1032 = ZEV 1994, 374.

[738] LG Düsseldorf MDR 1981, 1018.

[739] Der Inhalt des Erbscheins muss angegeben werden, Köln NJW-RR 1991, 1285; LG Mannheim NJW 1972, 1429; zulässig sind Inhalte, die einem gestellten oder zu erwartenden Erbscheinsantrag entsprechen, BayObLG NJW-RR 1990, 1481.

[740] BayObLG FamRZ 1993, 362 = NJW-RR 1993, 12.

Eine Kostenentscheidung entfällt.

Der Beschluss wird dem B zugestellt (§ 16 FGG), den anderen Beteiligten mitgeteilt. Eine Rechtsmittelbelehrung erfolgt nicht.

b) Unzweckmäßig[741] wäre folgende Entscheidung:

I. Das Nachlassgericht wird dem A einen Alleinerbschein erteilen, wenn nicht B gegen diesen Beschluss binnen vier Wochen Beschwerde einlegt.

II. Der Erbscheinsantrag des B wird zurückgewiesen.

Die gleichzeitige Zurückweisung des anderen Erbscheinsantrags wäre möglich, aber unzweckmäßig.[742] Denn hier müsste B unnötigerweise nicht nur den Vorbescheid, sondern auch die Zurückweisung seines Erbscheinsantrags mit Beschwerde bekämpfen.

c) Unrichtig wäre diese Entscheidung:

Das Nachlassgericht *wird* dem A einen Alleinerbschein erteilen *und den Antrag des B zurückweisen,* wenn nicht B gegen diesen Beschluss binnen zwei Wochen Beschwerde einlegt.

Denn die Ankündigung der Zurückweisung darf in einem Vorbescheid nicht erfolgen (Rz 304).

5.4 Unzulässige Vorbescheide

304 Da der Vorbescheid die Gefahren, die von *erteilten* unrichtigen Erbscheinen ausgehen, verringern soll, ist ein Vorbescheid, der die *Zurückweisung* eines Erbscheinsantrags *ankündigt*, unzulässig.[743] Ein Tenor mit folgendem Wortlaut: „Das AG wird dem A einen Alleinerbschein erteilen *und den Antrag des B zurückweisen*, wenn nicht gegen diesen Beschluss binnen 2 Wochen Beschwerde eingelegt wird" ist deshalb in der zweiten Satzhälfte unzulässig, eine Beschwerde des B hätte zumindest einen Teilerfolg. Richtig wäre, den Alleinerbschein für A anzukündigen und das Verfahren über den Antrag des B vorerst nicht weiterzubetreiben.

Vorbescheide, die die Einziehung eines Erbscheins (§ 2361) ankündigen, sind ebenfalls unzulässig.[744]

---

741 BayObLG NJW-RR 1992, 1223 = Rpfleger 1992, 522; zurückhaltender BayObLG NJW-RR 1991, 1287.

742 BayObLG Rpfleger 1992,11 = NJW-RR 1991, 1287; BayObLG NJW-RR 1992, 1223; BayObLG FamRZ 1993, 362 = NJW-RR 1993, 12.

743 OLG Hamm NJW 1974,1827; KG Rpfleger 1974, 398; OLG Düsseldorf NJW-RR 1994, 906.

744 BayObLG FamRZ 1995, 60 = NJW-RR 1994, 1422.

Ebenso sind Vorbescheide ohne genaue Angabe des künftigen Erbscheins unzulässig,[745] oder Vorbescheide, obwohl niemand einen Erbscheinsantrag stellte,[746] oder solche, in denen den Beteiligten die weitere Sachaufklärung aufgegeben wird[747] (das sind eventuell Zwischenverfügungen). Ein Vorbescheid darf sich nicht nur auf Vorfragen, zB die Testierfähigkeit, Echtheit des Testaments, Anwendbarkeit ausländischen Rechts, beschränken.[748]

305 Das **Beschwerdegericht** kann nicht seinerseits die Erteilung eines anderen Erbscheins durch Vorbescheids ankündigen.[749] Auch die Ernennung eines Testamentsvollstreckers[750] oder die Zurückweisung des Antrags auf Erteilung eines Testamentsvollstreckerzeugnisses[751] kann nicht durch Vorbescheid angekündigt werden. Eine Ankündigung, einen zu den Akten gegebenen Erbschein wieder aushändigen zu wollen, ist kein Vorbescheid im Sinne von § 19 FGG.[752] Eine Verfügung, in der das Nachlassgericht vor der Hauptentscheidung ausdrücklich lediglich unverbindlich zur Erbrechtsfolge Stellung nimmt, ist ebenfalls kein anfechtbarer Vorbescheid. Im Verfahren zur Erteilung eines **Heimstättenfolgezeugnisses** gab es keinen Vorbescheid.[753] Wo das **Hoffolgezeugnis** erst mit Eintritt der formellen Rechtskraft wirksam wird, bedarf es keines Vorbescheids, weil das Zeugnis selbst anfechtbar ist (Rz 301). Dagegen gibt es keine Einschränkung der Ankündigung von Erbscheinen durch das sog. Spiegelbildprinzip.[754]

Das Nachlassgericht kann mit dem Vorbescheid eine **Zwischenverfügung** verbinden, dh dem Antragsteller anheim stellen, seinen Erbscheinsantrag zu ändern und gleichzeitig ankündigen, auf den geänderten Antrag hin einen Erbschein zu erteilen; das dient der Verfahrensbeschleunigung und ist zulässig.[755]

---

745 OLG Köln NJW-RR 1991, 1285.

746 Doch kann der den Vorbescheid stützende Antrag noch in der Rechtsbeschwerde nachgeholt werden, BayObLG FamRZ 1998, 860 = NJW-RR 1998, 727.

747 BayObLGZ 1976, 164.

748 OLG Köln NJW-RR 1991, 1285.

749 BayObLG FamRZ 1994, 1068 = NJW-RR 1994, 1032.

750 BayObLG ZEV 1994, 106 (Anm Graf).

751 OLG Düsseldorf FamRZ 1994, 1556 = NJW-RR 1994, 906.

752 Vgl hierzu BayObLG FamRZ 1994, 1554 = ZEV 1994, 377.

753 LG Düsseldorf Rpfleger 1985, 365.

754 aA OLG Hamm FamRZ 1996, 312 = ZEV 1995, 418 (Anm Zimmermann) = FGPrax 1995, 237 (Anm Bestelmeyer).

755 BayObLG 1980, 276; aA Jansen FGG § 84 Rz 17.

5.5 Weiterer Verfahrensablauf

306 Die im Vorbescheid gesetzte Frist soll, so wird behauptet, das Nachlassgericht dahin selbst *binden*, die angekündigte Erbscheinserteilung nicht vor Fristablauf vorzunehmen;[756] das wird mit dem rechtlichen Gehör (Art 103 GG) begründet.

307 a) **Nach fruchtlosem Fristablauf** wird das Nachlassgericht den Erbschein entsprechend seiner Ankündigung erteilen (aus dem Vorbescheid wird nicht mit Fristablauf automatisch ein Erbschein). Bindung: Das Nachlassgericht ist seine Ankündigung nicht gebunden,[757] kann es sich also anders überlegen und den Erbscheinsantrag entgegen der Ankündigung zurückweisen[758]; das folgt aus § 2361 BGB und § 18 I FGG. Ferner muss spätestens jetzt der bislang unerledigte Erbscheinsantrag des anderen Antragstellers (B) zurückgewiesen werden.

308 b) **Legt der andere Beteiligte rechtzeitig Beschwerde ein**, wird die Sache dem LG zur Entscheidung vorgelegt (§§ 19 II, 30 FGG) und dessen Entscheidung abgewartet. Wird weitere Beschwerde eingelegt, wird die Entscheidung des OLG abgewartet.

309 c) **Legt der andere Beteiligte verspätet Beschwerde ein**, ist sie nicht unzulässig; denn mit § 22 FGG hat die Fristversäumung nichts zu tun, es liegt keine sofortige Beschwerde vor (nur der Gesetzgeber kann eine Beschwerde zur sofortigen machen, im FGG fehlt eine solche Regelung für Vorbescheide). Es kommt vielmehr darauf an:

- Ist der Erbschein bereits erteilt, ist der Vorbescheid verfahrensmäßig überholt, dann ist die Beschwerde als Antrag auf Einziehung des Erbscheins aufzufassen bzw als Beschwerde mit dem Antrag, das LG solle das Nachlassgericht anweisen, den Erbschein einzuziehen;
- Ist der Erbschein noch nicht erteilt, ist die Beschwerde noch zulässig. Es kann deshalb unter Umständen noch nach Monaten – obwohl die gesetzte Frist längst verstrichen ist – zulässig Beschwerde eingelegt werden.

310 **Weitere Beschwerde.** Wird die Beschwerde gegen den Vorbescheid vom Landgericht zurückgewiesen, kann der Antragsgegner B weitere Beschwerde zum OLG einlegen. Dafür gibt es keine Frist. Denkbar ist deshalb, dass das Nachlassgericht inzwischen den Erbschein erteilt hat. Der Antragsgegner muss dann seinen Antrag umstellen: Anweisung an das

---

756 BayObLG FamRZ 2002, 200 = NJWE-FER 2001, 211.

757 aA Pentz MDR 1990, 586; NJW 1996, 2560.

758 hM, Pawlowski/Smid, Freiwillige Gerichtsbarkeit, Rz 570; Brehm, Freiwillige Gerichtsbarkeit, Rz 583; aA Pentz MDR 1990, 586.

Nachlassgericht, den erteilten Erbschein einzuziehen und den von B beantragten Erbschein zu erteilen.[759]

311 **Gebühr.** Der Vorbescheid löst keine Gerichtsgebühren aus, weil er in § 107 KostO nicht genannt ist.

6. Mehrere Anträge, gemischte Entscheidungen

312 A beantragt einen Alleinerbschein für sich, B ebenfalls. Hier gibt es mehrere Entscheidungsmöglichkeiten:

a) Beschluss:

I. Der Antrag des A wird zurückgewiesen.

II. Dem B ist folgender Erbschein zu erteilen: ....

III. Eventuell Kostenerstattungsanordnung

Gründe:

aa) Schilderung des Sachverhalts, Wiedergabe der gestellten Anträge

bb) Zulässigkeit

cc) Darlegung der Erbfolge

dd) Kosten (§ 13a FGG? Rz 313 ff)

Da jeweils bei Entscheidungsreife zu entscheiden ist, ist auch denkbar, dass zwei Beschlüsse zu verschiedenen Zeitpunkten ergehen.

b) Beschluss: Die Anträge von A und B werden zurückgewiesen.

c) Beschluss: Das Nachlassgericht wird dem A einen Alleinerbschein erteilen, wenn nicht B gegen diesen Beschluss binnen zwei Wochen Beschwerde einlegt.

Dies ist ein Vorbescheid (Rz 299)

Falsch wäre: Das Nachlassgericht wird dem A einen Alleinerbschein erteilen *und den Antrag des B zurückweisen*, wenn nicht B gegen diesen Beschluss binnen zwei Wochen Beschwerde einlegt (Rz 304).

d) Beschluss:

I. Das Nachlassgericht wird dem A einen Alleinerbschein erteilen, wenn nicht B gegen diesen Beschluss binnen zwei Wochen Beschwerde einlegt.

II. Der Antrag des B wird zurückgewiesen.

III. Eventuell Kostenerstattungsanordnung (§ 13a FGG? Rz 313 ff).

Dies ist ein Vorbescheid (Rz 299) kombiniert mit einer Antragszurückweisung (Rz 297). Eine solche Entscheidungskombination ist rechtlich zu-

[759] Vgl den Fall BGH FamRZ 2002, 748.

lässig,[760] allerdings unzweckmäßig.[761] Denn wenn der Vorbescheid in der Beschwerde aufgehoben wird, müsste B seinen Erbscheinsantrag erneut stellen. Durch einen solchen Beschluss wird B provoziert, nicht nur den Vorbescheid anzugreifen, sondern auch die Antragszurückweisung. Besser ist es, den Antrag des B zunächst unentschieden zu lassen (oben c); B kann ihn dann später kostengünstiger zurücknehmen.

e) Beschluss:

I. Dem A wird Gelegenheit gegeben, seinen Antrag wie folgt zu ändern: ...

II. Das Nachlassgericht wird dem A einen Erbschein entsprechend dem geänderten Antrag (Ziffer I) erteilen, wenn nicht B gegen diesen Beschluss binnen zwei Wochen Beschwerde einlegt.

Dies ist eine Zwischenverfügung (Rz 295) kombiniert mit einem Vorbescheid (Rz 299).

7. Kostenentscheidung des Nachlassgerichts

7.1 Allgemeines

313 Die Erteilung des Erbscheins verursacht Kostenzahlungspflichten gegenüber der Staatskasse:

- die gerichtliche Gebühr für den Erbschein (Rz 643);
- die Auslagen des Nachlassgerichts (Rz 646);

Eigenkosten:

- außergerichtliche Auslagen des Antragstellers, zB Verdienstausfall und Fahrtkosten des Antragstellers, Portoauslagen, Auslagen für Personenstandsurkunden, Nachforschungen;
- gegebenenfalls Anwaltskosten des Antragstellers.

Wird der Erbscheinsantrag zurückgewiesen, fällt die Zurückweisungsgebühr an, im übrigen die obigen Kostenpositionen.

---

[760] BayObLG NJW-RR 1991, 1287: nicht zu beanstanden, wenn das Nachlassgericht zugleich mit einem Vorbescheid bereits einen Erbscheinsantrag zurückweist, dem stattgegeben werden müsste, wenn die dem Vorbescheid zugrundegelegte Auffassung nicht zuträfe.

[761] BayObLG NJW-RR 1992, 1223 = Rpfleger 1992, 522: Kündigt das Nachlassgericht die Bewilligung eines bestimmten Erbscheins durch Vorbescheid an, so ist es verfahrensrechtlich überflüssig und unzweckmäßig, den von einem anderen Beteiligten gestellten Erbscheinsantrag deshalb abzuweisen, weil er ein entgegen gesetztes Ziel verfolgt; Gregor Rz 201.

7.2 Entscheidungskompetenzen des Nachlassgerichts

314

Rechtsverhältnis		Vorschrift
Gericht zum	Antragsteller, Antragsgegner	KostO
Antragsteller zum	Antragsgegner	§ 13a FGG
Antragsteller, Antragsgegner zum	Rechtsanwalt	BGB; RVG

315 Wer die **gerichtliche Gebühr** für die Erteilung des Erbscheins oder die Zurückweisung des Antrags zu tragen hat ergibt sich aus § 2 Nr 1 KostO (der Antragsteller ist Schuldner). Eine Kostenentscheidung wird daher nicht getroffen. Das Nachlassgericht kann an der Regelung der KostO nichts ändern, weil das Gesetz nirgends die Möglichkeit eröffnet hat, einen Entscheidungsschuldner nach § 3 Nr 1 KostO zu bestimmen. Wird eine Kostenentscheidung im Sinne der KostO im Tenor getroffen („Die gerichtliche Erbscheinsgebühr wird dem Erben auferlegt"), ist das eine unschädliche Wiederholung des Gesetzes. Entscheidet das Nachlassgericht anders („Die gerichtliche Erbscheinsgebühr wird dem Antragsgegner des Erben auferlegt") und somit gesetzwidrig, entfaltet das keine Bindung für den Kostenansatz (§ 14 KostO), wozu auch die Feststellung des Kostenschuldners gehört.[762] Ob die gesetzwidrige Kostenentscheidung anfechtbar ist (§ 20a FGG), ist umstritten;[763] beachtet der Kostenbeamte die gesetzwidrige Kostenentscheidung (obwohl er nicht darf), ist jedenfalls Erinnerung nach § 14 KostO einzulegen.

Die gerichtliche Gebühr für den Erbschein kann nicht nach § 13a FGG dem Gegner auferlegt werden; denn sie würde für den Antragsteller auch dann anfallen, wenn sich niemand gegen den Erbschein gewandt hätte (Weshalb sollte der Erbschein für den Antragsteller „kostenlos" werden, wenn sich jemand dagegen wendet?)

316 **Gerichtliche Auslagen** werden vom Erbscheinsantragsteller geschuldet (§ 2 Nr. 1 KostO). Beantragt A einen Alleinerbschein und vernimmt das Nachlassgericht Zeugen, werden dem A die Auslagen für die Zeugen in Rechnung gestellt, eine gerichtliche Kostenentscheidung erübrigt sich. Beantragen A und B jeweils einen Alleinerbschein und erholt das Gericht ein Gutachten, dann sind A und B Gesamtschuldner bezüglich der Gutachterkosten (§ 5 KostO). Äußert sich die Kostenentscheidung des Gerichts nicht zu den Auslagen, werden sie vom Kostenbeamten nach den

762 Korintenberg/Lappe KostO § 3 Rz 3.

763 Für zulässig LG Hannover NdsRpfl 1987, 36; für unzulässig KGJ 47, 275.

Regeln von § 8 III Kostenverfügung in Rechung gestellt (Rz 646, 650); dagegen kann mit Erinnerung vorgegangen werden. Zulässig ist aber, dass das Nachlassgericht hier im Tenor sogleich über die Auslagentragung entscheidet („Die Sachverständigenentschädigung hat der Antragsgegner B zu tragen"); dagegen könnte isoliert nach § 20a FGG vorgegangen werden.

317 Die **außergerichtlichen Auslagen** muss der Antragsteller (zunächst) selbst tragen; seinen **Anwalt** muss er aufgrund des mit ihm geschlossenen Geschäftsbesorgungsvertrags selbst bezahlen.

318 Eine **Entscheidungskompetenz** des Nachlassgerichts besteht somit nur bezüglich der außergerichtlichen Kosten des Antragstellers/Antragsgegners sowie bezüglich der Gerichtskosten, für die ein Beteiligter nach der KostO haftet (zB der Auslagen für Zeugen, Gutachten, Übersetzungen).[764]

7.3 Anordnung der Nichterhebung von Kosten

319 Nach § 16 KostO kann das Nachlassgericht beschliessen, dass bestimmte Kosten nicht erhoben werden, nämlich diejenigen Kosten, die bei richtiger Sachbehandlung nicht entstanden wären.

Beispiele: Getrennte Eröffnung von Testamenten (so dass die Eröffnungsgebühr mehrfach anfällt) mangels Einsicht ins Namensverzeichnis;[765] getrennte Eröffnung von ersichtlich wortgleichen Testamenten; getrennte Eröffnung, obwohl der Erbe die Nachreichung weiterer Testamente angekündigt hat; wiederholte Erteilung desselben Erbscheins;[766] die Eröffnung eines ersichtlich unwirksamen (zB maschinengeschriebenen) Testaments;[767] Erteilung eines Erbscheins, wobei das Gericht ein Verschulden bei der Auslegung eines Ehevertrages trifft.[768]

7.4 Anordnung der Kostenerstattung

320 Grundsatz ist, dass jeder Beteiligte seine Kosten selbst zu tragen hat.

Nur ausnahmsweise ordnet das Nachlassgericht die Erstattung von Kosten an (§ 13a FGG); dies geschieht von Amts wegen, ein Antrag eines Beteiligten ist nicht erforderlich.

Hierfür gibt es zwei Fallgruppen:

---

764 BayObLG FamRZ 1999, 604. Die Entscheidung betrifft Auslagen (Übersetzungskosten).

765 KG JW 1936, 2583.

766 KG JFGErg. 18, 40; Korintenberg/Lappe KostO § 16 Rz 26.

767 Vgl OLG Bremen KostRspr § 16 KostO Nr.28.

768 BayObLG FamRZ 2000, 174.

7.4.1 Billigkeitsregelung nach § 13a I 1 FGG

321

a) „Mehrere“ Personen müssen am Erbscheinsverfahren formell[769] beteiligt sein (§ 13a I 1 FGG). Materielle Beteiligung ohne Teilnahme am Verfahren genügt nicht.

b) Die Beteiligung muss „entgegengesetzt“ sein.[770] Wenn drei Schwestern A, B, C einen gemeinschaftlichen Erbschein beantragen, stellen sie keine gegensätzlichen Anträge; das Nachlassgericht könnte nicht anordnen, dass die A die Anwaltskosten der B zu erstatten hat.

c) Die Kostenerstattung muss der Billigkeit entsprechen. Die Billigkeit erfordert die Übernahme der Kosten eines Beteiligten durch einen anderen Beteiligten nur unter besonderen Umständen, etwa bei schuldhafter Veranlassung des Verfahrens oder bei Anfall von Mehrkosten. In Antragsverfahren ist die Zurückweisung des Antrags als solche noch kein ausreichender Grund, den Antragsteller zur Erstattung von Kosten sonstiger Beteiligter zu verpflichten.[771] Entsprechend ist die Tatsache, dass der Antrag Erfolg hatte, noch kein hinreichender Anlass, einem gegensätzlich Beteiligten die an sich vom Antragsteller zu tragenden Kosten aufzuerlegen.[772]

d) Ermessensentscheidung des Nachlassgerichts („kann“).

Beispiele: (1) A beantragt einen Alleinerbschein, B wendet sich dagegen, behauptet Testierunfähigkeit, was das eingeholte Gutachten nicht bestätigt. Es ist angemessen, der B die Erstattung der Kosten des Gutachtens aufzuerlegen. (2) A beantragt einen Alleinerbschein, B wendet sich mit Anwaltshilfe dagegen. Darauf beauftragt auch A einen Anwalt. Dem A wird der Erbschein erteilt. Es ist Ermessensfrage, ob die Anwaltskosten des A dem B ganz oder teilweise auferlegt werden.

7.4.2 Verschuldensregelung nach § 13a I 2 FGG

322

a) „Mehrere“ Personen müssen am Erbscheinsverfahren formell beteiligt sein (§ 13a I 1 FGG).

b) Die Beteiligung muss „entgegengesetzt“ sein.[773]

c) Ein Beteiligter hat Kosten durch *grobes Verschulden* veranlasst.

Hier ergeht keine Ermessensentscheidung des Nachlassgerichts, die Kostenerstattung ist zwingend („so sind…“).

---

769 Bassenge/Roth FGG § 13a Rz 5.
770 BayObLG FamRZ 1999, 604.
771 Keidel/Zimmermann FGG § 13a Rz 22; BayObLG FamRZ 1999, 604.
772 BayObLG, FamRZ 1991, 846, 847.
773 BayObLG FamRZ 1999, 604.

7.4.3 Entscheidungsmöglichkeiten:

323 a) Anordnung der Kostenerstattung ganz oder teilweise („Der Antragsgegner hat dem Antragsteller 1/3 seiner außergerichtlichen Kosten zu erstatten“).

b) Keine Anordnung der Kostenerstattung.

Fehlt ein Ausspruch, bedeutet das grundsätzlich, dass keine Erstattung angeordnet wurde. Eine Nachholung der Kostenentscheidung kommt nach § 18 I FGG, §§ 319, 321 ZPO analog in Betracht. Zur Klarstellung sollte aber jedenfalls in den Gründen festgehalten werden: „Zur Anordnung einer Kostenerstattung nach § 13a FGG bestand kein Anlass“.

7.5 Welche Kosten sind erstattungsfähig?

7.5.1 Verlagerung des Streits ins Kostenfestsetzungsverfahren

324 Hat das Nachlassgericht die Anordnung der Kostenerstattung („Der Beteiligte A hat die außergerichtlichen Kosten des Beteiligten B zu erstatten“) ausgesprochen, sind nur die Kosten, die „zur zweckentsprechenden Erledigung der Angelegenheit *notwendig* waren“, erstattungsfähig. Das können zB sein: Anwaltsgebühren, Fahrtkosten, Fotokopien, Detektivkosten.

Was „notwendig“ war wird im Regelfall erst im Kostenfestsetzungsverfahren (§ 13a III FGG mit §§ 103 ff ZPO) geprüft. Der Beteiligte A reicht seine Kostenrechnung ein, der Beteiligte B erhält dazu rechtliches Gehör. Der Rechtspfleger erlässt sodann einen Kostenfestsetzungsbeschluss („Die vom Beteiligten A an den Beteiligten B zu erstattenden Kosten werden auf ... Euro nebst ... Zinsen ... seit .... festgesetzt“; § 104 ZPO). Hiergegen ist bei einer Beschwerdesumme ab 200,01 Euro die sofortige Beschwerde zum Landgericht statthaft (§ 104 III ZPO; § 11 I RPflG; Frist 2 Wochen); bei einem geringeren Wert ist die Erinnerung statthaft, § 11 II RPflG, § 567 II 2 ZPO. Gegebenenfalls hat der Rechtspfleger der sofortigen Beschwerde abzuhelfen, § 572 ZPO (entgegen § 18 II FGG).[774] Gegen den Beschwerdebeschluss des Landgerichts (Zivilkammer) ist die sofortige weitere Beschwerde zum OLG nur statthaft, wenn sie vom Landgericht im Beschwerdebeschluss zugelassen wurde (§ 574 II, III ZPO).

325 Umstritten ist, ob die **Anwaltkosten eines Beteiligten** erstattungsfähig sind, weil das betragsmäßig der Posten ist, der ins Gewicht fällt. Der Ansatzpunkt ist § 13a III FGG, wonach nur § 91 I 2 ZPO entsprechend anwendbar ist, nicht aber § 91 II ZPO. Da nach § 91 II ZPO die gesetzlichen Gebühren und Auslagen des Rechtsanwalts der obsiegenden Partei in allen Prozessen zu erstatten sind (auch wenn die Partei selbst rechtskundig

---

[774] Keidel/Zimmermann FGG § 13a Rz 68.

ist und die Sache ganz einfach gelagert war), folgt daraus, dass im FGG-Verfahren Anwaltskosten des „Siegers“ nicht zwingend zu erstatten sind,[775] also auch nicht im Erbscheinsverfahren, sondern nur, wenn die Sache eine gewisse Schwierigkeit aufwies.[776] Eine abweichende Meinung differenziert: in den echten Streitsachen der freiwilligen Gerichtsbarkeit, zu denen das Erbscheinsverfahren zählt, seien analog § 91 II ZPO die Anwaltkosten immer ohne Prüfung der Notwendigkeit zu erstatten.[777]

7.5.2 Vorverlagerung durch eigene Entscheidung des Gerichts

326 Zulässig (und oft ratsam) ist aber auch, dass das Nachlassgericht die Entscheidung, welche Kosten *notwendig* waren, in seinen Tenor vorzieht („Der Antragsgegner hat die Anwaltskosten des Antragstellers zu erstatten“. Oder: „Der Antragsgegner hat die außergerichtlichen Kosten des Antragstellers, insbesondere dessen Anwaltskosten, zu erstatten.“ Oder: „Der Antragsgegner hat die außergerichtlichen Kosten des Antragstellers, nicht aber dessen Anwaltskosten, zu erstatten.“).

---

775 BayObLG FGPrax 1999, 77/78; OLG Stuttgart NJW 1962, 1403.

776 OLG Karlsruhe JurBüro 1997, 598.

777 OLG München MDR 1996, 861 = Rpfleger 1996, 215.

H. Voraussetzungen und Inhalt einzelner Erbscheinsarten

1. Der Inhalt im Allgemeinen

1.1 Der Erbschein bezeugt nach § 2353 BGB

- Die Gesamtrechtsnachfolge *327*
- Das Bestehen oder Nichtbestehen bestimmter Verfügungsbeschränkungen des Erben, nämlich Nacherbfolge und Testamentsvollstreckung (im Bereich des Höfe- und Anerbenrechts ferner das Recht des überlebenden Ehegatten zur Verwaltung und Nutznießung;[778] bei altrechtlichen Ehe-Güterständen sind Verfügungsbeschränkungen zugunsten des überlebenden Ehegatten denkbar.[779]).

Der **Inhalt des Erbscheins** besteht demzufolge in den Personalien des Verstorbenen (Geburtsdatum, Sterbedatum, Sterbeort), der Angabe der Personalien des Alleinerben (bei Miterben mit Angabe der Quoten) mit Geburtsdatum und Besonderheiten (unten Rz 336 ff). Ein Erbschein kann nicht auf die „unbekannten Erben" ausgestellt werden. [780] Wird im Falle des § 2353 BGB (Sudetendeutsche, Rz 332) oder des § 2369 BGB ausländisches Erbrecht angewandt, ist dieses anzugeben. Bei gebührenermäßigten Erbscheinen ist der beschränkte Zweck anzugeben („Nur gültig für Grundbuchzwecke"; § 107 III KostO).

1.2 Beschränkte Aussagekraft des Erbscheins

328 Der Erbschein besagt nicht, dass der Erbe in alle Positionen des Erblassers eintritt. Beispiele:

- höchstpersönliche Rechte; das Totenfürsorgerecht kann auch Personen zustehen, die nicht Erben wurden.
- § 563 BGB: Eintrittsrecht des Ehegatten (usw) in das Mietverhältnis, auch wenn er nicht Erbe wurde.
- Nachfolge in Gesellschaftsanteile wie KG, OHG.[781]
- Vermögensübergang im Bereich des Höferechts.

---

[778] Staudinger/Schilken § 2353 Rz 73, 80.

[779] BayObLGZ 15, 508.

[780] Vgl Firsching/Graf Rz 4.157. Hier ist gegebenenfalls eine Nachlasspflegschaft erforderlich.

[781] Dazu MünchKomm-Leipold § 1922 Rz 34, 38.

- Vermögensverschiebungen durch Benennung von Bezugsberechtigten in Lebensversicherungsverträgen und Bankverträgen zugunsten Dritter.

1.3 Unzulässiger Inhalt

329 Unzulässig sind insbesondere folgende Angaben im Erbschein:[782]

a) Angabe bestimmter Gegenstände, oder ein auf bestimmte Gegenstände beschränkter Erbschein („Es wird bezeugt, dass A hinsichtlich des Grundstücks München, Domplatz 3, von E beerbt worden ist"); anders früher § 55 II Bayerische Nachlassordnung von 1903 (zur Kritik vgl Rz 446). Auch im Falle des § 2363 BGB dürfen einzelne Nachlassgegenstände nicht in den Erbschein aufgenommen werden.[783]

   Ausnahmen:

   - Fremdrechtserbschein nach § 2369 BGB, der aber nur territorial begrenzt (Rz 404);
   - DDR-Fälle, ebenfalls nur territorial begrenzt (Rz 396);
   - Höferecht; hier wird ein Einzelgegenstand genannt (Rz 448 ff);
   - Heimstättenfolge bei Todesfällen bis 30. 9. 1993.[784]

   Unzulässig ist die Angabe, dass der Erbteil eines Ehegatten zum Gesamtgut der Gütergemeinschaft gehört.[785]

b) Vermächtnisse; die Zuwendung des Nießbrauchs an einem Grundstück stellt keine in einen Erbschein aufzunehmende erbrechtliche Beschränkung dar.[786]

c) Auflagen gehören nicht in den Erbschein.

d) Pflichtteilsrechte (wie c).

e) Teilungsanordnungen, Teilungsverbote (wie c).

f) Wertangaben, Umfangsangaben über den Nachlass (wie c).

g) Die Angabe des Berufungsgrundes[787] („aufgrund Testaments vom ...; aufgrund Gesetzes"), weil § 2353 BGB nur vom Zeugnis über das Erb-

[782] Zur Frage, ob eine Berichtigung möglich oder eine Einziehung erforderlich ist vgl Rz 455 ff.

[783] BayObLG FamRZ 1998, 1262 = NJWE-FER 1998, 158.

[784] Dazu MünchKomm-Mayer § 2353 Rz 163.

[785] Staudinger/Schilken § 2353 Rz 81.

[786] BayObLG FamRZ 1997, 126.

[787] BayObLG 1973, 29; KG JW 1928, 118; KG HRR 1941 Nr.427; MünchKomm-Mayer § 2353 Rz 25. Beim Fremdrechtserbschein (§ 2369 BGB) wird teils die Auffassung vertreten, der Berufungsgrund sei anzugeben (Riering DNotZ 1996, 109; Staudinger/Dörner Art 25 EGBGB Rz 840), was aber unzutreffend ist.

recht spricht, Begründungselemente also nicht in das Zeugnis gehören. Anders ist es, wenn ein Erbe aus verschiedenen Gründen berufen ist (zB 1/8 aus Gesetz, 1/16 gemäß Testament vom...): hier wird die Meinung vertreten, der jeweilige Erbteil sei mit dem jeweiligen Berufungsgrund im Erbschein anzuführen.[788]

h) Bedingungen[789] („Dieser Erbschein gilt nur, falls das Testament vom ... ungültig ist").
i) Anhängigkeit eines Rechtsstreits über das Erbrecht.
j) Anordnung der Nachlassverwaltung, Eröffnung des Nachlassinsolvenzverfahrens.
k) Ergebnis der Erbauseinandersetzung.[790]
l) Anweisungen an den Erben zu bestimmten Handlungen,[791] Ratschläge, Wünsche.
m) Übertragung eines Erbteils.[792]
n) Vorempfänge.[793]
o) Ausgleichspflichten bei Miterben.[794]

Eine andere Frage ist, ob der unzulässige Inhalt zur Einziehung (§ 2361 BGB) oder Berichtigung führt oder folgenlos ist. Vgl Rz 455 ff, 474 ff.

1.4 Eigenrechtserbschein – Fremdrechtserbschein

330 Der Erbschein nach § 2353 BGB wird auch als „allgemeiner Erbschein" oder „Eigenrechterbschein" bezeichnet; bei ihm wird deutsches Erbrecht angewandt (Rz 332). Der Erblasser ist in der Regel Deutscher, kann aber auch Ausländer sein. Der Erbschein kann unbeschränkt („Es wird bezeugt, dass A von E allein beerbt worden ist") oder beschränkt sein („Unter Beschränkung auf das im Inland befindliche unbewegliche Vermögen wird bezeugt, dass A von E allein beerbt worden ist").

Beim Tod eines Ausländers wird ein Erbschein nach § 2369 BGB („Fremdrechtserbschein") erteilt, wenn ausländisches Erbrecht angewandt wird (vgl Art 25 I EGBGB) und die sonstigen Voraussetzungen des § 2369 BGB vorliegen. Ist dagegen beim Tod eines Ausländers ausnahmsweise *deutsches* Erbrecht anzuwenden, ist bezüglich des Erbscheins § 2353

[788] BayObLG 1973, 28; KG OLGZ 1966, 612; MünchKomm-Mayer § 2353 Rz 25.
[789] Staudinger/Schilken § 2353 Rz 76.
[790] Staudinger/Schilken § 2353 Rz 81.
[791] KG OLGE 12, 399.
[792] RGZ 64, 173; Staudinger/Schilken § 2353 Rz 81.
[793] Staudinger/Schilken § 2353 Rz 81.
[794] MünchKomm-Mayer § 2353 Rz 23.

BGB anzuwenden. Ist beim Tod eines Ausländers nur bezüglich eines Teils des Nachlasses (zB der Grundstücke) *deutsches* Erbrecht anzuwenden, ist insoweit ebenfalls ein Erbschein nach § 2353 BGB zu erteilen.

331

Erbschein nach § 2353 BGB	**Erbschein nach § 2369 BGB**
Erblasser ist Deutscher. Oder: Erblasser ist Ausländer (bei Rückverweisung auf deutsches Erbrecht, Rechtswahl, Staatsvertrag).	Erblasser ist Ausländer.
Erbschein ergeht aufgrund deutschen Erbrechts[776]	Erbschein ergeht aufgrund ausländischen Erbrechts
Erfasst den Inlandsnachlass und theoretisch den Nachlass im Ausland. Einschränkende Geltungsvermerke sind nach hM denkbar (Rz 455)	Beschränkt auf den inländischen Nachlass, oder nur auf den inländischen beweglichen oder unbeweglichen Nachlass. Erfasst nicht im Ausland befindliches Vermögen

332 Ein **unbeschränkter Erbschein** nach deutschem Erbrecht (Eigenrechtserbschein; § 2353 BGB) wird erteilt:

a) wenn der Erblasser **Deutscher** war und sich die Erbfolge deshalb nach deutschem Erbrecht richtet (Art. 25 I EGBGB); der ganze Nachlass wird einheitlich behandelt (Grundsatz der Nachlasseinheit), gleichgültig, worum es sich handelt und ob er im Inland oder Ausland liegt. Als Deutscher gilt auch, wer diese Eigenschaft aufgrund von Art 116 I, 116 II 2 GG (Rz 192) hat oder neben seiner deutschen auch eine andere Staatsangehörigkeit hat (Art 5 I EGBGB); Rz 153, 156. Unerheblich ist, ob der Deutsche im Inland an seinem Wohnsitz gestorben ist (Zuständigkeit § 73 I FGG) oder nur im Ausland Wohnsitz und Aufenthalt hatte (Zuständigkeit § 73 II FGG). Es gibt seltene Fälle, in denen ein deutscher Erblasser nicht nach dem BGB beerbt wurde: Sudetendeutsche, die vor der Vertreibung verstarben, wurden nach dem in ihrer Heimat als tschechischem Recht geltenden ABGB beerbt;[796] wenn ihre vertriebenen Erben hier einen Erbschein beantragten, wurde er nach

[795] Ausnahme: Sudetendeutsche, dann unter Umständen Anwendung des in der Tschechoslowakei damals geltenden ABGB, Rz 332.

[796] BayObLG NJW 1961, 1969; BayObLGZ 1964, 292; BayObLG 1967, 197; MünchKomm-Mayer § 2353 Rz 10.

§ 2353 BGB erteilt, das materiellrechtlich angewandte ABGB war im Erbschein anzugeben.[797]

b) wenn der Erblasser **staatenlos** war (im Falle des Art 5 II EGBGB) oder nach Sonderregelungen[798] Verschleppter, Flüchtling oder Asylbewerber. *333*

c) wenn ein **Ausländer** mit letztem Wohnsitz in Deutschland stirbt und *334*
   - sein Heimatrecht auf deutsches Wohnsitzrecht als Erbstatut für den *gesamten* Nachlass zurückverweist (Art 4 I 2 EGBGB);[799] oder
   - Rückverweisung auf deutsches Recht aufgrund Rechtswahl (Art 25 II EGBGB) erfolgt, oder aufgrund
   - Staatsvertrags deutsches Recht anwendbar ist.

Ein **beschränkter Erbschein** nach deutschem Erbrecht (Eigenrechtserbschein) wird erteilt, wenn das ausländische Heimatrecht (oder der Staatsvertrag, oder die Rechtswahl) nur *teilweise* auf deutsches Recht verweist,[800] nämlich als *335*
- lex rei sitae (Recht am Ort, wo die Sache liegt) für die Erbfolge in deutsche Grundstücke; oder
- Recht des letzten Wohnsitzes für die Erbfolge in Mobilien, die in Deutschland belegen sind.

Auch im Höferecht (Rz 448) wird nur ein beschränkter Erbschein erteilt.

2. Erbschein für Alleinerben

Dies ist der Grundfall, von dem § 2353 Alternative 1 BGB ausgeht. *336*

Amtsgericht Burghausen (Datum)
VI 22/2007

Erbschein

Es wird bezeugt, dass der am .... in Burghausen verstorbene Eduard Etzel, geb. am ... in ...., von seiner Tochter Valerie Mayer, geb. Etzel, geb. .... Adresse .... .

allein

beerbt worden ist.

gez Rost
Rechtspflegerin

---

797 BayObLG NJW 1961, 1969.

798 Fundstellen zu UN-Abkommen, Genfer Flüchtlingskonvention und Asylverfahrengesetz bei MünchKomm-Mayer § 2369 Rz 7.

799 MünchKomm-Mayer § 2369 Rz 8; Siehr, Internationales Privatrecht, 2001, § 21 (S. 114).

800 Siehr, Internationales Privatrecht, 2001, § 21 (S. 114).

337 **Sammelerbschein.** Werden in einer Urkunde die Erbfälle nach mehreren Erblassern zusammengefasst (Es wird bezeugt, dass A von B allein, und B von C und D zu je ½ beerbt worden ist), spricht man vom Sammelerbschein.

„Internationaler Erbschein“: so nennen manche einen gewöhnlichen Erbschein nach § 2353 BGB, bei dem die Unterschrift des Rechtspflegers bzw Richters vom Präsidenten des Landgerichts beglaubigt wird (Apostille; Rz 105), damit er im Ausland verwendet werden kann.[801]

3. Erbschein für Miterben

338 Sind beim selben Erbfall mehrere Erben vorhanden, gibt es folgende Möglichkeiten:

- ein gemeinschaftlicher Erbschein; der alle Miterben erfasst, wird beantragt und erteilt: „Es wird bezeugt, dass E von A, B und C zu je 1/3 beerbt worden ist.“
- Einzelne oder alle Erben beantragen jeweils *für sich* einen Teilerbschein. „Teilerbschein. Es wird bezeugt, dass E von A zu 1/3 beerbt worden ist.“ „Teilerbschein. Es wird bezeugt, dass E von A, B zu je 1/3 beerbt worden ist.“
- Ein einzelner Miterbe beantragt einen Teilerbschein über den Anteil eines *anderen* Miterben.[802]

339 § 2357 BGB betrifft nur Miterben bei einem und demselben Erbfall. Wenn A von B und B von C beerbt wird, wird kein „gemeinschaftlicher Erbschein“ ausgestellt, sondern zwei Alleinerbscheine. Der Erbschein für den Vorerben mit Nacherbenvermerk ist kein gemeinschaftlicher Erbschein.

Ein Miterbe kann allein den **Antrag** stellen (§ 2357 I 2 BGB), er braucht keine Vollmacht der anderen Miterben. Er muss ferner die begehrten Erbquoten (nicht Betragssummen, Einzelgegenstände) im Antrag angeben (die Quoten ergeben sich aus dem Testament oder aus dem Gesetz; die Miterben können sich nicht verbindlich auf Erbquoten einigen[803]; dazu Rz 249); weiter „anzugeben“, dass die anderen Miterben die **Erbschaft angenommen** haben (§ 2357 III I BGB), was auf Verlangen des Gerichts zu

---

[801] So etwa, wenn ein deutscher Erbschein in Spanien verwendet werden soll, Lopez /Artz ZERB 2002, 278. Ferner ist eine amtlich beglaubigte Übersetzung ins Spanische erforderlich.

[802] Staudinger/Schilken § 2357 Rz 1.

[803] RG Recht 1908 Nr. 3636; Staudinger/Schilken § 2357 Rz 5.

belegen ist (§ 2357 III 2, 2356 BGB); vgl Rz 210. Wären eingesetzte Miterben auch als gesetzliche Miterben berufen, haben die „Angabe" der Annahme und der Nachweis der Annahme durch die Miterben sich auch darauf zu erstrecken, ob die Miterben die Erbschaft als eingesetzte Erben oder als gesetzliche Erben angenommen haben (Rz 210).

Zur **eidesstattlichen Versicherung**, wenn nur *ein* Miterbe den gemeinschaftlichen Erbschein beantragt, vgl § 2357 III BGB und dazu Rz 121.

Beispiel: *340*

Erbschein

Es wird bezeugt, dass der am ...in ... verstorbene Max Frisch, geb. am ... in ...,
von seinem Sohn Edgar Frisch, geb. am ...., Adresse.... und
seiner Tochter Valerie Mayer, geb. Frisch, geb. am .... ., Adresse ....

zu je

½ (ein Halb)

beerbt worden ist.

341 **Schwierige Erbquotenberechnung.** Ob bei einem gemeinschaftlichen Erbschein die Angabe der Erbteile unterbleiben darf, wenn ihrer Berechnung „unüberwindliche" Schwierigkeiten entgegenstehen, ist streitig.[804] Diskutiert werden hier Fälle, in denen zB 28 Erben Einzelgegenstände zugewiesen sind, teils mit ungenauer Bezeichnung („dem A etwas Wäsche"). In solchen Fällen muss der im Testament genannte Nachlass (durch Sachverständige) geschätzt werden, sodann die den Miterben zugewiesenen Einzelgegenstände, hieraus sind die Quoten zu errechnen. Das ist teuer und zeitaufwendig, bis dahin können die Miterben selbst bei Einigkeit mangels Erbschein kein Nachlass-Geld flüssig machen; damit sie handlungsfähig sind, ist es auf übereinstimmenden Antrag aller Miterben daher ausnahmsweise zulässig, einen **vorläufigen Erbschein** ohne Quoten zu erteilen[805] („Es wird bezeugt, dass E von A, B, C, D, E, F, G und ... . . gemeinschaftlich beerbt worden ist; die Bestimmung der einzelnen Erbquoten bleibt vorbehalten. Sie können gemeinsam über den Nachlass verfügen."). Der vorläufige Erbschein ist nach hM einzuziehen, wenn nach Klärung der Erbquoten ein endgültiger Erbschein erteilt wird;[806] vgl Rz 505.

---

[804] Offen gelassen in BayObLGZ 1962, 47/54; vgl ferner OLG Düsseldorf DNotZ 1978, 683; Notthoff ZEV 1996, 458.

[805] Nach Lange/Kuchinke § 39 IV 2 muss der Grund für die Ungewissheit im Erbschein angegeben werden; Gerken ZErb 2007, 38.

[806] KGJ 42 A 128; Lange/Kuchinke § 39 IV 2.

342 **Unbestimmte Miterben.** Erblasser E hatte nur ein Kind, eine Tochter. Er wollte, dass seine Enkel, auch die bei seinem Tod noch nicht geborenen, seine Erben werden. Er setzte daher seine Enkel A, B und C „und etwa meiner Tochter weitere geborene eheliche Abkömmlinge zu gleichen Teilen" als Erben sein. Bei seinem Tod war die Tochter 42 Jahre alt. Da bei seinem Tod weitere Enkel noch nicht gezeugt waren, entfiel § 1923 II BGB. Die künftigen noch nicht gezeugten Enkel waren Nacherben (§ 2101 I 1 BGB), die drei Enkel A, B und C waren die Vorerben für ihre noch nicht geborenen Geschwister. Andererseits waren A, B und C teilweise auch Vollerben; selbst wenn ihre Mutter noch drei weitere Kinder gebären würde, wären sie Vollerben zu je 1/6, doch lässt sich vorerst keine genaue Quote angeben. Das OLG Köln[807] hat folgenden Erbscheinstext vorgeschlagen:

„Der Erblasser ist zu gleichen Teilen von den Geschwistern A, B und C sowie weiteren ehelichen Kindern ihrer Mutter ...(geb. am....), die in Zukunft noch geboren werden, beerbt worden. Die Geschwister sind somit Erben zu dem gleichmäßigen Bruchteil, der sich ergibt, wenn die endgültige Kinderzahl feststeht. Hinsichtlich des auf nachgeborene Kinder entfallenden Bruchteils sind sie bis zu deren Geburt Vorerben."

Für die noch zu erwartenden Miterben kann ein Pfleger bestellt werden (§ 1912 BGB), der dann mit den bekannten Miterben über einen Nachlassgegenstand verfügen kann.

343 **Nasciturus.** Ist die Witwe schwanger steht die Größe des Miterbenanteils der bereits geborenen Kinder noch nicht fest (man weiß ja nicht, ob Zwillinge geboren werden usw). Vgl Rz 348.

4. Teilerbschein

344 Ein Teilerbschein ist zulässig (§ 2353 Alt 2 BGB). Er bezeugt das Erbrecht eines Miterben und nennt die anderen Miterben nicht; Kosten vgl Rz 662. § 2353 Alt 2 BGB betrifft nur den Miterben bei einem und demselben Erbfall. Teilerbscheine werden beantragt, wenn zB die Annahme durch die anderen Miterben nicht nachgewiesen werden kann. Sie können nicht mangels Rechtsschutzbedürfnis abgelehnt werden, weil auch ein gemeinschaftlicher Erbschein möglich sei. Ist ein Teilerbschein erteilt und beantragen die anderen Miterben keine Erbscheine über ihre Quoten, weil sie unbekannt sind, kann beantragt werden, für die restliche Erbquote einen

807 OLG Köln Rpfleger 1992, 391; OLG Hamm Rpfleger 1969, 299; KGJ 42 A 128; aA Motive V S. 559. Eschelbach Rpfleger 1992, 392 hält den Erbscheinstext des OLG Köln für unklar und widersprüchlich.

Teil-Nachlasspfleger zu bestellen (§ 1960 BGB) und dann kann eine Auseinandersetzung erfolgen.

345 Beantragen zwei Miterben A und B je einen Teilerbschein zu 1/7, kann das in einer Urkunde zusammengefasst werden (sog **Gruppen-Teilerbschein**).[808]

Beantragt nur A einen Erbschein, dass E von A, B zu je 1/7 beerbt worden ist, spricht man vom **gemeinschaftlichen Teilerbschein**.[809] Beantragt A einen Erbschein, dass E von A, B, C, D, E, F, G zu je 1/7 beerbt wurde, liegt ein gewöhnlicher gemeinschaftlicher Erbschein vor.

4.1 Einzelne Miterben stellen einen Antrag

346 Auf Antrag des Miterben A wird zB folgender „Teilerbschein" erteilt:

„Es wird bezeugt, dass E von A zu 1/3 beerbt worden ist."

„Es wird bezeugt, dass E von B[810] zu 1/3 beerbt worden ist."

Auf Antrag des Miterben A oder B, oder von A und B, wird folgender Teilerbschein erteilt:

„Es wird bezeugt, dass E von A, B zu je 1/3 beerbt worden ist."

Hat A einen Teilerbschein zu ½ erhalten und zeigt sich dann, dass er auch die andere Hälfte geerbt hat, sollte man den Teilerbschein einziehen und einen Alleinerbschein ausstellen, sonst kann Verwirrung entstehen;[811] andernfalls müsste man schreiben: „In Ergänzung des Erbscheins vom .... wird bezeugt, dass A auch die zweite Hälfte geerbt hat, also Alleinerbe ist."

4.2 Unbestimmtheit von Erbteilen

347 Bei Unbestimmtheit gewisser Erbteile können Teilerbscheine erteilt werden (**Mindestteilerbschein**; vgl Rz 348). In der Formulierung muss auf Klarheit geachtet werden, der Grundsatz, dass eine Begründung nicht in den Erbschein gehört, wird hier durchbrochen.

---

808 Seit KG JFG 13, 40 anerkannt; früher streitig, vgl Eberhard Recht 1910,239; Brachvogel ZBlFG 14, 450.

809 Staudinger/Schilken § 2353 Rz 70; MünchKomm-Mayer § 2353 Rz 12; früher vom KG abgelehnt.

810 Auch A kann diesen Antrag stellen, OLG München JFG 23, 334; Greiser DFG 1936, 190/2; Lange/Kuchinke § 39 IV 2; heute hM, früher streitig.

811 MünchKomm-Mayer § 2353 Rz 9 (Ergänzung durch weiteren Teilerbschein); AG Berlin-Schöneberg Rpfleger 1970, 342.

Fälle: ein gezeugtes noch nicht geborenes Kinde (Nasciturus) erbt eventuell (§ 1923 II BGB); Unbestimmtheit der Erbteile wegen § 2043 II BGB, Unbestimmtheit, weil der Vater eines nichtehelichen Kindes noch nicht als Vater festgestellt ist (§ 1600 d BGB). Ein Teilerbschein über einen Mindesterbteil kann ausgestellt werden, solange sich nicht ermitteln lässt, ob alle neben ihm berufenen Erbanwärter den Erbanfall erlebt haben,[812] etwa bei verschollenen „Erben" (§ 1923 I BGB).

348 **Zusammenfassung von zwei Teil-Erbscheinen:**

„Es wird bezeugt, dass E von seiner Witwe W zu ¼ beerbt worden ist, ferner von seinem Sohn A. Der Erbteil des A ist noch unbestimmt, weil infolge Schwangerschaft der Witwe noch Personen geboren werden können, die neben A zu gleichen Teilen erbberechtigt sein würden."[813] Bis zur Geburt kann dann für den Nasciturus ein Pfleger nach § 1912 I BGB bestellt werden und W, A und der Pfleger können dann gemeinsam über Nachlassgegenstände verfügen;[814] statt des Pflegers kann die Mutter nach § 1912 II BGB für den Nasciturus handeln. Nach der Geburt ist dieser Erbschein einzuziehen[815] und durch eine Erbschein mit festen Quoten zu ersetzen.

4.3 Nachlassspaltung

349 Ein Teilerbschein kann sich (bei Nachlassspaltung) auch nur auf den in einem bestimmten Gebiet befindlichen Nachlass beziehen:

„Es wird bezeugt, dass der am 1. 1. 1982 in München verstorbene X in Anwendung des BGB von E und F zu je ½ beerbt worden ist. Dieser Erbschein erstreckt sich nicht auf den in der ehemaligen DDR belegenen unbeweglichen Nachlass im Sinne des § 25 II RAG/DDR." (Rz 396 ff).

4.4 Lastenausgleich

350 Ein auf Lastenausgleichsansprüche bzw Vertreibungsschäden (gegenständlich) beschränkter Erbschein ist nicht möglich.[816] Besteht der Nachlass insgesamt nur aus dem Lastenausgleichanspruch, wird ein allgemeiner Erbschein erteilt; es ist (bei ausländischen Erblassern, wegen § 73 III

---

812 KG JFG 15, 353; BayObLGZ 1960, 478/89; Staudinger/Schilken § 2353 Rz 75.

813 KGJ 42, 128; Staudinger/Schilken § 2353 Rz 75; Firsching/Graf Rz 4.280.

814 KGJ 42, 128.

815 KGJ 42, 128; OLG Hamm Rpfleger 1969, 299; aA Scheer S. 103.

816 OLG Hamm NJW 1968, 1682. Dagegen kann ein allgemeiner Erbschein ausgestellt werden, der nur für Lastenausgleichszwecke verwendet werden darf und daher gebührenbegünstigt ist.

FGG) zu prüfen, ob tatsächlich ein Anspruch beim Erblasser schon entstanden war, der vererbt wurde, oder ob der Anspruch aufgrund des LAG erst in der Person des Erben entstand, also nicht zum Nachlass gehörte.[817]

5. Erbschein für den Vorerben mit Nacherbenvermerk[818]

5.1 Wesen der Vor- und Nacherbschaft

351 Die Erbschaft fällt zunächst an den Vorerben; erst wenn das Ereignis eingetreten ist, das der Erblasser letztwillig bestimmt hat, fällt sie an den Nacherben. Der Nacherbe ist daher Erbe des Erblassers, nicht des Vorerben. Vor- und Nacherbe bilden keine Erbengemeinschaft, sie erhalten keinen gemeinschaftlichen Erbschein.

Zu beachten sind die Mischfälle: Großmutter G ist Eigentümerin eines Grundstücks zu ½, die restliche Hälfte gehört ihrer Tochter T. Wenn G die T als Vorerbin bestimmt und ihren Enkelin E als Nacherbin (eintretend mit dem Tod der Vorerbin), E wiederum gesetzliche Alleinerbin der T ist, dann hat E ½ als Erbin der Großmutter geerbt, ½ als Erbin der Mutter.

Der Nacherbenvermerk im Erbschein des Vorerben ist nicht als **Zeugnis für das Nacherbenrecht** aufzufassen,[819] sondern als Beschränkung des Erbrechts des Vorerben. Der Erbschein für den Vorerben ist daher kein gemeinschaftlicher Erbschein im Sinne von § 2357 BGB.

352 **Grundbuch:** wenn der Nacherbe den Erbschein des Vorerben vorlegt und den Eintritt der Nacherbfolge (zB durch Sterbeurkunde betreffend den Vorerben) formgerecht nachweist, genügt das nicht zum Nachweis, dass er Erbe ist. Denn der dem Vorerben erteilte Erbschein beweist nicht positiv das Nacherbenrecht. Auch der im Grundbuch eingetragene Nacherbenvermerk beweist nicht das Erbrecht des Nacherben;[820] trotz des im Grundbuch eingetragenen Nacherbenvermerks ist beim Grundbuchamt nicht „offenkundig", wer Nacherbe ist. Der Nacherbe braucht also für Grundbuchzwecke einen Erbschein, der sein Erbrecht ausweist.

---

817 Einzelheiten bei Keidel/Winkler FGG § 73 Rz 42.

818 Schmidt BWNotZ 1963, 139; Ember NJW 1982, 87; Technau BWNotZ 1984, 63; Schrader NJW NJW 1986, 117; Bestelmeyer Rpfleger 1993, 189; Köster Rpfleger 2000, 90 und 133.

819 BGH NJW 1982, 2499; MünchKomm-Mayer § 2363 Rz 6.

820 BGHZ 84, 196 = NJW 1982, 2499.

5.2 Der Erbscheinsantrag des Vorerben

353 Der Nacherbe kann *vor* Eintritt der Nacherbfolge weder für sich[821] noch für den Vorerben[822] die Erteilung des Erbscheins beantragen (anders natürlich als Bevollmächtigter des Vorerben). Das Antragsrecht des Vorerben erlischt nach einer Auffassung [823] mit Eintritt des Nacherbfalls; vorzuziehen ist die Gegenansicht,[824] wonach die Erteilung eines Erbscheins noch nach Eintritt des Nacherbfalls zulässig ist, wenn der Vorerbe seine damalige Erbenstellung nachweisen muss; anzugeben ist dann, dass (und wann) inzwischen die Nacherbfolge eingetreten ist. Der Vorerbe muss in seinem Antrag die Nacherben nicht in der Form §§ 2354–2356 BGB namentlich angeben (denn diese Vorschriften betreffen nicht den Fall); ihre Ermittlung erfolgt nach § 2358 BGB, gegebenenfalls von Amts wegen.[825] Hierfür ist die eidesstattliche Versicherung des Vorerben ausreichend, Personenstandsurkunden können zum Nachweis der Verwandtschaft nicht gefordert werden.[826]

5.3 Prüfungsbefugnisse des Nachlassgerichts

354 Das Nachlassgericht kann vor der Erteilung eines Erbscheins für den Vorerben mit Nacherbenvermerk nicht den Nachweis verlangen, dass der Nacherbe die Erbschaft angenommen hat.[827] Es darf von der Prüfung, ob der Erbanwärter unmittelbarer Erbe geworden ist, nicht mit der Begründung absehen, dass dieser inzwischen wegen Eintritts der Nacherbfolge Erbe geworden sei.[828]

5.4 Inhalt des Erbscheins für den Vorerben

5.4.1 Inhalt im Regelfall

355 Voraussetzung ist zunächst, dass die Nacherbfolge wirksam angeordnet wurde. Die Nacherbfolge kann nur hinsichtlich des ganzen Nachlasses oder eines quotenmäßigen Bruchteils angeordnet werden, nicht aber be-

---

[821] BGH FamRZ 1980, 563; BayObLG FamRZ 2004, 1407; BayObLGZ 1951, 561; BayObLGZ 1961, 200/203.
[822] BayObLG FamRZ 2004, 1407; KGJ 33 A 98.
[823] OLG Hamm NJW 1974, 1827/8; Palandt/Edenhofer § 2353 Rz 10.
[824] MünchKomm-Mayer § 2353 Rz 24; Schmidt BWNotZ 1966, 139; Köster Rpfleger.
[825] OLG Frankfurt NJW 1953, 507; BayObLGZ 1982, 449, 453 = Rpfleger 1983, 104 = DNotZ 1984, 502; MünchKomm-Mayer § 2363 Rz 14; aA Scheer S. 65.
[826] OLG Frankfurt NJW 1953, 507 (Nacherben waren die gesetzlichen Erben); Köster Rpfleger 2000, 90/93.
[827] KGJ 37 A 133.
[828] BayObLGZ 1965, 77 = NJW 1965, 1438 (LS).

züglich einzelner Nachlassgegenstände (vgl aber Rz 365). Bei mehreren Miterben kann sie auf einzelne Miterben beschränkt werden.

Der **Erbschein für den Vorerben** hat den üblichen **Inhalt** (Rz 327, 336) und enthält zwingend zusätzlich dreierlei (§ 2363 I BGB): *356*

a) dass eine **Nacherbfolge** angeordnet ist; sie kann auch nur nach *einem* Miterben angeordnet werden (Miterben sind A, B und C; nur für den ganzen Anteil des C, oder einen Bruchteil seines Anteils, ist Nacherbfolge angeordnet) oder nur für einen Bruchteil des ganzen Nachlasses.

b) unter welchen **Voraussetzungen** die Nacherbfolge eintritt (zB mit dem Tod des Vorerben; bei Wiederverheiratung der Vorerbin; mit erfolgreichem Abschluss einer bestimmten Ausbildung durch den Nacherben; wenn ein Sohn geboren wird; Eintritt einer Verwirkungsklausel).

c) der **Name des Nacherben** (konkrete Nennung) oder jedenfalls, hilfsweise, Angaben zu seiner Identifizierung (abstrakte Nennung). Die Bezeichnung des Nacherben hat mit Name und Vorname usw, und, wenn nicht möglich (zB bei § 2104 BGB; § 2066 S. 2 BGB), nach anderen Merkmalen möglichst genau zu erfolgen.[829] Auf genaue Angaben ist zu achten, schon deswegen, weil der Vermerk im Grundbuch eingetragen wird (§ 51 GBO).

Die Namen sind anzugeben, weil der Vorerbe für bestimmte Rechtsgeschäfte die Zustimmung des Nacherben (bzw seines Pflegers, § 1913 BGB) benötigt; Grundbuchamt und Geschäftspartner können sich auf diese Weise einformieren. Maßgebend für die Bezeichnung des Nacherben ist die Zeit der Ausstellung des Erbscheins.

Der Erbschein ist nicht dazu bestimmt, die einzelnen Nacherben genau festzustellen.[830] Wenn **mehrere Personen** zu Nacherben berufen sind, sind die späteren Erbanteile der Nacherben im Erbschein nicht anzugeben;[831] denn der Vorerben-Erbschein soll das spätere Erbrecht noch nicht ausweisen (die Anteile ergeben sich dann aus dem Nacherben-Erbschein). Unrichtig wäre also: „Nacherben sind A, B und C zu je 1/3"; richtig: „Nacherben sind A, B und C". *357*

Ist in einer letztwilligen Verfügung bestimmt, dass die beim Tode des Vorerben vorhandenen **Abkömmlinge des Vorerben ohne nähere Bezeichnung** als Nacherben eingesetzt werden, so sind in dem dem Vorerben zu erteilenden Erbschein schon lebende Abkömmlinge nach Meinung der *358*

---

829 BayObLGZ 1982, 449, 453 = Rpfleger 1982, 104 = DNotZ 1984, 502; KGJ 42, 224/7; OLG Dresden ZBlFG 14, 463.

830 BayObLGZ 28, 598 = JFG 6, 135 = HRR 1929 Nr 1322.

831 KG OLG 32, 81; KG RJA 16, 61.

Rechtsprechung[832] nicht mit Namen aufzuführen. Beispiel: „Nacherben sind die im Zeitpunkt des Eintritts der Nacherbfolge vorhandenen gesetzlichen Erben des Vorerben.“ Die Praxis handhabt es oft anders; möglich und zweckmäßiger wäre eine Formulierung, die die bekannten Nacherben bereits nennt: „Nacherben sind A und B sowie die weiteren im Zeitpunkt des Eintritts der Nacherbfolge vorhandenen gesetzlichen Erben des Vorerben.“[833] Der Gesetzestext lässt meines Erachtens beide Formulierungen zu. Wenn der Erblasser im Testament die derzeit vorhandenen Nacherben *bereits nannte*, wird häufig die letztere Form gewählt.[834] Bei noch nicht geborenen Kindern ist die Bezeichnung als künftiger Abkömmling einer bestimmten Person ausreichend.

359 **Beispiel:**

Amtsgericht Burghausen — Datum

VI 22/2007

Erbschein

Es wird bezeugt, dass der am 1. 2. … in Burghausen verstorbene Max Frisch, geb. am 19. 3. … in Leipzig,

von seinem Sohn Edgar Frisch, geb. 14. 2. …, Burghausen, Ludwig-Thoma-Strasse 24

allein

beerbt worden ist.

Nacherbfolge ist angeordnet.
Sie tritt mit dem Tod des Vorerben (oder: deren Verheiratung; usw) ein.
Nacherbin ist Brigitte Frisch, geb. 24. 12. … ., München, Clarastraße 1.
Evtl: Ersatznacherbe ist …
Evtl: Eine zweite Nacherbfolge ist angeordnet.
Sie tritt mit dem Tod der Vorerbin Brigitte Frisch ein.
Zweite Nacherbin ist Kunigunde Frisch, ….
Evtl: Der Vorerbe ist zur freien Verfügung über den Nachlass berechtigt.
Evtl: Das Recht des Nacherben erstreckt sich nicht auf das Grundstück ….
Evtl: Für den Vorerben ist Testamentsvollstreckung angeordnet.

gez. *Roll*
Richter am Amtsgericht

[832] Vgl BayObLG FamRZ 1991, 1114/6; OLG Hamm Rpfleger 1969, 347. Über noch nicht geborene Nacherben vgl Damrau ZEV 2004, 19.

[833] Dafür Köster Rpfleger 2000, 90/93.

[834] Vgl OLG Hamm Rpfleger 1969, 347.

5.4.2 Zusätzlicher Inhalt in Sonderfällen

Im Einzelfall muss im Erbschein ferner vermerkt werden: *360*

a) Ist nur bezüglich eines **Teiles des Nachlasses** (Quote) Nacherbschaft angeordnet, so ist das ebenfalls im Erbschein zu vermerken. Die Nacherbschaft kann aber nach hM nicht nur bezüglich einzelner Gegenstände oder bezüglich des beweglichen oder des unbeweglichen Vermögens oder nur bezüglich einer Gesellschaftsbeteiligung angeordnet werden (Verstoß gegen den Grundsatz der Universalsukzession, § 1922 BGB).[835] Letzteres ist unter Umständen als aufschiebend bedingtes Vermächtnis (vgl auch § 2110 II BGB; Rz 365), als Nachvermächtnis (§ 2191 BGB) oder als Teilungsanordnung auszulegen; denkbar ist somit eine Auslegung, dass jemand nur mit einem dem Wert der Sache (zB Eigentumswohnung) entsprechenden Teil des Nachlasses Vorerbe wurde.[836]

b) **Befreiung des Vorerben.** Die Vorerbschaft ist grundsätzlich nicht befreit; das wird als gesetzlicher Regelfall im Erbschein nicht ausdrücklich erwähnt. Die Befreiung des Vorerben von *allen* Beschränkungen und Verpflichtungen (§ 2136 BGB) ist im Erbschein hingegen zu vermerken, § 2363 I 2 BGB:[837] „Der Vorerbe ist zur freien Verfügung über den Nachlass berechtigt." Erstreckt sich die Befreiung nur auf einzelne der in § 2136 BGB angegebenen Verfügungsbeschränkungen, so sind auch diese Teilbefreiungen einzeln aufzuführen,[838] ebenso bedingte Befreiungen. Befreiungen des Vorerben von einzelnen *Verpflichtungen* gegenüber dem Nacherben (vgl § 2136 BGB; zB der Pflicht zur mündelsicheren Geldanlage nach § 2119 BGB) sind für die Frage der Zulässigkeit von *Verfügungen* des Vorerben bedeutungslos und daher nicht in den Erbschein aufzunehmen.[839] *361*

c) **Einsetzung auf den Rest:** Hat der Erblasser den Nacherben auf dasjenige eingesetzt, was von der Vorerbschaft bei dem Eintritte der Nach- *362*

---

[835] BayObLG FamRZ 2003, 1590/93; Ember NJW 1982, 87; Köster Rpfleger 2000, 90/92; MünchKomm-Grunsky § 2100 Rz 16; aA Schrader NJW 1987, 117. Aber auch BayObLGZ 1965, 457/65 und Firsching/Graf Rz 4.284 halten zB folgenden Erbschein für zulässig: „Die Recht des Nacherben erstreckt sich nicht auf das Anwesen München Domplatz 5."

[836] BayObLG FamRZ 2003, 1590/93.

[837] KGJ 44, 78; OLG Hamburg OLG 14, 300.

[838] OLG Bremen ZEV 2005, 26; BayObLG AgrarR 1983, 158 = FamRZ 1983, 839 (LS); KG RJA 16, 61; KGJ 44, 79; KG JFG 21, 122, 126; MünchKomm-Mayer § 2363 Rz 17.

[839] OLG Dresden OLG 34, 290 = JW 1916, 1593; KG RJA 16, 61, 62; KG JFG 21, 122, 126 = HRR 1940 Nr 539; Staudinger/Schilken § 2363 Rz 18.

erbschaft übrig sein wird, ist dies im Erbschein anzugeben (§§ 2137 I, 2363 I 2 BGB).

363 d) Die **Bezeichnung des Ersatznacherben.** Er ist, soweit möglich, namentlich im Erbschein aufzuführen, gleichgültig ob er ausdrücklich oder stillschweigend (§§ 2108, 2069 BGB) berufen ist,[840] ob einem solchen Ersatzerben schon vor Eintritt des Ersatzerbfalles Rechte des Nacherben zustehen oder nicht (vgl § 2101 BGB);[841] Grund ist nach Meinung des RG,[842] dass andernfalls ein Dritter nach Wegfall des Nacherben annehmen könnte, dass kein Ersatzerbe vorhanden sei. Beispiel: „Ersatznacherbe für B ist C"; „Ersatznacherbe für B sind seine Abkömmlinge". Wenn kein Ersatznacherbe eingesetzt ist, ist dies nicht zu erwähnen.[843] Können die Ersatznacherben, da unbekannt, nicht namentlich bezeichnet werden, so genügt notfalls die Angabe, dass für den Nacherben vom Erblasser Ersatznacherbschaft angeordnet ist.[844] Können die Ersatznacherben später namentlich bezeichnet werden, so ist der Erbschein zu ergänzen.

364 e) **Mehrere Nacherbfolgen** sind zulässig[845] und im Erbschein anzugeben,[846] mit Namen und Voraussetzungen des Eintritts usw., weil diese Nachnacherben bereits bestimmten Verfügungen des Vorerben zustimmen müssen, damit diese Wirksamkeit erlangen (vgl § 2113 BGB). Der erste Nacherbe ist dann zugleich der Vorerbe des zweiten Nacherben. Auch ein dritter, vierter usw Nacherbe ist möglich; zur zeitlichen Grenze vgl § 2109 BGB.

365 f) **Vorausvermächtnisse** (§§ 2147, 2150 BGB). Ist dem *alleinigen* Vorerben ein Nachlassgegenstand als unbeschränktes Vorausvermächtnis (§ 2110 II BGB) zugewendet (Auslegungsfrage!), so ist im Erbschein anzugeben, dass das Recht des Nacherben sich auf den (zu bezeichnenden) Gegenstand nicht erstreckt,[847] weil insoweit der Vorerbe nicht

---

840 RGZ 142, 171 = JFG 11, 1 und KGJ 49, 79; OLG Dresden JFG 7, 267; BayObLGZ 1960, 407/10; OLG Hamm OLGZ 1975, 150/6; Lange/Kuchinke § 28 VII 4a.

841 RGZ 142, 171/3 = JFG 11, 1 = JW 1934, 355; KGJ 49, 79/82.

842 RGZ 142, 171.

843 KG JW 1937, 2045; Köster Rpfleger 2000, 90/94.

844 MünchKomm-Mayer § 2363 Rz 13; Staudinger/Schilken § 2363 Rz 11.

845 MünchKomm-Grunsky § 2100 Rz 14.

846 BayObLG NJW-RR 1990, 199; MünchKomm-Grunsky § 2100 Rz 14; aA Lange/Kuchinke § 28 VII 4b.

847 BGH 32, 60; KG JFG 21, 122 = HRR 1940 Nr 539; BayObLGZ 1965, 457/ 465; MünchKomm-Grunsky § 2110 Rz 3; Palandt/Edenhofer § 2110 Rz 2; dazu Lange/Kuchinke § 41 29 V; einschränkend Köster Rpfleger 2000, 90/96. Bedenken werden von manchen erhoben, weil sich bei zahlreichen Vorausvermächtnissen angeblich eine Unübersichtlichkeit des Erbscheins ergeben kann.

verfügungsbeschränkt ist. Beispiel: „Das Recht des Nacherben erstreckt sich nicht auf das Grundstück ....“ . Dagegen werden andere Vermächtnisse und Teilungsanordnungen, die dem Vorerben auferlegt sind, im Erbschein nicht erwähnt. Ist einem von zwei Vorerben ein Vorausvermächtnis zugewendet, dann hat er einen schuldrechtlichen Anspruch gegen die Erbengemeinschaft; am Text des Erbscheins ändert sich dadurch nichts.[848]

g) **Testamentsvollstreckung.** Der nach § 2222 BGB für die Nacherben bestellte Testamentsvollstrecker ist im Erbschein für den Vorerben aufzuführen, wobei klarzustellen ist, dass nur der Nacherbe unmittelbar beschränkt ist.[849] *366*

h) Hat der Erblasser einen Ersatznacherben nicht berufen, so ist das Nacherbenanwartschaftsrecht gemäß § 2108 II 1 BGB im Zweifel vererblich. Die Vererblichkeit muss als Regelfall im Erbschein nicht angegeben werden;[850] Ausnahme Rz 368. Ist die **Anwartschaft nicht vererblich**, so muss das hingegen aus dem Erbschein ersichtlich sein.[851] *367*

i) Ist die Einsetzung des Nacherben ausschließlich unter einer **aufschiebenden Bedingung** erfolgt (§ 2108 II 2 BGB), so ist nach § 2074 BGB die Unvererblichkeit die Regel und es ist in diesem Fall deshalb die Vererblichkeit ausdrücklich zu vermerken. [852] *368*

j) Sind die **Erben teils Vollerben, teils zugleich Vorerben:** *369*

„ A ist von seiner Ehefrau B...allein beerbt worden. Für die Hälfte des Nachlasses ist Nacherbfolge angeordnet. Sie tritt mit der Verheiratung der Vorerbin ein. Nacherbin ist C...“[853]

Über einen Fall mit unbestimmten Nacherben vgl Rz 347, 348.

k) **DDR-Fälle:** Bei Testamentserrichtung bis 31. 12. 1975: Die von einem nach dem 31. 12. 1975 und vor dem 3. 10. 1990 verstorbenen Erblasser mit gewöhnlichem Aufenthalt in der ehemaligen DDR vor dem 1. 1. 1976 testamentarisch verfügte Vor- und Nacherbfolge, die nach § 8 II DDR-EGZGB wirksam bleibt, ist im Erbschein anzugeben. Zu vermerken ist auch, dass die sich aus der Vor- und Nacherbfolge er- *370*

---

[848] Einschränkend Köster Rpfleger 2000, 90/8.

[849] KGJ 43, 92; KG JW 1938, 1411/2.

[850] MünchKomm-Grunsky § 2108 Rz 4 empfiehlt die Angabe der Vererblichkeit.

[851] RGZ 154, 330 = JFG 15, 211 = JW 1937, 2046 gegen KG JW 1937, 2045; OLG Köln NJW 1955, 633/5.

[852] Köster Rpfleger 2000, 90/95.

[853] Asbeck MDR 1959, 897 schlägt vor: „E ist von seiner Ehefrau A zu ½ als Vollerbin und zu ½ als Vorerbin beerbt worden ....“

gebenden Beschränkungen der Verfügungsbefugnis des Vorerben nicht bestehen (§ 8 II 2 DDR-EGZGB).[854] Bei Testamentserrichtung ab 1. 1. 1976: die angeordnete Nacherbfolge war unwirksam (§ 371 II DDR-ZGB), ein unbeschränkter Erbschein ist zu erteilen.[855]

5.4.3 Kein zusätzlicher Inhalt

371 Eine zwischen Erbfall und Nacherbfall erfolgte rechtsgeschäftliche **Übertragung des Nacherbenanwartschaftsrechts** auf Dritte ist im Erbschein nicht anzugeben,[856] weil rechtsgeschäftliche Vorgänge nicht vermerkt werden. Der Erbschein darf nicht auf den Erwerber lauten; der Erwerber wird nicht „Erbe",[857] weil diese Stellung nur vom Erblasser oder vom Gesetz geschaffen werden kann. Würde der Erbschein auf den Anwartschaftserwerber erteilt, so müssten sich die Vermutung des § 2365 BGB und der öffentliche Glaube des Erbscheins nach § 2366 BGB nicht nur auf die Rechtsstellung des Nacherben, sondern auch auf die von ihm über das Anwartschaftsrecht getroffene Verfügung unter Lebenden erstrecken, was das Nachlassgericht zwingen würde, seine Ermittlungen auf andere als erbrechtliche Erwerbsvorgänge zu erstrecken; das ist nicht seine Aufgabe. Der Erwerber kann dann seine Rechte mit Erbschein und Übertragungsvertrag nachweisen.

5.4.4 Auslandsfälle

372 Ob auf ausländische Beschränkungen des Erben § 2363 BGB analog anzuwenden ist, ist eine Frage des Einzelfalls und hängt davon ab, wie nahe dieses ausländische Rechtsinstitut der deutschen Nacherbschaft steht, weil der Fremdrechtserbschein nach § 2369 BGB nur das in Deutschland befindliche Vermögen betrifft. Ansprüche der Ehefrau auf Wertausgleich nach iranischem Recht sind nicht aufzunehmen,[858] auch nicht ein Legalnießbrauch nach belgischem Recht.[859]

---

[854] KG ZEV 1995, 372 = FGPrax 1995, 240 = DtZ 1995, 418; Köster Rpfleger 2000, 133/144.

[855] OLG Zweibrücken FamRZ 1992, 1474; KG FamRZ 1996, 1572; Köster Rpfleger 2000, 133/144.

[856] BayObLG FamRZ 2002, 350 = FGPrax 2001, 207 = NJWE-FER 2001, 316; BayObLG NJW-RR 1992, 200; OLG Düsseldorf MDR 1981, 143 und OLGZ 1991, 134 = NJW-RR 1991, 332; OLG Braunschweig NJOZ 2004, 3856; Kipp/Coing § 50 I 3 b; MünchKomm-Mayer § 2363 Rz 21, 22; v Lübtow ErbR II S. 1006; Scheer S. 63; aA KG JFG 20, 17 = DR 1939, 1085 = HRR 1939 Nr 878.

[857] MünchKomm-Grunsky § 2100 Rz 30; aA Palandt/Edenhofer § 2100 Rz 8.

[858] OLG Hamm FamRZ 1993, 112.

[859] BayObLG FamRZ 1996, 694.

5.4.5 Der Nacherbenvermerk entfällt

Der Vermerk wird aus Zweckmäßigkeitsgründen nicht mehr angebracht, wenn die Beschränkung im Zeitpunkt der Ausstellung des Erbscheins nicht mehr besteht. Überträgt der Nacherbe sein Nacherbrecht auf den Vorerben und ist dieser dadurch Vollerbe geworden, braucht der Erbschein, wenn der Vorerbe zur Zeit der Ausstellung schon Vollerbe war, den Nacherbenvermerk nicht zu enthalten.[860] Dies gilt auch dann, wenn Ersatznacherben vorhanden sind (vgl § 2102 BGB), da diese nur dann zu Nacherben berufen sind, wenn die Annahme der Erbschaft durch die Nacherben angefochten wird oder diese für erbunwürdig erklärt werden und diese Möglichkeiten fern liegen.[861] Das gleiche gilt, wenn die Anordnung der Nacherbfolge aus sonstigen Gründen gegenstandslos geworden und damit der Vorerbe Vollerbe geworden ist, wie zB bei Nichteintritt oder Unmöglichkeit des Eintritts einer Bedingung[862] oder bei Versterben des Nacherben vor dem Erbfall, wenn Vererblichkeit ausgeschlossen ist (§ 2108 II BGB) und ein Ersatznacherbe nicht berufen ist. Entsprechendes gilt für die Ausschlagung des Nacherbenrechts (vgl § 2142 BGB). *373*

5.4.6 Verzicht des Nacherben auf den Vermerk

Ein Verzicht des Nacherben auf die Aufnahme des Nacherbenvermerks im Erbschein ist nicht möglich, ein entsprechender Antrag ist unbeachtlich.[863] *374*

5.4.7 Kosten des Erbscheins

Die Anbringung des Nacherben – Vermerks im Erbschein löst keine zusätzliche Gebühr aus, verteuert den Erbschein also nicht. *375*

5.5 Folgen bei einem mangelhaften Inhalt

Fehlen die Angaben nach § 2363 I BGB, ist der Erbschein unrichtig und daher einzuziehen.[864] Die Einziehung können Vorerbe und Nacherbe anregen, letzterer schon vor Eintritt der Nacherbfolge. Das Unterlassen der *376*

[860] KG JFG 18, 223 = JW 1938, 3118 = DNotZ 1939, 131 = HRR 1938 Nr 1541 unter Aufgabe der gegenteiligen Auffassung in DNotZ 1933, 290.

[861] OLG Köln MittRheinNotK 1990, 223.

[862] OLG Celle NdsRpfl 1955, 189.

[863] OLG Dresden ZBlFG 6 (1905/06), 211; MünchKomm-Mayer § 2363 Rz 7; Köster Rpfleger 2000, 90/91. Der Verzicht kann uU als (formbedürftige, § 2033 BGB) Übertragung des Anwartschaftsrechts auszulegen sein.

[864] BayObLGZ 1960, 407; KG OLG 35, 367.

Angabe der Nacherbfolge im Erbschein hat unter Umständen Schadensersatzpflicht des Staates (Art 34 GG; § 839 BGB) zur Folge; schon vor Eintritt der Nacherbfolge ist der Nacherbe berechtigt, auf Feststellung der Schadensersatzpflicht aus dieser Unterlassung zu klagen. [865]

5.6 Zeugniswirkungen des Vorerben-Erbscheins

377 Während der Erbschein dazu bestimmt ist, dem Erben als Ausweis über sein Erbrecht zu dienen, also dem Vorerben über sein Erbrecht, kommt der Angabe des Nacherben im Erbschein diese Bedeutung nicht zu; sie soll nur die Beschränkung des Vorerben zeigen. Der Vorerben-Erbschein gewährt dem Nacherben nicht die Vorteile der §§ 2365 ff BGB und enthält insoweit keine Vermutung der Richtigkeit des Erbscheins, insbesondere bezeugt er nicht, wer Nacherbe ist.[866] Vielmehr dient er nur der Erhaltung des Rechts der Nacherben, zB gegenüber dem öffentlichen Glauben des Grundbuchs bei unzulässigen Verfügungen des Vorerben.[867] Der dem Vorerben erteilte Erbschein bezeugt ferner nicht, dass der Vorerbe noch Vorerbe ist, dass der Nacherbfall noch nicht eingetreten ist.[868]

5.7 Beschwerde

378 Das Recht des Nacherben ist erst dann beeinträchtigt und der Nacherbe damit beschwerdeberechtigt, wenn das Nachlassgericht in einem Erbschein die Rechtsstellung des Nacherben unrichtig wiedergibt oder die Erteilung eines solchen Erbscheins ankündigt.[869] Sind die Angaben des Erbscheins zur Nacherbfolge unrichtig, so steht auch den Ersatznacherben die Beschwerdebefugnis zu.[870] Der Nacherbe hat kein Beschwerderecht gegen die Einziehung des dem Vorerben erteilten Erbscheins.

5.8 Folgen des Eintritts der Nacherbfolge

5.8.1 Inhalt des Erbscheins für den Nacherben

379 In einem Erbschein, der einem Nacherben erteilt wird, ist der Tag anzugeben, an dem der Nacherbfall eingetreten ist.[871] Er wird nicht als „Nacherbe“, sondern als Erbe bezeichnet.

---

[865] RGZ 139, 343.
[866] OLG Hamm FamRZ 1997, 1368; BayObLG LZ 1928, 1483 = HRR 1929 Nr 1322.
[867] OLG Frankfurt NJW 1953, 507; BayObLG 28, 598.
[868] Protokolle V 683; BayObLG 28, 598.
[869] OLG Oldenburg NdsRpfl 1958, 154 = DNotZ 1958, 263 mit Anm Keidel; KG OLG 21, 352; BayObLG FamRZ 1976, 104; OLG Hamm OLGZ 1968, 80.
[870] BayObLGZ 1960, 407.
[871] BayObLG NJW-RR 1990, 199.

5.8.2 Nachträglicher Erbschein für den Vorerben?

380 Streitig ist, ob ab Eintritt des Nacherbfalls dem Vorerben noch ein Erbschein erteilt werden kann, in dem seine Rechtsstellung bis zum Nacherbfall bezeugt wird. Häufig wird das abgelehnt,[872] weil es ab Eintritt des Nacherbfalls kein Erbrecht des Vorerben mehr gebe. Zutreffend ist, dass dem Vorerben auch nachträglich noch auf seinen Antrag ein Erbschein erteilt werden kann,[873] wenn dafür ein besonderes Bedürfnis besteht (zB weil er noch ihm zustehende Nutzungen einziehen will, § 2111 I 1 BGB). § 2353 BGB steht nicht entgegen; auch vergangene Rechtszuständigkeiten können bescheinigt werden (selbst das Grundbuchamt nimmt Voreintragungen vor, § 39 GBO), weder BGB noch FGG verbieten das. Bei einer entsprechenden Formulierung ist der Rechtsverkehr nicht beeinträchtigt und dem Bedürfnis des früheren Erben, seine Vorerbenstellung bestätigt zu erhalten, ist Rechnung getragen. Ebenso kann jetzt der Nacherbe einen Vorerben-Erbschein beantragen, wenn er ihn zB zum Nachweis eines Surrogationserwerbs des Vorerben (§ 2111 BGB) benötigt.[874]

Formulierung bei ursprünglicher Erteilung: „Es wird bezeugt, dass A von B beerbt worden ist. Nacherbschaft ist angeordnet; Nacherbe ist C; die Nacherbschaft tritt mit der Wiederverheiratung von B ein." Formulierung bei nachträglicher Erteilung: „Es wird bezeugt, dass A bis zur Wiederverheiratung der B am .... von B beerbt worden ist. Nacherbschaft war angeordnet worden; zum Nacherben des A war C bestellt worden."

5.8.3 Einziehung des dem Vorerben erteilten Erbscheins?

381 Mit Eintritt der Nacherbfolge (§ 2139 BGB) wird der dem Vorerben erteilte Erbschein nach hM und Rechtsprechung unrichtig und ist daher nach § 2361 BGB einzuziehen;[875] die Einziehung sei das Gegenstück zur Erteilung und da dem Vorerben der Erbschein *jetzt* nicht mehr erteilt werden könne, sei er also einzuziehen. Diese Auffassung verdient keine Zu-

---

[872] OLG Frankfurt FamRZ 1998, 1394 = FGPrax 1998, 145 = Rpfleger 1998, 342 (als Grundsatz); OLG Frankfurt Rpfleger 1997, 262; OLG Hamm NJW 1974, 1827; BayObLG FamRZ 2004, 1407; KG HRR 1932 Nr.12; KG OLG 24, 107; OLG Dresden ZBlFG 20 (1920), 262; Palandt/Edenhofer § 2353 Rz 10.

[873] LG Bonn MittRhNotK 1984, 123, Schmidt BWNotZ 1966, 139; Köster Rpfleger 2000, 90/91; Staudinger/Schilken § 2353 Rz 41. Offengelassen von OLG Frankfurt FamRZ 1998, 1394.

[874] Köster Rpfleger 2000, 90/91.

[875] OLG Hamm NJW 1974, 1827/8; OLG Thüringen FamRZ 1994, 1208; BayObLGZ 21, 10; KGJ 48, 112; LG Bonn MittRhNotK 1984, 123; MünchKomm-Mayer § 2361 Rz 5; Scheer S. 138; OLG Köln Rpfleger 2003, 193. Einschränkend OLG Köln MDR 1984, 403 = Rpfleger 1984, 102: Einziehung (nur) aufgrund Gewohnheitsrechts.

stimmung.[876] Der Erbschein bezeugt die Rechtslage im Zeitpunkt des Erbfalls, bleibt daher auch beim Nacherbfall richtig. Beide Erbscheine (für den Vorerben, für den Nacherben) widersprechen sich nicht, sie betreffen verschiedene Zeiträume und ergänzen sich. Wegen des klaren Inhalts kann der Rechtsverkehr nicht beeinträchtigt werden; wer im Vorerben-Erbschein seines Geschäftspartners liest, dass die Nacherbfolge mit der Wiederverheiratung der Vorerbin eintritt, ist sich selbst über sein Risiko im klaren. Eine Einziehung *von Amts wegen* erübrigt sich also; dies entspricht auch den Gepflogenheiten der Praxis. Besteht ein entsprechendes Rechtsschutzbedürfnis, kommt aber eine Einziehung *auf Antrag* in Frage (§ 2361 BGB sollte man entsprechend auslegen).

Eine Einziehung wird von der hM auch bejaht, wenn bei Vorhandensein mehrerer Vorerben durch Tod eines von ihnen der Nacherbfall eingetreten ist.[877] Überträgt der Nacherbe nach Erteilung eines Erbscheins an den Vorerben sein Nacherbenrecht auf diesen, so wird der Erbschein unrichtig; ob er einzuziehen ist, ist umstritten;[878] gegen die Einziehung spricht, dass die Beschränkung weggefallen ist, die Einziehung keinen Sinn mehr hätte. Eine Einziehung wird auch gefordert in den anderen Fällen des Wegfalls der Nacherbenstellung, ferner wenn der Nacherbe nach dem Erbfall, aber vor dem Nacherbfall stirbt;[879] durch den Tod des Nacherben trete wegen § 2108 II 1 BGB ein Wechsel in der Person des Nacherben und damit eine nachträgliche Unrichtigkeit ein, weil nicht mehr die im Erbschein namentlich genannte Person Nacherbe sei, sondern deren Erbe.

6. Der Erbschein für den Nacherben

382 Nur im Erbschein, der nach Eintritt der Nacherbfolge erteilt wird, wird bezeugt, wer (Nach-) Erbe ist;[880] der Vermerk in dem dem Vorerben erteilten Erbschein bezeugt diese Erbenstellung nicht, weist nur auf die Beschränkung hin.

Ab Eintritt des Nacherbfalls kann der Nacherbe (jetzt: Erbe) einen Erbschein beantragen. Die Vorlegung einer neuen eidesstattlichen Versicherung (§ 2356 BGB) ist nicht unbedingt erforderlich.[881]

---

[876] Becher Rpfleger 1978, 87; Schmidt BWNotZ 1966, 139; Weiner S. 76; Saupe III 2; Kreß BayZ 1905, 137; Köster Rpfleger 2000, 133/140.

[877] OLG Hamm OLGZ 1975, 87 = NJW 1974, 1827

[878] Für Einziehung LG Berlin DNotZ 1976, 569; aA Scheer S. 142.

[879] BayObLG FamRZ 1988, 542.

[880] BayObLGZ 1982, 449/53 = Rpfleger 1983, 104 = DNotZ 1984, 502; BayObLG 28, 598; OLG Frankfurt NJW 1957, 265; OLG München JFG 16, 328;

[881] hM, KGJ 46, 146/150; Staudinger/Schilken § 2356 Rz 41; MünchKomm-Mayer § 2356 Rz 7; aA Technau BWNotZ 1963, 63; Köster Rpfleger 2000, 133/141.

Dem Nacherben ist der Erbschein auch dann bereits zu erteilen, wenn der den Vorerben erteilte Erbschein noch nicht eingezogen werden konnte,[882] meines Erachtens schon deshalb, weil der dem Vorerben erteilte Erbschein ohnehin nicht einzuziehen ist (Rz 381). In dem einem Nacherben zu erteilenden Erbschein ist der Zeitpunkt des Nacherbfalls anzugeben.[883]

383

Erbschein

Es wird bezeugt, dass der am 1. 2. ... in Burghausen verstorbene Max Frisch, geb. am 19. 3. ... in Leipzig, von seinem Enkel Edgar Frisch, geb. 14. 2. ...

allein

beerbt worden ist.

Der Nacherbfall ist infolge Todes der Vorerbin Martina Frisch, geb. Zimmermann, am 9. 4.... eingetreten.

gez. *Roll*
Richter am Amtsgericht

Wenn der Erblasser eine weitere Nacherbfolge angeordnet hat, ist der Erbschein für den ersten Nacherben in Wirklichkeit ein zweiter Vorerben-Erbschein; vor Erteilung ist § 2109 BGB zu prüfen.

Erbschein: Es wird bezeugt, dass ... Max Frisch ... von Edgar Frisch ... allein beerbt worden ist.
Er ist Erbe seit dem 9. 4. ..., weil die Vorerbin ... an diesem Tag verstorben ist.
Nacherbfolge ist angeordnet.
Sie tritt mit dem Tod des Vorerben Edgar Frisch ein.
Nacherbin ist Brigitte Frisch ....

384 **Stirbt der eingesetzte Nacherbe** vor dem Eintritt der Nacherbfolge, aber nach dem Eintritt des Erbfalls, so geht sein Recht auf seine (eingesetzten oder gesetzlichen) Erben über, wenn nicht ein anderer Wille des Erblassers anzunehmen ist (§ 2108 II 1 BGB). Mehrere Erben des Nacherben bilden hinsichtlich der Nacherbenanwartschaft eine Erbengemeinschaft.[884] Beispiel: Erblasser A stirbt im Jahre 2000, der Vorerbe B im Jahre 2002, der Nacherbe C ist schon 2001 verstorben und wird beerbt von D und E zu je ½. Hier müssen zwei Erbscheine unterschieden werden: der Erbschein I, der bezeugt, dass D und E als Erben des C den A beerbt ha-

---

[882] MünchKomm-Mayer § 2363 Rz 25; Kipp/Coing § 129 II; v.Lübtow ErbR II S. 1021; streitig.

[883] BayObLG FamRZ 1998, 1332 = NJWE-FER 1998, 157; BayObLG NJW-RR 1990, 199; MünchKomm-Mayer § 2353 Rz 21; Köster Rpfleger 2000, 133/141.

[884] Schmidt BWNotZ 1966, 139/45; MünchKomm-Grunsky § 2108 Rz 5; Palandt/Edenhofer § 2108 Rz 2.

ben; und der Erbschein II, der bezeugt, dass D und E Erben des C sind (von Bedeutung, wenn C sonstiges Vermögen hinterlassen hat).

Erbschein I: Es wird bezeugt, dass … A… von den Erben des am …. verstorbenen Nacherben C … allein beerbt worden ist. Sie sind Erben seit dem 9.4.2002, weil die Vorerbin B … an diesem Tag verstorben ist. (Problematisch ist, ob man zur Klarstellung, aber ohne eigentliche Erbausweisfunktion, hinter C einfügen darf: „.. C…, nämlich von D und E zu je ½, allein beerbt worden ist.[885])

Erbschein II: Es wird bezeugt, dass … C von D und E zu je ½ beerbt worden ist.

Die Übertragung des Nacherbenanwartschaftsrechts auf einen Dritten wirkt sich auf den Erbscheinsinhalt nicht aus (Rz 371); der Erwerber wird nicht „Erbe“. Hat der Nacherbe sein Anwartschaftsrecht auf den Vorerben übertragen, erübrigt sich ein Erbschein für den Nacherben.

7. Der Erbschein mit Testamentsvollstreckervermerk

385 Hat der Erblasser einen Testamentsvollstrecker ernannt, so ist die „Ernennung“ (nicht aber der Name des Ernannten!) als Beschränkung des Erben im Erbschein anzugeben (§ 2364 I BGB).

Erbschein mit Testamentsvollstreckervermerk (§ 2364 BGB)	Testamentsvollstreckerzeugnis (§ 2368 BGB)
Soll Dritten die Beschränkungen des Erben zeigen	Soll Dritten die Beschränkungen und Erweiterungen der Rechte des Testamentsvollstreckers zeigen
Enthält *nicht* den Namen des Testamentsvollstreckers	Enthält den Namen des Testamentsvollstreckers
Gebühr: § 107, 49 KostO	Gebühr: § 109 KostO

7.1 Inhalt des Vermerks

7.1.1 Regelfall

386 Der Erbschein mit Testamentsvollstrecker-Vermerk lautet (verkürzt): „Es wird bezeugt, dass A von B allein beerbt worden ist. Testamentsvollstreckung ist angeordnet“. Der Name des Testamentsvollstreckers und eine Angabe über die Annahme des Amtes gehören nicht in den Erbschein;[886]

---

[885] Die Fassung des Erbscheins ist im einzelnen umstritten, vgl Deubner JuS 1961, 96/99; Köster Rpfleger 2000, 133/142; Schmidt BWNotZ 1966, 139/147. Dürfen D und E und ihre Erbquoten angegeben werden? Ist der Zusatz „in Erbengemeinschaft“ erforderlich oder nicht?

[886] KGJ 33 A 100; KGJ 23 B 6, 8; KG Recht 1920 Nr 1544; aM Kipp/Coing § 128 III, falls der Erblasser den Namen des Testamentsvollstreckers im Testament nannte.

denn andernfalls wäre § 2368 BGB überflüssig. Die Vermutung der Richtigkeit des Erbscheins erstreckt sich nicht auf eine Namensangabe.[887] Ist der Name überflüssigerweise angegeben, so wird dadurch der Erbschein zwar nicht zu einem Testamentsvollstreckerzeugnis,[888] doch kann (bei entsprechendem Wortlaut) eine äußerliche Zusammenfassung von Erbschein und Testamentsvollstrecker-Zeugnis vorliegen.

Beispiel: *387*

Erbschein

Es wird bezeugt, dass der am … in … verstorbene Max Frisch …. von seinen Söhnen

Edgar Frisch, ….. und

Anton Frisch, …

zu je ½ (ein Halb)

beerbt worden ist.

Testamentsvollstreckung ist angeordnet.

Oder: Testamentsvollstreckung am Erbteil des Anton Frisch ist angeordnet.

Oder: Testamentsvollstreckung ist angeordnet; sie beschränkt sich auf das Anwesen München, Leopoldstraße 3.

7.1.2 Zusätzliche Angaben im Testamentsvollstrecker-Vermerk

388 Der Vermerk im Erbschein soll Dritten zeigen, inwieweit die Erben beschränkt sind. Das Testamentsvollstrecker-Zeugnis dagegen soll nachweisen, dass eine bestimmte Person wirksam zum Testamentsvollstrecker ernannt wurde und dass sie die gesetzlichen Befugnisse hat, sofern im Zeugnis nichts abweichendes angeben ist.

Schon im Testamentsvollstrecker-Vermerk des Erbscheins ist deshalb anzugeben:

- wenn der Testamentsvollstrecker geringere Verfügungsrechte als im gesetzlichen Regelfall hat, denn dann haben die Erben zusätzliche Befugnisse;[889]
- wenn nicht der gesamte Nachlass der Testamentsvollstreckung unterliegt, zB nicht die Grundstücke, ist dies zu vermerken;[890] („Testamentsvollstreckung ist angeordnet, aber nicht hinsichtlich des unbeweglichen Nachlasses“); oder wenn nur der Anteil eines Miterben der Testa-

[887] KG OLG 40, 155 Fn 1 f.

[888] AA KGJ 23 B 8.

[889] KGJ 43, 92, 95; Lange/Kuchinke § 31 V 5.

[890] Lange/Kuchinke § 39 V 2; v Lübtow ErbR II S. 1007; aA Zahn MittRhNotK 2000, 89/102.

mentsvollstreckung unterliegt (zB das Drittel des Sohnes, nicht die 2/3 der Tochter);

- wenn nur einzelne Nachlassgegenstände der Testamentsvollstreckung unterliegen;[891]
- der nach § 2222 BGB für die Anwartschaftsrechte des Nacherben bestellte Testamentsvollstrecker ist im Erbschein aufzunehmen, wobei klarzustellen ist, dass nur der Nacherbe unmittelbar beschränkt ist.[892]

7.1.3 Kein Vermerk im Erbschein trotz Testamentsvollstreckung

389 Trotz Testamentsvollstreckung wird kein Testamentsvollstrecker-Vermerk im Erbschein angebracht, wenn und soweit die Testamentsvollstreckung den Erben in seiner Verfügungsmacht *nicht* beschränkt, [893] also bei Abweichungen vom gesetzlichen Regelfall der §§ 2203 ff BGB in die andere Richtung, wie zB in der Regel bei einer Testamentsvollstreckung ohne Verwaltungsrecht (vgl § 2208 II BGB; sog. beaufsichtigende Testamentsvollstreckung). Hatte der Erblasser Testamentsvollstreckung angeordnet, die vom Erblasser ernannte Person aber das Amt abgelehnt und gibt es keinen Anhaltspunkt dafür, dass nach dem Willen des Erblassers in diesem Fall vom Nachlassgericht ein Testamentsvollstrecker ernannt werden soll (§ 2200 BGB), wird aus Zweckmäßigkeit kein Vermerk in den Erbschein aufgenommen.[894]

390 Wenn bei zwei Miterben ein Testamentsvollstrecker nur für den Erbteil eines Miterben ernannt ist, erhält (auf entsprechenden Antrag) der eine Miterbe einen Teil-Erbschein mit Vermerk, der andere Miterbe einen Teil-Erbschein ohne Testamentsvollstrecker-Vermerk.[895] Bei einer Testamentsvollstreckung über die Nacherbschaft (zu unterscheiden vom Fall des § 2222 BGB) ist der Testamentsvollstrecker-Vermerk im Erbschein des Vorerben nicht aufzuführen,[896] wohl aber in dem Erbschein, der später dem Nacherben erteilt wird.

Hat der Erblasser in Erbfällen mit DDR-Bezug Testamentsvollstreckung auch für den in der DDR belegenen Nachlass angeordnet, richtet sich die Testamentsvollstreckung insoweit nach dem Recht der ehemaligen DDR; ein Testamentsvollstreckervermerk ist in dem Erbschein, der die Erbfolge in den DDR – Nachlass be-

---

891 BayObLG FamRZ 2006, 147; LG Mönchengladbach Rpfleger 1982, 382.
892 KG JW 1938, 1411, 1412; vgl KGJ 40, 196.
893 BayObLG FamRZ 1991, 986; KGJ 46, 141; OLG München JFG 16, 306/9; MünchKomm-Mayer § 2364 Rz 4.
894 BayObLG FamRZ 2003, 1590/93 am Ende.
895 KGJ 43, 92.
896 AA KG JW 1938, 1411/2; vgl KG Recht 1907 Nr 527.

zeugt, nicht aufzunehmen,[897] weil die DDR – Testamentsvollstreckung nicht zu einer Beschränkung des Erben führte (§ 371 II, III ZGB).

Sind einem *Vermächtnisnehmer* Beschwerungen auferlegt (zB Untervermächtnisse, Auflagen; § 2223 BGB), ist der Erbe nicht beschränkt. Der Vermächtnisnehmer erhält gem. § 2353 BGB keinen Erbschein; der Testamentsvollstrecker-Vermerk im Erbschein unterbleibt daher.[898] Doch erhält dieser Testamentsvollstrecker auf Antrag ein Testamentsvollstrecker-Zeugnis.

7.2 Berücksichtigung von nachträglichen Veränderungen im Erbschein

7.2.1 Erbschein ist schon erteilt

391 Ist der Erbschein mit Testamentsvollstrecker-Vermerk erteilt und lehnt der Testamentsvollstrecker nachträglich das Amt ab (§ 2202 BGB) oder endet sein Amt durch Kündigung, Tod oder Entlassung (§§ 2225, 2226, 2227 BGB), so wird der Erbschein unrichtig, wenn sich damit zugleich die Testamentsvollstreckung als solche erledigt, etwa weil eine Ernennung eines Nachfolgers durch das Nachlassgericht nach § 2200 BGB ausscheidet. Der Erbschein kann dann als unrichtig eingezogen (§ 2361 BGB) und die Erteilung eines neuen Erbscheins ohne Testamentsvollstreckervermerk verlangt werden.[899] Meines Erachtens *muss* der Erbschein aber nicht zwingend von Amts wegen eingezogen werden, weil es sich von selbst versteht, dass er nur die Lage bei Erteilung wiedergibt; er beweist die Stellung einer Person als Testamentsvollstrecker nicht, schränkt nur das Recht des Erben ein; wenn der Erbe mit dieser Einschränkung zufrieden ist, soll man die Sache nicht von Amts wegen aufwühlen. Eine Einziehung ist daher meine Erachtens nur veranlasst, wenn sie vom Erben oder vom Testamentsvollstrecker beantragt wird.

Ein Zeugnis darüber, dass die im Erbschein vermerkte Testamentsvollstreckung durch Ablehnung, Kündigung oder aus sonstigem Grunde weggefallen ist, kann nicht erteilt werden.[900] Eine Berichtigung des Erbscheins in dieser Richtung ist nicht möglich.[901] Gegenüber dem Grund-

---

[897] KG FamRZ 1995, 1450/52 = FGPrax 1995, 157 = ZEV 1995, 335; KG FamRZ 1996, 569 = ZEV 1996, 234.

[898] KGJ 43, 92/4.

[899] KG OLG 43, 401.

[900] KGJ 50, 103/4; Soergel/Damrau § 2364 Rz 2; aM Staudinger/Firsching § 2364 Rz 13: eine Einziehung des Erbscheins sei nicht erforderlich, es genüge eine Berichtigung, also ein Vermerk des Wegfalls auf dem Erbschein, da die Vermutung des § 2365 sich nicht auf den Fortbestand der Vollstreckung erstrecke; vgl RGZ 64, 173/8.

[901] OLG Hamm OLGZ 1983, 59; Soergel/Damrau § 2364 Rz 2.

buchamt kann das Ende der Testamentsvollstreckung nicht durch bloße (öffentlich beglaubigte) abstrakte Erklärung des vormaligen Testamentsvollstreckers, dass sein Amt und die Testamentsvollstreckung insgesamt erloschen sei, bewiesen werden;[902] genügend ist ein neuer Erbschein ohne Vermerk. Ein Wechsel in der Person des Testamentsvollstreckers macht den Erbschein nicht unrichtig, da der Name des Vollstreckers im Testamentsvollstrecker-Vermerk des Erbscheins nicht angegeben wird.

7.2.2 Erbschein ist noch nicht erteilt

392 Der Erbschein gibt grundsätzlich die beim Todesfall objektiv bestehende Erbrechtslage wieder, wobei bestimmte seitdem eingetretene tatsächliche Veränderungen aus Zweckmäßigkeit berücksichtigt werden (Rz 260). Der Testamentsvollstrecker-Vermerk ist daher nicht mehr in den Erbschein aufzunehmen, wenn er sich nicht (mehr) als Beschränkung der Verfügungsmacht des (oder eines) Erben darstellt, sei es weil die Testamentsvollstreckung überhaupt nie eingetreten ist oder sich inzwischen erledigt hat. Ist im Zeitpunkt der Erteilung des Erbscheins bereits bekannt, dass die Ernennung des Testamentsvollstreckers unwirksam war (vgl § 2201 BGB) oder nicht mehr wirksam ist (zB durch Ablehnung des Amtes, § 2202 BGB, wenn ein Ersatz-Testamentsvollstrecker nicht bestellt ist und auch kein Fall des § 2200 BGB vorliegt), wird kein Testamentsvollstrecker-Vermerk mehr im Erbschein angebracht.[903] Ebenso ist es, wenn Zeit seit dem Erbfall verstrichen ist und zum Zeitpunkt der Erbscheinserteilung die Testamentsvollstreckung schon weggefallen ist;[904] wenn der Testamentsvollstrecker bereits alle ihm zugewiesenen Aufgaben erfüllt hat (zB vollständige Nachlassaufteilung); bei einer nur beaufsichtigenden Testamentsvollstreckung im Sinne von § 2208 II BGB;[905] wenn eine gesetzte Frist inzwischen abgelaufen ist. Hat der Testamentsvollstrecker einzelne Gegenstände „freigegeben" (§ 2217 BGB), so dass sein Verfügungsrecht daran entfallen ist, macht dies den Erbschein insoweit unrichtig und kann, jedenfalls wenn die Freigabe vor Erteilung des Erbscheins erfolgt, auf diesem vermerkt werden.[906]

---

[902] BayObLG FamRZ 1990, 669.

[903] BayObLG Rpfleger 1974, 345; KGJ 48, 143; KGJ 50, 103/4 unter Aufgabe der Rspr KGJ 33 A 100.

[904] BayObLG Rpfleger 1974, 345.

[905] BayObLG FamRZ 1991, 986.

[906] MünchKomm-Mayer § 2364 Rz 15.

7.2.3 *Bedingte/befristete Testamentsvollstrecker-Ernennung*

393 Die Anordnung der Testamentsvollstreckung unter einer *aufschiebenden* Bedingung („Sollte mein Sohn sich als ungeeignet erweisen...“), die im Zeitpunkt der Erteilung des Erbscheins noch nicht wirksam geworden ist, ist nicht in den Erbschein aufzunehmen, wenn sie das einstweilen unbeschränkte Verfügungsrecht des Erben ungewiss machen würde.[907] Wenn die Bedingung dagegen so beschaffen ist, dass über ihren Eintritt kein Zweifel bestehen kann („Sollte meine Frau wieder heiraten...“) und so insbesondere auch der Grundbuchverkehr nicht gehemmt ist, ist die bedingte Testamentsvollstreckung in den Erbschein aufzunehmen[908] („Testamentsvollstreckung ist angeordnet, falls ...“). Ebenso ist es bei Beginn der Testamentsvollstreckung ab einem bestimmten Zeitpunkt und bei einer Befristung.

7.3 Erbscheine mit fehlendem oder unrichtigen Testamentsvollstrecker-Vermerk

394 Wenn im Erbschein die Testamentsvollstreckung nicht oder fehlerhaft angegeben ist, kann der Testamentsvollstrecker vom Besitzer des unrichtigen Erbscheins dessen Herausgabe an das Nachlassgericht verlangen (§§ 2664 II, 2362 I BGB), was bei Streit vor dem Prozessgericht (nicht vor dem Nachlassgericht!) durchzusetzen ist. Einfacher ist es, wenn der Testamentsvollstrecker beim Nachlassgericht anregt, den unrichtigen Erbschein einzuziehen (§ 2361 BGB); gegen eine Zurückweisung kann er Beschwerde einlegen.[909] Auch eine Kraftloserklärung ist möglich (§ 2361 II BGB). Es gibt keine Vermutung (vgl § 2365 BGB), wonach die im Erbschein vermerkte Beschränkung durch Testamentsvollstreckung auch tatsächlich besteht.[910]

7.4 Kosten

395 Die Anbringung des Testamentsvollstrecker-Vermerks im Erbschein löst keine zusätzliche Gebühr aus, verteuert den Erbschein also nicht;[911] es bleibt bei den Erbscheinsgebühren (§§ 107, 49 KostO). Werden Erbschein und Testamentsvollstrecker-Zeugnis in derselben Urkunde zusammengefasst (was unterblieben sollte) fallen natürlich sowohl die Erbscheins- wie die Testamentsvollstreckerzeugnis-Gebühren an.

---

907 KG JFG 10, 72 = JW 1933, 2067.

908 KGJ 46, 141.

909 BayObLGZ 19, 192; Soergel/Damrau § 2361 Rz 19.

910 OLG Frankfurt WM 1983, 803.

911 Korintenberg/Lappe KostO, § 107 Rz 8.

8. Erbscheine bei DDR-Bezug

8.1 Welches Recht kommt zur Anwendung?

396 Hat der Erbfall einen Bezug mit der ehemaligen DDR, ist zu klären, welches Recht gilt.[912] Das Sachrecht bestimmen die interlokalen Kollisionsregeln, die bereits vor der Wiedervereinigung in der Bundesrepublik Deutschland (nicht in der DDR) gegolten haben und deren Fortgeltung als einziges interlokales Privatrecht der Einigungsvertrag voraussetzt.[913] Im Erbrecht gilt die Regel, dass sich die Rechtsnachfolge von Todes wegen nach einem deutschen Erblasser nach den Bestimmungen derjenigen Teilrechtsordnung richtet, in deren Geltungsbereich der Erblasser seinen gewöhnlichen *Aufenthalt* hatte.[914] Danach ist der Erblasser entsprechend Art. 24 I, 25 EGBGB a.F. (Art. 220 I EGBGB; ab 1. 10. 1994: Art. 25 n. F. EGBGB) nach den Vorschriften des BGB beerbt worden, wenn er seinen gewöhnlichen Aufenthalt in der Bundesrepublik Deutschland hatte.[915] Wenn zum Nachlass auch ein Grundstück in der ehemaligen DDR gehört, kommen insoweit in entsprechender Anwendung von Art. 28 EGBGB a.F. (Art. 220 I EGBGB) bzw seit 1. 10. 1994: Art. 3 III EGBGB die dort geltenden „besonderen Vorschriften" zur Anwendung, insbesondere § 25 II Rechtsanwendungsgesetz (RAG) DDR. Nach dieser Norm bestimmen sich „die erbrechtlichen Verhältnisse in bezug auf das Eigentum und andere Rechte an Grundstücken[916] und Gebäuden, die sich in der Deutschen Demokratischen Republik befinden", nach dem Recht der DDR, also für Erbfälle nach dem 1. 1. 1976 nach dem ZGB/DDR.[917] Auch das Erbscheinsverfahren richtet sich dann nach dem ZGB/DDR. An einer auf diese Weise eingetretenen Nachlassspaltung hat sich durch die Vereinigung Deutschlands nichts geändert.[918] Wenn der Erblasser vor dem 3. 10. 1990 gestorben ist, bleibt das bisherige DDR-Recht maßgebend (Art. 235 § 1 I EGBGB).

---

912 BayObLG FamRZ 1991, 868; FamRZ 2001, 1181. Vgl Tabelle bei Kersten/Bühling/Wegmann § 103; Sandweg BWNotZ 1992, 45.

913 BGHZ 124, 270/272 f. = FamRZ 1994, 304; BGHZ 131, 22/26 = FamRZ 1995, 1567.

914 BGHZ 124, 270/273 = FamRZ 1994, 304; BayObLG FamRZ 2001, 1181; Staudinger/Schilken Rz 45 vor § 2353; Dörner IPrax 1991, 392; aA noch BayObLG DNotZ 1992, 442: entsprechende Anwendung von Art. 236 § 1 EGBGB in beiden Rechtsgebieten.

915 Vgl BGHZ 131, 22/26 = FamRZ 1995, 1567.

916 Auf Rückübertragungs- und Entschädigungsansprüche nach § 3 ff VermögensG findet § 25 II RAG keine Anwendung, OLG Hamm FamRZ 1995, 758 = ZEV 1995, 252.

917 OLG Zweibrücken DtZ 1992, 360.

918 BGHZ FamRZ 1995, 1567; FamRZ 1995, 481; BayObLG FamRZ 1997, 391; 1999, 1470/1471; 2001, 1181.

397

<table>
<tr><td>Datum des Erbfalls</td><td>Tod eines DDR-Bürgers</td><td colspan="2">Tod eines Bundesbürgers</td></tr>
<tr><td>Bis 31. 12. 1956</td><td colspan="3">BGB</td></tr>
<tr><td>Ab 1. 1. 1957</td><td>Änderungen des Adoptionsrechts</td><td colspan="2">-</td></tr>
<tr><td>Ab 1. 7. 1958</td><td>-</td><td colspan="2">Änderungen des Ehegattenerbrechts (§ 1371 BGB)</td></tr>
<tr><td>Ab 1. 4. 1966</td><td>§§ 9, 10 EGFGB: uU Erbrecht für nichteheliche Kinder; Änderungen beim Erbrecht des Ehegatten</td><td colspan="2"></td></tr>
<tr><td>Ab 1. 7. 1970</td><td></td><td colspan="2">Änderung § 1931 IV BGB; Erbersatzanspruch des ab dem 1. 7. 1949 geborenen nichtehelichen Kindes</td></tr>
<tr><td>Ab 1. 1. 1976</td><td>Geltung von §§ 364 – 369 ZGB, EGZGB, RAG</td><td>Grundeigentum in der DDR: vererbt nach ZGB, § 25 II RAG, Art 235 § 1 I EGBGB</td><td>Grundeigentum in Westdeutschland und bewegliches Vermögen: vererbt nach BGB</td></tr>
<tr><td>Ab 3. 10. 1990</td><td colspan="3">Wiedervereinigung; BGB gilt wieder; Ausnahme: für nichteheliche DDR-Kinder gilt weiterhin DDR-Recht, Art 235 § 1 EGBGB</td></tr>
<tr><td>Ab 1. 4. 1998</td><td colspan="3">Für Erbfälle ab 1. 4. 1998 erbt das nichteheliche Kind wie ein eheliches, außer es ist vor dem 1. 7. 1949 geboren</td></tr>
</table>

8.2 Identische oder differierende Erbfolgen

398 Die Erbfolge in den beiden Nachlassteilen (DDR-Immobilien – sonstiges Vermögen in Ost und West) kann:

a) übereinstimmen (Beispiel: E wird testamentarisch nur von seinem Sohn beerbt, andere Verwandte gibt es nicht). Hier soll je ein selbständiger Erbschein erforderlich sein,[919] was meines Erachtens nicht sinnvoll begründbar ist; *ein* Erbschein genügt (Zeugnisse sind Zusammenfassungen ohne Gründe). Oder:

---

[919] OLG Zweibrücken Rpfleger 1993, 113; KG OLGZ 1992, 279; BayObLG FamRZ 1994, 723.

b) Die Erbfolge kann auch verschieden sein, zB:
- bei Beteiligung von Ehegatten;
- bei nichtehelichen Kindern; § 365 I ZGB/DDR: das nichteheliche Kind erbte in der DDR wie ein eheliches Kind, in Westdeutschland früher nicht;
- bei Existenz von Erbverträgen, weil diese dem ZGB unbekannt waren;[920]
- bei Vorerbschaft/Nacherbschaft (nicht erlaubt, § 371 II ZGB).

Ist unmittelbar nach dem Todesfall noch kein Erbschein erteilt worden, ist nach Rz 401zu verfahren (Antrag auf **Doppelerbschein**).

399 Ist früher (vor dem 3. 10. 1990) bereits von einem westdeutschen Nachlassgericht ein gewöhnlicher Erbschein nach BGB erteilt worden, hätte damals ein **Geltungsvermerk** („Dieser Erbschein gilt nicht für in der ehemaligen DDR belegenes unbewegliches Vermögen."[921]) angebracht werden müssen; das ist in der Praxis fast immer unterblieben. Denn oft wussten die Erben gar nichts von den sowieso fast wertlosen DDR-Grundstücken. Dieser alte Erbschein muss jedoch nicht nach § 2361 BGB wegen Unrichtigkeit eingezogen werden (Rz 482 ff), er kann um einen Geltungsvermerk ergänzt werden, *wenn die Erbfolgen nach BGB und ZGB übereinstimmen.* Entweder werden alle Ausfertigungen zurückgefordert und um den Vermerk ergänzt oder der Geltungsvermerk wird allen Erbscheinsbesitzern nach § 16 FGG mitgeteilt.

Der Geltungsvermerk lautet: „Dieser Erbschein bezieht sich auch auf den in der ehemaligen DDR belegenen unbeweglichen Nachlass im Sinne von § 25 II RAG/DDR."

400 Wenn die Erbfolgen nach BGB und ZGB *nicht übereinstimmen,* scheidet nach einer Meinung[922] eine Ergänzung aus; es bleibe nur die Einziehung und Neuerteilung. Meines Erachtens kann auch hier der alte BGB-Erbschein um den Geltungsvermerk ergänzt werden („Gilt nicht hinsichtlich des in der ehemaligen DDR belegenen unbeweglichen Nachlasses ...") und durch einen weiteren Teil-Erbschein in Anwendung des ZGB/DDR die Erbfolge hinsichtlich des in der ehemaligen DDR belegenen unbeweglichen Nachlasses ausgesprochen werden. Vgl Rz 401 ff.

8.3 Beispiele

401 a) Der Erblasser X, ein Westdeutscher ohne gleichzeitige DDR-Staatsangehörigkeit, verstarb am 2. 11. 1982 in München; er besaß in West-

[920] BayObLG FamRZ 1995, 1089 = ZEV 1995, 256.
[921] Vorschlag Kersten/Bühling/Wegmann § 103 Rz 33.
[922] Trittel DNotZ 1991, 244; Kersten/Bühling/Wegmann § 103 Rz 33.

deutschland Grundstücke und Guthaben, in der DDR ein Grundstück. Im Jahr 2003 wird ein Erbschein beantragt. X hinterlies die Witwe (E), eine eheliche Tochter (F) und eine 1977 in der DDR geborene nichteheliche Tochter (G).

Da der Erblasser nach dem 1. 1. 1976 und vor dem 3. 10. 1990 verstarb, ist keine einheitliche Erbfolge in den gesamten Nachlass, sondern Nachlassspaltung eingetreten. Die in der ehemaligen DDR gelegenen, unter § 25 II RAG fallenden Gegenstände bilden einen selbständigen Nachlass, bei dem sich die Erbfolge im Grundsatz nach den Regeln des ZGB/DDR richtet, während der übrige Nachlass den Regeln des BGB unterliegt. Die Erbfolge ist hinsichtlich der verschiedenen Nachlassteile je für sich zu beurteilen.[923]

Für den Erbschein hat dies zur Folge, dass entweder

- nur ein Erbschein in Anwendung des BGB, der sich nicht auf den in der ehemaligen DDR belegenen unbeweglichen Nachlass im Sinne des § 25 II RAG/DDR erstreckt (unten 1), oder
- ein Erbschein in Anwendung des ZGB/DDR, der sich lediglich auf den in der ehemaligen DDR belegenen unbeweglichen Nachlass erstreckt (unten 2), oder
- ein sog. Doppelerbschein erteilt werden kann, der diese beiden Erbscheine äußerlich vereinigt (unten 3).[924]

Antrag und Entscheidung:

(1) Teil-Erbschein *402*

Es wird bezeugt, dass der am 1. 1. 1982 in München verstorbene X in Anwendung des BGB von E und F zu je ½ beerbt worden ist. Dieser Erbschein erstreckt sich nicht auf den in der ehemaligen DDR belegenen unbeweglichen Nachlass im Sinne des § 25 II RAG/DDR.

(2) Teil-Erbschein

Es wird bezeugt, dass der am 1. 1. 1982 in München verstorbene X in Anwendung des ZGB/DDR von E, F und G zu je 1/3 beerbt worden ist. Dieser Erbschein erstreckt sich lediglich auf den in der ehemaligen DDR belegenen unbeweglichen Nachlass im Sinne von § 25 II RAG/DDR.

---

923 BayObLG FamRZ 1999, 1470/1471; OLG Hamm FamRZ 1998, 121/122; KG FamRZ 1998, 124/125.

924 KG Rpfleger 1992, 158/159; BayObLG FamRZ 2001, 1181; FamRZ 2003, 1327/32 (Bodenreformgrundstücke); Staudinger/Schilken Vorbem. zu §§ 2353 ff. Rz. 48; MünchKomm/Mayer § 2353 Rz 145; Bestelmeyer Rpfleger 1992, 229/231.

(3) Erbschein

Es wird bezeugt, dass der am 1. 1. 1982 in München verstorbene X

aa) in Anwendung des BGB von E und F zu je ½ beerbt worden ist, aber nicht hinsichtlich des in der ehemaligen DDR belegenen unbeweglichen Nachlass im Sinne des § 25 II RAG/DDR.

bb) in Anwendung des ZGB/DDR von E, F und G zu je 1/3 beerbt worden ist, jedoch nur hinsichtlich des in der ehemaligen DDR belegenen unbeweglichen Nachlasses im Sinne von § 25 II RAG/DDR.

403 b) X ist vor dem 3. 10. 1990 in der DDR verstorben. Er hinterlies eine Gemäldesammlung in Westdeutschland. Seit dem 3. 10. 1990 kann von einem westdeutschen Nachlassgericht kein gegenständlich beschränkter Erbschein mehr erteilt werden, weil für den Erbschein ein in der ehemaligen DDR gelegenes Nachlassgericht zuständig ist.[925]

9. Fremdrechtserbschein[926]

404 Für den Nachlass eines Ausländers sind die deutschen Nachlassgerichte grundsätzlich nicht zuständig. Die Rechtsprechung hält deutsche Nachlassgerichte nur dann für international zuständig, wenn deutsches Erbrecht angewandt wird (Gleichlaufgrundsatz).[927] Beim Tod eines Ausländers ist aber meist ausländisches Erbrecht anzuwenden (Art 25 EGBGB). Die Erben, mögen sie Deutsche oder Ausländer sein, sollen sich an die ausländischen Nachlassbehörden bzw Nachlassgerichte wenden. Probleme tauchen auf, wenn der Ausländer Vermögen in Deutschland hinterlässt. Der ausländische Erbnachweis wird bei uns in der Regel nicht anerkannt (hM; Rz 734, 736), so dass ein Bedürfnis für einen inländischen Erbnachweis, gegenständlich beschränkt auf den Nachlass und territorial auf den in Deutschland befindlichen Nachlass, besteht. § 2369 BGGB bringt die entsprechende Regelung.

Der Fremdrechtserbschein ist subsidiär gegenüber dem Erbschein nach § 2353 BGB. Er entfaltet dieselben Gutglaubensfunktionen (§§ 2365–2367 BGB) wie ein Erbschein nach § 2353 BGB. Die Bezeichnung „**gegenständlich beschränkter Erbschein**" ist missverständlich: nicht die Erbfolge nach bestimmten Gegenständen (Buch, Möbelstück) wird bezeugt, sondern die Gesamtnachfolge bezüglich aller Gegenstände („Nachlass")

---

925 BayObLG FamRZ 1992, 989.

926 Vgl Griem, Probleme des Fremdrechtserbscheins gemäß § 2369 BGB, 1990; Edenfeld, Der deutsche Erbschein nach ausländischem Erblasser, ZEV 2000, 482.

927 Eine geplante Reform will den Gleichlaufgrundsatz abschaffen (BR-Drucks. 309/07; BT-Drucks. 16/6308); dazu Zimmermann FGPrax 2006, 189.

in einem bestimmten Territorium, möglicherweise eingeschränkt auf beweglichen oder unbeweglichen Nachlass.

9.1 Voraussetzungen des Fremdrechtserbscheins

9.1.1 Annahme der Erbschaft; Antrag

405 Der Antragsteller muss einen Antrag stellen (§ 2353 BGB), antragsberechtigt sein (Rz 34 ff) und den Berufungsgrund, auf den er sich stützt, angeben (Testament, Erbvertrag, gesetzliche Erbfolge); aus dem Antrag muss hervorgehen, dass ein Fremdrechtserbschein (gegenständlich beschränkter Erbschein) begehrt wird.[928] Ferner ist der Inhalt des begehrten Erbscheins (Alleinerbe usw; Beschränkungen) vorzugeben; das nach Meinung des Antragstellers anzuwendende materielle Erbrecht muss der Antragsteller aber nicht angeben (es wird von Amts wegen ermittelt), auch nicht die Beschränkung auf den inländischen Nachlass.

Weiterhin kann einen Erbschein nur beantragen, wer die Erbschaft angenommen hat; der Erbscheinsantrag stellt die stillschweigende Annahme dar. Hier können bei Anwendung ausländischen Erbrechts Probleme auftauchen, wenn das ausländische Erbrecht einen Zwischenerwerb zB (im anglo-amerikanischen Rechtskreis) durch *legal representatives* vorsieht; hier wird man den letztlich Begünstigten als annahmepflichtigen Erben behandeln müssen (Rz 422).[929] Manchmal verlangt das ausländische Erbrecht für den Erwerb der Erbschaft über die Annahmeerklärung hinaus besondere gerichtliche oder behördliche Handlungen, die dem deutschen Recht wesensfremd sind und für die den deutschen Nachlassgerichten die internationale Zuständigkeit fehlt. Da wir unserem Fremdrechtserbschein aber ohnehin nur Wirkung in Deutschland beimessen, können wir darauf verzichten, wenn Unzumutbarkeit besteht.

406 Nach **österreichischen Erbrecht** beispielsweise wird die Erbschaft durch die „Erbserklärung“, die gemäß § 799 ABGB in einem „Abhandlungsverfahren“ abgegeben wird, angenommen. Der Erbschaftserwerb vollzieht sich erst durch die „Einantwortung“ (§§ 797, 819 ABGB). Diese wird gemäß § 174 des Gesetzes über das gerichtliche Verfahren in Rechtsangelegenheiten außer Streitsachen (Außerstreitgesetz – AußStrG) vom „Verlassenschaftsgericht“ beschlossen. Daraus folgt, dass einem Erben, der die Erbschaft noch nicht durch eine wirksame Erbserklärung angenommen hat, kein Erbschein erteilt werden darf.[930] Kann in Österreich

[928] BayObLG FamRZ 1995, 1028 = Rpfleger 1995, 461 = DNotZ 1996, 106 (Riering) = ZEV 1995, 416 (v.Oertzen).

[929] Vgl BayObLG FamRZ 2003, 1595; Bamberger/Roth/Lorenz BGB Art 25 EGBGB Rz 69, 34.

[930] BayObLG FamRZ 1995, 1028.

eine Verlassenschaftsabhandlung und damit eine Einantwortung mangels eines zuständigen österreichischen Verlassenschaftsgerichts möglicherweise nicht stattfinden, kann bei uns auf eine Einantwortung verzichtet werden und die Annahme der Erbschaft auch vor dem deutschen Nachlassgericht erklärt werden.[931]

407 **Rechtsschutzbedürfnis:** Wenn bereits ein ausländischer Erbnachweis vorliegt und man dessen Anerkennungsfähigkeit (entgegen der hM; Rz 734, 736) bejaht, kann für einen Fremdrechtserbschein ein Rechtsschutzbedürfnis fehlen;[932] allerdings hat der ausländische Erbnachweis allenfalls die Wirkungen seines Heimatlandes bei uns, der deutsche Fremdrechtserbschein dagegen die Wirkungen der §§ 2365 ff BGB. Ob der deutsche Fremdrechtserbschein im Ausland anerkannt wird, ist hingegen gleichgültig. Ist *zweifellos* kein Vermögen im Inland, fehlt ebenfalls das Rechtsschutzbedürfnis für einen Fremdrechtserbschein.

9.1.2 Es befinden sich Nachlassgegenstände in Deutschland

408 Verfahrensrechtlich genügt die Angabe des Antragstellers, dass solche Gegenstände vorhanden sind,[933] ohne dass es auf deren Art und Wert ankommt; von Amts wegen wird das nicht nachgeprüft; ergibt sich allerdings im Verfahren, zB bei der Vorlage des Nachlassverzeichnisses zwecks Gebührenberechnung, dass sich hier *nichts* befindet, fehlt ausnahmsweise das Rechtsschutzbedürfnis für einen Erbschein (Rz 407).

Entscheidend ist der Zeitpunkt der Antragstellung;[934] die Gegenstände müssen sich nicht schon zur Zeit des Erbfalls hier befunden haben.[935] Ob ein Gegenstand als nachlasszugehörig aufzufassen ist richtet sich grundsätzlich nach ausländischem Erbrecht.[936]

409 a) **Grundstücke in Deutschland**; an die Stelle von DDR-Grundstücken ist gegebenenfalls der Restitutionsanspruch getreten.[937] Vgl Rz 411.

410 b) **Bewegliche Gegenstände** (Wohnungseinrichtung, Bilder, Maschinen usw) in Deutschland.

---

[931] BayObLG FamRZ 1995, 1028; FamRZ 1971, 258. Vgl ferner Tersteegen ZErb 2007, 339; LG Köln MittRhNotK 1990, 285/6; OLG Köln NJW-RR 1997, 1091.

[932] Griem S. 96; aA MünchKomm-Promberger 3. Aufl. § 2369 Rz 8 mit Nachweisen.

[933] BayObLG FamRZ 1995, 1028; OLG Zweibrücken Rpfleger 1994, 466. Nach anderer Ansicht muss inländischer Nachlass vorhanden sein (BGHZ 131, 22 für die Frage, wie in DDR-Fällen Restitutionsansprüche einzuordnen sind; KG ZEV 2007, 226).

[934] Palandt/Edenhofer § 2369 Rz 9.

[935] KG OLGZ 1975, 293; Staudinger/Schilken § 2369 Rz 18.

[936] BGH NJW 1959, 1317/8; umstritten; nach Palandt/Edenhofer § 2369 Rz 9; KG OLGZ 1977, 457 nach der lex rei sitae. Differenzierend auch Bamberger/Roth/Lorenz BGB Art 25 EGBGB Rz 31.

[937] BayObLGZ 1994, 40.

c) **Forderungen, Ansprüche, Rechte.** Sie gelten als im Inland befindlich, wenn für die Klage gegen den Schuldner (Verpflichteten) ein deutsches Gericht zuständig wäre (§ 2369 II 2 BGB).[938] Solche Zuständigkeiten können sich auch aus § 23 ZPO ergeben, wenn der Schuldner hier keinen Sitz hat. Gehört zum Nachlass ein Guthaben bei einer Bank, die in Deutschland ihren Sitz hat, ist die Forderung im Inland befindlich (Gerichtsstand: § 13 ZPO). Forderungen aus Inhaberpapieren sind am Sitz des Ausstellers, Schuldners und am Verwahrungsort des Papiers belegen. *411*

Die Behandlung von **Lastenausgleichs-, Wiedergutmachungs-, Rückerstattungs- und Entschädigungsansprüchen** aus Anlass der politischen Umwälzungen von 1933 bis 1990 ist umstritten.[939] Lastenausgleichsansprüche befinden sich grundsätzlich am Ort des zuständigen Ausgleichsamts.[940] Bei den politischen Ansprüchen (Entschädigung usw) ist jeweils zu untersuchen, ob sie noch beim Erblasser entstanden sind und vererbt wurden oder ob der Anspruch erst in der Person des Erben entstand, also nicht Nachlassbestandteil wurde, somit unter Umständen auch nicht hier belegen ist.[941] Denn nicht die Vertreibung hat den Anspruch begründet, sondern erst das Gesetz, das in solchen Fällen Ansprüche begründete. Es wird aber auch behauptet, der Anspruch müsse nicht noch in der Person des Erblassers entstanden sein, sondern könne kraft Gesetzes auch unmittelbar dem Erben erwachsen sein;[942] im Einzelfall muss die Wurzel genau untersucht werden (eine Rechtsverweigerung darf jedenfalls durch die Verneinung der Zuständigkeit nicht entstehen).

d) **Registrierte Gegenstände.** Gegenstände, für die amtliche Register geführt werden (Grundbuch, Schiffsregister, Luftfahrtregister, Handelsregister, Patentregister, Musterrechtsregister; Staatsschuldenverzeichnis), die zur Eintragung des Berechtigten bestimmt sind (er muss noch nicht eingetragen sein), gelten als im Inland befindlich. *412*

9.1.3 Die Erbfolge untersteht ausländischem Erbrecht

Für den Nachlass dürfen die deutschen Nachlassgerichte an sich nicht zuständig sein (§ 2369 BGB). Mit dieser missverständlichen Formel ist gemeint, dass ausländisches Erbrecht zur Anwendung kommt (Gleichlaufgrundsatz); denn andernfalls wäre der Satz widersinnig: wenn die Zuständigkeit fehlt, dann fehlt sie immer, auch für inländische Gegen- *413*

---

938 Dazu Fetsch ZEV 2005, 425.

939 Vgl Staudinger/Schilken § 2369 Rz 25 ff.

940 BayObLG Rpfleger 1992, 486; 1991, 195; streitig; Einzelheiten bei Keidel/Winkler FGG § 73 Rz 42 ff.

941 Einzelheiten bei Keidel/Winkler FGG § 73 Rz 42.

942 KG JR 1963, 144; aA BayObLGZ 1956, 121.

stände. Ist ein Erbschein nach § 2353 BGB zulässig, kann ein Erbschein nach § 2369 BGB nicht erteilt werden.

414 **Welches Erbrecht kommt zur Anwendung**, wenn ein Ausländer (Rz 149 ff) stirbt?

Zu prüfen ist:

a) Gibt es einen Staatsvertrag? Das ist der Fall bei der Türkei, Iran und einigen Nachfolgestaaten der Sowjetunion. Rz 155.

b) Hat der Erblasser eine Rechtswahl getroffen (Art 25 II EGBGB)?

c) Andernfalls: Art 25 I EGBGB: Heimatrecht des Ausländers gilt (materielles Erbrecht und Internationales Privatrecht).

d) Verweist das ausländische Heimatrecht auf deutsches Recht zurück?[943] Diese Verweisung würde bei uns angenommen, es käme zur Anwendung deutschen Erbrechts und zur Ausstellung eines Erbscheins nach § 2353 BGB (nicht nach § 2369 BGB). Zur Nachlassspaltung vgl Rz 443.

e) Verweist das Heimatrecht des Ausländers nicht auf deutsches Recht, kommt das ausländische Erbrecht zur Anwendung, es sei denn, unser ordre public (Art 6 EGBGB) steht entgegen (Rz 441). Das Heimatrecht ist manchmal nicht einheitlich, sondern spaltet territorial (zB gibt es in Spanien mehrere Partikularrechte) oder personal (Frauen, Männer; islamische Staaten) oder religiös (Unterschiede je nach Religionszugehörigkeit in den islamischen Staaten).

415

In Deutschland verstorbener **Deutscher** mit Vermögen nur in Deutschland	Deutsches Erbrecht, 25 I EGBGB; Nachlassgericht: § 73 I FGG
In Deutschland verstorbener Deutscher mit Vermögen nur im Ausland; oder mit Vermögen in Deutschland und im Ausland	Aus deutscher Sicht: deutsches Erbrecht, Art 25 I EGBGB; Zuständiges Nachlassgericht: § 73 I FGG. Anders oft aus der Sicht des Auslands
Im Ausland verstorbener Deutscher mit Vermögen nur im Ausland; oder: Vermögen nur in Deutschland; oder: Vermögen in Deutschland und im Ausland	Aus deutscher Sicht: deutsches Erbrecht, Art 25 I EGBGB; Zuständiges Nachlassgericht: § 73 II FGG. Anders oft aus der Sicht des Auslands
In Deutschland oder im Ausland verstorbener **Ausländer** mit Vermögen nur im Ausland.	Ausländisches Erbrecht, keine internationale Zuständigkeit deutscher Nachlassgerichte

[943] Vgl hierzu die Übersicht bei Süß ZEV 2000, 486.

In Deutschland verstorbener Ausländer mit Vermögen nur in Deutschland, *oder*: in Deutschland und im Ausland	Deutsches Vermögen: § 2369 BGB; Zuständigkeit: § 73 I FGG. Ausländisches Vermögen: keine deutsche Zuständigkeit
Im Ausland verstorbener Ausländer mit Vermögen nur in Deutschland; oder: Vermögen in Deutschland und im Ausland	Deutsches Vermögen: § 2369 BGB; Zuständigkeit: § 73 III FGG. Ausländisches Vermögen: keine deutsche Zuständigkeit
In Deutschland verstorbener **Staatenloser**	Art 5 II EGBGB: Recht des Staates, in dem der Verstorbene seinen Aufenthalt hatte
Personen mit deutscher und anderer Staatsangehörigkeit	Deutsche Staatsangehörigkeit geht vor, Art 5 I 2 EGBGB
Personen mit doppelter ausländischer Staatsangehörigkeit	Effektive Staatsangehörigkeit, Art 5 I 1 EGBGB

9.2 Verfahren

416 Die internationale Zuständigkeit ergibt sich unmittelbar aus § 2369 BGB; die örtliche Zuständigkeit folgt aus § 73 I, III FGG (Rz 125). Zuständig ist immer der Richter (§ 16 I Nr 6 RPflG). Angewandt wird deutsches Verfahrensrecht (FGG; BGB), obwohl ausländisches Erbrecht zugrunde gelegt wird. Zur Feststellung des ausländischen Erbrechts vgl Rz 214. Zur Bindung an ausländische „Erbscheinsverfahren“ und Feststellungen vgl Rz 187. Die Staatsangehörigkeit des Erblassers (Art 25 EGBGB) ist von Amts wegen zu ermitteln; die Staatsangehörigkeit des Erben ist gleichgültig.

417 In bestimmten Fällen bestehen zusätzliche Mitteilungspflichten für das Nachlassgericht, wenn ein Ausländer im Inland Vermögen hinterlässt;[944] Rz 283, 294.

9.3 Inhalt des Fremdrechtserbscheins

9.3.1 Grundfall

418 Der Inhalt des Fremdrechtserbscheins entspricht grundsätzlich dem eines Erbscheins nach § 2353 BGB, ergänzt um die Kriterien, die aus § 2369 BGB folgen:

Erbschein
Unter Beschränkung auf den im Inland befindlichen Nachlass wird in Anwendung italienischen Rechts bezeugt, dass E…., geb. am … in Mailand, zuletzt wohnhaft gewesen in München …., dort verstorben am …, von A …. aufgrund Gesetzes *allein* beerbt worden ist.

[944] Ziffer XVII/8 der Anordnung über Mitteilungen in Zivilsachen (MiZi).

419 **a) Erbrechtliche Nachfolge mit Quote** („... dass A von B und C zu je ½ beerbt worden ist...“). Sie ist wie bei § 2353 BGB anzugeben. Die Staatsangehörigkeit des Erblassers kann in den Erbschein aufgenommen werden, notwendig oder üblich ist es nicht. Da ausländisches Erbrecht angewandt wird, handelt es sich natürlich um eine Erbenstellung im Sinne des *ausländischen* Erbrechts, auch wenn die deutsche Kurzform „beerbt“ verwendet wird. Die im Erbschein als „Erbe“ zu bezeichnende Person ist diejenige, die verfügungsberechtigter Eigentümer der Nachlassgegenstände ist bzw wird und für die Nachlassschulden haftet;[945] das ergibt sich aus dem Zweck des Erbscheins: die Bank will wissen, wem sie das Guthaben des Erblassers auszahlen darf, der Nachlassgläubiger, wen er verklagen kann.

420 (1) Das deutsche Erbrecht geht von der **Universalsukzession** aus (§ 1922 BGB): man tritt ganz oder zu einem Bruchteil in die vermögensrechtliche Rechtsstellung des Erblassers ein (Sondererbfolgen in Einzelrechte gibt es nur für das Mietverhältnis, § 563 BGB; für den landwirtschaftlichen Hof im Geltungsbereich des Höferechts; uU für gesellschaftsrechtliche Beteiligungen). Das ausländische Erbrecht weicht hiervon manchmal ab; es gestattet, jemand als Erben für einen Einzelgegenstand einzusetzen (Vindikationslegat). Der Fremdrechtserbschein darf aber nichts enthalten, was dem Prinzip des Ausweises der Gesamtrechtsnachfolge widersprechen würde und daher auch bei einem deutschen Erbschein unzulässig wäre, also zB keine Zuweisung bestimmter Nachlassgegenstände, schon deswegen, weil das unpraktisch und meist unvollständig wäre. Unzulässig daher: „...bezeugt, dass A von E das Haus in München..., B von E das Bankguthaben bei der X-Bank geerbt hat“.[946]

421 Unzulässig ist ferner die Aufnahme von **Geldsummen**: „...bezeugt, dass E von seiner Ehefrau A bis zu einem Nachlasswert von 85.000 britischen Pfund allein, in Höhe des überschießenden Nachlasswerts von B allein beerbt worden ist;“[947] denn das ist eine Art Vermächtnis, gegebenenfalls Vorausvermächtnis.

422 (2) Nach deutschem Erbrecht wird man in der Sekunde des Todes des Erblassers Erbe, ohne dass man die Erbschaft annehmen müsste (doch besteht ein Ausschlagungsrecht). Bei Beerbung nach einigen auslän-

---

[945] Vgl Griem S. 180.

[946] hM, BGHZ 1, 9/15; Lange/Kuchinke § 39 IV 5; anders die ältere Lehre und Rechtspr (BayObLG 14, 74).

[947] Letzteren Erbschein hält Firsching/Graf Rz 2.104 für zulässig (Angabe des Betrags sei nur ein anderer Ausdruck für die zu errechnende Miterbenquote!); das ist mE unzutreffend. Zur Streitfrage vgl Wengler JR 1955, 42; Gottheimer RabelsZ 1956, 71.

dischen Rechten geht der Nachlass zunächst auf einen Administrator[948] usw über, zB nach englischem Recht. Es ist zweifelhaft, ob hier trotzdem von „beerbt" gesprochen werden darf (zutreffend; Rz 405)[949] oder lediglich der Übergang auf einen **Administrator** bescheinigt werden soll.[950] Sieht das ausländische Erbrecht ein Ruhen der Erbschaft vor (Herrenlosigkeit zwischen Todesfall und Erwerb durch den Erben infolge Antretung der Erbschaft oder behördlicher Einweisung; hereditas iacens) kann in dieser Zwischenzeit in der Regel kein Erbschein erteilt werden.[951]

423 **b) Beschränkung der Erbscheinswirkung auf den im Inland befindlichen Nachlass** (oder: nur beweglichen bzw unbeweglichen Nachlass). § 2369 BGB spricht von einem „Erbschein für diese Gegenstände", weshalb die allgemeine Meinung diese Beschränkung in den Erbschein aufnimmt. [952] Allerdings bezeugt der Fremdrechtserbschein kein Erbrecht bezüglich bestimmter Einzelgegenstände, sondern bezüglich aller Gegenstände (des „Nachlasses") in einem bestimmten Territorium (Deutschland), eventuell nur einer Nachlass – Gruppe (beweglich, unbeweglich) bei der Nachlassspaltung (Rz 443). Die Angabe der Einzelgegenständen wäre unschädlich, aber unbeachtlich und führt nicht zur Einziehung nach § 2361 BGB.

424 **c) Angabe des ausländischen Rechts** (aber nicht der Paragraphen), das angewandt wurde;[953] das ist fast allgemeine Meinung, aber aus § 2369 BGB nicht begründbar. Es soll notwendig sein, damit die erbrechtliche Stellung des Erben genau beschrieben wird. *425* **Zwei Formulierungsmöglichkeiten**: (1)" Unter Beschränkung auf den im Inland befindlichen Nachlass wird in Anwendung polnischen Rechts bezeugt, dass E von A allein beerbt worden ist";[954] oder (2) „Unter Beschränkung ... wird bezeugt, dass E von A allein beerbt worden ist; A ist Erbe nach dem Recht des Staates Polen."[955] Ungenügend ist, nur die Staatsangehörigkeit des Erblassers anzugeben („Es wird bezeugt, dass der polnische Staatsangehörige ..."). Der

---

948 Dieser Abwickler ist kein Erbe, auf ihn kann kein Erbschein lauten; Edenfeld ZEV 2000, 482/5.

949 Firsching DNotZ 1960, 640/44; Edenfeld ZEV 2000, 482/5; Griem S. 172. Zutreffend, weil § 2353 BGB die Angabe des „Erben" im Sinne des Gesamtrechtsnachfolgers verlangt.

950 Dafür Kegel IPR 6. Aufl 1987 § 21 IV 2.

951 Edenfeld ZEV 2000, 482/5.

952 Firsching/Graf Rz 2.101.

953 BGHZ 131, 22/32; BayObLGZ 1961, 4/21; OLG Düsseldorf NJW 1963, 2228/30; Lange/Kuchinke § 39 IV 5; Staudinger/Schilken § 2369 Rz 3; Griem S. 188; aA LG Frankfurt MDR 1976, 668 (die Angabe sei überflüssig).

954 Firsching/Graf Rz 2.101.

955 Gottheiner RabelsZ 1956, 36, 69.

Gutglaubensschutz (§§ 2365 ff BGB) erstreckt sich nicht auf die Angabe des Erbrechts, der Einschub gibt nur an, nach welchem Recht sich die Erbenstellung nach Meinung des deutschen Nachlassgerichts usw richtet. Verklagt ein Nachlassgläubiger den Erben und legt er polnisches Recht dar, ist das Zivilgericht nicht gehindert, zum Ergebnis zu kommen, der Erbe sei Erbe nach ukrainischem Recht.

426 Zweifelhaft ist, ob der **Berufungsgrund** („aufgrund Testaments; kraft Gesetzes") in den Fremdrechtserbschein aufnehmen ist. In den Erbschein nach § 2353 BGB ist er nicht aufzunehmen, wie der Gesetzestext zeigt. Für die Aufnahme in den Fremdrechtsschein[956] soll das Bedürfnis sprechen, die Erbenstellung möglichst genau zu beschreiben; da aber auch beim Erbschein nach § 2353 BGB der Berufungsgrund nicht angegeben wird, sollte es bei § 2369 BGB nicht anders gehandhabt werden.

427 **d) Verfügungsbeschränkungen** (vgl §§ 2363, 2364 BGB); unklar ist, was aufgenommen werden darf. Vgl Rz 432. Rechtsinstitutionen, die das deutsche Recht nicht kennt (zB Noterbrecht), sind als solche aufzuführen, wenn sie die dingliche Verfügungsbefugnis des Erben ähnlich wie §§ 2363, 2364 BGB beschränken; zur Angleichung vgl Rz 430.

428 **e) Angabe der Umgestaltung** aufgrund Art 6 II EGBGB (ordre public) in Sonderfällen (unter Umständen nur teilweise); Rz 441.

429 **f) Schuldrechtliche Verhältnisse**, die nach deutschem Recht nicht in den Erbschein aufzunehmen wären, werden auch dann nicht aufgeführt, wenn sie nach ausländischem Recht begründet wurden. Unzulässig daher: „Der Witwe steht an der Hälfte des Nachlasses ein lebenslängliches Nutznießungsrecht zu".

430 **g) Angleichung.** Umstritten ist, wie die abweichenden **Rechtsbegriffe des ausländischen Rechts** zum Ausdruck zu bringen sind. Teils wird vorgeschlagen, eine Angleichung vorzunehmen,[957] da der Wert des Erbscheins auf §§ 2365–2367 BGB beruhe; diese Bestimmungen würden einen Erbschein voraussetzen, der den formellen Voraussetzungen der §§ 2353 ff BGB entspreche; als deutsches Zeugnis müsse der Erbschein einen Erben im Sinne des deutschen Rechts bezeugen. Nur Begriffe des deutschen Rechts dürfe der Erbschein anführen. Die ausländischen Begriffe seien den *431* deutschen „anzugleichen". Das alles ergibt sich weder aus § 2353 BGB noch aus § 2369 BGB. Es ist auch (abgesehen von der Bezeichnung des Grundbegriffs „Erbe") nicht sinnvoll. Wenn man für die Darstellung der deutschen Testamentsvollstreckung mehrere hundert Seiten braucht, ist wohl

---

[956] Dafür Firsching/Graf Rz 2.106; Riering DNotZ 1996, 109; Staudinger/Dörner Art 25 EGBGB Rz 840.

[957] Staudinger/Schilken § 2369 Rz 31, MünchKomm-Mayer § 2369 Rz 24; Griem S. 183.

auch die Darstellung der amerikanischen „Testamentsvollstreckung“ (executor, administrator) nicht in zwei Zeilen möglich. Jede Angleichung ist letztlich eine Verfälschung; fremde Rechtsinstitutionen können nicht mit wenigen Worten ins Deutsche übertragen werden.

Richtig ist daher, die ausländische Rechtsinstitution mit dem ausländischen Begriff im Erbschein zu bezeichnen.[958]

9.3.2 *Pflichtteil als Noterbrecht*

432 In Deutschland hat der Pflichtteilsberechtigte einen Geldanspruch gegen den Erben (§§ 2303, 2317 BGB), aber keine dingliche Mitbeteiligung am Nachlass. Der Pflichtteil wird in den Erbschein nicht aufgenommen. Im Ausland existiert in vielen Staaten ein Pflichtteilsrecht; es ist ganz unterschiedlich ausgestaltet.[959] Teils ist diese zwingende finanzielle Mitbeteiligung naher Angehöriger als Miterbrecht (Noterbrecht) ausgestaltet (zB in Spanien, Italien, Frankreich[960]). Wenn der Erblasser das Noterbrecht nicht beschränken kann, ist es wie eine Miterbenstellung in den Erbschein aufzunehmen.[961] In manchen Ländern muss der Pflichtteilsberechtigte *433* sein Recht durch eine erfolgreiche **Herabsetzungsklage** durchsetzen, außer das Recht wird vom Erben anerkannt (zB Belgien). Verzichtet der Pflichtteilsberechtigte oder lässt er die Frist verstreichen steht ihm kein Noterbrecht zu;[962] das Nachlassgericht kann den Berechtigten auffordern, sich zu äußern. Liegt ein Urteil oder ein Anerkenntnis des Erben vor, kann das Noterbrecht in den Erbschein aufgenommen werden. Ist die Frist zur Herabsetzungsklage noch nicht verstrichen, ist umstritten, ob der Erbschein überhaupt abzulehnen ist oder was in den Erbschein aufzunehmen ist;[963] am zweckmäßigsten ist meines Erachtens, die Sachlage dort kurz darzustellen.

9.3.3 *Ausländischer Legalnießbrauch*[964]

434 Ein Nießbrauch am Nachlass, nach deutschem Recht einer Person testamentarisch oder erbvertraglich zugewandt, wird nicht in den Erbschein

---

958 Palandt/Edenhofer § 2369 Rz 8; Taupitz IPRax 1988, 207 zum schweizer Pflichtteilsrecht.

959 Vgl Henrich DNotZ 2001, 551.

960 Flick/Piltz Rz 907 (Spanien), 625 (Italien), 534 (Frankreich).

961 Staudinger/Dörner (2000) EGBGB Art 25 Rz 845. Zum Noterbrecht vgl OLG Düsseldorf NJW 1963, 2230.

962 BayObLGZ 1995, 366/375 = FamRZ 1996, 694 (belgisches Recht).

963 Vgl Staudinger/Dörner (2000) EGBGB Art 25 Rz 846 (Vermerk der Klagemöglichkeit); Schotten, Das IPR in der notariellen Praxis Rz 346 (wie bei bedingter Nacherbfolge); Griem S. 227 (Erbschein ohne Berücksichtigung des Pflichtteilsberechtigten).

964 Dazu Greif MDR 1965, 447; Griem S. 193.

aufgenommen. Das ausländische Erbrecht räumt manchmal dem Ehegatten kraft Gesetzes ein Nießbrauchsrecht am Nachlass oder an Teilen des Nachlasses ein (Legalnießbrauch). Eine solcher Legalnießbrauch wird im Fremdrechtserbschein nicht vermerkt,[965] weder als Erbrecht noch als Be-
435 schränkung der Erben im Sinne von §§ 2363, 2364 BGB. Andere[966] wollen danach unterscheiden, ob der ausländische Ehegatten – Nießbrauch eine erbenähnliche Stellung begründet (dann Aufnahme des Ehegatten als „Erben" in den Fremdrechtserbschein) oder wenigstens das Verfügungsrecht des anderen Erben am Nachlass beschränkt (dann Aufnahme als Beschränkung; Text:[967]" Der Erblasser E ist hinsichtlich seines im Inland befindlichen Vermögens nach gemein – spanischem Recht von seinen beiden Kindern A und B zu je ½ beerbt worden. Die Witwe des Erblassers, F. ., hat ein dingliches Nießbrauchsrecht nach gemein – spanischem Recht
436 an 1/3 des Nachlasses."). Die weitere Frage ist, ob an Gegenständen, die sich in Deutschland befinden, solche (dem deutschen Recht unbekannten) gesetzlichen dinglichen Nießbrauchsrechte entstehen können. Denn im deutschen Sachenrecht ist der Kreis der dinglichen Rechte geschlossen;[968] Zahl, Art und Inhalt sind gesetzlich vorgeschrieben, sonst könnte das Grundbuch seiner Aufgabe nicht nachkommen. Diese Beschränkung gilt auch, wenn ein Gegenstand, zB ein Grundstück, einem Ausländer gehört oder zum Nachlass eines Ausländers gehört.

9.3.4 Ausländische Vermächtnisse

437 Nach dem BGB ist der Vermächtnisnehmer nicht Erbe, er hat nur einen Anspruch gegen den Erben (§ 2147 ff BGB). Stirbt A und wird E Erbe, aber hat A dem B ein Grundstück vermacht, muss deshalb notfalls B den E auf Übertragung des Grundstücks verklagen (sog. Damnationslegat). Im ausländischen Recht ist die Rechtslage manchmal anders: das vermachte Grundstück fällt unmittelbar an B (Vindikationslegat), was durch Grundbuchberichtigung geltend gemacht wird. Streitig ist, ob ein ausländisches Vindikationslegat im Fremdrechtserbschein aufzuführen ist.[969] Die hM[970] vermerkt es nicht, weil keine Universalsukzession in den ganzen Nachlass oder einen Bruchteil davon stattfindet, auch keine Haftung

[965] BayObLGZ 1995, 366/378 = FamRZ 1996, 694 (belgisches Recht); vgl BayObLGZ 1961, 4/19; LG Frankfurt MDR 1976, 668 (italienisches Recht); Greif MDR 1965, 447.

[966] Griem S. 193 mit Nachweisen.

[967] Nach Firsching/Graf Rz 2.118; von mir ergänzt.

[968] BayObLG NJW 1967, 1373; Wilhelm, Sachenrecht, 2. Aufl 2002 Rz 9.

[969] Vgl BGH NJW 1995, 58.

[970] OLG Köln NJW 1983, 525 (für Erbrecht Kolumbien); BayObLG 1974, 460; Griem S. 221 (Frankreich); Palandt/Edenhofer § 2369 Rz 8.

des Bedachten für Nachlassschulden bestehe. Schuldrechtliche Damnationslegate sind erst recht nicht in den Erbschein aufzunehmen.

438 Anders ist es bei den **Universalvermächtnissen.** Kommen sie der deutschen Erbeinsetzung nahe, weil der Vermächtnisnehmer ein dingliches Recht rückwirkend mit dem Tod erwirbt *und* auch für die Schulden haftet, wie im belgischen Recht, ist er als Erbe anzuführen.[971]

9.3.5 Ausländische Testamentsvollstrecker

439 Erteilt ein deutsches Nachlassgericht einen Fremdrechtserbschein, kann dort eine Testamentsvollstreckung vermerkt werden.[972] Voraussetzung ist aber, dass das ausländische Recht überhaupt eine Testamentsvollstreckung kennt, sich die Testamentsvollstreckung auf diejenigen Gegenstände bezieht, für welche der Erbschein gilt, und dass die ausländische Testamentsvollstreckung ihrem Wesen nach tatsächlich eine Verfügungsbeschränkung des Erben darstellt. So ist es beim schweizerischen Willensvollstrecker.[973] Testamentsvollstreckungen mit nur beaufsichtigender Funktion (zB Italien[974]) sind nicht zu vermerken. Da dies im ausländischen Recht ganz verschieden ist, ist m.E. die ausländische Bezeichnung anzugeben („Willensvollstreckung nach schweizerischen Recht ist angeordnet"), eine Übersetzung in „Testamentsvollstreckung" wäre unrichtig.

440 Bei **Nachlassspaltung** können sich unterschiedliche Befugnisse ergeben, was im Erbschein zum Ausdruck kommen muss: Hat ein Österreicher für den deutschen unbeweglichen Nachlass wirksam deutsches Recht gewählt (Art 25 II EGBGB), ist für die Testamentsvollstreckung am österreichischen Nachlassteil österreichisches Recht maßgebend, für den deutschen Nachlassteil deutsches Erbrecht.[975] Bei doppelter Staatsangehörigkeit (zB deutsch – tschechisch) ist denkbar, dass jedes Land sein Heimatrecht anwendet, so dass (da das tschechische Recht keine Testamentsvollstreckung kennt) die Testamentsvollstreckung nur in einem Land wirkt.[976]

9.3.6 Korrektur des ausländischen Erbrechts durch den ordre public

441 Ausländisches Erbrecht kommt nicht zur Anwendung, wenn die Anwendung der Rechtsnorm des anderen Staates zu einem Ergebnis führt, das

---

971 BayObLG 1995, 366/378.

972 BGH NJW 1963, 46; BayObLG 1990, 51(dazu Roth IPRrax 1991, 322); MünchKomm-Mayer § 2369 Rz 38.

973 BayObLG FamRZ 1990, 669 = DNotZ 1991, 546/7. Zur Stellung des Willensvollstreckers vgl Bengel/Reimann/Haas Kap 9 Rz 321.

974 Bengel/Reimann/Haas Kap 9 Rz 442.

975 Vgl BayObLG FamRZ 2000, 573.

976 Bengel/Reimann/Haas Kap 9 Rz 50, 52.

mit wesentlichen Grundsätzen des deutschen Rechts offensichtlich unvereinbar ist (Art 6 S. 1 EGBGB), etwa wenn die Anwendung mit den Grundrechten unvereinbar ist (Art 6 S. 2 EGBGB); Ordre – Public – Klausel.[977] Der wichtigste Fall im Erbscheinsrecht ist, dass das islamische Erbrecht[978] weibliche Erben gegenüber männlichen benachteiligt (der Sohn erbt 2/3, die Tochter 1/3[979]), wegen Verstoß gegen die Wertung des Art 3 II GG;[980] ferner dass nach islamischem Erbrecht Personen nichtislamischer Religion (zB die deutschen Kinder mit christlicher Religion) unter Umständen nichts erben, wegen Verstoß gegen die Wertung des Art 3 III GG.[981] Dagegen verstößt es (trotz Art 14 I 1 GG, Art 6 GG) nicht gegen Art 6 EGBGB, wenn das ausländische Erbrecht dem Ehegatten und nahen Verwandten kein Pflichtteilsrecht gibt,[982] wie zB Australien.[983] Wenn das ausländische Erbrecht dem nichtehelichen Kind beim Tod des Vaters nicht zukommen lässt (wie zB das iranische Recht, das jede Rechtsbeziehung des nichtehelichen Kindes zu seinem Vater verneint), verstößt das nicht (wegen Art 3 III GG, Art 6 V GG) gegen Art 6 EGBGB.[984]

Wendet das deutsche Nachlassgericht Art 6 EGBGB an, also ein bestimmte ausländische Erbrechtsnorm nicht, stellt sich die weitere Frage, wie dann die Lücke auszufüllen ist: durch das restliche ausländische Recht, durch Ersatzregeln des ausländischen Erbrechts oder durch deutsches Recht?[985] Die Korrektur des ausländischen Erbstatuts durch Art 6 EGBGB ist im Erbschein zu vermerken.[986]

---

977 Dazu BGH 50, 375; 75, 43; 118, 330; Spickhoff, Der ordre public im Internationalen Privatrecht, 1989.

978 Dazu Dörner IPrax 1994, 33; Lorenz IPrax 1993, 148; Pauli, Islamisches Familien- und Erbrecht und ordre public, 1994; Pattar, Islamisch inspiriertes Erbrecht und deutscher Ordre public, 2007.

979 Koran Vierte Sure (Al-Nisa, „Die Weiber“) Vers 12: „Männliche Erben sollen so viel haben als zwei weibliche.“

980 Kein Verstoß gegen Art 6 EGBGB: OLG Hamm FamRZ 1993, 112; LG Hamburg IPRspr 1991 Nr 142; zu Recht aM Lorenz IPrax 1993, 148; Bamberger/Roth/Lorenz EGBGB Art 6 Rz 25; Dörner IPRax 1994, 35; Staudinger/Dörner EGBGB Art 25 Rz 691; Palandt/Heldrich EGBGB Art 6 Rz 30.

981 LG Hamburg IPRspr 1991 Nr.142; Staudinger/Dörner (2000) EGBGB Art 25 Rz 692; Bamberger/Roth/Lorenz EGBGB Art 6 Rz 25; Riering ZEV 1998, 456.

982 BGH NJW 1993, 1921; OLG Köln FamRZ 1976, 172; aA Staudinger/Dörner (2000) EGBGB Art 25 Rz 695 mwN.

983 Flick/Piltz Rz 400.

984 LG Stuttgart FamRZ 1998, 1627; aA Staudiner/Dörner (2000) EGBGB Art 25 Rz 693.

985 Dazu Palandt/Heldrich EBGB Art 6 Rz 14; Staudinger/Dörner (2000) EGBGB Art 25 Rz 684 ff .

986 Palandt/Heldrich EGBGB Art 25 Rz 20; Lorenz IPRrax 1993, 150; Staudinger /Dörner (2000) EGBGB Art 25 Rz 688.

442

Erbschein
Unter Beschränkung auf den im Inland befindlichen Nachlass wird in Anwendung iranischen Rechts, korrigiert gemäß Art 6 EGBGB, bezeugt, dass E aufgrund Gesetzes beerbt worden ist:
von A… zu ½ und von B… zu ½ .

Wertausgleichsansprüche der Miterben untereinander, wie sie zB das islamische Recht kennt, werden nicht in den Erbschein aufgenommen.[987]

9.4 Nachlassspaltung

443 Für den Nachlass des Ausländers kann gelten:

a) nur deutsches Erbrecht (infolge Rückverweisung des ausländischen Rechts auf deutsches Erbrecht, Staatsvertrag, oder Rechtswahl); Folge: Eigenrechtserbschein nach § 2353 BGB; oder

b) nur ausländisches Erbrecht (Art 25 EGBGB); Folge: Fremdrechtserbschein nach § 2369 BGB; oder

c) verschiedenes Erbrecht. Das ist der Fall, wenn aus rechtlichen Gründen aufgrund Rückverweisung (Art 4 EGBGB) oder Staatsvertrag oder Rechtswahl des Erblassers (Art 25 II EGBGB) das deutsche Erbrecht *nur für einen Teil* des Nachlasses anwendbar ist oder wenn es aus faktischen Gründen[988] zur Nachlassspaltung kommt. Folge: zwei Erbscheine sind zu erteilen (Eigenrechts- und Fremdrechtserbschein). Die territoriale Nachlassspaltung hat zur Folge, dass jeder Nachlassteil selbständig zu betrachten ist (zB hinsichtlich Gültigkeit und Auslegung des Testaments, Erbquote, Erbausschlagung, Pflichtteilsrechten, Rechtsstellung des Testamentsvollstreckers). Das Ausland erlaubt teilweise Vor- und Nacherbschaft sowie Testamentsvollstreckung nicht und/oder hält gemeinschaftliche Testamente von Ehegatten für unwirksam.

444 **Beispiele:** (1) Ein in London verstorbener englischer Staatsangehöriger hat in Deutschland bewegliches und unbewegliches Vermögen hinterlassen. Für den beweglichen Nachlass gilt aus unserer Sicht englisches Erbrecht (Art 25 I EGBGB), für das unbewegliche Vermögen kraft Rückverweisung deutsches Erbrecht.[989]

(2)[990] Ein **Engländer** mit letztem Domizil in London stirbt dort und hinterlässt Guthaben und eine Eigentumswohnung in Deutschland; für die Wohnung hat er im Testament deutsches Erbrecht gewählt. Für den beweglichen Nachlass gilt aus

987 OLG Hamm FamRZ 1993, 111/2.
988 Bengel/Reimann/Haas Kap 9 Rz 48.
989 BayObLG Rpfleger 1983, 302.
990 Nach Staudinger/Schilken § 2369 Rz 5.

unserer Sicht englisches Erbrecht (Art 25 I EGBGB), für die Eigentumswohnung wegen der Rechtswahl und nach englischen Konfliktsrecht deutsches Erbrecht (Art 25 II EGBGB).

In diesem Fall wird ein Erbschein nach § 2353 BGB (deutsches Recht) für den unbeweglichen Nachlass in Deutschland ausgestellt, ferner ein Erbschein nach § 2369 BGB (englisches Recht) bezüglich des in Deutschland befindlichen beweglichen Nachlasses.

(3) Ein **Türke** mit Grundbesitz in Deutschland und Vermögen in der Türkei stirbt. Wegen des Deutsch – Türkischen Vertrages v. 28. 5. 1929 (Rz 155) gilt für Grundbesitz die lex rei sitae, für beweglichen Nachlass das Staatsangehörigkeitsprinzip. Daher werden zwei Erbscheine ausgestellt: ein Erbschein nach § 2353 BGB (in Anwendung deutschen Rechts) für den unbeweglichen Nachlass in Deutschland, ferner ein Erbschein nach § 2369 BGB (türkisches Recht) bezüglich des in Deutschland befindlichen beweglichen Nachlasses.

Beide Erbscheine (Eigenrechts- und Fremdrechtserbschein) können in einer Urkunde zusammengefasst werden (sog **Doppelerbschein**).[991]

10. Erbscheine nach BGB mit Geltungsvermerk

445 **Beispiel:** ein Deutscher stirbt in München und hinterlässt Vermögen in Deutschland und ein Ferienhaus in Österreich. Er wird aus unserer Sicht nach deutschen Erbrecht beerbt (Art 25 I EGBGB). Allerdings bezieht sich diese Verweisung nicht auf das unbewegliche Vermögen in Österreich, weil es dort diesbezüglich „besondere Vorschriften" gibt, nämlich die Regelungen über die Einantwortung im AGBGB. Nach § 31 österreichisches IPRG wird somit für den unbeweglichen Nachlass in Österreich österreichisches Erbrecht angewandt.

Befinden sich im Nachlass eines *deutschen* Erblassers ausländische Vermögensstücke (zB Grundstücke) und besteht insoweit keine internationale Zuständigkeit eines deutschen Nachlassgerichts (Art 3 III, Art 25 EGBGB), weil dort die lex rei sitae angewandt wird (zB bei Grundstücken in Rumänien, Österreich), dann vertritt die Rechtsprechung[992] und ein Teil der Literatur[993] die Auffassung, im allgemeinen Erbschein nach § 2353 BGB (Eigenrechtserbschein) sei zu vermerken, dass er sich nicht auf den im konkret zu nennenden Ausland belegenen unbeweglichen Nachlass erstrecke („Es wird bezeugt, dass E von A allein beerbt worden ist. Dieser Erbschein erstreckt sich nicht auf das in Österreich belegene

---

[991] BayObLGZ 1971, 14/39; Griem S. 121; Guggomos DFG 1938, 28/30.

[992] BayObLG FamRZ 1997, 318; FamRZ 1990, 1123; BayObLG NJW 1960, 775; KG Rpfleger 1984, 358; KG Rpfleger 1977, 307; OLG Köln FamRZ 1992, 860; LG München I Rpfleger 1990, 167 (Frankreich).

[993] Staudinger/Schilken (2000) § 2369 Rz 6, 9; jeweils mit weiteren Nachweisen. Einschränkend MünchKomm-Mayer § 2353 Rz 27.

unbewegliche Vermögen").[994] Wegen des Grundstücks in Österreich muss der Deutsche dann vor dem österreichischen Bezirksgericht eine Verlassenschaftabhandlung nach österreichischem Recht durchführen.

Andere[995] lehnen einen solchen Geltungsvermerk zu Recht ab: der Geltungsvermerk ist nirgends vorgeschrieben, weil es sich angesichts des § 2353 BGB von selbst versteht, dass der Erbschein nur die Erbfolge nach dem BGB bezeugt[996] und nur deutsche Stellen bindet. Der Geltungsvermerk hat aus deutscher Sicht keinen Sinn: wird der Erbschein in Deutschland verwendet, ist er zutreffend; würde ihn der Erbe in Rumänien verwenden wollen, mögen die dortigen Gerichte bzw Behörden entscheiden, was sie für richtig erachten (und ob sie unseren Erbschein anerkennen), sie brauchen keine deutschen Hinweise. Das Nachlassgericht müsste andernfalls bei jedem Erbfall fragen und gegebenenfalls von Amts wegen ermitteln, ob der Erblasser ein Grundstück im Ausland hinterlassen hat und dann das Internationale Erbrecht dieses Landes (durch Einholung von Gutachten der Universitätsinstitute) feststellen. Dadurch entstehen Verzögerungen und Kosten (für die Gutachten), die der Antragsteller zu tragen hat, ohne davon Nutzen zu haben.

Da in der Praxis bei Antragstellung nicht nach solchen Auslandsgrundstücken gefragt wird, wird von den Nachlassgerichten kaum je ein Geltungsvermerk angebracht.

11. Erbschein für Teile des Nachlasses oder für bestimmte Zwecke

446 Erbscheine für Teile des Nachlasses gibt es nur als Teilerbscheine für eine bestimmte Quote des Nachlasses (zB 1/3) oder gegenständlich beschränkt für den Hof im Geltungsbereich der HöfeO oder der Anerbenrechte. Es ist ein altes Dogma und völlig unbestritten, dass der Erbschein nur auf den gesamten Nachlass oder einen Bruchteil davon lauten dürfe, nicht aber die Erbfolge bezüglich eines Hauses usw ausweisen dürfe. Zur Begründung wird die Universalsukzession (§ 1922 BGB) und die Schuldenhaftung angegeben, ferner, dass der Erbschein nicht die Zugehörigkeit eines bestimmten Einzelgegenstandes zum Nachlass bezeugen dürfe. Dagegen spricht aber, dass der Wortlaut des § 2353 BGB dies nicht hergibt (deshalb schrieb § 55 II der Bayerischen Nachlassordnung von 1903 ausdrücklich: „Die Erteilung eines Erbscheins kann mit Beschränkung auf bestimmte Nachlassgegenstände, zB nur in Ansehung eines Grundstücks,

---

994 Firsching/Graf Rz 2.87 schlagen folgenden Vermerk vor: "Der Erbschein erstreckt sich bei dem in Österreich gelegenen Nachlass nicht auf Erbschaftserwerb und Haftung für Nachlassschulden." Meines Erachtens ist dieser Vermerk unklar.

995 Palandt/Edenhofer § 2353 Rz 8; Firsching/Graf Rz 2.113; Siehr, Internationales Privatrecht, 2001, § 21 (S. 114); Weithase Rpfleger 1985, 267; Zimmermann ZEV 1995, 275/282.

996 Ausnahme Rz 332 (Sudetendeutsche).

beantragt werden."); weshalb sollte es in Niedersachsen sinnvoll sein, einen Erbschein nur über den Bauernhof auszustellen („Hoffolgezeugnis"), in Bayern aber bezüglich eines solchen Bauernhofs nicht? Dass hier verschiedenes Landesrecht gilt ist allein keine Rechtsfertigung. Wenn der Erblasser testiert hat „Mein Grundstück Flur Nr...erbt A, mein restliches Vermögen erbt B" besteht ausreichende Klarheit und man sollte erwägen, von der allgemeinen Meinung abzuweichen und dem A auf Antrag einen Teilerbschein über das Grundstück auszustellen.

447 **Erbscheine für bestimmte Zwecke** sind allgemeine Erbscheine, die gebührenfrei oder gebührenbegünstigt erteilt werden. Sie müssen speziell beantragt werden; glaubhaft ist zu machen, dass der Erbschein nur für diesen Zweck benötigt wird; sie werden meist nicht ausgehändigt, sondern unmittelbar vom Nachlassgericht an die betreffende Behörde usw gesandt. Solche Erbscheine erhalten einen entsprechenden Vermerk („Nur für Grundbuchzwecke"). Ihre Wirkung entfalten sie aber wie ein Erbschein ohne Vermerk. Werden sie anderweitig verwendet, wird die Gebühr deshalb nacherhoben (§ 107a KostO).

Beispiele: Erbschein zur Verwendung nur für das Grundbuch oder das Schiffsregister (§ 107 III, IV KostO); für Lastenausgleichszwecke (§ 317 II LAG); für den Rückerstattungsanspruch (§ 307a II, III BRüG); für den Entschädigungsanspruch (§ 181 II, III BEG).

I. Erbschein und Hoffolgezeugnis

1. Allgemeines

Schon vor 1933 hatte die Rechtsprechung die Zulässigkeit von Erbscheinen, die allein die Erbfolge in einen Hof bezeugten, nach Landesrecht anerkannt. Das Reichserbhofgesetz von 1933 brachte für den land- oder forstwirtschaftlichen Erbhof eine Sondererbfolge; es wurde durch Kontrollratsgesetz Nr 45 vom 20. 2. 1947[997] ab 24. 4. 1947 aufgehoben. In der britischen Zone ist sodann als Landesrecht die Höfeordnung vom 24. 4. 1947, Neubekanntmachung vom 26. 7. 1976,[998] erlassen worden, in den anderen Ländern nicht. *448*

Das **landwirtschaftliche Erbrecht** bringt in einigen Bundesländern Abweichungen vom Erbrecht des BGB. *449*

- In **Bayern, Saarland**, und **Berlin** besteht kein besonderes landwirtschaftliches Erbrecht. Auch für den Bauernhof gilt somit erbrechtlich das BGB (dort insbesondere die Landgutbestimmungen der §§ 2049, 2312 BGB). Bei der Auseinandersetzung kann der landwirtschaftliche Betrieb einem Miterben zugewiesen werden (§ 13 ff GrundstücksverkehrsG).
- In den Ländern der ehemaligen DDR (**Brandenburg, Mecklenburg-Vorpommern, Sachsen, Sachsen-Anhalt, Thüringen**) gilt das BGB und nicht die Höfeordnung. Spätestens seit Einführung des ZGB – DDR am 1. 1. 1976 galten keine Anerbenrechte (in Mecklenburg, Provinzen Brandenburg und Schlesien) mehr.[999] Bei der Auseinandersetzung gilt das GrundstücksverkehrsG.
- In **Hamburg, Niedersachsen, Nordrhein-Westfalen** und **Schleswig-Holstein**: Bei land- und forstwirtschaftlichen Besitzungen im Sinne von § 1 HöfeO (bestimmter Wirtschaftswert oder Eintragung des Hofvermerks im Grundbuch) gilt die Höfeordnung. Wenn die Besitzung kein Hof im Sinne der HöfeO ist (oder kein Hoferbe vorhanden ist, § 10 HöfeO;

---

[997] ABlKR 1947, 220.

[998] BGBl I 1976, 1933.

[999] MünchKomm-Leipold (3.Aufl) Rz 74a vor § 1922. Umstritten bezüglich der Anerbenrechte; vgl MünchKomm-Leipold (3.Aufl) Rz 74c mit Fußnote 17; Lange/Wulff/Lüdtke-Handjery, Höfeordnung, 9. Aufl 1991, S. 590.

oder der Hofvermerk im Grundbuch gelöscht ist, § 1 IV HöfeO) kommt statt der HöfeO das BGB zur Anwendung.

- In Gebieten, in denen Landesanerbengesetze gelten: **ehem. Südbaden; Bremen; Rheinland-Pfalz; Hessen.**

2. Erbschein – Hoffolgezeugnis

2.1 Hamburg, Niedersachsen, Nordrhein-Westfalen und Schleswig-Holstein

2.1.1 Zuständigkeit

450 Wenn zum Nachlass ein Hof im Sinne der HöfeO gehört (also nicht bei jeder kleinen Landwirtschaft; aber auch bei einem verwaisten Hof[1000]) sind in Hamburg, Niedersachsen, Nordrhein-Westfalen und Schleswig-Holstein[1001] seit 24. 4. 1947 nicht die Nachlassgerichte für den Erbschein bzw das Hoffolgezeugnis zuständig, sondern die Landwirtschaftsgerichte (§ 18 II 1 HöfeO); das sind Abteilungen der Amtsgerichte, besetzt mit einem Berufsrichter und zwei landwirtschaftlichen Laien-Beisitzern (§ 2 LwVG). Das Landwirtschaftsgericht entscheidet grundsätzlich in voller Besetzung. Dem Landesrecht sind Abweichungen gestattet (§ 20 III LwVG). In Niedersachsen[1002] kann deshalb der Vorsitzende ohne landwirtschaftliche Beisitzer entscheiden, die Erteilungsanordnung muss dort nicht begründet und zugestellt werden, Rechtsmittel ist die einfache (nicht die sofortige) Beschwerde, über die aber (nicht das LG, sondern) das OLG entscheidet. Besonderheiten gelten ferner in Nordrhein-Westfalen,[1003] Hamburg,[1004] Schleswig-Holstein.[1005]

2.1.2 Verfahren

451 Verfahrensrechtlich gilt für den Bereich des Höfe- und Anerbenrechts das LwVG (Gesetz über das gerichtliche Verfahren in Landwirtschaftssachen) und das jeweilige Landesrecht (vgl § 20 III LwVG). Für den Antrag gilt im wesentlichen dasselbe wie für den Erbscheinsantrag; der Hoferbe ist im Antrag anzugeben. Die Beteiligten sind zu hören (§ 14 LwVG). Das Landwirtschaftsgericht prüft nicht nur die Erbfolge nach BGB, sondern auch die „Wirtschaftsfähigkeit“ des Hoferben. Die Erteilungsanordnung

---

[1000] BGHZ 18, 63; Staudinger/Schilken Rz 20 vor § 2353.

[1001] Vgl Palandt/Edenhofer § 1922 Rz 9; Söbbecke ZEV 2006, 395; Ruby ZEV 2006, 351.

[1002] Gesetz v. 19.12 1955 GVBl 1955, 291; 1974, 112.

[1003] Gesetz v. 20.12.1960, GVBl 1960, 462; Roemer RdL 1961, 32.

[1004] Gesetz v. 6.12.1956, HambSLR I 311 – c.

[1005] Gesetz v. 8.11.1991, GVOBl 1991, 576.

für das Hoffolgezeugnis, aus der hervorgehen sollte, dass das Gericht als Landwirtschaftsgericht entschieden hat, ist mit einer Begründung und Rechtsmittelbelehrung zu versehen, zuzustellen (§ 21 LwVG). Rechtsmittel gegen die Erteilungs- und Einziehungsanordnung ist die sofortige Beschwerde (§ 22 LwVG), teils die unbefristete einfache Beschwerde;[1006] über die das OLG entscheidet. Rechtsbeschwerde zum BGH nach § 24 LwVG. Erst nach Rechtskraft des Anordnungsbeschlusses (§ 30 LwVG) wird das Zeugnis ausgehändigt.

2.1.3 Entscheidung

Es gibt mehrere Möglichkeiten: *452*

a) Nach § 18 II 2 HöfeO kann vom Landwirtschaftsgericht ein allgemeiner **Erbschein** (auch bezüglich des hoffreien Vermögens) erteilt werden, in welchem der Hoferbe aufzuführen ist.

b) Es kann vom Landwirtschaftsgericht ein Erbschein nur über die Hoferbfolge erteilt werden (§ 18 II 3 HöfeO); er heißt **Hoffolgezeugnis.**[1007] Wenn die Erbfolge über einen Hof im Sinne der HöfeO durch ein Hoffolgezeugnis bezeugt wird, sind dort auch die Beschränkungen zu vermerken: Testamentsvollstreckung, Vor- und Nacherbschaft;[1008] Verwaltungs- und Nutznießungsrecht der Witwe nach altrechtlichen Güterständen.[1009] Das Testamentsvollstreckerzeugnis wird allerdings vom Nachlassgericht erteilt.[1010]

c) Es kann ein **Teil – Erbschein** *beschränkt* auf den hoffreien Nachlass erteilt werden.[1011] Gehört zum Nachlass ein im Geltungsbereich der HöfeO gelegener Hof, so ist auch für die Erteilung eines Erbscheins über das hoffreie Vermögen nicht das Nachlassgericht, sondern das Landwirtschaftsgericht zuständig.[1012] Wird der Antrag irrig beim Nachlassgericht gestellt, erfolgt Abgabe analog § 12 LwVG an das

---

1006 In Schleswig-Holstein (OLG Schleswig SchlHA 1996, 44); ferner Niedersachsen BGH NJW 1958, 337), Nordrhein-Westfalen (OLG Hamm AgrarR 1991, 251).

1007 Vgl Steffen RdL 1977, 113.

1008 Herminghausen RdL 1950, 219; DNotZ 1960, 345; Staudinger/Schilken Rz 24 vor § 2353.

1009 Staudinger/Schilken Rz 24 vor § 2353.

1010 BGH NJW 1972, 582; früher umstritten.

1011 BGH NJW 1988, 2739; Lange/Wulff/Lüdtke-Handjery Höfeordnung 2001 § 18 Rz 17; Steffen RdL 1977, 13; 1982, 164; Staudinger/Schilken Rz 18 vor § 2353; KG JW 1938, 3171 zum früheren Recht.

1012 BGH NJW 1988, 2739 (Vermeidung einer Doppelzuständigkeit); Lange/Wulff/Lüdtke-Handjery Höfeordnung 2001 § 18 Rz 18; früher sehr streitig (aA Hense DNotZ 1955, 370; Kipp/Coing § 128 V 3; OLG Hamburg NJW 1958, 554: Nachlassgericht zuständig).

Landwirtschaftsgericht.[1013] Ein vom Nachlassgericht erteilter Erbschein wäre aber nicht unwirksam,[1014] er wäre nach hM lediglich einzuziehen (§ 2361 BGB), bei Kostenniederschlagung (§ 16 KostO).

d) Es kann vom Landwirtschaftsgericht ein Erbschein über den hoffreien Nachlass und daneben ein Hoffolgezeugnis erteilt werden.[1015]

2.1.4 ***Beispiele:***[1016]

453 (1) Erbschein. Es wird bezeugt, dass E…von A …und B…zu je ½ beerbt worden ist. A ist zugleich allein Hoferbe (im Sinne der Höfeordnung) des im Grundbuch von …eingetragenen Hofes Wittibreuth Nr 17.

(2) Hoffolgezeugnis. Es wird bezeugt, dass Hoferbe des am …. verstorbenen E…dessen Sohn A, geb. am… (Adresse), Gastwirt, ist. A ist Hoferbe im Sinne der Höfeordnung Dieses Zeugnis weist nur die Erbfolge in den Hof Wittibreuth Nr 17, eingetragen…. aus.

(3) Erbschein. Es wird bezeugt, dass E…von A …und B…zu je ½ beerbt worden ist. Dieser Erbschein bezieht sich nicht auf den zum Nachlass gehörenden Hof Wittibreuth Nr 17, eingetragen in ......

Ein Erbschein bzw. Hoffolgezeugnis ist nicht erforderlich, wenn ein Ehegattenhof an den längstlebenden Ehegatten vererbt wird;[1017] denn die Nachfolge des Ehegatten ist gemäß § 8 HöfeO zwingend, so dass ein formlos bestimmter anderer Hoferbe den Ehegatten nicht verdrängen kann.

Kosten: § 33 LwVG (verweist auf KostO); § 21 HöfeVfO (volle Gebühr für den Erbschein). Das Hoffolgezeugnis ist gebührenrechtlich ein Erbschein. Geschäftswert: § 19 ff HöfeVfO.

2.2 Ehem. Südbaden; Bremen; Rheinland-Pfalz; Hessen.

454 Hier gelten Anerbengesetze. Auch in Rheinland-Pfalz fällt die Erteilung des Erbscheins in die Zuständigkeit des Landwirtschaftsgerichts und nicht des Nachlassgerichts, wenn zum Nachlass ein von der HöfeO (§ 30 HöfeO RhPf) erfasster Hof gehört.[1018] Es gibt dieselben Fallvarianten wie oben Rz 452. Der Hoferbe heißt „Anerbe“, der Vermerk „Anerbenvermerk“. Das Hoffolgezeugnis heißt „Anerbenbescheinigung“.

[1013] Staudinger/Schilken Rz 19 vor § 2353.

[1014] Lange/Wulff/Lüdtke-Handjery Höfeordnung 2001 § 18 Rz 9.

[1015] Vgl OLG Oldenburg NdsRPfl 1997, 262.

[1016] Weitere Beispiele bei Firsching/Graf Rz 4.405.

[1017] OLG Oldenburg NdsRPfl 1997, 117.

[1018] BGH NJW-RR 1995, 197 = FamRZ 1995, 34 = MDR 1995, 178.

J. Die Berichtigung und Ergänzung von Erbscheinen

1. Allgemeines

1.1 Übersicht

Hat ein Erbschein einen „unrichtigen“ Inhalt, kann dies drei verschiedene Folgen haben: *455*

a) **Einziehung** nach § 2361 BGB. Beispiel: falscher Erbe (Rz 487).

b) Ist eine Einziehung nicht erforderlich: **Berichtigung** (dh Inhaltsänderung) oder Ergänzung (dh Inhaltsergänzung), auf Antrag oder von Amts wegen. Dass eine Berichtigung[1019] bzw Ergänzung[1020] eines Erbscheins grundsätzlich möglich ist, ist heute unbestritten. Wird eine Berichtigung beantragt und ist sie nicht möglich, ist der Antrag gegebenenfalls als Anregung aufzufassen, den alten Erbschein einzuziehen und einen neuen „berichtigten“ Erbschein zu erteilen.[1021] Beispiel: Schreibfehler hinsichtlich des Wohnorts des Erben (Rz 468).

c) Eine Einziehung entfällt, auch eine Berichtigung erfolgt nicht, **es geschieht nichts** (der unrichtige Erbschein bleibt also in Umlauf). Beispiele: im Erbschein steht der (richtige) Berufungsgrund: „kraft Gesetzes beerbt von ...“. Ist der Erbe beim Erbfall minderjährig und enthält er daher einen Hinweis auf den gesetzlichen Vertreter, ist dieser Hinweis zwar mit Eintritt der Volljährigkeit überflüssig geworden; dies veranlasst aber keine Berichtigung.[1022]

1.2 Rechtsgrundlagen

Zuständig für die Berichtigung ist in entsprechender Anwendung von § 2361 BGB das Nachlassgericht, das den berichtigungsbedürftigen Erbschein erlassen hat (Richter bzw Rechtspfleger; Rz 147, 148). Berich- *456*

[1019] KG OLGZ 1966, 612 = Rpfleger 1967, 412 mit Anm Haegele (Verwandtschaftsverhältnis zum Erblasser); LG Berlin Rpfleger 1976, 182 (Berufsbezeichnung im Testamentsvollstreckerzeugnis); OLG Hamm OLGZ 1983, 59/60 = MDR 1983, 318; BayObLG FamRZ 1989, 1348 = Rpfleger 1990, 74; MünchKomm-Mayer § 2361 Rz 19; Scheer S. 166; Gregor Rz 227; aA Kipp/Coing § 129 I 3.

[1020] KG OLGZ 1966, 612 = Rpfleger 1967,412; Gregor Rz 227.

[1021] Staudinger/Schilken § 2361 Rz 22.

[1022] BayObLG FamRZ 1997, 126.

tigungen erfolgen auf Antrag oder von Amts wegen;[1023] „Antragsberechtigte“ gibt es nicht, jedermann kann eine Berichtigung anregen. Erforderlich ist eine Berichtigungsverfügung in der Nachlassakte und deren Vollzug. Gerichtskosten fallen nicht an, die KostO kennt keinen entsprechenden Gebührentatbestand.

Der **Beschluss** lautet beispielsweise: Im Erbschein des AG München (Nachlassgericht) vom ... wird der Name des Erben dahin berichtigt, dass er nicht „Rothaichner“ lautet, sondern richtig „Rotheichner“. (Kostentscheidung allenfalls nach § 13a FGG). Gründe ...

Es sollten alle Ausfertigungen berichtigt werden; doch genügt es auch, wenn der Berichtigungsbeschlusses allen Personen, die eine Ausfertigung des Erbscheins erhalten haben, formlos mitgeteilt wird (§ 16 FGG). [1024] Dann sind zwar verschiedene Ausfertigungen des Erbscheins in Umlauf, doch ist das unschädlich, weil nur ein Inhalt berichtigt werden kann, auf den sich die Gutglaubensfunktionen (§§ 2365 ff BGB) nicht erstrecken. Das Nachlassgericht hat keine Rechtsgrundlage für ein Verlangen, die Ausfertigungen zwecks Berichtigung zurückzugeben; erzwingbar (§ 33 FGG) ist es daher ohnehin nicht. Auch hat ein Miterbe gegen den anderen keinen solchen Anspruch: ist beispielsweise bei Miterben nur der Name *eines* Miterben falsch geschrieben, haben die anderen kaum ein Interesse an der Berichtigung.

Ist der Antrag unzulässig oder unbegründet, wird er durch Beschluss (Kostenentscheidung allenfalls nach § 13a FGG) abgelehnt. Ergibt eine Überprüfung von Amts wegen, dass nichts zu berichtigen ist, wird nur ein Aktenvermerk angefertigt.

Zur Beschwerde vgl Rz 549, 550.

Unklar ist, auf welcher Rechtsgrundlage eine Berichtigung erfolgen kann. Weder das FGG noch § 2353 ff BGB enthalten eine Bestimmung über die Berichtigung von Erbscheinen.

1.2.1 § 319 ZPO analog

457 Die allgemeine Auffassung wendet § 319 ZPO analog an,[1025] weil diese Bestimmung einen allgemeinen Rechtsgedanken enthält, nämlich dass in gerichtlichen Entscheidungen offenbare Unrichtigkeiten berichtigt werden können. Der Erbschein ist aber ein Zeugnis. § 319 ZPO spricht von einer Unrichtigkeit, die *offenbar* ist. Kommt es auf den verständigen Laien

---

[1023] Gregor Rz 246.

[1024] Gregor Rz 246; Bamberger/Roth/Seidl § 2353 Rz 27.

[1025] Staudinger/Schilken § 2361 Rz 222; zuletzt LG Koblenz Rpfleger 2000, 502.

an oder auf den Rechtskundigen? Die Rechtsprechung zur Urteilsberichtigung, welche zwischen Wille des Gerichts (nicht berichtigungsfähig) und Erklärung des Willens (berichtigungsfähig) unterscheidet, ist nicht ohne weiteres auf den Erbschein übertragbar, weil er als Zeugnis (anders als das Urteil) keine Gründe enthält und oft auch die zugrundeliegende Erteilungsanordnung keine Gründe aufweist.

Wenn im Urteil auf Seite 29 der Entscheidungsgründe die Berechnung des Schadens aufgeführt ist, die dort genannte Summe aber nicht mit dem Tenor übereinstimmt, ist die Unrichtigkeit offenbar. Wenn im Erbschein drei Miterben genannt sind und jedem ein Anteil von ½ zugesprochen wird, ist aus sich heraus nur erkennbar, dass der Erbschein falsch ist, aber nicht, wie er richtig lauten muss.

1.2.2 § 18 FGG

458 Nach § 18 I FGG kann das Gericht bestimmte *Verfügungen* ändern. Die der Erteilung des Erbscheins zugrundeliegende Erteilungsanordnung ist eine Verfügung im Sinne von §§ 18, 19 FGG und also anfechtbar und abänderbar, solange sie nicht durch die Erteilung des Erbscheins, also den Vollzug, verfahrensrechtlich überholt ist. Auch der Erbschein selbst kann bis zur Hinausgabe geändert und berichtigt werden.

Ab Erteilung ist nur eine Einziehung des Erbscheins nach § 2361 BGB möglich, die Erteilungsverfügung und der Erbschein selbst sind unanfechtbar geworden. Der Erbschein selbst ist eine Zeugnis, keine Verfügung, § 18 FGG ist auf ihn nicht anwendbar.[1026] Im übrigen würde sich jedenfalls aus § 2361 BGB ergeben, dass § 18 I FGG auf den *erteilten* Erbschein nicht anwendbar ist.[1027]

Ist der Erbscheinsantrag zurückgewiesen worden und ändert das Nachlassgericht anschließend seine Rechtsauffassung, kann es nicht einfach einen Erbschein erteilen; erforderlich ist zuvor ein neuer Erbscheinsantrag eines Antragsberechtigten (§ 18 I FGG). Der ohne Antrag erteilte Erbschein wäre nach § 2361 BGB einzuziehen.

1.3 Unterschiede Einziehung – Berichtigung

459 Die Einziehung (ein zweiaktiger Tatbestand, Rz 528) macht den Erbschein kraftlos (§ 2361 BGB); die Berichtigung bzw Ergänzung ändert an den Wirkungen des Erbscheins nichts.

[1026] aA Jansen FGG § 18 Rz 9; Scheer S. 176.

[1027] Keidel/Schmidt FGG § 18 Rz 45; Bassenge/Roth FGG § 18 Rz 3; Staudinger/Schilken § 2361 Rz 22; Bamberger/Roth/Seidl BGB § 2353 Rz 28; Gregor Rz 261; aA Scheer S. 175 ff.

Die Einziehung löst erhebliche Gerichtskosten aus (§ 108 KostO), die Berichtigung des Erbscheins dagegen kostet nichts. Bei der Einziehung sind *alle* Ausfertigungen zurückzuholen, bei der Berichtigung ist das nicht erforderlich (Rz 456).

2. Unrichtigkeit gesetzlich nicht vorgeschriebener Angaben

460 Enthält der Erbschein Angaben, die in § 2353 ff BGB nicht vorgeschrieben sind, ist der Rechtsverkehr objektiv nicht gefährdet, weshalb eine Einziehung des Erbscheins nach § 2361 BGB entfällt. Die Angaben können aber analog § 319 ZPO gestrichen werden.

2.1 Unrichtiger Berufungsgrund

461 Ist im Erbschein angegeben, dass A den B *aufgrund Gesetzes* beerbt hat, obwohl in Wirklichkeit *testamentarische* Erbfolge vorlag, oder dass A den B aufgrund des Testaments vom 3. 3. 2007 beerbt hat (obwohl sich die Erbfolge nach dem Testament vom 9. 4. 2006 richtet), oder dass A den B aufgrund des Testaments vom 24. 12. 2007 beerbt hat (obwohl es kein Testament mit diesem Datum gibt, oder das Testament keine Erbeinsetzung enthält, also gesetzliche Erbfolge vorliegt), dann ist streitig, ob der Erbschein als unrichtig einzuziehen ist. Bejaht wurde es vom KG,[1028] da der Legitimierte beeinträchtigt sei. Das BayObLG[1029] hat die Frage bei Angabe eines falschen Testamentsdatums hingegen verneint, das LG Koblenz[1030] hat bei Angabe des falschen Berufungsgrundes die Einziehung verneint und eine Berichtigung für zulässig erachtet.

Der Erbschein ist ein Zeugnis über das Erbrecht des Erben (§ 2353 BGB); der Berufungsgrund gehört daher als Begründungselement richtigerweise *nicht* in den Erbschein,[1031] sondern allenfalls in die Erteilungsanordnung, was in der Praxis oft nicht beachtet wird. Da die Angabe nicht in den Erbschein gehört, nimmt sie auch nicht an der Rechtsvermutung des § 2365 BGB teil.[1032] Ist ein überflüssiger Zusatz im Erbschein ersichtlich unrichtig, führt dies nicht zur Einziehung des Erbscheins, weil der Rechtsverkehr dies erkennen kann und somit nicht beeinträchtigt wird; deshalb ist der Erbschein mit Angabe eines nichtexistentem Testaments

---

[1028] KG PosMschr 1905, 70 nach Scheer S. 107; ähnlich KGJ 29 A 65/68; MünchKomm-Promberger § 2353 Rz 10.

[1029] BayObLG 6, 388/91.

[1030] LG Koblenz Rpfleger 2000, 502 („aufgrund gesetzlicher Erbfolge“).

[1031] BayObLG Rpfleger 1973, 136; KGJ 51, 87/88.

[1032] MünchKomm-Mayer § 2365 Rz 11; Staudinger/Schilken § 2365 Rz 9; Palandt/Edenhofer § 2365 Rz 1; aA Staudinger/Firsching 12. Aufl. § 2365 Rz 9.

(oben: 24.12.2007) berichtigungsfähig. In den anderen Fällen kann die Angabe des falschen Berufungsgrunds zu Ärger führen: sind beispielsweise im Testament vom 3.3.2007 (als maßgeblich im Erbschein angegeben) Vermächtnisse ausgesetzt, im in Wirklichkeit zugrundzulegenden Testament (oder bei gesetzlicher Erbfolge) nicht, wird der Erbe zu Unrecht einer Forderung des Vermächtnisnehmers ausgesetzt sein oder im umgekehrten Fall der Vermächtnisnehmer zu Unrecht annehmen, er bekomme kein Vermächtnis. Solche Ärgernisse rechtfertigen aber nicht die Einziehung, weil Zweck des Erbscheins nur die Ausweisfunktion ist, beschränkt auf den notwendigen Inhalt. Eine rechtliche Gefährdung des Erben bzw Vermächtnisnehmers erfolgt nicht, weil im Zivilprozess das richtige Testament zugrund zu legen ist; eine Bindung an den überflüssigen Inhalt des Erbscheins besteht nicht. Eine Einziehung erfolgt daher auch in diesen Fällen nicht,[1033] eine Berichtigung genügt.

2.2 Angabe einer Begründung, der Nachlassgegenstände, des Wertes

462 Die Erteilungsanordnung enthält unter Umständen eine Begründung (Rz 280), der Erbschein als Zeugnis nicht. Eine dem Erbschein beigefügte Begründung ist daher überflüssig; sie führt aber nicht zur Einziehung, weil sie den Rechtsverkehr nicht beeinträchtigen kann und kann (bei Unrichtigkeit) von Amts wegen oder auf Antrag gestrichen werden.

Der Erbschein bezeugt die Nachfolge ganz oder zu bestimmten Bruchteilen; es ist daher in der Regel unzulässig, Nachlassgegenstände aufzuführen[1034] („Es wird bezeugt, dass A der Erbe des Hauses Frankfurt, Landstrasse 4 ist"). Gehört das Haus tatsächlich zum Nachlass, kann der Erbschein von Amts wegen oder auf Antrag durch Streichung berichtigt werden, falls ein Rechtsschutzbedürfnis besteht. Gehört das Haus nicht zum Nachlass, ist der Erbschein unrichtig und nach § 2361 BGB einzuziehen.

Der Wert des Nachlasses ist zwecks Gebührenberechnung im Nachlassverzeichnis anzugeben und findet sich in der Gerichtskostenrechung wieder. In den Erbschein gehört er nicht. Er kann von Amts wegen oder auf Antrag gestrichen werden, eine Einziehung nach § 2361 BGB entfällt.

2.3 Falsche Angaben über das Verwandtschaftsverhältnis

463 Angaben über das Verwandtschaftsverhältnis („Es wird bezeugt, dass E von seinem Sohn S beerbt worden ist …"), den **Beruf** oder den **Familien-**

[1033] Scheer S. 108; aA MünchKomm-Mayer § 2361 Rz 3.
[1034] Scheer S. 180.

stand sind in § 2353 BGB nicht vorgeschrieben, nehmen auch am Schutz des § 2365 BGB nicht teil. Sie führen daher nicht zur Einziehung. [1035] Auf Antrag oder von Amts wegen können sie, zum Beispiel durch Anbringen eines Zusatzes, berichtigt werden, wenn dies aus Fürsorge zweckmäßig erscheint. Lautet etwa der Erbschein, dass bezeugt wird, dass A von seiner *Lebensgefährtin* B beerbt wurde und war die B in Wirklichkeit die *Ehefrau*, sollte man dies berichtigend vermerken.

2.4 Unstatthafte Angabe des Namens des Testamentsvollstreckers

464 Der Erbschein enthält den Vermerk „Testamentsvollstreckung ist angeordnet" (§ 2364 BGB), nicht aber den Namen des Testamentsvollstreckers.[1036] Steht der Name des Testamentsvollstreckers im Erbschein, kann dies eine äußere Zusammenfassung von Erbschein und Testamentsvollstreckerzeugnis sein; ist das nicht gemeint, ist der Name des Testamentsvollstreckers im Erbschein auf Antrag oder von Amts wegen zu streichen, eine Einziehung nach § 2361 BGB entfällt,[1037] da der Rechtsverkehr durch die Angabe des Namens nicht beeinträchtigt wird. Anders ist es, wenn eine falsche Person im Erbschein als Testamentsvollstrecker eingetragen ist: dann liegt es nahe, dies als mit dem Erbschein verbundenes Testamentsvollstreckerzeugnis aufzufassen, das dann wegen Unrichtigkeit nach §§ 2368 III, 2361 BGB einzuziehen ist.

2.5 Angabe eines Veräußerungsverbots

465 Hat der Erblasser den Erben die Veräußerung eines bestimmten Nachlassgegenstandes untersagt, gehört das nicht in den Erbschein; im übrigen ist ein solches Verbot ohnehin ohne dingliche Wirkung. Enthält der Erbschein dieses Veräußerungsverbot, ist er unrichtig.[1038] Da der Zusatz aber unzulässig ist, auch nicht an der Vermutung des § 2365 BGB teilnimmt, erübrigt sich eine Einziehung;[1039] eine Berichtigung kommt in Frage.

2.6 Keine Ergänzung um gesetzlich nicht vorgeschriebene Angaben

466 Da der Erbschein einen gesetzlich bestimmten Inhalt hat (§ 2353 BGB), kann er nicht auf Antrag ein Beteiligten um Angaben ergänzt werden, die

---

[1035] KG Rpfleger 1967, 412 (Anm Haegele); Scheer S. 109.

[1036] MünchKomm-Mayer § 2364 Rz 12, hM; aA Kipp/Coing § 128 III 3b, falls der Erblasser den Ernannten in seinem Testament namentlich nannte.

[1037] KG Rpfleger 1967, 412; MünchKomm-Mayer § 2364 Rz 12.

[1038] BayObLGZ 1958, 109/116.

[1039] Scheer S. 110.

nicht notwendiger Inhalt sind. Eine Ergänzung um den Beruf von Erblasser und Erben, um das Verwandtschaftsverhältnis und Familienstand scheidet daher aus.[1040] Der Beteiligten wollen solche Ergänzungen manchmal in unredlicher Absicht; es ist aber nicht Aufgabe des Nachlassgerichts, Rentenanträge zu erleichtern oder Biografien verschönern zu helfen; ob der Erblasser Oberamtsrat oder Oberregierungsrat war kann und soll das Nachlassgericht nicht nachprüfen.

Im Erbschein kann auch nicht vermerkt werden, wem ein Vermächtnis zusteht, weil Vermächtnisse nicht im Erbschein aufzuführen sind (vgl § 2353 BGB). Dasselbe gilt für Pflichtteilsansprüche (anders in bestimmten Auslandsfällen, wenn diese als Noterbrecht ausgestaltet sind; Rz 432).

3. Unrichtigkeit gesetzlich vorgeschriebener Angaben

467 In diesen Fällen scheidet eine Berichtigung grundsätzlich aus. Nur wenn die Berichtigung oder Ergänzung den sachlichen Inhalt des Erbscheins unberührt lässt und am öffentlichen Glauben nicht teilnimmt, kommt sie analog § 319 ZPO in Frage.

Beispiele: (1) Der Erbschein nennt A und B als Miterben zu je ½; eine Berichtigung dahin, dass A Miterbe zu 1/3 und B zu 2/3 ist scheidet aus. (2) Der Erbschein enthält einen Testamentsvollstreckervermerk; tatsächlich war die Anordnung der Testamentsvollstreckung unwirksam: Einziehung, keine Berichtigung.[1041]

3.1 Schreibfehler, Rechenfehler, Offenbare Unrichtigkeiten

468 Schreibfehler[1042] (Vorname Walter statt Walther; falsches Geburtsdatum; falsche Hausnummer, falsche Postleitzahl; Minchen statt München), außer sie sind für die Identifizierung des Erblassers oder Erben wesentlich (hat der Erblasser zwei Söhne, von denen einer Walter und der andere Walther heißt, kann natürlich keine Berichtigung von Walter in Walther erfolgen).

Rechenfehler werden in der Literatur[1043] als weiteres Beispiel für Berichtigung angegeben; doch lassen sich kaum passende Beispiel finden (wenn der Erbschein fünf Erben nennt und jedem ¼ Erbteil zuweist, kann nicht ohne weiteres in 1/5 berichtigt werden, denn es könnten ja auch 3 Erben mit ¼ und 2 Erben mit je 1/8 beteiligt sein).

[1040] Scheer S. 180.

[1041] OLG Zweibücken FamRZ 2000, 323.

[1042] MünchKomm-Mayer § 2361 Rz 19.

[1043] MünchKomm-Mayer § 2361 Rz 19; Scheer S. 166.

Offenbare Unrichtigkeiten. Hierfür gibt es kaum Anwendungsfälle; denn wenn die falsche Person als Erbe ausgewiesen ist, mag dies zwar offenkundig falsch sein, kann aber nur über § 2361 BGB behoben werden, nicht durch Berichtigung.

3.2 Wiedervereinigung

469 Wenn einem Westdeutschen mit letztem Aufenthalt im Westen bis 3. 10. 1990 ein gewöhnlicher Erbschein nach BGB erteilt wurde, obwohl er (auch) Immobilien in der ehemaligen DDR geerbt hatten, war der Erbscheine mangels negativen Geltungsvermerks an sich unrichtig, weil die DDR-Immobilien nach dem DDR-ZGB vererbt wurden (Rz 399). Die Rechtsprechung vertrat aber zu Recht die Auffassung, dass keine Einziehung vorgenommen wird, weil keine Unrichtigkeit, nur eine Unvollständigkeit vorliegt. Es ist daher zulässig, dass im alten West-Erbschein nachträglich ein Geltungsvermerk („Gilt auch für den Grundbesitz in ...") angebracht wird,[1044] *wenn* die Erbfolge in das DDR-Grundvermögen richtig wiedergeben ist, was vom DDR- Erbrecht abhängt. Die Ergänzung kann statt durch klarstellenden Zusatzvermerk auch durch einen weiteren Teil-Erbschein erfolgen.

3.3 Mindestteilerbschein

470 Der Mindestteilerbschein (Rz 35) kann später, wenn die endgültige Größe des Erbteils feststeht, ergänzt werden; denn vorher lag nur ein Teil-Erbschein vor.[1045]

Ein vorläufiger gemeinschaftlicher Erbschein, in dem die Erbteile noch nicht angegeben sind, kann nicht ergänzt werden und ist einzuziehen, wenn nach Feststellung der Erbteile ein endgültiger gemeinschaftlicher Erbschein erteilt wird.[1046]

3.4 Nacherbenbezeichnung

471 Konnte der Nacherbe in dem dem Vorerben erteilten Erbschein nicht namentlich angegeben werden, so ist eine spätere Ergänzung durch namentliche Bezeichnung des Nacherben und entsprechend des Ersatznacherben

---

[1044] BayObLG FamRZ 1994, 723; LG Berlin FamRZ 1991, 1361; 1992, 230; Henrich FamRZ 1991, 1362; Sandweg BWNotZ 1991, 45, 52; Palandt/Edenhofer § 2361 Rz 7; aA (Einziehung) StaudingerSchilken Rz 47 vor § 2353 mwN.

[1045] Scheer S. 192.

[1046] OLG Hamm Rpfleger 1969, 299; aA Scheer S. 182 (Berichtigung nach § 18 FGG).

im Wege der Berichtigung möglich.[1047] Dies kann von Amts wegen[1048] oder auf Antrag erfolgen Es handelt sich nur um eine Klarstellung eines Erbscheins, der in seiner ursprünglichen Fassung als lückenhafter Erbschein erkennbar war.

3.5 Fremdrechtserbscheine

472 Nach hM ist ein Fremdrechtserschein unrichtig, wenn er das angewandte ausländische Erbrecht nicht nennt (Rz 424); das ist nicht zutreffend, denn die Angabe ist in § 2369 BGB nicht vorgeschrieben. Eine Ergänzung des Erbscheins ist daher möglich.

3.6 Kostenvermerke

473 Wird auf dem Erbschein nachträglich der Vermerk „Nur gültig für Rückerstattungszwecke" angebracht oder der vorhandene Vermerk gestrichen, liegt eine Berichtigung vor,[1049] eine Einziehung entfällt. Denn solche Vermerke haben nur zur Folge, dass der Erbschein gebührenfrei erteilt wird (§ 107a KostO), sie bleiben trotzdem Voll-Erbscheine und können für alle Zwecke verwendet werden. Die Verwendung für einen unerlaubten Zweck führt nur zur Nachzahlung der Gebühren.

[1047] Staudinger/Schilken § 2363 Rz 12; Guggumos DFG 1937, 233, 234; RGRK-Kegel § 2363 Rz 7; Planck/Greiff § 2363 Bem 2 c.

[1048] MünchKomm-Mayer § 2363 Rz 14; aA Scheer S. 183: nur auf Antrag.

[1049] aA Staudinger/Schilken § 2361 Rz 22 ohne Begründung.

K. Die Einziehung und Kraftloserklärung des Erbscheins

1. Grundlagen

474 Der erteilte Erbschein hat nach § 2366 BGB die Wirkungen des öffentlichen Glaubens. Ein unrichtiger Erbschein bedeutet daher eine Gefahr für den Rechtsverkehr, weshalb in § 2361 BGB die Einziehung und das damit verbundene Kraftloswerden vorgeschrieben ist. Erbscheinseinziehungen sind selten; auf rund hundert Erbscheinserteilungen entfällt ein Einziehungsverfahren.[1050]

Nur wenn der Erbschein zwar schon verfügt, aber noch nicht erteilt ist (zB mit Rücksicht auf eine angekündigte Beschwerde; oder weil ein geforderter Kostenvorschuss noch nicht bezahlt ist), kann das Nachlassgericht seine Entscheidung wieder aufheben (§ 18 FGG). Für die Einziehung eines Fremdrechtserbscheins (§ 2369 BGB), den ein deutsches Gericht erteilt hat, gilt ebenfalls § 2361 BGB, mag auch ausländisches Erbrecht anwendbar sein.[1051]

475 Dagegen können **ausländische „Erbscheine“** nicht durch ein deutsches Nachlassgericht nach § 2361 BGB eingezogen werden, [1052] weil der ursprüngliche Erbschein nicht von einem deutschen Gericht erteilt wurde, was § 2361 BGB voraussetzt. Die abweichende Meinung (Rz 738) sagt, dass ausländische Erbfolge-Zeugnisse bei uns anerkannt werden (§ 16a FGG) und somit auch zumindest analog § 2361 BGB eingezogen werden können. Der körperlichen Wegnahme des Papiers stünden allerdings ausländische Hoheitsrechte entgegen (der Betroffene könnte sich ja jederzeit im Ausland ein neues Zeugnis besorgen); deshalb bleibe nur die Kraftloserklärung, beschränkt auf der Gebiet der Bundesrepublik Deutschland;[1053] zuständig dafür sei das Amtsgericht Schöneberg in Berlin (§ 73 III FGG).

476 **Unwirksame Erbscheine.** Der Erbschein kann mit so schweren Mängeln behaftet sein, dass er ein Nicht-Erbschein, nichtig, ist. Dann entfaltet er

---

1050 Klüsener/Rausch/Walter Rpfleger 2001, 220.

1051 OLG Hamm NJW 1964, 553/554.

1052 Staudinger/Firsching vor Art. 24 EGBGB; aA Siehr, Internationales Privatrecht, 2001, § 21 (S. 116): in Deutschland könne ein schweizer Erbschein aufgrund schweizerischen Rechts “berichtigt” werden, wenn zB ein neues Testament aufgefunden werde.

1053 Griem S. 72.

auch dann keine Wirkungen (§§ 2365–2357 BGB), wenn er nicht eingezogen ist. Eine allgemeine Bestimmung über Nichtigkeit fehlt im FGG;[1054] § 7 FGG stellt lediglich klar, dass der von einem örtlich unzuständigen oder einem ausgeschlossenen Richter (Rechtspfleger) erteilte Erbschein nicht nichtig, wohl aber nach § 2361 BGB einzuziehen ist, auch wenn er inhaltlich die Erbfolge richtig wiedergeben sollte. Es ist daher meines Erachtens auf die im Zivilprozess entwickelten Grundsätze über Nicht-Urteile, Schein-Urteile, zurückzugreifen: wenn jede gesetzliche Grundlage fehlt oder wenn eine dem deutschen Recht unbekannte Rechtsfolge ausgesprochen wird besteht Nichtigkeit. Nichtig ist demnach ein Erbschein, wenn der darin genannte Erblasser noch gar nicht gestorben ist; wenn eine absolut unzuständige Person (Justizangestellter, Stadtverwaltung, Privatperson) den Erbschein erteilt hat. Wenn der Erbschein anstatt vom Nachlassgericht vom Landwirtschaftsgericht oder umgekehrt erteilt wurde, ist er nicht nichtig,[1055] weil es sich um Abteilungen desselben Gerichts handelt. Dagegen führt ein fehlender Antrag nicht zur Nichtigkeit, nur zur Einziehbarkeit.

Beschwer: Jemand kann auch dann die Einziehung eines Erbscheins „beantragen“ (und ggf. mit Beschwerde durchsetzen), wenn er selbst diesen Erbschein seinerzeit beantragte[1056] (anders im Zivilprozess, wo eine Beschwer fehlen würde).

2. Begriff der Unrichtigkeit

477 § 2361 BGB setzt „Unrichtigkeit“ des Erbscheins voraus; wann sie gegeben ist, ist nicht eindeutig. Nach Auffassung des BGH[1057] liegt sie vor, wenn die Voraussetzungen für die Erteilung nicht mehr gegeben sind. Das BayObLG[1058] meint, ein Erbschein sei unrichtig, „wenn die Voraussetzungen für die Erteilung entweder ursprünglich nicht gegeben waren oder nachträglich nicht mehr vorhanden sind“. Andere[1059] stellen auf die sachliche Unrichtigkeit ab. Eine weitere Auffassung[1060] hält eine Unrichtigkeit nur dann für gegeben, wenn Angaben im Erbschein unrichtig sind oder fehlen, die am öffentliche Glauben teilnehmen.

[1054] Vgl Keidel/Zimmermann FGG § 7 Rz 40.
[1055] aA Lange/Wulff/Lüdtke-Handjery Höfeordnung 2001 § 18 Rz 9.
[1056] OLG Hamm FamRZ 2003, 1503.
[1057] BGH NJW 1963, 1972 = BGH 40, 56; BayObLGZ 1980, 72/74; OLG Hamm OLGZ 1983, 59.
[1058] BayObLG FGPrax 2003, 130; ebenso OLG Köln Rpfleger 2003, 193.
[1059] KG Rpfleger 1967, 412; OLG Frankfurt Rpfleger 1978, 310/311.
[1060] OLG Hamm OLGZ 1983, 59/60; KG Rpfleger 1984, 358.

Meines Erachtens ist der Unrichtigkeitsbegriff des BGH zu weit; man muss man auf den Zweck der Einziehung abstellen; nur wenn dieser die Einziehung gebietet, liegt „Unrichtigkeit" vor:

- wenn der Inhalt des Erbscheins nicht den gesetzlichen Vorschriften (§§ 2363, 2364 BGB) entspricht, ist er einzuziehen, weil gesetzliche Bestimmungen, auf deren Einhaltung des Rechtsverkehr vertrauen darf, missachtet wurden.
- wenn der unrichtige Inhalt öffentlichen Glauben (§ 2366 BGB) entfaltet, ist die Einziehung notwendig, damit der wahre Berechtigte und Dritte geschützt werden.
- wenn der unrichtige Inhalt, auch wenn er nicht am öffentlichen Glauben teilnimmt, den Rechtsverkehr anderweitig beeinträchtigen kann, ist er einzuziehen, weil das Nachlassgericht darauf zu achten hat, dass gerichtliche Zeugnisse inhaltlich unbedenklich sind, schon aus Gründen der Staathaftung. Der Unschärfe dieser Formel bin ich mir bewusst.

Daraus folgt gleichzeitig, dass eine Einziehung ausscheidet, wenn eine Berichtigung möglich ist (Rz 455) oder wenn die Unrichtigkeit belanglos ist.

2.1 Inhaltliche Unrichtigkeit

2.1.1 Unrichtigkeit von Anfang an

478 Die Unrichtigkeit kann *objektiv* von Anfang an bestanden haben. Ein Verschulden des Gerichts oder der Beteiligten ist nicht erforderlich. Die Ursachen können im tatsächlichen bzw im rechtlichen Bereich liegen.[1061]

Beispiele: ein bisher unbekanntes Testament taucht auf; wirksame Testamentsanfechtung; Ausschlagung; wirksame Erbunwürdigkeitserklärung; die Nichtigkeit eines Testaments wegen Testierunfähigkeit stellt sich heraus; unrichtige Beschränkung des Geltungsbereichs; ein Erbe wird übersehen.

Ähnliche Fälle: andere Beurteilung der Staatsangehörigkeit des Erblassers und damit des Erbstatuts (Art. 25 EGBGB).

Auch ohnehin unwirksame, nichtige Erbscheine sind zur Beseitigung des Rechtsscheins einzuziehen.

2.1.2 Unrichtigkeit infolge anderer Testamentsauslegung

479 Eine Sonderform der anfänglichen Unrichtigkeit besteht, wenn das alte Testament nach Jahrzehnten vom Nachlassgericht anders ausgelegt wird

[1061] BGH NJW 1967, 1126; KG OLG 3, 259; OLG Frankfurt Rpfleger 1953, 36.

als früher;[1062] doch sollte das Nachlassgericht hier zurückhaltend sein: wenn alle Beteiligten jahrzehntelang eine bestimmte Auslegung zugrundelegten, sollte der beruhigte Rechtszustand nicht ohne Not aufgewühlt werden.

2.1.3 Unrichtigkeit infolge späterer tatsächlicher Entwicklungen

480 Welcher Zeitpunkt ist für die Frage „Unrichtigkeit" maßgebend? Für die Erteilung gilt der Grundsatz, dass die beim Todesfall objektiv bestehende Erbrechtslage im Erbschein zu bezeugen ist, mag sie sich auch erst später herausgestellt haben; nur aus Zweckmäßigkeit werden spätere tatsächliche Entwicklungen berücksichtigt (Rz 260). Die Unrichtigkeit kann schon bei Erteilung bestanden haben, kann aber auch erst durch spätere Entwicklungen entstanden sein; hier war der Erbschein bei Erteilung objektiv richtig. Beispiele: ein angeordnete Nacherbschaft ist inzwischen weggefallen, ein Testamentsvollstrecker hat seine Aufgaben erfüllt. Die hM[1063] bezieht spätere Entwicklungen ein (Rz 480) und schafft so eine zeitlich unbegrenzte Einziehungssituation bei Nacherbschaft und Testamentsvollstreckung. Die Formel der Rechtsprechung[1064] lautet, dass ein Erbschein einzuziehen sei, wenn das Gericht ihn „nicht mehr erteilen dürfte, falls es jetzt über die Erteilung zu entscheiden hätte. " Gelegentlich wird sogar von einer Pflicht zur „Überwachung" der Erbscheine durch das Nachlassgericht gesprochen. Bei einem Bestand von vielen Millionen seit 1900 erteilten Erbscheinen ist das lebensfremd und wird auch in der Praxis nicht so gehandhabt; ist der Eintritt der Nacherbfolge beispielsweise an die Wiederverheiratung der Vorerbin geknüpft, müsste das Nachlassgericht bei ihr in kurzen Zeitabständen anfragen, ob sie wieder geheiratet hat.

Dass die Fälle des nachträglichen Wegfalls der Nacherbschaft bzw der Testamentsvollstreckung von § 2361 BGB erfasst sind, sagt der Wortlaut der Vorschrift nicht eindeutig („Ergibt sich, dass der erteilte Erbschein unrichtig ist, so hat ihn …"). Auch die Gesetzesmaterialien sind unergiebig.[1065] Meines Erachtens sind solche Erbscheine **nicht unrichtig** geworden, sie sind nur durch Zeitablauf **überholt**. Im allgemeinen werden gerichtliche Entscheidungen nicht „zurückgeholt", wenn sie überholt sind. Da maßgeblicher Zeitpunkt derjenige der seinerzeitigen Erteilung des

---

[1062] BGH NJW 1967, 1126; BayObLG NJW-RR 1997, 836 = Rpfleger 1989, 22 (andere Testamentsauslegung nach 28 Jahren); BayObLG FamRZ 1997, 1365 (nach 52 Jahren); OLG Köln Rpfleger 2003, 193 (27 Jahre).

[1063] Palandt/Edenhofer § 2361 Rz 3; OLG Köln Rpfleger 2003, 193.

[1064] BGHZ 40, 54.

[1065] Protokolle V S. 684; Scheer S. 41.

Erbscheins ist, ist eine Einziehung *von Amts wegen* nur deswegen, weil sich spätere Entwicklungen ergeben haben, nicht gerechtfertigt. Die Interessen des Rechtsverkehrs verlangen eine Einziehung nur, wenn sie von den Beteiligten gewünscht wird; halten sie keine gerichtliche Tätigkeit für erforderlich sollte sie ihnen nicht aufgedrängt werden (vgl Rz 512).

Dagegen fällt der Fall, dass erst später ein Testament aufgefunden wird, nicht unter diese Gruppe; das ist keine spätere Entwicklung, der Erbschein war objektiv schon von Anfang an unrichtig, diese Rechtslage war lediglich damals verdeckt, sie war nicht bekannt.

2.1.4 Sonderfall Deutsche Wiedervereinigung

2.1.4.1 Erbscheine der Staatlichen Notariate der DDR

481 Wenn sich bei Erbfällen vor dem 3. 10. 1990 das Erbrecht nach dem ZGB/DDR richtete, dann galt bis 3. 10. 1990 dafür auch das Erbscheinsverfahrensrecht der DDR. Nach § 413 I ZGB erteilte das Staatliche Notariat dem Erben auf Antrag eine Urkunde über sein Erbrecht und die Größe seines Erbteils.[1066] Ein gegenständlich beschränkter Erbschein konnte erteilt werden (§ 414 ZGB). Vom Staatlichen Notariat vor dem 3. 10. 1990 erteilte Erbscheine wurden in der Bundesrepublik anerkannt, falls das Staatlichen Notariat international zuständig war und der Inhalt nicht dem ordre public widersprach.[1067] Seit dem 3. 10. 1990 gelten sie fort.

Ein unrichtiger Erbschein war vor dem 3. 10. 1990 vom Staatlichen Notariat für unwirksam zu erklären (§ 413 III ZGB). Seit dem 3. 10. 1990 richtet sich die Einziehung eines unrichtigen DDR-Erbscheins nach § 2361 BGB (nicht nach § 413 ZBG);[1068] zuständig dafür ist das örtlich zuständige Nachlassgericht als Abteilung des Amtsgerichts (unmittelbar nach der Wiedervereinigung bis zur Schaffung der Amtsgerichte: Kreisgericht).

482 **Einziehungsfälle:**

a) **Zwei Erbscheine:** Ist für dieselbe Erbfolge sowohl von einem staatlichen Notariat der DDR wie von einem westdeutschen Nachlassgericht ein Erbschein erteilt worden, ist der materiellrechtlich unrichtige Erbschein einzuziehen.[1069]

[1066] Über die damaligen Folgen von Erbscheinsanträgen in der DDR (enteignungsähnliche und devisenrechtliche Maßnahmen usw) vgl Pernutz MDR 1963, 713.

[1067] Staudinger/Schilken Rz 46 vor § 2353; zum seinerzeitigen Vorgehen des Staatlichen Notariats in der DDR vgl Pernutz MDR 1963, 713.

[1068] Lange/Kuchinke § 39 I 3.

[1069] Staudinger/Schilken Rz 46 vor § 2353.

b) **Irrige Anwendung des ZGB/DDR:** Wenn DDR-Flüchtlinge oder Übersiedler in die Bundesrepublik überwechselten und hier zwischen 1976 und 1990 verstarben, blieben sie nach DDR-Recht unter Umständen Bürger der DDR, es wurde hinsichtlich des beweglichen Nachlasses vom Staatlichen Notariat der DDR ein Erbschein nach dem ZGB-DDR erteilt, vom westdeutschen Nachlassgericht ein Erbschein nach BGB, weil sie als Bundesbürger galten. Das interlokale Privatrecht der Bundesrepublik hat aber den Vorrang gegenüber dem Interlokalen Privatrecht des DDR. Bei unterschiedlicher Erbfolge ist der DDR-Erbschein daher nach § 2361 BGB einzuziehen.[1070]

c) Bei Existenz von **Erbverträgen,** weil diese dem ZGB/DDR unbekannt waren. Beispiel: Frau F ist 1985 aus der DDR in die Bundesrepublik übergesiedelt. Durch Erbvertrag von 1986 hatte sie ihren Sohn als Erben eingesetzt, durch Testament von 1987 ihre in der DDR lebende Tochter. Sie stirbt 1988 in der Bundesrepublik. Da die DDR den Erbvertrag nicht anerkannte, erhielt die Tochter aufgrund Testaments vom Staatlichen Notariat einen Alleinerbschein. Dieser Erbschein ist jetzt als unrichtig einzuziehen. Denn in Wirklichkeit war die Tochter nur bezüglich des DDR-Grundbesitzes aufgrund Testaments Erbin (§ 25 II RAG/DDR), bezüglich des Restvermögens war der Sohn Erbe aufgrund Erbvertrags.[1071]

d) **bei Vorerbschaft/Nacherbschaft** (in der DDR beseitigt, § 371 II ZGB);

e) **bei Testamentsvollstreckung** (Rz 390).

2.1.4.2 Westdeutsche Erbscheine

483 In zahlreichen Fällen wurden Westdeutschen bis 3. 10. 1990 gewöhnliche Erbscheine nach BGB erteilt, obwohl sie (auch) Immobilien in der ehemaligen DDR geerbt hatten, welche unter Umständen nach Art. 235 § 1 I EGBGB, Art 3 III EGBGB, § 25 II DDR-RAG (Rechtsanwendungsgesetz) gemäß dem DDR-ZGB vererbt wurden;[1072] die Antragsteller wussten entweder nichts von diesem „Besitz“ oder hielten ihn angesichts der politischen Verhältnisse in der DDR für wertlos und daher nicht erwähnenswert. Die bis 3. 10. 1989 erteilten West-Erbscheine sind daher mangels negativen Geltungsvermerks („Gilt nicht für DDR-Grundbesitz“) an

---

[1070] Staudinger/Schilken Rz 46 vor § 2353; Trittel DNotZ 1991, 243; Kersten/Bühling/Wegmann § 103 Rz 40.

[1071] Vgl Kersten/Bühling/Wegmann § 103 Rz 42M.

[1072] BayObLG Rpfleger 1994, 299; OLG Zweibrücken Rpfleger 1993, 113; KG OLGZ 1992, 279.

sich (zumindest seit dem 3. 10. 1990) unrichtig.[1073] Man könnte diese Erbscheine daher nach § 2361 BGB einziehen[1074] und dann (auf Antrag) neue Erbscheine erteilen, die äußerlich zusammengefasst[1075] einesteils das DDR-Immobilienvermögen, andererseits das sonstige Immobilienvermögen und das bewegliche Vermögen betreffen (Rz 396 ff). Da hunderttausende Verfahren betroffen gewesen wären, wollten die Nachlassgerichte keine aufwendige Einziehung vornehmen; die Begründung lautete, dass keine Unrichtigkeit, nur eine Unvollständigkeit vorliege.

484 Die Praxis hält es zu Recht für zulässig, dass entweder

a) im alten West-Erbschein (allerdings in *allen* umlaufenden Ausfertigungen!) lediglich nachträglich ein Geltungsvermerk („Gilt auch für den Grundbesitz in …") angebracht wird,[1076] *wenn* die Erbfolge in das DDR-Grundvermögen richtig wiedergeben ist, was vom DDR-ZGB bzw früheren DDR-BGB (bei Erbfällen vor dem 1. 1. 1976[1077]; Tabelle Rz 396 ff) abhängt. Oder:

b) Die Ergänzung kann statt dessen auch durch einen weiteren gesondert beantragten und auf die DDR-Immobilien beschränkten Teil-Erbschein erfolgen;[1078] eine Einziehung des West-Erbscheins entfällt. Es handelt sich dabei nicht um einen gegenständlich beschränkten Fremdrechtserbschein nach § 2369 BGB, sondern um einen „beschränkten Eigenrechtserbschein". Man sollte ihn als Teilerbschein bezeichnen.[1079]

485 Ein gegenständlich auf **unbewegliches Vermögen in der ehemaligen DDR** beschränkter Erbschein ist unrichtig und daher nach hM[1080] einzuziehen, wenn sich in der ehemaligen DDR kein Grundstück befindet bzw befand, weil es beispielsweise enteignet wurde. Der Anspruch nach §§ 3 ff Vermögensgesetz fällt nicht in den Anwendungsbereich des § 25 II RAG, so dass in Ansehung dieser Ansprüche auch eine Nachlassspaltung nicht

---

1073 Schotten/Johnen DtZ 1991, 261; Staudinger/Schilken Rz 47 vor § 2353.

1074 Dafür Staudinger/Schilken Rz 47 vor § 2353.

1075 Notariat Stuttgart-Botnang FamRZ 1994, 658.

1076 BayObLG FamRZ 1994, 723; KG OLGZ 1992, 279; LG München I FamRZ 1991, 1489; LG Berlin FamRZ 1991, 1361; 1992, 230; Trittel DNotZ 1992, 450; Henrich FamRZ 1991, 1362; Sandweg BWNotZ 1991, 45, 52; Palandt/Edenhofer § 2361 Rz 7.

1077 Dazu KG FGPrax 1996, 104; vgl BezG Erfurt DtZ 1994, 77.

1078 BayObLG FamRZ 1994, 726 (Gottwald) = DNotZ 1994, 394 = ZEV 1994, 47; LG Berlin FamRZ 1991, 1361; LG Aachen Rpfleger 1991, 460; Henrich FamRZ 1991, 1362.

1079 LG Berlin FamRZ 1991, 1361.

1080 BGHZ 131, 22 = FamRZ 1995, 1567 = Rpfleger 1996, 109; OLG Hamm FamRZ 1995, 1092; OLG Hamm FamRZ 1995, 758 = ZEV 1995, 252; KG ZEV 1996, 234; Staudinger/Schilken Rz 48 vor § 2353; aA BayObLG ZEV 1994, 256 = FamRZ 1995, 1089.

eingetreten sein kann. Im BGH – Fall war Alleinerbfolge gegeben, sowohl nach BGB wie nach der irrigen Anwendung des DDR-ZGB; gleichwohl hielt der BGH[1081] die Einziehung des Erbscheins (der fälschlich von unbeweglichem Vermögen in der ehemaligen DDR und von der Anwendung von DDR-Recht sprach) für geboten, weil er die materiellrechtliche Stellung der Alleinerbin unzutreffend beschreibe; da aus dem unrichtigen Erbschein keine Gefahren erwachsen konnten war die Einziehung meines Erachtens überflüssig, eine Berichtigung hätte genügt.

2.1.5 Unverständlichkeit, Widersprüchlichkeit

486 Unverständlichkeit und innere Widersprüche stehen einer materiellen Unrichtigkeit gleich.[1082] Beispiel: wenn die Summe der Erbquoten bei Miterben weniger oder mehr als 100 % ausmacht.[1083]

2.1.6 Beispiele für Unrichtigkeit

2.1.6.1 Fallgruppe §§ 2353–2357 BGB

487 a) Angabe eines falschen Alleinerben.

b) Angabe eines falschen Miterben.

c) Falsche Erbquoten bei Miterben.[1084]

d) Falsche Angabe eines Erbanteils in einem Teilerbschein.

e) Der Erbfall ist noch gar nicht eingetreten, der Erblasser lebt noch;[1085] dieser Erbschein ist im übrigen nichtig.

f) Fehlender Geltungsvermerk: hinterlässt ein deutscher Erblasser im Ausland in bestimmten Ländern Grundstücke, dann ist nach der Rechtsprechung[1086] im Erbschein ein Geltungsvermerk anzubringen (Rz 445). Fehlt der Vermerk, ist der Erbschein nach hM einzuziehen (auch dann, wenn sich erst später herausstellt, dass ausländischer Grundbesitz zum Nachlass gehörte). Meines Erachtens (Rz 445) ist der Geltungsvermerk überflüssig, sein Fehlen unschädlich, eine Einziehung entfällt daher.[1087]

1081 BGHZ 131, 22 = FamRZ 1995, 1567 = Rpfleger 1996, 109.

1082 KG RJA 17, 56/58.

1083 aA Scheer S. 101: kein Fall von Einziehung, da Dritte die Unrichtigkeit erkennen könnten.

1084 BayObLG 1982, 236/245; KG OLG 16, 191; Scheer S. 98.

1085 MünchKomm-Mayer § 2361 Rz 3.

1086 BayObLG NJW 1960, 775; KG Rpfleger 1984, 358.

1087 Nach Staudinger/Dörner (2000) EGBGB Art 25 Rz 827 entfällt die Einziehung, weil der Vermerk nur deklaratorischen Charakter habe, die Sondererbfolge bezüglich bestimmter Gegenstände nach ausländischem Recht ohnehin nicht verlautbare.

2.1.6.2 Fallgruppe Vorerbschaft – Nacherbschaft:

a) Fehlen des Nacherbenvermerks, obwohl die Beschränkung des Vorerben durch Nacherbschaft zur Zeit der Erteilung noch besteht.[1088] *488*

b) Wenn ein Nacherbenvermerk im Erbschein angegeben ist, obwohl der Erblasser keine Nacherbfolge angeordnet hat,[1089] weil ein Verstoß gegen § 2363 BGB vorliegt. In diesen Fällen hat entweder der Erbe keinen entsprechenden Antrag gestellt, dann ist der unrichtige Erbschein schon aus diesem Grund einzuziehen. Oder der Vorerbe fasste sich zunächst selbst nur als Vorerben auf und ändert nun seine Meinung: dann ist er durch den unrichtigen Vermerk im Erbschein, da die Nacherbschaft im Grundbuch eingetragen wird (§ 51 GBO), in seinen Geschäften beeinträchtigt (§§ 2113 ff BGB), was durch Einziehung am einfachsten zu lösen ist.

c) Der Nacherbenvermerks enthält nicht die nach § 2363 I 1 BGB erforderlichen Angaben;[1090] wenn im Erbschein des Vorerben eine falsche Person als Nacherbe angegeben ist;[1091] denn die Angabe des Nacherben ist gesetzlich vorgeschrieben und bezweckt, dem Rechtsverkehr zu zeigen, wer gegebenenfalls zustimmen muss, damit bestimmte Verfügungen des Vorerben wirksam sind. Andernfalls müsste der unrichtige Vermerk im Grundbuch (§ 51 GBO) durch Klage gegen den vermeintlichen Nacherben beseitigt werden, was umständlicher erscheint. Zur Ergänzung um den Namen vgl Rz 505.

d) Wenn die Voraussetzungen, unter denen der Nacherbfall eintritt, unrichtig angegeben sind,[1092] zB eine falsche Bedingung oder Befristung; ob die Angaben am öffentlichen Glauben (§§ 2365 ff BGB) teilnehmen spielt insoweit keine Rolle; dasselbe gilt, wenn die Voraussetzungen, unter denen der Nacherbfall eintritt, überhaupt nicht aufgeführt sind,[1093] obwohl eine Gefährdung Dritter nicht vorkommen kann.

e) Im Nacherbenvermerk sind in Wirklichkeit nicht bestehende Befreiungen (§ 2136 BGB) angegeben.[1094] *489*

[1088] BayObLG FamRZ 1993, 1370; KGJ 46, 141/2.

[1089] OLG Frankfurt Rpfleger 1978, 310/311; OLG Schleswig SchlHA 1964, 259; BayObLG 1975, 62; aA Scheer S. 115, 182, weil es nicht Aufgabe der Einziehung sei, die Beeinträchtigung des Vorerben zu verhindern.

[1090] BayObLG FamRZ 2001, 873; KGJ 31 A 124.

[1091] KGJ 31 A 124/ 130; KG OLG 21, 352/ 353; Scheer S. 119: aA BayObLG 8, 411; OLG Braunschweig OLG 16, 66.

[1092] KG OLG 38, 1/2; LG Mannheim MDR 1961, 58; Saupe S. 90; Scheer S. 120.

[1093] aA Scheer S. 122.

[1094] BayObLGZ 1960, 407/ 410; unbestritten.

f) Wenn die tatsächliche Befreiung eines Vorerben von den Verfügungsbeschränkungen des § 2136 nicht angegeben ist,[1095] weil der Erbschein eine notwendige Angabe dann nicht enthält.

g) Wenn dem Vorerben noch ein Erbschein erteilt wird, obwohl die Nacherbfolge bereits eingetreten ist;[1096] über Ausnahmen vgl Rz 380.

h) Wenn dem Nacherben der Erbschein *vor* Eintritt der Nacherbfolge erteilt worden ist;[1097]

i) Wenn zu Unrecht die Unvererblichkeit des Nacherbenrecht angegeben ist oder umgekehrt die bestehende Unvererblichkeit nicht angegeben ist (Rz 361).

j) Wenn Ersatznacherbfolge zu Unrecht angegeben ist oder eine bestehende Ersatznacherbfolge zu Unrecht nicht angegeben ist.

k) Wenn der Erbschein zu Unrecht ein Vorausvermächtnis zugunsten des Vorerben ausweist;[1098] wenn ein tatsächlich zugunsten des Vorerben angeordnetes Vorausvermächtnis zu Unrecht nicht angeben ist,[1099] weil der Vorerbe dadurch im Rechtsverkehr behindert ist.

l) Wenn im Erbschein für den Nacherben der Beginn seines Erbrechts unrichtig (oder nicht) angegeben ist;[1100] denn der Tag des Anfalls der Nacherbschaft ist im Erbschein anzugeben („Erbe seit dem …“)[1101] und nimmt am öffentlichen Glauben teil, er gehört zum Erbscheinsinhalt.

m) Der Tod des Nacherben vor dem Nacherbfall bei Vererblichkeit des Nacherbenrechts macht den Erbschein des Vorerben nicht unrichtig.[1102] Wenn der im Erbschein (mit Vermerk der Abkömmlinge als Ersatznacherben) bezeichnete Nacherbe im Zeitpunkt der Erteilung bereits verstorben ist, ist der Erbschein dagegen unrichtig gewesen,[1103] denn im Erbschein ist (nach Möglichkeit namentlich) anzugeben, wer

---

1095 KGJ 44, 77; KG JFG 5, 157/160; LG Berlin DFG 1942, 148: aA Scheer S. 117, weil § 2361 BGB insoweit nicht schützen wolle.

1096 OLG Frankfurt FamRZ 1998, 1394.

1097 BayObLGZ 1951, 561/ 566.

1098 MünchKomm-Mayer § 2361 Rz 3; Scheer S. 117.

1099 BayObLGZ 1960, 407/410; KGJ JFG 21, 122/126; aA Scheer S. 118.

1100 OLG Hamm JMBlNRW 1962, 63; Köster Rpfleger 2000, 133/141; Scheer S. 106; offen gelassen vom BayObLG MittBayNot 1997, 44.

1101 BayObLG NJW-RR 1990, 199; KGJ 50, 86; Köster Rpfleger 2000, 133/141.

1102 Vgl KGJ 24 A 185, 189; Scheer S. 146; vgl MünchKomm-Mayer § 2363 Rz 21 u 24.

1103 BayObLG FamRZ 1999, 816 = NJWE-FER 1998, 108; BayObLG FamRZ 1988, 542 für den Fall, dass der ausgewiesene Nacherbe stirbt und das Nacherbenrecht gemäß § 2108 II BGB auf dessen Erben übergeht.

Nacherbe ist. Durch einen Wechsel in der Person des Nacherben wird der Erbschein unrichtig und ist einzuziehen.

n) Ein Rücktrittsvorbehalt hinsichtlich des Erbverzichts (§ 2346 BGB) führt, wenn er nach dem Erbfall ausgeübt wird, zur Erbfolge; das muss im Erbschein als Vor- und Nacherbfolge vermerkt werden.

o) Nach hM[1104] wird ein den Vorerben ausweisender Erbschein unrichtig, wenn der **Nacherbfall eingetreten** ist. Vgl Rz 480.

p) Der Wegfall der Beschränkung durch Nacherbfolge gemäß § 2306 BGB ist eine gesetzliche Rechtsfolge, die keiner Aufnahme in den Erbschein bedarf; ein nachträglicher Eintritt dieser Voraussetzung macht den Erbschein jedoch unrichtig.[1105] Ein Erbschein wird auch dadurch unrichtig, dass die Nacherbschaft aufgrund Rechtsgeschäfts wegfällt, zB wenn der Nacherbe seine Anwartschaft auf den Vorerben überträgt.[1106]

2.1.6.3 Fallgruppe Testamentsvollstreckung

490

a) Fehlen des Testamentsvollstreckungsvermerks.[1107]

b) Unrichtigkeit des Testamentsvollstreckungsvermerks.[1108]

c) Wenn er eine Testamentsvollstreckung ausweist, obwohl sie den Erben in seiner Verfügungsmacht nicht beschränkt, zB im Fall des § 2208 I BGB oder im Fall des § 2223 BGB.[1109]

d) Wenn eine Nacherbenvollstreckung (§ 2222 BGB) im Erbschein nicht erwähnt ist (er übt die Rechte des Nacherben vor Eintritt der Nacherbfolge aus).

e) Wenn eine Beschränkung der Testamentsvollstreckung auf einzelne Nachlassgegenstände im Erbschein nicht vermerkt ist.[1110]

1104 OLG Köln Rpfleger 2003, 193; BayObLG Rpfleger 2002, 28/29; OLG Hamm NJW 1974, 1827/8; OLG Jena FamRZ 1994, 1208; LG Bonn MittRhNotK 1984, 123; KGJ 48, 112.

1105 OLG Schleswig NJW 1961, 1929 (Lange).

1106 LG Berlin DNotZ 1976, 569.

1107 BayObLGZ 1981, 236, 245; OLG Frankfurt Rpfleger 1978, 310.

1108 OLG Zweibrücken FamRZ 2000, 323 (Berichtigung unzulässig); OLG Frankfurt Rpfleger 1978, 310/311; OLG Hamburg OLG 32, 81; aA Scheer S. 126, 182: Abänderung gem. § 18 I FGG auf Antrag.

1109 Vgl KGJ 43, 92, 95; aA Scheer S. 128: Abänderung gem FGG § 18 I auf Antrag.

1110 LG Mönchengladbach Rpfleger 1982, 382 mit Anm Heinen/Sigloch S. 426.

f) Wenn eine gegenständliche Beschränkung zu Unrecht angegeben ist.[1111]

g) Wenn der Erbschein zu Unrecht ein Vorausvermächtnis angibt; wenn ein bestehendes Vorausvermächtnis nicht angegeben ist, weil der Vermächtnisnehmer dann nicht uneingeschränkt verfügen kann.[1112]

h) Nach hM[1113] wird ein Erbschein mit Testamentsvollstreckervermerk unrichtig, wenn die Testamentsvollstreckung wegfällt (gegenstandslos wird, überholt ist), weshalb er einzuziehen ist. Vgl Rz 480.

2.1.6.4 Fallgruppe Fremdrechtserbschein

491 Der Fremdrechtserbschein (§ 2369 BGB) ist unrichtig, wenn das Nachlassgericht international nicht zuständig war; wenn er nicht die Beschränkung auf im Inland befindliche Gegenstände enthält, mögen sich auch im Ausland keinerlei Vermögensgegenstände befinden; wenn aufgrund Rückverweisung nicht ausländisches Erbrecht, sondern ganz oder teilweise deutsches Erbrecht anwendbar ist, weil dann (insoweit) ein Eigenrechtserbschein gemäß § 2353 BGB zu erteilen ist. Der Fremdrechtserbschein ist nach hM weiterhin unrichtig, wenn er das angewandte ausländische Erbrecht nicht oder falsch nennt;[1114] der BGH[1115] begründet dies damit, dass sonst die erbrechtliche Stellung unzutreffend beschrieben werde, weil je nach Sachrecht zB das Pflichtteilsrecht und die Erbenhaftung unterschiedlich seien. Das ist zweifelhaft, denn die Angabe ist in § 2369 BGB nicht vorgeschrieben und auch ohne Gutglaubensfunktion,[1116] der Erbschein hat nicht die Aufgabe, dem Nichterben Hinweise auf seine Rechtslage zu geben. Eine Ergänzung bzw Berichtigung des Erbscheins ist daher meines Erachtens möglich. Unrichtig, aber unschädlich, ist, wenn die im Inland befindlichen Gegenstände („Wohnhaus in …") im Erbschein aufgeführt werden.

[1111] AA Scheer S. 130; Bartholomeyczik, Erbeinsetzung, S. 320: die Beschränkung gehört nicht in den Erbschein, sondern ins Testamentsvollstreckerzeugnis.

[1112] KG JFG 21, 122, 126 = HRR 1940 Nr 539.

[1113] OLG Köln FamRZ 1993, 1124; OLG Jena FamRZ 1994, 1208; OLG Hamm OLGZ 1983, 59.

[1114] BGHZ 131, 22/32 = FamRZ 1995, 1567; auch für den Fall, dass im Erbschein Anwendung von DDR-ZGB bezeugt wird, während richtig das BGB anzuwenden war, obwohl nach beiden Regelungen Alleinerbschaft vorlag; BayObLGZ 1961, 4/22; OLG Düsseldorf NJW 1963, 2227/2230; KG Rpfleger 1977, 307; Staudinger/Dörner (2000) EGBGB Art 25 Rz 823; vgl ferner BGH WM 1976, 1137, 1139; KGJ 36 A 109/113. AA LG Frankfurt MDR 1976, 668 (keine Einziehung); Griem S. 191 (Einziehung nur bei unterschiedlicher Rechtsstellung des Erben. Aber die ist bei ausländischen Recht immer anders).

[1115] BGHZ 131, 22.

[1116] LG Frankfurt MDR 1976, 668.

2.1.6.5 Sonstige Fälle

Wenn der Nachweis für die gesetzliche Lebensvermutung eines Verschollenen zur Zeit des Erbfalles fehlt, so ist der Erbschein unrichtig.[1117] Ebenso, wenn zum Nachlass ein Hof im Sinne der HöfeO gehört und entgegen § 18 II HöfeO der Hoferbe im Erbschein nicht genannt ist.[1118] Ist ein vorläufiger gemeinschaftlicher Erbschein mit unbestimmten Quoten erteilt worden (Rz 341), ist er nach hM (dazu Rz 505) einzuziehen, wenn die Quoten später feststehen und dann ein endgültiger Erbschein erteilt wird.[1119] Ist bei unbestimmten Miterben ein Erbschein erteilt worden (Rz 342) und sodann ein Pfleger für diese Personen bestellt worden, dann ist der Erbschein nach deren Geburt einzuziehen.[1120] 492

2.2 Formelle Unrichtigkeit

Hier sind im Erbscheinserteilungsverfahren Verfahrensfehler unterlaufen, der Erbschein ist aber inhaltlich richtig. Auf diesen Fall ist § 2361 BGB nicht zugeschnitten; die hM[1121] wendet gleichwohl aus praktischen Erwägungen § 2361 BGB analog an, obwohl eine „Lücke“ nicht vorhanden ist. Die Rechtsprechung sagt, dass solche Fehler „nur in schwerwiegenden Fällen“ eine Einziehung begründen können;[1122] eine brauchbare Abgrenzung, wann ein Fehler „schwerwiegend“ ist und wann nicht, ist bisher nicht gelungen. Bezüglich der Kosten ist zu beachten, dass bei Einziehung eine Nichterhebung wegen unrichtiger Sachbehandlung in Frage kommt (§ 16 KostO);[1123] vgl Rz 319. 493

2.2.1 Erteilung durch ein örtlich unzuständiges Nachlassgericht

Solche Fälle können – sehr selten – vorkommen, wenn zB der Ort, an dem der Erblasser gelebt hat, als Wohnort aufgefasst wurde, obwohl es sich in Wirklichkeit nur um einen Aufenthaltsort (also Unzuständigkeit des Nachlassgerichts, § 73 FGG) handelte. Die Erteilungsanordnung eines örtlich unzuständiges Gericht ist nicht nichtig (§ 7 FGG). Auch der von ihm erteilte Erbschein ist nicht nichtig (vgl § 7 FGG); nach hM hat er aber keinen Bestand: analog § 2361 I BGB wird ein Erbschein (ohne Rücksicht 494

[1117] OLG Frankfurt Rpfleger 1953, 36.
[1118] KG JW 1936, 3403.
[1119] KGJ 42 A 128; Lange/Kuchinke § 39 IV 2.
[1120] OLG Hamm Rpfleger 1969, 299; Lange/Kuchinke § 39 IV 2.
[1121] MünchKomm-Mayer § 2361 Rz 11; Palandt/Edenhofer § 2361 Rz 4.
[1122] BayObLG FGPrax 2003, 130.
[1123] BayObLG FamRZ 1997, 126.

auf seine sachliche Richtigkeit) nach hM[1124] als unrichtig und einziehungsbedürftig behandelt, wenn er von einem international [1125] oder örtlich[1126] unzuständigen Nachlassgericht erteilt worden ist; Grund soll sein, dass die Vorschriften über die örtliche Zuständigkeit zwingend sind und außerdem sonst die Gefahr der Erteilung zweier einander widersprechender Erbscheine besteht. Andere sehen dies zu Recht weniger streng; [1127] das neuere Verfahrensrecht misst der Zuständigkeitsfrage zu Recht immer weniger Bedeutung zu (vgl § 513 II ZPO). Wenn der Erbschein inhaltlich richtig ist hat die Einziehung keinen Sinn, ist vom Text des § 2361 BGB nicht erfasst und meines Erachtens daher allenfalls vertretbar, wenn sie angeregt wird oder Beschwerde eingelegt wird.[1128]

2.2.2 Erteilung durch ein sachlich unzuständiges Gericht

495 Hat das Nachlassgericht anstelle des Landwirtschaftsgerichts (oder umgekehrt) den Erbschein erteilt (Rz 128), ist er wirksam, aber wegen Unzuständigkeit (§ 18 II HöfeO; § 12 II LwVG) einzuziehen;[1129] das überzeugt nicht, weil es sich lediglich um verschiedene Abteilungen des Amtsgerichts handelt (wenngleich mit verschiedener Besetzung und Verfahrensweise). Das kommt vor, wenn ein Erbschein über das hoffreie Vermögen vom Nachlassgericht erteilt wird.

2.2.3 Erteilung durch eine unzuständige Person

496 Hat ein **Justizbeamter** (Justizinspektor anstelle eines Richters oder Rechtspflegers) den Erbschein erteilt, ist er unwirksam und eine Einziehung ist erforderlich.[1130] Hat ein **Rechtspfleger** einen Erbschein aufgrund gesetzlicher Erbfolge nach deutschem Recht erteilt, obwohl wegen eines

---

[1124] BayObLG Rpfleger 1975, 304; BayObLG Rpfleger 1981, 112/3; BayObLGZ 1977, 59, 61; OLG Hamm OLGZ 1972, 352; KG OLG 42, 145 = KGJ 53, 88; MünchKomm-Mayer § 2361 Rz 11 mwN.

[1125] OLG Zweibrücken FamRZ 2002, 1146 = ZEV 2001, 488 = NJW-RR 2002, 154. Ebenso bei interlokaler Unzuständigkeit (betraf Zuständigkeitsverhältnis Bundesrepublik – DDR; aus politischen Gründen wurde teils die DDR nicht als Ausland angesehen, das Wort „interlokal" daher erfunden).

[1126] BayObLG Rpfleger 1977, 61; OLG Hamm OLGZ 1972, 352; Weiß Rpfleger 1984, 389.

[1127] BGH Rpfleger 1976, 174 = LM § 73 FGG Nr.5; dazu Weiß Rpfleger 1984, 389/392. LG Frankenthal Rpfleger 1983, 315: kein Einziehung, wenn das AG Schöneberg demnächst durch eine bindende Abgabeverfügung die Zuständigkeit eben dieses Gerichts begründen wird.

[1128] Staudinger/Schilken § 2361 Rz 16.

[1129] Staudinger/Schilken Rz 19 vor § 2353.

[1130] OLG Frankfurt NJW 1968, 1289 = OLGZ 1968, 110.

(angeblich) vorliegenden Testaments der Richter zuständig gewesen wäre (§ 16 I Nr. 6, § 16 II RPflG), ist, da eine Übertragung möglich gewesen wäre (§ 16 II RPflG), keine Einziehung erforderlich;[1131] vgl § 8 II RPflG. Der Erbschein ist aber einzuziehen, wenn er vom Rechtspfleger statt vom Richter erteilt ist *und* wenn die Sache nicht auf den Rechtspfleger übertragen werden konnte (§ 8 IV RPflG).[1132] Hier ist § 19 RPflG (Landesrecht zu beachten). In beiden Fällen ist der Erbschein bis zur Einziehung wirksam, nicht etwa nichtig.

497 Erteilt der **Richter** anstelle des Rechtspflegers den Erbschein: keine Einziehung, vgl § 8 I RPflG.[1133] Erteilt die **Beschwerdekammer** des LG anstelle des Nachlassgerichts den Erbschein, ist die Rechtslage streitig; § 7 FGG spricht für Wirksamkeit, aber Einziehung auf Anregung oder Beschwerde hin[1134] (wenig überzeugend, weil man sich nicht am Wortlaut des § 2353 BGB „Nachlassgericht" festklammern sollte, auch sonst hat die zweite Instanz dieselbe Kompetenz wie die erste). Ebenso ist es, wenn das Nachlassgericht anstelle des Landwirtschaftsgerichts einen inhaltlich richtigen Erbschein erteilt hat;[1135] vgl Rz 495. Nicht unrichtig geworden ist ein Erbschein über das hoffreie Vermögen, der bisher vom Nachlassgericht statt vom Landwirtschaftsgericht erteilt ist; denn welches Gericht zuständig ist, war Jahrzehnte umstritten; es geht nicht an, nach der klarstellenden Entscheidung des BGH[1136] eine Einziehung der alten Erbscheine zu betreiben; das hat der BGH für einen vergleichbaren Fall entschieden[1137] und wurde auch in den Wiedervereinigungsfällen so gehandhabt (vgl Rz 481 ff).

2.2.4 Erbscheinserteilung ohne Antrag

498 Ein Erbschein wird nach § 2353 BGB nur auf Antrag erteilt. Er muss von einem Antragsberechtigten herrühren. Der Antrag muss sich auf einen bestimmten dem Erbschein zu gebenden Inhalt richten.[1138] Das Nachlassgericht ist an den Antrag gebunden (Rz 271). Es darf bei Erteilung des

---

1131 BayObLG FamRZ 1997, 1370 = FGPrax 1997, 153 = Rpfleger 1997, 370; BayObLGZ 1977, 59/63; Weiß Rpfleger 1984, 389, 393; aA MünchKomm-Promberger § 2361 Rz 13. Missverständlich BayObLG Rpfleger 1982, 292.

1132 BayObLGZ 1977, 59/63 = Rpfleger 1977, 210; LG Koblenz DNotZ 1969, 431.

1133 MünchKomm-Mayer § 2361 Rz 13.

1134 Für Einziehung ohne weiteres Staudinger/Schilken § 2353 Rz 31; vgl Jansen FGG § 7 Rz 15.

1135 Für uneingeschränkte Einziehung MünchKomm-Mayer § 2361 Rz 12.

1136 BGHZ 104, 363/367 = NJW 1988, 2739.

1137 BGH Rpfleger 1976, 174 = LM Nr 5 zu FGG § 73 (obiter dictum).

1138 BayObLGZ 1957, 1/8 f.; BayObLGZ 1995, 47/50 = FamRZ 1995, 1028.

Erbscheins vom Antrag nicht inhaltlich abweichen, es darf zB keinen allgemeinen Erbschein statt eines beantragten gegenständlich beschränkten Erbscheins erteilen,[1139] keinen Erbschein mit Nacherbenvermerk oder Testamentsvollstreckervermerk, wenn der Vermerk nicht beantragt wurde.

499 Weicht der Inhalt des Erbscheins vom Inhalt des gestellten Antrags ab (Rz 271) oder ist er ohne Antrag oder auf Antrag eines Nichtberechtigten erteilt, ist der Erbschein wegen formeller Unrichtigkeit von Amts wegen einzuziehen, auch wenn er inhaltlich richtig sein sollte. Die Einziehung entfällt aber, wenn der antragslos erteilte Erbschein nachträglich – auch schlüssig – vom Berechtigten genehmigt wird.[1140] Bei Miterben genügt die **Genehmigung** eines von ihnen,[1141] da auch ein Miterbe allein einen Antrag stellen kann (§ 2357 BGB). Die Genehmigung liegt zB im Gebrauchmachen durch Vorlage bei Banken, Grundbuchamt; auch darin, dass der Erbscheinsinhaber einem Einziehungsantrag ausdrücklich entgegentritt;[1142] unter Umständen auch in der Zahlung der Gerichtsgebühren für den Erbschein. Wenn ein Beteiligter kein Rechtsmittel gegen den Erbschein eingelegt ist kann dies noch nicht als schlüssige Genehmigung des erteilten Erbscheins verstanden werden.[1143]

500 Der Grund für die Einziehung ist letztlich, dass auch der nicht gewünschte Erbschein erhebliche Kosten verursacht; er darf daher den Beteiligten, die ihn in dieser Form gar nicht wollten, nicht aufgedrängt werden. Wird er eingezogen, können die Gerichtskosten niedergeschlagen werden (§ 16 KostO); Rz 319.

2.2.5 Unrichtiger Berufungsgrund

501 Ist ein Erbschein beantragt, der die Erben aufgrund gewillkürter Erbfolge ausweisen soll, so kann aufgrund dieses Antrages kein Erbschein gemäß gesetzlicher Erbfolge erteilt werden, auch wenn sich die Erben und die Erbquoten decken; ein gleichwohl erteilter Erbschein ist unrichtig.[1144] Er

---

[1139] RGZ 156, 172/180; BayObLGZ 1967, 1, 8; BayObLG FamRZ 2001, 1181; OLG Hamm NJW 1968, 1682.

[1140] BayObLG FamRZ 2001, 1181; FamRZ 1996, 1438; BayObLGZ 1959, 390/400; OLG Hamm, OLGZ 1972, 352/357.

[1141] BayObLGZ 1971, 34/45.

[1142] BayObLG FamRZ 2003, 1595/1601 (Erbschein mit Testamentsvollstreckervermerk, Vermerk war nicht beantragt worden).

[1143] BayObLG FamRZ 2001, 1181.

[1144] BayObLG FamRZ 1996, 1438 = NJW-RR 1996, 1160 = ZEV 1996, 390 (Jerschke).

kann aber von den betroffenen Erben nachträglich genehmigt werden (Rz 499).

2.2.6 *Fehlendes Rechtsschutzbedürfnis*

502 Ein Erbscheinantrag kann nicht deshalb abgelehnt werden, weil der Auftragsteller ihn wegen Vollmacht über den Todesfall nicht benötige; oder weil der Nachlass geringwertig sei; oder weil der Nachlass überschuldet sei. Das BayObLG[1145] hat die Auffassung vertreten, ein gegenständlich auf das DDR-Vermögen beschränkter Erbschein dürfe wegen fehlenden Rechtsschutzbedürfnisses nicht erteilt werden, wenn keine Anhaltspunkte dafür bestehen, dass im Zeitpunkt des Erbfalls weiteres der Nachlassspaltung unterliegendes Vermögen in der ehemaligen DDR vorhanden war. Ein gleichwohl erteilter Erbschein sei wegen dieses Verfahrensmangels einzuziehen; das verdient keine Zustimmung.

2.2.7 *Erbschein ohne erforderlichen Geltungsvermerk*

503 Erbscheine nach § 2353 BGB müssen nach hM in bestimmten Fällen einen Geltungsvermerk enthalten („ Gilt nicht für das in Österreich belegene unbewegliche Vermögen; vgl Rz 495). Fehlt dieser Vermerk, soll die Einziehung erforderlich sein.[1146] Meines Erachtens ist der Vermerk überflüssig (Rz 495), die Einziehung entfällt somit.

2.2.8 *Sonstige Verfahrensfehler*

504 Verfahrensfehler können nur in schwerwiegenden Fällen die Einziehung eines Erbscheins begründen.[1147] Eine mangelhafte oder fehlende Erteilungsanordnung oder deren unterbliebene Bekanntmachung sind unschädlich,[1148] weil der Erbschein als Zeugnis auch ohne eine solche Anordnung erteilt werden kann.

Wird der Erbschein erteilt, obwohl der Antragsteller die nach §§ 2354, 2355 BGB geforderten Angaben nicht machte, ist er gleichwohl nicht einzuziehen, wenn er inhaltlich richtig ist. Die Verletzung des rechtlichen Gehörs allein rechtfertigt noch nicht die Einziehung;[1149] ebenso Mängel bei der Zeugenvernehmung (zB Öffentlichkeit, entgegen § 8 FGG, § 169 GVG). Die unterlassene Eröffnung und Verkündung des Testaments

[1145] BayObLG ZEV 1998, 475 = Rpfleger 1999, 76 = MittRhNotK 1998, 429.
[1146] MünchKomm-Mayer § 2353 Rz 17.
[1147] BayObLG FamRZ 1997, 126.
[1148] Weiß Rpfleger 1984, 389/90.
[1149] BGH NJW 1963, 1972; Palandt/Edenhofer § 2361 Rz 5

(§ 2260 BGB) führt nicht zur Einziehung des Erbscheins.[1150] Unschädlich ist, wenn die zugrunde liegende eidesstattliche Versicherung (§ 2356 II BGB) falsch ist oder nicht ordnungsgemäß abgegeben wurde,[1151] der Erbschein aber inhaltlich richtig ist. [1152] Wird auf Antrag *eines* Miterben ein gemeinschaftlicher Erbschein erteilt und stellt sich später heraus, dass ein anderer Miterbe die Erbschaft in Wirklichkeit nicht angenommen hatte, ist der Erbschein deswegen nicht unrichtig; er ist erst einzuziehen, wenn die form- und fristgerechte Ausschlagung nachgewiesen ist.[1153]

2.3 Trotz Unrichtigkeit keine Einziehung

505 Hier hat der Erbschein Mängel, die weder den öffentlichen Glauben beeinträchtigen, noch im Rechtsverkehr zu Problemen führen können, noch gesetzliche Vorschriften (§§ 2363, 2364 BGB) verletzen; in Frage kommt dann eine Berichtigung (Rz 455), manchmal ist auch nichts veranlasst (Rz 455). Auch überflüssige und unzulässige Zusätze im Erbschein machen die Einziehung nicht erforderlich.[1154] Das sind insbesondere Angaben, auf die sich die Vermutung des § 2365 BGB und der öffentliche Glaube nach §§ 2366, 2367 BGB nicht erstrecken.

Beispiele: Ist der Erbe beim Erbfall minderjährig und enthält er daher einen Hinweis auf die damals bestehende gesetzliche Vertretung, ist dieser Hinweis zwar mit Eintritt der Volljährigkeit überflüssig geworden; dies veranlasst aber keine Einziehung.[1155] Ist im Erbschein für den Vorerben zwar die Nacherbfolge angeben, nicht aber der Name des Nacherben, wird überwiegend die Ansicht vertreten, der Erbschein sei nicht unrichtig, nur unvollständig und klarstellungsbedürftig.[1156]

Einen vorläufigen gemeinschaftlichen Erbschein (Rz 341), in dem alle Miterben angeben sind, aber noch nicht die Erbquoten, hält die Rechtsprechung[1157] und ein Teil der Literatur[1158] für zulässig, weil ein Bedürfnis dafür besteht. Wird später die Quote bekannt, fragt sich, ob der quotenlose Erbschein einzuziehen ist;[1159] da keine Gefährdung eintreten kann sollte man das verneinen.

[1150] MünchKomm-Promberger 3. Aufl. § 2355 Rz 5.
[1151] BayObLGZ 1961, 4/10.
[1152] Staudinger/Schilken § 2356 Rz 42.
[1153] OLG Stuttgart RJA 12, 203; Staudinger/Schilken § 2357 Rz 11.
[1154] Vgl KG OLG 40, 155 Fn 1 f: Name des Testamentsvollstreckers auf dem Erbschein.
[1155] BayObLG FamRZ 1997, 126.
[1156] MünchKomm-Promberger 3. Aufl. § 2363 Rz 15; Weißler S. 378; Scheer S. 119; aA Saupe S. 90.
[1157] KGJ 42 A 128; aA KGJ 22 A 61; offengelassen BayObLG 1962, 47/54.
[1158] MünchKomm-Mayer § 2357 Rz 16; Lange/Kuchinke § 39 IV 2.
[1159] Bejahend KGJ 42 A 128; Lange/Kuchinke § 39 IV 2.

Durch die Veräußerung oder Verpfändung eines Erbteils durch den Miterben wird der Erbschein nicht unrichtig;[1160] vgl Rz 260.

Der an Miterben erteilte Erbschein ist nicht deswegen einzuziehen, weil ein anderer Miterbe die Erbschaft noch nicht angenommen, aber auch noch nicht ausgeschlagen hat.[1161]

3. Einziehungsverfahren

3.1 Zuständiges Gericht

506 Zuständig für die Einziehung des Erbscheins ist das **Nachlassgericht** (Baden-Württemberg: unter Umständen **Notariat**; Rz 127), das den Erbschein erteilt hat;[1162] das folgt aus dem Wortlaut des § 2361 I 1 BGB („so hat ihn ... “). Dies gilt selbst dann, wenn dieses Nachlassgericht für die Erteilung seinerzeit international oder örtlich unzuständig war[1163] oder wenn der Wohnsitz des Verstorbenen später infolge Gebietsreform einem anderen AG-Bezirk zugewiesen wird.[1164] Es darf also nicht ein anderes an sich für die Erteilung des Erbscheins allein oder zugleich zuständiges Nachlassgericht (zB bei doppeltem Wohnsitz des Erblassers) die Einziehung vornehmen. Hat das **Landwirtschaftsgericht** (Rz 128) einen unrichtigen Erbschein erteilt, ist es für die Einziehung zuständig. Hat das Nachlassgericht einen Erbschein erteilt, obwohl dafür das Landwirtschaftsgericht zuständig gewesen wäre, soll das örtlich (§ 10 LwVG) zuständige Landwirtschaftsgericht (und nicht das Nachlassgericht) zur Einziehung und Kraftloserklärung zuständig sein;[1165] zweifelhaft.

507 Wenn ein Erblasser vor dem 3. 10. 1990 mit letztem Wohnsitz im Gebiet der ehemaligen DDR verstarb, ist für die Einziehung des vom **Staatlichen Notariat** erteilten Erbscheins das Wohnsitz – Nachlassgericht nach § 73 I FGG zuständig,[1166] da die Staatlichen DDR-Notariate aufgelöst sind. Ist damals ein Nachlassgericht der Bundesrepublik in entsprechender Anwendung von § 73 II, III FGG tätig geworden (zB für Erbscheine zu Lastenausgleichszwecken, für gegenständlich beschränkte Erbscheine), obwohl der Erblasser mit letztem Wohnsitz in der DDR verstarb, ist für die Einziehung nicht das westdeutsche Nachlassgericht (unter dem Gesichts-

[1160] Vgl RGZ 64, 173; aM Endemann JW 1910, 89.

[1161] OLG München DFG 1937, 21 (LS).

[1162] BayObLGZ 1964, 291/292; BayObLG Rpfleger 1975, 304; 1981, 112; OLG Hamm OLGZ 1972, 352/ 353; KGJ 44, 104.

[1163] BayObLG 1977, 59.

[1164] OLG Frankfurt Rpfleger 1981, 21.

[1165] Staudinger/Schilken Rz 21 vor § 2353.

[1166] MünchKomm-Mayer § 2361 Rz 34.

punkt der Kontinuität, vgl § 4 FGG) weiterhin zuständig, sondern die Notzuständigkeit ist erloschen, das nach § 73 I FGG allgemein zuständige Nachlassgericht ist für die Einziehung zuständig.[1167]

Für die Einziehung eines Erbscheins, den ein Staatliches Notariat der ehemaligen DDR in Bezug auf dort belegenes Vermögen nach einem mit letztem Wohnsitz im Gebiet der *alten* Bundesländer verstorbenen Erblasser erteilt hat, ist seit dem 3. 10. 1990 das gemäß § 73 I FGG örtlich zuständige Nachlassgericht zuständig.[1168]

Beispiel: E verstarb 1974 mit letztem Wohnsitz in München und hinterließ eine Haus in Ost-Berlin; das Staatliche Notariat Ost-Berlin erteilte 1981 einen Erbschein, der die DDR (!) als Erbin auswies. Das AG München ist für die Einziehung des unrichtigen DDR-Erbscheins zuständig.

508 Wurde ein einzuziehender Erbschein von einem Nachlassgericht in einem Gebiet erteilt, an dem deutsche Gerichtsbarkeit nicht mehr ausgeübt wird (**Böhmen und Mähren** usw), richtet sich die Zuständigkeit für die Einziehung nach dem Zuständigkeitsergänzungsgesetz (Rz 140): Das AG Berlin-Schöneberg ist befugt, die Entscheidung über die Einziehung eines von ihm erteilten Erbscheins auf ein anderes Gericht zu übertragen, wenn es ihn als zentrales Nachlassgericht erteilt hat;[1169] die Abgabe hat bindende Wirkung.[1170]

509 Das **Beschwerdegericht** (Landgericht; OLG) kann einen Erbschein nicht selbst einziehen, sondern nur das Nachlassgericht dazu anweisen.[1171] Eine derartige Entscheidung des Landgerichts wäre aber nicht nichtig, nur anfechtbar.[1172] Hat ein Landgericht als Beschwerdegericht einen Erbschein zu Unrecht selbst erteilt, ist dieser Erbschaft vom untergeordneten Nachlassgericht einzuziehen.[1173]

Die Anordnung der Einziehung ist dem **Richter** vorbehalten, wenn ein Erbschein vom Richter erteilt oder er wegen einer Verfügung von Todes wegen einzuziehen ist (§ 16 I Nr. 7 RPflG); sonst ist der **Rechtspfleger** zuständig. Zum Landesrecht vgl § 19 RPflG.

1167 KG Rpfleger 1992, 487 = DtZ 1992, 333; OLG Bremen Rpfleger 1994, 113; OLG Köln FGPrax 1996, 226.

1168 KG FGPrax 2000, 120 = Rpfleger 2000, 275 =NJWE-FER 2000, 244.

1169 KG OLGZ 1966, 127 = Rpfleger 1966, 208.

1170 KG NJW 1960, 538; OLG Hamm Rpfleger 1962, 277 (Keidel).

1171 OLG Köln Rpfleger 2003, 193/5; BayObLGZ 1960, 407/ 411; BayObLG FamRZ 1991, 618; FamRZ 2001, 873; OLG Köln JMBlNRW 1957, 15/17; OLG Celle NdsRpfl 1955, 189; KG DFG 1936, 195 = HRR 1936 Nr 1444.

1172 BayObLG FamRZ 1991, 618.

1173 KG RJA 16, 40; MünchKomm-Mayer § 2361 Rz 33.

Die Kraftloserklärung ist, wenn sie Annexhandlung der Einziehung ist (zB Erbschein aufgrund Gesetzes, der wegen falscher Erbquotenberechnung unrichtig war), immer ein Rechtspflegergeschäft,[1174] andernfalls besteht Richterzuständigkeit.

3.2 Einziehung von Amts wegen oder auf Antrag

510 Die Einziehung des Erbscheins erfolgt von Amts wegen oder auf „Antrag"; aus § 2361 I BGB (der im Gegensatz zu § 2353 BGB keinen Antrag erwähnt) ergibt sich, dass solche „Anträge" nur die Bedeutung von Anregungen haben, von Amts wegen tätig zu werden.[1175] Der Einziehungsantrag muss deshalb keinen bestimmten Inhalt haben;[1176] es gibt keine „Antragsberechtigten". Jedermann kann die Einziehung anregen. Das Verfahren ist also von einer Antragstellung unabhängig.[1177] Anlass zur Einleitung eines Einziehungsverfahrens besteht immer dann, wenn sich irgendwie ergibt, dass der erteilte Erbschein möglicherweise unrichtig ist. Wenn das Grundbuchamt bei der Bearbeitung einer Grundbuchsache feststellt, dass ein Erbschein unrichtig ist, hat es das Nachlassgericht zu benachrichtigen.[1178] Ist ein Erbschein aufgrund eines Testaments erteilt worden und geht eine Anfechtungserklärung bezüglich dieses Testaments ein (§§ 2078, 2081 BGB), ist daher zu prüfen, ob die Anfechtung Anlass gibt, ein Verfahren nach § 2361 BGB einzuleiten.[1179] Anträge auf Ergänzung oder Berichtigung des Erbscheins sind, falls nicht zulässig (Rz 455), als Anträge auf Einziehung und Neuerteilung aufzufassen, wenn dies dem Willen des Antragstellers entspricht. Die Einziehung setzt eine wirksame Erteilung voraus.[1180]

511 **Differenzierung.** Die Unrichtigkeit des Erbscheins führt nach dem Wortlaut der Vorschrift, auf den sich die hM[1181] stützt, *immer* zur Einziehung von Amts wegen. Nimmt man § 2361 III BGB wörtlich, könnte das Nachlassgericht sogar ins Blaue hinein und ohne konkreten Verdacht von

---

1174 Jansen FGG § 72 Rz 28; Keidel/Winkler FGG § 72 Rz 24; Meyer-Stolte Rpfleger 1982, 204; Dallmayer/Eickmann RPflG § 16 Rz 46, aA Staudinger/Firsching 12. Aufl. § 2353 Rz 28.

1175 Das wird oft verkannt; so spricht OLG Köln NJW-RR 1994, 1421 von der Notwendigkeit, eine Einziehung zu „beantragen".

1176 RGZ 61, 274/7.

1177 BayObLGZ 1952, 291/3.

1178 Vgl BGH NJW 1992, 1884 = BGHZ 117, 287.

1179 BayObLG NJW-RR 2002, 726.

1180 BayObLGZ 1960, 267/271; BayObLGZ 1960, 501/504 = Rpfleger 1961, 437 = MDR 1961, 415.

1181 MünchKomm-Mayer § 2361 Rz 29; Palandt/Edenhofer § 2361 Rz 2.

Amts wegen ermitteln, ob längst erteilte Erbscheine noch richtig sind. Da seit dem Jahre 1900 viele Millionen Erbscheine erteilt wurden, „unrichtige“ Erbscheine aber sehr selten sind, kann dies nicht der Sinn der Regelung sein. Die Einziehung löst hohe Gerichtskosten aus (§ 108 KostO); sie führt beim Erbscheinsbesitzer zu erheblichen Belastungen (der vor vielen Jahren erteilte Erbschein muss zeitaufwendig gesucht werden, sonst drohen die Kosten der Kraftloserklärung), beim Nachlassgericht ebenfalls. Man sollte deshalb § 2361 BGB restriktiv auslegen und differenzieren:

- Fälle, in denen eine Berichtigung oder Ergänzung des Erbscheins möglich ist (oder überhaupt nichts veranlasst ist), eine Einziehung daher ausscheidet (Rz 455);
- Fälle, in denen der Erbschein zwar unrichtig ist, bei denen aber aus dem Umlauf des Erbscheins keine Gefahren mehr drohen können, weshalb eine Einziehung nur auf Anregung /Antrag/Beschwerde eines Beteiligten erfolgen soll (Rz 480);
- Fälle, in denen von Amts wegen einzuziehen ist, unabhängig vom Willen der Beteiligten.

512 Eine **Anregung zur Einziehung** ist meines Erachtens in zwei Fällen erforderlich:

a) Bei der durch spätere tatsächliche Entwicklungen entstandenen Unrichtigkeit, zB Eintritt des **Nacherbfalls**. Denn hier war der Erbschein für den Vorerben bei Erteilung objektiv richtig. Der Fall ist nicht anders als jener zu bewerten, in dem A stirbt und von B beerbt wird; dann stirbt B und wird von C beerbt: hier kommt niemand auf die Idee, den Erbschein A/B einzuziehen, obwohl er nicht mehr „richtig“ ist; denn er kann keinen Schaden mehr anrichten. Deshalb ist kein ausreichender Grund vorhanden, in beruhigte Verhältnisse einzugreifen, einen dem Vorerben erteilten Erbschein *von Amts wegen* deshalb einzuziehen, weil inzwischen der Nacherbfall eingetreten ist;[1182] anders ist es nur, wenn die Einziehung angeregt wird.[1183]

b) Auch wenn ein **Testamentsvollstrecker** seine Aufgaben erfüllt hat, besteht kein Anlass, den Erbschein mit Testamentsvollstreckervermerk einzuziehen, wenn es von niemand angeregt wird.[1184]

[1182] aA die hM, zB OLG Jena FamRZ 1994, 1208 (Einziehungsantrag lag jedoch vor); OLG Köln Rpfleger 2003, 193.

[1183] Offengelassen vom BayObLG FamRZ 1999, 816.

[1184] aA die hM, zB OLG Hamm OLGZ 1983, 59.

3.3 Verhältnis Einziehungsantrag – Beschwerde

513 Gegen die erfolgte Erteilung des Erbscheins ist der Einziehungsantrag nach § 2361 BGB statthaft; Rechtsprechung[1185] und Literatur[1186] geben dem Betroffenen *wahlweise* daneben die Beschwerde an das Landgericht mit dem Antrag, das LG möge das Nachlassgericht zur Einziehung anweisen. Hat das Nachlassgericht nach Beschwerde entsprechend der Rechtsauffassung des LG einen Erbschein erteilt, so kann im Wege der weiteren Beschwerde dessen Einziehung beantragt werden;[1187] ohne die zwischenzeitlich erfolgte Erteilung hätte der Beschluss des LG mit weiterer Beschwerde angegriffen werden können.

Die Besonderheit ist, dass hier eine anzufechtende Verfügung des Nachlassgerichts (vgl 19 I FGG) fehlt, weil das Nachlassgericht den Einziehungsantrag noch nicht abgelehnt hat, mit ihm überhaupt noch nicht befasst war. Vgl Rz 546.

3.4 Verzicht auf das „Antragsrecht"

514 Ein Antragsberechtigter kann einseitig oder durch Vereinbarung auf sein Antragsrecht verzichten.[1188] Bei § 2361 BGB ist aber ein „Antrag" nicht Verfahrensvoraussetzung. Wird deshalb zwischen streitenden Erben vereinbart, dass nur A einen Erbscheinsantrag stellt und B auf einen Einziehungsantrag gegen den zu erteilenden Erbschein verzichtet, ist letzteres ohne Bedeutung; niemand kann B hindern, später eine Einziehung beim Nachlassgericht anzuregen. Vgl Rz 255.

3.5 Umfang der Ermittlungen

515 Ein Erbschein kann auch dann eingezogen werden, wenn seit seiner Erteilung ein langer Zeitraum verstrichen ist.[1189] Eine **zeitliche Grenze** besteht nicht.[1190] **Verwirkung** oder **Treu und Glauben** stehen der Einziehung nicht entgegen; wenn die dem Erbschein zugrunde gelegte Testamentsauslegung von den Beteiligten lange Zeit nicht in Frage gestellt wurde, ist das aber von Bedeutung;[1191] beruhigte Rechtsverhältnisse sollte das Nachlassgericht nicht von sich aus aufwühlen.

1185 BayObLG FamRZ 1996, 1113; FamRZ 1990, 301.

1186 Palandt/Edenhofer § 2353 Rz 26.

1187 BayObLG FamRZ 1996, 1304 = NJW-RR 1997, 389 = ZEV 1996, 393.

1188 Vgl Keidel/Schmidt FGG § 12 Rz 43.

1189 BGHZ 47, 58 = NJW 1967, 1126; BayObLGZ 1966, 233; BayObLGZ 1963, 19/26.

1190 BayObLG Rpfleger 1989, 22: Einziehung nach 28 Jahren; BayObLG FamRZ 1997, 1365: Einziehung nach 52 Jahren; BayObLG FGPrax 2003, 130: 45 Jahre; OLG Köln Rpfleger 2003, 193: nach 27 Jahren.

1191 BayObLG NJW-RR 1997, 836.

Ermittlungen müssen vorgenommen werden, wenn ein „Antrag" auf Einziehung hierzu Veranlassung bietet.[1192] Im übrigen kann das Nachlassgericht jederzeit von Amts wegen ermitteln (§ 2361 III BGB; § 12 FGG), wenn nach der Erteilung des Erbscheins Zweifel an der Richtigkeit auftreten. Vor der Einziehungsanordnung muss dem im Erbschein genannten „Erben" rechtliches Gehör gewährt werden.

Nachträglich aufgetauchte **Zweifel an dem bezeugten Erbrecht** berechtigen nicht schon zur Einziehung des Erbscheins vor Erschöpfung der vorhandenen Beweismittel; vielmehr ist über die Einziehung *erst nach abschließender Aufklärung* zu entscheiden.[1193] Auch die Eröffnung eines nachträglich zur Kenntnis des Nachlassgerichts gekommenen, mit dem erteilten Erbschein nicht in Einklang stehenden Testaments führt daher nicht zur sofortigen Einziehung des widersprechenden Erbscheins, sondern rechtfertigt die Einziehung des Erbscheins erst nach Feststellung der Gültigkeit des Testaments (zB durch Anhörung der Beteiligten, Erholung eines Gutachtens zur Echtheit).[1194] Ebenso ist es, wenn ein Testament angefochten wird, auf dessen Grundlage ein Erbschein erteilt worden ist.

Der Grundsatz der Ermittlung von Amts wegen verpflichtet das Gericht, alle zur Aufklärung des Sachverhalts dienlichen Beweise zu erheben, soweit das Vorbringen der Beteiligten und der festgestellte Sachverhalt hierzu Anlass geben. Es darf die Ermittlungen erst abschließen und über die Einziehung des Erbscheins entscheiden, wenn von weiteren Ermittlungen ein sachdienliches, die Entscheidung beeinflussendes Ergebnis nicht mehr zu erwarten ist.[1195] Ist nach Erschöpfung der Beweismittel die Überzeugung des Nachlassgerichts von dem bezeugten Erbrecht über den bloßen Zweifel hinaus so erschüttert, dass er jetzt nicht mehr erteilt würde, so ist der Erbschein einzuziehen; die Unrichtigkeit des Erbscheins muss nicht nachgewiesen sein oder werden.[1196]

Versäumt ein Beteiligter die ihm obliegende Verfahrensförderungspflicht, indem er zB nur eine Kopie und (obwohl er dazu in der Lage wäre) trotz Aufforderung kein Original des Testaments vorlegt, kann es sein, dass trotz § 12 FGG eine weitere Amtsermittlungspflicht des Nach-

---

[1192] KGJ 36 A 114, 166.

[1193] BGHZ 40, 54 = NJW 1963, 1972 = Rpfleger 1964, 77 (Haegele); BayObLGZ 1966, 233; BayObLG FamRZ 1997, 1370 = FGPrax 1997, 153 = Rpfleger 1997, 370; OLG Köln Rpfleger 2003, 193; aM noch BayObLGZ 1962, 299 = NJW 1963, 158.

[1194] KG OLG 42, 147 Fn 1.

[1195] BayObLG FamRZ 1997, 1370 = FGPrax 1997, 153 = Rpfleger 1997, 370.

[1196] BGHZ 40, 54 = NJW 1963, 1972; OLG Köln NJW 1962, 1727/8; BayObLGZ 1966, 233, 236; OLG Düsseldorf MDR 1978, 142; OLG Zweibrücken OLGZ 1984, 3/10.

lassgerichts entfällt.[1197] Die rechtswirksame Ernennung eines Testamentsvollstreckers nach § 2200 ist im Einziehungsverfahren nicht zu prüfen, da die Anordnung der Testamentsvollstreckung selbst davon unberührt bleibt und nur diese, nicht aber der Name des Vollstreckers, im Erbschein anzugeben ist.[1198]

3.6 Zeuge – Beteiligter

516 Derjenige, welcher im einzuziehenden Erbschein als Erbe bezeichnet ist, ist nicht Zeuge im Einziehungsverfahren. Im Verfahren über die Einziehung des dem Nacherben nach dem Tod des Vorerben erteilten Erbscheins darf daher der Nacherbe nicht als Zeuge vernommen werden.[1199]

3.7 Vorläufige Einziehung, einstweilige Rückgabe; Sicherungsmaßnahmen

517 Während der Dauer der Ermittlungen des Nachlassgerichts bleibt der Erbschein weiterhin existent; er wird nicht (vorläufig) eingezogen. Einstweilige sichernde Maßnahmen für den Fall, dass die aufgetauchten Zweifel sich als begründet erweisen, sind nur eingeschränkt möglich.

518 Eine **vorläufige Einziehung des Erbscheins** durch das Nachlassgericht bis zum Abschluss weiterer Ermittlungen ist unzulässig, weil eine entsprechende Regelung (vgl den Widerspruch im Grundbuchrecht, § 899 BGB; § 53 GBO) fehlt.[1200] Anscheinend wird aber auch das Gegenteil vertreten.[1201]

519 Das Nachlassgericht kann meines Erachtens eine **einstweilige Anordnung** erlassen,[1202] dh durch Beschluss anordnen, dass der Erbscheinsbesitzer den Erbschein bis zum Abschluss der Ermittlungen zu den Akten gibt; wenn nach Eingang einer Beschwerde das Beschwerdegericht dieses Recht aus § 24 III FGG hat, dann muss das Nachlassgericht als untere Instanz (mit grundsätzlich größeren Kompetenzen im Einziehungsverfahren ausgestattet, vgl § 2361 BGB) erst recht diese Möglichkeit haben. Die (erlaubte) Aufforderung zur Rückgabe unterscheidet sich von der (unerlaub-

[1197] BayObLG NJW-RR 2002, 726.

[1198] OLG Hamburg NJW 1965, 1968.

[1199] BayObLG FamRZ 1997, 772 = NJWE-FER 1997, 232.

[1200] BGHZ 40, 54, 59 = NJW 1963, 1972; Schopp Rpfleger 1983, 264/5. Eine geplante Reform (BR-Drucks. 309/07; BT-Drucks. 16/6308; Zimmermann FGPrax 2006, 189) wird dies möglicherweise ändern.

[1201] Lange/Kuchinke § 39 VI 2 „Einziehung im Wege einstweiliger Anordnung".

[1202] Lindacher NJW 1974, 20; Lange/Kuchinke § 39 VI 2; aA Schopp Rpfleger 1983, 264.

ten) vorläufigen Einziehung nur dadurch, dass erstere nicht zur Kraftlosigkeit führte, letztere aber ein Kraftloswerden zumindest suggeriert.

520 Ist **Beschwerde** eingelegt, sagt die hM, das Beschwerdegericht (LG, OLG) könne nach § 24 III Halbs. 1 FGG eine einstweilige Anordnung erlassen, gerichtet auf *einstweilige Rückgabe* des Erbscheins zu den Akten.[1203] Beispiel: das LG weist im Beschwerdeverfahren das AG an, einen Erbschein zu erteilen. Antragsgegner X legt weitere Beschwerde ein und stellt beim OLG einen entsprechenden Antrag auf einstweilige Anordnung. Eine solche einstweilige Anordnung, der einen oder anderen Art, würde allerdings nur beschränkt nützen, weil nur die endgültige Einziehung das gewünschte Ergebnis, nämlich das Kraftloswerden des Erbscheins, hat,[1204] wie der Wortlaut des § 2361 I 2 BGB zeigt; die Rückgabe des Erbscheins aufgrund der einstweiligen Anordnung der Beschwerdekammer oder des OLG-Senats hat nicht die Wirkung einer Einziehung.[1205] Die Gutglaubenswirkung setzt nicht voraus, dass der Erbschein vorgezeigt wird; die Anordnung vorläufiger Rückgabe hindert den Erbscheinsbesitzer faktisch dann an Verfügungen über den Nachlass, wenn der Geschäftspartner (zB die Bank) die Vorlage eines Erbscheins verlangt; sie hätte im übrigen auch abschreckende Bedeutung.

521 Denkbar wäre auch eine **einstweilige Verfügung** des Prozessgerichts (Antragsteller: der wahre Erbe) gegen den Erbscheinsbesitzer (gestützt auf § 2362 BGB; §§ 935 ff ZPO) auf Verwahrung des Erbscheins durch das Nachlassgericht.[1206] Streitwert: ca 1/3 des Nettonachlasses (§ 3 ZPO). Da der an die Erteilung des Erbscheins geknüpfte öffentliche Glaube (§§ 2366, 2367 BGB) nicht den Besitz des Erbscheins voraussetzt, schließen auch diese Maßnahmen die Gefahr gutgläubigen Dritterwerbs und befreiender Leistung an den Erbscheins-Erben nicht völlig aus. Zulässig wären weiter einstweilige Verfügungen des Prozessgerichts, wonach dem vermeintlichen Erben Verfügungen hinsichtlich bestimmter Nachlassgegenstände verboten werden. Das Nachlassgericht könnte solche „einstweilige Verfügungen" nicht erlassen.

[1203] BGH NJW 1963, 1972; OLG Köln OLGZ 1990, 303 (einstweilige Anordnung auf Rückgabe zu den Akten); BayObLG FamRZ 1990, 1162 und FamRZ 1993, 116; Keidel/Sternal FGG § 24 Rz 17.

[1204] BGH NJW 1963, 1972; Keidel/Sternal FGG § 24 Rz 17; aA nur Lindacher NJW 1974, 20 (Suspendierung des öffentlichen Glaubens während der Dauer der Verwahrung).

[1205] BayObLG FamRZ 1990, 1162 und BayObLGZ 1983, 213/223.

[1206] BGH NJW 1963, 1972.

3.8 Die Rückgabe des Erbscheins ohne Einziehung

522 Befindet sich der Erbschein bzw. alle von ihm erteilten Ausfertigungen bereits wieder beim Nachlassgericht, zB weil der darin aufgeführte Erbe nach Auffinden eines anderslautenden Testaments dieses Testament und den Erbschein von sich aus freiwillig beim Nachlassgericht abgibt, dann fragt sich, ob zusätzlich noch eine Einziehungsanordnung (mit der Kostenfolge des § 108 S. 1 KostO) erforderlich ist. Aus § 2361 I BGB ergibt sich, dass ein Erbschein erst mit Einziehung kraftlos ist. Deshalb muss die Einziehung noch durch die nachfolgende Einziehungsanordnung und deren Bekanntgabe (§ 16 FGG) vollendet werden.[1207] Eine bloße „aktenmäßige Aufhebung" des Erbscheins nach § 18 FGG[1208] ist nicht möglich, weil auf erteilte Erbscheine § 18 FGG nicht anwendbar ist (Rz 458).

Ebenso dürfte es sein, wenn der Erbschein vom Besitzer nach einem rechtskräftigen Urteil gemäss § 2362 BGB zurückgeben wird.[1209]

Die Erteilung kann nicht durch Handeln des Beteiligten allein rückgängig gemacht werden.

Gibt der Erbe während eines Einziehungsverfahrens den Erbschein beim Nachlassgericht freiwillig oder aufgrund einstweiliger Anordnung ab, ist der Erbschein damit noch nicht eingezogen; er kann also, wenn die Einziehung abgelehnt wird, einfach wieder ausgehändigt werden.

3.9 Bindung an frühere Entscheidungen

523 Formell rechtskräftige Entscheidungen in Erbscheinssachen gibt es kaum, weil das Rechtsmittel unbefristet ist. Liegt ausnahmsweise formelle Rechtskraft vor (zB wenn auf Rechtsbeschwerde das OLG entschieden hat), erwächst die Entscheidung nicht in materielle Rechtskraft.[1210] Denn nach § 2361 BGB sind unrichtige Erbscheine einzuziehen; wenn früher ein Einziehungsantrag, der ein Amtsverfahren auslöste, zurückgewiesen wurde, bestätigt in der weiteren Beschwerde, und die Einziehungsanregung wiederholt wird, besteht keine Bindung an die frühere Entscheidung des OLG. Es entfällt daher auch nicht die Auseinandersetzung mit neuen Argumenten (bei den alten Argumenten genügt Bezugnahme). Denn andernfalls könnte ein nun als unrichtig erkannter Erbschein entgegen

---

1207 BayObLG FamRZ 2001, 1181; BayObLGZ 1960, 501/504 = MDR 1961, 415 = Rpfleger 1961, 437.

1208 So Korintenberg/Lappe KostO § 108 Rz 5.

1209 Vgl BayObLG FamRZ 2001, 1181; nach hM ist keine zusätzliche Einziehungsanordnung erforderlich, Staudinger/Schilken § 2362 Rz 4.

1210 BayObLG FGPrax 2003, 130; BGH 47, 59; Keidel/Zimmermann FGG § 31 Rz 2 ff .

§ 2361 BGB nicht eingezogen werden, wenn früher die Einziehung bereits einmal formell abgelehnt wurde.

3.10 Entscheidung des Nachlassgerichts

524 **Beschluss:** „Der Erbschein des Nachlassgerichts … vom … wird nicht eingezogen." Gründe ….

Keine Kostenentscheidung, aber eventuell Entscheidung nach § 13a FGG. Man sollte nicht schreiben: „Der Antrag … wird zurückgewiesen", weil § 2361 BGB ein Amtsverfahren statuiert, ein „Antrag" im Rechtssinne daher nur eine Anregung ist. Man sollte auch nicht formulieren: „Die Anfechtung des Testaments wird zurückgewiesen;" einen solchen Tenor gibt es nicht; gemeint ist eine Ablehnung der Einziehung des Erbscheins.[1211]

Der Beschluss wird formlos mitgeteilt.

Oder:

I. Der Erbschein des Nachlassgerichts … vom … wird eingezogen.

II. Der Beteiligte X hat die ihm erteilte Ausfertigung des Erbscheins binnen einer Woche dem Nachlassgericht zurückzugeben; die gewaltsame Wegnahme des Erbscheins wird angedroht. Kann der Erbschein nicht sofort erlangt werden, wird der Erbschein für kraftlos erklärt werden.

Gründe …. Androhung nach § 33 III 6 FGG; Kraftloserklärung nach § 2361 II BGB. Keine Kostenentscheidung, aber eventuell Entscheidung nach § 13a FGG.

Verfügung:

Beschluss zustellen an X…. (bzw an alle, die laut Akteninhalt ein Original oder eine Ausfertigung erhalten haben).

Der Einziehungsbeschluss kann mit der Erteilung eines neuen Erbscheins verbunden werden.[1212]

525 **Kosten** für die Einziehung oder Kraftloserklärung eines Erbscheins: § 108 KostO; § 13a FGG. Der Kostenschuldner ergibt sich aus § 2 Nr 2 KostO, die Wertberechnung aus § 107 II KostO. Die Niederschlagung von Kosten wegen unrichtiger Sachbehandlung regelt § 16 KostO.

526 **Rechtsmittel.** Die verfügte, aber noch nicht vollzogene Einziehung ist mit Beschwerde anfechtbar (§ 19 FGG). Die vollzogene Einziehung des

---

[1211] BayObLG FamRZ 1997, 1179 = Rpfleger 1997, 383; FamRZ 1990, 1037; OLG Köln FamRZ 1993, 1124.

[1212] BayObLG FamRZ 2001, 873.

Erbscheins kann nicht wieder rückgängig gemacht werden; die Anordnung kann jedoch im Wege der Beschwerde bzw weiteren Beschwerde mit dem Ziel der Erteilung eines neuen gleichlautenden Erbscheins angefochten werden.[1213] In diesem Falle kann ein Erbscheinsantrag, der eigentlich an das Nachlassgericht zu stellen ist, auch im Beschwerdeverfahren beim Beschwerdegericht gestellt werden. Vgl Rz 537ff.

527 **Steuerliche Folgen:** Die Einziehung des Erbscheines führt nicht zur Nichtigkeit der Steuerbescheide, die an die im aufgehobenen Erbschein als Erben bezeichneten Personen bekannt gegeben worden sind.[1214]

4. Durchführung der Einziehung

528 Der Einziehungstatbestand besteht aus zwei Merkmalen:

- der Einziehungsanordnung des Nachlassgerichts (Beschluss oder Verfügung). Sie geht meist der tatsächlichen Rückgabe voraus, kann aber auch nachfolgen.[1215] Vgl Rz 522.
- deren tatsächlicher Durchführung: das ist die tatsächliche Rücknahme aller erteilten Ausfertigungen.

529 **Vollstreckung:** gemäss § 33 FGG. Statt Kraftloserklärung, oder neben ihr,[1216] etwa wenn der Beteiligte einräumt, den Erbschein in Besitz zu haben, ihn aber trotz des Einziehungsbeschlusses nicht herausgeben will, kann folgender weiterer Beschluss ergehen:

„Der Erbschein vom … ist dem Beteiligten X mit Gewalt wegzunehmen. Wird der Erbschein nicht vorgefunden, hat der Beteiligte X eine eidesstattliche Versicherung über den Verbleib abzugeben." Gründe: … § 33 II 1, II 5 FGG.

Die Vollstreckung erfolgt durch den Gerichtsvollzieher im Auftrag des Nachlassgerichts.[1217] Dieser Beschluss muss dem Beteiligten nicht *vorher* mitgeteilt werden.

Da jede Ausfertigung im Rechtsverkehr die Urschrift vertritt, ist erst mit der Ablieferung sämtlicher Ausfertigungen des Erbscheins die Einziehung durchgeführt. Ist noch eine Ausfertigung der Urschrift des Erbscheins im Verkehr, so ist das Erbscheinsverfahren noch nicht abgeschlos-

---

1213 BayObLG FamRZ 2001, 1181; KG OLGZ 1971, 215/6.
1214 BFH NV 2001, 1522.
1215 BayObLG FamRZ 2001, 1181.
1216 Firsching/Graf Rz 4.511
1217 Einzelheiten vgl Keidel/Zimmermann FGG § 33 Rz 42ff.

sen und der Erbschein noch nicht kraftlos.[1218] Fotokopien und Abschriften des Erbscheins, auch beglaubigte, müssen nicht eingezogen werden.[1219] Ist von mehreren in einer Urkunde zusammen gefassten Erbscheinen (Sammelerbschein; A ist von B, B ist von C beerbt worden) nur einer einzuziehen, so ist das auf den Bestand der anderen ohne Einfluss. Es wird ein neuer Erbschein mit dem Inhalt der alten unter Weglassung des unrichtigen oder unzulässigen Erbscheins erteilt und die Kraftloserklärung auf letzteren beschränkt.[1220]

530 Der zu den Akten in Vollzug einer Einziehung zurückgekommene Erbschein darf nicht weggeworfen werden, sondern wird nur **unbrauchbar** gemacht (Durchstreichen mit Rotstift, Lochungen, Querschrift „Ungültig"); dies gehört aber nicht mehr zum Einziehungstatbestand. Die Einziehung kann nicht mehr dadurch rückgängig gemacht werden, dass der eingezogene Erbschein erneut in Verkehr gebracht wird;[1221] eine Neuerteilung wäre notwendig.

5. Kraftloserklärung

531 a) Kann der Erbschein nicht sofort erlangt werden und ist die Vollstreckung voraussichtlich aussichtslos, so hat ihn das Nachlassgericht durch Beschluss für kraftlos zu erklären (§ 2361 II 1 BGB). Steht (ausnahmsweise) fest, dass eine Einziehungsanordnung keinen Erfolg haben wird, so kann auch sogleich die Kraftloserklärung erfolgen.[1222]

Beschluss:
Der Erbschein des Nachlassgerichts .... vom ...in der Nachlasssache Eduard Etzel, Apotheker in Köln, gestorben am..., zuletzt wohnhaft gewesen in ..., Aktenzeichen VI..., wird für kraftlos erklärt (§ 2361 II 1 BGB).
Verfügung:

1) Bekanntmachung des Beschlusses durch Anheften an der Gerichtstafel (§ 186 ZPO).
2) Die einmalige Veröffentlichung im Bundesanzeiger (eventuell: sowie in der Frankfurter Allgemeinen Zeitung usw ....) wird angeordnet (§ 187 ZPO).

1218 BayObLGZ 1966, 233, 235; OLG Oldenburg DNotZ 1958, 263 (Keidel) = NdsRpfl 1958, 154.

1219 OLG München DFG 1937, 21.

1220 KGJ 50, 96; KG OLG 37, 261.

1221 OLG Köln NJW 1962, 1727; KG JFG 10, 79, 80 = HRR 1933 Nr 732.

1222 BayObLG OLG 40, 155.

3) Wiedervorlage in 2 Monaten

gez ....

Kosten: § 108 KostO.

b) Die Änderbarkeit der Kraftloserklärung wird teils verneint;[1223] die Abänderung ist aber sinnvoll und möglich (§ 18 FGG), solange die Veröffentlichung der Kraftloserklärung noch nicht erfolgt ist.

c) Ist der Erbschein durch vollzogene Kraftloserklärung unwirksam geworden und taucht er dann auf, ist eine anschließende Einziehung unnötig;[1224] es genügt, wenn der Erbschein, falls freiwillig abgegeben, zu den Akten genommen wird.

6. Der Anspruch des wirklichen Erben auf Herausgabe des unrichtigen Erbscheins

6.1 Klage im Zivilprozess

532 Der Gesetzgeber hält unrichtige Erbscheine für so gefährlich, dass er mehrere Möglichkeiten eröffnet:

- Anregung nach § 2361 BGB (FGG-Verfahren; Amtsermittlung; kein Kostenrisiko für den „Antragsteller"; Auswirkung auf den guten Glauben, § 2366 BGB).
- Der wirkliche Erbe kann von dem Besitzer eines unrichtigen Erbscheins die Herausgabe an das Nachlassgericht verlangen, § 2362 I BGB (ZPO-Verfahren, Parteidisposition; Kostenrisiko des Klägers; Auswirkung auf den guten Glauben, § 2366 BGB). Wegen dieser Unzweckmäßigkeit kommen Klagen nach § 2362 BGB in der Praxis nicht vor.
- Der wirkliche Erbe kann auch eine endgültige Klärung des Erbrechts, zB durch eine Feststellungsklage,[1225] betreiben.

533 Sind in einem gemeinschaftlichen Erbschein die Erbteile unrichtig angegeben, so kann die Klage des § 2362 BGB gegen einen oder mehrere Miterben gerichtet werden. Desgleichen kann (muss) die Klage gegen alle Besitzer (unrichtiger) Ausfertigungen des Erbscheins gerichtet werden, nicht aber gegen den Besitzer von Abschriften oder Photokopien.

Der Anspruch ist durch Klage im Zivilprozess zu verfolgen. Der Gerichtsstand der Erbschaft (§ 27 ZPO) ist nicht gegeben; es bleibt bei §§ 12,

---

1223 Jansen FGG 2. Aufl § 18 Rz 10 und § 84 Rz 21.

1224 Palandt/Edenhofer § 2361 Rz 13; aA Staudinger/Schilken § 2361 Rz 38.

1225 OLG Kiel SchlHA 1912, 84/85; BayObLGZ 20, 125.

13 ff ZPO. Der Streitwert bestimmt sich nicht nach dem Wert des Nachlasses oder der Beteiligung daran, sondern nach dem (geringeren) Interesse an der Beseitigung des unrichtigen Erbscheins, aber nicht nur unter dem Aspekt des § 2366 BGB; es erfolgt eine Schätzung nach § 3 ZPO.[1226] Der Kläger muss beweisen, dass *er* der berechtigte Erbe, der erteilte Erbschein unrichtig und der Beklagte Besitzer des unrichtigen Erbscheins ist. Die Vermutung des § 2365 BGB steht dem Beklagten nicht zur Seite.[1227] Versäumnisurteil und Anerkenntnisurteil sind möglich.[1228] An eine rechtskräftige Entscheidung ist das Nachlassgericht unter Umständen gebunden (Rz 168). Die Zwangsvollstreckung findet nach § 883 ZPO statt. Mit der Herausgabe sämtlicher Originale und Ausfertigungen an das Gericht wird der Erbschein entsprechend § 2361 I 2 BGB kraftlos, ein besonderer Einziehungsbeschluss sollte aber noch ergehen.[1229]

Auch der für tot Erklärte hat, wenn er wieder auftaucht, gegen den Besitzer des unrichtigen Erbscheins einen Anspruch auf Herausgabe des Erbscheins und Auskunftserteilung (§ 2370 II BGB).

Der Nacherbe kann den Herausgabeanspruch bereits vor Eintritt der Nacherbfolge geltend machen, und zwar gegen jeden Besitzer des unrichtigen Erbscheins einschließlich des Vorerben (§ 2363 II BGB).

6.2 Auskunftsanspruch

534 Derjenige, welchem ein unrichtiger Erbschein erteilt worden ist, hat dem wirklichen Erben über den Bestand der Erbschaft und über den Verbleib der Erbschaftsgegenstände Auskunft zu erteilen (§ 2362 II BGB).

Der Auskunftsanspruch, zu verfolgen durch Klage im Zivilprozess, ist dem gegen den Erbschaftsbesitzer (§ 2027 I BGB) nachgebildet. Der besondere Gerichtsstand der Erbschaft (§ 27 ZPO) besteht dafür nicht, es bleibt bei §§ 12, 13 ff ZPO. Anspruchsinhaber ist der wahre Erbe. Anspruchsgegner ist der Besitzer des unrichtigen Erbscheins; nicht erforderlich ist, dass dieser den Nachlass in Besitz gehabt hätte; der Erbscheinsbesitzer soll sein Wissen über den Nachlass oder über Nachlassgegenstände dem wahren Erben zur Verfügung stellen. Zweifelhaft ist die

---

[1226] RG JW 1911, 813 = Recht 1911 Nr 3204.

[1227] BayObLGZ 1966, 233/240.

[1228] aA Eisele S. 108 mit Nachweisen zur Streitfrage: ein Anerkenntnisurteil sei nicht möglich.

[1229] Vgl BayObLG FamRZ 2001, 1181; Josef Jherings Jahrbuch 61, 197; aA Staudinger/Schilken § 2362 Rz 4; Lange/Kuchinke § 39 IV 2; noch Soergel/Zimmermann § 2362 Rz 1.

Anwendbarkeit der Vorschrift bei Miterben untereinander, wenn die Erbquoten unrichtig angegeben sind; sie ist zu verneinen.[1230]

Der Anspruch ist gemäß §§ 260, 261 BGB zu erfüllen. Der Anspruch besteht auch nach Rückgabe des Erbscheins an das Nachlassgericht fort.

6.3 Anspruch des Nacherben

535 Der Herausgabeanspruch nach § 2362 I BGB steht dem Nacherben bereits vor Eintritt der Nacherbfolge zu und zwar gegen jeden Besitzer eines unrichtigen Erbscheins einschließlich des Vorerben;[1231] das stellt § 2363 II BGB klar. Voraussetzung ist, dass die Unrichtigkeit das Anwartschaftsrecht des Nacherben berührt, sei es, dass die Nacherbschaft unrichtig angegeben ist, sei es zB, dass die Vorerbschaft fälschlich als befreite bezeichnet ist. Daneben bleibt die Möglichkeit, eine Einziehung nach § 2361 BGB anzuregen. Auskunftsberechtigt (§ 2362 II BGB) ist der Nacherbe erst vom Eintritt des Nacherbfalls an.

6.4 Anspruch des Testamentsvollstreckers

536 Den Anspruch aus § 2362 BGB kann auch der Testamentsvollstrecker geltend machen (§ 2364 II BGB).

1230 AA MünchKomm-Mayer § 2362 Rz 14.

1231 OLG Braunschweig OLG 16, 66.

L. Rechtsmittel gegen die Entscheidung des Nachlassgerichts

1. Allgemeines

537 Mit der Beschwerde (§§ 19ff FGG) kann eine bestimmte Person die Überprüfung einer bestimmten Entscheidung des Nachlassgerichts durch das im Instanzenzug übergeordnete Landgericht erreichen. Die Beschwerde wird beim Landgericht unter dem Aktenzeichen T geführt (1. T. 75/2007 bedeutet 1. Zivilkammer, 75. Beschwerde eingegangen im Jahr 2007). In Erbscheinssachen kann Beschwerdeziel sein:

- Aufhebung der angefochtenen Entscheidung des Nachlassgerichts;
- Anweisung des LG an das Nachlassgericht, einen erteilten Erbschein einzuziehen;
- Anweisung des LG an das Nachlassgericht, einen bestimmten Erbschein zu erteilen.

1.1 Teilanfechtung

538 Denkbar ist, dass jemand nur gegen einen Teil der Entscheidung des Nachlassgerichts Beschwerde einlegt; dies ist nur möglich, wenn der Verfahrensgegenstand teilbar ist.[1232] Erbscheinsanträge verschiedener Beteiligter sind trennbar. Hat A einen Haupt- und einen Hilfserbscheinsantrag gestellt und werden beide Anträge abgelehnt, kann A seine Anfechtung in der Regel auf die Zurückweisung eines der beiden Anträge beschränken. Bei Unzulässigkeit der Beschränkung wegen denkgesetzlicher Verknüpfung gilt die Beschränkung nicht, bis der nächstzulässige Beschränkungskreis erreicht ist.[1233]

1.2 Mehrere Beschwerden

539 Legen verschiedene Personen gegen dieselbe Entscheidung Beschwerde ein, liegen in der Regel mehrere Beschwerden vor, die aber zur Entscheidung miteinander verbunden werden können (der Beschluss trägt dann mehrere T- und VI-Aktenzeichen). Auch wenn eine Person *eine* „Beschwerde“ einlegt, können in Wirklichkeit mehrere Beschwerden vorlie-

[1232] Vgl Keidel/Kahl FGG § 21 Rz 7.

[1233] Vgl dazu BayObLGZ 1983, 153

gen (Beispiel: E beschwert sich gegen die Zurückweisung seines Erbscheinsantrags und gegen die Kosten*rechnung*; anders, wenn er sich gegen die Zurückweisung einschließlich Kostenentscheidung wenden würde, vgl § 20a FGG).

1.3 Auslegung, Umdeutung

540 Wer eine Überprüfung durch die höhere Instanz möchte, will eine „Beschwerde" im Sinne der §§ 19ff FGG. Es spielt keine Rolle, wie der Schriftsatz des Beteiligten bezeichnet ist. Andererseits ist nicht jede als „Beschwerde" bezeichnete Eingabe tatsächlich eine Beschwerde im Sinne der §§ 19ff FGG. Es kann sich beispielsweise in Wirklichkeit um eine Gegenvorstellung oder um einen Erstantrag handeln, der vom Nachlassgericht als solcher und nicht vom Landgericht als Beschwerde zu behandeln ist.

Beispiel: Der Alleinerbschein wird abgelehnt, mit der Beschwerde wird ein Alleinerbschein mit Nacherbenvermerk verlangt: verschiedene Verfahrensgegenstände!

Andererseits kann eine Veränderung der Lage nach Einlegung der Beschwerde zu einer Änderung (Umdeutung) des Beschwerdeziels veranlassen, weil die ursprünglich angegriffene Entscheidung weggefallen ist.[1234] Diese Umdeutung anhand des mutmaßlichen Willens des Beschwerdeführers hat das Beschwerdegericht[1235] vorzunehmen.

Beispiele: (1) Der Erbschein wird am A erteilt. B legt dagegen „Beschwerde" ein und bittet um Einziehung. Der Erbschein ist nicht beschwerdefähig; es ist umzudeuten in eine Beschwerde mit dem Ziel, dass das LG das Nachlassgericht zur Einziehung des Erbscheins anweist.[1236]

(2) B legt Beschwerde gegen die noch nicht vollzogene Erbscheinserteilungsanordnung ein; anschließend wird sie durch Hinausgabe des Erbscheins vollzogen. Ursprünglich wurde die Aufhebung der Erteilungsanordnung begehrt, jetzt soll das LG das Nachlassgericht zur Einziehung des angeblich unrichtigen Erbscheins anweisen.[1237]

(3) B legt Beschwerde gegen den Vorbescheid ein; anschließend erteilt das Nachlassgericht den Erbschein. Ursprünglich wurde die Aufhebung des Vorbescheids

---

[1234] Vgl Kammerlohr JA 2003, 580/583.

[1235] BayObLGZ 1954, 71/74; BayObLG FamRZ 1996, 1113; Kahl in Groll, Erbrechtsberatung S. 1693 (Rz 198); Sprau ZAP 1997, 1105.

[1236] BayObLG FamRZ 1996, 1113.

[1237] BayObLG FamRZ 1996, 1113 = NJW-RR 1996, 1094 = ZEV 1996, 271 (Hohmann). Missverständlich OLG Zweibrücken OLGZ 1984, 3, wonach die Erteilung nicht die gegen die Erteilungsanordnung gerichtete Beschwerde erledige.

begehrt, jetzt ist die Beschwerde darauf gerichtet, dass das LG das Nachlassgericht zur Einziehung des angeblich unrichtigen Erbscheins anweist.

(4) B legt Beschwerde gegen die noch nicht vollzogene Erbscheineinziehungsanordnung ein und gibt anschließend den Erbschein beim Nachlassgericht ab. Ursprünglich wurde die Aufhebung der Einziehungsanordnung begehrt, jetzt ist die Beschwerde darauf gerichtet, dass das LG das Nachlassgericht zur Wiedererteilung des eingezogenen Erbscheins anweist.

1.4 Erinnerung

541 Hat beim Nachlassgericht der Richter entschieden, ist immer die Beschwerde (§ 19 FGG) das eventuell statthafte Rechtsmittel. Hat der Rechtspfleger entschieden, ist ebenfalls die Beschwerde statthaft (§ 11 I RPflG); jedoch ist nur die Erinnerung statthaft, wenn die Richterentscheidung unanfechtbar wäre (§ 11 II RPflG). Da der erteilte Erbschein (des Richters oder Rechtspflegers) unanfechtbar ist, ebenso die vollzogene Einziehung und Kraftloserklärung, könnte man wegen § 11 II RPflG auf die Idee kommen, dass gleichwohl die Erinnerung statthaft ist, wenn der *Rechtspfleger* den Erbschein erteilt bzw die Einziehung angeordnet hat. § 11 III RPflG stellt klar, dass es in diesen Fällen keine Erinnerung gibt.

1.5 Abhilfe

542 Das Nachlassgericht kann der Beschwerde abhelfen (§ 18 FGG). Vgl Rz 547.

1.6 Rechtsmittelverzicht

543 Ein Verzicht auf die Beschwerde (und weitere Beschwerde) ist grundsätzlich zulässig;[1238] eine gesetzliche Regelung im FGG fehlt, so dass die Rechtsprechung zu § 515 ZPO Hinweise gibt. Zu unterscheiden ist der Verzicht *nach* Erlass der Entscheidung durch Erklärung gegenüber dem Gericht bzw gegenüber einem Gegner vom Verzicht *vor* Erlass der Entscheidung. Im Erbscheinserteilungsverfahren können die Beteiligten beschränkt über den Verfahrensgegenstand verfügen (Rz 245 ff); insoweit können sie auch einen vertraglichen Rechtsmittelverzicht vor Erlass der Entscheidung (zB Erbscheinserteilungsanordnung) schließen. Ein Rechtsmittel, das trotz Verzicht eingelegt wird, ist unzulässig.

[1238] Keidel/Kahl FGG § 19 Rz 97.

1.7 Keine aufschiebende Wirkung der Beschwerde

544 Die Einlegung der Beschwerde hat keine aufschiebende Wirkung (§ 24 I FGG); auch wenn gegen die (noch nicht vollzogene) Erbscheinserteilungsanordnung schon Beschwerde eingelegt ist, kann deshalb das Nachlassgericht noch den Erbschein erteilen (sinnvoll ist das nicht). Das hat zur Folge, dass der Beschwerdeführer sein Beschwerdeziel ändern muss (Rz 540).

2. Statthaftigkeit der Beschwerde

2.1 Vorliegen einer Verfügung erster Instanz

545 Die Beschwerde ist statthaft gegen „Verfügungen" des Gerichts erster Instanz (§ 19 FGG). Das sind sachliche Entscheidungen des Gerichts erster Instanz mit Außenwirkung.[1239] Grundsätzlich darf also die zweite Instanz (LG) nicht tätig werden, wenn nicht die erste Instanz (Nachlassgericht) zuvor entschieden hat.

Die Entscheidung muss schon erlassen sein, dh mit Willen des Gerichts aus seiner Verfügungsgewalt entlassen worden sein,[1240] zB indem eine Ausfertigung von der Geschäftsstelle an die Wachtmeisterei zur Weiterleitung hinausgegeben wird. Sie muss noch nicht beim Beteiligten angekommen sein. In der Regel wird die Entscheidung schriftlich niedergelegt und ist im Tenor ausformuliert; sie kann aber auch in den Gründen ausgesprochen sein. Ferner ist denkbar, dass eine Entscheidung des Nachlassgerichts eine andere, nach Sachlage erforderliche, **stillschweigend beinhaltet**; wurde die Einziehung eines bestimmten Erbscheins sowie die Erteilung eines anders lautenden Erbscheins beantragt und wird „der Einziehungsantrag zurückgewiesen", dann nahm das BayObLG[1241] an, dass der Erbscheinsantrag stillschweigend mitabgewiesen worden war und machte ihn zum Gegenstand des Beschwerdeverfahrens.

Eventualbeschwerde: Die Einlegung einer Beschwerde im Voraus, „falls mein Antrag abgelehnt werden sollte", ist unzulässig.[1242]

546

2.2 Entbehrlichkeit einer Verfügung erster Instanz

Vom Grundsatz (Rz 545) gibt es im Erbscheinsverfahren aus verfahrensökonomischen Gründen Ausnahmen: Nach der Erteilung eines Erbscheins durch Hinausgabe einer Ausfertigung ist die Beschwerde mit dem

---

[1239] Keidel/Kahl FGG § 19 Rz 2.

[1240] Keidel/Kahl FGG § 19 Rz 51.

[1241] BayObLG NJWRR 1990, 199; BayObLGZ 1962, 47/49.

[1242] BayObLG FamRZ 1999, 100.

Ziel statthaft, dass das LG das Nachlassgericht zur Einziehung des Erbscheins anweist. Ein Rechtsmittel gegen die Erteilungsanordnung ist entsprechend umzudeuten.[1243] Der (durch Hinausgabe einer Ausfertigung) *erteilte* Erbschein ist nicht mehr anfechtbar; gegeben wäre nur die Einziehungsanregung beim Nachlassgericht (§ 2361 BGB). Die Rechtsprechung verzichtet auf den Umweg, dass der Antragsteller zunächst die Einziehung beim Nachlassgericht anregt, dort die Zurückweisung seines Antrags abwartet („Beharrungsbeschluss“) und dann erst Beschwerde einlegen kann; denn wenn das Nachlassgericht zuvor einen Erbschein erteilt hat wird es ihn nicht einige Tage später einziehen, wenn nicht neue Tatsachen oder Argumente gebracht werden; der Umweg wäre formalistisch und zeitraubend. Ebenso ist nach Vollzug der Erbscheinseinziehung sogleich die Beschwerde mit dem Ziel statthaft, dass das LG das Nachlassgericht zur Erteilung eines neuen inhaltsgleichen Erbscheins anweist; auch hier ist der Umweg über einen neuen Erbscheinsantrag, zu stellen beim Nachlassgericht, überflüssig.

2.3 Abhilfe oder Nichtabhilfeverfügung als Erstentscheidung

547 Der Beschwerde kann durch das Nachlassgericht abgeholfen werden (§ 18 FGG).[1244] Vor Vorlage an das Landgericht ist eine Abhilfeentscheidung erforderlich. Die Nichtabhilfe nebst Vorlageverfügung ist nicht isoliert anfechtbar.

Die Abhilfeentscheidung kann sich als Erstentscheidung darstellen, die anfechtbar ist.

Beispiel: Das Nachlassgericht hat den Erbscheinsantrag des A zurückgewiesen; auf seine Beschwerde hilft es ab und erlässt eine Erbscheinserteilungsanordnung zugunsten des A. Solange sie nicht durch Hinausgabe des Erbscheins vollzogen ist, kann B dagegen Beschwerde einlegen.

Hat das Nachlassgericht einen Erbscheinsantrag zurückgewiesen und erkennt es dann, dass dies irrig war, kann es nicht einfach den Erbschein erteilen; die Änderung darf nur auf Antrag erfolgen (§ 18 I FGG). In einer Beschwerde liegt regelmäßig ein solcher Änderungsantrag.

In Erbscheinssachen kommt es vor, dass mit der „Beschwerde“ ein **neuer Antrag** gestellt wird.

Beispiel: A hat einen Alleinerbschein beantragt. Das Nachlassgericht lehnt den Antrag ab. A legt „Beschwerde“ ein mit dem Antrag, einen Alleinerbschein mit

---

1243 BayObLG FamRZ 1996, 1113 = NJW-RR 1996, 1094 = ZEV 1996, 271 (Hohmann); BayObLG FamRZ 1990, 301.

1244 LG Leipzig JurBüro 2002, 213.

Testamentsvollstreckervermerk zu erteilen. Der Nachlassrichter vermerkt: „Der Beschwerde wird nicht abgeholfen. An das LG – Zivilkammer – zur Entscheiddung über die Beschwerde. " Da ein Alleinerbschein und ein Alleinerbschein mit Testamentsvollstreckervermerk verschiedene Verfahrensgegenstände sind, liegt in Wirklichkeit kein Beschwerde vor, sondern ein neuer Antrag an das Nachlassgericht.

548 Die „**Nichtabhilfe**" ist, berücksichtigt man die Willensrichtung des Nachlassgerichts, in der Regel nicht als Ablehnung des Erstantrags auszulegen.[1245] Das LG wird die „Beschwerde" an das Nachlassgericht zurückleiten mit dem Hinweis, sie als Erstantrag zu behandeln. Ist die Nichtabhilfe ausführlicher formuliert und zeigt sich, dass das Nachlassgericht erkannte, dass ein neuer Antrag vorlag, für den es zuständig war, und dass nur der Tenor falsch war (statt „Nichtabhilfe": „Der neue Antrag ... wird zurückgewiesen"), dann kann das Landgericht gleichwohl noch nicht über die Beschwerde entscheiden. Denn es lag zwar ein (neuer) Erstantrag vor und eine äußerlich missglückte Erstentscheidung des Nachlassgerichts, doch fehlt eine Beschwerde hiergegen. Derselbe Schriftsatz kann nicht Erstantrag und *zugleich* Beschwerde für den Fall der Ablehnung des Erstantrags sein (Rz 545). Die OLG-Praxis sieht dies aber teils anders.[1246]

2.4 Beispiele für anfechtbare Verfügungen[1247]

549
- Zurückweisung eines Erbscheinsantrags.
- Anordnung der Erbscheinserteilung,[1248] solange der Erbschein noch nicht erteilt ist (faktisch selten anfechtbar, weil die Anordnung nur ausnahmsweise einem Beteiligten mitgeteilt wird).
- Anordnung der Erbscheinseinziehung, solange der Erbschein noch nicht eingezogen ist.

[1245] Vgl BayObLG Rpfleger 1982, 292; OLG Hamburg Rpfleger 1982, 293.

[1246] BayObLG FamRZ 1999, 64 hält es für möglich, in bestimmten Fällen gleichwohl den Antrag zum Gegenstand eines Beschwerdeverfahrens zu machen. Ebenso ohne Begründung OLG Düsseldorf FG Prax 2007, 232: „Hat allerdings dem AG der neue Antrag vor der Entscheidung zur Stellungnahme vorgelgen (Nichtabhilfe), so ist das Beschwerdegericht nicht gehindert, über diesen Antrag zu entscheiden". Ähnlich BayObLG 1981, 69; OLG Hamm OLGZ 1970, 117.

[1247] Vgl Kammerlohr JA 2003, 580.

[1248] hM, RGZ 137, 222; BayObLG Rpfleger 1996, 248/9; OLG Zweibrücken OLGZ 1984, 3; Palandt/Edenhofer § 2353 Rz 26; aA Lange/Kuchinke § 39 II 7, der die Anordnung nur als interne Anweisung des Gerichts versteht. Das trifft zwar zu, doch sprechen praktische Gründe (Verhinderung unrichtiger Erbscheine) für die Anfechtbarkeit.

- Ablehnung des Erlasses der eidesstattlichen Versicherung (§ 2356 II BGB).[1249]
- Ablehnung der Einziehung.
- Kraftloserklärung, solange sie noch nicht wirksam geworden ist, vgl Rz 531.
- Ablehnung der Kraftloserklärung.
- Berichtigung und Ablehnung der Berichtigung oder Ergänzung des Erbscheins.
- *Zulässige* Erbscheins-Vorbescheide (Rz 299, 602). Streitig ist, ob *unzulässige* Erbscheins-Vorbescheide anfechtbar sind (vgl Rz 603).
- Zwischenverfügungen, wenn sie die Erteilung des Erbscheins von der Vorlage von Unterlagen usw abhängig machen (Rz 295).
- Ablehnung der Fortsetzung eines Erbscheinsverfahrens nach einem angefochtenen Vergleich über das Antragsrecht.[1250]
- Aussetzung des Erbscheinsverfahrens wegen eines schon anhängigen Zivilprozesses über das Erbrecht (vgl § 252 ZPO).

2.5 Beispiele für nicht anfechtbare Verfügungen

550

- Nichtabhilfeverfügung.[1251]
- Rechtliche Hinweise.
- Nur die Kostenentscheidung, wenn zugleich in der Hauptsache entscheiden wurde (§ 20a FGG).
- Beweis- und Ladungsanordnungen,[1252] wenn sie nicht in subjektive Rechte eingreifen. Lädt das Nachlassgericht den Zeugen A, ist das genauso wenig anfechtbar, wie wenn die Ladung des Zeugen „abgelehnt" wird.
- Der bloße Nichterlass einer Entscheidung wegen noch notwendiger Überprüfung der Rechtslage; richterliches Nichtstun kann aber die Folgen nach § 26 II DRiG haben. Anders, wenn das Gericht die Behandlung einer Angelegenheit nachhaltig ablehnt,[1253] also konkludent einen Antrag ablehnt.
- Nichterlass eines ausdrücklich beantragten Vorbescheids.

[1249] OLG München NJW-RR 2007, 665.
[1250] OLG Stuttgart OLGZ 1984, 131.
[1251] OLG Brandenburg FGPrax 2000, 256.
[1252] Keidel/Kahl FGG § 19 Rz 5.
[1253] OLG Köln FamRZ 2002, 1125; Keidel/Kahl FGG § 19 Rz 8.

- Aushändigung des Erbscheins.
- Ablehnung der Aktenübersendung in die Kanzlei[1254] (Einsicht bei Gericht ist möglich, § 34 FGG).
- Ablehnung des Erlasses eines Erbenaufgebots nach § 2358 II BGB, weil dies nur eine Zwischenentscheidung ist.[1255]

2.5.1 *Vollzug der Erbscheins-Erteilungsanordnung*

551 Der Vollzug ist keine Verfügung im Sinne von § 19 I FGG, also unanfechtbar.[1256] Die zugrundeliegende Erteilungsanordnung kann nicht mehr angegriffen werden, weil sie verfahrensrechtlich durch ihren Vollzug überholt ist. Ihre Aufhebung würde im übrigen den Erbschein nicht wegfallen lassen.

2.5.2 *Erteilter Erbschein*

552 a) Der *erteilte* Erbschein ist als Zeugnis mit Gutglaubenswirkungen nicht (rückwirkend) anfechtbar (ähnlich wie im Grundbuchrecht die vollzogene Eintragung im Grundbuch nicht mehr mit Beschwerde beseitigt werden kann, § 71 GBO; nur noch die Eintragung eines Widerspruchs im Grundbuch kann begehrt werden, § 71 II GBO). Gegen den (durch Hinausgabe einer Ausfertigung) erteilten Erbschein ist die Einziehungsanregung (§ 2361 BGB) beim Nachlassgericht möglich. Deren Ablehnung (Beschluss) ist wiederum anfechtbar mit Beschwerde; sie hat zum Ziel, dass das Nachlassgericht vom LG angewiesen wird, den angeblich unrichtigen Erbschein einzuziehen. Mit der Beschwerde kann zugleich die Anweisung des LG an das Nachlassgericht angestrebt werden, das Nachlassgericht möge dem Beschwerdeführer den „richtigen" Erbschein erteilen. – b) Es kann aber auch sogleich (ohne den Umweg über das Nachlassgericht) Beschwerde „gegen die Erteilung des Erbscheins" mit dem Ziele der Einziehungsanweisung an das Nachlassgericht erhoben werden. Vgl Rz 540.

2.5.3 *Hoffolgezeugnis*

553 Auch gegen das erteilte Hoffolgezeugnis ist die Beschwerde (zum OLG) mit dem Ziele der Einziehung durch das Landwirtschaftsgericht statthaft.[1257]

[1254] Kahl in Groll, Erbrechtsberatung S. 1695 (Rz 203).

[1255] LG Frankfurt Rpfleger 1984, 191.

[1256] Kahl in Groll, Erbrechtsberatung S. 1693 (Rz 197).

[1257] KG DFG 1936, 195 = HRR 1936 Nr 1444.

2.5.4 Vollzug der Einziehungsanordnung

Ist sie vollzogen, ist nur noch der Antrag auf Neuerteilung eines inhaltsgleichen (oder anderen) Erbscheins möglich; wird dieser Antrag zurückgewiesen, ist diese Verfügung mit Beschwerde anfechtbar.[1258] Es kann aber auch sogleich (ohne den Umweg über das Nachlassgericht) Beschwerde „gegen die Einziehung des Erbscheins" mit dem Ziel erhoben werden, dass das Landgericht das Nachlassgericht zur Neuerteilung eines gleichlautenden Erbscheins anweist.[1259] Vgl Rz 540. *554*

2.5.5 Vollzogene Kraftloserklärung (§ 84 FGG); vgl Rz 531. *555*

3. Zulässigkeit der Beschwerde

3.1 Einlegung der Beschwerde

Die Beschwerde kann beim Nachlassgericht oder beim Landgericht eingereicht werden (§ 21 I FGG). *556*

3.2 Form der Beschwerde; kein Anwaltszwang

Einzureichen ist eine Beschwerdeschrift (§ 21 II FGG); Beschwerdeantrag und Beschwerdebegründung sind nicht zwingend erforderlich. Anwaltszwang besteht nicht, auch nicht für die Verhandlung, wenn das Landgericht mündlich über die Beschwerde verhandelt und Zeugen vernimmt. *557*

3.3 Vollmacht von Vertretern

Legen Bevollmächtigte (auch: Rechtsanwälte, Notare) die Beschwerde ein, kann das Gericht die Vorlage einer Vollmacht fordern (vgl § 13 FGG). Hat ein Notar den Erbscheinsantrag in Vertretung des Erbenprätendenten gestellt und wird der Antrag abgelehnt, braucht der Notar im Innenverhältnis die Weisung des Mandanten, um Beschwerde einzulegen. Da es sich um keine Eintragung im Grundbuch handelt gilt die Vermutung des § 15 GBO nicht.[1260] Aus § 24 I 1 BNotO ergibt sich meines Erachtens nichts Gegenteiliges. *558*

[1258] OLG Köln NJW-RR 1994, 1421 = ZEV 1994, 376 (Zimmermann).

[1259] BGH 40, 54/56 = NJW 1963, 1972; OLG Köln NJW-RR 1994, 1421; Keidel/Winkler FGG § 84 Rz 17.

[1260] Keidel/Zimmermann FGG § 13 Rz 22; OLG München DNotZ 1938, 172.

3.4 Frist der Beschwerde

559 Eine Frist (§ 22 FGG) besteht im Erbscheinsverfahren nicht (Ausnahme: Kosten, § 20a II FGG). Auch die Beschwerde gegen einen Vorbescheid ist keine sofortige Beschwerde, trotz Fristsetzung (Rz 606).

3.5 Verwirkung

560 Die Befugnis zur Einlegung der Beschwerde kann im Erbscheinsverfahren nicht durch bloßen Zeitablauf verwirkt werden.[1261] Es müssen weitere Umstände hinzutreten, die die Beschwerde als Rechtsmissbrauch erscheinen lassen. Es kann nicht entgegen gehalten werden, dass die Ausübung des Beschwerderechts im Widerspruch zum früheren Verhalten des Beschwerdeführers bei Wahrnehmung seiner Rechte am Nachlass stehe.[1262] Zum **Verzicht auf die Beschwerde** vgl Rz 245.

3.6 Wertgrenzen

561 Eine Mindestwertgrenze besteht nicht; auch bei einer Erbschaft im Wert von einem Euro kann Beschwerde und weitere Beschwerde eingelegt werden. Wird eine isolierte Kostenentscheidung angegriffen, muss eine Betragsgrenze erreicht sein (§ 20a FGG).

3.7 Zulassung der Beschwerde

562 Die Beschwerde (und die weitere Beschwerde) sind in Erbscheinssachen statthaft, ohne dass eine Zulassung erforderlich wäre.

3.8 Rechtsschutzbedürfnis

563 Aus dem Vorliegen der Beschwerdeberechtigung ergibt sich idR bereits ein Rechtsschutzbedürfnis. Es kann jedoch entfallen, wenn die angegriffene Entscheidung inzwischen prozessual überholt ist.[1263]

Beispiele: (1) B legt Beschwerde gegen den Vorbescheid ein; anschließend erteilt das Nachlassgericht den Erbschein (die Beschwerde hat insoweit keine hemmende Wirkung, hindert das Nachlassgericht nicht an der Entscheidung). (2) B legt Beschwerde gegen die noch nicht vollzogene Erbscheinserteilungsanordnung ein; anschließend wird sie durch Hinausgabe des Erbscheins vollzogen. (3) B legt Be-

---

[1261] OLG Brandenburg FamRZ 1997, 1023; BayObLG FamRZ 1999, 103; BayObLG FamRZ 1996, 1304 = NJW-RR 1997, 389 = ZEV 1996, 393; OLG Düsseldorf FGPrax 1998, 20.

[1262] BayObLGZ 1963, 19.

[1263] Vgl Kammerlohr JA 2003, 580/583.

schwerde gegen die noch nicht vollzogene Erbscheinseinziehungsanordnung ein und gibt anschließend den Erbschein beim Nachlassgericht ab.

In diesen Fällen ist die Beschwerde umzudeuten. Vgl Rz 540.

3.9 Entgegenstehender Erbschein; ausländisches Nachlassverfahren

564 Der Beteiligte, dessen Erbscheinantrag im angefochtenen Beschluss abgelehnt wurde, kann seine Beschwerde mit dem Ziel einlegen, das Nachlassgericht zur Erteilung des beantragten Erbscheins anzuweisen, auch wenn auf Grund eines anderen Beschlusses vom Nachlassgericht bereits ein Erbschein mit anderem Inhalt erteilt worden ist.[1264] Es ist dann gegebenenfalls Sache des Nachlassgerichts, von Amts wegen die Einziehung dieses unrichtigen Erbscheins zu betreiben (§ 2361 BGB).

Ein anhängiges ausländisches Nachlassverfahren steht nicht entgegen.[1265]

3.10 Wiederholung der Beschwerde

565 Bei einem Vorbescheid und einem Antrag auf Einziehung eines Erbscheins handelt es sich nicht um den gleichen Verfahrensgegenstand, so dass eine Beschwerde im Erbscheineinziehungsverfahren wiederholt werden kann, auch wenn sie gegen den Vorbescheid als unbegründet zurückgewiesen worden war.[1266] Im übrigen ist eine Wiederholung der Beschwerde unzulässig, wenn darüber eine Sachentscheidung ergangen ist.[1267]

3.11 Beschwerdeberechtigung

3.11.1 Allgemeines

566 § 20 I FGG findet Anwendung bei Antragsverfahren (Erbscheinsantrag) und Amtsverfahren (Erbscheinseinziehung). Nach § 20 I FGG steht die Beschwerde jedem zu, dessen „Recht" durch die Verfügung beeinträchtigt ist, also nicht nur den Beteiligten erster Instanz, aber auch nicht jedermann. Fehlt die Beschwerdeberechtigung, ist die Beschwerde unzulässig. Im Erbscheinsverfahren ist jeder beeinträchtigt, der geltend macht, dass seine erbrechtliche Stellung in dem Erbschein nicht oder nicht richtig ausgewiesen werde, also zB der wirkliche Erbe gegen die Anordnung der

[1264] BayObLG NJW-RR 1990, 1481.

[1265] Vgl BayObLG FamRZ 2003, 1595.

[1266] OLG Saarbrücken FGPrax 1997, 31.

[1267] Keidel/Kahl FGG Rz 12 vor § 19.

Erteilung eines Erbscheins an den Nichterben. Legt ein nichteheliches Kind Beschwerde ein, genügt es, wenn die die Beschwerdeberechtigung schaffende Abstammung noch während des Beschwerdeverfahrens festgestellt wird (§ 1600e II BGB).[1268] Wird ausländisches Erbrecht angewandt, ist ebenfalls § 20 FGG heranzuziehen; ob tatsächlich ein Recht des Beschwerdeführers beeinträchtigt ist richtet sich nach dem Erbstatut (dh dem ausländischen Erbrecht; Art 25 EGBGB). [1269]

3.11.1.1 Prüfungsumfang bei der Zulässigkeitsprüfung

567 Das beeinträchtigte Recht muss dem Beschwerdeführer tatsächlich zustehen, es muss wirklich gegeben sein, wobei für die Prüfung der Rechtsbeeinträchtigung die Unrichtigkeit der angefochtenen Entscheidung im Sinne des Beschwerdeführers zu unterstellen ist. Für die Zulässigkeit der Beschwerde genügt in der Regel die schlüssige Behauptung, Erbe zu sein; ob der Erbscheinsantragsteller tatsächlich Erbe ist, wird erst bei der Begründetheit der Beschwerde geprüft. Im einzelnen kommt es auf den Verfahrensgegenstand an:

a) Wenn die Tatsachen, welche die Beschwerdeberechtigung ergeben, mit den Tatsachen zusammenfallen, von denen die Begründetheit des Rechtsmittels abhängt, gilt der allgemeine Grundsatz, dass verfahrensrechtliche Voraussetzungen keines Nachweises bedürfen, soweit sie mit den Voraussetzungen der Sachprüfung identisch sind (doppelrelevante Tatsachen).[1270]

Beispiel: A beantragt einen Alleinerbschein aufgrund eines unklaren Testaments. Der Antrag wird abgelehnt. A legt Beschwerde ein. Ist A Erbe, ist er beschwerdeberechtigt (Beschwerde zulässig) und zugleich ist seine Beschwerde begründet. Für die Zulässigkeit der Beschwerde genügt die schlüssige Behauptung, Erbe zu sein.

b) Soweit keine Überschneidung der Sachprüfung mit der Prüfung der Rechtsbeeinträchtigung nach § 20 I FGG besteht, ist die Rechtsbeeinträchtigung dagegen schon im Stadium der Zulässigkeit der Beschwerde abschließend zu prüfen.[1271]

Beispiel: Vom Nachlassgericht wird die Erteilung eines Erbscheins an den im Testament von 1999 genannten Erben A angeordnet. Der gesetzliche Erbe B legt dagegen Beschwerde ein, da das Testament von 1999 nichtig sei. B ist nur dann be-

---

[1268] BayObLG FamRZ 2003, 1595.

[1269] BayObLG NJW 1988, 2745; Lange/Kuchinke § 39 II 8.

[1270] KG FamRZ 1995, 837.

[1271] KG FamRZ 1995, 837; OLG Zweibrücken Rpfleger 1977, 305 (zur Grundbuchbeschwerde).

schwerdeberechtigt, wenn feststeht, dass er bei Nichtigkeit des Testaments von 1999 den Erblasser als gesetzlicher Erbe beerben würde. Diese für die Beschwerdeberechtigung erhebliche Frage ist unabhängig von der Prüfung der Erbberechtigung des im Testament benannten Erben. Sie fällt nicht mit Fragen der Sachprüfung zusammen. (1) Würde bei Nichtigkeit des Testaments von 1999 das Testament von 2001 zum Zuge kommen, das C als Erben nennt, ist B nicht beschwerdeberechtigt. (2) Wäre gesetzlicher Erbe der noch lebende Sohn des Erblassers, ist der Enkel nicht beschwerdeberechtigt.

Die Beschwerdeberechtigung des Erbprätendenten gegen die Erteilung eines Erbscheins, der das gesetzliche Erbrecht einer ferneren Ordnung geltend macht als der im Erbschein ausgewiesene gesetzliche Erbe, ist nur dann gegeben, wenn das behauptete fernere Erbrecht des Beschwerdeführers erwiesen ist.[1272]

3.11.1.2 Beispiele für die Beschwerdeberechtigung

568 Beschwerdeberechtigt gegen die Anordnung der Erteilung eines Erbscheins bzw gegen dessen Ablehnung sind: wer behauptet, Erbe zu sein, aber nicht im Erbschein vermerkt zu sein; wer im Erbschein zu Unrecht als Erbe ausgewiesen ist hat ein Beschwerderecht, auch wenn der Erbschein seinem ursprünglichen Antrag entsprach (obwohl eine „Beschwer" scheinbar fehlt! mit der Behauptung, der ursprünglich gewünschte Erbschein sei unrichtig);[1273] der richtige Miterbe, wenn falsche Personen als Miterben ausgewiesen sind;[1274] der Erbe des Erben;[1275] Erwerber und Pfandgläubiger des Erben;[1276] Ersatzerben;[1277] Nachlassgläubiger, wenn sie einen Vollstreckungstitel haben;[1278] Testamentsvollstrecker; Nacherben, wenn ihre Rechtsstellung nicht genannt ist.[1279]

Beschwerdeberechtigung bei Einziehung eines Erbscheins Rz 615; bei Ablehnung der Einziehung eines Erbscheins Rz 612.

[1272] KG FamRZ 1995, 837 = FGPrax 1995, 120.

[1273] BayObLG FamRZ 2003, 777 (Erbschein mit Testamentsvollstreckervermerk beantragt, dann Einziehungsantrag, da keine Testamentsvollstreckung bestehe); BayObLGZ 1984, 194/5; KG NJW 1960, 1158.

[1274] BayObLGZ 1974, 401.

[1275] BayObLG FamRZ 1992, 728.

[1276] BayObLGZ 1973, 224/6.

[1277] BayObLG ZEV 1995, 256.

[1278] BayObLG FamRZ 1999, 817.

[1279] BayObLG FamRZ 1996, 1304.

3.11.2 Zusätzliche Voraussetzungen im Antragsverfahren

569 Bei Antragsverfahren (Erbscheinsantrag; § 2353 BGB; nicht bei Erbscheinseinziehung, auch wenn sie „beantragt" wurde, weil dort der Antrag keine Verfahrensvoraussetzung ist; § 2361 BGB) schränkt § 20 II FGG den Kreis der nach § 20 I FGG Antragsberechtigten zusätzlich ein:

a) bei Zurückweisung des Antrags ist nur der tatsächliche Antragsteller beschwerdeberechtigt; er muss ferner in einem Recht im Sinne des § 20 I FGG verletzt sein. Die Ablehnung des Antrags allein gibt keine Beschwerdeberechtigung, wenn kein Antragsrecht bestand (zB beim Erbscheinsantrag des Vermächtnisnehmers), selbst wenn eine Rechtsbeeinträchtigung vorliegen sollte.

b) Beschwerdeberechtigt ist ferner, wer einen gleichgelagerten Erbscheinsantrag beim Nachlassgericht hätte stellen können, antragsberechtigt gewesen wäre;[1280] diese Ausdehnung des § 20 II FGG durch die Rechtsprechung hat prozessökonomische Gründe (es ist unnötig, nochmals ein Antragsverfahren ablaufen zu lassen, wenn dessen Misserfolg schon feststeht).

Beispiel: A beantragt einen gemeinschaftlichen Erbschein, dass er mit B und C Miterbe zu je 1/3 ist. Der Antrag des A wird abgelehnt. A, aber auch B und/oder C, sind beschwerdeberechtigt.[1281]

4. Das Verfahren des Beschwerdegerichts

4.1 Gerichtsbesetzung

570 Grundsätzlich entscheidet die nach dem Geschäftsverteilungsplan des Landgerichts zuständige Zivilkammer des Landgerichts (genannt „Beschwerdekammer") in der Besetzung mit drei Richtern (Vorsitzender, zwei Beisitzer) über die Beschwerde, § 19 II FGG. Die Zivilkammer kann die Sache aber auch einem Einzelrichter übertragen (§ 30 I 3 FGG, § 526 ZPO); eine Zuweisung an den Einzelrichter nur zur Vorbereitung der Sache (§ 527 ZPO) gibt es nicht. Bleibt die Sache bei der Kammer, kann ein Kammermitglied mit Beweisaufnahmen beauftragt werden, aber nur unter den Voraussetzungen der §§ 15 FGG, 375 ZPO.

[1280] BGH NJW 1993, 662; BGHZ 30, 220; KG NJW-RR 1998, 1021; BayObLG FamRZ 1996, 186.

[1281] BGH NJW 1993, 662; 1959, 1729; BayObLG NJW-RR 1988, 87; FamRZ 2004, 1673; KG NJW-RR 1990, 1292 = MDR 1990, 1023; Jansen/Briesemeister FGG 3. Aufl. § 20 Rz 36; aA Jansen FGG § 20 Rz 25; Bassenge/Roth FGG § 20 Rz 13.

4.2 Beteiligte des Beschwerdeverfahrens

571 Beteiligt ist der Beschwerdeführer, im Antragsverfahren ferner der Antragsteller, weiter alle materiell Beteiligten. Hat das Nachlassgericht den Erbscheinsantrag des testamentarischen Erben abgelehnt und will das Landgericht auf dessen Beschwerde das Nachlassgericht anweisen, den beantragten Erbschein zu erteilen, so hat es die gesetzlichen Erben, die in erster Instanz diesem Erbscheinsantrag widersprochen hatten, am Beschwerdeverfahren zu beteiligen.[1282]

4.3 Einstweilige Anordnungen

572 Das Landgericht kann einstweilige Anordnungen erlassen (§ 24 III FGG), zB – wenn die Einziehung eines Erbscheins mit der Beschwerde angestrebt wird – durch Beschluss die einstweilige Rückgabe des Erbscheins zu den Akten des Beschwerdegerichts anordnen;[1283] vgl Rz 519ff. Das hat allerdings noch nicht die Wirkungen einer Einziehung (§ 2361 BGB),[1284] sondern nur faktische und psychologische Bedeutung.

4.4 Neue Beweismittel, verspätetes Vorbringen, Verschlechterung

573 Neue Tatsachen und Beweismittel sind zu berücksichtigen (§ 23 FGG); sie müssen nicht erst nach der Entscheidung des Nachlassgerichts entstanden oder bekannt geworden sein. „Verspätetes Vorbringen" wie im Zivilprozess gibt es im FGG-Verfahren nicht; das verbietet § 12 FGG. Auch in der Beschwerdeinstanz gilt der Amtsermittlungsgrundsatz (§ 12 FGG). Das Verbot der Verschlechterung (reformatio in peius) gilt auch im Erbscheinsverfahren.[1285]

4.5 Aktenverfahren, mündliche Verhandlung

574 Es liegt im Ermessen des Beschwerdegerichts, ob es mündlich verhandelt. Auch in der mündlichen Verhandlung vor dem Landgericht besteht kein Anwaltszwang. Erscheint ein Beteiligter nicht, kann gegen ihn keine „Versäumnisentscheidung" ergehen, weil §§ 330ff ZPO im FGG-Verfahren nicht anwendbar sind.

[1282] BayObLG FamRZ 1997, 218 = NJWE-FER 1997, 19.
[1283] BayObLG FamRZ 1993, 116; OLG Köln OLGZ 1990, 303.
[1284] BGH 40, 54/59; BayObLG FamRZ 1994, 1554.
[1285] OLG Hamm OLGZ 1967, 71/73.

4.6 Bindung des Beschwerdegerichts

575 a) Das Beschwerdegericht bewegt sich innerhalb des Verfahrensgegenstandes, der vorliegenden Erstentscheidung und des Rahmens, den der Beschwerdeführer mit der Anfechtung und seinem Beschwerdeziel steckt.

b) Während im allgemeinen die Kompetenz der zweiten Instanz sich mit der der ersten Instanz deckt, ist das bei Erbscheinssachen aus historischen Gründen nicht der Fall: das LG kann selbst keine Erbscheine erteilen oder einziehen (§ 2353 BGB und § 2361 I BGB nennen nur „das Nachlassgericht"); hier kann das Landgericht nur das Nachlassgericht entsprechend anweisen.

c) Umstritten ist, in welchem Umfang das Landgericht einen Erbschein, dessen Einziehung angeregt wird, auf seine Unrichtigkeit überprüfen darf: Vgl Rz 576.

d) Das Beschwerdegericht ist bei der Entscheidung über eine Beschwerde in einem Erbscheinsverfahren nicht an seine Rechtsauffassung in *anderen* Beschwerdeverfahren gebunden; es kann also seine Rechtsmeinung ändern (auch ändert sich durch Richterwechsel laufend die Besetzung der Zivilkammern). Es ist aber an die Rechtsauffassung gebunden, die es in bezug auf *diesen* Erbscheinsantrag bei einer Zurückverweisung zugrundelegte; ebenso an die Rechtsauffassung des OLG, wenn dieses die Sache an das LG zurückverwies. Es ist nicht an die Rechtsauffassung gebunden, die es selbst oder das Rechtsbeschwerdegericht in einem Verfahren vertreten haben, das zwar denselben Nachlass, aber einen *anderen* Erbscheinsantrag betraf.[1286]

Ist der Erbschein auf Grund einer Entscheidung des Beschwerdegerichts erteilt, so ist das LG an seine frühere Entscheidung nicht gebunden, wenn es im Verfahren auf Einziehung des Erbscheins erneut mit der Sache befasst wird, da es sich um ein neues Verfahren handelt.[1287]

4.7 Umfang der Prüfung durch das Beschwerdegericht

576 Umstritten ist, ob das Landgericht einen beanstandeten Erbschein auch insoweit auf seine Unrichtigkeit überprüfen darf, als die Rechtsstellung des Beschwerdeführers von einer solchen Unrichtigkeit unberührt bleibt.

[1286] BayObLG FamRZ 1998, 1198 = NJW-RR 1998, 798 = ZEV 1998, 472 (Lorenz).

[1287] KG JFG 14, 286 = JW 1936, 3486; KG JFG 18, 164, 170 = JW 1938, 2821; vgl aber BGH NJW 1955, 21 über die Bindung des LG und OLG an die Rechtsauffassung bei zurückweisendem Beschluss, gegen den keiner der Beteiligten Beschwerde eingelegt hat.

Beispiele: (1) Das Nachlassgericht erteilt einen Erbschein, wonach A, B und C Erben zu je 1/3 sind. B strebt die Einziehung an, weil er sich für den Alleinerben hält. Das hält das LG für unzutreffend. Darf das LG prüfen, ob anstelle von C der D Miterbe zu 1/3 ist? (2) Die Vorerbin strebt mit Beschwerde die Einziehung des Erbscheins an, da zwar Nacherbschaft bestehe, ihre Befreiung (§ 2136 BGB) aber zu Unrecht nicht angegeben sei. Darf das LG den Erbschein einziehen lassen, weil überhaupt keine Nacherbschaft besteht?[1288]

577 **Die hM[1289] bejaht die Prüfungspflicht**: alle Gesichtspunkte, die geeignet sind, die Unrichtigkeit des Erbscheins zu begründen, hat das LG auch dann zu prüfen, wenn der Beschwerdeführer selbst durch eine Unrichtigkeit des Erbscheins insoweit nicht beschwert sein kann. Die Dispositionsmaxime des Beschwerdeführers, die vorgetragenen Beschwerdegründe oder der Grundsatz der reformatio in peius beschränken den Prüfungsumfang nicht. Dies folgt aus § 2361 BGB, wonach das Nachlassgericht immer (und das Beschwerdegericht während des Anfalls der Sache dort) grundsätzlich verpflichtet sind, die Richtigkeit des Erbscheins von Amts wegen zu prüfen. Allerdings kann der Beschwerdeführer dies verhindern, wenn er auf den Hinweis, ein anderer Einziehungsgesichtspunkt als der vorgetragene werde ebenfalls geprüft, seine Beschwerde zurücknimmt; dann bleibt dem LG nur ein das Nachlass nicht bindender Hinweis in der Aktenrückleitungsverfügung. Während das Nachlassgericht in Hinblick auf § 2361 BGB eine Dauerzuständigkeit für das Nachlassverfahren hat, ist die Zuständigkeit des Beschwerdegerichts zeitlich begrenzt durch die Anfallwirkung von der Einlegung der Beschwerde bis zu deren Verbescheidung, Erledigung oder Rücknahme.

578 **Die aA[1290] verneint die Prüfungspflicht**. Wenn feststehe, dass dem Beschwerdeführer das von ihm in Anspruch genommene Erbrecht nicht zusteht, sei die Beschwerde abweisungsreif. Soweit sich Anhaltspunkte für eine anderweitige Unrichtigkeit des Erbscheins ergeben, könne das Beschwerdegericht das Nachlassgericht darauf hinweisen, damit dieses prüfen kann, ob weitere Ermittlungen gemäß § 2361 III BGB erforderlich sind. Im Beschwerdeverfahren sei hierfür kein Raum. Unter Umständen liege es gerade nicht im Interesse des Beschwerdeführers, wenn die Rich-

1288 BayObLG Rpfleger 2001, 494.

1289 BayObLG ZEV 2007, 33; FamRZ 2000, 1610 = NJW-RR 2000, 962; BayObLG FamRZ 1996, 1304 = NJW-RR 1997, 389 = ZEV 1996, 393; BayObLG FamRZ 1985, 312; NJW 1970, 1424; LG Stuttgart Rpfleger 1996, 159; MünchKomm-Mayer § 2353 Rz 131; Staudinger/Schilken § 2353 Rz 87.

1290 OLG Brandenburg FamRZ 1999, 1619; OLG Hamm FamRZ 2000, 487 und FamRZ 2003, 1503; Jansen NJW 1970, 1424 (Anm).

tigkeit des Erbscheins unabhängig von seiner eigenen Betroffenheit in alle Richtungen überprüft wird. Denn wird die Einziehung des Erbscheins aus einem anderen, ihn nicht berührenden Grund angeordnet, sein eigentlicher Anfechtungsgrund aber verneint, so wird ihm dadurch zur Klärung der ihn allein interessierenden Frage die Anrufung des Gerichts der weiteren Beschwerde verwehrt, weil er nach Anordnung der Einziehung des Erbscheins nicht mehr beschwert ist. Das sind gewichtige Argumente.

5. Die Entscheidung des Beschwerdegerichts

5.1 Die Entscheidung

5.1.1 In der Hauptsache

579 Die unzulässige Beschwerde wird durch Beschluss verworfen.

Die zulässige aber unbegründete Beschwerde wird durch Beschluss zurückgewiesen.

Die zulässige und begründete Beschwerde besteht im Tenor aus der aufhebenden und ersetzenden Entscheidung; denkbar ist auch eine Aufhebung und Zurückverweisung an das Nachlassgericht.

Beschluss
der 1. Zivilkammer des Landgerichts Adorf
vom …
in der Nachlaßsache Maria Meier, verstorben am ….

Beschwerdeführer: B…. .

Weitere Beteiligte: … (eventuelle Beschwerdegegner)

Wenn das AG einen Erbscheinsantrag zu Unrecht ablehnte:

I. Auf die Beschwerde wird der Beschluss des Amtsgerichts (Nachlassgerichts) Adorf vom … aufgehoben.

II. Das Amtsgericht (Nachlassgericht) wird angewiesen,[1291] dem Beschwerdeführer folgenden Erbschein zu erteilen:

Erbschein: Es wird bezeugt, dass der am … in … verstorbene E von B… allein beerbt worden ist.

Gründe … .

[1291] An die Anweisung ist das Nachlassgericht gebunden, es sei denn, es sind inzwischen neue Tatsachen aufgetreten (OLG Karlsruhe Rpfleger 1988, 315), so dass der Erbschein sofort wieder einzuziehen wäre (§ 2361 BGB). Die Nichtbeachtung der Anweisung müsste disziplinarisch (DRiG) durchgesetzt werden; in der Praxis wird uU die Geschäftsverteilung im nächsten Jahr geändert.

Das Beschwerdegericht kann das Nachlassgericht nicht zur Erteilung eines Erbscheins anweisen, für den ein Erbscheinsantrag bisher nicht in erster Instanz gestellt ist.[1292] Der Erbscheinsantrag muss dem Nachlassgericht spätestens im Zeitpunkt der Entscheidung über die Abhilfe gegen die Beschwerde vorgelegen haben.[1293] Auch sonst müssen alle Voraussetzungen der Erbscheinserteilung vorliegen, nur die funktionelle Zuständigkeit des Beschwerdegerichts darf fehlen. Die Anweisung enthält keine Angaben darüber, wie das Nachlassgericht über die Kosten (§ 13a FGG) zu entscheiden hat.

Oder: *580*

Wenn das AG eine Erbscheinseinziehung zu Unrecht ablehnte:

I. Auf die Beschwerde wird der Beschluss des Amtsgerichts (Nachlassgerichts) Adorf vom … aufgehoben.

II. Das Amtsgericht (Nachlassgericht) wird angewiesen, den Erbschein vom … einzuziehen.

Oder: *581*

Wenn das AG eine noch nicht vollzogene Erbscheinserteilungsanordnung erließ:

I. Auf die Beschwerde wird der Beschluss des Amtsgerichts (Nachlassgerichts) Adorf vom … aufgehoben.

II. Der Erbscheinsantrag des Antragstellers A… wird zurückgewiesen.

Oder.

Wenn die Einziehungsanordnung zu Unrecht erlassen wurde und die Einziehung erfolgt ist:

I. Auf die Beschwerde wird der Beschluss des Amtsgerichts (Nachlassgerichts) Adorf vom … aufgehoben.[1294]

II. Anweisung zur Neuerteilung eines inhaltsgleichen Erbscheins ...

Oder:

Wenn das AG einen Vorbescheid mit unzutreffender Erbrechtslage erlies:

Der Beschluss des Amtsgerichts (Nachlassgerichts) Adorf vom … wird aufgehoben.

[1292] BayObLG FamRZ 2000, 1231.

[1293] BayObLG NJW-RR 1991, 968; OLG Düsseldorf FGPrax 2007, 232; Oben Rz 548.

[1294] Obwohl der Beschluss inzwischen durch die Einziehung verfahrensrechtlich überholt ist; so BayObLG FamRZ 1990, 1162.

(Hier entfällt die ersetzende Entscheidung; der Erbscheinantrag darf vom LG mangels Anfall nicht zurückgewiesen werden).

582 Oder:

I. Auf die Beschwerde wird der Beschluss des Amtsgerichts (Nachlassgerichts) Adorf vom ... aufgehoben.

II. Die Sache wird an das Amtsgericht zurückverwiesen.

Eine **Zurückverweisung** ist nur ausnahmsweise zulässig, wenn die erstinstanzliche Entscheidung ohne die erforderliche Sachprüfung ergangen ist oder sonst an so schwerwiegenden Verfahrensmängeln leidet, dass das ganze Verfahren erneut durchgeführt werden muss.[1295]

5.1.2 Kostenentscheidung

583 a) Unzulässige Beschwerde: zwingend sind dem Beschwerdeführer die außergerichtlichen Kosten aufzuerlegen (§ 13a I 2 FGG).[1296]

b) Zulässige aber unbegründete Beschwerde: zwingend sind dem Beschwerdeführer die Kosten aufzuerlegen (§ 13a I 2 FGG). Tenor: „Der Beschwerdeführer hat die dem Beteiligten X im Beschwerdeverfahren entstandenen außergerichtlichen Kosten zu erstatten. “ Unzweckmäßig ist der Satz: „Dem Beschwerdeführer werden die Kosten auferlegt“, weil offen bleibt, ob auch die Kosten erster Instanz gemeint sind und weil die Gerichtskosten für den Erbschein vom Erben zu tragen sind, nicht vom Beschwerdeführer. Außergerichtliche Kosten sind die Anwaltskosten und die eigenen Kosten des Beteiligten (Porto, Fahrt zum Anwalt). Es gibt Fälle, in denen dem Beschwerdegegner auch erstattungspflichtige gerichtliche Auslagen entstanden sind; dann darf man statt „außergerichtliche Kosten“ auch Auslagen ... schreiben.

c) Zulässige und begründete Beschwerde: es gilt § 13a I 1 FGG (Ermessensentscheidung), ebenso bei Teil-Begründetheit.

d) Zurückverweisung: eine Entscheidung über die Kosten des Beschwerdeverfahrens unterbleibt.[1297]

1295 BayObLGZ 1962, 47/53. Allgemein Keidel/Meyer-Holz FGG § 27 Rz 58 ff .

1296 § 13a I 2 FGG spricht zwar nur vom „unbegründeten“ Rechtsmittel, doch wird darunter auch das unzulässige Rechtsmittel verstanden; vgl Keidel/Zimmermann FGG § 13a Rz 33.

1297 Keidel/Zimmermann FGG § 13a Rz 36.

5.1.3 Gründe

Sie sind erforderlich (§ 25 FGG) und werden üblicherweise gegliedert in zwei Abschnitte: *584*

I. Sachverhalt

(Todesfall, verwandtschaftliche Verhältnisse, Inhalt der Testamente, Erbscheinsanträge; Datum und Inhalt der Entscheidung des Nachlassgerichts; Datum der Beschwerde, deren Antrag und Begründung; wesentlicher Inhalt der Auffassung des Beschwerdegegners; Bericht über durchgeführte Beweisaufnahmen durch Bezugnahme)

II. Rechtausführungen

1. Die Beschwerde ist zulässig...
2. Die Beschwerde ist begründet/unbegründet
3. Kosten
4. Geschäftswert des Beschwerdeverfahrens

5.2 Sonstige Erledigung des Beschwerdeverfahrens

Das Beschwerdeverfahren kann auch durch Rücknahme der Beschwerde oder durch Ereignisse enden, die zur Erledigung der Hauptsache führen; Folge: nur noch eine Kostenentscheidung ist zu treffen (§ 13a FGG). *585*

Kasuistik: (1) Ist der Testamentsvollstrecker, der gegen die Ankündigung der Erteilung eines Erbscheins Beschwerde eingelegt hat, im Laufe des Beschwerdeverfahrens verstorben und hatte der Erblasser Ersatztestamentsvollstreckung angeordnet, so führt der Tod des Testamentsvollstreckers nicht zur Erledigung des Beschwerdeverfahrens. Dieses ist vielmehr mit dem Amtsnachfolger des Verstorbenen fortzusetzen, der gegebenenfalls von Amts wegen zu ermitteln ist.[1298] (2) Ist der Erbscheinsantrag eines Vorerben in erster und zweiter Instanz abgewiesen worden und wird dieser Antrag zurückgenommen, weil der Vorerbe nach Einlegung seiner weiteren Beschwerde verstorben ist, so endet damit das Erbscheinsverfahren (Erledigung der Hauptsache).[1299]

5.3 Geschäftswert des Beschwerdeverfahrens

5.3.1 Allgemeines

Für das Beschwerdeverfahren werden bei Verwerfung und Zurückweisung der Beschwerde Gerichtsgebühren erhoben (5/10; § 131 I KostO). Die erfolgreiche Beschwerde ist dagegen gerichtsgebührenfrei (§ 131 I 2 *586*

[1298] OLG Zweibrücken NJW-RR 2000, 815 = FGPrax 2000, 66.
[1299] BayObLG FamRZ 2000, 991 = NJWE-FER 2000, 242.

KostO). Bei Verwerfung und Zurückweisung der Beschwerde sollte deshalb der Geschäftswert des Beschwerdeverfahrens festgesetzt werden. Er ist nach § 30 KostO zu bestimmen (§ 131 II KostO). In vermögensrechtlichen Angelegenheiten, zu denen Nachlasssachen gehören, ist der Wert des Beschwerdegegenstands regelmäßig nach freiem Ermessen zu bestimmen, wenn hinreichende tatsächliche Anhaltspunkte für eine Schätzung vorhanden sind. Maßgebend ist, wenn besondere Umstände nicht vorliegen, die Bedeutung des Rechtsmittels für den Rechtsmittelführer, insbesondere das damit verfolgte **wirtschaftliche Interesse** (vgl § 30 I KostO). Die in der Kostenordnung enthaltenen besonderen Vorschriften für die Festsetzung des Geschäftswerts im ersten Rechtszug können als Anhaltspunkte herangezogen werden; sie sind jedoch nicht unmittelbar anzuwenden. Als Anhaltspunkt dient insbesondere der Wert des Reinnachlasses im Zeitpunkt des Erbfalls (§ 107 II 1 KostO).[1300] Pflichtteilsansprüche, auch von Beteiligten, die ihr Erbrecht bezeugt haben wollen, sind als Nachlassverbindlichkeiten in Abzug zu bringen.[1301]

Der Wert des Beschwerdeverfahrens kann somit mit dem Wert des erstinstanzlichen Verfahrens übereinstimmen, aber auch davon abweichen. Ist der Gegenstand beider Instanzen derselbe (Beispiel: Erbschein wird beantragt und abgelehnt; die Beschwerde strebt die Erteilung des Erbscheins an), ist der Beschwerdewert und der erstinstanzliche Geschäftswert derselbe, im Beispiel also der Reinnachlass (§ 107 I KostO).

5.3.2 Mehrere Beschwerden

587 Haben mehrere Beschwerdeführer Rechtsmittel eingelegt, so ist ein einheitlicher Geschäftswert festzusetzen, wenn die Rechtsmittel dasselbe Ziel verfolgen und ihr Gegenstand identisch ist.[1302] Das gilt auch dann, wenn das Interesse der Beschwerdeführer auf verschiedene, einander ergänzende Erbteile gerichtet ist; in diesem Fall sind die Interessen zusammenzuzählen.[1303]

Wenn die Beteiligten mit ihren Rechtsmitteln einander widersprechende Ziele verfolgen, können die Geschäftswerte verschieden hoch sein.[1304]

1300 BayObLG FamRZ 1994, 589; FamRZ 1996, 1560; JurBüro 1983, 899.

1301 BayObLGZ 1996, 125/128.

1302 BayObLG, JurBüro 1978, 1372; 1993, 612, 613 = FamRZ 1994, 587.

1303 BayObLG FamRZ 1999, 1439; BayObLGZ 1994, 40, 56 = FamRZ 1994, 1354; FamRZ 1995, 1370.

1304 BayObLG FamRZ 1994, 587.

Beispiel: Der ledige kinderlose Sohn stirbt; seine Eltern streben einen Erbschein zu je ½ aufgrund gesetzlicher Erbfolge an, die Freundin einen Alleinerbschein aufgrund bestrittenen Testaments. Das Interesse der Eltern war daher auf den wirtschaftlichen Wert gerichtet, den sie, über ihre Pflichtteilsansprüche (§ 2303 II 1 BGB) in Höhe von (zusammen) der Hälfte des nach § 2311 I BGB zu ermittelnden Nachlasswertes (§ 2303 I 2 BGB in Verbindung mit §§ 1925 I und II, 1930 BGB) hinaus, als Erben erlangen konnten. Das mit der Beschwerde verfolgte wirtschaftliche Interesse belief sich somit auf die Hälfte des Reinnachlasswertes.[1305]

Das wirtschaftliche Interesse der Freundin dagegen entsprach dem Reinnachlass abzüglich Vermächtnissen und abzüglich der Pflichtteilsansprüchen der Eltern.

5.3.3 Einzelfälle zum Geschäftswert

Auslandsvermögen. Wenn zum Nachlass neben Inlandsvermögen auch Vermögen in der Schweiz gehört: das Schweizer Vermögen zählt beim Nachlasswert nicht mit, wenn der mit der Beschwerde erstrebte Erbschein nach dem Schweizer Internationalen Privatrecht in der Schweiz nicht anerkannt worden wäre.[1306] *588*

Billigkeitserwägungen. Der ermittelte Geschäftswert (zB Wert des Reinnachlasses) kann, auch wenn er sehr hoch ist, nicht aus Billigkeitsgründen im Hinblick auf die „Gewährleistung des Zugangs zu den Gerichten“ herabgesetzt werden.[1307] *589*

DDR-Grundstücke. Gehört zum Nachlass ein in der ehemaligen DDR gelegenes Grundstück, das im Zeitpunkt des Erbfalls zwar unter vorläufiger Verwaltung gemäß § 6 der DDR Verordnung vom 17. 7. 1952, aber noch im Eigentum des Erblassers stand, so ist für den Geschäftswert des Rechtsbeschwerdeverfahrens der Wert des Grundstücks am 3. 10. 1990 maßgebend.[1308] *590*

Erbscheins-Einziehungsverfahren. Für die Bewertung kommt es auch im Einziehungsverfahren auf den Zeitpunkt des Todes des Erblassers an, jedoch sind die im Zeitpunkt der Entscheidung geltenden Bewertungsvorschriften heranzuziehen.[1309] Wurde der Erbschein ausschließlich zwecks Grundbuchberichtigung erteilt, richtet sich der Wert des Einziehungsver- *591*

[1305] Fall BayObLG FamRZ 1994, 589.

[1306] BayObLG FamRZ 1998, 514 = ZEV 1997, 510.

[1307] BayObLG FamRZ 1996, 1560 (das Nachlassgericht hatte den Geschäftswert auf nur 5,5 Millionen DM festgesetzt, obwohl der Nachlasswert netto ca 22 Millionen betrug).

[1308] BayObLG JurBüro 1997, 436 =MittBayNot 1997, 383 = NJWE-FER 1997, 162.

[1309] BayObLGZ 1975, 288, 290.

fahrens nicht nach dem Wert des Grundstücks, sondern ist wesentlich geringer.[1310]

592 **Ersatznacherbe.** Wenn sich der Ersatznacherbe gegen die Einziehung eines Erbscheins wendet, liegt das Interesse am Erfolg des Rechtsmittels in der durch den Erbschein dokumentierten Stellung des (Ersatz-) Nacherben. Für die Bewertung ist nicht der Wert des der Nacherbschaft unterliegenden Vermögens maßgebend, sondern der wirtschaftliche Wert des Nacherbenrechts.[1311] Er ist, wenn sich das Nacherbenrecht nur auf einen Teil des Nachlasses bezieht, mit einem Prozentsatz des Wertes dieses Nachlassteils zu schätzen, wobei auch die voraussichtliche Zeitdauer bis zum Eintritt des Nacherbfalls (hier: Tod des Beteiligten A) zu berücksichtigen ist. Maßgebend ist somit ein Bruchteil des Wertes, den der dem Beteiligten angefallene Erbteil im Jahr des Todes des Erblassers gehabt hat.[1312]

593 **Lebensversicherung.** Die Versicherungssumme aus einer Kapital-Lebensversicherung fällt nicht in den Nachlass, wenn der Versicherungsgesellschaft gegenüber ein Bezugsberechtigter benannt ist.[1313] Die Rückkaufwerte fallen auch dann nicht in den Nachlass, wenn gegenüber der Versicherungsgesellschaft jeweils „die Erben laut Testament" als Bezugsberechtigte bestimmt waren (§§ 328 I, 330 S. 1 BGB, 167 II VVG).[1314]

594 **Nacherbe.** Beantragt der Nacherbe nach Eintritt des Nacherbfalls einen (neuen) Erbschein, so ist für die Festsetzung des Geschäftswerts im Beschwerdeverfahren der Nachlasswert im Zeitpunkt des Nacherbfalles maßgebend,[1315] denn mehr hat der Nacherbe nicht erlangt.

595 **Nacherbenvermerk im Erbschein.** Wird darüber gestritten, ist in erster Linie das wirtschaftliche Interesse maßgebend, das der Beschwerdeführer verfolgt, d.h. sein Interesse am Erfolg des Rechtsmittels. Geht es um das Interesse des *Erben,* nicht durch einen Nacherbenvermerk an der freien Verfügung über den ihm angefallenen Nachlass gehindert zu sein, ist es mit einem Prozentsatz des Reinnachlasswertes anzusetzen. Für die Höhe dieses Prozentsatzes kommt es auf die Umstände des Einzelfalls an, insbesondere auf den Wert der Nachlassbestandteile, die der Verfügungsbeschränkung unterliegen sollen, und die voraussichtliche Dauer der Vor-

---

[1310] OLG Köln FG Prax 2006, 85.

[1311] BayObLG FamRZ 1990, 1164.

[1312] BayObLG NJWE-FER 1998, 108 = FamRZ 1999, 816.

[1313] BayObLG FamRZ 1995, 685 = ZEV 1995, 193 = VersR 1995, 649; vgl BayObLG FamRZ 1994, 587.

[1314] BayObLG FamRZ 1994, 587.

[1315] BayObLG FamRZ 1997, 316 = NJWE-FER 1997, 85 = ZEV 1996, 473 (L).

erbschaft.[1316] Geht es um das Interesse des *Nacherben* daran, dass seine Stellung im Erbschein ausgewiesen ist, ist der wirtschaftliche Wert des Nacherbenrechts maßgebend; auch er ist mit einem Prozentsatz des reinen Nachlasswerts oder des Werts des Nachlassteils zu schätzen, welcher der Nacherbfolge unterliegt.[1317]

Beispiel:[1318] Wert des Grundstücks, dessen hälftiger Miteigentumsanteil in den Nachlass fällt, 120.000 DM. Der Aktivnachlass war daher mit 60.000 DM anzusetzen. Davon waren die Darlehensverbindlichkeiten und Todesfallkosten abzusetzen, so dass ein Reinnachlasswert von 4.700 DM verblieb. Dieser war weiterhin um den Pflichtteil der Tochter (ca. 600 DM) zu kürzen. Angesichts der voraussichtlichen Dauer der Vorerbschaft hielt das BayObLG einen Geschäftswert von 2.000 DM für angemessen.

Wenn *ein* **Miterbe** einen gemeinschaftlichen Erbschein beantragt, bemisst sich der Geschäftswert in der Regel nach dem Anteil des Miterben am Nachlass.[1319]

596

Miterbe oder Pflichtteilsberechtigter. Strebt ein Beteiligter im Beschwerdeverfahren auf der Grundlage einer letztwilligen Verfügung die Miterbenstellung zu 1/8 an, obwohl ihm 1/8 auch als Pflichtteil zusteht, kann dieser Bruchteil des Reinnachlasses nicht dem wirtschaftlichen Interesse des Beschwerdeführers gleichgesetzt werden. Maßgebend ist vielmehr, welcher wirtschaftliche Wert den rechtlichen Befugnissen zukommt, die zwar einem Miterben, nicht aber einem Pflichtteilsberechtigten zustehen. Der Pflichtteilsberechtigte hat nur einen schuldrechtlicher Anspruch; der Miterbe dagegen ist an der Verwaltung und Verwertung des Nachlasses im Rahmen seiner Befugnisse innerhalb der Erbengemeinschaft beteiligt und kann hierauf maßgeblichen Einfluss nehmen. Dies kann erhebliche wirtschaftliche Auswirkungen haben, insbesondere wenn es um die Verwaltung und Verwertung von Grundbesitz oder gesellschaftsrechtlicher Beteiligungen geht. Oft fehlen hinreichende Anhaltspunkte für eine Schätzung, so dass der Regelwert heranzuziehen ist (§ 30 II 1 KostO). Besteht der Nachlass jedoch im wesentlichen aus Grundbesitz, dessen Wert umstritten ist, will sich der Miterbe Einfluss auf die Verwertung sichern, dem er einen wesentlich höheren Wert zuschreibt als die anderen Beteiligten. Das BayObLG schätzte den Wert dieser Mitbestimmung bei der

1316 BayObLG FamRZ 1996, 1502; FamRZ 2000, 970.

1317 BayObLG FamRZ 2000, 970 = ZEV 1999, 397 = MittBayNot 2000, 119; BayObLG MittBayNot 2004, 212 (L); BayObLG FamRZ 1993, 458; FamRZ 1990, 1164; NJW-FER 1998, 108.

1318 BayObLG FamRZ 2000, 970 = ZEV 1999, 397 = MittBayNot 2000, 119.

1319 BayObLG FamRZ 2005, 822; FamRZ 2004, 1309.

Verwertung des Gesamtnachlasses auf $1/10$ des Anteils der Beteiligten, also auf $1/80$ des Nachlasswertes.[1320]

597 **Nachlasspfleger.** Die Angaben des Nachlasspflegers können zu einer geringeren Bewertung eines Gebäudes und damit zum geringeren Geschäftswert des Erbscheins-Beschwerdeverfahrens führen.[1321]

598 **Restitutionsansprüche nach dem Vermögensgesetz.** Falls sie zum Nachlass gehören: Der Wert ist nach § 30 I KostO zu ermitteln. Bezugspunkt ist der Wert des enteigneten Grundstücks. Wenn die Begründetheit des Anspruchs selbst aber noch nicht feststeht, ist bei der Geschäftswertfestsetzung vom Grundstückswert ein Abschlag von ca. einem Drittel vorzunehmen.[1322]

599 **Testamentsvollstreckervermerk.** Meint der Erbe, dass keine Testamentsvollstreckung besteht, während das Nachlassgericht anderer Ansicht ist (die Erbfolge selbst ist also unstreitig), richtet sich der Geschäftswert des Beschwerdeverfahrens nach dem Interesse des Beschwerdeführers, ungehindert über den Nachlass verfügen zu können, also nach der Höhe des Reinnachlasses und der künftigen Dauer der Testamentsvollstreckung;[1323] etwa 10 % des Aktivnachlasses dürften im gewöhnlichen Durchschnittsfall angemessen sein. (vgl § 113 S. 2 KostO).[1324] Geringere Werte ergeben sich, wenn die Testamentsvollstreckung allenfalls für die Verwaltung des Hälfteanteils an einem Grundstück angeordnet war.[1325]

600 **Vorbescheid.** Hat derjenige, der als gesetzlicher Erbe gegen einen Vorbescheid vorgeht, nicht selbst einen Erbscheinsantrag gestellt, kommt es für das von ihm verfolgte wirtschaftliche Interesse darauf an, welche Erbenstellung er nach seinem gesamten rechtlichen und tatsächlichen Vorbringen für sich in Anspruch nimmt.[1326]

5.3.4 Gerichtsgebührenfreiheit

601 Sie besteht im Falle des § 131 I 2 KostO. Bestimmte Beschwerden gegen Entscheidungen der Nachlassgerichte sind ferner nach § 131 III KostO gebührenfrei (wegen § 1962 BGB gilt die Regelung auch für die Nachlassgerichte[1327]).

[1320] BayObLG FamRZ 2001, 696.
[1321] BayObLG FamRZ 2002, 41 = ZEV 2001, 404.
[1322] BayObLG JurBüro 1996, 40; FamRZ 1999, 1439 = JurBüro 1999, 655.
[1323] BayObLG NJW-RR 2002, 367; BayObLG FamRZ 2000, 970 zum Nacherbenvermerk.
[1324] BayObLG NJW-RR 2002, 367 = ZEV 2002, 190.
[1325] BayObLG JurBüro 1993, 111/112.
[1326] BayObLG FamRZ 1995, 1369.
[1327] BayObLG Rpfleger 1981, 327.

6. Besonderheiten beim Vorbescheid

6.1 Zulässigkeit der Beschwerde

6.1.1 Beschwerde gegen zulässige Vorbescheide

Der *zulässige* Vorbescheid (Rz 299) ist mit einfacher Beschwerde (§ 19 I FGG) anfechtbar;[1328] zwar enthält er an sich nur rechtliche Hinweise, doch steht er der Erteilungsanordnung bereits nahe und wurde entwickelt, um eine Anfechtung zu ermöglichen.[1329] Der Vorbescheid ist in der Regel im Beschluss-Tenor ausformuliert; anfechtbar ist aber auch eine Ankündigung, wenn sie nicht im Tenor ausformuliert ist, sondern in den Gründen enthalten ist, weil das FGG (anders als § 313 ZPO) keine genaue Trennung Tenor-Tatbestand-Entscheidungsgründe kennt. Es genügt daher, wenn im Tenor der Erbscheinsantrag des A zurückgewiesen ist und in der Gründen steht, dass das Nachlassgericht beabsichtigt, demzufolge dem B antragsgemäß einen Erbschein zu erteilen. Ein Vorbescheid liegt immer vor, wenn eine Ankündigung der Erbscheinserteilung erfolgt; das Setzen einer Beschwerdefrist ist nicht notwendiger Inhalt. *602*

6.1.2 Beschwerde gegen unzulässige Vorbescheide?

Ob auch der unzulässige Vorbescheid (Rz 304) anfechtbar ist, ist streitig. *603*

Beispiel: Vorbescheid, der eine Antragszurückweisung ankündigt.

Man kann formell anknüpfen und sagen: eine Verfügung, die sich äußerlich als Vorbescheid darstellt, ist anfechtbar im Sinne des § 19 I FGG; hält das Beschwerdegericht die Verfügung für unzulässig, dann hebt es auf die (zulässige) Beschwerde den Vorbescheid auf (und erspart sich gegebenenfalls ein weiteres Eingehen auf die Erbrechtslage). Diese (zutreffende) Meinung vertritt das **BayObLG** (jetzt OLG München).[1330] Dafür spricht der Vertrauensschutz: Wenn es im Beschlusstenor (und nicht nur beiläufig in den Gründen) ausdrücklich heißt: „Das Nachlassgericht wird den Erbscheinsantrag ablehnen, wenn nicht gegen diese Entscheidung binnen zwei Wochen Beschwerde eingelegt wird", dann wird der Anwalt, der Beschwerdeauftrag hat, seinem Mandanten kaum erklären können, dass die Beschwerde eben doch nicht zulässig sei. Dafür spricht auch, dass eine andere Handhabung Kostenprobleme (Haftung des Anwalts? § 13a FGG?) aufwirft. Auch der im Verfahrensrecht geltende Meistbegünstigungsgrundsatz spricht dafür: er gestattet bei der Wahl des Rechtsmittels

---

[1328] BGHZ 20, 255 = NJW 1956, 987.

[1329] BayObLG 1993, 392 = NJW-RR 1994, 590.

[1330] BayObLG NJW-RR 1994, 590 = FamRZ 1994, 1066; Jansen § 19 Rz 19; Keidel/Kahl FGG § 19 Rz 7; Zimmermann ZEV 1995, 418 (Anm); Gregor Rz 367.

das Vertrauen auf das äußere Erscheinungsbild der Entscheidung. Die Erwägungen, die zur Anfechtbarkeit von zivilprozessualen Scheinurteilen führen, stützen ebenfalls diese Meinung. Scheinurteile sind rechtsmittelfähig, soweit von ihnen der Rechtsschein einer wirksamen Entscheidung ausgeht, weil sie zB von der Geschäftstelle ausgefertigt wurden;[1331] den unzulässigen Vorbescheid kann man in diesem Sinne als Scheinbeschluss auffassen. Im übrigen hat sich auch der Gesetzgeber andernorts (Familiengericht entscheidet Nichtfamiliensache und umgekehrt) der formellen Anknüpfung angeschlossen (§ 119 I Nr. 1 und 2 GVG) und so dem Vertrauensgrundsatz Gewicht gegeben.

Die **Gegenauffassung**[1332] knüpft verfehlt materiell an und hält die Beschwerde für nicht statthaft und daher zu verwerfen (Kostenfolge § 13a I 2 FGG). Diese Auffassung fasst unzulässige Vorbescheide als unanfechtbare bloße Meinungsäußerungen auf; das Beschwerdegericht und nicht das Erstgericht entscheide darüber, ob eine Entscheidung anfechtbar ist.

6.1.3 Unanfechtbare „Vorbescheide“

604 Nicht alles, was unter der Bezeichnung „Vorbescheid“ erlassen wird, ist anfechtbar. Unverbindliche Hinweise des Gerichts zur Erbfolge sind in Wahrheit keine Vorbescheide, also nicht nach § 19 FGG anfechtbar.[1333] „Vorbescheide“ über *einzelne* Rechts- oder Tatfragen (zB die Testierfähigkeit, Echtheit eines Testaments) sollen nicht anfechtbar sein.[1334] Die Abgrenzungsprobleme zur Fallgruppe Rz 304 liegen auf der Hand. Ergeht der Vorbescheid, obwohl ein Erbscheinsantrag fehlt, ist der Vorbescheid an sich unzulässig gewesen; wird hiergegen Beschwerde eingelegt, kann der Antrag noch nachgeholt werden.[1335]

6.1.4 Beschwerde gegen Ablehnung des Erlasses eines Vorbescheids

605 Beantragt der Erbscheinsantragsteller ausdrücklich den Erlass eines Vorbescheids und lehnt dies das Nachlassgericht ab, liegt meines Erachtens keine beschwerdefähige Entscheidung vor, weil es Ermessenssache des Nachlassgerichts ist, in welcher Form des entscheidet.

[1331] BGHZ 10, 349.

[1332] OLG Stuttgart FamRZ 2005, 1863; OLG Hamm FamRZ 1996, 312 = NJW-RR 1995, 1414; KG OLGZ 1975, 85; Bestelmeyer FGPrax 1995, 237 (Anm); Lukoschek ZEV 1999, 1/5.

[1333] BayObLGZ 33, 334.

[1334] OLG Köln FamRZ 1991, 1356 = NJW-RR 1991, 1285. Zweifelhaft.

[1335] BayObLG FamRZ 1994, 1068.

6.1.5 *Beschwerdefrist*

606 Trotz der Fristsetzung im Vorbescheid liegt kein Fall der sofortigen Beschwerde (vgl § 22 FGG) vor, weil nur eine richterliche Frist existiert. Die Fristangabe im Vorbescheid schränkt dieses Rechtsmittel nicht ein. Sie bezeichnet nur die Frist, während der das Nachlassgericht den angekündigten Erbschein nicht erteilen wird, um den Beteiligten im Hinblick auf die Publizitätswirkung des Erbscheins (§§ 2365 ff BGB) Gelegenheit zu geben, vor Erteilung des Erbscheins die zugrundeliegende Erbrechtslage im Rechtsmittelverfahren überprüfen zu lassen. Die im Vorbescheid gesetzte Frist ist daher keine Beschwerdefrist.[1336]

Wenn B seine Beschwerde erst *nach* Ablauf der gesetzten Frist einlegt, hat dies nicht die Unzulässigkeit seiner Beschwerde zur Folge: es kommt vielmehr darauf an, ob schon ein Erbschein erteilt wurde.

a) Ist er noch nicht erteilt, ist die Beschwerde unproblematisch zulässig.

b) Ist der angekündigte (oder ein anderer[1337]) Erbschein inzwischen erteilt worden, ist der Vorbescheid verfahrensrechtlich überholt und nicht mehr anfechtbar; die „Beschwerde" ist (je nach nachdem, ob eine Entscheidung des AG oder LG angestrebt wird) umzudeuten in einen Antrag auf Einziehung, eventuell in eine Beschwerde mit dem Ziel, dass das LG das AG zur Einziehung (§ 2361 BGB) anweisen möge.[1338] Der Beschwerte hat die Wahl zwischen einem Einziehungsantrag und der Beschwerde mit dem Ziel, den erteilten Erbschein einziehen zu lassen.[1339]

Beschwerdeeinlegung innerhalb der Frist		Beschwerdeeinlegung nach Fristablauf	
Erbschein vorzeitig schon erteilt	Erbschein noch nicht erteilt	Erbschein schon erteilt	Erbschein noch nicht erteilt
Umdeutung der Beschwerde	Beschwerde zulässig	Umdeutung der Beschwerde	Beschwerde zulässig

6.1.6 *Beschwerdeberechtigte*

607 Beschwerdeberechtigt (§ 20 I, II FGG) gegen den Vorbescheid ist, wer einen Erbschein beantragt hat oder (zB als gesetzlicher Erbe) hätte beantragen können, ferner alle, die gegen die Ablehnung der Erteilung des be-

1336 BayObLG FamRZ 2002, 200 = NJWE-FER 2001, 211.
1337 OLG Stuttgart FamRZ 2005, 1863.
1338 OLG Stuttgart FamRZ 2005, 1863; OLG Karlsruhe FamRZ 1970, 255.
1339 BayObLG FamRZ 1990, 301.

antragten Erbscheins beschwerdeberechtigt gewesen wären. Wer einen Erbschein beantragt hat, kann sich dagegen wenden, dass er nicht sogleich erteilt wird, sondern durch den Vorbescheid eine Verzögerung entsteht.

6.2 Beschwerdeentscheidung

608 Wird gegen Vorbescheide, dh gegen Zwischen- bzw Teilentscheidungen, Beschwerde eingelegt, fällt das Verfahren nur in diesem begrenzten Umfang dem Rechtsmittelgericht (LG) an. Im Regelfall liegen zwei sich widersprechende Erbscheinsanträge vor.

Erbscheinsantrag des A		Widersprechender Erbscheinsantrag des B	
Teilentscheidung durch Vorbescheid	Erbscheinserteilungsanordnung fehlt noch	Wird zurückgewiesen (unzweckmäßig)	Vorerst keine Entscheidung darüber
Beschwerdeentscheidung nur hierüber		Beschwerdeentscheidung möglich	Keine Beschwerdeentscheidung derzeit möglich

609 **Alternativen.** Wird ein Vorbescheid angefochten, kann das Landgericht als Beschwerdegericht:

a) die Beschwerde zurückweisen. War der Vorbescheid des Nachlassgerichts mangelhaft, weil kein entsprechender Erbscheinsantrag vorlag, und wird gegen einen solchen Vorbescheid Beschwerde eingelegt, so kann das Beschwerdegericht in der Sache entscheiden, wenn nach Erlass des Vorbescheids ein diesem entsprechender Erbscheinsantrag gestellt wurde. Oder:

b) den Vorbescheid aufheben und das Verfahren (bei schweren Mängeln) an das Nachlassgericht zurückverweisen. Das Landgericht darf bei Aufhebung des Vorbescheids einen Erbscheinsantrag nicht zugleich endgültig zurückweisen,[1340] weil insoweit das Verfahren nicht beim Landgericht angefallen ist. Erlässt das LG erstmals einen Vorbescheid, ist das unzulässig.[1341] Oder

c) den Vorbescheid aufheben und das Nachlassgericht zur Erteilung eines bestimmten Erbscheins anweisen (nur wenn *dort* schon ein entsprechende Antrag gestellt worden ist[1342]). Aber auch wenn ein dem Vorbescheid widersprechender Erbscheinsantrag nur Gegenstand des

[1340] BayObLG NJW 1981, 1280; BayObLG NJW-RR 1992, 1223 = Rpfleger 1992, 522; OLG Frankfurt Rpfleger 1997, 262.

[1341] BayObLG FamRZ 1984, 1064.

[1342] BayObLG FamRZ 2000, 1231; OLG Hamm OLGZ 1968, 332.

Beschwerdeverfahrens geworden ist, kann das LG den Vorbescheid[1343] aufheben und das Nachlassgericht zur Erteilung eines Erbscheins entsprechend diesem Antrag anweisen.[1344] Das Beschwerdegericht kann das Nachlassgericht nicht zur Erteilung eines Erbscheins anweisen, für den ein Erbscheinsantrag bisher nicht gestellt ist.

Der Betroffene kann gegen den Beschluss des LG weitere Beschwerde einlegen; sobald der Erbschein erteilt ist, kann er beim Nachlassgericht dessen Einziehung anregen (§ 2361 BGB). Legt er weitere Beschwerde ein und wird dann der Erbschein vom Nachlassgericht erteilt, ist das Ziel der weiteren Beschwerde dahin umzudeuten, dass das OLG das Nachlassgericht zur Einziehung anweisen möge; die Beschwerde ist nicht etwa unzulässig geworden.

6.3 Aufbau der Entscheidungsgründe:

610

1. Die Beschwerde ist statthaft, weil Vorbescheide anfechtbare Entscheidungen sind (wer unzulässige Vorbescheide für unanfechtbar hält, ist hier zu Ende).
2. Beschwerde ist unbegründet.
   a) Das Nachlassgericht durfte durch Vorbescheid entscheiden, weil widersprechende Erbscheinsanträge vorlagen und die Sach- und Rechtslage schwierig war (liegt nur *ein* Antrag vor und ist kein gegensätzlicher Antrag zu erwarten, ist die Beschwerde zulässig und sogleich begründet, ohne dass es auf die materiellrechtliche Erbrechtslage ankäme; sie führt zur Zurückverweisung an das das Nachlassgericht).
   b) Der Vorbescheid entspricht der materiellrechtlichen Erbrechtslage ….

6.4 Bindungswirkung

611

Hat die Beschwerdeinstanz über den Vorbescheid entschieden, erteilt dann das AG den Erbschein und wird sodann dessen Einziehung betrieben, besteht im neuerlichen Beschwerdeverfahren grundsätzlich Bindung an die frühere Rechtsauffassung,[1345] freilich beschränkt durch § 2361 BGB.

[1343] BayObLG NJW-RR 1994, 1032 = FamRZ 1994, 1068 = ZEV 1994, 374.

[1344] BayObLG FamRZ 2000, 1053 = NJWE-FER 2000, 89 = ZEV 2000, 202 (L).

[1345] Vgl BGHZ 15, 122; OLG Karlsruhe Rpfleger 1988, 315.

7. Besonderheiten bei der Ablehnung der Einziehung des Erbscheins

612 Gegen den Beschluss, der den „Antrag“ auf Einziehung ablehnt, ist die Beschwerde nach §§ 19, 20 FGG und die weitere Beschwerde nach § 27 FGG statthaft, obgleich das Nachlassgericht von Amts wegen zu handeln hat (§ 2361 I BGB).[1346]

Die Beschwerdeberechtigung hat nur, wer in seinen Rechten beeinträchtigt ist; das ist jedenfalls jeder, der für einen richtigen Erbschein antragsberechtigt wäre,[1347] allgemein gesagt jeder, dessen Rechte infolge des öffentlichen Glaubens des Erbscheins im Falle seiner Unrichtigkeit gefährdet sind.[1348] Gegen die Zurückweisung des Antrages auf Einziehung des Erbscheins hat der Antragsteller ein Beschwerderecht, auch wenn der Erbschein seinem früheren Antrag entsprach, er sich aber jetzt nicht mehr für den Erben hält;[1349] der Nacherbe und der Ersatznacherbe, wenn die Anordnung der Nacherbschaft nicht erwähnt ist oder unrichtige Angaben über die Nacherbfolge im Erbschein enthalten sind (vgl § 2363 BGB);[1350] der zu Unrecht als Nacherbe Bezeichnete;[1351] der Vorerbe und sein Rechtsnachfolger, wenn der Antrag auf Einziehung des dem Nacherben erteilten Erbscheins abgelehnt wird;[1352] der Nachlassgläubiger, wenn er einen Vollstreckungstitel besitzt, da sein Recht auf Zwangsvollstreckung durch einen unrichtigen Erbschein beeinträchtigt wird;[1353] der Testamentsvollstrecker (§ 2364 BGB).[1354]

8. Besonderheiten bei der Anordnung der Einziehung eines Erbscheins

8.1 Einziehung des Erbscheins ist noch nicht erfolgt

613 Gegen den Beschluss, der die Einziehung anordnet, ist Beschwerde (§§ 19, 20 FGG) und gegen den Beschwerdebeschluss des Landgerichts weitere Beschwerde (§ 27 FGG) statthaft, aber nur solange die Einzie-

[1346] RGZ 61, 273/276; KG OLG 21, 352.
[1347] MünchKomm-Mayer § 2361 Rz 45.
[1348] BayObLG NJWE-FER 2000, 93.
[1349] BGHZ 30, 261 = NJW 1959, 1730; OLG München JFG 13, 348 = JW 1936, 2483; KG NJW 1960, 1158.
[1350] BayObLGZ 1960, 407/ 410; FamRZ 1996, 1577.
[1351] BayObLGZ 8, 411 = OLG 16, 66 Fn 1.
[1352] OLG Hamm JMBlNRW 1962, 63.
[1353] BayObLGZ 1957, 360; BayObLGZ 1973, 224; KGJ 49, 83; OLG München JFG 23, 154.
[1354] BayObLGZ 19, 192 = RJA 16, 242 = OLG 40, 101.

hung noch nicht erfolgt ist.[1355] Die Einziehung ist erfolgt, sobald der Erbschein aufgrund des Einziehungsbeschlusses an das Nachlassgericht zurückgekommen ist, sei es freiwillig, sei es erzwungen infolge Zwangsvollstreckung. Die Beschwerde hat keine aufschiebende Wirkung.[1356]

8.2 Einziehung des Erbscheins ist bereits erfolgt

614 Eine Beschwerde gegen die vollzogene Einziehung mit dem Zweck, diese wieder rückgängig zu machen, ist nicht zulässig, da der eingezogene Erbschein nicht wieder herausgegeben werden kann, weil er mit Einziehung wirkungslos geworden ist, auch wenn er noch nicht gelocht oder mit Farbstift durchstrichen oder sonst entwertet ist. Auch nach erfolgter Einziehung des Erbscheins und sogar nach Erteilung eines anderweitigen Erbscheins kann aber Beschwerde (bzw weitere Beschwerde) gegen den die Einziehung anordnenden Beschluss mit dem Ziel erhoben werden, dass das LG (OLG) das Nachlassgericht anweist, einen neuen, dem eingezogenen gleichlautenden Erbschein zu erteilen.[1357] Die weitere Beschwerde ist in diesem Fall auch nicht dadurch ausgeschlossen, dass der Erbschein auf Grund der Anordnung des Beschwerdegerichts (Landgerichts) vom Nachlassgericht für kraftlos erklärt worden ist.[1358]

8.3 Beschwerdeberechtigung

615 Die Anregung, den Erbschein von Amts wegen Unrichtigkeit einzuziehen, kann zwar jedermann geben. Beschwerdeberechtigt gegen die Ablehnung ist aber nur derjenige, dessen Recht infolge des öffentlichen Glaubens des Erbscheins durch dessen Unrichtigkeit oder Unvollständigkeit beeinträchtigt wird (vgl § 20 I FGG).[1359] Es sind also am Einziehungsverfahren nicht nur diejenigen beteiligt, die ihre Rechte aus einer Erbenstellung herleiten, sondern auch solche Personen, in deren Rechtskreis durch die Erbscheinserteilung unmittelbar eingegriffen wird. Gegen die Anordnung der Einziehung eines Erbscheins ohne Nacherbenvermerk ist derjenige beschwerdeberechtigt, auf dessen Antrag der einzuziehende Erbschein er-

---

[1355] BayObLGZ 1957, 292/302; BayObLGZ 1953, 120/122; BayObLGZ 1952, 163/164; OLG Hamm Rpfleger 1969, 299/300; OLG Hamm DNotZ 1951, 41; Keidel DNotZ 1955, 160/164.

[1356] MünchKomm-Mayer § 2361 Rz 45.

[1357] BGH WM 1972, 804; BGHZ 40, 54/55 = NJW 1963, 1972; BayObLGZ 1980, 72/73; BayObLG FamRZ 1989, 550; Köln NJW 1962, 1727; KGJ 36 A 116; OLG Darmstadt JFG 10, 77.

[1358] KG JFG 10, 73 = HRR 1933 Nr 732.

[1359] Vgl BGH LM Nr 7 zu § 23 LVO = RdL 1952, 26 = NJW 1952, 112 (LS).

teilt worden war, nach seinem Tod scin Erbe.[1360] Alle Antragsberechtigten, auch wenn sie die Erteilung des Erbscheins nicht beantragt haben und die Erteilung von verschiedenen Erbscheinen erstreben,[1361] haben das Beschwerderecht. Gegen die Ablehnung der Einziehung wird § 20 II FGG also nicht entsprechend angewandt. Auch eine andere Person als der wirkliche Erbe kann an der Einziehung des unrichtigen Erbscheins ein rechtliches Interesse haben, zB ein Testamentsvollstrecker (Rz 616) oder ein Nachlassschuldner;[1362] oder der nicht erwähnte Nacherbe. Der Beschwerde des wirklichen Erben fehlt die Beschwerdeberechtigung oder das Rechtsschutzbedürfnis nicht deshalb, weil er auch die Klage aus § 2262 BGB hätte.[1363] Für einen Minderjährigen üben dessen Eltern das Antragsrecht aus, ohne durch § 1795 I Nr. 3 BGB behindert zu sein, da das Erbscheinseinziehungsverfahren einem Rechtsstreit nicht gleichsteht.

Hat ein Beteiligter seine Beschwerde gegen einen Vorbescheid zurückgenommen, weil er sich mit anderen Beteiligten durch Vergleich über eine bestimmte Auslegung eines Testaments geeinigt hat, so ist er dadurch nicht gehindert, die Unrichtigkeit eines dem Vorbescheid entsprechenden Erbscheins geltend zu machen und gegen die Ablehnung der Einziehung Rechtsmittel einzulegen.[1364] Der Vorerbe, der behauptet, im Erbschein sei seine Befreiung zu Unrecht nicht angegeben (§ 2363 I 2 BGB), kann gegen die Ablehnung der Einziehung Beschwerde einlegen.[1365] Das Beschwerderecht geht nicht dadurch verloren, dass ein Miterbe nachträglich aus der Erbengemeinschaft ausscheidet.[1366]

616 Der **Testamentsvollstrecker**, dem auf seinen Antrag ein Erbschein erteilt worden ist, ist zur Einlegung der Beschwerde gegen die Anordnung der Einziehung dieses Erbscheins befugt; das Rechtsschutzinteresse des Testamentsvollstreckers für die Anfechtung der Einziehungsanordnung betreffend einen Erbschein kann auch dann nicht verneint werden, wenn er die Erbauseinandersetzung bereits durchgeführt hat.[1367] Der Testamentsvollstrecker muss, wenn zweifelhaft, seine wirksame Ernennung

---

1360 BayObLG FamRZ 1996, 1577.

1361 BGHZ 30, 220 = NJW 1959, 1729; KG DNotZ 1955, 156 mit Anm Keidel S. 160; MünchKomm-Promberger 3. Aufl. § 2361 Rz 44; aM OLG Bremen Rpfleger 1956, 195 und die frühere Rechtsprechung.

1362 BayObLGZ 1966, 233/239; OLG Oldenburg Rpfleger 1965, 305 = NdsRpfl 1965, 158.

1363 RGZ 61, 273.

1364 BayObLG NJW-RR 1991, 587.

1365 BayObLG Rpfleger 2001, 494.

1366 BayObLG Rpfleger 2001, 494.

1367 OLG Hamm FamRZ 1993, 825 = NJW-RR 193, 461.

nachweisen; andernfalls ist seine Beschwerde gegen die Einziehung wegen fehlender Rechtsbeeinträchtigung unzulässig.[1368]

617 Dagegen ist **nicht beschwerdeberechtigt**, wer nur ein tatsächliches oder wirtschaftliches Interesse hat;[1369] der Vermächtnisnehmer,[1370] der Erbschaftsbesitzer;[1371] der Nacherbe gegen die Einziehung des dem Vorerben erteilten Erbscheins, in dem die Anordnung der Nacherbfolge angegeben ist, solange die Nacherbfolge nicht eingetreten ist,[1372] weil er keinen entsprechenden Erbschein beantragen könnte; der Nacherbe gegen die Einziehung des dem Vorerben erteilten Erbscheins nach Eintritt des Nacherbfalls;[1346a] der Nachlasspfleger,[1373] weil er nur Vertreter der unbekannten Erben ist (Ausnahmen Rz 44); der Sonderrechtsnachfolger, zB derjenige, der von einer durch Erbschein ausgewiesenen Person Nachlassgegenstände erworben hat, da seine Rechtsstellung durch die Einziehung nicht berührt wird;[1374] das gilt auch dann, wenn die Einziehung mit der Begründung verlangt wird, dass die bezeichnete Person nicht Vollerbe, sondern nur Vorerbe sei.[1375] Ferner sind Nachlassgläubiger, die keinen Vollstreckungstitel besitzen, nicht beschwerdeberechtigt,[1376] auch nicht die Erbschaftsteuerbehörde.[1377] Während der Erwerber von Nachlassgegenständen durch den guten Glauben (§§ 892, 932, 2366 BGB) geschützt wird, steht dem Erbschaftskäufer, der vom Nichterben oder Scheinerben erwirbt, dieser Schutz nicht zur Seite (vgl § 2371 BGB); er wird daher durch eine Einziehung des den Nichterben als Erben ausweisenden Erbscheins in seinen Rechtsinteressen berührt. Der Erbe hoffreien Vermögens hat kein Beschwerderecht gegen die Einziehung des Hoffolgezeugnisses; [1378] ebenso nicht derjenige, welcher nur möglicherweise als weiterer Hoferbe nach dem Hofvorerben in Betracht kommt und damit keine feste Anwartschaft auf die Hofnachfolge hat.[1379]

1368 OLG Düsseldorf FamRZ 2001, 123 = FGPrax 2000, 205.

1369 BayObLGZ 34, 406 = JW 1935, 1189.

1370 BayObLG NJW-FER 2001, 183.

1371 Vgl OLG Hamm JMBlNRW 1960, 143

1372 BayObLGZ 1975, 62, 63; OLG Oldenburg DNotZ 1958, 263 (Anm Keidel) = NdsRpfl 1958, 154; BayObLGZ 1961, 200 = JR 1962, 61.

1346a OLG Köln RPfleger 1984, 102 = MDR 1984, 403.

1373 OLG Celle JR 1950, 58.

1374 BayObLGZ 1966, 49.

1375 BayObLGZ 1966, 49.

1376 KGJ 49, 83.

1377 BayObLG NJW-RR 2002, 440 = FamRZ 2001, 1737 = ZEV 2001, 408 (Steuerfiskus als Vollstreckungsbehörde bei Ungewissheit, ob er noch einen Erbschein benötigt); RG RJA 15, 14.

1378 OLG Hamm MDR 1949, 107.

1379 BGH LM Nr 7 zu § 23 LVO = RdL 1952, 26 = NJW 1952, 1112 (LS).

618 Bestritten ist, wann die Beschwerde beim **Mangel des Beschwerderechts** als **unzulässig** zu verwerfen und wann sie als unbegründet zurückzuweisen ist (vgl Rz 567). Die Beschwerde ist nach hM unzulässig, wenn sich ergibt, dass ein Recht des Beschwerdeführers nicht beeinträchtigt sein kann.[1380] Etwas anderes gilt nur dann, wenn die Darstellung des Beschwerdeführers nach dem festgestellten Sachverhalt möglich ist, wenn also die Nachprüfung der Beschwerdeberechtigung ein Eintreten in die Sachprüfung erforderlich macht, das Beschwerdegericht aber nicht dem Beschwerdeführer beipflichtet; in diesem Fall ist die Beschwerde unbegründet (vgl Rz 567).[1381]

Das Beschwerderecht kann nur aus dem Inhalt der Entscheidungsformel, nicht aus der Begründung der angefochtenen Entscheidung hergeleitet werden.[1382]

9. Besonderheiten bei der Beschwerde gegen die Kraftloserklärung

9.1 Bereits öffentlich bekannt gemachte Kraftloserklärung

619 Gegen die Kraftloserklärung ist keine Beschwerde statthaft (§ 84 FGG). Der einmal kraftlos gewordene Erbschein kann seine Wirksamkeit nicht wieder erlangen; hierzu wäre eine Neuerteilung erforderlich. Eine hiernach unzulässige Beschwerde ist regelmäßig in einen Antrag auf Erteilung eines neuen Erbscheins, der inhaltlich dem für kraftlos erklärten entspricht, umzudeuten[1383] bzw in eine Beschwerde, mit der erreicht werden soll, dass das Landgericht das Nachlassgericht zur Ereilung eines solchen neuen Erbscheins anweist.

9.2 Noch nicht öffentlich bekannt gemachte Kraftloserklärung

620 § 84 FGG ist einschränkend dahin auszulegen, dass die Kraftloserklärung des Erbscheins der Beschwerde unterliegt, wenn und solange sie nicht öffentlich bekannt gemacht, also nicht wirksam geworden ist.[1384]

[1380] Vgl BGH NJW 1953, 1666; BGHZ 31, 92/97; BGH FamRZ 1956, 379/381 = NJW 1956, 1755; BGH RdL 1967, 327; BayObLGZ 1961, 201/203; BayObLGZ 1968, 327/331; KG OLGZ 1966, 596; KG FamRZ 1977, 467/ 469; OLG Köln OLGZ 1971, 94.

[1381] BGH MDR 1963, 39 = LM Nr 6 zu § 18 HöfeO = RdL 1963, 17; BayObLG FamRZ 1988, 1321; BayObLGZ 1964, 40/ 47 = FamRZ 1964, 306.

[1382] KG OLGZ 1966, 74; KG RJA 11, 269 = OLG 26, 287.

[1383] KG JFG 10, 79, 80 = HRR 1933 Nr 732; aA KG DRiZ 1930 Nr 324; OLG Oldenburg DNotZ 1955, 158 (Anm Keidel).

[1384] BayObLGZ 1958, 364 = MDR 1959, 400.

10. Beschwerde gegen die Kostenentscheidung des Nachlassgerichts

621 Die Kostenentscheidung des Nachlassgerichts (beruhend auf § 13a FGG) kann nur zusammen mit der Hauptsachenentscheidung angefochten werden (§ 20a I 1 FGG). Ist eine Entscheidung in der Hauptsache nicht ergangen (zB wegen Antragsrücknahme, Erledigung der Hauptsache usw), kann die isolierter Kostenentscheidung mit sofortiger Beschwerde (Frist: 2 Wochen, § 22 FGG) angegriffen werden, wenn der Wert des Beschwerdegegenstandes (dh die Kostenlast) 100 Euro übersteigt (§ 20a II FGG) und wenn auch eine Hauptsachenentscheidung anfechtbar wäre.[1385] Eine sofortige weitere Beschwerde gegen den LG-Beschluss ist nicht statthaft (§ 27 II FGG).[1386]

11. Beschwerde gegen die Versagung von Prozesskostenhilfe

622 Infolge der Verweisung in § 14 FGG ist § 127 ZPO entsprechend anzuwenden. Das bedeutet: **Für den Antragsteller:** Statthaft ist die **sofortige Beschwerde**, wobei die Frist zwei Wochen ab Zustellung beträgt,[1387] § 14 FGG, § 22 FGG in Abweichung von § 127 II 3 ZPO. **Für die Staatskasse** (dh den Bezirksrevisor) ist die sofortige Beschwerde nur im Rahmen von § 127 III ZPO zulässig: Gegen die PKH – Bewilligung gibt es also keine Beschwerde der Staatskasse mit dem Ziel der PKH – Versagung. **Für den Gegner im Verfahren** besteht kein eigenes Beschwerderecht, für den **PKH- Rechtsanwalt** mangels Recht auf Beiordnung ebenfalls nicht.

[1385] BayObLG FamRZ 1996, 1560. Zur Anfechtung einer isolierten Kostenentscheidung in einer Erbscheinssache BayObLGZ 1962, 380/386.

[1386] BayObLG NJW-RR 1999, 1587.

[1387] BGH NJW 2006, 2122; Demharter NZM 2002, 233/6.

M. Rechtsmittel gegen die Entscheidung des Beschwerdegerichts

1. Rechtsmittel gegen die Hauptsacheentscheidung des Landgerichts

1.1 Allgemeines

Zuständiges Gericht. Gegen die Entscheidung des Landgerichts (als Beschwerdegericht) in Erbscheinssachen kann der betroffene Beteiligte weitere Beschwerde zum OLG (§ 28 I FGG; in Berlin zum KG; in Rheinland-Pfalz zum OLG Zweibrücken;[1388] in Bayern: zum OLG München[1389]) einlegen; § 27 FGG. Senatsbesetzung: Es entscheidet der OLG-Senat in voller Besetzung (dh mit drei Berufsrichtern); die Übertragung auf einen Einzelrichter ist nicht zulässig (§ 30 I 1, 3 FGG). *623*

Anfechtbare Entscheidung. Eine beschwerdefähige Entscheidung des Landgerichts muss schon vorliegen (§§ 19, 29 IV FGG). Hat das LG einen Vorbescheid des Nachlassgerichts aufgehoben und das Nachlassgericht angewiesen, einen bestimmten Erbschein zu erteilen, ist (wenn ein entsprechender Erbschein noch nicht erteilt ist) gegen die Anweisung des LG die weitere Beschwerde mit dem Ziel der Aufhebung dieser Anweisung gegeben.[1390] Die Aufhebung des AG-Vorbescheids durch das LG kann im Wege der weiteren Beschwerde mit dem Ziel angegriffen werden, diese Aufhebung zu beseitigen und dadurch die Wiederherstellung der Entscheidung des Nachlassgerichts zu erreichen.[1391]

Einlegung der weiteren Beschwerde: beim AG, LG oder OLG, § 29 I FGG. *624*

Form der Einlegung: zu Protokoll der Geschäftsstelle eines dieser Gerichte (Protokoll des Rechtspflegers, des Richters; nicht: des Urkundsbeamten; §§ 24 I Nr. 1a, 26, 8 I RPflG): dann besteht kein Anwaltszwang. Oder: mit einer Beschwerdeschrift: dann muss die Schrift von einem Rechtsanwalt unterzeichnet sein (§ 29 I 2 FGG); in bestimmten Fällen, nämlich wenn der Notar beim Nachlassgericht für den Beschwerdeführer

---

[1388] § 199 I FGG; § 4 III RhPf - GerichtsorganisationsG v.5.10.1977.

[1389] Nach Auflösung des BayObLG ist in Bayern das OLG München (Konzentration) zuständig. Vgl BayObLG AuflG BayGVBl 2004, 400; § 11a BayAG GVG.

[1390] BayObLGZ 1996, 165/6.

[1391] BayObLG FamRZ 2000, 1053 = NJWE-FER 2000, 89.

den Antrag (Erbscheinsantrag usw) stellte, kann auch ein Notar die Beschwerdeschrift unterzeichnen (§ 29 I 3 FGG).

Inhalt der Beschwerdeschrift: erkennbar muss sein, welche Entscheidung welchen Gerichts angegriffen wird und für wen das Rechtsmittel eingelegt wird. Doch sind weder ein ausformulierter Antrag noch die Angabe der Beschwerdegründe oder die Rüge einer konkreten Rechtsverletzung erforderlich;[1392] § 29 IV FGG. Freilich ist eine Begründung ratsam und zweckmäßig.

Frist: Eine Frist besteht nicht.

Wert: der Nachlass muss keinen bestimmten Mindestwert haben.

Verwirkung: Im Erbscheinsverfahren kann die Befugnis zur Einlegung der (weiteren) Beschwerde nicht verwirkt werden.[1393]

Rechtsschutzbedürfnis: Grundsätzlich muss es bestehen. Das Rechtsschutzbedürfnis fehlt einer weiteren Beschwerde, mit der die landgerichtliche Entscheidung, im Erbschein keinen Nacherbenvermerk aufzunehmen, angegriffen wird, wenn der im Erbschein bezeichnete Erbe verstorben ist.[1394]

Zulassung der weiteren Beschwerde: sie ist nicht erforderlich.

625 **Beschwerdeberechtigung:** der Beschwerdeführer muss beschwerdeberechtigt sein (§§ 20, 29 IV FGG). Bei Antragsverfahren ist § 20 II FGG zu beachten. Miterben sind zur Einlegung der weiteren Beschwerde auch dann berechtigt, wenn sie von ihrem Recht zur Erstbeschwerde keinen Gebrauch gemacht haben.[1395] Hebt das LG einen Vorbescheid des Nachlassgerichts auf, kann gegen diese Entscheidung nur derjenige weitere Beschwerde mit dem Ziel der Wiederherstellung des Vorbescheids einlegen, der den im Vorbescheid angekündigten Erbschein beantragt hat oder hätte beantragen können.[1396] Das Beschwerdegericht kann das Nachlassgericht nicht zur Erteilung eines Erbscheins anweisen, für den ein Erbscheinsantrag bisher nicht gestellt ist. Gegen eine solche Anordnung kann auch derjenige weitere Beschwerde einlegen, der gemäss dem in der An-

---

1392 Keidel/Meyer-Holz FGG § 29 Rz 32.

1393 BGH FamRZ 1967, 281; OLG Hamm FamRZ 2003, 1503 (Beschwerdeeinlegung erst nach acht Jahren); OLG Brandenburg FamRZ 1997, 1023; BayObLG FamRZ 1996, 1304 = NJW-RR 1997, 389 = ZEV 1996, 393.

1394 BayObLG FamRZ 2000, 1231 = FGPrax 2000, 69.

1395 KG NJW-RR 1990, 1292 = MDR 1990, 1023.

1396 BayObLG FamRZ 2000, 1231; BayObLG FamRZ 1999, 117 = FGPrax 1998, 146 = ZEV 1998, 431.

ordnung aufgeführten Erbschein Erbe wäre, ein solches Erbrecht aber für sich nicht in Anspruch nimmt.

1.2 Verfahren des Rechtsbeschwerdegerichts

626 Das Vorliegen der Verfahrensvoraussetzungen für die Erteilung eines Erbscheins ist auch durch das Rechtsbeschwerdegericht eigenständig zu prüfen.[1397] Hat das Nachlassgericht einen Vorbescheid erlassen, obwohl kein Erbscheinsantrag gestellt war, so kann das OLG einem dem Vorbescheid entsprechenden Erbscheinsantrag, der erst während des Rechtsbeschwerdeverfahrens gestellt worden ist, berücksichtigen und in der Sache entscheiden.[1398]

1.3 Unterlassene Beteiligung im LG – Beschwerdeverfahren

627 Es kommt vor, dass ein materiell Beteiligter vom Landgericht am Beschwerdeverfahren nicht beteiligt (zB nicht angehört) wurde. Die Beschwerdeentscheidung ist nicht zwingend aus Verfahrensgründen (§ 27 I 2 FGG) aufzuheben, wenn eine Beteiligung unterblieb. Eine Aufhebung ist dann nicht geboten, wenn der Betroffene im Verfahren vor dem Nachlassgericht beteiligt war, durch die Entscheidung des Beschwerdegerichts in seine Rechte nicht über die Ausgangsentscheidung des Nachlassgericht hinaus eingegriffen wird und die Entscheidung des Beschwerdegerichts für ihn auch keine weitere Bindung entfaltet.[1399] Andererseits: Hat der Erbe einen Erbschein aufgrund Testaments beantragt, was vom Nachlassgericht abgelehnt wurde, und will das Landgericht auf die Beschwerde das Nachlassgericht anweisen, den beantragten Erbschein zu erteilen, so hat es die gesetzlichen Erben, die in erster Instanz diesem Erbscheinantrag widersprochen hatten, am Beschwerdeverfahren zu beteiligen; ist das nicht geschehen, so ist die Beschwerdeentscheidung aufzuheben und die Sache zurückzuverweisen.[1400]

In der Rechtsbeschwerdeinstanz kann nur das Gehör zu Rechtsfragen nachgeholt werden, nicht hingegen das rechtliche Gehör im Bereich des Tatsächlichen.[1401]

1397 OLG Köln NJWE-FER 2000, 187 = MittRhNotK 2000, 120.
1398 BayObLG FamRZ 1998, 860 = ZEV 1998, 385 = NJW-RR 1998, 727.
1399 BayObLG FamRZ 1999, 331 = NJW 1999, 1118 = ZEV 1999, 64.
1400 BayObLG FamRZ 1997, 218.
1401 BayObLG Rpfleger 1982, 69.

1.4 Entscheidung des Rechtsbeschwerdegerichts

628 Das Verfahren gelangt nur in dem Umfang in die weitere Beschwerde, der durch die Beschwerdeentscheidung des Landgerichts und die Anfechtung gesteckt wird. Zu Ausnahmen bei § 2361 BGB vgl Rz 576. Ferner ist zu beachten, dass nach § 2353 BGB Erbscheinsanträge immer nur beim Nachlassgericht, nie beim Gericht der weiteren Beschwerde (OLG) gestellt werden können; der beim OLG erstmals gestellte Erbscheinsantrag ist daher dort grundsätzlich unbeachtlich, kann aber Anlass zur Rückleitung der Akten an das Nachlassgericht sein und zur Erledigung der weiteren Beschwerde führen.[1402] Auch kann nur das Nachlassgericht Erbscheine erteilen (§ 2353 BGB) oder einziehen (§ 23621 BGB); das OLG kann daher allenfalls das Nachlassgericht zur Erteilung oder Einziehung anweisen, nie selbst erteilen oder selbst einziehen. Das OLG kann die Vorentscheidung(en) aufheben und die Sache zurückverweisen an das LG oder an das Nachlassgericht.[1403] An das Nachlassgericht ist zB zurückzuverweisen, wenn die Vorinstanzen einen Erbscheinsantrag zurückgewiesen haben, das OLG aber anderer Ansicht ist und den Erbschein erteilt haben will.[1404] Kommt das OLG zur Auffassung, dass statt des beantragten Erbscheins ein anderer bisher nicht ausdrücklich beantragter Erbschein zu erteilen ist, verweist es die Sache an das Nachlassgericht zur Entgegennahme des Antrags zurück, wenn damit zu rechnen ist, dass ein solcher Antrag gestellt werden wird.[1405]

2. Rechtsmittel gegen die isolierte Kostenentscheidung des Landgerichts

629 Die isolierte Kostenentscheidung des Nachlassgerichts ist nach § 20 a FGG mit sofortiger Beschwerde anfechtbar. Der Beschwerdebeschluss des Landgerichts ist nicht mehr mit einer weiteren Beschwerde angreifbar, § 27 II FGG. Davon zu unterscheiden sind die Fälle, in denen das LG, zB nach Rücknahme oder Erledigung der Beschwerde, erstmals eine isolierte Kostenentscheidung trifft. Hiergegen ist die sofortige weitere Beschwerde statthaft.[1406]

1402 BayObLG FamRZ 1998, 860 will allerdings einen erst in der Rechtbeschwerde gestellten Erbscheinsantrag berücksichtigen, wenn andernfalls der Vorbescheid des Nachlassgerichts mangels Erbscheinsantrag ohne Fundament wäre.

1403 Keidel/Meyer-Holz FGG § 27 Rz 61.

1404 OLG Hamm OLGZ 1985, 286 = FamRZ 1985, 1185/7.

1405 BayObLG 1965, 166.

1406 BayObLG FamRZ 1996, 1560; Einzelheiten vgl Keidel/Zimmermann FGG § 20a Rz 19a.

3. Rechtsmittel gegen die Zurückweisung der Geschäftswert-Beschwerde

630 Hat das Nachlassgericht den Geschäftswert des Erbscheinsverfahrens durch Beschluss festgesetzt (§ 31 KostO) und wurde die Beschwerde hiergegen vom Landgericht zurückgewiesen, findet die weitere Beschwerde zum OLG nur statt, wenn sie vom LG zugelassen wurde (§§ 31 III, 14 V KostO). Die Nichtzulassung ist unanfechtbar.

4. Rechtsmittel gegen die Festsetzung des Geschäftswerts des Beschwerdeverfahrens

631 Die Beschwerde ist nach § 14 III, IV KostO bei Zulassung statthaft (§ 31 III 1 KostO). Es handelt sich dabei theoretisch um eine *Erstbeschwerde,* nicht um eine weitere Beschwerde.[1407] Die Beschwerde war früher unbefristet, seit der ZPO-Reform,[1408] das heißt seit dem 1. 1. 2002, ist die Beschwerde befristet (Frist: § 31 I 3 KostO: sechs Monate). Die Beschwerde ist schriftlich einzulegen, Anwaltszwang besteht nicht (§ 31 III 1 i.V. mit § 14 IV KostO). Der Beschwerdewert muss 200 Euro übersteigen (§ 31 III 1 KostO), also mindestens 200, 01 Euro betragen. Zur Entscheidung ist das OLG berufen, in Rheinland-Pfalz das OLG Zweibrücken, in Bayern das OLG München.[1409]

5. Rechtsmittel gegen eine Entscheidung des Landgerichts als Gericht erster Instanz

632 Wenn das Nachlassgericht Prozesskostenhilfe ablehnt und dagegen Beschwerde eingelegt wurde, dann entscheidet das LG *als Beschwerdeinstanz*. Hat das Landgericht dagegen im Rahmen des Beschwerdeverfahrens **Prozesskostenhilfe** für das Beschwerdeverfahren abgelehnt und wird dagegen Beschwerde eingelegt, hat das LG als *Gericht erster Instanz* entschieden, weil eine angefochtene Entscheidung des Nachlassgerichts fehlt. Diese Beschwerde wird von der hM trotzdem als *weitere* Beschwerde aufgefasst; sie ist bei Zulassung durch das LG als sofortige weitere Beschwerde zum OLG, in Rheinland-Pfalz zum OLG Zweibrücken, in

[1407] BayObLG FGPrax 2003, 140; BayObLG FamRZ 1994, 587.

[1408] G. v. 27. 7. 2001, BGBl I 2001, 1887.

[1409] Das BayObLG wurde aufgelöst. Es erfolgte eine Zuständigkeits-Konzentration, BayGVBl 2004, 400; § 11a BayAG GVG.

Bayern zum OLG München, statthaft;[1410] das folgt aus § 14 FGG; § 127 III ZPO; § 574 I Nr. 2 ZPO. Die Frist beträgt zwei Wochen (§ 22 FGG).[1411]

6. Festsetzung des Geschäftswerts der Rechtsbeschwerde

633 Sie erfolgt gemäß §§ 131 II, 30 KostO. Wird mit der weiteren Beschwerde ein Erbschein oder dessen Einziehung angestrebt, richtet sich der Geschäftswert insbesondere nach dem Wert des vom Beschwerdeführer angestrebten Teils des Reinnachlasses im Zeitpunkt des Erbfalls; daneben kommt es auf die sonstigen Umstände des Einzelfalls an.[1412] Strebt ein Pflichtteilsberechtigter mit der weiteren Beschwerde einen gesetzlichen Erbteil an, ist Wert somit nur der Differenzbetrag.

7. Gerichtsgebühren

634 Es gilt § 131 KostO. Bestimmte Beschwerden gegen Entscheidungen der Nachlassgerichte sind wegen § 131 III KostO gebührenfrei (zwar nennt § 131 III KostO nur die Vormundschaftsgerichte, wegen § 1962 BGB gilt die Regelung aber auch für die Nachlassgerichte[1413]).

[1410] BayObLG NJW 2002, 2573 = FGPrax 2002, 182 = MDR 2002, 1146; OLG Hamm NJW-RR 2002, 1375; OLG Frankfurt FGPrax 2003, 175; Jansen/v. König FGG § 14 Rz 70; Keidel/Zimmermann FGG § 14 Rz 34.

[1411] Demharter NZM 2002, 233/236.

[1412] BayObLG JurBüro 1993, 899.

[1413] BayObLG Rpfleger 1981, 327.

N. Kosten im Erbscheinsverfahren

1. Gerichtskosten

In Frage kommen folgende Kosten: *635*

- Gebühr für die Eröffnung des Testaments bzw Erbvertrags
- Gebühr für die eidesstattliche Versicherung
- Gebühr für den Erbschein
- Auslagen des Gerichts

1.1 Die Gebühr für die Eröffnung des Testaments

Die Gebühr für die Eröffnung der Verfügung von Todes wegen (Testament, Erbvertrag) als Rechtshandlung (also nicht als tatsächliches Aufschneiden des Kuverts) fällt zusätzlich zur Erbscheinsgebühr an (§§ 102, 103 I, 46 IV KostO). Fehlt ein Testament und damit eine Eröffnung, wird die Gebühr natürlich nicht erhoben. Kostenschuldner sind die Erben (§ 6 KostO). Berechnet wird die Hälfte der vollen Gebühr (§ 102 KostO). Der Geschäftswert richtet sich nach §§ 103 I, 46 IV KostO: *636*

- wenn die Verfügung (Testament usw) den ganzen Nachlass oder einen Bruchteil davon betrifft: der Wert des reinen Vermögens, wobei zwar Verbindlichkeiten abgezogen werden, nicht aber Vermächtnisse, Pflichtteilsrechte und Auflagen (§ 46 IV 2 KostO). Landwirtschaftliches Vermögen: § 19 IV, V KostO.
- Betrifft die Verfügung nur ein Vermächtnis, ist nur dessen Wert ohne Schuldenabzug maßgebend.

Beispiel: Aktiv-Nachlass	300.000 Euro
Nachlass-Verbindlichkeiten	20.000 Euro
„Nachlass“ (300.000–20.000)	280.000 Euro
Vermächtnisse	10.000 Euro
Auflagen	2.000 Euro
Pflichtteilsrechte	100.000 Euro
Beerdigungskosten	3.000 Euro
Reinnachlass	165.000 Euro

Der Geschäftswert für die Eröffnungsgebühr beträgt 280.000 Euro.

Der Geschäftswert für die Gebühren nach §§ 107, 49 KostO (eidesstattliche Versicherung, Erbschein) beträgt 165.000 Euro.

637 **Mehrfache Eröffnungsgebühr**: werden mehrere Verfügungen *gleichzeitig* eröffnet, fällt die Eröffnungsgebühr nur einmal an (§ 103 II KostO). Deshalb wird die Gebühr mehrfach erhoben, wenn zeitlich gestreckt Testamente/Erbverträge eröffnet werden. Unbillige Gebührenhäufungen können durch Niederschlagung nach § 16 KostO vermieden werden. Ferner kommt in Frage, späteren Verfügungen einen geringeren Geschäftswert beizumessen, etwa wenn der Erblasser mehrerer Urschriften des Testaments gefertigt hat, die zu verschiednen Zeitpunkten aufgefunden und daher eröffnet werden.[1414]

1.2 Die Gebühr für die eidesstattliche Versicherung

638 Der Antragsteller eines Erbscheins hat dem Nachlassgericht bestimmte Urkunden vorzulegen (§ 2356 I BGB).

Er hat ferner zum Nachweis,

- dass der Erblasser zur Zeit seines Todes im Güterstand der Zugewinngemeinschaft gelebt hat,
- ob und welche Personen vorhanden sind oder vorhanden waren, durch die der Antragsteller von der Erbfolge ausgeschlossen oder sein Erbteil gemindert würde (§ 2354 I Nr 3 BGB); in welcher Weise gegebenenfalls eine solche Person weggefallen ist (§ 2354 II BGB),
- ob und welche Verfügungen des Erblassers von Todes wegen vorhanden sind (§ 2354 I Nr 4 BGB; § 2355 BGB);
- ob ein Rechtsstreit über sein Erbrecht anhängig ist (§ 2354 I Nr. 5 BGB)

vor dem Nachlassgericht oder vor einem Notar eidesstattlich zu versichern, dass ihm nichts bekannt sei, was der Richtigkeit seiner Angaben entgegensteht (§ 2356 II 1 BGB).

1.2.1 Anfall der Gebühr

639 Für die Beurkundung der eidesstattlichen Versicherung wird eine volle Gebühr erhoben (§ 107 I 2 KostO, § 49 KostO). Wird die eidesstattliche Versicherung beurkundet und zugleich der Erbscheinsantrag nebst Tatsachen zur Begründung und Darlegung der Erbverhältnisse, wird für die Beurkundung des Erbscheinsantrags keine besondere Gebühr erhoben (§ 49 III KostO). Der Geschäftswert wird errechnet wie beim Erbschein

---

[1414] Korintenberg/Lappe KostO § 103 Rz 31: spätere inhaltsgleiche Testamente haben nur noch Bestätigungswert (ca 10%).

(§ 49 II 1 KostO). Wenn Miterben die eidesstattliche Versicherung gemeinsam abgeben, fällt nur eine Gebühr aus dem Gesamtwert an. Gibt nur ein Miterbe die eidesstattliche Versicherung ab, bezieht sie sich nur auf seinen Anteil am Nachlass und dementsprechend fällt die Gebühr auch nur aus diesem Teil an; treten spätere weitere Miterben der eidesstattlichen Versicherung bei, bestimmt sich der Geschäftswert nach ihrem Anteil am Nachlass (§ 49 II 2 KostO).

1.2.2 Erlass der eidesstattliche Versicherung

640 Das Nachlassgericht kann die eidesstattliche Versicherung erlassen, wenn es sie für nicht erforderlich erachtet (§ 2356 II 2 BGB). Da die Beurkundung der eidesstattlichen Versicherung eine zusätzliche Gebühr von 10/10 verursacht, die Gesamtkosten „des Erbscheins" also faktisch verdoppelt, ist die Frage des Absehens bei größeren Nachlässen für den Antragsteller von erheblicher finanzieller Bedeutung.

Verfahrensrechtlicher Ablauf: der Antragsteller beantragt eine Erbschein, weigert sich aber aus Kostengründen, die Angaben eidesstattlich zu versichern. (1) Wenn das Nachlassgericht förmlich durch Beschluss den Antrag, die Versicherung zu erlassen, zurückweist, ist dagegen die Beschwerde statthaft.[1415] (2) Wenn das Nachlassgericht ohne einen solchen Beschluss den Erbscheinsantrag ablehnt, kann der Antragsteller dagegen Beschwerde einlegen. Das Landgericht entscheidet darüber (Zurückweisung oder Anweisung, einen Erbschein zu erteilen). Weitere Beschwerde zum OLG ist statthaft. (3) Unrichtig ist dagegen, die eidesstattliche Versicherung abzugeben und durch Erinnerungen gegen die Kostenrechnung geltend zu machen, sie sei überflüssig gewesen oder jetzt die Niederschlagung nach § 16 KostO zu verlangen.

641 **Einzelfälle**, in denen der Erlass gerechtfertigt ist, vgl Rz 118. Das Nachlassgericht und das aufgrund einer Beschwerde an seine Stelle tretende Landgericht entscheiden über den Erlass nach pflichtgemäßem **Ermessen**. Das Rechtsbeschwerdegericht (OLG) dagegen kann sein Ermessen nicht an die Stelle eines rechtsfehlerfrei ausgeübten Ermessens des Landgerichts setzen, es kann also die Ermessensausübung nur beschränkt nachprüfen. Es hat die Ausübung des Ermessens durch das LG nur darauf nachzuprüfen, ob es sich des ihm zustehenden Ermessens und des ihm eingeräumten Spielraums bewusst war sowie alle wesentlichen Umstände nach verfahrensgemäßer Feststellung berücksichtigt und sein Ermessen dem Zweck der Ermächtigung entsprechend ausgeübt hat.[1416]

[1415] OLG München NJW-RR 2007, 665.

[1416] OLG Schleswig FamRZ 2001, 583.

Die eidesstattliche Versicherung entfällt ferner bei **Offenkundigkeit** (§ 2356 III BGB).

Als offenkundig i.S. des § 2356 III BGB sind nur Tatsachen anzusehen, von denen das Nachlassgericht überzeugt ist. Ein hoher Grad von Wahrscheinlichkeit ist noch keine Offenkundigkeit. Offenkundigkeit umfasst neben den allgemeinkundigen Tatsachen, die der Öffentlichkeit bekannt sind, solche Tatsachen, von denen das Gericht aus seiner sonstigen amtlichen Tätigkeit Kenntnisse hat (sog. Gerichtskundigkeit; nicht aber bloß aktenkundige Tatsachen aus beigezogenen Akten eines anderen Verfahrens).

1.2.3 Beurkundung der eidesstattlichen Versicherung durch den Notar

642 Die eidesstattliche Versicherung kann auch von einem Notar beurkundet werden (§ 2356 II 2 BGB; § 22 I BNotO). Dann fällt ebenfalls die Gebühr des § 49 KostO an, allerdings beim Notar und zuzüglich Umsatzsteuer. Die Beteiligten bitten den Notar oft, beim Standesamt die für den Erbnachweis erforderlichen Personenstandsurkunden zu besorgen; das hat mit der Beurkundung der eidesstattlichen Versicherung nichts zu tun, gehört nicht dazu. Fordert ein Notar vom Standesbeamten unter Vorlage einer schriftlichen Vollmacht eine näher bezeichnete Personenstandsurkunde mit der Behauptung an, er sei vom Vollmachtgeber beauftragt, einen Erbscheinsantrag zu beurkunden, so ist damit in der Regel ein rechtliches Interesse des Auftraggebers an der Erlangung der Urkunde glaubhaft gemacht.[1417] Für das Besorgen erhält der Notar Ersatz der Auslagen (Porto; verauslagte Gebühren des Standesamts) und die Mindestgebühr des § 147 II KostO.[1418]

1.3 Die Kosten des Erbscheins

1.3.1 Die Gebühr für den Erbschein

643 Für das Verfahren vom Antrag bis einschließlich der **Erbscheinserteilung** wird eine 10/10 Gebühr erhoben (§ 107 I 1 KostO); eine gesonderte „Beweisgebühr“ gibt es also nicht. Meist fällt zusätzlich die Gebühr für die **eidesstattliche Versicherung** (10/10) an (§§ 107 I 2, 49 KostO; Rz 638), so dass also im Regelfall ein Erbschein 20/10 Gerichtsgebühr kostet. Weiterhin kann die Gebühr für die **Eröffnung der letztwilligen Verfügung** (§ 102 KostO) zu erheben sein (wenn keine letztwilligen Verfügungen vorliegen und gesetzliche Erbfolge eintritt entfällt diese Gebühr); wenn mehrere

---

[1417] OLG Frankfurt FamRZ 1996, 112.

[1418] Korintenberg/Reimann KostO § 49 Rz 10.

Testamente vorliegen und zu verschiedenen Zeitpunkten eröffnet werden, fällt die Eröffnungsgebühr mehrfach an. Für bestimmte Erklärungen wie Ausschlagung wird nochmals kassiert (§ 112 KostO).

Beispiel:				
§ 102 KostO	Eröffnung des Testaments	0,5 Gebühr	Wert 150.000 €	141,00
§§ 49, 107 KostO	Eidesstattliche Versicherung	1,0 Gebühr	Wert 100.000 €	207,00
§ 107 KostO	Erbscheinserteilung	1,0 Gebühr	Wert 100.000 €	207,00
Summe				€ 555,00

Für die Entgegennahme oder die Aufnahme des Erbscheinsantrags oder das Verfahren bis zur Erteilung sowie für das Erbenaufgebot, fällt keine besondere Gebühr an (§ 107 I 1 KostO erfasst auch „das vorangegangene Verfahren").

644 Der **Nacherbenvermerk** im Erbschein (§ 2363 I BGB) verteuert den Erbschein nicht; ebenso ist es mit dem **Testamentsvollstrecker-Vermerk** (§ 2364 I BGB).[1419] Diese Vermerke lösen keine besondere Gebühr aus. Die Gebühr für das Testamentsvollstrecker-Zeugnis kann zusätzlich anfallen.

Ist aber der Testamentsvollstrecker-Vermerk im Erbschein so formuliert, dass er in Wirklichkeit ein (beantragtes) Testamentsvollstrecker-Zeugnis (§ 2386 BGB) darstellt, wird die Gebühr nach § 109 I 1 Nr. 2 KostO für ein Testamentsvollstrecker-Zeugnis zusätzlich erhoben.[1420]

Der Erlass eines **Erbscheins -Vorbescheids** (Rz 299 ff) erfüllt den Gebührentatbestand des § 107 KostO nicht,[1421] ist also gebührenfrei.

1.3.2 Die Höhe der Gerichtsgebühr[1422] (Auszug aus der Tabelle)

645

Geschäftswert	Gebühr	**Geschäftswert**	Gebühr	**Geschäftswert**	Gebühr
Bis ... EUR	EUR	bis ... EUR	EUR	bis ... EUR	EUR
1.000	10	100.000	207	490.000	792
20.000	72	200.000	357	980.000	1.527

[1419] Korintenberg/Lappe KostO § 107 Rz 8.
[1420] KGJ 23 B 8; KG JW 1937, 580; Korintenberg/Lappe KostO § 107 Rz 8.
[1421] Korintenberg/Lappe KostO § 107 Rz 5.
[1422] § 32 KostO; BGBl I 2001, 764.

1.3.3 Die Auslagen für den Erbschein

646 Als Auslagen können anfallen: Zeugenauslagen nach dem JVEG, Sachverständigenhonorar nach dem JVEG, wenn zB die Frage der Testierfähigkeit zweifelhaft ist, wenn die Fälschung des Testaments untersucht wird; Kosten eines Gutachtens über ausländisches Recht.[1423] Zur Zahlung der Auslagen (§ 1 KostO) ist der Erbscheinsantragsteller verpflichtet (§ 2 Nr. 1 KostO), trotz § 12 FGG. Zu beachten ist: das Geschäft, das nur auf Antrag (§ 2353 BGB) vorgenommen wird, ist die Erbscheinserteilung. Die Vernehmung von Zeugen und Sachverständigen mag zwar von einem Beteiligten „beantragt" worden sein, doch ist das Erbscheinsverfahren ein Amtsermittlungsverfahren (§ 2358 BGB; § 12 FGG), die Zeugenvernehmung erfolgt also nicht auf Antrag (im Sinne von § 2 Nr. 1 KostO).

Mehrere Antragsteller sind Gesamtschuldner bezüglich der Auslagen (vgl § 5 KostO).

(1) Stellt nur A einen Erbscheinsantrag und werden dann Zeugen vernommen und Gutachten erholt, werden die Auslagen dem A in Rechnung gestellt, gleichgültig ob dem A ein Erbschein erteilt wird oder sein Antrag zurückgewiesen wird. Es spielt keine Rolle, ob Zeugen und Sachverständige auf „Antrag" des A oder infolge von Einwendungen anderer Personen oder von Amts wegen vernommen werden.

(2) Stellen A und B gegensätzliche Erbscheinsanträge (jeder hält sich für den Alleinerben) und „beantragen" beide Zeugenvernehmung und Gutachtenserholung zur Testierfähigkeit, und wird dann dem A ein Erbschein erteilt, während der Antrag des B zurückgewiesen wird, sind an sich A und B Gesamtschuldner bezüglich der Auslagen (nicht bezüglich der Gebühr für den Erbschein!), § 5 KostO. Der Kostenbeamte bestimmt nach pflichtgemäßem Ermessen, ob er die Auslagen dem A, oder dem B, oder beiden nach Kopfteilen in Rechnung stellt (§ 8 III 2 Kostenverfügung). Regelmäßig sind die Kosten von A zunächst in voller Höher einzufordern (§ 8 III S. 2 Nr 2 Kostenverfügung). Denn dem A wurde der Erbschein erteilt. Die Vernehmung von Zeugen und die Erholung von Gutachten ist Teil des Amtsermittlungsverfahrens (§ 12 FGG; § 2358 BGB); unabhängig von „Anträgen" der Beteiligten hätte das Nachlassgericht von sich aus diese Beweisaufnahmen durchführen müssen, auch wenn B keinen gegensätzlichen Erbscheinsantrag gestellt hätte. Daraus folgt, dass letztlich A allein die Auslagen zu tragen hat.

Durch Erinnerung (§ 14 KostO) ist die Kostenrechnung nachprüfbar.

[1423] LG Frankenthal Rpfleger 1981, 324.

1.4 Der Gebührentatbestand

1.4.1 Gebührentatbestand bei der Eröffnung der letztwilligen Verfügung

647 Der Gebührentatbestand (§ 102 KostO) ist erfüllt, wenn zumindest der Eröffnungsvermerk auf der Urschrift von Testament bzw Erbvertrag angebracht wurde oder eine Niederschrift über die Eröffnung angefertigt wurde (§§ 2260 III, 2300 BGB). Ob das Testament in einem *verschlossenen* Umschlag enthalten war spielt keine Rolle. Wenn ein Erblasser fünf Testamente gemacht ist, fällt nur *eine* Eröffnungsgebühr an, falls die Eröffnung gleichzeitig stattfindet (§ 103 II KostO). Kostenschuldner sind die Erben (§ 6 KostO).

1.4.2 Gebührentatbestand bei der Beurkundung von Antrag und eidesstattlicher Versicherung

648 Die Beurkundung des Erbscheinsantrags kostet nichts. Die Gebühr für die Beurkundung der eidesstattlichen Versicherung fällt an, sobald diese abgeben ist.

1.4.3 Gebührentatbestand bei der Erteilung des Erbscheins

649 Die Gebühr fällt an mit der Erteilung eines Erbscheins (§ 107 I 1 KostO), das ist die Hinausgabe (vgl Rz 288).[1424] Der Erbschein ist im kostenrechtlichen Sinne auch dann „erteilt“ worden, wenn ohne Herausgabe einer Ausfertigung an den Erben die in den Nachlassakten befindliche Urschrift auf dahingehenden Antrag des Erben vom Grundbuchamt für die Grundbuchberichtigung verwendet wird.[1425] Hat der Richter des Nachlassgerichts (bzw der Rechtspfleger, soweit zuständig) die Erteilung eines Erbscheins in den Nachlassakten bereits verfügt, die Herausgabe einer Ausfertigung jedoch von der Zahlung eines Kostenvorschusses abhängig gemacht, so liegt ein wirksamer Erbschein als Grundlage für eine Grundbuchberichtigung im Sinne des § 35 I 1 GBO noch nicht vor.[1426]

1.5 Kostenschuldner

650 Die Gebühr für den Erbschein schuldet der Antragsteller, also in der Regel der Erbe (§ 2 Nr. 1 KostO). Beantragen mehrere Miterben einen gemeinschaftlichen Erbschein, sind zwar alle **Miterben** für den Gesamtbetrag Schuldner (§ 2 Nr. 1, § 5 Satz 1 KostO), doch *haftet* wegen § 5 Satz 2

1424 BayObLG Rpfleger 1975, 47.
1425 KG Rpfleger 1981, 497. Fall „Erbschein nur für Grundbuchzwecke“.
1426 OLG Hamm NJW-RR 1994, 271= OLGZ 1994, 257 = Rpfleger 1994, 248.

KostO jeder Miterbe nur für die Gebühr, die fiktiv auf seinen Anteil entfiele (der Miterbe zu 1/10 haftet also nur mit 10 %). Beantragt der **Gläubiger** mit vollstreckbarem Titel den Erbschein (§ 792 ZPO); ist er (und nicht der Erbe) Gebührenschuldner (§ 2 Nr. 1 KostO),[1427] kann allerdings diese Kosten später als Kosten der Zwangsvollstreckung vom Schuldner ersetzt verlangen (§ 788 ZPO). Anders ist es, wenn der Erbschein schon erteilt ist und der Gläubiger nur eine Ausfertigung begehrt (§ 85 FGG; Kosten: § 136 KostO). Beantragt der Testamentsvollstrecker einen Erbschein, ist *er* Kostenschuldner und entnimmt den Betrag dem Nachlass. Ist Testamentsvollstreckung angeordnet und beantragt dann ein Erbe einen Erbschein, ist der Testamentsvollstrecker nicht Haftungsschuldner nach § 3 Nr. 3 KostO,[1428] weil die Erbscheinsgebühren keine Nachlassverbindlichkeiten im Sinne von § 1967 BGB sind, der Testamentsvollstrecker also dafür nicht nach § 2213 BGB in Anspruch genommen werden kann; die Zahlung der Gebühr ist Privatsache des Erben.[1429]

Zum **Schuldner der Auslagen** vgl oben Rz 646.

1.6 Kosten bei Antragsrücknahme

651 Bei Rücknahme eines Erbscheinsantrags vor Entscheidung darüber fällt ein Viertel der vollen Gebühr (Rz 645) an, höchstens 20 Euro (§ 130 II KostO). Der Geschäftswert ist derselbe, wie wenn der beantragte Erbschein erteilt worden wäre (vgl § 107 II KostO). Kostenschuldner ist der Antragsteller (§ 2 Nr. 1 KostO). Er ist auch zur Zahlung der Auslagen verpflichtet (§ 2 Nr. 1 KostO); denn zwar wird im Erbscheinsverfahren von Amts wegen ermittelt, es handelt sich aber gleichwohl nicht um ein Amtsverfahren, sondern ein Antragsverfahren (vgl § 2353 BGB).

Die Zurücknahme des Erbscheinsantrages *nach* Verwendung der Urschrift durch das Grundbuchamt berührt die Entstehung der Gebühr nicht, führt aber zur Ermäßigung des Geschäftswertes gemäß § 107 III auf den Grundstückswert.[1430]

1427 Korintenberg/Lappe KostO § 2 Rz 85. Eine Geschäftswertprivilegierung analog § 107 III KostO ist nicht möglich (OLG Düsseldorf Rpfleger 2004, 440).

1428 Korintenberg/Lappe KostO § 107 Rz 63.

1429 aA LG München I ZEV 2002, 197: der Testamentsvollstrecker sei Haftungsschuldner, Erbe und Testamentsvollstrecker also Gesamtschuldner nach § 5 KostO.

1430 KG Rpfleger 1981, 497.

1.7 Kosten bei Antragszurückweisung

652 Bei Zurückweisung eines Erbscheinsantrags fällt die Hälfte einer vollen Gebühr an (Rz 645), höchstens 35 Euro (§ 130 I KostO). Der Geschäftswert ist derselbe, wie wenn der beantragte Erbschein erteilt worden wäre (vgl § 107 II KostO). Kostenschuldner ist der Antragsteller (§ 2 Nr. 1 KostO). Er ist auch zur Zahlung der Auslagen verpflichtet (§ 2 Nr. 1 KostO).

Beantragt A einen Alleinerbschein und B ebenfalls, kann zwangsläufig nur einer der beiden Anträge Erfolg haben, der andere wird zurückgewiesen. Der eine Antragsteller hat die Erbscheinsgebühr zu zahlen, der andere (dessen Antrag zurückgewiesen wurde) die Zurückweisungsgebühr nach § 130 I KostO. [1431] Werden die Anträge von A und B zurückgewiesen, fällt für jeden die Zurückweisungsgebühr an.

1.8 Kosten bei Hilfsanträgen

653 Beantragen drei Antragsteller einen gemeinschaftlichen Erbschein mit den Quoten 50 : 25 : 25, hilfsweise mit den Quoten 60 : 20 : 20, fällt die Erbscheinsgebühr an, wenn dem Hilfsantrag entsprochen wird; die gleichzeitige Zurückweisung des Hauptantrags löst keine Zurückweisungsgebühr aus. [1432] Wenn dem Hauptantrag entsprochen wird, ist es genauso (hier entfällt ohnehin eine Zurückweisung des Hilfsantrags, weil die Bedingung noch nicht eingetreten ist). Die Zurückweisung von Haupt- und Hilfsantrag desselben Antragstellers löst nur eine (und nicht zwei) Zurückweisungsgebühr aus.

1.9 Kosten bei Erbscheinseinziehung

654 Für die Einziehung eines Erbscheins (§ 2361 BGB) wird die Hälfte der vollen Gebühr erhoben (§ 108 S. 1 KostO). Die Gebühr wird nicht erhoben, wenn im selben Verfahren ein neuer Erbschein erteilt wird (§ 108 S. 2 KostO). § 108 KostO gilt auch für Erbscheine des Landwirtschaftsgerichts und Hoffolgezeugnisse. Die Gebühr fällt an mit dem Wirksamwerden des Einziehungsbeschlusses. Vgl Rz 528.

Beispiele: (1) Der Erbschein wird erteilt, dann wird dessen Einziehung angeregt und die Erteilung eines anderen Erbscheins beantragt. Die Gebühr für eidesstattliche Versicherung + Erbscheinsgebühr (also 20/10), fallen an, die Einziehungsgebühr nicht (§ 108 S. 2 KostO), aber 10/10 für den neuen Erbschein (eine *zweite* eidesstattliche Versicherung entfällt[1433]; Rz 655).

[1431] Vgl Korintenberg/Lappe KostO § 130 Rz 12a.

[1432] Korintenberg/Lappe KostO § 130 Rz 14a.

[1433] vgl BayObLG FamRZ 2000, 174.

(2) Erbschein wird erteilt, dann erfolgt dessen Einziehung. Gebühr für eidesstattliche Versicherung + Erbscheinsgebühr (also 20/10) fallen an, ferner die Einziehungsgebühr 5/10 (§ 108 S. 1 KostO).

1.10 Gebühr für den zweiten Erbschein nach Einziehung des ersten

655 Beispiele:

- nach Einziehung des Erbscheins für den Vorerben wird dem Nacherben ein Erbschein erteilt (Wert: Rz 660).
- nach Einziehung des Erbscheins mit Testamentsvollstreckervermerk wird ein hinsichtlich der Erbfolge ein inhaltsgleicher Erbschein, aber nun ohne Testamentsvollstreckervermerk, erteilt (Wert: Rz 660).
- nach Einziehung des gemeinschaftlichen Erbscheins (Witwe ist Erbin zu ½, Kind zu ¼) wird ein neuer gemeinschaftlicher Erbschein erteilt (Witwe ist Erbin zu ¼, Kind zu ¾).

Für den zweiten Erbschein fällt die Gebühr des § 107 KostO an; die Gebühr für die eidesstattliche Versicherung wird in der Regel entfallen.

Problematisch ist, aus welchem Geschäftswert die Gebühr für den zweiten Erbschein zu berechnen ist. Die Rechtsprechung[1434] nimmt die Gebühr grundsätzlich aus dem vollen ursprünglichen Nachlass (Rz 660), weil der Wortlaut des § 107 I KostO eindeutig ist (Ausnahme: Erbschein des Nacherben, Rz 660). *Lappe*[1435] dagegen will die Gebühr nur aus dem Wert der unrichtigen Erbteile erheben (im dritten Beispiel wäre ¼ des Erbscheins unrichtig gewesen) und sonst nach dem nach § 30 I KostO geschätzten Wert (Wegfall der Nacherbfolge, des Testamentsvollstreckervermerks).

1.11 Kosten bei Kraftloserklärung

656 Für die Kraftloserklärung eines Erbscheins wird die Hälfte der vollen Gebühr erhoben (§ 108 S. 1 KostO). Die Gebühr wird nicht erhoben, wenn im selben Verfahren ein neuer Erbschein erteilt wird (§ 108 S. 2 KostO). Wird der Erbschein eingezogen (§ 2361 BGB) und dann, weil das Original nicht zurückgegeben werden kann, für kraftlos erklärt (§ 2362 II BGB), fällt die Gebühr des § 108 KostO nur einmal an (weil es „oder“ heißt);

[1434] OLG München JFG-Erg. 18, 123; KG Rpfleger 1993, 42 (Hansens); OLG Celle NdsRpfl 1965, 16; OLG Braunschweig NdSRpfl 1985, 83; BayObLG FamRZ 1997, 646 beim Wegfall des Testamentsvollstreckervermerks.

[1435] Korintenberg/Lappe KostO § 107 Rz 49.

doch werden für das Inserat im Bundesanzeiger usw hohe Veröffentlichungskosten fällig.

1.12 Niederschlagung der Gebühr

657 Fraglich ist in Fällen der Einziehung, ob die Gebühr (10/10 nach § 107 KostO) für den ersten später wieder eingezogenen Erbschein nach § 16 I KostO vom Gericht durch Beschluss niedergeschlagen werden kann. Voraussetzung ist eine unrichtige Sachbehandlung. Sie könnte „jedoch nur dann angenommen werden, wenn dem Gericht ein offen zutage tretender Verstoß gegen eindeutige gesetzliche Normen oder ein offensichtliches Versehen unterlaufen wäre; dagegen rechtfertigt nicht jede irrtümliche Beurteilung die Anwendung jener Vorschrift. “[1436] Im vom BayObLG entschiedenen Fall war die Auslegung eines Ehevertrags durch den Rechtspfleger nicht so unvertretbar gewesen, dass von einem eindeutigen Verstoß gegen gesetzliche Normen gesprochen werden musste, insbesondere auch im Hinblick auf die Formulierung des Ehevertrags.

2. Der Geschäftswert

658

Eröffnung der Verfügung von Todes wegen §§ 102, 103 KostO	0,5 Gebühr aus einem fiktiven Nachlasswert, weil zwar sonstige Schulden, nicht aber Vermächtnisse, Pflichtteilsrechte und Auflagen abgezogen werden (§ 46 IV 2 KostO)
Beurkundung der eidesstattlichen Versicherung	1,0 Gebühr nach dem reinen Nachlass im Zeitpunkt des Erbfalls (§§ 49 II, 107 KostO)
Erteilung des Erbscheins	1,0 Gebühr nach dem reinen Nachlass im Zeitpunkt des Erbfalls (§ 107 KostO)

Der Geschäftswert für die Eröffnung der Verfügung von Todes wegen ist daher nicht zwingend identisch mit dem Wert für die anderen Gebühren.

2.1 Maßgeblicher Zeitpunkt für die Bewertung

659 Maßgebend ist der Wert im Zeitpunkt des Erbfalls (§ 107 II KostO), auch im Beschwerdeverfahren. Wertveränderungen (zB Kursänderungen bei

[1436] BayObLG FamRZ 2000, 174; BayObLG FGPrax 1998, 240; BGH NJW 1962, 2107.

Wertpapieren, bei Immobilien) nach diesem Zeitpunkt bleiben also außer Betracht. Nur in Extremfällen mag eine Billigkeitslösung angebracht sein; hier ist zB an Fälle zu denken, in denen der Erbe mangels Erbschein nicht an die Aktien heran kann und sich die Erbscheinserteilung verzögert.[1437] Trat im März 2000 der Erbfall ein und waren die Akten 1 Million Euro wert und wird der Erbschein erst im Jahre 2003 erteilt (Kurswert des Depots im Jahre 2003: 150.000 Euro), ist also vom höheren Wert auszugehen. Liegen beim Todesfall im Jahre 2000 im Nachlass alte russische Zaren-Anleihen, sind sie mit dem winzigen (Sammler-) Wert des Jahres 2000 zu bewerten; die politische Chance ist annähernd wertlos.[1438]

660 Der Geschäftswert für das **Erbschein-Einziehungsverfahren** bestimmt sich nach dem Wert des (gesamten) Reinnachlasses zur Zeit des Erbfalls.[1439] Vgl Rz 654, 655.

Als Geschäftswert für die **Neuerteilung eines Erbscheins** nach Erbscheinseinziehung ist auch dann der volle ursprüngliche Nachlasswert (§ 107 II KostO) maßgebend, wenn der frühere Erbschein lediglich teilweise unrichtig war und der neue Erbschein die übrigen Bezeugungen nur erneuert.[1440] Vgl Rz 655.

Wird ein Erbschein mit **Testamentvollstreckervermerk** eingezogen und ein neuer Erbschein ohne einen solchen Vermerk erteilt, so bestimmt sich der Geschäftswert nach dem vollen ursprünglichen Nachlasswert.[1441]

Wird dem **Nacherben** nach Eintritt des Nacherbfalls ein Erbschein erteilt, wird nicht auf den Zeitpunkt des Todes des ursprünglichen Erblassers abgestellt, sondern der Zeitpunkt des Anfalls der Nacherbschaft (§§ 1942, 2106 I BGB) für maßgebend angesehen,[1442] weil nur dies eine wirtschaftlich vernünftige Betrachtungsweise ist.

661 **DDR – Grundstücke**. Für die Bestimmung des Werts eines in der früheren DDR gelegenen Nachlassgrundstücks ist nach einer Meinung[1443] in Erbscheinsverfahren regelmäßig auf den Zeitpunkt der Wiedervereinigung (3. 10. 1990) abzustellen, nicht auf den des Erbfalls, weil erst ab diesem Tag der Erbe rechtlich und wirtschaftlich die volle Verfügungsmacht über das Grundstück erhalten hat. Den Vorzug verdient die Gegenansicht, die auf den (viel geringeren) Wert zur Zeit des

---

1437 Dasselbe Problem stellt sich bei der Erbschaftsteuer; vgl § 227 Abgabenordnung.

1438 aA Lappe ZEV 1994, 314, der Wertveränderungen zwischen Erbfall und Erbscheinserteilung in manchen Fällen berücksichtigen will.

1439 OLG Düsseldorf FamRZ 1995, 102; BayObLG Rpfleger 1975, 410.

1440 KG, 28.07.1992, 1 W 1868/92; Hansens Rpfleger 1993, 42 .

1441 BayObLG NJW-RR 1997, 583 =FamRZ 1997, 646 = MDR 1997, 300.

1442 BayObLG FamRZ 1997, 316; 1995, 1370; KG HRR 1939, 51.

1443 BayObLG 1995, 109 = FamRZ 1995, 1370 = MDR 1995, 643 = ZEV 1995, 231.

Erbfalls abstellt,[1444] weil auch sonst (zB bei Testamentsvollstreckung) nicht auf den Zeitpunkt abgestellt wird, zu dem der Erbe die Verfügungsgewalt über den Nachlass erlangt und nicht auf Wertpapierkurs-Änderungen; demzufolge bleiben bei Erteilung eines gegenständlich beschränkten Erbscheins für in der früheren DDR belegene Grundstücke Wertsteigerungen nach dem Erbfall aufgrund der Wiedervereinigung für die Geschäftswertermittlung außer Betracht.[1445] Natürlich kann das nur gelten, wenn im Zeitpunkt des Erbfalls der Erblasser im Grundbuch als Eigentümer eingetragen war; war das „Volk“ eingetragen (sog. Volkseigentum), war im Zeitpunkt des Erbfalls das Grundstück nicht Nachlassbestandteil, sodass nur die (damals fast wertlose) Chance, dass sich die politischen Verhältnisse völlig ändern, zu bewerten ist.[1446]

2.2 Allgemeiner Bewertungsgrundsatz

662

Maßgebend ist der Wert des nach Abzug der Nachlassverbindlichkeiten verbleibenden reinen Nachlasses (§ 107 II KostO). Der so ermittelte Geschäftswert kann nicht im Hinblick auf die Gewährleistung des Zugangs zu den Gerichten nach Ermessen herabgesetzt werden.[1447]

Teilerbschein für einen Miterben: Wird der Erbschein nur über das Erbrecht eines Miterben erteilt, so bestimmt sich der Wert nach dessen Erbteil (§ 107 II 2 KostO).

Gemeinschaftlicher Erbschein für Miterben: Wird ein gemeinschaftlicher Erbschein (§ 2357 BGB) erteilt, fällt die Gebühr nur einmal aus dem Gesamtwert des Nachlasses an.

Beispiel: (1) Reinnachlass 600.000 Euro; A, B, C sind Miterbe, A und B zu je $^1/_6$, C zu $^2/_3$. A und B schulden jeweils $^1/_6$, C $^2/_3$, der Gebühr aus dem Geschäftswert 600.000 Euro. Wenn nur A den Antrag stellt: Nur der antragstellende Erbe hat die Kosten zu zahlen (§ 2 Nr. 1 KostO).[1448] Wenn alle Miterben den Antrag stellen: zwar sind alle Erben Kostenschuldner, aber die Gerichtskasse wird nur *einem* die Rechnung schicken (§ 5 KostO); er muss dann im Innenverhältnis von den anderen Miterben ihre Kostenanteile verlangen (§ 426 BGB). (2) Bruttonachlass 850.000 Euro, Schulden 250.000 Euro. Der Erblasser hat der C ein Vorausvermächtnis (§ 2150 BGB) von 200.000 Euro bewilligt. Der Reinnachlass beträgt somit nur 400.000 Euro. A ($^1/_6$), B ($^1/_6$), C ($^2/_3$) sind Miterben.

[1444] OLG Schleswig JurBüro 1994, 284; KG ZEV 1994, 315; OLG Düsseldorf FamRZ 1995, 102.

[1445] OLG Schleswig JurBüro 1994, 284 = DNotZ 1994, 137.

[1446] aA Lappe ZEV 1994, 315 zu KG ZEV 1994, 315.

[1447] BayObLG FamRZ 1996, 1560.

[1448] KGJ 34 B 3; OLG Stuttgart JurBüro 1978, 407; Korintenberg/Lappe KostO § 2 Rz 85.

2.2.1 Aktiva

663 Die einzelnen Aktivposten sind nach §§ 18 ff KostO zu bewerten, landwirtschaftliche Betriebe aber nur mit dem Vierfachen des Einheitswerts (§ 19 IV KostO).

Auslandsvermögen. Zum Nachlass gehört das Inlands- und das Auslandsvermögen. Stirbt ein Deutscher in der Schweiz und hinterlässt er Vermögen in Deutschland und in der Schweiz, dann kann der Erbe zwar nur einen das gesamte Vermögen umfassenden Erbschein nach § 2353 BGB erhalten. Wenn aber dieser Erbschein nach dem Schweizer IPR in der Schweiz nicht anerkannt würde, dann bezieht sich das wirtschaftliche Interesse des Antragsstellers nur auf das deutsche Vermögen; das in der Schweiz befindliche Vermögen darf bei der Errechnung des Geschäftswerts nicht berücksichtigt werden.[1449]

Ausländer. Wird ihnen ein gegenständlich (auf das in Deutschland befindliche Vermögen) beschränkter Erbschein erteilt (§ 2369 BGB), kommt es nur auf den Wert der im Inland befindlichen Gegenstände an (§ 107 II 3 KostO); Schulden werden nicht abgezogen (vgl § 18 III KostO), was merkwürdig ist. Vgl Rz 687.

664 **Bauerwartungsland:** es kommt auf das Stadium der Planung an. Sieht der Flächennutzungsplan ein allgemeines Wohngebiet vor und ist die Aufstellung eines Bebauungsplans bereits beschlossen, sollen 50 % des Wertes von Bauland angemessen sein.[1450]

Forderungen: Kapitalforderungen werden mit dem Nominalwert bewertet, geringer aber, wenn die Forderung rechtlich zweifelhaft ist oder die Zahlungsfähigkeit des Schuldners unsicher.

Grundstücke (unbebaut). Es kommt auf den Verkehrswert[1451] an (§ 19 II KostO). Manchmal ist er bekannt, etwa wenn das Grundstück erst vor kurzem gekauft wurde. Macht der Erbe über ihren Verkehrswert keine näheren Angaben, ist es zulässig, den Wert nach Erfahrungssätzen zu schätzen. Es ist zweckmäßig, durch Anfrage bei der Gemeinde den Bodenrichtwert festzustellen und davon 25 % als Sicherheitsabschlag abzuziehen.[1452] Über DDR-Grundstücke vgl oben Rz 661; > Bauerwartungsland.

665 **Grundstücke (bebaut).** Es kommt auf den Verkehrswert an (§ 19 I 1, 2 KostO), falls dieser über dem Einheitswert liegt. Nach welcher Methode

---

1449 BayObLG FamRZ 1998, 514.

1450 BayObLG MittBayNot 2002, 207.

1451 Allgemein zum Verkehrswert von Grundstücken Tremel ZEV 2007, 365.

1452 KG Rpfleger 1974, 36; BayObLG Rpfleger 1971, 309.

der Verkehrswert (der sog. gemeine Wert) festzustellen ist, regelt die KostO nicht. § 19 II1 KostO zählt Anhaltspunkte auf, lässt aber auch andere zu.

(1) Vereinfachte Sachwertmethode. Sie ist in Bayern verbreitet und gestattet in vielen Fällen eine brauchbare und mit der KostO zu vereinbarende Art der Wertermittlung.[1453] Dabei wird der Bodenwert aus den bei den Gemeinden vorliegenden Bodenrichtwerten entnommen und hiervon ein Abschlag von 25 % gemacht. Der Wert des Gebäudes wird aus dem Brandversicherungswert (1914) entnommen, hochgerechnet mit dem für das Erbfalljahr geltenden Multiplikator (zB 12,4), verringert um die Wertminderung (bei einem 52 Jahre alten Gebäude also 52 %); es darf auf maximal 30 % verringert werden (bei einem Gebäude aus dem Jahr 1685 schrumpft der Wert also nicht auf Null).

Beispiel: Haus mit 1100 qm Grund, 30 Jahre alt.
Bodenwert:
Quadratmeterpreis sei 30 Euro. 1100 x 30 x 0,75 = 24.750 Euro
Gebäude:
Brandversicherungswert 13.000 Euro. 13.000 x 12,487[1454] x 0,70 = 113.631 Euro
Wert des Grundbesitzes insgesamt: 138.381 Euro.

Von diesem Wert können Abschläge gemacht werden, zB wegen des schlechten Zustandes,[1455] übermäßiger Lärmbelästigung, Hochwasserlage, schlechte Verkehrsanbindung, Reparaturstau. Auch Zuschläge sind denkbar.

666

(2) Ertragswert. Mietwohngrundstücke (Mietshaus mit mehreren Wohnungen) werden in der Praxis nicht nach einem vermeintlichen Sachwert bewertet, sondern nach dem nachhaltig erzielbaren Ertrag, dh der Miete. Das Bewertungsgesetz (§ 146 BewG) nimmt die 12,5-fache Jahresnettomiete als Verkehrswert. Nach Auffassung des BayObLG kann die Ertragswertmethode zugrunde gelegt werden, wenn sich der Kostenschuldner darauf beruft, eine Ertragswertberechnung vorlegt und etwa erforderliche Unterlagen zur Verfügung stellt;[1456] ebenso das OLG Köln.[1457] Das OLG Düsseldorf[1458] hält eine Bewertung anhand des Ertragswerts für zulässig, verlangt aber, dass der Betroffene eine den Bewertungskriterien der §§ 15–20 der Wertermittlungsverordnung entspre-

[1453] BayObLG 1972, 279/300; 2000, 189; FamRZ 2002, 41.
[1454] Jährliche Richtzahl der Bayerischen Brandversicherungsanstalt.
[1455] BayObLG FamRZ 2000, 41.
[1456] BayObLG NJW-RR 2001, 1582.
[1457] OLG Köln JurBüro 1990, 1016.
[1458] OLG Düsseldorf FGPrax 2001, 259 = Rpfleger 2002, 47.

chende Ertragswertberechnung vorlegt und die erforderlichen Unterlagen überreicht; in der Regel sei insoweit ein Sachverständigengutachten erforderlich. Das verstößt aber gegen den Grundsatz des § 19 II KostO, dass von einer Beweisaufnahme abgesehen werden soll; es kann nicht sein, dass jemand 3000 Euro Gutachterkosten aufwenden muss, um eine Verringerung der Nachlassgebühren um 300 Euro zu erzielen.

In einem Fall, in welchem zum Immobilienbesitz Hotels, Bürocenter, Industriehallen und ein Einkaufszentrum gehörten, hat das BayObLG eine Bewertung durch Verdoppelung der für das Erbschaftsteuerverfahren maßgeblichen Werte, abzüglich 5 % Sicherheitsabschlag, gebilligt.[1459]

667 *(3) Angaben der Beteiligten.* Der Verkehrswert kann sich auch aus den Angaben der Beteiligten ergeben, zB dem Kaufpreis, wenn das Gebäude einige Jahre vor dem Erbfall gekauft oder kurze Zeit nach dem Erbfall verkauft wurde.

668 **Guthaben bei Banken, Sparkassen:** Nominalwert (§ 18 KostO). Was aufgrund Vertrages zugunsten Dritter (§§ 328, 331 BGB) auf den Erben übergeht fällt nicht in den Nachlass, ist also nicht zu berücksichtigen. Guthaben und Wertpapiere, über die der Erbe ohnehin aufgrund Vollmacht über den Tod hinaus verfügen kann, fallen in den Nachlass; besteht das gesamte Vermögen nur aus solchen Werten, ist allerdings kein Erbschein erforderlich. Kapitalvermögen in der ehemaligen DDR ist nach dem Wechselstubenkurs zur Zeit des Erbfalls umzurechnen,[1460] ebenso Guthaben bei ausländischen Banken.

Landwirtschaftliche Betriebe, soweit § 19 IV KostO gegeben ist: mit dem vierfachen Einheitswert (Rz 678).

669 **Lebensversicherung.** Wenn sie an Dritte fallen, gehören sie ohnehin nicht in denn Nachlass. Wenn der Erbe als Bezugsberechtigter ausdrücklich namentlich genannt ist, ist es ebenso. Wenn kein Bezugsberechtigter im Versicherungsvertrag genannt ist oder „die Erben“ als berechtigt angegeben werden, fällt die Forderung in den Nachlass.[1461] Noch nicht fällige Ansprüche aus Kapitalversicherungen werden mit dem Rückkaufwert, hilfsweise mit 2/3 der Einzahlungen, bewertet.

670 **Personengesellschaftsanteile (OHG, KG).** a) Die Gesellschafter einer Personengesellschaft können im Gesellschaftsvertrag regeln, ob ein Gesellschaftsanteil vererblich sein soll, und näher bestimmen, wie der ein-

[1459] BayObLG ZEV 2002, 286.

[1460] OLG Düsseldorf FamRZ 1995, 102.

[1461] aA Korintenberg/Lappe KostO § 107 Rz 13a, wenn „die Erben“ als bezugsberechtigt genannt sind.

zelne Gesellschafter seinen Anteil *vererben* kann (sog. **erbrechtliche Nachfolgeklausel**). Ein wesentliches Kriterium für eine solche Nachfolgeklausel ist, dass durch die gesellschaftsrechtliche Regelung noch nicht endgültig feststeht, wer Erbe wird. Dies entscheidet sich erst bei Eintritt des Erbfalls. Voraussetzung für den Anteilsübergang ist es dann, dass der Gesellschafter als Erblasser für die Erbenstellung der als Nachfolger nach dem Gesellschaftsvertrag in Betracht kommenden Person sorgt. Wenn die in der Nachfolgeklausel bezeichnete Person nicht schon zu den gesetzlichen Erben gehört, ist ein Testament oder ein Erbvertrag notwendig. Ist der potentielle Nachfolger nicht Erbe, geht die Nachfolgeklausel ins Leere. Wird der Gesellschaftsanteil den Vorgaben dieser Klausel entsprechend vererbt, fällt er in den Nachlass.[1462] Die Bewertung des Anteils erfolgt nach § 30 I KostO, also nach freiem Ermessen;[1463] dabei ist vom Substanzwert auszugehen. Wegen der Sonderregelung in §§ 107 II, 46 IV KostO sind dabei die Verbindlichkeiten der KG abzuziehen (entgegen § 18 III KostO). Gehören Grundstücke zum OHG / KG – Vermögen ist deren Verkehrswert entscheidend. Für die Bewertung ist nicht auf die Höhe des Abfindungsanspruchs des Gesellschafters im Falle seines vorzeitigen Ausscheidens abzustellen.[1464]

b) Die Gesellschafter haben aber auch die Möglichkeit, im Gesellschaftsvertrag durch Rechtsgeschäft unter Lebenden die Übertragung so zu regeln, dass mit dem Erbfall der Anteil auf den Begünstigten übergeht, insbesondere falls dieser bereits Mitgesellschafter ist (sog. **rechtsgeschäftliche Nachfolgeklausel**[1465]); in diesem Fall fällt der Anteil nicht in den Nachlass und ist bei der Bewertung nach §§ 103, 107 KostO nicht zu berücksichtigen.[1466] Bei dieser Klausel wird schon im Gesellschaftsvertrag endgültig bestimmt, was nach dem Tod des Gesellschafters mit seinem Gesellschaftsanteil – im Rahmen des gesellschaftsrechtlich Zulässigen – geschieht und damit die Ungewissheit über die künftige personelle Zusammensetzung der Gesellschaft beseitigt. Bindet sich der Erblasser bereits im Gesellschaftsvertrag endgültig, so dass er keine anderweitige Nachfolgeregelung mehr treffen kann, und erwächst dem Nachfolger daraus ein „unentziehbares Recht“, dann liegt eine rechtsgeschäftliche Nachfolgeregelung vor.[1467]

1462 BayObLG ZEV 2001, 74 = FamRZ 2001, 300; Rpfleger 1987, 458.

1463 BayObLG JurBüro 1990, 896.

1464 BayObLG ZEV 2002, 286.

1465 BGH 68, 225/234; MünchKomm-Ulmer § 727 Rz 36.

1466 BayObLG FamRZ 2001, 300.

1467 BGHZ 68, 225/34; BayObLG ZEV 2001, 74 = FamRZ 2001, 300; BayObLG DB 1980, 2028/9.

671 **Restitutionsanspruch.** Wenn der angestrebte Erbschein ausschließlich der Geltendmachung eines Restitutionsanspruchs nach dem Vermögensgesetz hinsichtlich eines ursprünglich zum Nachlass gehörenden Grundstücks in der früheren DDR dienen soll, ist nicht der Gesamtwert des Nachlasses wesentlich, sondern welcher wirtschaftliche Wert dem Antragsteller bei Erteilung des Erbscheins durch die Bestätigung seiner Erbenstellung im Verfahren nach dem Vermögensgesetz zufließen wird. [1468]

Wertpapiere: Kurswert (§ 18 KostO); Kursänderungen seit dem Todestag bleiben außer Betracht.

2.2.2 Passiva

672 Grundsätzlich werden alle Nachlassverbindlichkeiten abgezogen (§ 107 II 1 KostO), vgl §§ 1967 ff BGB.

Auflagen: geschätzter Wert.

673 **Auslandsschulden.** Wird ein gegenständlich (auf das in Deutschland befindliche Vermögen) beschränkter Erbschein erteilt (§ 2369 BGB), kommt es nur auf den Wert der im Inland befindlichen Gegenstände an (§ 107 II 3 KostO); in- oder ausländische Schulden werden nicht abgezogen (vgl § 18 III KostO). Vgl Rz 687. Bei Erbscheinen für Deutsche nach § 2353 BGB dagegen hat ein Schuldenabzug, auch bei ausländischen Gläubigern, zu erfolgen. Wie ist es, wenn ein Deutscher Vermögen auch in der Schweiz hat, die Schweiz aber unseren Erbschein nicht anerkennt, weshalb das in der Schweiz befindliche Vermögen bei der Errechnung des Geschäftswerts nicht berücksichtigt wird (vgl oben Rz 663)? Dann wird man nicht alle Schulden vom deutschen Vermögen abziehen können, sondern nur den Teil, der das schweizer Vermögen übersteigt.

Beerdigungskosten (§ 1968 BGB); anders als im ErbStG gibt es in der KostO hierfür keine Pauschale.

Dreißigster (§ 1969 BGB).

674 **Erbschaftsteuer.** Ob sie bei der Ermittlung des Geschäftswerts abzuziehen ist, ist umstritten. a) Bei Ermittlung des Geschäftswerts für die Beurkundung der eidesstattlichen Versicherung zur Erbscheinserteilung und für die Erteilung des Erbscheins ist die anfallende Erbschaftsteuer als Nachlassverbindlichkeit abzuziehen;[1469] das dürfte zutreffend sein. b) Ge-

---

[1468] BayObLG 1994, 41/56; BayObLG FamRZ 1995, 1370. Zur Frage, wann ein Restitutionsanspruch überhaupt dem Nachlass zuzuordnen ist vgl BVerwG FamRZ 2003, 1554.

[1469] OLG Köln FGPrax 2001, 169/257 = RPfleger 2001, 459 = MDR 2001, 1320; dazu Lappe ZEV 2001, 406; Bader RNotZ 2001, 465.

genmeinung und herrschende Praxis: Die vom Erben zu tragende Erbschaftsteuer ist keine Nachlassverbindlichkeit im Sinne von §§ 1967 BGB, 107 II 1 KostO.[1470]

Hypotheken. Grund- und Rentenschulden in Höhe ihrer Valutierung.[1471]

675 **Landwirtschaftliche Betriebe.** Werden sie nur mit dem vierfachen Einheitswert bewertet, fragt sich, wie beim Schuldenabzug vorzugehen ist. Hat die Landwirtschaft einen Verkehrswert von einer Million Euro und beträgt der Einheitswert nur 50.000 Euro, dann beträgt der vierfache Bruttowert 200.000 Euro; liegen 420.000 Euro Schulden auf der Landwirtschaft, können die 200.000 Euro übersteigenden Schulden meines Erachtens nicht vom sonstigen Vermögen abgezogen werden. Wird neben dem Hoffolgezeugnis ein Erbschein über den hoffreien Nachlass erteilt, sind bei der Wertberechnung nicht nur die privaten Verbindlichkeiten des Erblassers, sondern auch die nach § 15 II HöfeO vorrangig aus dem hoffreien Vermögen zu berichtigenden Belastungen des Hofes als Abzugsposten zu berücksichtigen.[1472]

676 **Pflichtteilsansprüche.** Inwieweit Pflichtteilsverbindlichkeiten (§ 1967 II BGB) bei der Errechnung des Geschäftswerts abzuziehen sind, ist umstritten. Werden sie geltend gemacht und vom Erben erfüllt, sind sie abzuziehen;[1473] das ist unstreitig.[1474] Die bei dessen Berechnung zu berücksichtigenden Vorschenkungen sind dem Aktivnachlass allerdings nicht hinzuzurechnen.[1475] Bei Erbscheinserteilung sind die Ansprüche aber in der Praxis noch nicht erfüllt, oft werden sie später nicht geltend gemacht. Streitig ist deshalb, ob ein Pflichtteil auch dann voll abzusetzen oder gemäß § 30 I KostO nur mit einem Bruchteil seines Nennwertes abzusetzen ist, wenn bereits bei der Erteilung des Erbscheins „sichere Anhaltspunkte" (zB in Form einer Pflichtteilsstrafklausel) dafür vorhanden sind, dass er nicht geltend gemacht wird. Einzelne Stimmen in der Literatur[1476] ziehen in einem solchen Fall den Pflichtteil nicht ab. Die Rechtsprechung lehnt das zu Recht ab: die mit dem Erbfall entstehenden Pflichtteilsansprüche sind Nachlassverbindlichkeiten und bei der Berechnung des Geschäftswertes im Erbscheinserteilungsverfahren unabhängig davon voll

1470 BayObLG FamRZ 2003, 966 = NJW-RR 2002, 1520 = Rpfleger 2002, 626; OLG Hamm OLGZ 1990, 393.
1471 OLG Düsseldorf FamRZ 1995, 102.
1472 OLG Oldenburg NdsRPfl 1997, 262.
1473 BayObLG Rpfleger 1984, 438.
1474 OLG Düsseldorf FamRZ 1995, 102.
1475 BayObLG Rpfleger 1984, 438.
1476 Korintenberg/Lappe KostO § 107 Rz 32.

abzuziehen, ob die Pflichtteilsberechtigten ihre Ansprüche geltend machen oder nicht.[1477] Der Wortlaut des § 107 II 1 KostO ist eindeutig; er stellt allein auf die rechtliche Verpflichtung des Erben ab und unterscheidet nicht zwischen Verpflichtungen, die erfüllt werden, und solchen, die zwar bestehen, aber nicht erfüllt werden. Ein ausreichender Grund, Pflichtteilsverbindlichkeiten anderes zu behandeln als sonstige Nachlassverbindlichkeiten, besteht nicht. Auch die Rechtssicherheit spricht für die Abziehbarkeit; erst nach Ablauf der Verjährungsfrist steht fest, ob der Erbe den Ansprüche nicht mehr erfüllen muss, dann wäre eine nachträgliche Korrektur oft wegen Fristablauf nicht mehr möglich (§ 31 I 3 KostO).

Ähnlich ist die Situation im Beschwerdeverfahren: will der Beschwerdeführer einen Erbschein als gesetzlicher Erbe erlangen und ist er dann einem Pflichtteilsanspruch ausgesetzt, dann verringert dieser Anspruch das wirtschaftliche Interesse an der Erbschaft und damit den Geschäftswert (vgl Rz 586, 596).[1478]

677 **Schulden des Erblassers** (auch solche gegenüber dem Erben, die durch Konfusion erlöschen); **Erbfallschulden.**

Vermächtnis, auch Vorausvermächtnisse.[1479]

Zugewinnausgleichsanspruch (§§ 1371 II, III, 1378 BGB).

2.3 Besonderheiten bei land- und forstwirtschaftlichen Betrieben

678 Bei einem zum Nachlass gehörenden land- oder forstwirtschaftlichen Betrieb mit Hofstelle ist bezüglich der Bewertung des Nachlasses § 19 IV, V KostO anzuwenden (§ 107 II 1 KostO), sowohl bei Erbfolge aufgrund Testaments/Erbvertrags wie bei gesetzlicher Erbfolge.[1480] Das bedeutet, dass das land- und forstwirtschaftliche Vermögen des Nachlasses im Sinne des Bewertungsgesetzes mit dem **Vierfachen des letzten Einheitswerts**, der zur Zeit der Fälligkeit der Gebühr bereits festgestellt ist, zu bewerten ist (Beispiel: Verkehrswert 1 Million Euro, Einheitswert 20.000 Euro; Wert für die Erbscheinsgebühr 80.000 Euro). Das Nachlassgericht kann den Einheitswert beim Finanzamt erfragen (§ 19 IV, II 2 KostO), wenn der Erbe (oder sonstige Erbscheins-Antragsteller) keinen Einheitswertbescheid des Finanzamts vorlegt. Ist der Einheitswert noch nicht festgestellt, ist er vorläufig zu schätzen (§§ 19 IV, 19 II 3 KostO). Ist der vierfache Ein-

---

[1477] OLG Köln Rpfleger 1988, 25; OLG Düsseldorf JurBüro 1991, 93 = Rpfleger 1991, 23; BayObLG FamRZ 2001, 699 = NJW-RR 2001, 438 = Rpfleger 2001, 204 = ZEV 2001, 193.

[1478] BayObLG FamRZ 1996, 1560.

[1479] BayObLGZ 1954, 179 = Rpfleger 1955, 83.

[1480] BayObLG FamRZ 1997, 831.

heitswert höher als der Verkehrswert („gemeine Wert"), kommt der geringere Wert (also der Verkehrswert) zum Zuge (§ 19 V Kost). Wenn sich der Einheitswertbescheid auf ein bestimmtes Flurstück bezieht, aber nur ein Teil davon in den Nachlass fällt, bildet der entsprechenden Teil des Einheitswerts den Geschäftswert (§§ 19 IV, III KostO).

(1) **Sinn der Regelung.** §§ 19 IV, V KostO wurden 1989 eingefügt[1481] und sollen den öffentlichen Interesse an der Erhaltung und Fortführung leistungsfähiger landwirtschaftlicher Betriebe im Familienbesitz Rechung tragen.[1482] Der steuerliche Einheitswert landwirtschaftlicher Betriebe beträgt oft nur 1 % bis 10 % des Verkehrswerts; die Gebührenentlastung ist daher erheblich.

(2) Die **Verfassungsmäßigkeit** der Regelung, die die Landwirte privilegiert, ist bezweifelt worden (Art. 3, 12 GG); das BVerfG meint aber, § 19 IV KostO sei verfassungsgemäß.[1483]

679 (3) **Betrieb.** Ob es sich bei land- und forstwirtschaftlichen Grundstücken um einen „Betrieb" im Sinne von § 19 IV KostO handelt, richtet sich nach den Bestimmungen des Bewertungsgesetzes und den darauf beruhenden Einheitswertbescheiden.[1484] Ein landwirtschaftlicher Betrieb ist – zumindest – dann gegeben, wenn die Voraussetzungen des § 1 des Gesetzes über die Altershilfe für Landwirte (GAL) erfüllt sind.[1485] Es darf sich aber um keinen „Gewerbebetrieb, Industriebetrieb" handeln.

680 (4) **Hofstelle**. Zum land- und forstwirtschaftlichen Betrieb muss eine Hofstelle gehören, sonst kann das Gebührenprivileg nicht eingreifen (§ 19 IV 1 KostO). Von der Hofstelle aus muss eine einheitliche Bewirtschaftung des Betriebs erfolgen. Eine Hofstelle setzt eine für die bäuerliche Familie geeignete Wohnung voraus.[1486] Die Hofstelle kann auch ein Neubau (zB ein „moderner" Bungalow) sein, der nach seiner baulichen Gestaltung die Zugehörigkeit zum landwirtschaftlichen Betrieb äußerlich nicht erkennen lässt.[1487] Altenteilshäuser zahlen zur Hofstelle.[1488] Wenn die Wohngebäude nicht mitvererbt werden, auch nicht später, fehlt die Hofstelle und das Gebührenprivileg ist ausgeschlossen.[1489] Bei einem rein

---

1481 G. v. 16. 6. 1989, BGBl I 1989, 1083.
1482 BayObLG MittBayNot 1992, 416.
1483 BVerfG NJW 1996, 1463.
1484 OLG Stuttgart Justiz 1994, 444 = DNotZ 1995, 786.
1485 LG Bad Kreuznach JurBüro 1996, 484.
1486 BayObLG MittBayNot 2002, 127 = ZNotP 2001, 487 = NJOZ 2001, 2215.
1487 Korintenberg/Bengel/Tiedtke KostO § 19 Rz 85.
1488 LG Traunstein MittBayNot 1992, 420.
1489 BayObLG MittBayNot 2002, 127 = RdL 2001, 327.

forstwirtschaftlichen Betrieb ist meines Erachtens eine Hofstelle in diesem Sinne nicht erforderlich, weil der Forstwirt keine Hofstelle braucht.

Das Gebührenprivileg kann auch dann eingreifen, wenn ein landwirtschaftlicher Betrieb als Wirtschaftseinheit übertragen wird, die zu der Hofstelle gehörenden Wohnräume aber in einem zu einem anderen Betrieb (Gastwirtschaft) gehörenden Gebäude liegen, das vorab übertragen wurde, sofern die Beteiligten von vornherein die Absicht hatten, beide Betriebe, wenn auch zeitlich (im Falle: 6 Jahre) versetzt, auf denselben Erwerber zu übertragen und die Landwirtschaft durch ihn fortführen zu lassen.[1490]

681 **(5) Bewirtschaftung.** Ein Betrieb liegt nur vor, wenn eine Bewirtschaftung erfolgt. Auf das Vorhandensein von Personal kommt es nicht an. Bei einer Landwirtschaft ist offensichtlich, wenn sie nicht mehr „bewirtschaftet" wird, nämlich wenn nichts mehr gesäht oder geerntet wird, wenn keine Tiere mehr gehalten werden. Bei einer Forstwirtschaft (Wald) ist des weniger eindeutig. Ein Wald kann durchaus Jahrzehnte vor sich hinwachsen, ohne dass etwas geschieht, ohne dass regelmäßig Holz geschnitten und nachgepflanzt wird; trotzdem wird er „bewirtschaftet"; es kommt also nicht darauf an, dass der Besitzer regelmäßig Holz „erntet" wie es bei den früheren Fichtenpflanzungen der Fall war. Das Gebührenprivileg kommt nicht in Betracht, wenn der zum Nachlass gehörende landwirtschaftliche Betrieb bereits vor Eintritt des Erbfalls nicht mehr bewirtschaftet wurde und nur noch aus einer Ansammlung von landwirtschaftlich genutzten Flächen ohne Hofstelle bestand.[1491] Wird ein stillgelegter landwirtschaftlicher Betrieb mit Hofstelle an einen Landwirt vererbt, der den landwirtschaftlichen Betrieb wieder aufnehmen bzw. fortführen will, dann gilt das Gebührenprivileg.[1492]

682 **(6) Person des Erben.** Weil § 19 IV KostO von der Abfindung weichender Erben spricht, könnte man meinen, dass nur die Erbfolge *innerhalb der Familie* am Gebührenprivileg teilnehmen kann. Der Zweck des Gesetzes verlangt das aber nicht, auch die Vererbung an Familienfremde kann unter das Privileg fallen.[1493] Ebenso ist es unschädlich, wenn der Betrieb an eine Erbengemeinschaft vererbt wird; es muss nicht gesichert sein, dass das Anwesen eine Einheit bleibt[1494] oder von einer Einzelperson fortgeführt wird. Der Erbe muss auch nichts von der Landwirtschaft verstehen (andernfalls würde ein geistig behinderter Erbe, der unter Betreuung steht, vom Gebührenprivileg ausgeschlossen sein); ein landwirt-

---

[1490] BayObLG MittBayNot 2000, 470 = FGPrax 2000, 201.
[1491] LG Ingolstadt JurBüro 1990, 493 (Mümmler).
[1492] LG Münster FamRZ 2001, 1472.
[1493] Reimann MittBayNot 1987, 120; Korintenberg/Bengel/Tiedtke KostO § 19 Rz 86.
[1494] aA Korintenberg/Bengel/Tiedtke KostO § 19 Rz 88a.

schaftlicher Betrieb kann vom Inhaber auch unter Zuhilfenahme eines Verwalters oder in Arbeitsteilung mit diesem betrieben werden, sofern der Inhaber nur die Entscheidungsverantwortung oder die fachliche Oberaufsicht hat; eine landwirtschaftliche Berufsbildung des Inhabers ist hierzu nicht unbedingt erforderlich.[1495] Wenn der Erbe Betrieb und Grundstück sofort in eine GmbH & Co KG einbringt, fehlt die bäuerliche Fortführung und das Gebührenprivileg entfällt.[1496] **Fortführungstendenz.** Das Gebührenprivileg steht nur dem Erben zu, der den landwirtschaftlichen Betrieb weiterführen will.[1497] Die Übergabe eines landwirtschaftlichen Betriebs fällt auch dann unter das Gebührenprivileg, wenn der Erbe den Betrieb zwar fortführen will, aber zunächst nicht fortführen kann, weil anderen Personen vorübergehend ein Nießbrauch vorbehalten ist.[1498]

Setzt der Erblasser einen Großgrundbesitzer zum Erben ein, ist dieser daher ebenfalls privilegiert.[1499]

683

(7) **Existenzgrundlage**. Unter das Gebührenprivileg fallen nur solche landwirtschaftliche Betriebe, die den Unterhalt einer bäuerlichen Familie ganz oder teilweise sichern können,[1500] die der bäuerlichen Familie als Existenzgrundlage dienen.[1501] Denn durch die Einführung der Privilegierung in § 19 IV KostO wollte der Gesetzgeber der Erhaltung *leistungsfähiger* landwirtschaftlicher Betriebe dienen, die vielfach seit Generationen in der Hand bäuerlicher Familien geführt wurden.[1502] Der Erbe muss zumindest einen nicht unerheblichen Teil seines Familieneinkommens aus dem Betrieb erzielen können.[1503] Das Gebührenprivileg kann auch für **Nebenerwerbsbetriebe** eingreifen.[1504] Doch wird vertreten, dass das nur dann gilt, wenn wenigstens der überwiegende Teil des Familienunterhalts erwirtschaftet werden kann.[1505] Die Überlassung eines landwirtschaftlichen Betriebs, der auch nicht teilweise aus eigener Kraft lebt, sondern in ein staatliches Förderungsprogramm mit anderer Zielsetzung **(Kulturland-**

1495 BayObLG JurBüro 1993, 6.
1496 BayObLG FGPrax 2001, 171 =MittBayNot 2001, 496 = BayObLGZ 2001, 140.
1497 OLG München MittBayNot 2006, 353 = ZEV 2006, 416 (L).
1498 Zur Übergabe: BayObLGZ 1997, 240; BayObLG NJW-RR 1999, 224 = JurBüro 1998, 657 = MittBayNot 1998, 462 = ZNotP 1998, 429.
1499 aA Korintenberg/ Bengel/Tiedtke KostO § 19 Rz 86.
1500 BayObLG NJW-RR 2003, 1295 („Durchschnittsfamilie“); BayObLG FamRZ 1997, 831.
1501 BayObLG DNotZ 1993, 271= NJW-RR 1992, 1416.
1502 BT-Drucks. 11/2343 S. 6.
1503 BayObLG NJW-RR 2001, 1366 = MittBayNot 2001, 495 = ZNotP 2001, 446.
1504 BT-Drucks. 11/2343 S. 7.
1505 OLG Stuttgart Justiz 1998, 33.

schaftspflege) eingebunden ist, fällt nicht unter die Kostenprivilegierung des § 19 IV KostO.[1506]

684 **(8) Mindestgröße.** Die Wertprivilegierung bei der Übergabe von landwirtschaftlichen Betrieben ist nicht auf Betriebe bestimmter Größe beschränkt.[1507]

Soll das Landwirtschaftsprivileg auf die Übertragung eines landwirtschaftlichen Betriebs angewendet werden, der so klein ist, dass nach objektiven Kriterien ein Grenzfall vorliegt, so ist zu ermitteln, ob der Erwerber zumindest einen nicht unerheblichen Teil seines Familieneinkommens aus dem Betrieb erzielen kann.[1508] Von der zur Privilegierung nach § 19 IV KostO führenden hinreichenden Leistungsfähigkeit eines landwirtschaftlichen Betriebs ist zumindest dann auszugehen, wenn nach den für die Alterssicherung der Landwirte geltenden Bewertungsgrundsätzen die erforderliche Mindestgröße für die Beitragspflicht überschritten wird, also die Voraussetzungen des § 1 II und V des Gesetzes über die Alterssicherung von Landwirten vorliegen.[1509]

Ein leistungsfähiger Hof liegt nur bei einer gewissen Mindestgröße vor; zu ihrer Ermittlung können landwirtschaftliche Gesetze gleicher Zielsetzung (zB Gesetz zur Förderung der bäuerlichen Landwirtschaft (LaFG) v. 12. 7. 1989, BGBl I 1435: mindestens 5 ha landwirtschaftlich genutzte Fläche; Gesetz über die Altershilfe für Landwirte (ALG) v. 29. 7. 1994, BGBl I 1994, 1890) herangezogen werden; die in diesen Gesetzen vorgesehenen Mindestgrößen geben nur Anhaltspunkte für die Anwendung des § 19 IV KostO, bewirken aber keine strikte Bindung.[1510]

Einen Hof mit 4,6 ha Fläche (ohne Pachtgrund) hat das BayObLG daher für ausreichend groß angesehen. [1511] Denn der Betrieb erzielte insbesondere aus Viehhaltung einen jährlichen Überschuss von ca. 8. 600 DM, zu dem noch Förderungen von 4. 000 bis 4. 500 DM/Jahr nach dem LaFG und dem Landwirtschafts-Gasölverwendungsgesetz sowie der EU kamen, die für die landwirtschaftliche Bewirtschaftung des Betriebs gewährt wurden. Auch ein im Verhältnis zur landwirtschaftlichen Fläche überhöhter Viehbestand, der in gewissem Umfang den Zukauf von Futtermitteln erforderlich macht, kann den Charakter des Betriebs als Landwirtschaft (im Gegensatz zum Gewerbebetrieb) nicht ändern.

Auch 4,5 ha Größe können ausreichen.[1512]

[1506] BayObLG NJWE-FER 1997, 1.
[1507] BT-Drucks. 11/2343 S. 7; OLG Oldenburg JurBüro 1994, 359.
[1508] BayObLG NJW-RR 2001, 1366 = MittBayNot 2001, 495 = ZNotP 2001, 446.
[1509] OLG München ZEV 2006, 416; OLG Hamm =NJW-RR 2001, 1367 = FGPrax 2001, 218.
[1510] BayObLG FamRZ 1997, 831 = NJWE-FER 1997, 139 = MittBayNot 1997, 381.
[1511] BayObLG FamRZ 1997, 831.
[1512] BayObLG NJW-RR 2001, 1366 = MittBayNot 2001, 495.

(9) Höchstgröße. Die Wertprivilegierung bei der Übergabe von landwirtschaftlichen Betrieben ist nicht auf Betriebe bestimmter Größe, auf eine Obergrenze in der Fläche, beschränkt;[1513] das ergibt sich aus dem Gesetzestext. Nach anderer Ansicht entsprechen Großbetriebe nicht dem Leitbild des bäuerlichen Familienbetriebs, für den das Gebührenprivileg geschaffen worden sei. Die Privilegierung nach § 19 IV KostO finde bei Betrieben mit einer Betriebsgröße über 88,9 ha daher keine Anwendung mehr.[1514] Andere wollen 100 ha als Obergrenze ansehen.[1515] *685*

(10) Kein landwirtschaftliches Vermögen. Nur das land- und forstwirtschaftliche Vermögen im Sinne des Bewertungsgesetzes ist mit dem 4-fachen Einheitswert zu bewerten, also die wirtschaftliche Einheit bestehend aus Grund, Wohn- und Wirtschaftsgebäuden sowie Betriebsmitteln – auch finanzieller Art – (§ 33 BewG). Das sonstige Vermögen wird nach § 107 KostO bewertet, zB private Bankguthaben des Erblassers, Wertpapierdepots. Die hM will auch landwirtschaftliche Grundstücke, die zum **Bauland** oder Bauerwartungsland geworden sind, vom Gebührenprivileg ausnehmen; ferner Grundstücke, bei denen aus sonstigen Gründen anzunehmen ist, dass sie in absehbarer Zeit anderen als landwirtschaftlichen Zwecken (Gewerbegebiet, Verkehrsfläche) dienen werden.[1516] *686*

2.4 Gegenständlicher beschränkter Erbschein (§ 2369 BGB)

Ein solcher Erbschein lautet zB: „Unter Beschränkung auf den im Inland befindlichen Nachlass wird bezeugt, dass in Anwendung französischen Rechts A von B allein beerbt worden ist.“ Hier ist für den Geschäftswert der Wert der im Inland (Deutschland) befindlichen Gegenstände maßgebend (§ 107 II 3 KostO). Die herrschende Meinung zieht die Schulden, die auf dem im Inland befindlichen Vermögensteil lasten, nicht ab.[1517] Das BVerfG[1518] hält dies nicht für verfassungswidrig. Doch kann der Wert nicht höher sein als der Wert des Welt-Netto-Nachlasses nach § 107 II 1 KostO.[1519] *687*

Beispiel: Der französische Staatsangehörige A ist verstorben. Er hinterlässt im Ausland Vermögen im Wert von 1 Million Euro netto, in Deutschland ein Haus

1513 LG Oldenburg JurBüro 1994, 359; BayObLG JurBüro 1993, 611.
1514 LG Ingolstadt Rpfleger 1993, 215.
1515 Korintenberg/Bengel/Tiedtke KostO § 19 Rz 83.
1516 Vgl BayObLG MittBayNot 1997, 312; Korintenberg/Bengel/Tiedtke KostO § 19 Rz 82.
1517 KG JFGErg 17, 77; BayObLG Rpfleger 1954, 198; OLG Düsseldorf JurBüro 1986, 85.
1518 BVerfG Rpfleger 1997, 320 = NJWE-FER 1997, 162 = ZEV 1997, 250 mit Anm Lappe.
1519 OLG Schleswig DNotZ 1994, 137; Korintenberg/Lappe KostO § 107 Rz 54.

mit einem Verkehrswert von 500.000 Euro, ferner Bankschulden in Höhe von 300.000 Euro. Die Gebühr ist aus dem Wert 500.000 Euro zu entnehmen.

688 **Allgemeiner Erbschein ohne Geltung im Ausland.** Der einem deutschen Staatsangehörigen von einem deutschen Nachlassgericht erteilte Erbschein (§ 2353 BGB) beansprucht zwar für sich Weltgeltung; faktisch aber wird er nicht überall im Ausland anerkannt. Hinterlässt ein Deutscher ein Grundstück in Österreich, unterwirft Österreich die Erbfolge in das Grundstück dem österreichischen Erbrecht. An sich müsste daher der von deutschen Nachlassgericht erteilte Erbschein einen Geltungsvermerk (Rz 445) enthalten. [1520] Für die Erbscheinsgebühren jedenfalls ist entsprechend § 107 II 3 KostO der Gegenstandswert um den Verkehrswert des österreichischen Grundstücks zu kürzen, [1521] wobei die Behandlung der Schulden unklar ist.

2.5 Erbschein nur für Grundbuchzwecke oder nur für Schiffe

689 Erklärt der Antragsteller, dass er den Erbschein nur zur Grundbuchberichtigung (§ 35 GBO) braucht und macht dies glaubhaft, erhält er einen gewöhnlichen Erbschein mit dem Vermerk „Nur gültig für Grundbuchzwecke“, der unmittelbar an das Grundbuchamt gesandt wird. Der Antragsteller erhält nur dann eine Ausfertigung, wenn er die vollen Gebühren nachzahlt.[1522] (Rz 691) Die Gebühr nach § 107 I KostO wird dann nur aus dem Verkehrswert des Grundstücks berechnet, wobei die auf dem Grundstück lastenden dinglichen Rechte in Höhe ihrer Valutierung[1523] abgezogen werden (§ 107 III KostO). Entsprechendes gilt für Schiffe (§ 107 IV KostO). Keine Privilegierung haben **Unternehmen** (auch wenn der Erbschein nur für das Handelsregister benötigt wird[1524]) oder Wertpapierdepots.

Beispiel: E hinterlässt ein Wertpapierdepot sowie Konten im Wert von 1 Million Euro und ein Grundstück im Wert von 500.000 Euro. Wenn die Erben über das Depot und die Konten aufgrund Vollmacht über den Tod hinaus verfügen können, brauchen sie den Erbschein nur für das Grundstück; die Gebühren nach § 107 und § 49 KostO werden nur aus 500.000 Euro berechnet.

[1520] BayObLG Rpfleger 1982, 380; BayObLG NJW 1960, 775; KG OLGZ 1984, 428; hM.

[1521] Vgl BayObLG ZEV 2001, 74 = FamRZ 2001, 300; BayObLG FamRZ 1998, 514 (keine Geltung in der Schweiz).

[1522] LG Aachen Rpfleger 2006, 410.

[1523] Korintenberg/Lappe KostO § 107 Rz 25.

[1524] OLG Köln Rpfleger 2003, 540; OLG Stuttgart ZEV 2004, 381 mit Nachweisen.

2.6 Erbscheine für bestimmte Zwecke oder Personen

690

Erbschein für einen Nachlassgläubiger: Wenn ein Nachlassgläubiger mit Titel einen Erbschein beantragt, damit er gegen den Erben vollstrecken kann, ist die Gebühr aus dem Wert seiner Forderung zu errechnen (§ 107 III KostO analog), nicht aus dem Nachlass.[1525] Vgl Rz 650.

Erbscheine für den Fiskus: Für den Erbschein wird eine besondere Gebühr nicht erhoben, § 110 II KostO.

Landwirtschaftsgericht: erteilt es den Erbschein, gilt anstelle von § 107 KostO der § 21g HöfeVfO (der Gebührensatz ist gleich).

Erbschein für Entschädigungszwecke (Vertreibungs- und Kriegssachschäden). Nach § 181 III 1 BEG ist die Erteilung des Erbscheins für den Entschädigungsanspruch einschließlich des vorausgegangenen Verfahrens kostenfrei. Die Gebühr für die Beurkundung der eidesstattlichen Versicherung ist jedoch zu erheben (§ 181 III 3 BEG). Diese Gebühr dürfte sich nach dem Wert der im Inland befindlichen Gegenstände richten (analog § 107 II 3 KostO), nicht nach dem Wert des gesamten Nachlasses (str). Die Testamentseröffnung gehört nicht zum gebührenfreien vorausgegangen Verfahren.[1526] § 31 I c VermG verweist auf § 181 BEG für solche Erbscheine, mit denen Ansprüche nach § 1 VI VermG geltend gemacht werden. Erbscheine, die in anderen Verfahren nach dem Vermögensgesetz benötigt werden, sind daher nicht gebührenermäßigt oder gebührenfrei.[1527]

Erbschein für Rückerstattungszwecke. Nach § 7a III BundesrückerstattungsG gilt für die Erteilung eines Erbscheins das gleiche wie bei der Entschädigung.

Erbschein zur Geltendmachung von Reparationsschäden. Nach § 49 des RepG v. 12. 2. 1969 (BGBl 1969, 105) ist § 317 LAG entsprechend anzuwenden.

Erbschein für Lastenausgleichszwecke. Nach § 317 V LAG wird für die Erteilung eines Erbscheins, einschließlich des vorausgegangenen Verfahrens, eine Gebühr nicht erhoben, wenn der Erbschein nur für Zwecke des Lastenausgleichs verwendet werden soll. Die Gebühr für die Beurkundung der eidesstattlichen Versicherung ist jedoch zu erheben.[1528] Die Todeserklärung, die unter Umständen zur Erbscheinserteilung notwendig ist, ist nicht gebührenfrei.

Erbschein für Häftlingshilfe. Ansprüche könne nach § 9a des Häftlingshilfegesetzes (HHG) bestehen (DDR-Häftlinge). Ist zur Geltendmachung ein Erbschein

---

[1525] Korintenberg/Lappe KostO § 107 Rz 60.

[1526] LG Berlin Rpfleger 1961, 371; LG Hildesheim JVBl 1965, 67; str.

[1527] LG Koblenz FamRZ 2001, 700.

[1528] Hessen hat die Amtsgerichte ermächtigt, diese Gebühr zu erlassen (JMBl 1991, 430). In Nordrhein-Westfalen darf die Gebühr für die Beurkundung der eidesstattlichen Versicherung nach dem Wert des Ausgleichsanspruchs berechnet werden (§ 4 IV der VO v. 6. 12. 1982 GVBl 1983, 2).

notwendig, kann die Gebühr (auch für die eidesstattliche Versicherung) in Hessen unter Umständen erlassen werden.[1529]

2.7 Gebührennacherhebung bei überschießender Verwendung

691 Wer für den Erbschein nur eine geringere oder gar keine Gebühr bezahlt hat, weil er den Erbschein (angeblich) nur für einen bestimmten privilegierten Zweck benötigte, hat gleichwohl einen *vollwertigen* Erbschein erhalten. Wer einen solchen Erbschein „für einen bestimmten Zweck" benötigt, bekommt ihn in der Regel, um Missbrauch für andere Zwecke zu verhindern, nicht ausgehändigt; das Nachlassgericht schickt diesen Erbschein vielmehr zu den dortige Gerichts- und Behördenakten (zB zu den Lastenausgleichsakten), § 107a II KostO. Verwendet der Antragsteller den Erbschein für andere Zwecke,[1530] muss er Gebühren (§ 107 I, § 49 KostO) nachzahlen, wie wenn von Anfang an ein gewöhnlicher Erbschein erlangt worden wäre; § 107a KostO (Rz 689).

3. Die Festsetzung des Geschäftswerts

692 Die Gerichtsgebühren werden nach dem Geschäftswert berechnet (§§ 107, 18 KostO). Beim Kostenansatz (der „Rechnung") geht das Gericht von einem bestimmten Wert aus, den es aufgrund der Angaben im Nachlassverzeichnis für zutreffend erachtet. Das Nachlassgericht (Rechtspfleger) kann aber auch den Geschäftswert durch Beschluss zuvor gebührenfrei festsetzen, nämlich, wenn dies von einem Zahlungspflichtigen (zB dem Erben) oder der Staatskasse beantragt wird oder es sonst angemessen erscheint (§ 31 I 1 KostO). Eine förmliche Beweisaufnahme zur Festsetzung des Wertes von Grundbesitz ist ausgeschlossen (§ 19 KostO).[1531] Die Festsetzung des Geschäftswerts kann vom Gericht in bestimmten Fällen von Amts wegen geändert werden (§ 31 I 2, 3 KostO).

3.1 Beschwerde gegen die Festsetzung des Geschäftswerts

693 Der Zahlungspflichtige oder sein Anwalt oder die Staatskasse können gegen den Geschäftswert – Festsetzungsbeschluss des Nachlassgerichts Beschwerde einlegen (§ 31 III KostO).

[1529] JMBl 1991, 430.

[1530] Zu Miteilungspflichten vgl Ziffer XVII/7 der Anordnung über Mitteilungen in Zivilsachen (MiZi).

[1531] BayObLGZ 1979, 69.

Einlegung: beim Nachlassgericht oder beim Landgericht (§ 14 IV KostO; 21 II FGG); kein Anwaltszwang (§ 31 III 1 mit § 14 VI KostO); kein Begründungszwang.

Frist: keine sofortige Beschwerde mit Zweiwochenfrist im Sinne von § 22 FGG oder § 567 ZPO, aber Frist von 6 Monaten ab Rechtskraft der Hauptsacheentscheidung bzw (da die Erbscheinserteilung keine „Rechtskraft" erlangt) ab anderweitiger Erledigung des Verfahrens (§ 14 III 2 KostO). Als Erledigung ist die Erteilung des Erbscheins anzusehen (Sonderfall: § 15 KostO).

Beispiele: (1) Der Erbschein wird am 1. 2. erteilt. Gleichzeitig wird der Geschäftswert festgesetzt; die Beschwerde ist dann nur bis einschließlich 1. 8. zulässig. (2) Der Erbschein wird am 1. 2. erteilt. Erst am 1. 11. wird der Geschäftswert festgesetzt, die Festsetzung geht dem Erben am 10. 11. formlos zu. Noch bis einschließlich 10. 12. kann hier Beschwerde eingelegt werden (§ 31 III 3 Halbsatz 2 KostO).

Beschwer. Der Anwalt des Beteiligten kann die Festsetzung im eigenen Namen (§ 32 II RVG) oder im Namen des Mandanten beantragen. Beantragt er die Festsetzung im eigenen Namen, dann deshalb, damit er anschließend aus diesem Wert seine Anwaltsgebühren berechnen kann. Deshalb kann der Anwalt in diesem Falle Beschwerde (§ 32 II RVG) nur mit dem Ziel einlegen, dass ein *höherer* Geschäftswert festgesetzt wird (an geringeren Gebühren kann er kein Interesse haben). Handelt der Anwalt im Namen des Mandanten, kann die Beschwerde nur mit dem Ziel eingelegt werden, dass der Mandant weniger zahlen muss, das heißt in der Regel, dass Beschwer nur besteht, wenn mit Hilfe der Beschwerde der Geschäftswert sinken soll.

Beschwerdewert: mindestens 200,01 Euro (§ 33 RVG). Hier kommt es auf die Differenz der Gebührenbelastung des Beschwerdeführers an, also auf den Betrag, um den er sich verbessern will.

Beispiel: Betragen die Gebühren aus einem Geschäftswert von 100.000 Euro 500 Euro und strebt der Beschwerdeführer einen Wert von 85.000 Euro an, ist die Beschwerde unzulässig, wenn die Gebührendifferenz nur 48 Euro beträgt, also zu gering ist.

3.2 Verfahrensfragen, Entscheidung, Rechtsmittel

694 Das Nachlassgericht kann der Beschwerde abhelfen (§§ 31 III, 14 IV 1 KostO).

Über die Beschwerde entscheidet andernfalls eine Zivilkammer des übergeordneten Landgerichts (§ 14 IV 2 KostO), eventuell ein Einzelrichter (§ 30 I 3 FGG). Das Verfahren ist gerichtsgebührenfrei (§ 31 IX 1

KostO); Kosten, zB Anwaltskosten für das Beschwerdeverfahren, werden nicht erstattet, auch nicht bei Obsiegen (§ 31 V 2 KostO).

Der **Beschwerdebeschluss** des LG enthält weder einen Ausspruch über die Gerichtskosten, weil Gebührenfreiheit besteht (§ 31 V 1 KostO), noch eine Entscheidung, dass ein Beteiligter einem anderen Kosten zu erstatten habe, weil keine Kostenerstattung stattfindet (§ 31 V 2 KostO). Die **weitere Beschwerde** gegen den Beschwerdebeschluss des LG betreffend den Geschäftswert für das Verfahren vor dem Nachlassgericht ist nur zulässig, wenn sie vom Landgericht zugelassen wurde (Rz 630).

Hat das LG den **Geschäftswert für das Beschwerdeverfahren** festgesetzt, findet hiergegen die unbefristete Erstbeschwerde zum OLG statt, nicht die weitere Beschwerde.[1532] Sie ist zulässig nach § 31 III mit § 14 KostO (Rz 631). Der Geschäftswert für das Rechtsbeschwerdeverfahren bestimmt sich gemäß §§ 131 II, 30 KostO (freies Ermessen). Dabei kommt es vor allem auf das mit der Beschwerde verfolgte wirtschaftliche Interesse, die Bedeutung der Beschwerde für die Beteiligten sowie auf die sonstigen Umstände des Einzelfalles an. Die für den ersten Rechtszug maßgeblichen Vorschriften der KostO können als Anhaltspunkt für die vorzunehmende Schätzung herangezogen werden;[1533] der Wert des Reinnachlasses im Zeitpunkt des Erbfalls kann deshalb als Anhaltspunkt dienen.

4. Einzelfragen zu den Gerichtskosten

4.1 Erbscheinserteilung nur nach Vorschusszahlung?

695 Der Erbschein wird auf Antrag erteilt (§ 2352 BGB), lediglich für das Verfahren ab Antragseingang gilt der Amtsermittlungsgrundsatz (§ 2358 BGB; § 12 FGG). Deshalb kann in Erbscheins- und anderen Nachlassachen ein Vorschuss auf die Gebühr und die Auslagen verlangt werden (8 I KostO); Rz 165. Die Erteilung des Erbscheins darf nur dann von dem Eingang des Vorschusses abhängig gemacht werden, wenn „dies zur Sicherung des Eingangs der Kosten angebracht erscheint" (§ 8 II 1 KostO), also im konkreten Fall aufgrund konkreter Anhaltspunkte der Kosteneingang gefährdet erscheint, dh nur in Ausnahmefällen. Das kann zB der Fall sein, wenn ein im Ausland lebender Deutscher oder Ausländer[1534] Antragsteller ist. Die „allgemein schlechte Zahlungsmoral" genügt nicht. Kein Vorschuss darf verlangt werden, wenn glaubhaft gemacht wird, dass eine etwaige Verzögerung einem Beteiligten (dh nicht nur dem Antragsteller) einen nicht oder

---

[1532] BayObLGZ 1986, 489; aA OLG Köln ZMR 1995, 326.
[1533] BayObLGZ 1966, 489/91.
[1534] Vgl Moschinski NotBZ 1997, 96.

nur schwer zu ersetzenden Schaden bringen würde oder wenn aus einem anderen Grund das Verlangen nach vorheriger Zahlung oder Sicherstellung der Kosten nicht angebracht erscheint (§ 8 II 2 KostO).

696 Nur das Geschäft insgesamt (also die Erbscheinserteilung), nicht nur ein Teil davon wie zB das Erbenaufgebot zwecks anschließender Erbscheinserteilung, darf von einem Vorschuss abhängig gemacht werden.[1535] Die Zurückweisung des Erbscheinsantrags kann nicht von einer Vorschusszahlung abhängig gemacht werden.[1536] Folge der Nichtzahlung ist, dass das Verfahren ruht; es wird nicht weiterbetrieben, der Antrag wird nicht etwa zurückgewiesen, die Zurücknahme des Antrags darf nicht fingiert werden. Bei mehreren Antragstellern (gemeinschaftlicher Erbschein) darf die Wirkung des Ruhens erst eintreten, wenn alle Antragsteller zur Zahlung aufgefordert wurden.[1537]

Die Vorschussanforderung (§ 8 I KostO) ist Kostenansatz und wird nach § 14 KostO angefochten.

Zuständig für die Abhängigmachung (§ 8 II KostO) ist der Richter oder Rechtspfleger; sie erfolgt durch Beschluss. Gegen die Abhängigmachung der Erteilung von der Zahlung des Vorschusses durch das Nachlassgericht ist die **unbefristete Beschwerde** statthaft (§ 8 III KostO); sowohl darüber ob überhaupt ein Vorschuss gefordert werden darf wie auch gegen dessen Höhe. Darüber entscheidet das Landgericht (§ 19 II FGG). Ein bestimmter Beschwerdewert muss nicht erreicht sein (§ 8 III 3 KostO). Abhilfe ist zulässig (§ 18 I FGG). Das Verfahren ist gebührenfrei, eine Kostenerstattung erfolgt nicht (§ 8 III 4 KostO), also enthält der LG-Beschluss auch keine Kostenentscheidung. Eine **weitere Beschwerde** gegen den Beschwerdebeschluss des Landgerichts ist unzulässig,[1538] auch wenn sie vom Landgericht (gesetzwidrig) zugelassen wurde.[1539]

Die Auslegung der Beschwerde gegen die Höhe der angeforderten Kosten kann ergeben, dass in Wirklichkeit eine Beschwerde gegen die Wertfestsetzung vorliegt; dann kommt § 31 III KostO zum Zug.[1540]

Dagegen, dass das Nachlassgericht keine Abhängigmachung vornimmt kann die Staatskasse keine Beschwerde einlegen,[1541] weil keine anfechtbare Entscheidung im Sinne von § 19 I FGG vorliegt.

1535 LG Berlin Rpfleger 1982, 487.
1536 Korintenberg/Lappe KostO § 8 Rz 14.
1537 BGH DNotZ 1982, 238.
1538 BayObLG JurBüro 2001, 489 = MittBayNot 2001, 494.
1539 BayObLG JurBüro 1994, 166; OLG Celle JurBüro 1968, 725.
1540 BayObLG Rpfleger 1970, 254.
1541 Korintenberg/Lappe KostO § 8 Rz 28.

Wurde zuviel Vorschuss gefordert, erfolgt später Rückzahlung der Überzahlung (§ 9 KostO).

4.2 Zinsen

697 **Bei verspäteter Kostenberechnung.** Erteilt das Nachlassgericht den Erbschein, setzt es aber erst nach längerer Zeit den Geschäftswert fest und erteilt die Kostenrechnung, können keine Zinsen verlangt werden. Die KostO kennt keine Verzinsungspflicht für den Kostenschuldner (§ 17 IV KostO).

698 **Bei Rückzahlung von zuviel bezahlten Gebühren.** Hat das Nachlassgericht aus einem überhöhten Geschäftswert Gebühren in Rechnung gestellt, die der Antragsteller zahlte und setzt auf Beschwerde hin das LG/OLG den Geschäftswert herab, so dass eine neue Gebührenberechnung ergeht und die Überzahlung rückerstattet wird, fragt sich, ob die Staatskasse die Überzahlung (die teils erhebliche Beträge ausmacht) verzinsen muss. Mehrere Gerichte[1542] hatten dies früher aus § 812 BGB bejaht und 6 % Jahreszinsen zugesprochen. Durch § 17 IV KostO[1543] ist für nach dem 1. 1. 2002 entstandene Rückzahlungsansprüche bestimmt, dass Überzahlungen nicht zu verzinsen sind.

4.3 Europarechtliche Bedenken gegen die Höhe der Gebühren?

699 Der EuGH[1544] hatte zur Gesellschaftssteuerrichtlinie (69/ 335 EWG) entschieden, dass Handelsregistergebühren bei Kapitalgesellschaften nicht proportional zum gezeichneten Kapital berechnet werden dürfen, weil sonst eine unzulässige Steuer vorliege. Die Frage, ob diese Entscheidung des EuGH Auswirkungen auf die Nachlassgebühren hat, verneint die Rechtsprechung. Die Wertgebühren in Nachlasssachen seien mit der Verfassung vereinbar. Gebühren in Nachlasssachen fallen auch dann nicht in den Geltungsbereich der EG-Gesellschaftssteuerrichtlinie, wenn der Erbschein ausschließlich für die Anmeldung zum Handelsregister benötigt wird (der Erbe hatte einen KG-Anteil geerbt und den Erbschein für die Umschreibung im Handelregister beantragt).[1545]

[1542] BayObLG NJW 1999, 1194 = FGPrax 1999, 39 (8200 DM über mehrere Jahre hinweg); BayObLG FGPrax 2001, 90; OLG Köln Rpfleger 2001, 203; OLG Zweibrücken Rpfleger 2000, 128; OLG Hamm Rpfleger 2001, 99; aA OLG Celle NJW 2002, 1133; LG Hannover Rpfleger 2002, 332.

[1543] Eingefügt durch ERJuKoG v.10.12.2001 (BGBl I 2001, 3422/48).

[1544] EuGH ZIP 1998, 206 = WM 1998, 2193.

[1545] BayObLG FGPrax 2002, 42 = RPfleger 2002, 173 = FamRZ 2002, 421 = JurBüro 2002, 205 = MittBayNot 2002, 129; OLG Köln Rpfleger 2003, 540 (Leitsatz).

4.4 Erbschein und Grundbuchgebührenermäßigung

700 Gehören Grundstücke zum Nachlass, muss nach dem Erbfall das Grundbuch berichtigt werden (vgl § 1922 BGB; §§ 22, 35 GBO). Die Gebühr für die Grundbucheintragung wird nicht erhoben bei Eintragung von Erben des eingetragenen Eigentümers, wenn der Eintragungsantrag binnen zwei Jahren seit dem Erbfall bei dem Grundbuchamt eingereicht wird (§ 60 IV KostO). Wenn der Antrag auf Berichtigung des Grundbuchs unverschuldet nur deshalb verspätet gestellt worden ist, weil der Erbschein wegen eines Beschwerdeverfahrens erst nach Fristablauf erteilt worden war, verweigert die Rechtsprechung die Gebührenfreiheit.[1546]

4.5 Angriff gegen die Kostenrechnung

701 Gegen die Kostenrechnung des Kostenbeamten kann der Schuldner Erinnerung einlegen (zB wenn versehentlich eine doppelte Eröffnungsgebühr angesetzt wurde; die Erinnerung hat aber keinen Sinn, wenn nur die Höhe des Geschäftswerts strittig ist). Gibt das Amtsgericht der Erinnerung nicht statt, ist gegen diesen Beschluss Beschwerde zulässig. Hierüber entscheidet das Landgericht (Zivilkammer). Gegen dessen Beschluss ist die weitere Beschwerde zum OLG nur eröffnet, wenn sie vom LG zugelassen wurde (§ 14 V 1 KostO).

5. Anwaltskosten

5.1 Vertretung vor dem Nachlassgericht

702 **Anfallende Tätigkeiten.** Der Anwalt kann den Mandanten (nur) **beraten**; dafür kann er die vereinbarte Gebühr berechnen, hilfsweise die „übliche Gebühr" (§ 34 RVG, seit 1. 7. 2006).

Er kann in Vertretung des Mandanten einen Erbscheinsantrag stellen (ist er Anwaltsnotar kann er zugleich die eidesstattliche Versicherung beurkunden, § 2356 BGB), ihn im Verfahren vertreten; die Einziehung eines Erbscheins anregen.

Gegenstandswert. Er richtet sich nach dem wirtschaftlichen Interesse des Antragstellers, beim Erbschein des Alleinerben also nach dem Verkehrswert des Nachlasses, wobei die Schulden abzuziehen sind. Bei Vertretung eines Miterben ist nicht die ganze Erbschaft Streitwert, sondern der auf den Miterben entfallende Teil.[1547]

1546 BayObLG FamRZ 2000, 175 = Rpfleger 1999, 509.
1547 BayObLG JurBüro 1992, 166.

Betreibt ein Beteiligter die Einziehung eines Erbscheins, um dann selbst einen Erbschein zu erlangen, der ihn zu 3/5 als Erbe ausweist, ist Gegenstandswert nur 3/5 des Nachlasses, nicht der ganze Nachlass, obwohl die Einziehung des Erbscheins den ganzen Nachlass betrifft.[1548]

Der Wert wird auf Antrag des Anwalts vom Nachlassgericht festgesetzt (§ 32 II RVG). In gerichtlichen Verfahren bestimmt sich der Wert, der für die Anwaltsgebühren maßgebend ist, grundsätzlich nach den für die Gerichtsgebühren geltenden Wertvorschriften (§ 23 RVG). Wird der Wert für die Gerichtsgebühren gerichtlich festgesetzt, so ist die Festsetzung auch für die Gebühren des Rechtsanwalts maßgebend (§ 32 I RVG); eine zusätzliche Festsetzung für die Anwaltsgebühr wird daher abgelehnt. Der Grundsatz gilt jedoch nur insoweit, als die gerichtliche Tätigkeit, für welche die Gebühren festgesetzt worden sind, in bezug auf den Verfahrensgegenstand mit derjenigen des Rechtsanwalts übereinstimmt. Ist dies nicht der Fall, kann das Nachlassgericht den Gegenstandswert der anwaltlichen Tätigkeit auf Antrag durch Beschluss selbständig festsetzen (§ 33 I RVG). Das ist der Fall, wenn die Erbschaft nicht insgesamt, sondern nur zu einem bestimmten Anteil (zB 3/5 Miterbenanteil) in Anspruch genommen wurde.[1549]

Gegen den Beschluss ist die Beschwerde zum Landgericht nach § 33 III RVG zulässig, falls der Beschwerdewert erreicht ist. Der Beschwerdewert ergibt sich aus der Differenz der Anwaltsgebühren aus dem festgesetzten und dem erstrebten Geschäftswert. Der Anwalt ist selbst beschwerdeberechtigt, wenn er einen höheren Geschäftswert geltend macht.

Gegen den Beschwerdebeschluss des Landgerichts ist die weitere Beschwerde zum OLG nur zulässig, wenn sie vom Landgericht zugelassen wurde. Die Nichtzulassung ist unanfechtbar. Eine Zulassung kann nicht nachgeholt werden.

703 **Höhe der Gebühr.** Es kann beim Rechtsanwalt die Verfahrensgebühr (1,3) und die Terminsgebühr (1,2) anfallen, RVG VV Nr. 3100, 3104. Bei Vertretung mehrerer Mandanten erfolgt eine Gebührenzuschlag nach RVG VV 1008.[1550] Auch eine Einigungsgebühr nach RVG VV 1003 kann anfallen.

[1548] BayObLG FamRZ 2002, 1203.

[1549] BGH NJW 1968, 2334; BayObLG FamRZ 2002, 1203; BayObLGZ 1969, 163/165; Rpfleger 1979, 434; JurBüro 1982, 1510/1511.

[1550] OLG München ZEV 2006, 366.

5.2 Vertretung vor dem Landgericht

Gegenstandswert. Der Wert, der für die Anwaltsgebühren maßgebend ist, bestimmt sich grundsätzlich nach den für die Gerichtsgebühren geltenden Wertvorschriften (§ 32 RVG); die Festsetzung ist auch für die Gebühren des Rechtsanwalts maßgebend, eine gesonderte Festsetzung ist abzulehnen. *704*

Wird der Wert, zB des Beschwerdeverfahrens, auf Antrag des Anwalts vom Landgericht festgesetzt (§ 33 RVG), ist dagegen die befristete Beschwerde zum OLG[1551] nach § 33 III RVG zulässig.

Höhe der Gebühr: Es kann die Verfahrensgebühr (0,5)[1552] und die Terminsgebühr (0,5) anfallen, RVG VV Nr. 3500, 3513.

5.3 Vertretung vor dem Oberlandesgericht

Gegenstandswert vgl Rz 704. **Höhe der Gebühr**: Es kann die Verfahrensgebühr anfallen; sie beträgt 0,5 nach RVG VV 3500.[1553] *705*

5.4 Festsetzung der Gebühren gegen den eigenen Mandanten

Wird der Anwalt nur beratend tätig, ohne dem Nachlassgericht gegenüber aufzutreten, muss er sein Honorar, wenn nicht freiwillig bezahlt wird, einklagen. Ist er als Vertreter des Mandanten gegenüber dem Nachlassgericht tätig geworden, fragt sich, ob der Anwalt seine gesetzliche Vergütung durch das Nachlassgericht (Rechtspfleger) mit Beschluss festsetzen lassen kann (§ 11 RVG); dies verursacht keine weiteren Kosten und geht schnell. Die Vertretung gegenüber dem Nachlassgericht ist eine Vertretung in einem FGG-Verfahren. **Seit 1.7.2004** ist die Gebühr keine Rahmengebühr mehr, sondern eine Festgebühr, so dass eine Festsetzung gegen den eigenen Mandanten durch das Nachlassgericht zulässig ist (§ 11 RVG).[1554] *706*

5.5 Kostenerstattung durch den Gegner

Hat das Gericht (Nachlassgericht, LG als Beschwerdegericht, OLG als Gericht der weiteren Beschwerde) nach § 13a FGG entschieden, dass ein *707*

[1551] BayObLG FamRZ 2002, 1203.

[1552] OLG München ZEV 2006, 366; OLG Schleswig ZEV 2006, 366; aA (1,6) Ruby ZEV 2006, 367.

[1553] OLG München ZEV 2006, 366; OLG Schleswig ZEV 2006, 366; aA (1,6) Ruby ZEV 2006, 367, der VV 3200 analog anwenden will.

[1554] Schneider/Wolf, RVG, 3. Aufl. 2006, § 11 Rz 60.

Beteiligter A einem anderen Beteiligten B dessen außergerichtliche Kosten zu erstatten hat, dann wird die Höhe der demnach zu erstattenden Kosten im Kostenfestsetzungsverfahren durch Beschluss des Rechtspflegers festgesetzt (§ 13a III FGG); das Verfahren richtet sich nach §§ 103 ff ZPO. **Höhe:** die Anwaltskosten des B sind nicht unbedingt zu erstatten. Denn nach § 13a III FGG ist § 91 II ZPO nicht entsprechend anzuwenden. Daraus folgt, dass die gesetzlichen Gebühren und Auslagen des Rechtsanwalts der obsiegenden Partei im FGG-Verfahren nicht zwingend (wie im Zivilprozess) zu erstatten sind,[1555] sondern nur, wenn die Sache eine gewisse Schwierigkeit aufwies.[1556] Eine abweichende Meinung differenziert: in den echten Streitsachen der freiwilligen Gerichtsbarkeit, zu denen das Erbscheinsverfahren zählt, seien analog § 91 II ZPO die Anwaltkosten immer ohne Prüfung der Notwendigkeit zu erstatten.[1557]

5.6 Rechtsmittel gegen den Kostenfestsetzungsbeschluss

708 Statthaft ist die befristete Erinnerung bzw die sofortige Beschwerde (§ 11 RPflG; § 104 III 1 ZPO; § 13a III FGG)

5.7 Beispiel

709 A beantragt einen Alleinerbschein als Erbe des E aufgrund Testaments; die Nichte des N wendet Testierunfähigkeit des E bei Errichtung des Testaments ein; sie wäre kraft Gesetzes Alleinerbin. A und N beauftragen Rechtsanwälte. Das AG ordnet nach Termin und Beweisaufnahme (Zeugen, Gutachten) die Erteilung eines Erbscheins an, bestimmt aber keine Kostenerstattung nach § 13a FGG; die Beschwerde der N weist das LG ohne mündliche Verhandlung zurück; das LG ordnet Kostenerstattung an. Die weitere Beschwerde der N weist das OLG zurück und ordnet ebenfalls Kostenerstattung an.

Vertretung vor dem AG: 1,3 + 1,2 = 2,5 Gebühren (RVG Nr 3100, 3104). Vertretung vor dem LG: 0,5 Gebühr (RVG Nr 3500). Diesen Betrag schuldet der Mandant A, es erfolgt keine Erstattung durch N. Vertretung vor dem OLG: 0,5 Gebühr (RVG Nr 3500). Die 0,5 (LG) und nochmals 0,5 (OLG) hat die Gegnerin (N) der A zu erstatten.

[1555] BayObLG FGPrax 1999, 77, 78; OLG Stuttgart NJW 1962, 1403.

[1556] OLG Karlsruhe JurBüro 1997, 598.

[1557] OLG München MDR 1996, 861 = Rpfleger 1996, 215.

6. Notarkosten

710

Der Antragsteller kann entweder (1) den Antrag beim Nachlassgericht persönlich zu Protokoll stellen und dabei gleichzeitig die eidesstattliche Versicherung des § 2356 II BGB (Rz 111 ff) abgeben, oder (2) er kann schriftlich den Antrag beim Nachlassgericht stellen und die von einem Notar (im Ausland: Konsulat) beglaubigte eidesstattliche Versicherung beifügen; das ist kostenmäßig wenig sinnvoll, weil die Protokollierung des Antrags durch den Notar keine zusätzliche Gebühr auslöst (§ 49 III KostO); oder (3) er kann einen Notar beauftragen, der den Antrag beurkundet und gleichzeitig die eidesstattliche Versicherung entgegennimmt sowie beurkundet und die Urkunde beim Nachlassgericht einreicht.

Für die Aufnahme des Antrags, die Darlegung der Erbrechtsverhältnisse und die Beurkundung der eidesstattlichen Versicherung erhält der Notar eine volle (10/10) Gebühr aus dem Nettonachlass (zuzüglich Auslagen und Umsatzsteuer), § 49 II, III KostO. Stellen Miterben den Antrag gleichzeitig und geben sie beim Notar auch gleichzeitig die eidesstattliche Versicherung bezüglich desselben Erbfalls ab, wird nur *eine* Gebühr erhoben.[1558] Der Notar hat den Antragsteller darüber zu belehren, welche Personenstandsurkunden beizufügen sind; es ist Sache der Beteiligten, diese Urkunden beim Standesamt zu besorgen. Sie können den Notar damit beauftragen, das Standesamt anzuschreiben; dann erhält der Notar hierfür eine zusätzliche Gebühr (5/10) nach § 147 II KostO.[1559] Das Problem ist, aus welchem Wert die Gebühr des § 147 II KostO zu entnehmen ist.[1560]

Das Standesamt ist verpflichtet, dem Notar die Personenstandsurkunden zu erteilen, auch ohne dass er eine ausdrückliche Vollmacht des Beteiligten vorlegt (§§ 15 GBO; 61 PStG). Mit der Vorlage eines beurkundeten Erbscheinsantrags und der Erklärung des Notars, die Urkunde werde zur Erlangung eines bestimmten Erbscheins benötigt, macht ein Notar sein Interesse an der Erteilung einer Sterbeurkunde hinreichend glaubhaft. Das rechtliche Interesse des Notars selbst ergibt sich aus dem Antrag seines Klienten, den Erbschein zu Händen des Notars zu erteilen.[1561]

Sind die im Antrag begehrten Erbquoten unrichtig, liegt jedenfalls dann keine unrichtige Sachbehandlung durch den Notar (Folge: § 16 KostO) vor, wenn ein Miterbe die Erbquote durch einen sog Genealogen errechnen hat lassen.[1562]

[1558] Korintenberg/Reimann KostO § 49 Rz 8

[1559] Kersten/Bühling/Wegmann § 125 Rz 28; aA Rohs/Wedewer KostO § 49 Rz 6.

[1560] Nur Mindestgebühr bei einfachem Schreiben an das Standesamt, Korintenberg/Reimann KostO § 49 Rz 10.

[1561] OLG Rostock DNotZ 2000, 312.

[1562] LG München I MittBayNot 2003, 72.

711 **Hinweis auf billigere Möglichkeiten:** Beruht die testamentarische Erbfolge auf einer letztwilligen Verfügung, die in einer öffentlichen Urkunde enthalten ist, so hat der Notar die Amtspflicht (§ 19 I BNotO), einen Beteiligten, der ohne nähere Angaben bei ihm eine Erbscheinsverhandlung beurkunden lassen will, darüber zu befragen, weshalb ein Erbschein benötigt werde und gegebenenfalls darüber zu belehren, dass zum Nachweise der Erbfolge die (billigere) Testamentsurkunde und die Niederschrift über deren Eröffnung genügen kann.[1563] Andernfalls haftet er, dh der Mandant muss die Mehrkosten nicht zahlen.

Der Geschäftswert der Urkunde richtet sich nach § 49 II 1, 107 II KostO, also wie bei der Gerichtsgebühr (Rz 658 ff); treten weitere Erben einer anderweit beurkundeten eidesstattlichen Versicherung bei: Wertminderung nach § 49 II 2 KostO. Der Wert einer Urkunde, durch die ein Erbscheinsantrag geändert wird, bestimmt sich auch dann nach dem Wert des Gesamtnachlasses, wenn nur die Erbquoten einiger Miterben von der Änderung betroffen sind.[1564]

7. Prozesskostenhilfe

712 Manchmal hat der Antragsteller nicht die finanziellen Mittel, um einen verlangten Vorschuss für den Erbschein zu zahlen; ohne Erbschein aber gestattet ihm die Bank nicht den Zugriff auf die Nachlasskonten. In solchen Fällen muss dem Antragsteller entweder Prozesskostenhilfe gewährt werden (dann ist er vorschussfrei, § 8 II 2 KostO) oder es muss vom Vorschuss abgesehen werden (§ 8 II 2 KostO). Kein Vorschuss darf ferner in den sonstigen Fällen des § 8 II 2 KostO gefordert werden. Wird die eidesstattliche Versicherung beim Notar abgegeben, kann der Notar für die Gebühr (§§ 49, 107 KostO) vorläufige Gebührenfreiheit gewähren (§ 17 II BNotO).

8. Erbschaftsteuer

713 Die Kosten des Erbscheins sind Nachlassregelungskosten und daher bei Errechnung der Erbschaftsteuer vom Nachlass abzuziehen (§ 10 I Nr 5 Satz 3 ErbStG).

[1563] KG NJW-RR 1999, 861.

[1564] LG Hannover JurBüro 1996, 652 = NdsRpfl 1996, 122 = NJWE-FER 1997, 68.

O. Ausländische Erbnachweise

1. Verwendung deutscher Erbscheine im Ausland

1.1 Grundstücke

Hinterlässt ein deutscher Staatsangehöriger ein Grundstück im Ausland, ist neben Art 25 EGBGB auch Art 3 III EGBGB zu beachten, wonach sich das Erbstatut (deutsches Erbrecht) nicht auf im Ausland belegene Vermögensstücke bezieht, die im ausländischen Staat besonderen Regeln unterliegen. Im deutschen Erbschein werden dann einschränkende Geltungsvermerke angebracht (Rz 445). Solche Regelungen gibt es in vielen Staaten; dann müssen im Ausland die entsprechenden Nachlassverfahren betrieben werden, um ins Grundbuch eingetragen zu werden, zB in Österreich ein Verlassenschaftsverfahren nach dem österreichischen ABGB. *714*

1.2 Bankguthaben, Wertpapierdepots

Bei Wertpapieren (eines deutschen Erblassers), die in einem ausländischen Bankdepot liegen, und bei Guthaben, besteht meist keine Vorbehaltsnorm im Sinne von Art 3 III EGBGB, so dass sich die Rechtsnachfolge meist nach deutschen Recht richtet. Es ist eine Frage des jeweiligen Internationalen Privatrechts des fremden Staates, ob ausländische Stellen (Banken, Grundbuchämter usw) unseren Erbschein anerkennen müssen. Eine andere Frage ist die Bankpraxis; denn so wie in Deutschland Banken und Sparkassen aufgrund ihrer Geschäftsbedingungen (§ 5 AGB) einem Erben den Nachlass auch ohne Erbschein aushändigen können (nicht: müssen), ist es auch im Ausland. Vom Recht des jeweiligen Ortes und von den Geschäftsbedingungen und internen Dienstanweisungen der jeweiligen Bank (Höhe des Depotwerts, Bekanntheit und Vertrauenswürdigkeit des Erben) hängt es ab, was die ausländische Bank an Nachweisen fordert. Immer muss sich der deutsche Erbe selbst legitimieren, also mit Personalausweis oder Pass. Das Einschalten eines deutschen Rechtsanwalts hilft nur bedingt; zweckmäßiger ist, einen ausländischen Anwalt mit deutschen Sprachkenntnissen zu beauftragen (solchen Adressen findet man im Internet „Rechtsanwalt Prag“ usw oder durch Anfrage bei der deutschen Botschaft im Ausland). *715*

716 In **Österreich**[1565] ist es ausreichend, wenn der deutsche Erbe beim örtlich zuständigen österreichischen Bezirksgericht (Verlassenschaftsgericht) den deutschen Erbschein und die Sterbeurkunde vorlegt und unter Zahlung der Gerichtskosten den Erlass eines Ausfolgungsbeschlusses beantragt. Das Gericht hebt die Sperren über das Depot auf und erlässt den Ausfolgungsbeschluss, mit dem man zur Bank geht. In **Frankreich,** den **Niederlanden** und in **Luxemburg**[1566] scheinen sich die Banken mit der Vorlage des deutschen Erbscheins und einer Sterbeurkunde zu begnügen. Nach dessen Vorlage schreibt die Bank das Depot auf den Erben um und er kann darüber verfügen. In der **Schweiz**[1567] reicht es in vielen Fällen aus, wenn der deutsche Erbe mit Wohnsitz in Deutschland der Bank (oder dem Grundbuchamt) eine Ausfertigung des deutschen Erbscheins vorlegt. In **Italien**[1568] lassen es Banken oftmals genügen, wenn der deutsche Erbschein, versehen mit einem Legalisationsvermerk eines italienischen Konsulats in Deutschland, vorgelegt wird und eine eidesstattliche Versicherung einer deutschen Bank, dass ein solcher Erbschein den Erben gegenüber einer deutsche Bank legitimieren würde. In **England**[1569] ist die Rechtslage kompliziert; der deutsche Erbe sollte einen englischen Anwalt beauftragen, der beantragt, zum „personal representative" ernannt zu werden und das weitere erledigt.

2. Ausländische Erbnachweise: Länderübersicht

717 **Australien**

Es gibt keinen Erbschein. Ein vom Erblasser in der letztwilligen Verfügung ernannter *executor* erhält eine amtliche Bestätigung; er händigt nach Regulierung den Nachlass an den Erben aus. Dieselben Rechte hat ein vom Gericht ernannter *administrator*.[1570]

Belgien

Es gibt keinen Erbschein.

Dänemark

Es gibt keinen Erbschein.[1571]

[1565] Gottwald/Stangl ZEV 1997, 217/8.

[1566] Gottwald/Stangl ZEV 1997, 217/9.

[1567] Gottwald/Stangl ZEV 1997, 217/9. Dazu Becker (Bankkonten in der Schweiz) ZEV 2007, 208. Zum Ganzen: Schneider, Die Nachlassabwicklung deutsch – schweizerischer Erbfälle, 1997.

[1568] Gottwald/Stangl ZEV 1997, 217/221.

[1569] Gottwald/Stangl ZEV 1997, 217/222.

[1570] Flick/Piltz Rz 410.

[1571] Bauer/v.Oefele/Schaub, GBO, 1999, F Rz 565.

Frankreich 718

Es gibt keinen Erbschein[1572] und kein Nachlassgericht. Der Nachweis der Erbfolge geschieht in der Regel durch eine notarielle Bescheinigung (acte de notorieté); der Notar stellt die Erbeneigenschaft fest.[1573] Sie ist nicht anerkennungsfähig. Ausnahme: Elsass, Lothringen (Departements Haus Rhin, Bas Rhin, Moselle), welche die noch als Artikel des Code Civil Local fortgeltenden §§ 2353 bis 2368 BGB, als französisches Recht, anwenden.[1574]

Griechenland

Ein dem deutschen Erbschein vergleichbares Zeugnisse kennt Griechenland (Art 1956 ZGB; Art 819 ff Zivilprozessgesetzbuch).[1575]

Großbritannien 719

Es gibt keinen Erbschein.[1576] Es erfolgt immer eine Art Testamentsvollstreckung, entweder durch eine vom Erblasser eingesetzte Person (executor) oder einen vom Gericht bestellten Verwalter (administrator).[1577]

Israel

Ein dem deutschen Erbschein vergleichbares Zeugnisse kennt Israel (§ 66 Erbgesetz von 1965).[1578]

Italien[1579]

In Italien gibt es keinen Erbschein, sondern Notorietätsbescheinigungen;[1580] sie sind nicht anerkennungsfähig. Ausnahme: In den ehemaligen österreichischen Gebieten wie Südtirol, Venetien, wird die Erbfolge durch „certificato di ereditá“ nachgewiesen.[1581]

1572 Vgl Dallafior, Legitimation des Erben, 1990; Lange/Kuchinke § 39 I 2.

1573 Flick/Piltz Rz 541; Gottwald/Stangl ZEV 1997, 217/9; Ekkernkamp, Die Abwicklung deutsch-französischer Erbfälle in der Bundesrepublik, BWNotZ 1988, 158; Gotthardt ZfRV 1991, 2. Nach Kipp/Coing 10.Aufl § 82 I handelt sich um eine Urkunde, in der Bekannte und Nachbarn des Erblassers bekunden, dass sie den Ausgewiesenen für den Erben halten.

1574 Ferid/Firsching Frankreich Grundzüge 22; OLG Zweibrücken OLGZ 1985, 413/5; MünchKomm-Promberger Rz 3 vor § 2353; Witz/Bopp IPRax 1987, 83; Gotthardt ZfRV 1991, 2. Bauer/v.Oefele/Schaub, GBO, 1999, F Rz 570 hält dieses Zertifikat für anerkennungsfähig.

1575 Dazu Ferid/Firsching Griechenland Grundzüge 274 ff; Bauer/v.Oefele/Schaub, GBO, 1999, F Rz 572, bejaht die Anerkennungsfähigkeit.

1576 Bauer/v.Oefele/Schaub, GBO, 1999, F Rz 574.

1577 Einzelheiten Claudi MittRhNotK 1981, 79.

1578 Dazu Ferid/Firsching Israel Grundzüge 117 ff.

1579 Schömmer/Reiß, Internationales Erbrecht Italien, 2. Aufl. 2005.

1580 Bauer/v.Oefele/Schaub, GBO, 1999, F Rz 576.

1581 Flick/Piltz Rz 632; Dallafior, Legitimation des Erben, 1990; Bauer/v.Oefele/Schaub, GBO, 1999, F Rz 577 hält das Zertifikat für anerkennungsfähig.

720 **Kanada**

Es gibt keinen Erbschein. Das Nachlassverfahren in den common-law-Provinzen ist nach englischem Recht ausgestaltet, in Quebeck vom französischen Recht geprägt.[1582]

Luxemburg

Es gibt keinen Erbschein.

Niederlande

Es gibt keinen Erbschein.[1583] Der Nachweis der Erbenstellung wird durch eine von einem Notar ausgestellte und aufgrund von Angaben der Erben und eigenen Ermittlungen erstellte Erbbescheinigung (verklaring van erfrecht, Art 4:188 NBW) geführt.[1584]

721 **Österreich**

Vom örtlich zuständigen Bezirksgericht muss ein Verlassenschaftsverfahren durchgeführt werden.[1585] Am Ende steht die Einantwortung,[1586] also die Einsetzung des Erben in den Besitz. Darüber wird eine Urkunde ausgestellt (Einantwortungsurkunde, § 824 österr. ABGB).[1587]

Einantwortungsurkunde

Der Nachlass des am ... ohne Hinterlassung einer letztwilligen Anordnung verstorbenen, in ... wohnhaft gewesenen Pensionisten XY ... wird auf Grund Gesetzes der erbl. Witwe A ... nebst dem gesetzlichen Vorausvermächtnis zu 1/3 des Nachlasses und den erbl. Kindern B, C und D zu 2/9 des Nachlasses, deren unbedingte Erbserklärungen hg. angenommen wurden, eingeantwortet und die Verlassenschaftsabhandlung für beendet erklärt.

Die Anerkennungsfähigkeit ist umstritten: teils wird behauptet, Einantwortungsurkunden österreichischer Gerichte seien aufgrund des deutsch-österreichischen Staatsvertrages vom 6. 6. 1959 (Rz 733)[1588] oder jedenfalls nach § 16a FGG anzuerkennen;[1589] andere lehnen dies ab.[1590]

1582 Flick/Plitz Rz 690; vgl den Fall BayObLG FamRZ 2003, 1595.

1583 Schimansky, Reform des niederländischen Erbrechts, ZEV 2003, 149.

1584 Flick/Piltz Rz 782.

1585 Vgl Schömmer/Faßold/Bauer, Internationales Erbrecht Österreich, 2. Aufl. 2003.

1586 Zur Frage, ob das *deutsche* Nachlassgericht die Einantwortung vornehmen kann, vgl Tersteegen ZErb 2007, 339.

1587 Flick/Piltz Rz 822; Bungert, Rechtskrafterstreckung eines österreichischen Einantwortungsbeschlusses, IPrax 1992, 225; Firsching DNotZ 1963, 329; Hoyer IPRax 1986, 345; Meyer ZEV 1995, 8; Scheichenbauer ZfRV 1985, 106; v.Oertzen/Mondl ZEV 1997, 240.

1588 BGBl II 1960, 1225; BGBl I 1960, 169.

1589 LG Hamburg IPRax 1992, 253; Birk IPrax 1992, 225.

1590 OLG Zweibrücken MDR 1990, 341 = Rpfleger 1990, 121; Staudinger/Dörner (1995) EGBGB Art 25 Rz 868; Staudinger/Schilken § 2369 Rz 12; Lange/Kuchinke § 39 I 2.

Schweiz
Den Erben wird auf Antrag von der zuständigen Behörde eine Erbbescheinigung ausgestellt (Art 559 ZGB). Ob sie nach § 16a FGG bei uns anerkannt werden kann ist umstritten, aber abzulehnen.[1591]

Spanien[1592]
Es gelten verschiedene Teilrechtsordnungen (sog Foralrechte: Balearen, Katalonien, Aragonien, Navarra, Teile des Baskenlandes; in Asturien und Murcia nur Gewohnheitsrecht); vgl Art 4 III EGBGB. In Madrid gibt es ein zentrales Nachlassregister. Erbscheine gibt es.[1593]

Tschechien
Erbscheine gibt es nicht.[1594]

Türkei *722*
Die letztwillige Verfügung ist abzuliefern und vom Friedensgericht (entspricht dem Amtsgericht) zu eröffnen; örtlich zuständig ist das Gericht des letzten Wohnsitzes. Eine Abschrift der Verfügung wird allen Beteiligten zugestellt. Nach Ablauf eines Monats erteilt das Friedensgericht dem Erben und dem Vermächtnisnehmer eine öffentliche Urkunde über die Erbberechtigung (Art 598 ZGB).[1595] Nach § 17 der Anlage (Nachlassabkommen) zu § 20 des Deutsch-Türkischen Konsularvertrages vom 28. 5. 1929[1596] werden türkische Erbscheine bei uns anerkannt, soweit sie *beweglichen* Nachlass betreffen.

USA
Das Erbrecht ist nicht bundeseinheitlich geregelt.[1597] Auf Antrag findet ein Nachlassverfahren vor dem „probate court" statt. Es wird ein „personal representative" (executor oder administrator) ernannt. Schließlich erlässt das Gericht eine Art Verteilungsbeschluss (decree of distribution),

---

1591 BayObLG NJW-RR 1991, 1098 (keine Bindung an schweizerische Erbbescheinigung); Ferid/Firsching/Lorenz „Schweiz" Rz 152; Lange/Kuchinke § 39 I 2. Anders Kaufhold ZEV 1997, 399; Gottwald/Stangl ZEV 1997, 217/9.

1592 Lopez/Artz ZERB 2002, 278; dazu ZEV 2003, 24; Flick/Piltz Rz 882 ff ; Schömmer/ Göbel, Internationales Erbrecht Spanien, 2003; Börner ZEV 2007, 223; Brandt/ Palanco Bührlen, Erbrechtsbrevier für Spanienfreunde, 1998; Jayme IPrax 1989, 19; Löber, Erben und Vererben in Spanien, 1998.

1593 Lopez/Arzt ZERB 2002, 278; declaracion de herederos, Art 958 C.c., Arts 998 – 1000 LEC de 1881.

1594 Bengel/Reimann/Hass Kap 9 Rz 339, 343.

1595 Schömmer/Kesen, Internationales Erbrecht Türkei, 2004; Kesen, Erbfall in der Türkei, ZEV 2003, 152.

1596 RGBl 1930 II 748.

1597 Zum Nachlassverfahren in Kalifornien vgl Pfaller, Das Nachlassverfahren, 2002 (rechtsvergleichend Deutschland – Kalifornien).

der in den meisten Bundesstaaten nur den beweglichen Nachlass erfasst. Gilt er für unbeweglichen Nachlass nicht, wird zusätzlich ein „proof of heirship" ausgestellt, der in den verschiedenen Staaten unterschiedliche Wirkungen hat.[1598]

3. Die Anerkennung ausländischer Erbnachweise in Deutschland

3.1 Grundlagen

723 Ausländische Entscheidungen in Angelegenheiten der Freiwilligen Gerichtsbarkeit sind grundsätzlich anzuerkennen;[1599] davon geht § 16a FGG aus. Anerkennung im Sinne von § 16a FGG bedeutet, dass die Entscheidung grundsätzlich im Inland die Wirkung entfaltet, die ihr der Entscheidungsstaat beilegt.[1600] Es können aber nur solche Entscheidungswirkungen im Inland anerkannt werden, die als solche dem deutschen Recht bekannt sind.[1601]

Über die Anerkennung ausländischer Entscheidungen kann als **Vorfrage** im jeweiligen FG-Verfahren oder sonstigen Erkenntnisverfahren entschieden werden.[1602] Ein besonderes Anerkennungsverfahren (wie zB bei bestimmten ausländischen Scheidungen) wird nicht durchgeführt.[1603] Wenn hierfür ein Rechtsschutzbedürfnis besteht sollte man aber meines Erachtens *ausnahmsweise* eine Feststellung im FG-Verfahren zulassen, dass durch eine bestimmte anzuerkennende ausländische Entscheidung die erbrechtliche Lage geregelt ist. Ist eine Entscheidung hier anzuerkennen, ist sie grundsätzlich durch die deutschen Gerichte abänderbar; die **Abänderung** erfolgt nach dem von unserem Internationalen Privatrecht berufenen Sachstatut (nicht zwingend also nach dem Recht des Entscheidungsstaats, nicht unbedingt nach deutschem Recht als lex fori).[1604]

1598 Flick/Piltz Rz 1011.

1599 BGH NJW 1989, 2197; BayObLG 1959, 8/9; 1964, 385/389; 1966, 425; Jansen FGG § 1 Rz. 146; Firsching StAZ 1976, 153; Pirrung, in: Lausanner Kolloquium über den deutschen und schweizerischen Gesetzentwurf zur Neuregelung des IPR, 1984, S. 243.

1600 BT-Drucks. 10/504; zum Begriff Müller ZZP 79, 199. Das Recht des ausländischen Staats bestimmt insbesondere den sachlichen und persönlichen Umfang der Rechtskraft (BayObLG 1981, 246/255; BGH NJW 1983, 515).

1601 Zöller/Geimer § 328 ZPO Rz. 41, 43. Differenzierend MünchKomm ZPO-Gottwald § 328 RdNr. 4.

1602 Jansen FGG § 1 Rz. 154; OLG Hamm FamRZ 1976, 529; KG FamRZ 1974, 146; OLGZ 1975, 121; BayObLG 1976, 178 = FamRZ 1977, 139; BGHZ 64, 22.

1603 BGH FamRZ 1989, 378 = NJW 1989, 2197.

1604 BGH FamRZ 1983, 806/807 mit Nachweisen; aA Jansen FGG 2. Aufl. § 1 Rz. 155.

3.1.1 Gerichtliche Entscheidungen

724 Erfasst sind von § 16a FGG alle *gerichtlichen* Entscheidungen, die bestimmt und geeignet sind, eine rechtliche Wirkung für die Beteiligten zu äußern und die nicht dem streitigen Verfahren zuzurechnen sind. Dasselbe gilt für Entscheidungen über eine Kostenerstattungspflicht.

3.1.2 Keine Entscheidungen

725 Keine Bindung besteht an tatsächliche Feststellungen ausländischer Gerichte (Rz 739); hier liegt keine „Entscheidung" vor.[1605] Auch die Berichtigung eines Geburtseintrags im türkischen Familienregister durch ein türkisches Gericht (der Betroffene wurde vier Jahre „älter" gemacht) hat keinen anerkennungsfähigen Inhalt.[1606]

3.1.3 Keine zivilprozessuale Entscheidungen

726 § 16a FGG setzt voraus, dass es sich (in Abgrenzung zum Anwendungsbereich des § 328 ZPO, der für zivilprozessuale Entscheidungen gilt) um Entscheidungen auf dem Gebiet der Freiwilligen Gerichtsbarkeit handelt; die Unterscheidung freiwillige – streitige Gerichtsbarkeit ist den meisten ausländischen Rechtsordnungen unbekannt. Streitig ist, nach welchen Kriterien abzugrenzen ist; die Frage hat allerdings kaum Bedeutung, weil beide Vorschriften weitgehend identisch sind (nur das Gegenseitigkeitserfordernis des § 328 Abs. 1 Nr. 5 ZPO fehlt bei § 16a FGG). Vereinzelt[1607] wird darauf abgestellt, ob der Entscheidung ein streitiges Verfahren zugrunde lag (dann § 328 ZPO) oder ein nichtstreitiges Verfahren (dann § 16a FGG), also auf die ausländische Einordnung; die hM[1608] sagt indes zu Recht, dass § 16a FGG anzuwenden ist, wenn die ausländische Entscheidung, wäre sie von einem deutschen Gericht gefällt worden, der Freiwilligen Gerichtsbarkeit zuzuordnen wäre, und § 328 ZPO in den anderen Fällen. Ein ausländisches Pflichtteilsurteil wird daher nach § 328 ZPO anerkannt, ein Erbschein u.U. nach § 16a FGG.

[1605] BayObLG FamRZ 1991, 1237 (Schweiz).

[1606] OLG Düsseldorf FamRZ 1997, 1480 = NJWE-FER 1997, 198; dazu Hepting FamRZ 1997, 1480.

[1607] zB Ferid/Firsching, Internationales Erbrecht/Großbritannien Rz 87f.

[1608] BGH NJW 1975, 1072; BayObLG 1973, 345/350; LG München IPRax 1998, 117, 118; Zöller/Geimer ZPO § 328 Rz 90; Bengel/Reimann/Haas Kap.9 Rz 458.

3.1.4 *Wirksamkeit ist Voraussetzung*

727 Die ausländischen Entscheidungen müssen nach dem ausländischen Recht wirksam sein;[1609] formelle Rechtskraft und Unabänderlichkeit werden in § 16a FGG nicht vorausgesetzt. Es genügt, wenn die Entscheidung „bestimmt und geeignet ist, eine rechtliche Wirkung für die Beteiligten zu äußern“;[1610] nach anderer Ansicht[1611] sind nur solche Entscheidungen anerkennungsfähig, die rechtskraftfähig sind.

3.2 Ausschluss der Anerkennung

Diese Fälle regelt § 16a FGG (eingeführt ab 1.9.1986); die Bestimmung entspricht (mit Abweichungen) § 328 ZPO, Art. 27 EuGVÜ und Art. 34 der VO (EG) Nr. 44/2001.

3.2.1 *Zuständigkeit*

728 Keine Anerkennung erfolgt, wenn das ausländische Nachlassgericht nach deutschem Recht nicht zuständig war. Zweck der Regelung des **§ 16a Nr 1 FGG** ist der Beklagtenschutz. Irgendein Gericht des ausländischen Staats muss nach deutschem Recht (dh wenn dort deutsches Recht gegolten hätte) im Zeitpunkt des Erlasses der ausländischen Entscheidung, zumindest des Verfahrensbeginns (im einzelnen streitig), wenigstens konkurrierend international zuständig gewesen sein.[1612] Die Vorschrift geht vom sog. *Spiegelbildprinzip*[1613] aus.

3.2.2 *Fehlende Einlassungsmöglichkeit für einen Beteiligten*

729 Keine Anerkennung erfolgt, wenn der Beteiligte seine Rechte nicht wahrnehmen konnte (**§ 16 Nr 2 FGG**); es ist sicherzustellen, dass die Beteiligten vom Ausgangsverfahren Kenntnis erhalten haben, damit sie ihre Rechte im ausländischen Staat wahrnehmen konnten,[1614] das rechtliche Gehör also insoweit gewahrt wurde. § 16a Nr 2 FGG steht einer Aner-

---

[1609] Jansen FGG 2. Aufl. § 1 Rz. 146; BayObLG 1959, 9/25.

[1610] BT-Drucks.10/504 S. 93; vgl Gotthardt ZfRV 1991, 2.

[1611] Geimer in Festschrift für Ferid S. 117.

[1612] Dazu BayObLG FamRZ 1979, 1015; BGH NJW 1977, 150; NJW 1983, 2275; Habscheid FamRZ 1981, 1143. Dabei kommt es nicht auf den Zeitpunkt der Entscheidung des ausländischen Gerichts an, weil es in Ziffer 1 “sind” (statt “waren”) heißt, MünchKomm ZPO-Gottwald § 328 Rz 65. Eine konkurrierende Zuständigkeit des deutschen und des ausländischen Gerichts steht der Anerkennung nicht entgegen, vgl. BayObLGZ 1966, 425; 1981, 246/251; OLG Köln JZ 1961, 327; OLG Hamm FamRZ 1976, 529.

[1613] Dazu Gottwald IPRax 1984, 59; ZZP 95, 3/10; MünchKomm ZPO-Gottwald § 328 RdNr. 53; BayObLG NJW 1976, 1037; OLG Bamberg FamRZ 2000, 1098 (US-Regelung).

[1614] BT-Drucks. 10/504.

kennung auch dann entgegen, wenn der Beteiligte zwar später von der Entscheidung Kenntnis erlangte und dagegen Rechtsmittel hätte einlegen können, dies aber unterlassen hat. **Voraussetzungen:** (1) Abgestellt wird darauf, ob sich der Beteiligte zur Hauptsache (nicht: zu Verfahrensfragen, Zuständigkeit, zur Prozesskostenhilfe usw) äußern konnte. Es kommt nicht darauf an, in welchem Land der Beteiligte wohnt oder sich aufhält. (2) Die Nichtäußerung wird nur berücksichtigt, wenn sich der Betroffene darauf beruft („und sich hierauf beruft");[1615] jedoch kann andernfalls Nr 4 in Frage kommen. (3) Beteiligter: hier wird man von den Beteiligtenbegriffen des FGG ausgehen müssen. (4) Verfahrenseinleitendes Schriftstück:[1616] das ist entweder ein amtliches, gerichtliches Schriftstück oder der Antrag eines Beteiligten, die Anregung einer beliebigen Person oder Stelle. Inhaltlich muss es so viel enthalten, dass der Beteiligte weiß, worum es geht und zweckentsprechend vortragen und sich verteidigen kann; gegebenenfalls müssen ihm auch Anlagen mitgeteilt werden. Der Beteiligte muss seine finanzielle Inanspruchnahme einigermaßen abschätzen können.[1617] Nur das „verfahrenseinleitende" Schriftstück muss mitgeteilt werden, nicht die erst im Laufe des Verfahrens an sich (wenn sich der Betroffene beteiligt hätte) mitzuteilenden weiteren Schriftstücke. Bei Antragserweiterung oder Ausdehnung des Verfahrensgegenstandes von Amts wegen ist hingegen auch das entsprechende spätere Schriftstück ein weiteres verfahrenseinleitendes Schriftstück, also mitzuteilen. (5) Nicht ordnungsmäßig mitgeteilt: rechtzeitige Mitteilung allein genügt nicht. Förmliche Zustellung ist nicht erforderlich, nur Mitteilung. Für die Ordnungsmäßigkeit kommt es auf das ausländische Recht (oder ein für den Ursprungsstaat geltendes Abkommen) an. Auch öffentliche Zustellungen oder sonstige fiktive Zugangsannahmen können „ordnungsmäßig" sein. Entspricht zB eine bedenkliche Ersatzzustellung oder öffentliche Zustellung ausländischem Recht, kann gleichwohl Nr 4 in Frage kommen. (6) Nicht rechtzeitig mitgeteilt: hier kommt es darauf an, dass selbst bei ordnungsgemäßer Mitteilung die Frist so lange ist, dass eine Äußerung möglich und zumutbar ist.[1618] Bei arglistigem Vorgehen eines anderen Beteiligten kann ergänzend Nr 4 herangezogen werden.[1619]

1615 Bassenge/Roth FGG § 16a Rz 6.

1616 Vgl Frank, Das verfahrenseinleitende Schriftstück in Art 27 Nr.2 EuGVÜ und in Art 6 UVÜ, 1998.

1617 Vgl Kropholler, Europäisches Zivilprozessrecht, 5. Aufl. 1996, Art. 27 EuGVÜ Rz 25.

1618 Bassenge/Roth FGG § 16a Rz 6 fordert die Wahrung einer dem deutschen Recht entsprechenden Einlassungfrist.

1619 Durch die Ausgestaltung als Einrede soll vermieden werden, dass in jedem Fall die Prüfung der Ordnungsmäßigkeit einer Zustellung (die häufig schwierig ist) vorgenommen werden muss (BT-Drucks. 10/504 S. 88). Nur „Mitteilung" ist erforderlich.

3.2.3 Kollision mehrerer Entscheidungen

730 Die Kollision steht der Anerkennung entgegen; die Beteiligten der jeweiligen Verfahren müssen nicht identisch sein. Drei Fallgruppen gibt es (**§ 16a Nr 3 FGG**): (1) Die ausländische Entscheidung ist mit einer in Deutschland erlassenen Entscheidung unvereinbar. Die (hier erlassene) deutsche Entscheidung braucht nicht *vor* der Entscheidung erlassen worden zu sein, um deren Anerkennung es geht.[1620] Eine inländische Entscheidung über Prozesskostenhilfe steht der Anerkennung der ausländischen Hauptsacheentscheidung nicht entgegen;[1621] wohl aber eine inländische einstweilige Anordnung.[1622] (2) Die ausländische Entscheidung ist mit einer anderen früheren anzuerkennenden ausländischen Entscheidung unvereinbar. Eine ausländische Entscheidung kann also der Anerkennung einer anderen ausländischen Entscheidung nur entgegenstehen, wenn sie früher gefällt ist.[1623] (3) Das der ausländischen Entscheidung zugrunde liegende Verfahren ist mit einem früher in Deutschland rechtshängig gewordenen Verfahren unvereinbar. Die frühere Rechtshängigkeit eines deutschen Verfahrens führt zur Versagung der Anerkennung.[1624]

3.2.4 Ordre public[1625]

731 Keine Anerkennung erfolgt, wenn die Anerkennung zu einem Ergebnis führt, das mit wesentlichen Grundsätzen des deutschen Rechts offensichtlich unvereinbar ist (**§ 16a Nr 4 FGG**). Es wird nicht nur auf die „guten Sitten" oder den „Zweck eines deutschen Gesetzes" abgestellt wird. Doch kommt es auf *unsere* Wertvorstellungen an, jedenfalls wenn eine Inlandsbeziehung vorliegt.[1626] Die unverzichtbaren Erfordernisse der materiellverfahrensrechtlichen und materiellprivatrechtlichen Gerechtigkeit müssen gewahrt sein.[1627] Dies kann fehlen, wenn rechtliches Gehör versagt wurde.[1628] Weitere (erbrechtliche) Beispiele Rz 441. Eine Vaterschaftsfeststellung durch ein türkisches Gericht allein aufgrund von Zeugenaus-

---

[1620] OLG Hamburg FamRZ 1988, 425.

[1621] BGH NJW 1984, 568; Bassenge/Roth FGG § 16a Rz 7.

[1622] BGH NJW 1992, 3108; Bassenge/Roth FGG § 16a Rz 7.

[1623] BT-Drucks. 10/504 S. 88; vgl. OLG Hamm NJW 1976, 2081.

[1624] Vgl OLG Frankfurt FamRZ 1992, 463.

[1625] Dazu allgemein BGHZ 88, 24; BGH NJW 1980, 531; NJW 1984, 2766; Habscheid FamRZ 1981, 1144.

[1626] Deshalb nicht, wenn zB nur iranische Staatsbürger beteiligt sind, OLG Celle IPrax 1989, 390.

[1627] Vgl. BGH NJW 1977, 150; NJW 1983, 2775; OLG Düsseldorf FamRZ 1982, 534.

[1628] BayObLG NJW 1974, 418; KG NJW 1977, 1017; OLG Frankfurt OLGZ 1985, 257; BGH NJW 1977, 150.

sagen und Parteiangaben soll nicht gegen Nr 4 verstoßen;[1629] nicht haltbar.

3.2.5 Gegenseitigkeit

Verbürgung der Gegenseitigkeit ist bei § 16a FGG nicht erforderlich.[1630] Die entsprechende Regelung in § 328 Abs. 1 Nr. 5 ZPO wurde nicht übernommen. *732*

3.3 Nachlassgerichtliche Entscheidungen im Allgemeinen

733 Multilaterale Abkommen wie EuGVÜ, LugVÜ, VO (EG) Nr. 44/2001 erfassen die nachlassgerichtliche Entscheidungen nicht; dasselbe gilt für die zahlreichen bilateralen Abkommen (ausgenommen sind Staatsverträge mit der Türkei, Iran und einigen Sowjetnachfolgestaaten; Rz 155). Unter den Deutsch-Österreichischen Vertrag von 1959 fallen österreichische Einantwortungsbeschlüsse, da sie der Rechtskraft fähig sind.[1631] Das Haager Übereinkommen über die internationale Abwicklung von Nachlässen vom 2. 10. 1973,[1632] welches einen anzuerkennenden internationalen formblattmäßigen Erbnachweis vorsieht, ist für die Bundesrepublik Deutschland noch nicht in Kraft.[1633] Die Anerkennung nachlassgerichtlicher Entscheidungen richtet sich daher im wesentlichen nach § 16a FGG[1634] bzw nach § 328 ZPO, wobei es auf die Einordnung nach unserem Verständnis ankommt. Deshalb gilt für Erbscheine, Testamentsvollstreckerzeugnisse, Nachlasspflegerbestellungen § 16a FGG, ebenso für die Anerkennung der Bestellung von (dem deutschen Recht unbekannten) „Nachlaßverwaltern, Nachlassabwicklern", falls sich ihre Befugnisse nach ihrem Recht auch auf den in Deutschland belegenen Nachlass beziehen;[1635] für das ausländische Urteil, das einer Pflichtteilsklage stattgibt oder in einem Zi-

---

1629 BSG FamRZ 1997, 638.

1630 Fälle, die nach deutschem Recht vom FGG-Richter (Rechtspfleger) zu entscheiden wären, fallen unter § 16 a. Was dagegen der ZPO zugeordnet ist, sollte nicht, wenn es sich um "fürsorgende Gerichtsbarkeit" handelt, § 16 a zugewiesen werden, weil sonst neue Abgrenzungsprobleme auftauchen.

1631 Bengel/Reimann/Haas Kap.9 Rz 456; Krzywon BWNotZ 1989, 133; Hoyer IPRax 1986, 345; LG Hamburg IPRax 1992, 251.

1632 Abgedruckt bei Staudinger/Dörner Rz 121 ff vor Art.25 EGBGB.

1633 Bengel/Reimann/Haas Kap.9 Rz 457.

1634 OLG Düsseldorf FamRZ 1996, 699: Anerkennung eines „Dekrets" eines US-Nachlassgerichts nach § 16a.

1635 Gruber Rpfleger 2000, 250; Pinckernelle/Spreen DNotZ 1967, 195; Bengel/Reimann/Haas Kap.9 Rz 459.

vilprozess zwischen Erbanwärtern in einem Feststellungsurteil ein Testament für wirksam oder nichtig erklärt, gilt hingegen § 328 ZPO.

3.4 Erbscheine

734 Deutsche Erbscheine sind nur Zeugnisse über bestimmte erbrechtliche Verhältnisse (§ 2353 BGB), sie stellen das Erbrecht nicht rechtskräftig oder sonst verbindlich fest und können ohne zeitliche Begrenzung bei Unrichtigkeit eingezogen werden (§ 2361 BGB); es besteht Gutglaubensschutz (§§ 2365, 2366 BGB). Das deutsche Erbrecht geht davon aus, dass mit dem Tod des Erblassers die Erbschaft automatisch auf den Erben übergeht (§ 1922 BGB). Im Ausland erfolgt der Erbanfall teils erst durch Annahme der Erbschaft, teils sind Nachlassabwickler eingeschaltet (wie meist im angloamerikanischen Rechtskreis). Dem deutschen Erbschein vergleichbare Zeugnisse kennen nur Griechenland (Art 1956 ZGB),[1636] Israel (§ 66 Erbgesetz)[1637] und Landesteile von Frankreich (Rz 718) und Italien (Rz 719). In der Schweiz gibt es eine ähnliche Erbbescheinigung (Art 559 ZGB).[1638] Das italienische, österreichische, französische Erbrecht kennt im übrigen keine Erbscheine in unserem Sinne.[1639] Die Anerkennungsfähigkeit ausländischer „Erbscheine" ist umstritten.[1640] Staatsverträge kommen nur hinsichtlich Österreich, Türkei, Iran, Sowjetnachfolgestaaten in Frage (Rz 155); entscheidend ist somit § 16a FGG. Von Bedeutung ist die Frage der Anerkennung vor allem, wenn aufgrund des ausländischen Erb-Papiers hier eine Grundbuchberichtigung erfolgen soll (§ 35 GBO; dazu Rz 736).

735 **Abgrenzung zu § 2369 BGB:** Anerkennung des ausländischen „Erbnachweises" bedeutet, dass der ausländische Nachweis grundsätzlich in Deutschland nur die Wirkung entfaltet, die ihm der Entscheidungsstaat beilegt (das muss kein Gutglaubensschutz sein); der Erbschein nach § 2369 BGB dagegen hat die Wirkungen der §§ 2365 ff BGB.

[1636] Vgl Ferid/Firsching, Griechenland Grundzüge Rz 244.
[1637] Vgl Ferid/Firsching, Israel Grundzüge Rz 200.
[1638] Vgl Ferid/Firsching, Schweiz Grundzüge Rz 113.
[1639] Staudinger/Schilken Rz 55, 56 vor § 2353; Griem S. 24 ff .
[1640] Vgl. Palandt/Heldrich Art. 24 EGBGB Rz. 22; Kaufhold ZEV 1997, 401; Soergel/Schurig Art. 25 EGBGB Rz. 74; Geimer Festschrift Ferid (1988) S. 117; Siehr IPRax 1987, 7; Krzywon BWNotZ 1989, 133; Bungert IPrax 1992, 225; OLG Zweibrücken Rpfleger 1990, 121 (österr. Einantwortung); LG Köln MittRhNotK 1990, 285.

3.4.1 Rechtsprechung

736 Die Rechtsprechung lehnt die Anerkennung ausländischer „deklaratorischer" Erbscheine zu Recht ab;[1641] diese Auffassung hatte sich schon vor Schaffung von § 16a FGG durchgesetzt und hat sich durch diese Vorschrift, die nur den alten gewohnheitsrechtlichen Rechtszustand normieren wollte, nicht geändert.[1642] Dafür sprechen mehrere Gründe: (1) Deutsche Erbscheine können jederzeit eingezogen werden (§ 2361 BGB); ausländische Erb-Bescheinigungen können bei Unrichtigkeit nicht von deutschen Gerichten eingezogen werden. (2) Praktische Erwägungen: denn es wird im Ausland meist kein Amtsermittlungsverfahren durchgeführt. In Frankreich beispielsweise werden zum Teil von einem Notar errichtete Urkunden auf der Grundlage von Zeugenaussagen als Erbnachweis verwendet und erzeugen keinen öffentlichen Glauben; in Italien können zum Teil unter Eid abgegebene Erklärungen genügen.[1643] (3) Wegen § 2369 BGB besteht kein Bedürfnis für eine Anerkennung. (4) Auch können die Ergebnisse divergieren.

Beispiele: (1)[1644] Ein Franzose mit letztem Wohnsitz in München hinterlässt beweglichen Nachlass in Deutschland und Frankreich. Der französische Richter wendet Domizilrecht, also deutsches Recht an und über die Rückverweisung dann *französisches* Recht. Der deutsche Nachlassrichter wendet über Art 25 I EGBGB französisches Recht an, das auf deutsches Recht rückverweist, also *deutsches* Recht. (2)[1645] Ein Deutscher mit letztem Wohnsitz in der Schweiz stirbt. Aus deutscher Sicht wird er nach deutschem Recht beerbt (Art 25 EGBGB; Zuständigkeit des Nachlassgerichts nach § 73 II FGG), aus schweizerischer Sicht nach schweizerischem Recht (Art 90 I schweizerisches IPRG). (3) Ein Deutscher mit letztem Wohnsitz in Kanada/Ontario stirbt und hinterlässt Bankguthaben in Deutschland und in Kanada. Aus deutscher Sicht gilt deutsches Recht, aus kanadischer Sicht das dortige Recht.[1646]

Bei einem Widerspruch zwischen dem deutschen Erbschein und der ausländischen Erb-Bescheinigung geht in Deutschland der deutsche Erbschein vor, im jeweiligen Ausland die dortige Erb-Bescheinigung.[1647] Ei-

---

1641 BayObLG NJW-RR 1991, 1089 (schweizer Erbbescheinigung); BayObLG 1965, 377; KG NJW-RR 1997, 1094 = FamRZ 1998, 308 = FGPrax 1997, 132; KG NJW 1954, 1331; KG JFG 17, 342 (polnischer Erbschein); LG Verden Rpfleger 1952, 184 (niederländischer Erbschein eines Notars); Staudinger/Schilken § 2369 Rz 12; Jansen/Wick FGG § 16a Rz 36.

1642 BR-Drucks 222/83 S. 92; BT-Drucks 10/504 S. 92.

1643 Bengel/Reimann/Haas Kap.9 Rz 467 bis 471.

1644 Beispiel von Staudinger/Firsching § 2369 Rz 12; Staudinger/Schilken § 2369 Rz 12.

1645 Siehr, Internationales Privatrecht, 2001, § 20 (S. 105)

1646 BayObLG FamRZ 2003, 1595

1647 Staudinger/Schilken § 2369 Rz 12; Siehr, Internationales Privatrecht, 2001, § 21 (S. 116).

ner Anerkennung der schweizerischen Erb-Bescheinigung bei uns stünde § 16a Nr 1 FGG entgegen, weil aus unserer Sicht die ausländische Behörde jedenfalls für den in Deutschland belegenen Nachlass nicht zuständig war; ferner die Unvereinbarkeit mit der deutschen Entscheidung (§ 16a Nr 3 FGG), mag sie auch später ergangen sein. Außerdem würde man dann entgegen Art 25 I EGBGB in Deutschland französisches bzw schweizerisches Erbrecht anwenden. Durch die Nichtanerkennung wird der Betroffene nicht unbillig belastet: er kann für den in Deutschland belegenen Nachlass einen deutschen Erbschein beantragen (§§ 2353, 2369 BGB) und hat deshalb allenfalls Kostennachteile.

737 **Erbscheine der Staatlichen Notariate der DDR** wurden bis 3.10.1990 (Wiedervereinigung) grundsätzlich bei uns anerkannt.[1648] Westdeutsche Erbscheine dagegen wurden bis zur Wiedervereinigung von den DDR-Justizbehörden nicht anerkannt.[1649] Seit dem 3.10.1990 gilt: die früher in der ehemaligen DDR erteilten Erbscheine bleiben wirksam und gelten im gesamten Bundesgebiet (Einigungsvertrag Kapitel III Art. 18, 19); die früher in Westdeutschland erteilten Erbscheine wirken auch im Gebiet der ehemaligen DDR.

3.4.2 Meinungen in der Literatur

738 In der Literatur wollen einige Autoren ausländische Erb-Zeugnisse anerkennen.[1650] Das würde aber nur bedeuten, dass die Wirkungen, die der Ursprungstaat seiner Bescheinigung beimisst, nach Deutschland übertragen wird;[1651] diese Bescheinigungen hätten demnach nicht die Wirkungen eines deutschen Erbscheins nach § 2365 ff BGB, sondern je nach Ursprungstaat verschiedene Wirkungen bei uns. Konsequenterweise wäre dann eine Kraftloserklärung des ausländischen Erb-Zeugnisse möglich (§ 2361 BGB). Auch nach diesen Meinungen wird über die Anerkennung ausländischer Erb-Bescheinigungen nur als Vorfrage im jeweiligen Verfahren der freiwilligen Gerichtsbarkeit (zB Grundbucheintragung) oder sonstigen Erkenntnisverfahren entschieden (Rz 723); es gibt kein besonderes Anerkennungsverfahren, keinen Beschluss des Nachlassgerichts „Der schweizerische Erbschein des … vom … wird in Deutschland aner-

---

[1648] OLG Karlsruhe OLGZ 1981, 399; KG OLGZ 1985, 179.

[1649] Schotten/Johnen DtZ 1991, 257; Herrmann, Erbrecht und Nachlassverfahren in der DDR (1989) S. 88; Krause, Erbrecht und Erbscheinsverfahren der früheren deutschen Teilstaaten (1992) S. 40.

[1650] Soergel/Kegel Rz 88 vor Art 24 EGBGB; Beitzke MDR 1954, 321; Dölle RabelsZ 1962/3, 236; Gotthardt ZfRV 1991, 2; Griem S. 50; Bengel/Reimann/Haas Kap.9 Rz 460.

[1651] BayObLG MDR 1976, 923; Keidel/Zimmermann FGG § 16a Rz 4 mit weiteren Nachweisen.

kannt". Erkennt das deutsche Grundbuchamt den schweizerischen Erbschein an, wird es den Erben eintragen; erkennt es ihn nicht an, wird es den Eintragungsantrag zurückweisen, da die Erbfolge nicht nachgewiesen sei; hiergegen ist die Beschwerde nach § 71 GBO gegeben.

3.5 Bindung an ausländische Verfahrensergebnisse

739 Es besteht im deutschen Nachlassverfahren keine Bindung an einen bereits im Ausland erteilten Erbschein.[1652] An Feststellungen ausländischer Behörden, Nachlassbehörden (z.B. zur Testierfähigkeit) oder an eine „Erbbescheinigung" sind unsere Gerichte nicht gebunden.[1653]

1652 BayObLG NJW-RR 1991, 1099; BayObLG 1965, 377. Faktisch hat er aber eine große Bedeutung.

1653 BayObLG FamRZ 1991, 1237 (Schweiz).

P. Die Wirkungen des Erbscheins im Rechtsverkehr

1. Legitimation des Erben

740 Die zentrale Wirkung des Erbscheins besteht darin, dass er die Erbfolge bezeugt. Durch den Erbschein kann der darin als Erbe *bezeichnete* die Bankguthaben des Erblassers auf sich umschreiben lassen und abheben, ebenso Versicherungsleistungen, er kann Vollstreckungstitel des Erblassers auf sich umschreiben lassen (§ 727 I ZPO); er wird ins Grundbuch eingetragen. Der Gläubiger des Erblassers, dem die Erbfolge im einzelnen meist unbekannt ist, weiß (durch Auskunft des Nachlassgerichts; § 34 FGG) nun, wen er verklagen kann und gegen wen er einen gegen den Erblasser bereits vorhandenen Vollstreckungstitel umschreiben lassen kann (§ 727 I ZPO).

Zieht sich die Erteilung des Erbscheins hin, kann der Gläubiger des Erblassers dies uU überbrücken, indem er die Bestellung eines Nachlasspflegers beantragt (§§ 1960, 1961 BGB) und gegen die unbekannten Erben, vertreten durch den Nachlasspfleger, vorgeht. Der Erbe selbst hat keine Möglichkeit, „vorläufig" an die Erbschaft heranzukommen.

Der allgemeine Geschäftsverkehr weiß nicht, dass das Erbrecht durch den Erbschein nicht *rechtskräftig* nachgewiesen wird, eine Einziehung bei Unrichtigkeit möglich ist, dass aber der gutgläubige Gegner durch §§ 2365–2367 BGB geschützt wird, wenn der Erbschein unrichtig war.

2. Die Vermutung der Richtigkeit des Erbscheins

741 Es wird vermutet, dass demjenigen, welcher in dem Erbschein als Erbe bezeichnet ist, das in dem Erbschein angegebene Erbrecht zustehe und dass er nicht durch andere als die angegebenen Anordnungen beschränkt sei (§ 2365 BGB). Die Vermutung im Sinne des § 2365 BGB gilt seit dem 3. 10. 1990 auch für vorher in der ehemaligen DDR (nach dem ZGB) erteilte Erbscheine; vor diesem Tag leitete sie sich aus § 413 DDR-ZGB ab. Auch ein **beschränkter Erbschein** (zB ein nur für Grundbuchzwecke erteilter Erbschein, § 107 III KostO) hat trotz des kostenrechtlichen Vermerks volle Beweiskraft,[1654] zB beim Registergericht zum Nachweis der Rechtsnachfolge nach einem verstorbenen Kommanditisten. Der „Erb-

[1654] OLG Frankfurt NJW-RR 1994, 10. Es folgt aber die Kostennacherhebung, § 107a KostO.

schein“ nach § 86 II BEG dagegen entfaltet keine Vermutungswirkungen.[1655]

Ein Erbschein ist keine Urkunde im Sinne von § 580 Nr 7b ZPO, ermöglicht also in der Regel keine Restitutionsklage (Rz 3).

2.1 Bedeutung der Vermutung

742 Die Bedeutung der Rechtsvermutung des § 2365 BGB besteht darin, dass der im Erbschein als Erbe Bezeichnete allen Dritten gegenüber als Erbe gilt und dass der Erbschein seine Aktivlegitimation zur Verfolgung von Erbansprüchen und seine Passivlegitimation, zB bei Nachlassschulden, bestätigt;[1656] es handelt sich um eine Beweiserleichterung,[1657] nicht um eine Tatsachenvermutung.[1658] Eine ähnliche Vermutung besteht bei Grundbucheintragungen (§ 891 BGB). § 2365 BGB begründet keine Pflicht, sich gerade durch einen Erbschein auszuweisen, wenn nicht kraft Gesetzes oder aufgrund Vertrages, zB AGB der Banken, die Vorlage des Erbscheins verlangt werden kann. Der Erbnachweis kann deshalb auch auf andere Weise geführt werden (vgl Rz 9 ff). Ein Schuldner kann seine Leistung an den Erben des Gläubigers nicht von der **Vorlage eines Erbscheins** abhängig machen.[1659] Erst wenn auch kein anderer überzeugender Nachweis des Erbrechts erbracht wird, ist der Schuldner zur **Hinterlegung** berechtigt (vgl § 372 BGB). Klagt der Erbe einen geerbten Anspruch ein, ohne dass er zuvor dem Beklagten die Nachfolge durch Erbschaft „nachgewiesen“ hat, fallen ihm unter Umständen die **Prozesskosten** zur Last (§ 94 ZPO). Auch hier ist der Nachweis der Erbfolge auch auf andere Weise als durch Erbschein möglich,[1660] aber der Kläger trägt das Risiko, dass das Gericht den vorgerichtlichen anderweitigen Nachweis nicht für ausreichend erachtet, weil die Vorlage eines Testaments usw den Gegner nicht so schützt wie ein Erbschein (vgl §§ 2366, 2357 BGB). **Einseitige Rechtsgeschäfte des Erben** (zB eine Kündigung durch den Erben) können nicht analog §§ 111, 174, 182, 1831 BGB deshalb vom Gegner zurückgewiesen werden, weil der Nachweis der Erbfolge durch Erbschein fehle.[1661]

1655 Henrichs NJW 1954, 1715.

1656 RG Gruchot 1913, 1021/2 = WarnR 1913 Nr 300.

1657 Staudinger/Schilken § 2365 Rz 4.

1658 RG Gruchot 1913, 1021; MünchKomm-Promberger § 2365 Rz 3.

1659 RG Z 54, 343; Staudinger/Schilken § 2365 Rz 5.

1660 BGH NJW 2005, 2779; NJW-RR 2005, 599; KG NJW-RR 2007, 692. RG WarnR 1908 Nr 75; RG JW 1910, 802.

1661 KG LZ 1918, 653.

Der im Erbschein genannte Erbe wird zwar allein dadurch noch nicht **Erbschaftsbesitzer** (§ 2018 BGB), doch verschafft ihm die Erteilung des Erbscheins eine „Art von Besitz“ (vgl § 857 BGB) an der Erbschaft.[1662]

2.2 Voraussetzungen der Vermutung

743 Die Vermutung beginnt mit der Erteilung des Erbscheins im Rechtssinn (vgl Rz 288), sie erlischt mit der Einziehung, Kraftloserklärung (§ 2361 BGB; Rz 528 bis 531) oder Herausgabe an das Nachlassgericht (§ 2362 I BGB).[1663] Die Vermutung, dass der im Erbschein als Erbe Bezeichnete auch Erbe ist, besteht auch dann, wenn der Erbschein nicht **vorgelegt** wird (§ 2365 BGB spricht nicht von Vorlage, nur von „in dem Erbschein als Erbe bezeichnet“; Rz 758) und wenn dem Dritten von einem Erbschein oder Nachlassverfahren nichts bekannt ist.[1664]

Die Identität der Person muss bestehen.

Die Wirkung der Vermutung der Richtigkeit des Erbscheins tritt auch ein, wenn das Nachlassgericht örtlich unzuständig war, wenn der Erbschein fälschlich vom Rechtspfleger statt vom Richter erteilt wurde, vom Landwirtschaftsgericht statt vom Nachlassgericht (und umgekehrt) erteilt wurde,[1665] wenn Verfahrensmängel vorlagen usw; erst ab Einziehung entfällt die Vermutung.

Man muss zwischen der für die Wirksamkeit oder Richtigkeit (belanglosen) Erteilungsanordnung, der mit Erteilung beginnenden Wirksamkeit und der Bestandskraft des Erbscheins unterscheiden. Der Erbschein ist nicht bestandskräftig, weil er bei Unrichtigkeit eingezogen werden kann; erst dann endet die Wirksamkeit.

2.3 Umfang der Vermutung

744 Gegenstand der Vermutung ist

– das im Erbschein angegebene Erbrecht (positiv), dh das Einrücken in die Rechtstellung des Erblassers im Sinne des § 1922 BGB (was er nur geliehen hatte, wird nicht durch den Erbgang Eigentum des Erben; die Vermutungen der §§ 1006, 891 BGB werden aber „vererbt“), das gilt

[1662] Motive V S. 567; RG Gruchot 1913, 1021 = WarnR 1913 Nr 300.

[1663] Allgemeine Meinung, vgl MünchKomm-Mayer § 2365 Rz 8; nach der aA von Lindacher DNotZ 1979, 93 soll die Vermutung schon mit der Bekanntmachung der Einziehungsverfügung enden.

[1664] BGH NJW 1963, 1972; BGH NJW 1961, 606; aA Parodi AcP 185 (1985), 362.

[1665] Vgl BGH RdL 1951, 129; OLG Stuttgart RdL 1953, 79; OLG Celle NdsRpfl 1963, 274; Jansen FGG § 7 Rz 15; aA Lange/Wulff/Lüdtke-Handjery, HöfeO § 18 Rz 9.

auch hinsichtlich der Größe des Erbteils, also beim Alleinerben der Quote von 100 %, bei Miterben der angegebenen Erbquoten; ferner,

- dass keine anderen als die angegebenen Beschränkungen bestehen (negativ); das heißt: wenn nichts im Erbschein angegeben ist wird vermutet, dass weder Testamentsvollstreckung noch Nacherbschaft bestehen.

Andere Angaben oder Beschränkungen gehören ohnehin nicht in den Erbschein (Rz 329); auf sie kann sich keine Vermutung erstrecken, wenn sie unerlaubt im Erbschein aufgeführt sind. Im übrigen sind die Sondererbfolgen nach Höferecht (Rz 448 ff) und bei Vererbung von Gesellschaftsanteilen (KG; OHG) zu beachten; weiterhin Eintrittsrechte beim Tod eines Mieters (§§ 563 ff BGB), Übergang von Ansprüchen aus Lebensversicherungen durch Nennung von Bezugsberechtigten und Übergang vor allem von Bankguthaben durch Vertrag zugunsten Dritter; die bezeugte Erbfolge besagt also wirtschaftlich möglicherweise wenig.

2.4 Keine Vermutung

745 Die Vermutung erstreckt sich nicht auf Angaben, die nicht in den Erbschein gehören, auch nicht auf die Angabe eines Berufungsgrundes;[1666] nicht auf Vermächtnisse und Auflagen (sollten sie ordnungswidrig im Erbschein genannt sein); nicht auf den Wert oder die Zugehörigkeit von Gegenständen zum Nachlass;[1667] auf die Personengleichheit von Besitzer des Erbscheins und im Erbschein angegebenen Erben und auf die dem Erbrecht zugrundeliegenden Tatsachen; nicht darauf, dass die dem Nachlassgericht vorgelegten Urkunden und Unterlagen richtig sind;[1668] nicht auf die Echtheit des Testaments, auf dem das Erbrecht beruht,[1669] nicht auf die Testierfähigkeit des Erblassers, nicht auf die Geschäftsfähigkeit des Erben. Ist einem Vorerben ein Erbschein erteilt, mit Nacherbenvermerk und Angabe des Namens des Nacherben (§ 2363 BGB), besteht keine Vermutung, dass der Nacherbe ein Erbrecht hat;[1670] dasselbe gilt für die im Erbschein genannten Ersatznacherben sowie für das Fortbestehen der Vorerbschaft. Die Vermutung des Erbscheins erstreckt sich nicht auf die (unerlaubte Angabe der) Person des Testamentsvollstreckers[1671]

[1666] Staudinger/Schilken § 2365 Rz 9; MünchKomm-Mayer § 2365 Rz 19; heute unstreitig; aA Planck/Greiff § 2365 Anm 2a.

[1667] Staudinger/Schilken § 2365 Rz 10.

[1668] KG OLGE 42, 145.

[1669] RG Gruchot 1913, 1021, 1023 = WarnR 1913 Nr 300 = Recht 1913 Nr 1159; aM Fischer Jherings Jahrbuch 63 (1913), 269; Kuttner Jherings Jahrbuch 1912, 109.

[1670] OLG München HRR 1938 Nr 315; Staudinger/Schilken § 2365 Rz 9.

[1671] KG OLGE 12, 399; Staudinger/Schilken § 12365 Rz 12.

(anders dagegen die Vermutung des Testamentsvollstreckerzeugnisses nach § 2368 BGB). Diese Regeln gelten auch, wenn bei Fremdrechtserbscheinen (§ 2369 BGB) Beschränkungen des Erbrechts, die nach ausländischem Recht einer deutschen Testamentsvollstreckung bzw Nacherbschaft entsprechen (Gefahr der Falschbewertung!), nicht in den Erbschein aufgenommen wurden.

746 In der Literatur wurde teils vertreten, dass § 2365 BGB auch die Vermutung ausspricht, dass die unrichtig angegebenen **Beschränkungen (positiv) bestehen**;[1672] das gibt der Wortlaut des § 2365 BGB nicht her, im Gegenteil; es besteht auch kein praktisches Bedürfnis dafür. Es gibt deshalb keine Vermutung, wonach die im Erbschein vermerkte (aber in Wahrheit fehlende) Beschränkung durch Testamentsvollstreckung auch tatsächlich besteht.[1673] Steht im (ansonsten richtigen) Erbschein „Testamentsvollstreckung ist angeordnet", obwohl letzteres nicht zutrifft, kann der Testamentsvollstrecker nicht, gestützt darauf, Nachlassforderungen einklagen; anders ist es, wenn er ein Testamentsvollstreckerzeugnis erlangt hat, mag dieses auch falsch sein (§§ 2368 III, 2366 BGB).

2.5 Bindung des Grundbuchamts

747 Zweifelhaft ist, inwieweit das Grundbuchamt, wenn ein Erbschein vorgelegt wird (vgl § 35 GBO; Rz 9 ff), die Erbfolge nachprüfen darf oder muss, also das Recht hat, die Entscheidung des Nachlassgerichts zu überprüfen.

Die Aufteilung der Rechtspflegeaufgaben in FGG und GBO auf Nachlassgericht, Grundbuchamt usw zeigt, dass das Nachlassgericht die vorrangige Kompetenz in der Beurteilung der Frage hat, wer Erbe ist; die Entscheidung des Nachlassgerichts darf nur das Landgericht (bzw OLG) überprüfen (und selbst dieses nur auf Beschwerde), nicht das auf derselben Ebene befindliche Grundbuchamt.

An einen vorliegenden Erbschein ist das Grundbuchamt daher gebunden, darf dann ein Testament nicht mehr abweichend selbst auslegen,[1674] solange dieser Erbschein weder eingezogen noch für kraftlos erklärt ist. Auch die Formgültigkeit des Testaments, die Testierfähigkeit usw darf nicht abweichend anders beurteilt werden. Die Prüfung des Grundbuchamts erstreckt

---

[1672] So etwa RGRK- Kregel Rz 6; Weissler I 343; Lange/Kuchinke § 39 VII 2 c (für Nacherben).

[1673] OLG Frankfurt WM 1993, 803; BayObLG JFG 6, 135; MünchKomm-Mayer § 2365 Rz 15; Lange/Kuchinke § 39 VII 2c, 3c; Palandt/Edenhofer § 2365 Rz 1.

[1674] BayObLG FamRZ 1997, 710 = Rpfleger 1997, 156; KG JFG 18, 42; KG JFG 18, 44 = JW 1938, 2408 = HRR 1938 Nr 1184; OLG Celle NdsRpfl 1958, 140; KGJ 42, 219, 222; aA Kipp/Coing § 103 I; Josef ZZP 47, 276.

sich nur darauf, ob ein äußerlich ordnungsmäßiger Erbschein eines deutschen Nachlassgerichts erteilt ist,[1675] ob der Inhalt des Erbscheins zulässig ist[1676] sowie auf die Verständlichkeit des Inhalts des Erbscheins.[1677]

748 Nur wenn dem Grundbuchamt Tatsachen bekannt geworden sind, die vom Nachlassgericht bei Erteilung des Erbscheins nicht berücksichtigt worden sind und die die Unrichtigkeit des Erbscheins ergeben würden, so dass angenommen werden muss, dass das Nachlassgericht nunmehr den Erbschein einziehen oder für kraftlos erklären werde, ist das Grundbuchamt an den Erbschein nicht unbedingt gebunden.[1678] In diesem Fall wird das Grundbuchamt dem Nachlassgericht informieren und die Einziehung anregen. Lehnt das Nachlassgericht eine Einziehung ab, so darf das Grundbuchamt nunmehr die Eintragung nicht verweigern.[1679] Ein dem Grundbuchamt bekannter Antrag auf Einziehung des Erbscheins reicht nicht dazu aus, die Bindung des Grundbuchamts an den Erbschein zu verneinen,[1680] weil solche Anträge auch substanzlos sein können. Nicht zu billigen ist die Auffassung, der Erbschein binde das Grundbuchamt dann nicht, „wenn die Unrichtigkeit derart zweifelsfrei feststeht, dass seine Einziehung sicher zu erwarten ist“;[1681] ob die Sache so klar ist möge das Nachlassgericht entscheiden.

2.6 Sonstige Bindungswirkungen

749 § 2365 BGB betrifft privatrechtliche Beziehungen. Der Erbschein bindet daher das **Vormundschaftsgericht** nicht unmittelbar.[1682] Für das **Registergericht** gilt dasselbe wie für das Grundbuchamt.[1683] Im **öffentlichen Recht**, insbesondere gegenüber Behörden, ist § 2365 BGB ebenfalls nicht unmittelbar anwendbar.[1684] Von der Berechtigung des durch Erbschein als Erben Ausgewiesenen darf im Falle § 2 VermögensG darf ausgegangen werden,

---

1675 AA Meikel/Roth, Grundbuchrecht, 7. Aufl 1988, § 35 Rz 60, 61: die sachliche Zuständigkeit des Ausstellers und die funktionelle Zuständigkeit des Rechtspflegers seien zu prüfen, weil deren Verletzung die Nichtigkeit des Erbscheins zur Folge habe.

1676 Vgl BayObLGZ 14, 558; KG OLG 18, 214.

1677 KGJ 34 A 227; KG OLG 21, 346; KG OLG 43, 185.

1678 OLG Frankfurt Rpfleger 1979, 106/107; OLG München JFG 16, 144/148; KGJ 45, 252; KG JFG 18, 42/44 = JW 1938, 2408 = HRR 1938 Nr 1184.

1679 KG OLG 18, 214; KGJ 37 A 249, 254/255 = RJA 10, 64; OLG Celle NdsRpfl 1958, 140; Staudinger/Schilken § 2365 Rz 17, 18.

1680 KG OLG 40, 156 Fn 1.

1681 Staudinger/Schilken § 2365 Rz 18, bezugnehmend auf KGJ 45, 252; JFG 18, 42.

1682 KG HRR 1937 Nr 1088.

1683 MünchKomm-Mayer § 2365 Rz 28.

1684 Staudinger/Schilken § 2365 Rz 15.

solange dieser Erbschein nicht eingezogen worden ist.[1685] Im **Steuerrecht** ist grundsätzlich von der Vermutung der Richtigkeit des Erbscheins auszugehen;[1686] an die im Erbschein angegebenen Erbquoten ist das Finanzamt bei der Festsetzung der Erbschaftsteuer also grundsätzlich gebunden. Lediglich wenn gewichtige Gründe erkennbar gegen die Richtigkeit des Erbscheins sprechen, sind die Finanzbehörden und -gerichte berechtigt und verpflichtet, Erbanteile selbst zu ermitteln, ohne dass es einer Aufhebung des Erbscheins durch das Nachlassgericht oder der Erteilung eines neuen Erbscheins bedarf.[1687] Letzteres ist zB denkbar, wenn die Beteiligten durch einen Auslegungsvertrag das Nachlassgericht zu einem Erbschein veranlassen konnten, der nicht der wahren Erbrechtslage entsprach.

2.7 Widerlegung der Vermutung

2.7.1 Zivilprozess des im Erbschein genannten Erben gegen Dritte

750

Der Erbe kann Nachlassforderungen einklagen; Nachlassgläubiger können den Erben auf Zahlung verklagen. Zur Schlüssigkeit der Klage muss der Erbschein nicht vorgelegt werden. Klagt K eine vom Erblasser geerbte Forderung gegen den Schuldner B ein, kann B bestreiten, dass K aktivlegitimiert ist, weil er nicht Erbe des Erblassers sei.

(1) K kann dann den Erbschein vorlegen. B kann nun behaupten, dass es an einer „Erteilung“ des Erbscheins im Rechtssinne (Rz 285) fehle; dies muss K beweisen, was in der Regel durch Bezugnahme auf die Nachlassakte leicht möglich ist. B kann weiter behaupten, dass zB das Testament, auf das K sein Erbrecht stützt, gefälscht sei. Wenn K das bestreitet, dann muss B den Beweis des Gegenteils (entsprechend § 292 ZPO) erbringen,[1688] also die Fälschung beweisen (Beweismittel: Sachverständigengutachten); er trägt die Beweislast. Da es sich bei § 2365 BGB nicht um eine Tatsachenvermutung, sondern um eine Rechtsvermutung handelt, ist diese aber auch dann widerlegt, wenn das Prozessgericht sich einer anderen Rechtsansicht anschließt,[1689] etwa ein Testament anders auslegt als das Nachlassgericht (hier ist nichts zu beweisen, weil es nicht um Tatsachen geht). Im letztgenannten Fall kann die Widerlegung der Vermutung demselben Beweis- und Tatsachenmaterial entnommen werden, das bereits bei

---

[1685] BVerwG VIZ 2001, 367; BVerwG ZOV 2006, 177.

[1686] BFH BStBl III 1962, 444.

[1687] BFH/NV 2005, 557; BFH FamRZ 1996, 1144 = NJW 1996, 2119 (Wefers) = ZEV 1996, 198 (Barfuss); FG München ZEV 2001, 415.

[1688] Motive V S. 567; Staudinger/Schilken § 2365 Rz 23.

[1689] RG DR 1942, 977/9 = WarnR 1942 Nr 25; RGZ 92, 68/71.

der Erteilung des Erbscheins vorgelegen hat.[1690] Der Beweis des Gegenteils ist dann geführt, wenn jede Möglichkeit, dass das bezeugte Recht zur Entstehung gelangt ist, ausgeschlossen ist.[1691] Beim Streit um Tatsachen (Fälschung des Testaments, das dem Erbschein zugrunde lag; bestrittene Testierfähigkeit) wird das Prozessgericht in der Regel das Verfahren entsprechend § 148 ZPO aussetzen und die Akten dem Nachlassgericht zuleiten zur Prüfung, ob eine Einziehung des Erbscheins (§ 2361 BGB) veranlasst ist. Solange der Beweis des Gegenteils nicht geführt ist, ist auch der Prozessrichter an die gesetzliche Vermutung gebunden.[1692]

(2) K kann auch auf die gesetzliche Erbfolge verweisen („ich bin der einzige Sohn ...“) oder Testamente vorlegen. Das Prozessgericht kann dadurch die Erbfolge für erwiesen ansehen; ein Zwang, einen Erbschein vorzulegen, besteht nicht. Kostenprobleme: § 94 ZPO.

2.7.2 Zivilprozess des Erbprätendenten gegen den im Erbschein genannten Erben

751 Klagt K, der sich für den Erben hält, gegen B (der durch Erbschein ausgewiesen ist) auf Feststellung, er (K) sei Erbe, so ist bestritten, ob B sich auf die widerlegbare Rechtsvermutung des § 2365 BGB berufen kann; die Diskussion ist allerdings wenig praxisnah. (1) Die eine Ansicht wendet § 2365 BGB grundsätzlich an;[1693] das bedeutet, dass der Erbprätendent K die *volle* Beweislast dafür trägt, dass der Erbschein unrichtig ist. (2) Eine Gegenmeinung gibt dem Erbscheinsinhaber in der Position des Klägers die Möglichkeit, sich auf die Vermutung des § 2365 BGB zu berufen; der Beklagte muss dann ebenso wie nach § 2362 BGB die Voraussetzungen des von ihm behaupteten Erbrechts dartun; ist dies gelungen, muss der Kläger sein besseres Recht beweisen. Wird gegen den Erbscheinsinhaber geklagt (auf Feststellung des Erbrechts; auf Herausgabe des Nachlasses), obliegt es auch dem klagenden Erbprätendenten, die Voraussetzungen seines Erbrechts zu beweisen, er braucht nicht auch zu beweisen, dass der Beklagte als Inhaber des Erbscheins ihm gegenüber kein besseres

[1690] RGZ 92, 68/71 = Recht 1918 Nr 387; RG Gruchot 1910, 668/70; OLG Nürnberg WM 1962, 1200/01.

[1691] RGZ 92, 68/72.

[1692] RGZ 92, 68/72; Staudinger/Schilken § 2365 Rz 27.

[1693] Planck-Greiff § 2365 Bem 4 a; Siber JW 1922, 490; Kuttner Jherings Jahrbuch 61 (1912), 109; Fischer Jherings Jahrbuch 63 (1913), 269; MünchKomm-Mayer § 2365 Rz 22; für das Testamentsvollstreckerzeugnis RGZ 92, 68/71.

Recht hat, zB dass das Testament, auf das sich der Beklagte beruft, unecht ist.[1694]

752 (3) Zutreffend ist, § 2365 BGB im Erbprätendentenstreit nicht anzuwenden.[1695] Denn von der zufälligen Parteirolle kann die Beweislastverteilung nicht abhängen. Der Beweis des Gegenteils kann nicht gefordert werden, weil nach § 2361 BGB zur Einziehung des Erbscheins schon die Erschütterung der Überzeugung von dessen Richtigkeit genügt (es kann nicht sein, dass das Prozessgericht stärker an den Erbschein gebunden ist als das Nachlassgericht; vgl § 2362 BGB). Es bleibt also bei den allgemeinen Beweisregeln: Hält sich K für den gesetzlichen Erben, weil das Testament (aufgrund dessen B einen Erbschein erhielt) angeblich gefälscht ist, wird Beweis durch Sachverständigengutachten erhoben; ist unaufklärbar, ob das Testament von der Hand des Erblassers stammt, geht das zu Lasten des B,[1696] K gewinnt den Prozess. Das Ergebnis wäre dasselbe, wenn K beim Nachlassgericht die Einziehung anregen würde. Streiten mehrere Erbprätendenten miteinander um das Erbrecht und kommt es dabei auf eine Testamentsauslegung an, hat der Erbschein ebenfalls keine bindende Wirkung.[1697]

2.8 Einander widersprechende Erbscheine

753 Es ist möglich, dass zwei oder mehrere Erbscheine in derselben Nachlasssache„erteilt“ sind, zB weil ein neuer Erbschein erteilt wird, obwohl der alte (falsche) noch nicht eingezogen ist. Werden einander widersprechende Erbscheine bzw. ein Testamentsvollstreckerzeugnis und ein Erbschein ohne Testamentsvollstreckervermerk erteilt, steht keinem der Zeugnisse die Vermutung des § 2365 BGB zur Seite und entfällt die Schutzwirkung des § 2366 BGB jeweils aber *nur in dem Umfang*, in dem sich die Zeugnisse inhaltlich widersprechen.[1698]

Auch die Vermutung des § 2365 BGB entfällt für jeden Erbschein, wenn mehrere einander widersprechende Erbscheine erteilt sind, *soweit* der Widerspruch reicht.[1699] Weist der eine Erbschein den B als Erben des A aus

---

1694 RG WarnR 1913 Nr 300 = Gruchot 1913, 1021 = Recht 1913 Nr 1159; RG DR 1944, 339; LG Hagen NJW 1966, 1660; von Lübtow ErbR II S. 1024; offen gelassen von BGHZ 47, 58/66 = NJW 1967, 1126.

1695 BGH NJW-RR 1987, 1090; 1993, 2171; RG Gruchot 1913, 1021; Staudinger/Schilken § 2365 Rz 25; Palandt/Edenhofer § 2365 Rz 4; Lange/Kuchinke § 41 VII 2 d.

1696 Zur Beweislast vgl KG OLGZ 1991, 144; Palandt/Edenhofer § 2247 Rz 19.

1697 BGH NJW-RR 1987, 1090.

1698 BGH FamRZ 1990, 1111 = NJW-RR 1990, 1159.

1699 BGHZ 58, 105/8 = NJW 1972, 585; BGHZ 33, 314 = NJW 1961, 605; aM Lange/Kuchinke § 41 II 5 b Fn 69; Lindacher DNotZ 1973, 93/95.

(ohne weitere Vermerke), während der andere Erbschein zusätzlich den Testamentsvollstreckervermerk enthält, dann ist die Erbfolge von der Vermutung und vom öffentlichen Glauben erfasst; bezüglich des Vermerks besteht dagegen keine Vermutung, kein öffentlicher Glaube, es ist von fehlender Testamentsvollstreckung auszugehen. Wenn ein Erbschein keinen Testamentsvollstreckervermerk enthält, andererseits ein Testamentsvollstreckerzeugnis erteilt wurde, gilt dasselbe (§ 2368 III BGB).[1700]

3. Der öffentliche Glaube des Erbscheins bei Leistungen des Erben

3.1 Regelung

754 Erwirbt jemand von demjenigen, welcher in einem Erbschein als Erbe bezeichnet ist, durch Rechtsgeschäft einen Erbschaftsgegenstand, ein Recht an einem solchen Gegenstand oder die Befreiung von einem zur Erbschaft gehörenden Rechte, so gilt zu seinen Gunsten der Inhalt des Erbscheins, soweit die Vermutung des § 2365 reicht, als richtig, es sei denn, dass er die Unrichtigkeit kennt oder weiß, dass das Nachlassgericht die Rückgabe des Erbscheins wegen Unrichtigkeit verlangt hat (§ 2366 BGB).

3.2 Zweck der Regelung

755 Die §§ 2366, 2367 BGB dienen dem Schutz des gutgläubigen Dritten. Damit der Vertragspartner sich auf die Richtigkeit des Erbscheins verlassen kann, wird diese nicht nur wie in § 2365 BGB stets widerlegbar vermutet, sondern fingiert („gilt als richtig"); die in § 2365 BGB aufgestellte Vermutung der Richtigkeit des Erbscheins hinsichtlich des darin angegebenen Erbrechts wird dahin erweitert, dass der Inhalt des Erbscheins in bestimmten Fällen als richtig gilt. Der gutgläubige Dritte, der mit dem Erbscheinserben (das ist die Person, die im Erbschein als Erbe bezeichnet ist, in Wirklichkeit aber nicht Erbe ist) in der in § 2366 bezeichneten Weise in rechtsgeschäftliche Beziehungen tritt, wird also bei Unrichtigkeit des Erbscheins so behandelt, als wenn er vom richtigen Erben erworben hätte.

756 **Verhältnis zu anderen Schutzvorschriften.** Die Bestimmungen über den **Erwerb vom Nichtberechtigten** (§§ 892, 893, 932–935, 1032 Satz 2, 1207 BGB) gelten neben den §§ 2366, 2367 BGB, da der Erbschein nur Gewähr für das Erbrecht bietet, das fehlende Erbrecht überwindet, nicht aber

---

[1700] BGH NJW 1972, 582; MünchKomm-Mayer § 2365 Rz 15.

Schutz dafür gibt, dass der Gegenstand zur Erbschaft gehört oder dass ein Miterbe seinen Anteil veräußert hat.[1701]

Der Umfang des Schutzes in § 2366 BGB geht weiter als in §§ 932 ff BGB, aber nicht weiter als die Vermutung des § 2365 BGB, an den er anknüpft. Der gute Glaube wird in § 2366 BGB nur ausgeschlossen, wenn der Erwerber die Unrichtigkeit positiv kennt, während nach § 932 II BGB bereits grobfahrlässige Unkenntnis genügt, um die Schutzwirkung aufzuheben. § 2366 BGB überwindet nur das fehlende Erbrecht, nicht die fehlende sonstige Verfügungsberechtigung. Wenn K vom durch Erbschein ausgewiesenen Nichterben des E ein Nachlass – Buch erwirbt, erlangt K Eigentum. Hatte der Erblasser E das Buch gestohlen, erlangt K kein Eigentum (§ 935 BGB), wenn er vom durch Erbschein ausgewiesenen Nichterben des E erwirbt. Wenn E selbst das gestohlene Buch veräußert, erlangt K kein Eigentum; wenn E stirbt und der wahre Erbe das Buch an K veräußert, erlangt K ebenfalls kein Eigentum.

3.3 Voraussetzungen des Schutzes des Erwerbers

3.3.1 Im Erbschein bezeichnete Person als Veräußerer

757 Der Veräußerer (Scheinerbe) muss in einem Erbschein als Erbe bezeichnet sein. Unwesentlich ist, ob der Erbschein von einem zuständigen Gericht oder in einem ordnungsgemäßen Verfahren erteilt wurde.

758 **Vorzeigen des Erbscheins.** Es ist unerheblich, ob der Erbschein bei dem Rechtsgeschäft erwähnt oder vorgelegt wird oder ob sein Vorhandensein dem Erwerber auch nur bekannt war;[1702] der Erwerber kann sich auf den öffentlichen Glauben des Erbscheins auch dann berufen, wenn er vom Vorhandensein und Inhalt beim Abschluss des Rechtsgeschäfts keine Kenntnis hatte.[1703] Das ergibt sich aus dem Wortlaut des § 2366 BGB („welcher in einem Erbschein als Erbe *bezeichnet* ist“) und dem Vergleich mit § 891 BGB, wo ebenfalls keine Einsicht ins Grundbuch verlangt wird, damit der Erwerber geschützt wird.

759 Bei einander **widersprechenden Erbscheinen** (vgl Rz 753) war früher sehr umstritten, ob auch die Wirkung des öffentlichen Glaubens wegfällt. Nach heute hM reicht der Schutz des § 2366 BGB nicht weiter als die Ver-

---

[1701] BGH WM 1963, 219.

[1702] Motive V S. 572; RG ZblFG 8 (1907/08), 327.

[1703] BGHZ 40, 54/60 = NJW 1963, 1972; BGHZ 33, 314/317 = NJW 1961, 605; BGH FamRZ 1971, 641/642 = WM 1971, 54; Staudinger/Schilken § 2366 Rz 2 und 19; Hager, Verkehrsschutz durch redlichen Erwerb, 1990, S. 450.

mutung des § 2365 BGB;[1704] die Gegenmeinung,[1705] die das Vertrauen des Dritten schützen will (und bei widersprechenden Rechtsgeschäften das zeitlich frühere schützen will), ist schon deshalb unzutreffend, weil es auf die Kenntnis vom Inhalt des Erbscheins, auf das Vorzeigen usw nicht ankommt (Rz 758), sondern auf die objektive, sich aus Kenntnis aller Erbscheinsakten der deutschen Nachlassgerichte ergebende Rechtslage. Freilich hat dadurch nicht einmal derjenige, der sich vorsichtshalber beim zuständigen Nachlassgericht nach dem Erbschein erkundigt, eine Chance, diese verborgene Lage zu erkunden, weil in seltenen Fällen nicht ausgeschlossen ist, dass von einem anderen Nachlassgericht ein anderer Erbschein erteilt wurde; hier kann nur die Staathaftung (Art 34 GG; § 839 BGB) helfen. Somit entfällt nach der hM bei widersprechenden Erbscheinen, soweit ein Widerspruch besteht, nicht nur die Vermutung für seine Richtigkeit, sondern auch die Wirkung des öffentlichen Glaubens.[1706] Fällt einer der sich widersprechenden Erbscheine später durch Einziehung etc weg, so kann sich an den verbleibenden Erbschein nicht nur ab Wegfall, sondern rückwirkend, gutgläubiger Erwerb anknüpfen.[1707]

3.3.2 Geschützte Zeitspanne

760 Der Schutz des § 2365 BGB beginnt mit der Erteilung des Erbscheins (zum Begriff vgl Rz 288), dh zB mit der Aushändigung (Übersendung) an den Antragsteller. Nicht genügt: dass die Erbscheinserteilung lediglich in den Akten des Nachlassgerichts angeordnet ist; dass eine Ausfertigung eines Beschlusses, der die Erteilung eines Erbscheins anordnet, hinausgegeben wurde, selbst wenn in ihr der Inhalt des Erbscheins vollständig wiedergegeben ist. Die Gutglaubensfunktion endet mit dem Außerkrafttreten infolge vollzogener Einziehung[1708] bzw Kraftloserklärung (§ 2361 BGB) bzw Herausgabe an das Nachlassgericht aufgrund Urteils (§ 2362 BGB); eine vorläufige Ablieferung des Erbscheins zu den Nachlassakten beeinträchtigt die Gutglaubensfunktion nicht. Beim Erwerb eines Grundstücks ge-

---

1704 BGHZ 58, 105/108 = NJW 1972, 582; BGHZ 33, 314 mit Nachweisen der Gegenmeinung = NJW 1961, 605 = LM Nr 1 zu § 2366 (Piepenbrock).

1705 Canaris, Vertrauenshaftung, 1971, S 508; Parodi AcP 185 (1985), 362/374; Wiegand JuS 1978, 145/9; Herminghausen NJW 1986, 571; Weiß Rpfleger 1984, 389/90; Lange/Kuchinke § 39 II 5; Michalski ErbR Rz 997.

1706 BGH FamRZ 1990, 1111 = NJW-RR 1990, 1159.

1707 MünchKomm-Mayer § 2366 Rz 7; RGRK-Kregel § 2366 Rz 9; Planck-Greiff § 2366 Bem VII.

1708 Allgemeine Meinung, vgl MünchKomm-Mayer § 2365 Rz 8; aA Lindacher DNotZ 1970, 93; NJW 1974, 20: Ende der Vermutung schon früher, nämlich mit Bekanntmachung der Einziehungsverfügung bzw vorläufiger Einziehungsanordnung.

nügt es, wenn der Erbschein zur Zeit der Umschreibung im Grundbuch, die den Eigentumswechsel bewirkt, erteilt ist.[1709]

3.3.3 Erwerb eines Erbschaftsgegenstandes

761 § 2366 BGB spricht vom Erwerb eines „Erbschaftsgegenstandes"; § 2366 BGB ist also auf andere Gegenstände nicht anwendbar.

Beispiel: V veräußert ein Buch, das er objektiv nicht geerbt hat, sondern irgendwann einmal gekauft, entliehen oder gestohlen hat, an K; K weiß das. Kein Fall des § 2366 BGB; hier kann aber ein gutgläubiger Erwerb nach §§ 932 ff BGB in Frage kommen (bei Diebstahl nicht, § 935 BGB).

Fraglich ist, ob § 2366 BGB nur auf die *objektive* Zugehörigkeit zum Nachlass abstellt, was nach dem Sinn der Regelung und dem Wortlaut nahe liegt; danach würde § 2366 BGB nur die Selbstverständlichkeit aussprechen, dass eine Vorschrift im Abschnitt „Erbschein" mit nichtgeerbten Gegenständen nichts zu tun hat. Die Motive[1710] haben indes die Frage aufgeworfen, auf wessen Sicht es ankommt:

- auf den Veräußerer, (1)
- den Erwerber oder (2)
- bei Diskrepanz: auf wen? (3)

762 (1) Nach den Motiven ist § 2366 BGB nicht anwendbar, wenn der Veräußerer (positiv) davon ausgeht, die Sache habe ihm schon vor dem Erbfall gehört, er habe sie nicht erst durch Erbschaft erlangt.[1711] Der Verfügende müsse davon ausgehen, dass ein Erbschaftsgegenstand vorliege, damit § 2366 BGB zum Zuge kommt. Macht sich der Veräußerer keine Gedanken über die Herkunft der Sache, zB weil seit dem Erbfall schon lange Zeit vergangen ist, so ist § 2366 BGB wegen des Verkehrsschutzes ebenfalls anzuwenden.

(2) Wenn *nur* der Erwerber der Ansicht ist, das Recht des Verfügenden beruhe auf erbrechtlichem Erwerb, ist § 2366 BGB ebenfalls anwendbar;[1712] denn der Grundgedanke des Verkehrsschutzes ist, wenn überhaupt, von der Vorstellung des zu Schützenden auszugehen. Was gilt, wenn der Erwerber nicht das Bewusstsein hat, einen Nachlassgegenstand zu er-

---

[1709] BGH FamRZ 1971, 641/2.

[1710] Motive V S. 572.

[1711] Motive V S. 572.

[1712] Staudinger/Schilken § 2366 Rz 2; von Lübtow, ErbR II, S. 1021; Wiegand JuS 1972, 336 und JuS 1975, 283/6; aA Planck-Greiff § 2366 Bem III 2. Manche stellen überhaupt nur auf den Erwerber ab, er müsse das Bewusstsein haben, einen Nachlassgegenstand zu erwerben, zB Michalski ErbR Rz 985.

werben? Es wird vertreten, dass § 2366 BGB dann nicht anwendbar sei,[1713] weil der Erwerber nicht schutzwürdig sei. Zutreffend erscheint, § 2366 BGB anzuwenden; der Verkehrsschutz würde andernfalls weitgehend versagen, weil sich der Erwerber häufig über die Herkunft des Gegenstandes keine Vorstellungen macht. Es ist dem Erwerber in aller Regel gleichgültig, woher der Veräußerer seine Ware hat; eventuelle Fragen an den Veräußerer „Woher haben Sie das?" werden nicht unbedingt wahrheitsgemäß beantwortet; ein Anspruch auf Auskunft besteht ohnehin nicht.

(3) Was ist dann, wenn *nur* der Verfügende von seinem Erbrecht als Grundlage seines Rechts ausgeht, der Erwerber aber nicht (weil er zwar den Veräußerer für den Eigentümer hält, aber sich keine Gedanken darüber macht, ob der Veräußerer sein Eigentum durch Erbgang oder wie auch immer erworben hat)? Auch hier ist die Anwendung von § 2366 BGB sachgerecht.[1714]

§ 2366 ist somit meines Erachtens immer anwendbar, wenn objektiv ein Gegenstand zum Nachlass gehört, ohne dass es auf die Vorstellungen des Veräußerers oder des Erwerbers ankäme;[1715] das *ungeschriebene* Tatbestandsmerkmal des Wissens oder des Bewußtseins eines Beteiligten sollte man beiseite lassen, denn die Motive sind nicht Gesetz geworden.

Erwerbsobjekte sind

763 – Erbschaftsgegenstände, auch eine Vielzahl davon (obwohl es in § 2366 BGB heißt „einen"), aber nicht nur Sachen (bewegliche Sachen, Grundstücke, grundstücksgleiche Rechte), sondern auch die Abtretung von Forderungen des Erblassers und die Übertragung sonstiger Rechte, bei denen sonst gutgläubiger Erwerb im Grundsatz ausgeschlossen ist, wie von GmbH-Anteilen des Erblassers.

– Erwerb von dinglichen Rechten an einem Nachlassgegenstand: zB Grundschuld, Hypothek, Reallast, Nießbrauch, Dienstbarkeit, dingliches Vorkaufsrecht.

– Befreiung von einem zum Nachlass gehörenden Rechte dinglicher oder schuldrechtlicher Natur, durch einseitiges oder zweiseitiges Rechtsgeschäft: zB Erlass einer Schuld (§ 397 BGB), Entlassung aus einer Bürg-

---

[1713] Staudinger/Schilken § 2366 Rz 2; Brox ErbR Rz 590; Erman/Schlüter § 2366 Rz 7; Michalski ErbR Rz 985; Wiegand JuS 1975, 283/5.

[1714] Anders diejenigen, die immer auf den Erwerber abstellen; Fußnote 1681.

[1715] Ähnlich: Hager, Verkehrsschutz durch redlichen Erwerb, 1990, S 445 ff : auf die Vorstellungen der Beteiligten komme es nicht an; Leipold ErbR Rz 656 (jedenfalls sollte sowohl die Vorstellung des Erwerbers wie des Veräußerers ausreichen).

schaft, Aufhebung dinglicher Rechte, Aufhebung eines Pfandrechts, Mitwirkung an befreiender Schuldübernahme.[1716]

- Fälle des § 2367 BGB; vgl Rz 778.

764 **Erwerbsvorgänge:** Der Schutz umfasst nur Verfügungsgeschäfte, und zwar Einzelerwerb durch dingliches Rechtsgeschäft. Unentgeltlicher Erwerb steht dem entgeltlichen gleich. **Nicht erfasst sind** Verpflichtungsgeschäfte (wie Kaufvertrag, Mietvertrag); diese verpflichten den Scheinerben, nicht den Nachlass (den wirklichen Erben). Gutgläubiger Erwerb eines Erbteils (§ 2033 BGB) ist nicht von § 2366 BGB geschützt, ebenso nicht Erwerb der ganzen Erbschaft als solcher, weil es sich um keinen Erbschaftsgegenstand handelt (§§ 2030, 2371 BGB).

Beispiel: Der Scheinerbe E verkauft und überträgt mit notarieller Urkunde unter Vorlage eines Erbscheins seinen ½ Anteil an K (§§ 2033, 2371 BGB). Dann wird der Erbschein eingezogen, weil ein Testament auftaucht. K hat nichts erlangt; er ist auf Schadensersatz gegen E angewiesen (§ 2376 BGB).

765 **Erwerb durch Rechtsgeschäft** (Übereignung zB aufgrund Kauf, Schenkung usw) ist geschützt, ebenso der Erwerb aufgrund eines Urteils nach §§ 894, 897 ZPO.[1717] Erwerb kraft Gesetzes (Verbindung, Vermischung, Verarbeitung, Ersitzung, Vereinbarung von Gütergemeinschaft, Erbgang usw), im Wege der Zwangsvollstreckung oder Arrestvollziehung ist kein Erwerb durch Rechtsgeschäft, so dass § 2366 BGB dafür nicht eingreift. War A gestorben und ist B durch unrichtigen Erbschein als dessen Erbe ausgewiesen, erlangt C Eigentum, wenn B dem C eine Nachlass-Vase schenkt; aber kein Eigentum an der Vase, wenn B stirbt und von C aufgrund Gesetzes beerbt wird (und die Vase noch im Nachlass ist); bei Erbgang aufgrund Testaments kommt § 2366 BGB schon deswegen nicht zum Zug, weil der Nachlass als solcher und nicht einzelne Erbschaftsgegenstände übergehen. C erwirbt auch kein Eigentum, wenn B dem C die Vase als Vermächtnis zugewiesen hat, weil eine Gleichbehandlung angebracht ist.

Darüber hinaus muss es sich um ein sog **Verkehrsgeschäft**[1718] handeln, auf der Erwerberseite muss also mindestens eine Person beteiligt sein, die nicht auch auf der Veräußererseite beteiligt ist. Hieran fehlt es, wenn ein Miterbe von der Erbengemeinschaft, deren Mitglieder durch Erbscheine ausgewiesen sind und der er selbst angehört, erwirbt,[1719] etwa bei einer Erbauseinandersetzung.

[1716] Staudinger/Schilken § 2366 Rz 12.

[1717] Staudinger/Schilken § 2366 Rz 14.

[1718] Zur Definition vgl Palandt/Bassenge § 892 Rz 5.

[1719] OLG Hamm FamRZ 1975, 510/3; Staudinger/Schilken § 2366 Rz 10.

3.3.4 Redlichkeit des Erwerbers

766 Nur der redliche Erwerber wird geschützt; wenn der Erwerber die Unrichtigkeit des Erbscheins „kennt" oder weiß, dass das Nachlassgericht die Rückgabe des Erbscheins wegen Unrichtigkeit verlangt hat, wird der Erwerber nicht mehr geschützt. Bei Vertretern gilt § 166 BGB.[1720] Von wem der Erwerber die Kenntnis erlangt, ist belanglos. Wird ein Erwerber von einem Rechtsanwalt darauf hingewiesen, dass der Erbschein unrichtig sei, begründet das noch kein Wissen, weil solche Rechtsmeinungen nicht selten falsch sind. Unter Unrichtigkeit muss man sowohl die verfahrensrechtliche wie die materiellrechtliche Unrichtigkeit verstehen, aber nicht berichtigungsfähige oder belanglose Unrichtigkeiten (Rz 455 ff); es zählt nur, was zur Einziehung nach § 2361 BGB führen würde (Rz 474 ff). Der Erwerber muss sich nicht auf seinen guten Glauben berufen, er kann andererseits nicht auf § 2366 BGB verzichten (mittelbar freilich schon, indem er wahrheitswidrig Kenntnis von der Unrichtigkeit des Erbscheins vorträgt).

767 **Kenntnis:** Wann „kennt" ein Nichtjurist die Unrichtigkeit eines Erbscheins? Das ist ein weites Feld. Kennenmüssen der Unrichtigkeit des Erbscheins steht der Kenntnis nicht gleich. Kenntnis der Tatsachen, aus denen sich die Unrichtigkeit des Erbscheins ergibt, genügt bei Rechtsirrtum über die Folgen der Tatsachen nicht.[1721] Weiß der Erwerber, dass das Testament gefälscht war, kann er allerdings die Parallelwertung vornehmen, dass der andere (der Scheinerbe) nicht Erbe ist; das sind Fragen der richterlichen Beweiswürdigung. Eine Pflicht, den Erbschein auf seine Richtigkeit zu prüfen, besteht nicht. Kenntnis von einem Rechtsstreit über die Feststellung des Erbrechts oder von einer Herausgabeklage nach § 2362 BGB schaden also nicht, weil es viele substanzlose Klagen gibt; anders aber im Regelfall die Kenntnis von einem Urteil (bei Rechtskraft des Urteils kann sich der Gegner nicht darauf berufen, er habe das Urteil für falsch gehalten). Positive Kenntnis der Anfechtungsmöglichkeit (§ 2078 BGB) steht der Kenntnis von der Anfechtung gleich (analog § 142 II BGB). Kenntnis von der Unrichtigkeit schadet aber nur insoweit, als diese für die Verfügung relevant ist.

768 **Rückgabeverlangen des Nachlassgerichts**: hier ist § 2361 BGB gemeint. Es genügt die Kenntnis vom Beschluss (Wortlaut: „Der … Erbschein wird eingezogen"). Gleich steht die Kenntnis von einem rechtskräftigen Herausgabeurteil des Prozessgerichts nach § 2362 BGB.[1722]

[1720] Staudinger/Schilken § 2366 Rz 4.

[1721] Protokolle V 685; VI 222; Staudinger/Schilken § 2366 Rz 5.

[1722] Staudinger/Schilken § 2366 Rz 7.

Maßgebender Zeitpunkt für die Kenntnis der Unrichtigkeit ist die Vollendung des Erwerbs, also zB die Übergabe, bei Grundstücken die Eintragung im Grundbuch (anders bei § 892 II BGB, wo zum zusätzlichen Schutz des Gutgläubigen eine Vorverlegung auf den Zeitpunkt des Eingangs des Eintragungsantrags stattfindet), der gute Glaube muss also bis dahin andauern;[1723] die aA will § 892 II BGB analog anwenden.[1724] *769*

Beweislast: wer behauptet, der andere habe die Unrichtigkeit des Erbscheins gekannt, muss dies beweisen.[1725] *770*

3.4 Umfang des Schutzes

Die Gutglaubensfunktion gilt nur, soweit die Vermutung des § 2365 reicht: nur wer Erbe ist und dass, wenn weder Nacherbschaft noch Testamentsvollstreckung im Erbschein vermerkt sind, diese auch nicht bestehen. Vom Scheinerben kann man also wirksam einen Nachlassgegenstand erwerben; vom wirklichen Erben ebenfalls, wenn die tatsächlich bestehende Testamentsvollstreckung nicht im Erbschein vermerkt ist. Geschützt wird nur der zulässige Inhalt eines Erbscheins. Deswegen kann sich der Erwerber nicht darauf verlassen, dass zB keine Verpfändung, kein Nachlassinsolvenzverfahren vorliegt, wie der Name des Testamentsvollstreckers lautet (falsch er unzulässigerweise im Erbschein genannt wurde[1726]), dass Vermächtnisse nicht bestehen, dass der Vorerbe noch Erbe ist. Ist im Erbschein bezeugt, dass B (Scheinerbe) von A dessen „sechs Reitpferde im Wert von 60.000 Euro geerbt" hat, wird C, der dann die Pferde von B erwirbt, nicht geschützt. *771*

Der Schutz tritt nur zugunsten der Dritten ein, nicht zu ihren Lasten.

Der wahre Erbe erlangt nach § 857 BGB eine Art **Rechtsbesitz**, der Scheinerbe erlangt den Besitz im Sinne des § 857 BGB nicht, er hat aber meist den tatsächlichen unmittelbaren Besitz ergriffen. Auf diese Situation sollte man § 935 BGB meines Erachtens nicht anwenden, es liegt kein „Abhandenkommen" vor,[1727] § 935 BGB findet keine Anwendung (jedenfalls ist der Erwerber durch § 2366 BGB geschützt; das Ergebnis ist unstreitig). *772*

1723 BGH FamRZ 1971, 641/2; RGZ 128, 276/8; RGZ 123, 19/21; OLG Stettin LZ 1932, 123.

1724 BGHZ 57, 341/3 = NJW 1972, 434 (obiter dictum); Leipold ErbR Rz 659; Tiedtke, Gutgläubiger Erwerb, 1985, S 202; Hager, Verkehrsschutz durch redlichen Erwerb, 1990, S. 452.

1725 Staudinger/Schilken § 2366 Rz 9.

1726 Anders, wenn es sich um eine unübliche Zusammenfassung von Erbschein und Testamentsvollstreckerzeugnis handelt, vgl § 2368 BGB.

1727 aA hM, Palandt/Bassenge § 857 Rz 10: Ergreifen sei verbotene Eigenmacht (§ 858 BGB) gegenüber dem wahren Erben; ebenso Wilhelm Sachenrecht 2.Aufl 2002 Rz 450.

3.5 Grundstücke

773 Veräußert der nicht im Grundbuch eingetragene Scheinerbe, der im Erbschein aber als Erbe bezeichnet ist, das Eigentum an einem Nachlass-Grundstück (vgl § 40 GBO), so richtet sich der Erwerb nach § 2366 BGB, soweit es um das fehlende Erbrecht geht. War der im Grundbuch noch als Eigentümer eingetragene Erblasser in Wirklichkeit nicht Eigentümer, kann sich der Erwerber hinsichtlich des Eigentums auf § 892 BGB berufen, sein Erwerb richtet sich danach. War der Erblasser zwar im Grundbuch eingetragen, aber in Wirklichkeit nicht Eigentümer, und verfügt der nicht im Grundbuch eingetragene Erbscheinsinhaber, der in Wirklichkeit nicht Erbe ist, so greifen sowohl § 2366 BGB wie § 892 BGB ein.

Erblasser	Erbe	Erbe veräußert Nachlass-Grundstück
Grundbuch richtig	Erbschein unrichtig	§ 2366
Grundbuch unrichtig	Erbschein richtig	§ 892
Grundbuch unrichtig	Erbschein unrichtig	§ 892 + § 2366

Verfügt der im Grundbuch eingetragene Erbscheinserbe über ein Grundstücksrecht, so greift nur § 892 BGB als lex specialis ein; § 2366 BGB ist dann unanwendbar gegenüber der speziellen Norm des § 892 BGB.[1728] Wusste der Erwerber also zB vom Erbscheinseinziehungsverfahren, so schließt dieser Umstand einen gutgläubigen Erwerb gemäß § 892 BGB nicht aus (anders als nach § 2366 BGB), solange der Erwerber daraus nicht der Schluss zog, dass der Veräußerer nicht Eigentümer ist. Ist zunächst für den Erwerber eines Grundstücks eine Auflassungsvormerkung eingetragen worden, die derjenige bewilligt hat, der im Erbschein als Erbe des im Grundbuch eingetragenen Eigentümers ausgewiesen ist, dann hat derjenige, für den die Vormerkung eingetragen ist, eine Rechtsposition erlangt, derzufolge er später das Eigentum an dem Grundstück auch dann gutgläubig erwirbt, wenn im Zeitpunkt seiner Eintragung als Eigentümer der Erbschein bereits wieder als unrichtig eingezogen war.[1729]

3.6 Erbe des Erbscheinserben

774 Bei Erbfolge nach dem im Erbschein bezeichneten Erben bleibt die Funktion des § 2366 BGB erhalten, so dass zB die Miterbengemeinschaft nach dem Erblasser, der seinerseits durch einen (unrichtigen) Erbschein ausgewiesen war, an einen Gutgläubigen Eigentum übertragen kann. Handelt

[1728] Staudinger/Schilken § 2366 Rz 27; MünchKomm-Mayer § 2366 Rz 37.
[1729] BGHZ 57, 341 = NJW 1972, 434 = JR 1972, 201 (Kuntze).

es sich bei der genannten Miterbengemeinschaft nicht um die wahren Erben des Erbscheinserben, sondern sind diese „Miterben" auch nur durch einen unrichtigen Erbschein ausgewiesen, so ist § 2366 BGB zweifach anwendbar, so dass Gutglaubenserwerb stattfinden kann.

3.7 Testamentsvollstreckung, Nacherbschaft

775 (1) Wahrer Erbe, Beschränkung im Erbschein: Ist der wahre Erbe durch Testamentsvollstreckung und/oder Nacherbschaft beschwert, so wird ein *gutgläubiger* Dritter, der diese nicht kennt, beim Erwerb beweglicher Sachen gemäss §§ 2113 III (Nacherbschaft), 2211 II BGB (Testamentsvollstreckung) in Verbindung mit § 932 BGB geschützt, auch wenn der Erbschein die Beschränkung angibt.[1730] Die Gegenansicht,[1731] die gutgläubigen Erwerb bei Existenz eines Erbscheins, der die Verfügungsbeschränkung angibt, ausschließt, kehrt den Zweck des § 2366 BGB (Schutz des Verkehrs) ins Gegenteil um. (2) Erbscheinserbe, Beschränkung im Erbschein: § 2366 BGB, sonst wie vor. (3) Erbscheinserbe, Beschränkung fehlt im Erbschein, er ist also doppelt falsch: Gibt der Erbschein die Beschränkungen nicht an, so greift § 2366 BGB ein, dh dem Erwerber schadet grobfahrlässige Unkenntnis nicht, nur Kenntnis schließt gutgläubigen Erwerb aus.

776 Bei Grundstücken und Grundstücksrechten ist zu unterscheiden, ob und wie der Erbe im Grundbuch eingetragen ist. Ist er eingetragen und die Beschränkung nicht angegeben, kommt gutgläubiger Erwerb vom Erben gemäss §§ 2113 III, 2211 II BGB in Verbindung mit §§ 892, 893 BGB in Betracht. Ist der Erbe nicht als Rechtsnachfolger im Grundbuch eingetragen und verfügt er ohne Voreintragung (§ 40 GBO), so erfordert der Rechtserwerb durch den gutgläubigen Erwerber dessen Eintragung im Grundbuch (§ 873 BGB), der aber nur erfolgt, wenn die Rechtsnachfolge nachgewiesen ist. Geschieht dies durch einen Erbschein, so kommt gutgläubiger Erwerb gemäss § 2366 BGB in Betracht, wenn die Beschränkung im Erbschein nicht angegeben ist. Liegt kein Erbschein vor, erfolgt die Umschreibung aufgrund öffentlicher Verfügung von Todes wegen nebst Eröffnungsniederschrift (§ 35 I 2 GBO), so fehlt es für einen gutgläubigen Erwerb an einer Grundlage: Die öffentliche Verfügung von Todes wegen wird in § 2366 BGB dem Erbschein nicht gleichgestellt; § 892 BGB greift nicht ein, weil der verfügende Erbe nicht frei von Beschränkungen im Grundbuch eingetragen ist.[1732]

[1730] MünchKomm-Mayer § 2366 Rz 44; Soergel/Damrau 12.Aufl. § 2366 Rz 14.

[1731] RGRK-Kregel § 2211 Rz 8; wohl auch Kipp/Coing § 70 II 3.

[1732] Vgl BGH NJW 1970, 943 (mit Anm Batsch S. 1314); Soergel/Damrau 12. Aufl § 2366 Rz 9.

3.8 Ausgleichsansprüche

777 Der wirkliche Erbe ist geschädigt, wenn der Scheinerbe verfügt und der wirkliche Erbe dies als wirksam hinnehmen muss. Der Erlös aus einer *entgeltlichen* aber gemäß § 2366 BGB wirksamen Verfügung fällt in den Nachlass (§ 2019 BGB) und ist vom Scheinerben an den wahren Erben gemäss § 2018 BGB herauszugeben. Bei *unentgeltlichen* Verfügungen greifen §§ 816 I 2, 822 BGB ein. Darüber hinaus können sich Ausgleichsansprüche des geschädigten wirklichen Erben aus §§ 823 ff , 826 BGB ergeben. Staatshaftung wegen der Erteilung eines unrichtigen Erbscheins kommt in Frage (Art 34 GG; § 839 BGB).

4. Der öffentliche Glaube des Erbscheins bei Leistungen an den Erben

778 Der Schutz des § 2366 BGB gilt nach § 2367 BGB auch, wenn an denjenigen, welcher in einem Erbschein als Erbe bezeichnet ist,

- auf Grund eines zur Erbschaft gehörenden Rechtes eine Leistung bewirkt oder
- wenn zwischen ihm und einem anderen (in Ansehung eines solchen Rechtes[1733]) ein nicht unter die Vorschrift des § 2366 fallendes Rechtsgeschäft vorgenommen wird, das eine Verfügung über das Recht enthält.

Die Regelung ähnelt § 893 BGB.

Es muss sich jeweils um sog Verkehrsgeschäfte handeln (Rz 765).

Zu den Ausgleichsansprüchen des geschädigten wirklichen Erben (§§ 816 II BGB; §§ 2018, 2019 BGB) vgl Rz 777.

4.1 Leistung an den Scheinerben

779 § 2366 Halbs. 1 BGB dehnt den Schutz auf die Bewirkung einer Leistung auf Grund eines zur Erbschaft gehörenden Rechts an den im Erbschein als Erben Bezeichneten aus, der nicht wirklicher Erbe ist. Leistet also der redliche Schuldner, der den Empfänger für den Erben hält (mag ihm dabei auch grobe Fahrlässigkeit zur Last fallen), an einen Nicht-Erben, der als Erbe im Erbschein genannt ist, so wird er von seiner Verbindlichkeit frei.

Beispiele: (1) Der Schuldner S des Erblassers E zahlt das Darlehen an A zurück, der im Erbschein als Erbe des E bezeichnet ist; in Wirklichkeit ist B Erbe des E,

[1733] Also nicht bei Leistungen aufgrund eines nicht zur Erbschaft gehörenden Rechts.

was S aber nicht positiv weiß. S muss nicht nochmals an B zahlen, wenn der Erbschein eingezogen wird und B als wahrer Erbe ausgewiesen ist. B kann den Betrag von A herausverlangen; § 2018 BGB. (2) Zum Nachlass gehört eine Forderung gegen S. Scheinerbe A tritt die Forderung an Z ab und kassiert dann selbst bei S. Die Zahlung befreit S wegen §§ 2367, 407 BGB.

Dasselbe gilt, wenn fälschlich eine Beschränkung (Testamentsvollstreckung, Nacherbschaft) im Erbschein nicht angegeben ist. Auf die Rechtsnatur des Rechtes, aufgrund dessen die Leistung bewirkt wird, kommt es nicht an, so dass auch Ansprüche, die durch Surrogation zum Nachlass gehören (§ 2019 BGB), dem Erbscheinserben gegenüber mit Wirkung gegenüber dem wahren Erben erfüllt werden können (Beispiel: Schadensersatzansprüche des Erben wegen Beschädigung von Nachlasssachen; der Schädiger zahlt an den Scheinerben).

780

Leistet ein Dritter (§ 267 BGB) an den Erbscheinserben, so befreit er mit Rücksicht auf § 2367 BGB den wahren Schuldner von der Verbindlichkeit; zahlt also zB der Bürge an den vermeintlichen Erben des Gläubigers, so kann der wahre Erbe den Hauptschuldner nicht mehr in Anspruch nehmen und gemäss § 774 BGB in Verbindung mit § 2367 BGB geht die Forderung auf den Bürgen über.[1734] Die Leistung an den Erbscheinserben hat also die gleiche Rechtsfolge wie die an den wahren Erben, nicht nur was die Erlöschenswirkung des Forderungsrechts, sondern auch was die weiteren Rechtsfolgen angeht. Enthält der Erbschein einen **Testamentsvollstreckervermerk** und ist er richtig (sowohl bezüglich Erbfolge wie bezüglich Vermerk), hat der Schuldner an sich an den Testamentsvollstrecker zu leisten. Dennoch schützt den Schuldner sein guter Glaube an die Nichtexistenz einer Testamentsvollstreckung: er leistet mit befreiender Wirkung an den Erben (vgl § 2211 BGB). § 407 BGB ist über § 2211 II BGB entsprechend anwendbar, allerdings schadet bereits Fahrlässigkeit entsprechend § 2140 Satz 2 BGB. War der Erbschein insofern falsch, als die Testamentsvollstreckung darin nicht vermerkt war, kann der Schuldner ohnehin nach § 2367 BGB befreiend an den Erben leisten.

Der Nachlassschuldner darf die Leistung nicht bis zur **Vorlegung eines Erbscheins** verweigern, falls ihm das Erbrecht sonst genügend nachgewiesen wird.[1735] Bei der Bewertung dieser Frage im Zivilprozess muss allerdings bedacht werden, dass die „sonstigen Nachweise“ wie zB vorgelegte Testamente nicht nach § 2367 BGB schützen.

[1734] RGRK-Kregel § 2367 Rz 3; Soergel/Damrau 12. Aufl § 2367 Rz 1.

[1735] Protokolle V Seiten 686, 687; RGZ 54, 343; RG Gruchot 52 (1908), 1096/1099 = WarnR 1908 Nr. 75; aM Kohler ArchBürgR 24 (1904), 179, 186; Hellwig Seufferts Blätter 69 (1904), 473.

4.2 Verfügungen über Rechte

781 Bei einer Verfügung über ein zum Nachlass gehörendes (obligatorisches oder dingliches) Recht wird entsprechend § 2366 BGB der Gutgläubige geschützt. Das ein- oder zweiseitige Rechtsgeschäft spielt sich ab zwischen der im Erbschein bezeichneten Person und einem anderen, der eine muss es nicht gegenüber dem anderen vornehmen.

4.2.1 Verfügung

782 ist jede unmittelbare Einwirkung auf ein bestehendes Recht,[1736] also seine Übertragung, Belastung, Aufgabe oder Inhaltsänderung, wobei § 2367 BGB nur diejenigen Verfügungen erfassen will, die nicht ohnehin (weil erwerbsvermittelnd) dem § 2366 BGB unterfallen. Dabei macht es keinen Unterschied, ob der verfügende Teil der Erbscheinserbe oder der gutgläubige andere Teil ist.

Beispiele: die Kündigung, zB einer zum Nachlass gehörenden Mietwohnung, sei es durch Erbscheinserben als vermeintlicher Vermieter, sei es durch den Dritten als Mieter; die Aufrechnung, sei sie vom Erbscheinserben, sei sie vom anderen Teil erklärt; ein Aufrechnungsvertrag; Stundung; Anfechtung; Angebot, das Annahmeverzug begründet;[1737] Einwilligung; Genehmigung; die Zustimmung (§ 182 BGB) zu einer Verfügung, die ihrerseits nur durch Zustimmung wirksam wird, wenn zB ein Dritter als Nichtberechtigter eine Sache veräußert und der Erbscheinserbe gemäss § 185 BGB zustimmt; Bewilligung einer Auflassungsvormerkung.[1738] Die heutige Ansicht sieht in der Erteilung einer Vollmacht, die zur Verfügung über ein Grundstück berechtigt, nicht mehr eine Verfügung im Sinne von §§ 893, 2367 BGB.[1739]

4.2.2 Verpflichtungen

783 Der Schutz gilt nur bei Verfügungsgeschäften, nicht bei Verpflichtungsgeschäften bezüglich von Nachlassgegenständen (Vermietung, Verpachtung, Verkauf von beweglichen Sachen, von Nachlassgrundstücken usw) und natürlich auch nicht bezüglich der Erbschaft oder des Erbteils (Verkauf des Erbteils). Aus diesen Geschäften wird nicht der wahre Erbe, sondern nur der im Erbschein Bezeichnete verpflichtet, so dass gegebenenfalls der Scheinerbe auf Schadensersatz haftet. Bei der Erfüllung eines Kaufvertrags (§ 433 BGB) durch Übertragung von Nachlassgegenständen (§ 929 BGB) greift hinsichtlich der Übereignung § 2366 BGB ein. Hat der

---

1736 BGHZ 1, 294/304.

1737 Staudinger/Schilken § 2367 Rz 5.

1738 BGHZ 57, 348; Kuntze JR 1972, 201.

1739 Vgl Palandt/Heinrichs Rz 16 vor § 104; aA noch RGZ 90, 395.

gutgläubige Käufer den Scheinerben (Verkäufer) auf Erfüllung des Kaufvertrags durch Übereignung erfolgreich verklagt und wird dann der Erbschein eingezogen, muss der wahre Erbe nicht erfüllen, gegen ihn kann nicht vollstreckt werden.

Beispiele: der Scheinerbe S hat einen Nachlassgegentand an K verkauft, aber noch nicht übereignet; dann wird der Erbschein eingezogen; der wahre Erbe muss den Anspruch nicht erfüllen. Hat S gleichzeitig mit dem Kaufvertrag das Eigentum übertragen und wird erst dann der Erbschein eingezogen, hat K nach § 2366 BGB Eigentum erlangt.

784 Die **Prozessführung** wird nicht durch § 2367 BGB erfasst.[1740] Verklagt der Scheinerbe K den Schuldner auf Rückzahlung einer Nachlass-Forderung und wird der Erbschein während des Prozesses eingezogen, dann hat sich gezeigt, dass K nie aktivlegitimiert war; die Klage ist abzuweisen, K hat alle Kosten zu tragen (§ 91 ZPO).

4.2.3 Entsprechende Anwendung

785 § 2367 BGB ist entsprechend anzuwenden, wenn der durch Erbschein ausgewiesene Scheinerbe eines Geschäftsanteils einer GmbH an den Beschlüssen einer Gesellschafterversammlung mitwirkt.[1741] Wird der durch einen Erbschein legitimierte vermeintliche Erbe aufgrund der sog Eintrittsklausel in die OHG aufgenommen, deren Mitglied der Erblasser bis zu seinem Tode war, so sind §§ 2366, 2367 BGB insoweit analog anwendbar, als dies der Schutz der Mitgesellschafter fordert. Bei der sog Nachfolgeklausel sind §§ 2366, 2367 BGB insoweit direkt anwendbar. In beiden Fällen handelt es sich bei der mit dem vermeintlichen Erben fortgesetzten Gesellschaft um eine fehlerhafte Gesellschaft, so dass der wahre Erbe seinen Eintritt in die Gesellschaft durchzusetzen vermag; zwischenzeitliche Beschlüsse richten sich nach den Regeln der fehlerhaften Gesellschaft.[1742]

1740 Staudinger/Schilken § 2367 Rz 8.

1741 Däubler GmbHRdsch 1963, 181; Staudinger/Schilken § 2367 Rz 5; aA Scheiner NJW 1978, 921 für nichtsatzungsändernde Beschlüsse bei der GmbH und vertragsändernde Beschlüsse bei OHG u KG; aA Priester GmbHRdsch 1984, 193: § 16 GmbHG ist analog anwendbar.

1742 Eingehend Konzen ZHR 145 (1981), 29 ff.

Literaturverzeichnis

Anwaltskommentar Erbrecht (Kroiß, Ann, Mayer), 2004.

Arnold, Kann im Erbscheinsverfahren von einem Todeserklärungs- oder Todeszeitfeststellungsbeschluß abgewichen werden?, MDR 1950, 331.

Asbeck, Testamentseröffnung und Erbscheinserteilung beim „Berliner Testament“ mit Wiederverheiratungsklausel, MDR 1959, 897.

Bab, Erbschein nach Erblassern, die ihren letzten Wohnsitz außerhalb Deutschlands hatten, JR 1952, 236.

Bab, Erbschein nach dem erstverstorbenen zugunsten des überlebenden Ehegatten aufgrund eines gemeinschaftlichen Testaments, JR 1952, 468.

Backs, Testamentarische Beschränkungen des Erben im Erbschein, DFG 1940, 49.

Bartholomeyczik, Erbeinsetzung, andere Zuwendungen und Erbschein (5. Denkschrift des Erbrechtsausschusses der Akademie für Deutsches Recht), 1942, S. 248ff.

Bamberger/Roth, BGB, Kommentar, 1. Aufl. 2003.

Becher, Zur Frage, ob beim Nacherbfall der dem Vorerben erteilte Erbschein i.S. des § 2361 BGB unrichtig ist, Rpfleger 1978, 87.

Beck, Gegenständlich beschränkter Erbschein, DNotZ 1951, 504.

Bender, Der Erbschein, sein Begriff, seine Voraussetzungen und seine Wirkungen, 1928.

Benedorf, Der öffentliche Glaube des Erbscheins ..., 1907.

Bengel/Reimann, Handbuch der Testamentsvollstreckung, 3. Aufl 2001.

Bestelmeyer, Erbfälle mit Nachlasssgegenständen in der ehemaligen DDR, Rpfleger 1992, 229.

Bestelmeyer, Herrschende Meinungen im Bereich des Nacherbenrechts, Rpfleger 1993, 189.

Bonnet, Zur Zulässigkeit und zum Gegenstand der auf Einziehung eines Erbscheins gerichteten Beschwerde, JR 1972, 229.

Böhringer, Erbscheinsverfahren nach dem Einigungsvertrag, Rpfleger 1991, 275.

Boschan, Bedeutung und Umfang der dem Nachlassgericht im Erbscheinsverfahren obliegenden Ermittlungspflicht, Gruchot 1902, 294.

Brand/Kleef, Die Nachlassachen in der gerichtlichen Praxis, 2. Aufl 1961.

Brehm, Freiwillige Gerichtsbarkeit, 3. Aufl 2002.

Brockmann, Der Anspruch auf Erteilung des Erbscheins und der für den Erbscheinsinhalt maßgebende Zeitpunkt, 1963.

Brose, Das erweiterte Hoffolgezeugnis, RdL 1952, 170.

Brox/Walker, Erbrecht, 22. Aufl. 2007.

Burdenski, Der Erbschein im Erbhofrecht, 1938.

Clausen, Zur Frage des öffentlichen Glaubens bei dem Erbschein, JW 1934, 1837.

Cieplik, Der Erbschein nach geltendem und künftigen Recht, 1941.

Cohn, Begriff und Rechtswirkungen des Erbscheins, 1933.

Czapski, Erbschein und Todeserklärungsbeschluß im Rückerstattungsverfahren, NJW 1952, 172.
Damrau (Hg.), Erbrecht, 2004.
Däubler, Der Scheinerbe im Recht der GmbH, GmbHRdsch 1963, 181.
Deubner, Erbscheinserteilungsverfahren, JuS 1961, 34, 66.
Dörner, Zur Behandlung von deutschen Erbfällen mit interlokalem Bezug, DNotZ 1977, 324.
Dörner, Interlokales Erb- und Erbscheinsrecht nach dem Einigungsvertrag, IPrax 1991, 392.
Dörner, Fortsetzungszeugnis gem. § 1507 BGB und Erbschein, DNotZ 1980, 662.
Drewes, Annahme und Ausschlagung der Erbschaft im Erbscheinsverfahren, DNotV 1926, 215.
Drewes, Zeitliche Geltung und örtliche Zuständigkeit für Erbscheine und Testamentsvollstreckerzeugnisse, DNotV 1926, 450.
Drewes, Anhörung der gesetzlichen Erben im Erbscheinsverfahren, § 2360 Abs 2 BGB, DNotV 1929, 8.
Drewes, Beanstandungen von Erbscheinen, DNotV 1929, 97.
Edenfeld, Der deutsche Erbschein nach ausländischem Erblasser, ZEV 2000, 482.
Ebenroth, Erbrecht, 1992.
Eichhorn, Das Erbeslegitimationsverfahren nach dem BGB, Gruchot 45, 224.
Eisele, Vertragliches Einvernehmen über die Auslegung unklarer letztwilliger Verfügungen, 2002.
Ember, Erbscheinserteilung bei Anordnung der Nacherbfolge hinsichtlich des unbeweglichen Vermögens, NJW 1982, 87.
Erman, Kommentar zum BGB, 11. Aufl 2004.
Eßlinger, Der Erbschein nach dem BGB, 1902.
Faßbender, Die notwendigen Angaben im Hoffolgezeugnis, RdL 1968, 175.
Feldhuss, Ist der Nachlassrichter bei Erteilung des Erbscheins an die Entscheidung des Prozessgerichts gebunden ? 1929.
Ferid/Firsching, Internationales Erbrecht (Quellensammlung), 2003ff.
Fischer, Die Stellung des vermeintlichen Erben im Recht der OHG, FS für Heymanns Verlag, 1965, S. 271.
Firsching, Unzulässiger Vorbescheid im Erbscheinsverfahren?, NJW 1955, 1540.
Firsching, Aktuelle Fragen des Erbscheinrechts, DNotZ 1960, 565, 640.
Firsching/Graf, Nachlassrecht, 8. Aufl. 2001.
Fischer, Die Vermutung und der öffentliche Glaube des Erbscheins, 1907.
Flick/Piltz, Der Internationale Erbfall, 1999; 2. Aufl. 2007.
Fraeb, Zur Nachlassbehandlung nach BGB, ZBlFG 1913, 273.
Frank, Erbrecht, 2005.
Frost, Hoffolgezeugnis auch bei Vorliegen eines öffentlichen Testaments? RdL 1951, 32.
Gassmann, Der gegenständlich beschränkte Erbschein, 1930.
Gather, Fragen zur Erteilung eines Erbscheins, GrundE 1978, 494.
Gemein, Die Legitimation des Erbscheinserben im Rahmen von Vermutungswirkung und öffentlichem Glauben, 2007.

Gerlitzky, Rechtswirkungen des Erbscheins...1938.
Gienke, Zur Zulässigkeit der Erbscheinseinziehung bei Anhängigkeit eines für die Erbberechtigung vorgreiflichen Prozesses, Rpfleger 1973, 52.
Graf, Probleme der nachlassgerichtlichen Praxis im Vollzug der Deutschen Einigung, DtZ 1991, 370.
Greif, Der Nießbrauch des überlebenden Ehegatten nach schweizerischem, italienischem und französischem Recht im Erbschein nach § 2369 BGB, MDR 1965, 447.
Gregor, Erbscheinsverfahren, 2007.
Gregor, Erbschein (Formulare), in: Klinger (Hg) Prozessformularbuch Erbrecht, 2004.
Greiser, Der gemeinschaftliche Teilerbschein, DFG 1936, 190.
Griem, Probleme des Fremdrechtserbscheins gemäß § 2369 BGB, 1990.
Grossfeld, Erwerb von Forderungen von einem durch Erbschein ...Legitimierten, 1932.
Guggumos, Ersatznacherbe und Erbschein, DFG 1937, 233.
Guggumos, Einfluss der Spaltung eines Ausländernachlasses auf den deutschen Erbschein, DFG 1938, 28.
Haegele, Testamentsvollstreckerzeugnis und Erbschein, Justiz 1957, 99, 128.
Hähnlein, Der Vorbescheid im Erkenntnisverfahren der Freiwilligen Gerichtsbarkeit, 1990.
Hahn, Die Beweiskraft von Familienstammbüchern im Erbscheinsantragsverfahren, Rpfleger 1996, 228.
Häußermann, Zuständigkeit für Erbscheine an Heimatvertriebene, BWNotZ 1959, 273.
Hardt, Amtsermittlung, Parteiverhalten und Feststellungslast im Erbscheinsverfahren, 1999.
Heinsheimer, Die Tragweite der Erbscheinsvermutung, LZ 1915, 1276.
Henrichs, Der auf das Entschädigungsverfahren beschränkte Erbschein nach § 86 Abs 2 BEG, NJW 1954, 1715.
Hense, Erbschein über hoffreies Vermögen, DNotZ 1955, 370.
Hense, Teilerbschein, gegenständlich beschränkter Erbschein und Erbschein über nicht hofgebundenes Vermögen, DNotZ 1952, 205.
Herminghausen, Zuständigkeit für Erbscheine über hoffreies Vermögen, AgrarR 1985, 225.
Herminghausen, Auswirkung von einander inhaltlich widersprechenden Erbscheinen, NJW 1985, 571.
Hilger, Das Bestimmtheitserfordernis des Erbscheinsantrags, BWNotZ 1992, 123.
Hirsch, Von der Erbbescheinigung des Preussischen Rechts zum Erbschein des Bürgerlichen Gesetzbuchs, 2005.
Hoffmann, Der unrichtige Erbschein, JuS 1968, 228.
Hohloch, Gleichlaufzuständigkeit und Testamentsauslegung bei Nachlassspaltung, ZEV 1997, 469.
Höver, Zum Erbscheinsverfahren, DFG 1936, 28; 1940, 81.

Janberg, Der Erbschein zum beschränkten Gebrauch im Grundbuchverkehr, JW 1935, 681.

Jansen, FGG, 2. Aufl 1969/1971.

Jansen/v. Schuckmann/Sonnenfeld, FGG, 3. Aufl. 2006.

Johnen, Die Behandlung von Erbscheinsanträgen mit Auslandsberührung in der notariellen Praxis, MittRhNotK 1986, 57.

Josef, Die Einwirkung des rechtskräftigen Urteils auf die Entscheidungen des Gerichts der freiwilligen Gerichtsbarkeit, namentlich bei Erteilung des Erbscheins, Jherings Jahrbuch 61 (1911), 197.

Josef, Die Stellung des Prozeßrichters gegenüber dem Erbschein, Jherings Jahrbuch 65 (1915), 161.

Kahl, Der Erbschein, in: Groll (Hg) Erbrechtsberatung, 2005, S. 1785 ff.

Kammerlohr, Grundzüge der Freiwilligen Gerichtsbarkeit anhand des Erbscheinsverfahrens, JA 2003, 143.

Kammerlohr, Das Rechtsmittel der Beschwerde im Erbscheinsverfahren, JA 2003, 580.

Karle, Behandlung von Ausländernachlässen und Erteilung von Erbscheinen mit Auslandsberührung durch das Nachlassgericht, Justiz 1966, 107.

Kayser, Die Mitwirkung des Notars im Erbausweisverfahren, DNotZ 1939, 550, 584, 631.

Keidel, FGG (Kommentar) 15. Aufl 2003.

Keim, Erbnachweis gegenüber Banken ohne Erbschein? WM 2006, 753.

Kersten/Bühling/Wegmann, Formularbuch und Praxis der Freiwilligen Gerichtsbarkeit, 21. Aufl. 2001.

Kiefner, Der Vorbescheid im Erbscheinsverfahren, FS für Rudolf Lukes 1989.

Kipp/Coing, Erbrecht 14. Aufl 1990.

Klaer, Die Erbscheinsvermutung, 1932.

v. König, Die Erteilung eines Erbscheins in kostenrechtlicher Hinsicht, Rechtspflegerstudienhefte 1996, 44.

Koessler, Die Stellung des Nachlassrichters, ZZP 1914, 1.

Korintenberg/Lappe/Bengel/Reimann, KostO, 16. Aufl 2005.

Köster, Vor- und Nacherbschaft im Erbscheinsverfahren, Rpfleger 2000, 90 und 133.

Krafft, Über den Erbschein, Seufferts Blätter 1899, 269.

Kreß, Zur Lehre vom Erbscheine, BayZ 1905, 137.

Krzywon, Ausländische Erbrechtszeugnisse im Grundbuchverfahren, BWNotZ 1989, 133.

Kuchinke, Grundfragen des Erbscheinsverfahrens und des Verkehrsschutzes bei Verfügungen des Scheinerben über Erbschaftsgegenstände, Jura 1981, 281.

Kuchinke, Zur interlokalen Zuständigkeit der Nachlaßgerichte in der Bundesrepublik Deutschland, FS für v d Heydte, 1977, II 1005.

Kumme, Der Erbersatzanspruch im Erbscheinsverfahren, ZBlJR 1972, 256.

Kuttner, Das Verhältnis des Zivilprozesses zum Erbscheinsverfahren, FS für O v Gierke, 1910, II S 163; dazu Jherings Jahrbücher 59, 393; 61, 109.

Lange/Kuchinke, Erbrecht, 5. Aufl 2001.

Leibholz, Erbscheinserteilung und Grundbucheintragung bei Eintritt gesetzlicher polnischer Erbfolge, JW 1930, 783.

Leipold, Erbrecht, 16. Aufl 2006.

Lemke, Der Erbschein im System der Gutglaubensvorschriften, 1981.

Lindacher, Vermutungswirkung und öffentlicher Glaube bei einander widersprechenden Erbscheinen, DNotZ 1970, 93.

Lindacher, Die vorläufige Erbscheinseinziehung, NJW 1974, 20.

v. Lübtow, Erbrecht, 1971.

Lukoschek, Der Umgang mit dem Vorbescheid, ZEV 1999, 1.

Maenner, Der beschränkte Erbschein, BayZ 1922, 143.

Maercker/ Köhne/Feist, Die Nachlaßbehandlung, 18. Aufl 1912.

Marx, Die Grundregeln des amerikanischen Erbrechts und die Ausstellung eines Teilerbscheins nach § 2369 BGB.

Meyer, Der öffentliche Glaube des Erbscheins, 1936.

Michalski, Erbrecht, 3. Aufl 2006.

Müller-Rottach, Erbscheinserteilung/Geltungsvermerke/Sondererbfolge, BWNotZ 1991, 119.

Mümmler, Erbscheinserteilung im Höferecht, JurBüro 1984, 20.

Münchener Kommentar zum BGB, 3. Aufl 1997; 4. Aufl 2004.

Münchmeyer, Der Deutsche Erbnachweis, 1904.

Neuschwander, Familienbuch und Familienregister als Grundlage für Grundbucheintragungen und für Erbscheinsverfahren, BWNotZ 1968, 24.

Notthoff, Zur Frage der Erteilung eines gemeinschaftlichen Erbscheins bei nicht zahlenmäßig bestimmter Anhabe der Erbquoten, ZEV 1996, 458.

Nußstein, Das Erbscheinsverfahren im Spiegel materiellen Erbrechts, JA 1995, 134.

Nußstein, Die Entscheidungsmöglichkeiten des Nachlaßgerichts in Erbscheinssachen, JA 2000, 584.

Palandt, BGB, Kommentar, 66. Aufl 2007.

Parodi, Die Maßgeblichkeit der Kenntnis vom Erbschein für einen gutgläubigen Erwerb einer beweglichen Sache nach § 2366 BGB, AcP 1985, 362.

Pehe, Über Urkunden im Erbscheinsverfahren, JR 1955, 134 (betr Gebiete östlich von Oder und Neiße).

Pentz, Der Vorbescheid im Erbscheinsverfahren, MDR 1990, 586 und NJW 1996, 2559.

Pernutz, Das Erbscheinsverfahren im interlokalen Privatrecht, MDR 1963, 713.

Pfaller, Das Nachlassverfahren (rechtsvergleichend, Kalifornien), 2002.

Pinkernelle/Spreen, Das internationale Nachlassverfahrensrecht, DNotZ 1967, 195.

Planck/Greiff, BGB-Kommentar (Band Erbrecht) 5. Aufl. 1933/1938.

Pritsch, Bindung des Grundbuchamts an Hoferben-Feststellungsbeschlüsse, RdL 1955, 261.

Rau, Erbnachweise für Vermögen im Bereich der ehemaligen DDR, DtZ 1991, 91.

v. Rechberg, Beglaubigte Testamentskopie als Erbausweis im Rechtsverkehr, Rpfleger 1980, 458.

Reibnitz, Der öffentliche Glaube des Erbscheins im Vergleich mit dem öffentlichen Glauben des Grundbuchs, 1902.

Reichard, Der Beweiswert der Geburts- und Abstammungsurkunde, DNotZ 1971, 85.

Reichsgerichtsrätekommentar (RGRK), BGB, 12. Aufl. 1975.

Reinhardt, Erbnachweise für Vermögen im Bereich der ehemaligen DDR, DtZ 1991, 185.

Renner/Jaeger/Eberhardt, Zum Erbrecht in der ehemaligen DDR, DtZ 1991, 185.

Richter, Die Mitwirkung des Standesbeamten und der Gemeinde im nachlaßgerichtlichen Verfahren, BWNotZ 1988, 153.

Riering, Internationales Nachlassverfahrensrecht, MittBayNot 1999, 519.

Riesner, Der Erbschein und seine rechtliche Bedeutung, 1929.

Rotberg, Der Erbschein in deutsch – deutschen Erbfällen, 1990.

Roth, Gegenständlich beschränkter Erbschein und Fremdrechts – Testamentsvollstreckerzeugnis im Grundbuchverfahren, IPrax 1991, 322.

Sachse, Berichtigung von Sterbeeinträgen oder Todeszeitfeststellung in Erbscheinsverfahren?, StAZ 1980, 179.

Saupe, Das Erbscheinsverfahren nach dem Bürgerlichen Gesetzbuche, 1908.

Scheer, Der Erbschein – Erteilung, Einziehung und Änderung, 1988.

Scheichenbauer, Erbschein, Einantwortungsurkunde und Nachlassspaltung im deutsch-österreichischen Verhältnis, ZfRV 1985, 106.

Schellhammer, Erbrecht, 2. Aufl. 2006.

Schlegelberger, FGG, 7. Aufl 1956.

Schlüter, Erbrecht, 15. Aufl. 2004.

Schlüter, Die Wirkungen des Erbscheins nach dem bürgerlichen Recht, 1936.

Schmidt, Wer erhält den Erbschein und wie wirkt seine Erteilung gegenüber dem Erbprätendenten ? 1955.

Schmidt, Die Nachfolge in das Anwartschaftsrecht des Nacherben ... BWNotZ 1966, 139.

Schöldgen, Der öffentliche Glaube des Erbscheins, 1908.

Scholz, Die Ausweisfunktion des Erbscheins, 1967.

Schopp, Keine vorläufige Erbscheinseinziehung, Rpfleger 1983, 264.

Schotten, Probleme des Internationalen Privatrechts im Erbscheinsverfahren, Rpfleger 1991, 181.

Schotten/Johnen, Probleme hinsichtlich der Anerkennung, der Erteilung und des Inhalts von Erbscheinen im deutsch-deutschen Verhältnis, DtZ 1991, 257.

Schreiner, Die Mitwirkung erbscheinsberechtigter Scheinerben bei Gesellschafterbeschlüssen und Anteilsübertragung, NJW 1978, 921.

Schrödter, Erbschein und Hoferben-Feststellungsverfahren, SchlHA 1959, 201.

Schwartze, Der Inhalt des Erbscheins nach dem BGB, 1911.

Schwenn, Die Anwendung der §§ 2369 und 2368 BGB auf Erbfälle mit englischem und amerikanischem Erbrecht, NJW 1952, 1113.

Siebert, Der Vorbescheid im Erbscheinsverfahren, 1991.

Soergel, BGB – Kommentar, 12. Aufl 1992, 13. Aufl 2003.
Solms-Baruth, Der öffentliche Glaube des Erbscheins …., 1916.
Sprau, Das Erbscheinsverfahren, ZAP (Zeitschr. für Anwaltspraxis) Fach 12, 53.
Stählin, Vergleiche in Erbscheinsverfahren, DFG 1942, 71.
Staudinger, BGB – Kommentar, Bearbeitung 1997.
Steffen, Erbscheine über hoffreien Nachlaß, RdL 1982, 144.
Steffen, Erbfolge bei Osterbhöfen, RdL 1984, 88.
Steffen, Erteilung von Hoffolgezeugnissen, RdL 1977, 113.
Strohal, Das Deutsche Erbrecht auf Grundlage des Bürgerlichen Gesetzbuchs, 3. Aufl 1903/1904.
Taupitz, Deutscher Fremdrechtserbschein und schweizerisches Pflichtteilsrecht, IPrax 1988, 207.
Technau, Der Erbschein bei Vor- und Nacherbfolge, BWNotZ 1984, 63.
Trittel, Deutsch-deutsches Erbrecht nach dem Einigungsvertrag, DNotZ 1991, 237.
Tröster, Eheliches Güterrecht und Erbscheinsverfahren, Rpfleger 1960, 38.
Tröster, Das Güterrechtsstatut von Vertriebenen und Flüchtlingen und sein Nachweis im Erbscheinsverfahren, Rpfleger 1962, 253.
Voß, Über den Erbschein nach dem Bürgerlichen Gesetzbuch, Gruchot 43, 665.
Wähler, Erbrechtliche Probleme im innerdeutschen Rechtsverkehr, FS für Mampel, 1983, S. 191, 200.
Weimar, Fragen aus dem Recht des Erbscheins, MDR 1958, 832; MDR 1967, 556.
Weiner, Der Erbschein, 1904.
Weiß, Wirkungen erbrechtlicher Auslegungsverträge, Gedächtnisschrift für Küchenhoff, 1987, S. 389.
Weiß, Zur Einziehung inkorrekt erteilter Erbscheine, Rpfleger 1984, 389.
Weiß, Der unrichtige Erbschein, Jura 1985, 486.
Weißler, Das Nachlassverfahren, 1920 (2 Bände).
Weithase, Geltungsvermerke im allgemeinen Erbschein, Rpfleger 1985, 267, 278.
Weithase, Erbscheine in Lastenausgleichssachen, BWNotZ 1977, 40.
Welskop, Das Erbscheinsverfahren, MittRheinNotK 1965, 262.
Wengler, Fragen des deutschen Erbscheinsrechts für Nachlässe, auf die englisches Intestaterbrecht anwendbar ist, JR 1955, 41.
Westphal, Rechtliches Gehör in Nachlaßsachen, Rpfleger 1983, 204, 211.
Westphal, Die beglaubigte Testamentskopie als Erbausweis im Rechtsverkehr, Rpfleger 1980, 214.
Weyland, Das Nebeneinander von Erbscheinsverfahren und streitigem Verfahren, 1989.
Wiegand, Der öffentliche Glaube des Erbscheins, JuS 1975, 283.
Winkler, Der Testamentvollstrecker, 18. Aufl. 2007.
Winkler, Der Vorbescheid in der freiwilligen Gerichtsbarkeit, 2002.
Witz/Bopp, Zur internationalen Zuständigkeit deutscher Nachlassgerichte im Erbscheinsverfahren, IPRax 1987, 83.
Wulff, Zur Erteilung von Erbscheinen über landwirtschaftliche Besitzungen in der Ostzone und den Ostgebieten, RdL 1953, 173.

Zimmermann, Der Erbscheinsvorbescheid (Falllösung), JuS 1984, 635; JuS 1987, 814.
Zimmermann, Freiwillige Gerichtsbarkeit (Grundriß), 1995.
Zimmermann, Praktikum der Freiwilligen Gerichtsbarkeit (Fallsammlung), 6. Aufl. 2004.
Zimmermann, Das Erbscheinsverfahren und seine Ausgestaltung, ZEV 1995, 275.
Zimmermann, Rechtsfragen bei einem Todesfall, 5. Aufl 2004.
Zimmermann, Die Nachlasspflegschaft, 2001.
Zimmermann, Die Testamentsvollstreckung, 2. Aufl. 2003.
Zimmermann, Gerichts- und Anwaltkosten in Erbscheinsachen, ZAP 2007, 31.
Zimmermann, Erbrecht, 2. Aufl. 2007.

Sachverzeichnis

(Die Zahlen verweisen auf die Randziffern)

R

S